肖洛霍夫传

[俄罗斯] 瓦·奥西波夫 著 辛守魁 译

人民文学出版社

著作权合同登记号　图字　01-2010-5885

B. ОСИПОВ
ШОЛОХОВ

据 МОЛОДАЯ ГВАРДИЯ
MOCKBA,2010 译出

图书在版编目(CIP)数据

肖洛霍夫传/(俄)奥西波夫著;辛守魁译. —北京:人民文学出版社,
2010
(汉译传记丛书)
ISBN　978-7-02-008322-0

Ⅰ.①肖…　Ⅱ.①奥…②辛…　Ⅲ.①肖洛霍夫,M.A.(1905~1984)
-传记　Ⅳ.①K835.125.6

中国版本图书馆 CIP 数据核字(2010)第 191993 号

责任编辑:张福生　装帧设计:柳　泉
责任校对:杨益民　责任印制:王景林

人 民 文 学 出 版 社 出 版
http://www.rw-cn.com
北京市朝内大街 166 号　邮编:100705
北京季蜂印刷有限公司印刷　新华书店经销
字数 669 千字　开本 680×960 毫米 1/16 印张 43.75 插页 10
2011 年 7 月北京第 1 版　2011 年 7 月第 1 次印刷
印数 1—10000
ISBN　978-7-02-008322-0 定价 56.00 元

如有印装质量问题,请与本社图书销售中心调换。电话:01065233595

米·肖洛霍夫

米·肖洛霍夫的老师季·穆雷辛

米·肖洛霍夫（中）与父母

米·肖洛霍夫的出生地　克鲁日林村

米·肖洛霍夫就读的卡尔金村校舍

白军哥萨克

红军哥萨克

刊登《静静的顿河》第二部的《小说报》封面

米·肖洛霍夫同妻子玛·彼得罗夫娜
1992 年

米·肖洛霍夫和亚·阿菲诺格诺夫、伊·莫尔恰诺夫　1925 年

维约申斯克镇　1930 年代初

在"红色勇士"工厂俱
乐部里肖洛霍夫朗诵
《静静的顿河》的片断
1929 年

米·肖洛霍夫（中）与
同乡在一起 1930 年
代初

米·肖洛霍夫与集体农
庄庄员交谈 1938 年

上图：维约申斯克镇的肖洛霍夫家　1936 年

中图：米·肖洛霍夫（左）在霍皮尔河岸打
　　　猎　1935 年

下图：联共（布）第 18 次代表大会代表：米·肖
　　　洛霍夫（左一）、亚·法捷耶夫、格·拜
　　　杜科夫、亚·普罗科菲耶夫、米·沃
　　　多皮亚诺夫　1939 年

右图：米·肖洛霍夫与家人在一起　1930 年

米·肖洛霍夫与阿·托尔斯泰交谈　1930 年代末

米·肖洛霍夫和妻子玛·彼得洛夫娜与孩子们在一起：米哈伊尔、斯维特兰娜、
亚历山大、玛丽娅　1940 年

米·肖洛霍夫在维约申斯克自家的阳台上，背景为顿河　1936 年

左图：米·肖洛霍夫摄于 1950 年代维约申斯克镇

右图：团政委米·肖洛霍夫　1941 年

军事记者米·肖洛
霍夫同战士在一起
1941 年

作家米·肖洛霍夫
在指战员中间

战争结束时的米·肖
洛霍夫

上图：上校米·肖洛霍夫同女儿玛丽娅、儿子米哈伊尔在一起　1946 年

下图：米·肖洛霍夫同著名导演谢·格拉西莫夫在维约申斯克　1958 年

右图：米·肖洛霍夫同女儿玛丽娅在一起　1955 年

米·肖洛霍夫同《静静的顿河》主人公阿克西尼娅的两位扮演者艾·采萨尔斯卡娅、艾·贝斯特里茨卡娅

米·肖洛霍夫在好莱坞欢迎以尼·赫鲁晓夫为首的苏联代表团的早宴上致辞　1959年

米·肖洛霍夫与尼·赫鲁晓夫在约申斯克的群众集会上　1959年

上图：米·肖洛霍夫在哥本哈根苏联电影《一个人的遭遇》广告前　1960 年

下图：米·肖洛霍夫在维约申斯克家里欢迎英国作家查·贝·斯诺和妻子帕·汉·约
　　　翰逊　1963 年

右图：米·肖洛霍夫在苏格兰圣·安德留斯大学　1962 年 4 月

上图：米·肖洛霍夫与作家瓦·奥维奇金、诗人亚·特瓦尔多夫斯基　摄于 1960 年
　　　代初
下图：米·肖洛霍夫在斯德哥尔摩诺贝尔文学奖授奖仪式上　1965 年
右图：诺贝尔文学奖奖章

上图：米·肖洛霍夫在维约申斯克接待来访客人：弗·菲尔索夫、弗·丘耶夫、尤·加加林、莉·瓦西里耶娃、格·谢列布里亚科夫、弗·加尼切夫　1967 年

下图：米·肖洛霍夫和妻子玛丽娅·彼得罗夫娜在维约申斯克郊外　摄于 1970 年代初

右图：猎手米·肖洛霍夫

上图：电影《他们为祖国而战》摄制组成员在米·肖洛霍夫家：左起：瓦·舒克申、
　　　谢·邦达尔丘克、尤·尼古林、弗·多斯克尔　1974年
下图：米·肖洛霍夫夫妇在家中
右图：米·肖洛霍夫的创作室

致 中 国 读 者

　　当我的妻子知道了,中国如此权威的出版社将出版我的《肖洛霍夫传》时,问道:"在中国,为什么人们对肖洛霍夫如此关注呢?"我回答:"十分明显,正如俄罗斯人一样,在这一伟大国家的人民经历了不少痛苦之后,已经实现了自由和正义。在世界文学中,如果不是肖洛霍夫,有谁还能在社会发生转折性大变动中,对普通人民群众的苦与乐以一种特有的真实反映出来呢?"

　　在我国,始终高度评价中国人民对肖洛霍夫的特殊关系,我可以提到几项成果。

　　——1931 年。在中国出版了《静静的顿河》第一部的中译本,这对于如此年轻的俄罗斯作家来说是何等的信任啊!而这时,甚至在苏联还远不是所有人都明白这是一部天才创作,而且当时就出现了谣传,说这是剽窃之作,因此,我们尊敬这一译本的首创者——权威作家鲁迅和翻译家贺非。

　　——1949 年及其后。在中华人民共和国,继新版的《静静的顿河》之后,又出现了《被开垦的处女地》和短篇小说集的译本。肖洛霍夫学也诞生了。五十至六十年代发表了四十多篇研究著作。正如我国人民所知道的那样,肖洛霍夫专家辛未艾和翻译家草婴已赢得了极大的声誉。

　　由于"文化大革命"造成的对肖洛霍夫做出否定评价的后果也及时得以纠正,又出版了新的作品,其中包括长篇小说《他们为祖国而战》,召开了研究肖洛霍夫创作的第一次全国性的研讨会。

　　在肖洛霍夫逝世后,中国人民文学出版社又出版了《肖洛霍夫文集》,肖洛霍夫学也发展起来了,在《人民日报》上出现的肖洛霍夫研究者的名字得到了我们很好的评价，我们知道了孙美龄、李树森、徐家荣、刘亚丁、何云波和其他著名学者的著作；我们感谢一大批天才的翻译家，而我则由于十分清楚的原因，特别感谢沈阳大学辛守魁教授。

看来，在中国，人们都已知道，俄罗斯仍然在出版关于所谓《静静的顿河》剽窃案的臆测之作，从我的这本书中就可以知道，所有这些著作已被科学研究所推翻，但我还要补充没有来得及列入本书中的一些内容。我刚刚写完了《关于肖洛霍夫八十五年论争的白皮书》，在这本书中我把从1928年以来"想要取代天才肖洛霍夫的那些人"的名字清理了出来，看来总共有四十八人！

只要驳倒一个，就指望轻信的读者再寻找出新的一个。

但是，要知道，这样的传送带简直就荒谬透顶，因为它本身就排除了这些人想要成为肖洛霍夫的可能性。

我很幸运，我所执笔的《肖洛霍夫传》一书将呈现在伟大中国的读者面前，我非常希望读者分享这本我为广大读者写的唯一一本传记中我的看法。

全俄肖洛霍夫奖金获得者、俄罗斯作家协会

最高创作委员会会员　瓦连京·奥西波夫

2010年4月16日

献给伟大的小说家和一位具有伟大的光明正大的勇敢精神的高贵而非凡的人。

作 者 的 话

躲避被捕,亲属和朋友坐牢,诸多的密告和阴谋,凶残的党的书刊检查,谴责《静静的顿河》为反苏,还有同斯大林的关系,这种关系不论按照当时哪种习惯了的逻辑也解释不通,还有,由于似乎是剽窃而受到了多年的迫害……

这些和许多其他内容完全可以认为是作家生平中的分子,看吧,什么样的命运落到了这个人的头上,而他的创作却在生前就被公认为是经典作品,而且赢得了人民的喜爱和崇高的奖赏,也还有诺贝尔奖金。

然而还有他对生活和文学的关系的分母。这就是对全面幸福的可能性的信念,为了人民尽心竭力地努力创作,常常与当局抗衡,当考虑到为此会遭到被禁时,仍然用自己的声望勇敢地捍卫被迫害的人……

如何写这种复杂的传记? 或者,把文献资料融合在小说里(法国人运用这种读起来轻松的手法做出了杰出的范例),选用叙述的手法,或者,为了具有更大的说服力,从回忆录、书信和档案资料中摘出文句组装到书中,我采用了这第二种方案。我想过,当这位作家的传记常常被狡猾的杜撰所歪曲时,只有这种方法才能保证可信。

这本书是我凭记忆写出了那个已经进入了永恒的人的,看起来,正如他自己所承认的那样,因而也宣扬了福音书中的约言:每一天有自己的忧虑也就够了。

肖洛霍夫的传记在青年近卫军出版社列入"名人传"丛书出版决非偶然,作家同这一出版社保持了多年的创作和友谊的联系,对此,本书中将不止一次地提及。

肖洛霍夫诞生在一个特殊的年代——1905年,在俄罗斯,饱受忧患的和期望得到另一种命运的工人和农民的不满情绪爆发了。

在可怕的疾病——癌症——的折磨中,1984年他去了另一个世界,这样,他也就没有等到自己的党所许诺的到达共产主义,离宣布放弃了所应允的光明未来的改革只剩一年多。

肖洛霍夫本人并不关心记录自己的一生,他不写日记,传记材料或者回忆录也没有留下来,而且有时还不重视记者对他的采访,甚至他的家谱也是个秘密,因为对于一个工农国家来说,曾祖父、祖父和父亲的商人阶层看起来并不光彩。

因而,目前还没有一本供大量读者阅读他的内容充实的传记。近一个时期论述肖洛霍夫的著作中有一些是学术专著,因而很少有人问津,另一些则是还没来得及收集起来最终已寻访到的大量的生平资料。

当我开始撰写这本书时,反复地阅读了伟大的肖洛霍夫的著作,并且回忆起我同他的交往,我们的交往持续了二十多年(恰恰是在青年近卫军出版社里开始的),因而,在书稿中就出现了两行恰似对他传记的题词,其一出自于《静静的顿河》:"他身上更多的不知是十字架,还是刀伤。"

其二出自肖洛霍夫喜爱的由弗拉基米尔·达里收集的俄罗斯民间谚语:"磨坊风向不对,那就顶风去磨。"

我预料到了一个问题:是否所有的资料都收集到这本书里了呢?我认为,没有,这就是说,肖洛霍夫的传记还有待于更加完善和进一步阐释。

呈现在我传记里的米·亚·肖洛霍夫是位什么样的人呢?这首先就是具有绝对的内心自由的个性! 一般说来,在社会中,而且是在十月革命后,在社会主义社会中,能够有这样的人吗?我恳请读者阅读这本书并且开始与我论争。

目　录

大 饥 饿

破坏安宁的人

战争:肖洛霍夫上校的胜利和灾难

盯上了就不放

诺贝尔奖金

老年——追求的顶峰

童年 幼年 少年

野小鬼　先祖的根　不寻常的老师
莫斯科　治病与读书　国内战争
别忘记！　粮食监察员——危险的工作
玛露霞—玛露辛诺克　阿塔曼的女儿
"补写者"

第 一 章
1905——1919：来到这个世界

米哈伊尔·肖洛霍夫诞生的那一天，按东正教历法算，正是人们颂扬和追悼斯拉夫字母的创造者神圣的功德等于圣徒的基里尔和梅福季的那一天。

这事发生在 1905 年 5 月 11 日，公历 5 月 24 日，在顿河军垦州离维约申斯克镇不远的地方。

三十一号秘密的见证

……商人肖洛霍夫的离开了丈夫的妻子来找阿加菲娅·纳扎洛娃，并说：

"老奶奶，我肚子疼……"

那女人回答：

"躺下，我看看……开始分娩了！"

"在你这，老奶奶，他会死的，不会活呀。"她惊慌了起来。

1

"不会死的。"

分娩后，她又说：

"你这孩子将来会做大官哪！"

就这样，由于自己双亲的纯贞的爱情，他来到了这个世界上——像世界上所有孩子一样——他伴随着小屁股上的拍打声，伴随着久久的拼命的哭叫——他来到了这罪恶的人间。母亲精疲力竭——但满心欢喜。

在地域辽阔的俄罗斯，他不得不在这谁也不知道的小村庄开始自己的人生。村庄有个不显眼的名字：克鲁日林，他就住在这外观没有任何独特之处的哥萨克茅草房里。

在二十世纪到来之前，村里人暂时还生活得不慌不忙，因为他们知道，春天不会推迟，而秋天也不会提前。

顿河泛着银色的蓝光，也就这么自在地流淌，流淌。静静的，自由自在。它望着那累得疲惫不堪的黑色耕地和白色的农舍，望着河边的垂杨柳树丛和深沟里阳光烤炙的草原。它听到了各种各样的歌声：有行人的，有姑娘的，有淘气鬼的，也有被心酸的眼泪哭肿了眼睛的，还有在集市上那学生们声音洪亮的团体的，它还听到了在剽悍的特等骑术表演时公马的嘶叫，野狼的嚎叫，狐狸的叫声和鹞鹰追猎狗时的嘶叫。它吸进了足够充分的男人的酸汗味，苦艾的刺鼻的辛辣味，饮马场里的马尿味——还有从阿斯特拉罕吹过来的打鱼人篝火的烟味，那风也让地里的人炙热难熬……

在新的百年里，顿河水更经常地反射出幽暗的铅的颜色。也许这是因为它吸进了自己深深的透明的航道里的记忆不仅仅是欢乐，也还有痛苦——首先是它两岸居民的苦楚和悲哀。它听到了，爷爷们是怎样地在抱怨，说过去坚实的生活秩序被打破了，为沙皇服役回来的哥萨克变了样……

出生的这个人只能是这样的，他将来有可能把自己同乡的饱满的情感和心情，他们的欢乐与快慰，悲哀与痛苦，对拯救的祈祷，对罪恶的诅咒，他们的爱情絮语，他们压倒了理智的狂怒，光明的幻想和阴暗的打算，都汲取过来……

在《静静的顿河》中响遍了那许许多多支关于顿河的歌声，绝非偶然，顿河既是安详宁静的，同时也是波涛汹涌的。

……从很早的孩提时代，小米哈伊尔的记忆力刚一成熟，他就能记住自家草房里那不大的明亮而洁净的屋子,他的小床还有带花的靠背,那是由波浪形弯曲的枝条编成的,窗前摆了天竺葵,红角里的圣像用毛巾遮着,墙上挂的大玻璃镜子用木框镶着,几把椅子很简单,桌子上铺着用手工编织出来的桌布——几乎就是花边……

他还能记得,在院子里,由于孩子不小心,几只鹅和母火鸡对他发起了脾气,也还记得,由于他心眼好,几头懒洋洋的猪有求必应,躺在那里,让他用小棍儿搔着它们的肚皮——发出多么好听的怡然的哼哼声。

他还记得妈妈带着他到爸爸的铺子里去,那里有蜜糖饼干,各种糖果,大块和小块的白糖,也还有沙粒状的,还有鲱鱼,煤油,皮靴,毛皮高帽发出的气味,以及引诱人目光的五颜六色的披肩、厚厚的头巾和各种纺织品……

《静静的顿河》的未来作者是在自己出生后八年,即1913年7月才获得自己现在肖洛霍夫这个姓的,只是这时,他的父母才去举行了婚礼,并且适时地在卡尔金村波克罗夫斯克教堂的出生簿第三十一号下面的结束语"神父叶美里扬·鲍里索夫和诵经士雅可夫·普罗托尔钦完成了圣礼"中得以证实:

"梁赞省扎拉伊斯克市的市民亚历山大·米哈伊洛维奇·肖洛霍夫,东正教信仰,头婚,四十八岁。

叶兰斯克镇(卡尔金村)哥萨克遗孀阿娜斯塔西娅·丹尼洛夫娜·库兹涅佐娃,东正教信仰,二婚,四十二岁……"

两个人举行了婚礼,在这幸福温馨的时刻应当忘掉,亚历山大·米哈伊洛维奇的父母一开始就反对他同阿娜斯塔西娅的婚姻,可是,对这个商人来说,没有更好的选择——他把从哥萨克那里逃出来的妻子带到了家。

阿娜斯塔西娅·丹尼洛夫娜是勇敢的:挟着一个小布包就离开自己的第一任丈夫——在那样的时代!他酗酒,打人,看来她过的是逆来顺受的生活,可后来,她却突然挺起了腰杆儿,这有点像未来的阿克西妮娅的命运。阿娜斯塔西娅同自己小米哈伊尔的父亲情投意合,可是说到同丈夫离婚,按教会的法律,连想都不能想。要摆脱过去的婚姻获得自由,只有在那可恨的家伙死去后才有可能。

父母举行婚礼后,谣传就一下子停止了,这谣传给儿子的童年记忆以极大的伤害。难怪他在1925年把那种委屈全部倾注在短篇小说《野小鬼》

中。

"父亲叫他米卡,母亲叫他米纽什卡,祖父呢,高兴的时候叫他小淘气,不高兴的时候,就竖起两条灰色的大眉毛,说:喂,米什卡先生,过来,让我撕撕你的耳朵!

所有别的人:多嘴的邻居也好,小朋友也好,大家都叫他米什卡和野小鬼。"①

野小鬼——按照哥萨克的习惯,是个十分侮辱人的词儿:野小孩,野种,私生子。

[增补]肖洛霍夫家族这一罕见的姓氏从哪儿来的呢?我知道,从古俄罗斯肖洛赫的名字起,这一姓氏在俄罗斯就有了自己的根。这一姓氏被历史学家发现是从1377年起,在莫斯科就有个叫费多尔·肖洛霍夫的贵族居住。肖洛赫这个词本身的意义就是:沙沙声,细语声、静悄悄的声音。

作家自己曾开玩笑地讲过:"来了一个人,哼哼着,小声哼哼着——这就出现了肖洛霍夫。"

顿河的开端

……肖洛霍夫一家,对顿河来说是个外来的家族,这一家族的姓氏来源于扎拉伊斯克这个不大的小城,这小城在不同时期有时属于莫斯科省,有时属于梁赞省。1715年,小城里就有书面登记肖洛霍夫这个姓了。

肖洛霍夫的曾祖父②,是个三等商人,他有一个大家庭,孩子多,全家八口人。十九世纪七十年代中期,他想到顿河上游一带来碰碰生意运气,于是买下了一座带院落的房子并宣布自己的生意是:收购粮食。人们对新搬来住的客人感到惊奇——发现他甚至带来了丰富的供选择的书籍。

他的第二个儿子——亚历山大,就是未来作家肖洛霍夫的父亲,在读完了教区学校后,就照管自己父亲的生意。

这个商人后代的有名气,不只是因为会读书认字,而且博览群书,待人和

---

① 该书肖氏作品引文参考了《肖洛霍夫文集》(8卷),人民文学出版社,2000年8月版。后同不再赘述。

② 应为祖父。

气,更因为——这对哥萨克来说可并非很习惯——讲究衣着仪表。他每逢过节进到村子里来,很像是城里的一个老爷。——戴着很亮的软帽,穿着三件套的西装,靓丽的衬衫上扎了领带。村子里有个人曾回忆道:"要知道,他不是哥萨克,可却极为聪明,说话时开着玩笑,总是带着幽默的开场白。"

想必由于他的这样一些长处,就被请到地主叶夫格拉夫·波波夫家任职,这家的庄园占地十二平方俄里。村子里人看出来,说他在老爷的家中即使老爷死了以后仍然会是自家人,这所房子牵动了他的心,女仆阿娜斯塔西娅·丹尼洛夫娜·契尔尼科娃迷住了他。她多么有魅力:身材端庄,黑黑的大辫子,黑黑的眼睛,而且又会唱歌。于是,他就把她带走,开始他说这是自己家的女管家。

对于肖洛霍夫来说,妈妈给他带来了特殊的"遗产"——乌克兰血统。她同全家人是从切尔尼戈沃地区移民来到顿河的,这也就明白了,为什么在这一家庭里还奇怪地用乌克兰语唱着歌。

哥萨克们嘲笑着这些移民:"霍霍尔①是装松焦油的碗,来,打一架:这个是土耳其人,那个是波兰人,你是霍霍尔,可我是个哥萨克!"

儿子高度评价过母亲心地善良的品格:"她健壮,端庄,有巨大的道德力量。"人们都说,她的外貌和性格的某些特点——坚强,关心他人——在肖洛霍夫的短篇小说和《静静的顿河》的女性形象中,有些地方可以猜测到。

克鲁日林——是个不大的村庄,总共四十八户人家,没什么特别的历史。它占有了这个孩子那印象深刻的心的是另一些东西——独有的美景和铺了芦苇与香蒲作房盖的土坯小房,黑河,每逢星期天教堂旁边人来人往的集市和草原……"草原是辽阔的,谁也没法测量。草原上有好多大路和小径。"肖洛霍夫早期短篇小说之一的《牧童》中就出现过读起来让人着迷的句子。

在他的一些短篇小说里还写了草原。

这就是写在小说《委屈》中的早春的草原:"草原沐浴在银色的月光下,弥漫着雾气,在隔年的杂草丛中,一只没有怀胎的母兔懒洋洋地吱吱叫着,

---

① 俄罗斯人对乌克兰人的蔑称。

一棵去年的干草让新长出的幼芽鼓得沙沙响地直挺挺地立着……"

这就是在小说《阿廖沙的心》①中写到的夏日的草原：

"在顿河的草原上，逢到晴朗的夏日，麦穗在蔚蓝的透明的天空下轻轻摆动，发出银铃一般的声音。这是在割草以前，苗壮的春小麦穗上的黑芒，好像十七岁的小伙子嘴上的胡须，黑麦一个劲地向上生长着，仿佛要超过人的身材。"

这是小说《死敌》中冬天的草原："失去热量的橙色的太阳，还没有落到鲜明地平线下，月亮就稳重地从东方爬上来，在深蓝的晚空中倾泻出金色的光芒……太阳刚一落山，井架上空就出现一颗小星星，羞答答地眨着眼，好像大姑娘在相亲。"

只有心灵冷酷无情的人，草原才是空旷和悲凉的。

从事创作的人都明白，一生中童年是如何丰富他的心灵的。当时著名作家亚历山大·绥拉菲莫维奇——同乡！——曾写过这一点。他深深地爱上了刚刚写出早期作品的肖洛霍夫，并且动手为自己的中篇小说《肖洛霍夫》打起草稿，唉！没有完成："无论是在河边地里的割草，还是草原上繁重的耕种劳作，播种，收割小麦——所有这一切都清晰地留在这个孩子的脸上……"

"当他出生的时候，我就住在克鲁日林村。他像所有的孩子一样地长大，却是个非同一般的小孩……活泼伶俐……自尊心极强。上帝保佑，千万不要有什么陌生人去抚爱他，他会跑掉，紧皱眉头，你不能用甜食去哄骗他……"作家的表姐玛丽亚·巴班斯卡娅有这样的见证。

"米什卡还记得，他从前怎样跑到又高又香的小麦地里去。一翻过打谷场的石围墙，就是麦地了。麦子长得比他头还高。沉甸甸的黑芒，麦穗搔着他的脸。麦地里散发着灰尘、野菊和草原风的气味。妈妈有时候对米什卡说：'米纽什卡，别在庄稼地里走远了，你会迷路的！……'"这是在短篇小说《野小鬼》中出现的。

"一头猪在栅栏里夹住了。……米什卡连忙跑过去救，他试着打开栅门，猪就声嘶力竭地叫起来。他骑到猪身上。猪猛一用劲，推翻大门，大叫

---

① 应为《胎记》。

6

一声,就穿过院子,向打谷场跑去,米什卡用后脚跟踢着猪的腰,猪拼命飞跑,快得米什卡头发都被风吹到后面去了。他在打谷场旁边跳下来,回头一望,只见祖父站在台阶上,一只手指着他,招呼着……"这也是写在这篇小说里的。

但也还有人记得米什卡的事。有这么一个故事,有一回,孩子们对他讲一个条件:带来裤子上的镶条,就把从他爸爸商店买来的冰车让他玩,否则就不带他去。而且孩子们还给这冰车起了个时髦的名字:"蒙帕西耶"。

他把镶条带来了,孩子们问他:"去偷的?""不——我告诉了妈妈,她就亲自给我装进衣兜里了。"

五年过去了,日子过得不大好。父亲正确地判断——小村庄不适合商人甩开膀子大干一番的愿望,他厌倦了这种生活,正像哥萨克们说的:"没有桩子还要编篱笆"。他没有那些商人的桩子,却也要让米什卡生活得怡然,比如,冬天里穿上又肥又大的粗呢大衣,并不舒服,长到膝盖以下,但是挺暖和,甚至在奔跑和游戏时感到了有些热。

肖洛霍夫家迁到了邻近的卡尔金村,这里,住着爸爸的大姐和她的丈夫,她丈夫作为一个商人,在自家商号"列沃奇金商店"里需要一个管事的。

隔了许多年以后,在《静静的顿河》中有几句色彩鲜明的描写:"顿河上最美丽的卡尔金村就坐落在山脚下冰封的、白茫茫的奇尔河河湾处。蒸汽磨坊的烟囱里冒出一团团软绵绵的轻烟;广场上黑压压挤满了人;响起了晚祷的钟声。卡尔金山岗那面,克利莫夫斯基村的杨柳树梢隐约可见;再远处,在苦艾般的青灰色雪茫茫的地平线后面,耀眼的夕照染红了烟雾朦胧的西半天。"

这个村子是完全不同的——因为有大集。商人们不知不觉地就促使它逐渐地成了一个镇。

而这里的人更不一般!村里人每逢星期天都彬彬有礼地来到村中心的广场上,走进教堂之前,和做完祈祷仪式后,要看看别人,也让别人看看自己。

当过英雄的老者们穿着散发出樟脑球味的高加索腰间带褶的上衣,胸前戴着奖章——身体好棒——上帝保佑!青年和中年的哥萨克们陪着盛装的妻子在漫步,全部规规矩矩:帽子歪到一边,露出一绺额发!街上走的教师和商人——裤子熨得平平的,上身是黑色的长礼服和坎肩,衣兜里露出了怀表的细链子,大兵的妻子穿着长摆的花衣裙——这可不是为村子打扫道路。新婚妻子、叽叽嘎嘎的少女们像蝴蝶般花枝招展,她们在不久前登记入伍的小伙子的注目下发着愣。那些穷苦人就不引人注意了——还是穿过了又穿的那些衣服,但也如过节般准备着。

卡尔金人是有需求的,三所学校,一座带有守卫室的砖砌的教堂。有勤勉能干的手艺人,有自己的医士点,和一个科瓦廖瓦驿站,五家商店,一家药房,三座风磨,一家水利磨坊,还有一家季莫菲·卡尔金的蒸汽磨坊。

可是,令这里的人们骄傲的是,在1909年的一个喜庆的日子里,一家蒸汽磨坊的所有者尼古拉·瓦西里耶维奇·波波夫给孩子们下了命令,悬挂出广告:"法国'理想'电影制片厂放映影片《叶尔马克征服西伯利亚》,管理处尼·波波夫。"村子里有了"电影"!这个商人没有吝惜自己的利润,拿出钱来购买噼里啪啦响的器械,从维约申斯克出来的一位可尊敬的观众,甚至对首都新闻界要高价。不错,为了充分的娱乐,这里还找不到弹钢琴的人。

肖洛霍夫一家使卡尔金全村人感到惊讶。父母把自己六岁的孩子送去读书——到村教师季莫菲·季莫菲耶维奇·穆雷辛家中。第一次这里出现了城里人的叫法:家庭教师。对于启蒙教育穆雷辛很有天赋,他把自己的一生默默无闻地献给了这一职称。时光飞逝,他秃了顶,也戴上了眼镜。不管怎样,卡尔金人喜欢他——像个学者。在苏联政权时期,人们同样尊敬他,纪念他——他获得过劳动红旗勋章。

然而这一崇高奖赏,对于他这位乡村教师来说还不是最高的。最高的——乃是他曾教过未来伟大的作家读书认字。世上不是有很多这样的教师吗?他们的学生成了诺贝尔奖的获得者。他写的回忆录谈自己十分谦逊,说肖洛霍夫没有阿谀之词:"这孩子活泼,很快就能掌握住学的东西,领会得好……但写字他却很困难,因为,那孩子的软弱的手指很难应付书写字母和数字……当时他身体不壮、脆弱……教米沙给我带来了极大的愉悦,因为我看到了我那个勤勉的学生以非凡优异的成就慷慨地奖励了我的劳动。"

但是,我们不要忘记,米沙只有六岁。因此,谈的不是知道了多少,而是多么地努力,正因为这样,他才走出了第一位教师的呵护翅膀——老师还记得"他写得清晰而工整。第一堂课学习字母"А、Б、В"顺便就可以知道这句话的含义:"我认识字母"。过了一天,老师又口授新的字母:"Г、Д、Е",学生就逐字地了解了:"单词是好的。"在新的一课里学了"Р、С、Т",这就意味着:"说话要有力。"

这位老师还记得:"他特别喜欢钓鱼。父亲很担心:'怎么能让米什卡放弃钓鱼呢?他整天不知道跑到哪里去了——你也找不到他……'人们常常谈起孩子将来做什么,米沙自己就倔犟地说过一句'当军官',我心里对军人生活有反感——军官的生活看得够多了:打牌、酗酒、决斗。

我尽量地说服米沙:我就给他天南地北地讲些学者的生活,告诉他从事科学研究的人的伟大功绩以及他们为人类做出的奉献。他想了又想,就说:'那我就做个大学生'……"

肖洛霍夫自己到了人生迟暮之年,有一次回忆起自己的孩提时代:"圣诞节时我们挨家去串门,赞美基督。那时我七岁。大家都去看一个有钱的商人,我却看到了在五斗橱上有一只橡皮的青蛙……我的朋友们,像我一样的孩子都在唱着圣歌,我也同样张着嘴,可就是不能把目光从青蛙那里转过来,绿得发亮的黄肚皮青蛙……多么诱人哪!主人看出了我的惊喜,就把它当做礼物给了我。走出门时,我就把这玩具藏在胸前短大衣里面……"后来,他写在短篇小说里时,就由于那个穷苦的狗鱼老大爷而感到有些难为情了:"就这样,我感到很好——没有看到主人养的羊。可那羊从后面走过来,用角顶我,我紧紧地搂着那只青蛙就跑起来……那倒霉的羊顶我的后背,只是到了门口,它才停下来,我很高兴——青蛙还在这里……"

七岁的时候,米沙就成了名副其实的学生了,他被送到教区男子学校二年级。这里的新老师同样记得这个学生。在《静静的顿河》中他被写了出来,我注意到他的姓——索特科夫中尉:"他曾经教过书……有说有笑,性格随和……"

这个孩子有个怪脾气,显得与众不同——他喜欢在上完课以后凑到打过仗的老年人身边,总是在听他们讲述哥萨克的业绩。

两年过去了。他的爱书引起了大家的注意。爸爸给他开了头,也有聪明智慧的老师和维萨里昂神父的帮助,这位神父的藏书比肖洛霍夫家的还多。米沙特别喜欢果戈理,他多次反复读过《狄康卡近乡夜话》,后来又迷上了《塔拉斯·布尔巴》。

〔增补〕这里有三份谈到未来作家所诞生的那个时代的证据：法院对一个维约申斯克人的指控；列宁关于哥萨克的论文；沙皇赏赐顿河哥萨克的文书。

"顿河军垦州顿涅茨区维约申斯克镇哥萨克伊万·普拉东诺夫·洛谢夫在群众集会上公开演讲，煽动叛逆行为，不服从法律和合法的政权……"这就是新切尔卡什克法院的指控。我们注意到，后来这个被判罪的人成了化学家、博士、教授，他就是德·伊·门捷列耶夫全苏化学学会的主席。

"莫斯科的无产阶级在十二月的日子里给了我们从思想上'影响'军队的卓越教训。例如，12 月 18 日在斯特拉斯特纳亚广场上，有一大群人把哥萨克军队团团围住，同军队混合在一起，同他们联欢，结果使他们撤回去了。还有一个例子，10 日那天在勃列斯尼亚街上，有两个青年女工，在成万的人群中打着红旗，向哥萨克军队冲去，她们大声喊道：'打死我们吧！我们活着是不会把旗帜交出来的！'这时哥萨克军队不知所措，于是便在人群高叫'哥萨克万岁！'中疾驰而去。这些刚毅英勇的范例，应该永远铭记在无产阶级的心里。"（弗·伊·列宁《莫斯科起义的教训》）

"上帝恩准我们，尼古拉二世，全俄帝王和君主、波兰沙皇、芬兰大公等

致我们忠心耿耿的和英勇豪迈的顿河军书。

从你们最初存在开始，已经超过了三百年，光荣的顿河军开创了效忠于沙皇和祖国的事业。你们始终不渝地致力于当时新生的威严而强大的俄罗斯国家的发展的神圣目标，从这时开始，你们始终如一地、矢志不移地、勇于牺牲和无比忠诚于王位和俄罗斯的全体儿子们，你们已经成为国境线上的堡垒，挺起了勇士般胸膛捍卫着和促进着其祖先事业的发展。

在艰难困苦考验的岁月里，至上的俄罗斯帝国面临不可预知的命运，全体顿河哥萨克们永远以其同样的挚爱和勇敢，站在保卫俄罗斯帝国的荣誉和尊严的队伍里，他们赢得了永远属于他们的军人的勇敢精神、无计其数的丰功伟绩和忠于祖国的不朽的荣誉。

即使在当今同日本的战争中，特别是在最艰难的混乱的日子里，顿河哥萨克也神圣地履行着自己祖先的遗训——信赖地和真诚地为沙皇和俄罗斯

10

服务,成了祖国所有忠诚儿子的榜样。

对如此勇于自我牺牲、不知疲倦和矢志忠诚的服务,我们向我们最为亲近贴心的、英勇善战的顿河军宣布我们帝国的特殊恩赏,并承认由我们已经作古的伟大先祖在波兹赋予你们的权利和财产。承认我们君主关于不破坏现有的服役方式的许诺,为顿河军赢得历史荣誉,以及他们由劳动、功勋和先祖流血而得到的并由帝国军事证书所确认的所有耕地与财产的不受侵犯。

我们坚信,可爱的和忠诚于我们的顿河儿子今后继承父辈的光荣业绩,永远保持着自己作为王位和祖国的忠诚仆人和保卫者的崇高称号。

我们相信,我们仁慈的帝王对顿河军的厚爱是不会改变的,我们亲手签署的这一文书并获国家正式批准。皇村发出。基督诞辰日,一千九百零六年,本朝十二年。

亲笔签字:尼古拉。”

莫斯科——博古恰尔　中学生

很早人们就说过:因祸得福。肖洛霍夫这个孩子由于眼睛有病,尽管父母一点儿也没有钱,终于真正像童话故事般地从人烟稀少的地方乘上了火车,去了别洛卡缅纳亚——再到别尔沃普列斯托里纳亚——最后到了莫斯科。

这是何等的父母——治病不在本区的镇里,即维约申斯克,也不在罗斯托夫或者并不遥远的沃罗涅日。

他们把自己的儿子安排在斯涅吉廖夫医生的医院,医院地处并不热闹的房子平矮的帽子胡同里,但差不多是在城中心。在《静静的顿河》中,从孩子的记忆里出现了一位漂亮的刚剪过胡子的主人,三层的楼房,带有金黄色栏杆的漂亮的楼梯,看门的是一位穿白大褂的女人,并不宽敞的长长的过道,穿白衣服的侍者,澡堂,窗子上的暗淡的玻璃,嵌在墙上的大镜子,小花园(并不舒适),莫斯科的教堂祈祷的钟声,第六号病房,右手第三个门,就像在连阴天的日子里(“而这一年就有这样的日子。”——小说家写道)人们从一个病房逛到另一个病房。

这家医院平静的生活并不长久,同德国人的战争——第一次世界大战开始了。一些受伤者从战壕里抬了出来,又抬了出来。多年以后,在这本著名长篇小说中写道:"伤员们都安排在一个病房里……散发着三氯甲烷的气味,有人唱着歌,并不清楚地骂着什么……给每一个病人用碟子端出来两片薄得可怜的法国面包和一块小手指头大小的奶油,午饭后,病人饿着肚子散去。傍晚又喝茶,为了有所不同,就用凉水下茶。"

从前线回来的那些严厉的兄长给了从顿河来的"小弟弟"以呵护,同这个孩子在一块也使思念家乡的伤员们心里感到温暖。因为在傍晚那些并不匆忙的交谈中,在战争中,蹲过战壕的人的感受成了这位少年病友的财富。他听到了直言不讳的话语,知道那里怎么样,那里有死亡和伤残。小说中写道:"睡不着。一点睡意都没有。你给我讲讲这个问题:战争使一些人大发横财,另一些人倾家荡产……"

米沙很快就痊愈了。父亲决定——何苦跑来跑去呢:我们就在莫斯科让继承人读书。母亲泪流满面。可是,看来是明智的——在莫斯科学习这是从未见到的幸福!

莫斯科……长长的一条胡同,格利戈里·舍拉普京中学。我们发现,米沙·肖洛霍夫在空闲的时间写了点儿什么。我们还注意到,这时他为自己租的住房距伊万·布宁的住所一点也不远,这位布宁后来成了俄罗斯第一个获得诺贝尔奖金的人,而肖洛霍夫则是这支队伍里的第三人。

一年过去了。1915年通向知识的一条新的道路:沃罗涅日省博古恰尔小城的一所中学。父亲能够明白——莫斯科,花钱又多,路又遥远。博古恰尔离家很近——沿着顿河溯流向上总共一百二十俄里。

神父德米特里·基尚斯基接收了十岁的米沙住在家中,他也是神学老师。肖洛霍夫必须习惯这个大家庭中生活——主人有自己的五个孩子。这位神父不同寻常,特别是对这个小城来说——家中定期为当地知识分子举办晚会,想要参加的大孩子们就不必离开客厅了。从有关当时颇有名气的高尔基、布宁、库普林和科罗连柯的谈话中,少年米佳懂得了许多知识,而且还总有人弹奏乐曲以供消遣。

家庭开支。父母给儿子买了带蓝色领章的小大衣,便服,带有三颗闪光纽扣的制服,那条裤子的腰带上,一块金属牌冲压出了三个字:"博男中",就像帽徽上的一样,即博古恰尔男子中学,这给孩子带来了难以言说的骄傲。不过,并非所有人都表现出了尊敬。当地爱说俏皮话的家伙向中学生挑衅——新入学的也一样——说他们是磨面工人,也就是因为他们的小大衣是用发亮光的灰呢子制成的。

父亲写信极少,儿子想家。有一次米沙大吃一惊——妈妈写来的信:他本来知道,她不认得字,甚至丈夫也非常感动——他猜出了,这种想念爱子的忧愁使得妻子坐下来学习字母的发音,拿起笔学习写字。

单调的生活过了四年……米哈伊尔喜欢上完课后跑到河边去,顿河把他迷住了……顿河让他想起了哥萨克史老师讲的故事。

有一回,这孩子突发奇想,在笔记本上写下了一篇关于彼得大帝一生的作文。神父读了,十分感动。自己的孩子写不出这样的,他说了一句对米沙鼓励的话,也是对自己孩子的有教益的话:"令人吃惊的孩子!"

这是细心呵护下的四年。他们让米沙读了克里米亚战争中保卫塞瓦斯托波尔的故事,它的作者就有着令人浮想联翩的名字和姓氏的——列夫·托尔斯泰,他的肖像印出来时带有严厉的双眉和聪明的大胡子。于是,米沙立即拿起笔来,也写自己的短篇小说。女教师奥尔迦·巴甫洛夫娜·斯特拉霍娃当着全班学生面朗读了它,她向这位小作者说出了赞许的话。

米沙还在读书时,家里却发生了变化——迁到了普列沙科夫村。商人西蒙诺夫的蒸汽磨坊的管家邀请了父亲来。机会在向父亲招手;他突然拿出了往日的积蓄和新领的工钱,要买下磨坊,碾米机和一座铁匠炉,入冬的时候就如愿以偿了,甚至还开始盖了房子。

米哈伊尔十三岁了。同德国人在打仗……孩子们了解这场战争,不仅靠着所有报纸上大量印出来的英雄壮举——骑着彪悍的战马,野蛮地挥动军刀和手执长矛斜刺下去——同乡哥萨克库兹玛·克留奇科夫就是在那场第一次大战中成为胸前挂满了乔治勋章的人。有那么多军人回来了,从他们那里不少人听到了英雄壮举,而且许许多多是战争的内幕。可能,这些战争的一小部分写进了《静静的顿河》,成为这些并非弱者的人对战争的见证:"他把脑袋缩进肩膀里,爬着,紫黑的、死人似的嘴唇好像并未张开似的在叫喊:'啊——呀——呀——呀—呀! 啊——呀——呀——呀—呀!啊——呀——呀——呀——呀!'他身后的一片薄肉皮上,烧焦的破裤子上横拖着一条炸断的腿,另一条已经不见了。他慢慢挪动着手向前爬,嘴里像小孩子似的尖利刺耳地哭着。他突然停止哭叫,侧着身子躺下去,脸紧贴在冷漠、潮湿、撒满马粪和碎砖的地上。谁也没有到他跟前去。"

〔**增补**〕幸运的是,这个中学生小孩子肖洛霍夫开始对文学艺术兴趣的证据保存下来。我要指出:这些都极为平常。神甫基尚斯基的女儿的回忆中写道:"肖洛霍夫读了很多书。晚上,到该睡觉的时候,人们提醒他,他仍不离开,回答说:'马上,马上,还有一点点……'"或者同班学生格·波德凯罗回忆道:"老师发给我们一些画片,让我们根据画片做作文。第二天,老师把一些笔记本带来,把米沙·肖洛霍夫的作文当作最优秀的,向全班同学朗诵。"还要知道的是——叶·茨维特尼科夫说:"有个音乐老师,因为眼睛长得像靴子,学生们都逗弄他。米哈伊尔于是在黑板上画了一只靴子,又在靴子旁画了一把小提琴……"

只是个见证者

看过《顿河的故事》和《静静的顿河》后,就未必还需要再谈哥萨克是怎么接受十月革命的了。

……肖洛霍夫还只是个少年,可是他怎能不明白,感情上的激怒,手执武器的对打,理智上的分裂的时代来到了。那些戴着肩章的人迷住了他,可是对戴着红星的人——他又多么信任啊!卡列金、科尔尼洛夫、邓尼金……从另一方面他们是英雄的老乡,尽管是别一城市的,他们参加了第一次大战,胸前挂满了乔治勋章,还有如今成了第一骑兵集团军指挥官的布琼尼、伏罗希洛夫和夏坚科,也还有一个倔犟的热爱真理的菲利浦·米伦诺夫,他还没来及拿到列宁为他辩护的电报,厄运就落到头上,死在红军的监狱里……在《静静的顿河》中一次也没提到斯大林,这很奇怪——要知道他直接参与了顿河一带兄弟相残的战争。他进入了北高加索军区的军事委员会,后在这里又成为南方战线革命军事委员会委员,在保卫察里津的战斗中,由于个人的勇敢精神——根据列宁亲笔签署的文件——获得了红旗勋章。

美名远扬的库兹玛·克留奇科夫为了白军的事业而战死,可是他的亲戚克里沃什雷科夫却是维约申斯克革命团的志愿兵,为红军而战,而他的小学邻座杜达科夫却去参加了白军。阿尔菲洛夫将军领导着顿河苏维埃共和国,而在维约申斯克哥萨克注册的彼得·克拉斯诺夫将军后却被选为大顿河军的阿塔曼……

不论是红军哥萨克还是白军哥萨克,都能够骑上战马互相征伐,而且都唱着同一首古老的哥萨克民歌:

> 别了,可爱的乡镇,
>
> 别了,格里米亚奇村,
>
> 别了,年轻的少女,
>
> 别了,浅蓝色的花……

然而,在长官的监视之下,走进队列的对手们却用另外的歌曲来激励自己。一些人唱:"我们前进,弟兄们,上战场。你们家中生活满当当……"另一些人则唱着:"我们要建设新世界,什么也没有的人,将要有一切"!

……1918年,德国人突然闯进了顿河,并在酷热的6月开到了博古恰尔。肖洛霍夫一家立即逃走——到普列沙科夫村躲起来。

秋天——父母把儿子送到维约申斯克镇:这里有一所中学。不久,这个镇子也卷入了新生活的激情中。11月,学校校长收到一份电报:"根据本年九月五日发给大顿河军的第898号命令兹通告:经所有文献资料确认的贵校今后应名为:为解放家乡而献身者的维约申斯克中学。"

米沙经历了一难又落入一难。克拉斯诺夫将军下令惩罚那些曾归顺苏维埃政权的维约申斯克人:"维约申斯克镇和它的叛逆者们近日要从地球上打扫干净。"肖洛霍夫叔叔家的房子和全部家当都被烧掉了。

克拉斯诺夫这个人物写进了肖洛霍夫的传记中,不仅是由于这道命令,而且也因为,他作为《静静的顿河》中的人物,丝毫没有被歪曲,还因为克拉斯诺夫没有任何成见地细心地阅读了这部小说后还称赞了它。

……1919年,少年的肖洛霍夫从成年人那血淋淋的生活中又得到了新的印象。开始了消灭哥萨克的政策。联共(布)中央政治局通过了这一残忍行动的密令。"第一条就公布了指示:进行反对富裕哥萨克的大恐怖,把其全部杀掉,对于所有那些曾经在与苏维埃政权斗争中采取过直接或间接参与方式的,要进行残酷的大恐怖……"这既涉及到了过去的阿塔曼,也涉及到了军官。他们甚至取缔了哥萨克的服装,谁喜欢它呢!这关系倒不大。

维约申斯克镇的红色政权收到了人民委员西尔卓夫拍来的一份电报:

"为每一位被杀死的红军战士,请枪毙百个哥萨克。请为从十八岁到五十五岁(包括五十五岁)的所有男性居民准备好遣送去沃罗涅日省、巴甫洛夫斯克和其他地方从事强制性劳动的接收点……"

而这位活动家后来同自己那个姓马尔金的小暴吏也写进了《静静的顿河》,读了这部小说后,两个人就批评作者——说它不真实,说这是诽谤。

3月,由于这场消灭哥萨克运动引发了:维约申斯克暴乱!多少个镇子和村庄都卷入了进来——范围极广。在米哈伊尔的眼里,在暴乱的头几天就已开始流血。普列沙科夫——克里夫斯克暴乱者骑兵指挥官死了——很快就是报复性的惩治,紧接着就是对报复的报复……几年以后,肖洛霍夫在短篇小说《看瓜田的人》中回应了这一事件:

"晚上常常有红军俘虏成批地被押回村子里来。他们赤着脚,穿着破大衣,挤得紧紧地走着。哥萨克娘们跑到街上,唾着那些沾满灰土的脸,在哥萨克汉子和押送队的哄笑声中,骂着下流的话……最后一个,身材矮小,步伐摇晃。米什卡的父亲举起刀鞘,朝他那扎着染血的破布的脑袋敲了一下,他跟跄了五六步,就重重地扑倒在踏得很硬的地上。广场上升起一片哄笑和喧哗,哥萨克汉子们的眼睛笑得缩小了,哥萨克娘们的嘴也笑得噎住了,可是米什卡却气急败坏地叫了一声,用两只冰冷的手蒙住脸,撞开人们,沿大街跑去……"

少年肖洛霍夫来到维约申斯克镇,他来找一位远亲——商人莫霍夫办事。可是,这里还在打仗,部队突然得到了通知:为保卫自己就要挖战壕,因为库班红军骑兵师来了。谣传并非无中生有。大炮从巴兹吉村的高地上向镇里打过来了,肖洛霍夫同表哥经历了真正的生死考验——在轰炸声里趴在地上。

红军抵抗不了暴乱人群的打击,而且亚·谢·谢克列杰夫白军将军所统帅的骑兵队也压了过来,这位将军为了住下去,选择了莫霍夫家的房子。商人的一家及他所有房客被赶到了厨房里……

谁也不知道为什么,米沙对谁也没说,有一天他坐上了顺路的大车就回到父母身边。

肖洛霍夫一家人也同样被灾难的黑色翅膀笼罩着——库罗奇金部队的一群叛匪砍死了叔叔的一个儿子。难道不是这件事的可怕的画面写进了短篇小说《野小鬼》吗:"米什卡踉踉跄跄地走到车子旁边,向那张被马刀砍得血肉模糊的脸望了一下:牙齿露在外边,半边的面颊连骨头一起劈得挂下来,被血糊住的突出的眼睛上,落着一只很大的绿苍蝇,在摆动身子。"翻过一页后又重复了一句,使读者牢牢地记住了,这就是战争:"……那只像玻璃一样涂满血的眼睛,和眼睛上那只很大的苍蝇。"

外地人引起了白军的怀疑,他们好像还没有"变红"。肖洛霍夫到了老年也没有忘记这件事:"当我十四岁的时候,白军哥萨克闯进了我们村。他们寻找我……'我不知道儿子在哪儿。'——妈妈肯定地说。这时,一个哥萨克两脚站在马镫上,用鞭子使劲地抽打她的后背。她呻吟着,一直在反复说:'我什么也不知道,孩子,我什么也不知道'……"

与红军有关的事也有。宵禁的时候,夜里有巡逻,可是年轻的哥萨克都跑去玩了,肖洛霍夫也跟着他们一起去。在一条主要街道上,巡逻兵拦住了他们,他们被押到了一座空房子里,上了锁——被捕了!他们命令那个全副武装的哥萨克要目不转睛地看着。整整一夜姑娘们也没睡着觉——这个米哈伊尔把路上编出来的故事告诉大家,笑得大家谁也没能入睡。

1919 年 8 月起,出现了新政权与哥萨克和解的可能性。在专门写给顿河哥萨克的一篇文章中,列宁取缔了消灭哥萨克的做法:"工农政府不打算用暴力消灭哥萨克任何人,他们不反对哥萨克的生活习惯,为劳动哥萨克保留其集镇和村庄,他们的土地,保留他们随意选择服装(如带彩色镶条的)的权利……"

1920 年初,肖洛霍夫一家迁到了卡尔金镇。父亲不得不放弃了全部积蓄和没盖好的房子。他没有立即找到工作,儿子仍留在他身边。

第 二 章
1920——1922:生活中"遇到了麻烦"

肖洛霍夫在自传中写道:"从 1920 年起我就在顿河的大地上工作和漂泊了,长时间做过粮食工作人员,曾经追逐着一直在顿河控制到 1922 年的匪帮,匪帮也追逐我们。一切就好像安排好地那样进行,必须去应对各种各样的烦恼,可是今天所有这些都被忘掉了。"

独 闯 天 下

新的灾难来临,可怕的饥饿的1921年来到了,这一年只在罗斯托夫州就死了几万人,到处都是数不清的匪帮、枪击、流血。

可是,令人奇怪的事情也有,幻想家们着手要消灭文盲,国内刚出现的一个新词"扫盲"也来到了顿河。

肖洛霍夫直接参与了这一很好的工作,有几个月,成了"在成年居民中消灭文盲"的教师,这就像履历表中所写的那样。当时掌权的都是像他这样的干部,权力不能分散,尽管他的年龄绝不是做教师的年龄。于是下令让他搬到拉狄谢夫村。这次出行并没使父母十分担心,因为儿子将来生活的地方离卡尔金村不远。

奇怪的是,他在自传中从来也没有提起过做教师的事,不过,五年后他以相当感人的画面写出了短篇小说《两个丈夫的女人》:"屋子里很热……花花绿绿的苍蝇在玻璃窗子上扑打着,嗡嗡叫,静悄悄的,阿尔吉姆老爷爷舔着一段铅笔头儿,一边生气地撇歪了嘴,一边写着。人们挤着安娜,捅着她的腰,坐在安娜旁边的是玛尔法……大粒的汗珠从她的鼻子上流到了上嘴唇,她用袖口擦了擦,有时用舌头舔一舔,还得轰走那些黏糊糊的苍蝇。安娜的心跳得越来越快,如今她第一次能把一个单词完整地读出来,她读第一个、第二个、第三个字母,就用这弯弯曲曲不明白的字母组成了一个单词。她捅了一下玛尔法的腰:'看,我会了:种——粮——人。'老师用粉笔在黑板上敲了敲:'静一些! 请自己读! 啊——啰,阿尔吉姆老爷爷给我们读一下今天的课程!'老爷爷用手紧紧地按住桌子上的字母表,咳嗽着。'我——们……稀——粥……'玛尔法忍不住,扑哧一声就偷偷地笑了。"①

无论怎么说,革命还是激起了对美好生活的渴望,正因为如此,村里人接受了三点决议,第一"欢迎我们的以列宁、托洛茨基、加里宁为代表的进

---

① 这一段文字在中文版《肖洛霍夫文集》中没有。文集中《两个丈夫的女人》写到,集体农庄的庄员增加了一倍,有一天,农庄主席来告诉主人公安娜,说要开始学文化了,而且给她报了名,地点在俱乐部,参加者有二十来个,安娜觉得"不好意思",主席说:"文盲不是更不好意思吗!"于是,安娜第二天就去了俱乐部,但她去时有些晚,挤进了屋就坐在玛尔法身边。

步的领袖……";第二"鉴于国内的艰难形势,我们决定,工作日不是按小时计算,而是要看我们的体力是否够……纪律应当是同志式的,完全自觉的";最后,"与苏维埃官僚主义的斗争万岁!"

克鲁日林人建立了公社组织,对此——即农业生产组合的诞生——全区人人都在谈论,甚至地方报纸也出现了评论。

然而,距最后的考验还很遥远,在二十年代末,由于生活本身的推动,召开了上顿河区党的积极分子会议,讨论了最重要的问题,"讨论的问题有:国民教育问题(报告人为区国民教育处处长乌沙科夫)、同土匪现象作斗争问题(报告人,区警察局长沃罗宁)和余粮征集制(报告人,区粮食人民委员穆尔卓夫)。"有趣的是,这些内容是怎么联系在一起的——学会读和写,一般来说,就十分艰难。

肖洛霍夫没有到会,可是这次会议的指示他不能视而不见。

宣布了"革命劳动月"并号召:"人人参加余粮征集制!"必须开展征集粮食的工作,为了使国内人民免于饥饿,要向每一户征收共同定额的粮食,而且不要考虑反抗。革命要求做出牺牲。

时间又是急不可耐地来到了,正是在这样的日子里,当肖洛霍夫在"扫盲"的和平战线上工作时,卡尔金村的人注意到了他——他几次到过粮食采购站。在1925年的短篇小说《阿廖沙的心》中,这个采购站就像反映国内战争生活的纪录片一般地显现了出来:"河边的砖栅和粮仓里存放着粮食。院子里有一座铁皮顶的房子。这里是'顿河粮食委员会第三十二号采购站'。在仓房屋梁下摆着一辆战地炊事车,两辆弹药车,粮仓旁有脚步声,还有没擦亮的刺刀。这是警卫。……在采购站走廊的第二扇门上钉着牌子'政委西尼岑'……他们沿走廊走去,走廊尽头一扇门上用粉笔写着:'俄共青团俱乐部',阿廖沙感到很奇怪。"

村子里传出流言,说这个小伙子肖洛霍夫,商人的儿子,要当官啦。当官就是这么开始的,他亲手在一页纸上写了:"我申请把我补入某一空缺职务,在您所负责的粮食采购站的办公部门。米·肖洛霍夫,卡尔金镇,1921年12月20日。"于是他就成了……会计的助手。家里人都很高兴,虽然支付的革命工钱不多,但却增加了一份宝贵的配给品——半磅烟叶,五盒火柴和半块肥皂。

他成了苏维埃职员！暂时这还是个危险的称呼。顿河一带不断地出现迫害红军的事件——有时夜间向窗户里开枪,有时在路上就潜伏着危险。匪帮胆子很大——他们有依靠:不满的人很多。匪帮在顿河地区摧毁了一半的农村苏维埃政权,杀死了一百多苏维埃工作人员。

肖洛霍夫就相当熟悉一个匪帮的头子——福明(《静静的顿河》中他就出现了),那时他还是巴兹吉村的红军指挥员。如今,大概有一件事救了肖洛霍夫,使他逃脱了前来杀人的昔日暴烈的交谈者。关于这件事,一个村里人曾回忆过:"我同两个共青团员朋友正坐在村苏维埃的小屋里,看到山丘上尘土飞扬,来了一些骑马的人,是匪帮。我们跳上马鞍,向村边跑去……这时从另一方向米哈伊尔·肖洛霍夫坐着双轮马车从什么地方过来了。阿库琳娜没有慌,她赶紧发了信号,可是她被打死了。我看到米哈伊尔却调转了双轮马车飞奔起来。这是力量对等的死战:他在窗子下面,就离匪帮不远的地方疾驶而过,跑到草原上,他生来有福,谁也没有发现他跑掉了。"

就在1921年的这几个月里,马赫诺就在这个地方突然出现了。稍后,在中篇小说《道路》中形成了这一情节,主要人物彼得·克列姆涅夫有过被无政府主义匪帮俘虏的生活经历,小说以如此逼真的色彩写出,令人不由得想到,作家对所有这些是不能凭空写出来的:

"排长用睡意未消的眼睛向彼得瞅了瞅,说:'真可笑……去跟一个小家伙磨蹭,苦了他,也给自己添麻烦。'他蹙起褐色眉毛,对彼得瞅了一眼,骂着娘,大声喝道:'滚到仓房旁边去,蠢货！……喂！……对你说,去,脸对着墙站着！……'"

所有这些原来是这样的:作为苏维埃职员的肖洛霍夫就曾站在这性情乖张的阿塔曼面前,并听到他的命令:"枪毙!"一个大胆的哥萨克女人救了他的命,在她的家里审问时,她就请求可怜可怜这个小伙子。[①]

---

① 小说的情节是这样的:马赫诺匪帮打来后,杀了一些国家干部和共青团支部的人,那个留浅色胡子的匪徒在牧师的家里审问,彼得在阴暗的穿堂里等了很久,牧师老婆匆匆跑进穿堂,在彼得的旁边走过,她认出了彼得,就悄悄地对马赫诺匪徒说:'他就是共青团支部的主席……恶毒的共产党员……你们应该枪他……'所以,马赫诺审问了他后说:枪毙！押送兵把彼得带出来,排长让他站到仓房那里,之后从屋子里出来了一个留浅色胡子的匪徒,说:'不用枪毙那伙了,……'小说没有写,牧师老婆对什么人为彼得求情。关于马赫诺与肖洛霍夫是否见过面的问题,评论界颇有争议,本传作者显然是相信肖洛霍夫本人的回忆的。

涅斯多尔·伊万诺维奇发了善心,但他却威胁说:如果再次抓到你,那么第二次决不饶恕。

就是到了老年,肖洛霍夫也没有忘记这可怕的一段经历。有一次在同自己的同乡、熟人瓦·阿·沃罗宁(此人后来写过肖洛霍夫传记)的谈话中他还提到:

"'他审问了我……'

'他给你留下了什么样的印象?'

'他外表并不漂亮……'"

哥萨克们怀念着和平的生活,看来也因此在卡尔金人的"人民之家"出现了戏剧!而且大厅里座无虚席。这要感谢穆雷辛老师,他说服了自己过去的一些学生,组织了一个剧团。保存下来有这么一段回忆:"开始上演了契诃夫的轻松喜剧。肖洛霍夫特别喜欢喜剧角色,因而在演出中他必须再写些什么。"

一切都很好,可是,烦恼却越来越频繁地来到。剧目枯竭了,怎么办呢?有一位镇里人曾回忆道:"有一回,肖洛霍夫去找导演,并交给他一份手稿,说:'看,找到剧本了。'

大家读了剧本,都很喜欢。后来他不只一次拿出新写的剧本。伙伴们绞尽脑汁地想:他在哪儿保存了这么多剧本呢?大家很感兴趣,可是听到的却是平静的回答:

'维约申斯克一个熟人寄来的。'

'唉,米什卡,大概是你自己写的吧?'

'你们这说哪儿去了,我怎么能写!'

对话到此就中断了。可是,不知怎么的,他激动了起来,把写好的几页纸贴到了胸前,一口气地说出:

'题材真好……写了两幕,第三幕还没有。——'他突然地平静了,坐了下来,感觉到自己说的多余了……"

这些演员们得到了广泛的关注——区革命委员会主席要求他们到邻近几个村去做巡回演出。这简直是宇宙的荣誉!

在卡尔金村,肖洛霍夫一家生活很贫穷。古老的哥萨克谚语似乎说的就是他们家:"说来又说去,粮仓没一粒。"甚至连自己家的住房也没有找到。米沙打破了自己作为一个小伙子的自尊心,穿了套极寒酸的服装:补了又补的那件中学制服,扎了条带小铜牌儿的腰带,从未用熨斗熨过的裤子,还有磨坏了的鞋子。

十六岁,爱情来临了。小伙子虽然个子不高,可是在晚会聚集到一起玩的年轻人中间却引人注目了。他本来也很漂亮,既有文化——又是演员,还是作家——而且在苏维埃政府任职。就这样,一位哥萨克的漂亮姑娘走进了他那激动不已的心。她文静、不出风头,性格内向,可是,做过阿塔曼的父亲认识他,坚决反对:这个肖洛霍夫不能做他的女婿!

[增补]创作的开端,尽管暂时还是模仿性的,不大好的,可以推溯到1920年,肖洛霍夫十五岁。他写出了称做"笑话剧本"《不平凡的一天》,独幕剧。当然,这个剧本只保存了提词人写的札记。剧中人物是这样的:"玛尔法·西多罗夫娜是商人的妻子,四十七岁,是个稳重的寡妇;彼得鲁什卡是玛尔法的儿子,傻头傻脑的一个小伙子,十九岁,很邋遢;布德·布多维奇是个稳重的光棍,戴眼镜;纳塔莎是商人的女儿,极爱卖弄风情;斯瓦哈·米特列夫娜,四十五岁,很爱说话,多嘴多舌。"商人的题材绝非偶然,因为作者的童年和少年时代就是在商人的家庭中度过的。剧本的情节向两个方向发展:本想让年轻的主人公们结婚,却导致了他们父母结婚。

受　审

1922年,肖洛霍夫不再是在财会环境里的一个不显眼的职员了。州领导的一纸严肃的公文标明他成了"不可或缺的工作人员"。多么了不起!就像刑侦一样,顿河州粮食委员会推荐他去罗斯托夫粮食工作培训班。不论是地方还是中央政府,都把赋税的过度重荷压在了哥萨克身上,那些热心的领导们压着要超额完成纳税任务,需要干部帮忙。

两个月里,不仅是粮食专家,而且还有党的领导干部,用训令灌饱了培训班学员的肚子。粮食工作者们在国内粮食极端匮乏和大饥饿的年代里成了特殊的人物。责任重大!有时对他们中一些没良心的人——就得卑躬屈膝!有时又让人胆颤心寒!

学习结束——发给学员们印有可怕文字"税务督察员"的证书。对于顿河来说,这是具有如此重大意义的事件,对此应广泛加以通告,因而有那么一个叫尼古拉·鲍戈廷的《劳动顿河报》记者就很重视这结业典礼,这已是历史上的怪事了,这些学员没有猜出来,恰恰就是这个跪着急急忙忙往笔记本里写着什么的人,日后就成了著名的戏剧家,并以剧本《带枪的人》和《克里姆林宫的钟声》而出了名,而且在"库班哥萨克"战争之后,根据他写的脚本又拍成了电影。这个记者没有注意到姓肖洛霍夫的这个大脑门的小伙子。只是经过了多年后,当他看到了报上登的照片并有文字说明"年轻的作家米·肖洛霍夫"时,才想起了这个人。于是顿河地区人们看到了报上的这一段报道:"这一并不重大,似乎也不重要的事件却在顿河的经济生活中具有极大意义。顿河州的'明天'依赖着这些培训出来的一百二十名工作人员。他们作为地方上的直接工作人员,每一户个体农家主人的产业交给了他们,顿河的农业经济也交给了他们。"

这就是对镇里和村里人的公开警告,对征税员的送别的话也是这样。

肖洛霍夫的委任书是签署到上顿河区故乡的。过了四天以后——在他生日那天——他就登程,去布坎诺夫斯克镇,那时他十七岁。

由于工作极为重要,区粮食人民委员采取了加强措施,在区中心,即肖洛霍夫所在的维约申斯克小组里,宣布自己就是这个组的组长。

就在这位坚强的革命的粮食人民委员的领导下,肖洛霍夫就成了粮食工作者,在短篇小说《粮食人民委员》中就反映出了肖洛霍夫文学记忆中的印象:

"区里来了一个州粮食人民委员。他抽动狡猾的刮得发青的嘴唇,急急地说:'根据统计资料,您所负责的一区得征集五万普特粮食。我任命您,博佳金同志,为区粮食人民委员,因为你是个精力充沛,有上进心的干部。我信任您。期限一个月……革命法庭这几天里就会来到。军队和中央需要粮食就像这样子……'他用手掌在长有硬毛的尖尖的喉结上嚓地划了一下,接着恶狠狠地咬了咬牙齿。'存心隐藏的——枪毙!……'"

肖洛霍夫很怕到被任命的地方去——那个镇子很大,而且有很多对苏维埃政权不听邪的人。

可是,忠诚的战友们又多么需要他——特别是最初的几步。其中有一个人,工作与他有直接关系的彼得·雅科夫列维奇·格罗莫斯拉夫斯基成了镇土地科的工作人员。

春天……哥萨克们播种的农忙期——也是监察员的大忙期。肖洛霍夫证明了自己的工作,向领导打了报告:《布坎诺夫斯克镇5月17日至6月17日工作进程报告》。看起来,总共只有一个月,感觉还真不少!在最初的几行文字里就看出了他性格的坚毅性:"刚一到任职地点,我就立即用两天的时间召开了各村苏维埃连同当时动员来的统计员的代表大会。第二天,布坎诺夫斯克镇就逐村把工作开展到征税对象了。工作一开始我就坚信,各村苏维埃和统计员的全部工作应当在监察员极审慎的观察和监督下进行。我当即前往我们区,召开各村公民大会……"

然后,不是没有失望和自我批评地补充说:"虽然已尽早采取了措施,公民们还是差不多个个都隐瞒了播种数量,工作虽已结束,但一切成了泡影……5月27日我同委员会剩下的成员重又到各村去……"

他又讲到了这次抽查中他采取的办法:"在一种情况下,用宣传的办法,而在另一种情况下,采取丈量的办法……"

这就明显地看出了他所承认的——他触摸生活并非是按照阶级斗争的政治死板公式:"在提供有关播种的指标和询问时,当地村里的无产阶级持抵制态度……"

怎么能够不抵制呢!这不仅仅是出于世世代代的种田人的情感:每一把种子,都是我的,这里面有我的汗水,我的希望,我希望冬天和春天它能成为一块面包。

顿河地区灾难临头——旱灾来了!税务监察员肖洛霍夫情感上发火了:俄罗斯没有粮食,可顿河也没有粮食。三年以后他在短篇小说中写出的是他亲眼所见——不过是用肖洛霍夫式的极为简洁的文字,印象真实地写道:

"从被太阳晒焦的草原上,从龟裂的白色的盐土地带,从东方,热风刮了整整十六个昼夜。土地晒焦了,青草枯黄了,稠密地散布在路旁的井里水脉都干了,还没有抽穗的庄稼,萎靡不振,垂向地面,好像驼背老头一样……"——这是《牧童》这篇小说中写的。

"紧接着来的是饥荒。……阿廖沙有一个下垂的大肚子,一双浮肿的腿……用手指按按紫红色的腿肚子,先会出现一个白色的窝儿,接着窝上的皮肤就会肿起一个个水泡,而手指按过的地方就会出现紫血块,久久不会消失。

阿廖沙的耳朵、鼻子、颧骨、下巴都是皮包骨头,而皮又好像干枯的樱桃树皮。他的双眼深深凹陷,仿佛两个空窝。阿廖沙今年十四岁。他已有四个多月没有见到面包了。阿廖沙饿得浑身浮肿。……过了一个星期。阿廖沙的牙床溃疡,每天早晨,当他由于饥饿难当而啃多脂的榆树皮时,嘴里的牙齿就动摇,喉咙就痉挛。"——这是小说《阿廖沙的心》中写的。

后来,在二十年以后,在长篇小说《静静的顿河》的第四部,又写到了一些事情,甚至写了人们极为仇恨征粮队员,在匪帮屠杀红军战士后,有一次福明同麦列霍夫对话时,利用了福明之口作者做了一段自白:

"你不要以为我们对所有的敌人都这么残酷。这个怪家伙是征粮队的人。对这些人和各色的委员们我们是决不轻饶的,对其余的人我们都是很宽大的。"

不过,现在我们还谈肖洛霍夫写给领导的报告,领导一看,这份报告是心灵的哭嚎:

"播种用的种子谁也没有得到,正如您所知道的那样,去年的收成造成了被烈日烧焦的沙土的草原。现在,在各镇、村饥饿的土壤上出现的死亡现象,特别令人大吃一惊,去年歉收的地区已经达到了极大的规模。"再看,单独的一段:"每天都有几十个人死去,所有的菜根已被吃光,而唯一可吃的就是草和树皮……"

这份报告领导看过了,可他们能去制止饥饿吗? 在报告上做了批示:——对哥萨克的不断死亡,无动于衷,但却鼓励了肖洛霍夫的工作,"认为工作满意。"

在对于灾难信号表达了这种态度后,肖洛霍夫的工作中表现出了坚决制止在穷苦人身上算计税金的巧取豪夺现象。

格罗莫斯拉夫斯基……这一家既给了他苦恼,同时也给了他欢乐。如果说,开始是欢乐的,那么就是说肖洛霍夫发现了他们家四个女儿中的一个——皮肤黝黑的姑娘,当地学校的女教师。她的知识享有很高声望,那还用说,她就毕业于梅德维季河口那所女子学校,这里几乎就是个城市,(过不了多久,为纪念作家绥拉菲莫维奇,这里就以他的姓命名。而他也就成了肖洛霍夫的未来导师,甚至朋友。)这位女教师又多么漂亮啊! 肖洛霍夫为她斟酌了一个自己称呼的名字:玛露霞—玛露辛诺克,当他们成为朋友时,她也高兴。

可是,她的父亲却很不妙——受到了区里领导的怀疑。领导上抓住了肖洛霍夫一份报告里的错误,即他在统计播种面积时,偏袒了那些挨饿的人。紧接着就对他做出了残酷的警告:"信任格罗莫斯拉夫斯基!要查!"

这种不信任也并非偶然,这种对格罗莫斯拉夫斯基"政治上的"不信任是从国内战争时就已开始的,对此,下面还要讲。

任职的第一个月飞逝而过。夏天——喘了口气……现在,生活从各方面都应谨慎行事,他经常去格罗莫斯拉夫斯基家。同老人与他的儿子当着女儿面喝茶,不必讳言,难道这位客人能对一群少女漠然视之吗。

这个笃信东正教的家庭循规蹈矩地去教堂令人惊讶。父亲,尽管全国都在倡导革命的无神论,却去做了诵经士——就是这样的性格!儿子,早在革命前就把自己献身于这一称号。就连这个玛丽娅毕业的女子学校也是由宗教当局管理的。

老年人开始猜测了,这个小领导经常来见他,不仅仅是为了谈一些职务上的事情,或者对家庭生活的安逸感到厌烦。而玛丽娅,只要客人肖洛霍夫一跨进门槛,脸色和举止就变了样。有一次他开玩笑:不是做了妻子吧?两个人都面红耳赤,大家对此也都明白。可是,未来的岳父却不同意女儿的选择。在镇里,肖洛霍夫是什么人哪?穷无立锥之地。可是,小领导的博览群书倒像是自己的女婿。格罗莫斯拉夫斯基高兴了——他自己就在哥萨克中间以见多识广的读书人而著称。

秋天,是收割粮食的季节。对每个人最终计算出的税金是多少?

在这些日子里,出现了一件难于置信的事情,而且也是无法补救的事情。一个脾气火爆的哥萨克做出了一件重大的欺骗事件——自己把计算税金的指标压低了一半。肖洛霍夫拿出来调查账目——改了过来。那个哥萨克极为生气,操起了镰刀——在顿河,遇到这种事人们是说——去垅沟后面了。肖洛霍夫当即迎了上去:那个人颚骨碎了。这个哥萨克抱怨着去找法官——他把案子告到了革命法庭。肖洛霍夫在"黑屋"里坐了两昼夜。《被开垦的处女地》中写的达维多夫同一个发了火的哥萨克冲突时操起了轴杠就与此有些相似。

有些人说,肖洛霍夫的父亲耍滑头,他把儿子出生的日期减少了一年:

由于未成年不应判刑。

于是,他不得不告别红色收税官的官运了。这份文件保存了下来:"肖洛霍夫,米哈伊尔·亚历山大罗维奇——镇税务监察员被解除现任职务。1922 年 8 月 31 日第 45 号令。原因——被查出职务犯罪。"

不论何时,他在讲话和文章中都没有提及自己履历中这一异类事实,只是有一次,在自传中冒出来一句:"1922 年作为粮食人民委员由于超越权限而被判罪:一年,缓刑。"

现在——获释了,可以回家了,他回到了卡尔金镇,到了父母身边。

玛露霞—玛露辛诺克预感到,分别不会是永远的,她也明白,她的未婚夫偷偷地离开所有人,回到自己村里,并非是为了安排自己未来的农业耕种生活。在近一个时期两个人的交谈中,谈到创作的事已非常频繁。在哥萨克中间,文学艺术是优雅别致的,有哪一个其他人甚至能暗示过这一职业,哪怕是妄想呢——这件事在一个村子里落到了刚刚十七岁的人的头上。

〔增补〕彼得·雅科夫列维奇·格罗莫斯拉夫斯基,肖洛霍夫未来的岳父,革命前任镇阿塔曼。这是一个极重要的官职,而且他事事操心,样样负责!由于他阿塔曼的官职,给他自己和家庭带来了两次灾难。1919 年,白军判处他服苦役——八年!——因为他同大儿子去参加了红军民兵。红军来人救了他,使他从刑讯室放了出来。可是,没过几天,镇里的总指挥红军人民委员马尔金又把他列入了枪杀者的名单——因为他是阿塔曼嘛。那个关于消灭哥萨克的莫斯科指示就曾命令对阿塔曼要第一批"枪毙"。

一个偶然的机会救了他。这个马尔金被规定就住在格罗莫斯拉夫斯基家,他又没马上看清处死者的名单,尽管房东的姓排在第一。当他看清了名单,下令抓捕时,镇里的一些共产党员就出面说情了。肖洛霍夫多年以后在《静静的顿河》中写出了这个恶棍,他自己甚至也认识这个马尔金。

第 三 章
1923——1925:首都还是镇

这个不久前威严的收税官并没有骄傲地高昂起头离开布坎诺斯克镇。

我们判断吧！恶名！蒙辱！哪怕上街也不能了。

更为糟糕的是意识到了，如今任何人也不需要他了。在他这不可驯服的十八岁年龄，甚至没有一点点的留用待取之物，怎么生活呢？

失 业 补 贴

父母很高兴，他回来了！

家中所有吃的都拿出来给儿子。但是他不是来做客的，他喜欢干粗活，帮助操持家务。当然，家里的活儿也不那么多，因而常常做完家里的活儿就径自去河边，这条河有个怪里怪气的名字——奇尔河。在蚊子的嗡嗡声中，在芦苇的沙沙响声里，这种悠闲的垂钓生活诱使他去思索、思索、思索。

冬天到了——漫长的黄昏有许多自由的时间，无尽的夜更是长而又长。

他的房间并不大：挂着窗帘的两扇窗子中间有一张桌子，上面有一盏0.7英寸的宽灯芯煤油灯，一个玻璃墨水瓶，一支木制的学生用的钢笔，笔上有一段铁皮箍，这是握笔的地方，还有一摞书……

拿起了笔和纸，他感到苦闷。写剧本？可是，现在给谁写呢？……就在这时，也许他考虑到了：在顿河土地上描写顿河的人很多吗？——如果不提那个像克拉斯诺夫将军那样写过历史长篇小说和中篇小说的人，还有一个从很早就出了名的，这就是亚历山大·绥拉菲莫维奇·波波夫——他发表作品时用了笔名绥拉菲莫维奇——这是一位家住在梅德维季河口的真正的哥萨克。在革命前，人们还兴致勃勃地读过费多尔·克留科夫的作品——他也是杜马的代表，后来成了白军报纸的编辑，写出了不计其数的反对苏维埃政权的传单和告示。如今，当然，他已经被人们忘记，当被红军赶跑时，他死于伤寒（一直到二十世纪八十年代中期，苏维埃政权已把他忘掉，肖洛霍夫既没有等到他的书的出版，也没有等到他的名字在公开追荐亡灵时出现）。在革命前还流行过由顿河军上校伊万·罗季奥诺夫写的《静静的顿河》特写集和几本长篇小说（后来，在柏林的流亡者中他以黑帮分子和反犹太分子而出名）。

难道这些，是他将来要写的吗？

他明白：需要学习，需要一个创作环境，这就是说——要到莫斯科去！那里的共青团报和杂志吸引着初学写作的作家们，那里，他的同乡绥拉菲莫维奇,已为一群年轻学子围住。

1922年10月,在第二周刚到一半,火车驶进了莫斯科火车站,这个火车站早在他第一次同父亲到别洛卡缅纳亚时就认识了,如今,一个年轻的首都征服者又踏上了莫斯科的土地,他对于成为文坛"巨擘"充满了信心。

新经济政策的熙熙攘攘的特征。不久前,当局宣布了从"战时共产主义"向建成社会主义的过渡——在站前广场上,人们大为震惊,就好像不是半个国家在大饥饿似的,赌罗托牌的和卖报纸的叫喊声不断,不是只有那些残疾的叫花子和缠着行人乞讨的孩子,看院子的——有洁癖的人拿着扫帚,警察,穿着皮毛的阔小姐,男人们戴着鸭舌帽或者带缘帽,拎着皮包,马车夫赶着奔跑的马匹,汽车响着喇叭,每一步都有店铺和商店——国营的、集体的、劳动组合的、私人的,它们靠橱窗里那些丰富的商品向有钱人大张了嘴巴。饭馆传出来手风琴和吉他的声音。每走一步都有咖啡馆……

肖洛霍夫很快清醒了过来:到哪儿去住,靠什么生活呢?

头几天他决定——去打听明白,怎样进入大学办的工农速成中学。这首先是为那些有很少的中学基础的无产阶级出身的青年们办的预备补习班。但这里不收他,因为他既没有共青团开来的证明,而且他自己也不是共青团员,这对入学是不可克服的障碍。

这个倔犟和骄傲的小伙子拒绝了回家的想法,那好像他是个失败者、退缩者似的。于是在普留希哈街找到了一个避难所。三年后,在短篇小说《伊留哈》中他写道:"……深夜,他下工沿着普留希哈街,在无声的一行行黄色街灯下走回家去……"

后来,他又在劳动市场上出现了。人家问他:"什么职业?"他说:"粮食工作者。"这次谈话他一直记在心中。十二年后有一次在《真理报》报社,他不无幽默地讲过:"在莫斯科,我曾处在阿尔杰姆·韦肖雷这位英雄的境地,韦肖雷在国内战争结束后到劳动市场上去登记。'您的职业是什么?'——人家问他。'机枪手'——他回答。"

家里有一句俗话:"哥萨克吃饱了就倒着,因而长得健康滚圆。"这里却流行另一句:"要赚钱就得早起来。"

首都并不欢迎外省人在它的阳光照耀下寻找一块地方。他试过在雅罗斯拉夫火车站做装卸工,后来又去铺路,冬天到了,不论冷天还是解冻时,他去打过木桩——一下又一下——很重,手指都抽了筋,还有那些花岗岩石板。

接收了他的那家劳动组合承包了铺设基督救世主大教堂前边的广场及旁边小胡同的道路,可是,不知道为什么他又离开了这里,靠着领到的一点点微不足道的失业救济补贴度日。肖洛霍夫在提及这些苦楚时,就补上一句:"所有时间都孜孜不倦地在自学。"

新年快到了——回家在吸引着他。

1923年,在家里待了一冬,直到春天。在妈妈的呵护下,吃得不错,生活得无忧无虑。但是,进入莫斯科文坛的想法——仍很执着。父母无论如何也不能让他放弃这个主意。

5月,又重新上路。重新受到了半饥半饱折磨的问题又出现了:在莫斯科靠什么生活?

他找到了一份差不多是熟悉的工作——会计。劳动市场派他去了红普列斯尼亚地方的一个住房管理所。

白天,又是纸张,又是数字……每晚却自由自在,就在这时,一些情节和题材就冒出来了,从而就越来越经常地动笔来写,只是到半夜,有时到凌晨才睡觉。

他开始想到能否给自己找到让作品停靠的某一个码头。一个成熟的决定想好了:不从名士派生活开始——不穿梭于各文学酒吧、咖啡馆和俱乐部之间,而是去寻找能支持他"努力做一个作家的人"。

他要停靠在哪一个文学港口呢? 当时,文学学会、团体、协会、联合会和小组数不胜数。

其中有一个这样的作家协会,就是——无产阶级作家联合会,它很有影响力,斯大林本人给它以支持。不错,过了三四年之后,它以拉普为名,即俄罗斯无产阶级作家联合会,又使斯大林在政治上发了烦,认为他们在新文化建设中唯一依靠的是吵吵嚷嚷的没完没了的逞能,而其他所有组织在挨批时却都要受到教训、批评。还有一个组织叫"冶铁场"——它聚集了一些过去无产阶级文化派里的人物。早在1920年,列宁发表在《真理报》上的《论无产阶级文化派》一文中就摧毁了对它的"迷信",因为它们提出了最后通牒式的理论——在彻底否定过去文化传统的条件下,只应当存在一种新的——无产阶级的——文化。"冶铁场"筹办了自己的杂志《冶铁场》

（1920—1922；1924—1925 改名为《工人杂志》），也准备出了自己的领袖——作家费多尔·革拉特柯夫、尼古拉·里亚什克和弗拉基米尔·巴赫梅季耶夫（这些人最初就宣扬肖洛霍夫是敌人，因为他的创作是非无产阶级的）。

肖洛霍夫决定加入青年作家协会，这些作家都团结在 1922 年 4 月创刊的共青团杂志《青年近卫军》的周围。

他已经写了两三篇短篇小说。突然到这里，大家要他读一下，并且要说说心里话——从事文学事业值得吗？于是，他要求参加这个协会的创作会议。当他走进会场，同大家问好，但不握手，他那哥萨克的外表让所有人感到惊奇——戴的是"库班羊皮帽"，穿的是军便服，腰上扎了带花纹的腰带。大家对他说：请读一下吧！大点儿声，让大家都听得到。这是荣誉！尽管平时胆子不小，可是，膝盖还是抖动了起来。这第一次当着众人的面与文学界会面是如何进行的，青年近卫军这个协会的书记马克·科洛索夫还记得。科洛索夫就在这家杂志社工作，由于他同杂志主编安娜·卡拉瓦耶娃于 1932—1934 年共同促成了尼古拉·奥斯特洛夫斯基《钢铁是怎样炼成的》的发表而广受称赞。他也为历史保存下来了这位顿河文学新战士表现出的准确的特征："肖洛霍夫非常腼腆，读得不生动，单调，吐字还不清楚……不得不迁就当时流行的写作方式；句子短小，形象浓重，色彩鲜明……而且，他的短篇小说与当时无产阶级作家所写的那些并不一样……"

就这样，他读了自己的作品——引起了热烈的讨论。在这之后，他听到了一个善意的建议：成为青年作家协会的会员。

这时还出现了一件大事——对于他的创作形成是非常重要的！他去敲了《少年真理报》编辑部的门，这家出版社也同样是共青团办的。很幸运，门打开了——他被接受为编制外的撰稿人，他们说：写吧，写共青团需要的题材！

可是，最初要用一支什么样的笔给读者呢？是作家的笔还是记者的笔呢？

第 一 篇 小 品

文学协会，这使通过这一职业的第一台阶的教育成为可能。肖洛霍夫极有兴趣地参加它的活动。在这青年近卫军的围墙里,初涉文坛的作家们饶有兴趣地互相诵读作品,然后就谈谈要求严格的评价。噢,这里的交战有多么热闹啊——这时,他们带有共青团的爆炸性的火气与热情来发掘真理:写什么?怎样写?为谁写?很清楚,每一个人都是天才,尽管暂时还都什么也不是,都还没有被认出来,除了他自己。

肖洛霍夫明白,文学协会绝不是桂冠的温室。而且,他也还知道,在文学圈子之外,天才走进文学,在历史上是极罕见的现象。这个例子就是普希金——皇村中学对于伟大的诗人来说就是一个摇篮,他在同学和教授们的关注下在这里开始了创作,这里,伟大的长者杰尔查文——俄罗斯的崇拜偶像——发现并祝福了他。这个穿了制服的皇村中学学生,又去了颇受俄罗斯公众尊敬的《欧洲通报》杂志的编辑部,他的早期诗歌就在这家杂志上发表了。

再看看他,肖洛霍夫,命运使他得到了自己的杰尔查文——绥拉菲莫维奇,从而进入了理应称他为导师的圈子。那个维克多·什克洛夫斯基,时髦得轰动一时,当时是个行为乖谬的评论家和文艺理论家,在结识肖洛霍夫时却感到了惊讶:他那不高的身材却有那硕大的又方又秃的头颅为他挑衅般地加了冕。奥西普·布里克是以博览群书著称的人物,肖洛霍夫对他很有兴趣,因为他又是马雅可夫斯基本人的好友,他干脆就称奥西普为奥夏。就这样,他们意想不到地突然重又组合到这一协会中,绥拉菲莫维奇信仰经典作家的传统,相信作家对于人民的责任意识,而那些文学教师却不厌其烦地教导学员对待经典作家的特殊态度:革命正在摧毁陈旧的东西。

肖洛霍夫未必接受了什克洛夫斯基这样的研究成果:"散文形象乃是抽象的手段:西瓜取代了圆灯罩或者西瓜取代脑袋,只是对象一种性质的抽象,而且他与脑袋=球,西瓜=球的定义毫无区别……"哥萨克们可以很简单地谈到这种科学,但却是用挖苦的机智的话语:"魔鬼展现了时髦——就钻到了水里!"而这些布里克们的发明——工艺学式的,对镇里来的小伙子一无用处,有一位见证者的评价是富有深意的:"在漆黑的夜晚,布里克找了我们去。小说组在作品分析中就扑腾起来了:自己的、热烈的、别人的……分析……分解……集合……情节……写作手法……抓住读者……"肖洛霍夫后来是这么做出反应的:"布里克给我们上课,我去听了三四次,他给我们讲的,就像是谈烹饪指南一般,我们说是讲给建筑师听的。"

或者,他还有同样尖刻的评价:"在沃兹德仁卡,在无产阶级文化协会,由莫阿普举办的一次文学晚会上,就能够完全意想不到地闻到草原羽茅草(而且不只是羽茅草,又是'灰色的羽茅草')的特殊气味,除此以外,还可以听到大草原上红军战士上气不接下气地扬言,是怎么把顿河人和库班人整死的。有那么一位没有闻到火药味的作家十分感动地讲到了国内战争,讲到了红军战士——一定是说'兄弟们',讲到了灰色羽茅草的气味,而为之震动的教室——主要是二级中学的可爱的姑娘们——都慷慨地报之以热烈的掌声。实际上——羽茅草是极不好的一种浅黄色的草,一种有害的草,没有什么气味。人们不把羊群赶去吃它,就因为吃了那草的叶尖羊就会死去……"

我记得,他才十九岁,但是他已经对极具影响力的无产阶级文化派们和无产阶级作家联合会的活动家们深感不满了。

……记者。当他在自己的文学协会中还只是考虑与美文学联姻时,毕竟是记者生涯首先与他纠缠不清了。可是要世界变得更好,就得立即干预生活,而且要求这支笔尽快与读者见面,立即得到稿酬——生活也需要。

1923年9月19日,《少年真理报》——共青团中央和莫斯科市委的战斗喉舌,上面出现了一篇小品《考验》,副标题为:发生在德文斯克州某县的一件生活小事,标题下面签署了:米·肖洛赫。

德文斯克州,这个假名的伪装不会影响学识渊博的读者明白,这里说的就是顿河州。按其风格和情节来说,这里显然是来自于契诃夫:同坐在一辆木制马车上的旅客路中一段有趣的故事,一个人是共青团支部的书记,另一个人是新经济政策时的商人。

这篇小品没有任何特异之处的闪光,距离狗鱼老大爷的挖苦嘲笑还相距很远。

后来肖洛霍夫一直没有提到自己的这第一篇作品,也许,不应提及,否则,批评家和文艺理论家就有可能在这篇小品中看出那两根刺,明显地与时代不合。

由于不喜欢用肮脏的方法去检查政治信念的纯洁性,共青团领导——一位县委书记就给一个商人下达任务:

无论如何要挑拨那位年轻的同路人公开说出:"深入了解一下,他对共青团是怎么看的,他的共产主义信念如何。要千方百计地让他讲出真心话来,到了车站,把情况写给我。"

当国家还没有从不久前致命的饥荒中恢复过来时,对浪漫生活的反响是令人愤怒的。小品中有这样的对话:"上展览会去吗?……""是啊。"然后就是粗暴地、残忍地、但可以理解这种感情:"人们连吃的都没有,他们还办什么展览会。"

读者最热烈的兴趣和十三卢布的稿酬就是奖赏。

两个星期以后——以《三个纽扣》为题出现了第二篇小品,对作者来说,主题是新的,对编辑部来说,题材是耸人听闻的——嘲讽了那些随心所欲地改变革命信念的人,题辞是别开生面的——"献给波克洛夫斯基工人速成学校。"也许,这是对自己没有进入工农速成中学的某种反响。

后来,他就同报社合作——作为一种休息——拖了半年之久。

12月,肖洛霍夫离开了莫斯科。

为什么如此突然呢?

〔增补〕再谈一谈,在文学上接近肖洛霍夫的人。

亚历山大·绥拉菲莫维奇。他是梅德维季河口镇的顿河哥萨克,第一部作品——短篇小说《在冰上》——俄罗斯是在1889年才知道的,并且立即得到了他的偶像、在贫穷中苟且偷生的知识分子格列勃·乌斯宾斯基和弗拉基米尔·科罗连柯的鼓励。他的声望如日中天——列夫·托尔斯泰由于他的短篇小说《沙原》给出了"5+"的分数。

在他的传记中突出的文字就是——个人与列宁的相识,甚至这也是广为人知的:作家的儿子死在国内战争中,因而父亲还收到了苏维埃政权领导人的一封令人感动的慰问信。绥拉菲莫维奇在年事已高时还处在创作高峰期——写出了中篇小说《铁流》。这部小说篇幅不长,但却是人民革命力量的真正史诗。它引起了争论的狂潮,但即使当时也已十分清楚:这部小说——是新文化的重要事件。

绥拉菲莫维奇在文学生活中好像在同马克西姆·高尔基互争高下,在阅读这位文坛新人高尔基的一堆手稿时,敏锐的感觉很容易看出——谁值得帮助,是这个写作狂,但他却拒绝了。

在结识肖洛霍夫之前——他已是莫斯科无产阶级作家联合会(即莫阿普)主席,又在《十月》杂志中任主编。

未来给这位老师和这个学生之间的交往中,带来的不仅仅是令人愉快的时刻。

维克多·什克洛夫斯基。在他的《散文中篇小说·思考与分析》一书中,有一部分是《关于苏联艺术和三十年代西方艺术的几句话》,这一部分有三章:《论哥萨克和农民》、《历史、文献和传记》和《葛利高里·麦列霍夫与阿克西妮娅》,所有这三章基本上都是论《静静的顿河》,尽管有争议,但获得了尊敬!

奥西普·布里克。在著名的美国政论家哈·索尔斯伯里所写的评论中,他的妻子与肖洛霍夫曾于1967年发生过"冲突":"'他是个哥萨克,'莉里娅·布里克很严厉地说,'完全同情年轻人——我们完成了反对像他这样的一些人的革命。'"很显然,她提到的这就是消灭哥萨克。这位美国新闻记者还进一步写出了,这位文坛太太同谁友好并仇恨哪些人。"他不能写出这个"——一个年轻作家说(指《静静的顿河》——原注),"他也没有能力写。他不过是找到了一位俄罗斯白军军官的日记,抄录了下来,并当做自己的作品发表了出来。"(这就让您看一看"行家"达到的高度! 能够把一本日记抄写成其中生活了几乎上千个人物的史诗长篇小说吗?!)那个美国人抓住了"揭露剽窃案"的可能性——意在贬低苏联文学。然而,与此同时,他附上了历史、哲学研究成果,显然不是一个偶然的注释:"布里克太太刚刚从巴黎回来,炫耀着那双高腰的白皮靴……一边谈着,一边玩弄着长长的金项链……"

倔犟的岳父

1924年,肖洛霍夫回到了顿河,于是——父母该多么高兴啊! ——就准备到布坎诺夫斯克镇,到格罗莫斯拉夫斯基家。婚礼于1月11日举行。

在他的一生中,从这一天开始——直至生命的终点——一位阿塔曼的女儿,端庄、秀丽、皮肤黝黑的姑娘,就永远地溶进了自己丈夫的天才中。

他们六十年的共同生活有了四根枝条:女儿、儿子、女儿、儿子。

这里还要说,为什么热恋中的一对儿曾经焦灼不安。玛丽娅·彼得罗夫娜的父亲不同意,他严厉地坚持,女儿应该继续读书:"为了出嫁,把一切都扔掉了吗?!"

可是,他们俩还是说服了这位倔犟的父亲。然而,稍微缓和了后,又提出了一个强硬的条件——婚礼应当遵循古老的哥萨克习惯。新郎却不怕这个,虽然说这么做就有可能被一些共青团员告上法庭……玛丽娅·彼得罗夫娜即使到了老年也没忘记:"米沙向父亲和母亲来求婚就是一步步按礼节进行的。"

不过,在肖洛霍夫家邻居、媒人的参与下,最后还是谈妥取消了古老的仪式。

"你好哇,彼得·雅科夫列维奇!"

"感谢上帝,马克西姆·斯比里顿诺维奇。"

"看来,婚礼的一切都准备好了吧?"

"准备好了……"

可是,新娘的父亲又倔了起来——提出到教堂里举行婚礼。新娘又担心起来——新郎在共青团报社工作,能接受岳父的要求吗?肖洛霍夫明白,提出了哥萨克的习惯这有多么强硬——他不能破坏。即使统领们也都得服从,于是就去请神父——顿河就是顿河。

肖洛霍夫违背了共青团的一切禁令,不得不这样举行了婚礼。

……在祈祷声中,现在举行婚礼的上帝的奴仆米哈伊尔和上帝的奴仆玛丽娅走了过来:"噢,愿上帝赐给他们爱、完美、和谐和帮助,我们向上帝祈祷……噢,愿上帝赐福给他们贞洁和生子,噢,愿他们能高兴地见到儿子、女儿……"

于是,他们恭恭敬敬地绕读经台走了一圈……

最后,神父还是用这种平静的声调说:"请吻自己的妻子,也请您吻自己的丈夫……"

在走向教堂前,对他们每一个人,还有多少个有趣的愿望在等待着他们:谁要是第一个踏上了读经台旁边的地毯,那么谁就会在未来的家庭里说了算……

还好,那些共青团员弟兄们谁也没来教堂来看一眼。

当时,他们也还要到国家机关中去登记,这也是让外人看的一个巧妙主意。有一回,在结婚之前,未婚妻问过未婚夫:"你多大年龄?"他平静地说:"咱俩同岁!"可是,两个人去登记时,她才明白——上回他给自己多说了两岁。她抱怨着说:"你为什么骗我?"他只好用一句笑话缴械投降,因为他不能放走未婚妻。

两个人离开老人单独居住。蜜月是在一个铁匠家庭里度过的——这个铁匠给房客又接盖了一个房间。岳父给了一大袋面粉。

肖洛霍夫让妻子感到震撼:每逢晚上他都坐在桌子旁写啊写:他在写文章! 妻子后来回忆道:"你躺下睡觉——可他在工作、工作。你醒了——他还坐在那儿。——一盏煤油灯,用报纸做个灯罩——周围都烤焦了,也来不及换。我问'你不睡吗'——'等一等,还要一会儿。'就是他这个'还要一会儿'——一直要到窗外出现了阳光。"

年轻的妻子成了作家的妻子:"一旦我稍微提到了关于什么工作或者学习的事,他就直截了当地说:'你明白吗? 我早就跟你说过了——将来你只在我身边工作'。我不明白:'什么意思——在你身边?'——'你会明白的。'"

她没有立即明白。

……11月,离十月革命节还有一天,肖洛霍夫就准备上路了——去莫斯科。开始,就他一个人。可是玛露霞——玛露辛诺克在他心中挥之不去,在半路上他就给她写信——起初是在奥利霍维罗格小镇①——最后在米列罗沃火车站:

"从7日早晨起,冷得要冻死人,中午以后就好了些,路也变软了,刮起了暴风雪,我们全身都湿透了,勉勉强强地走到了新巴甫洛夫斯克小镇……在这里过夜,我烤干了袜子、手套和长耳风帽,可是大衣还是湿漉漉的。早晨还是冷得要命,我们出发了,不仅仅是我,所有人常常不得不跑起来,靠着跑步来暖和身子,大衣的下摆冻得像木板一样,而且还有一个很不好的感觉——衣袖湿了,因而,你知道吗,就得穿这湿袖衣服了……一大早就出现了难于用语言表达的现象,你自己想象一下吧:暴风雪……刮起来,吹打着,

---

① 又译赤杨角小镇。

怒吼着……"

对妻子没有任何隐瞒:"一个半小时前我们到了米列罗沃。到了客店后我就直奔俄罗斯共产主义青年团区委员会。在这里,遇到了一件想不到的事,他们把我开除了。"唉!现在也还不知道,为什么把他从共青团里"开除"了,——不知道因为同阿塔曼的女儿结婚呢,还是因为由于上一次去莫斯科有几个月没有交团费。

这封信肯定了一点——这是她的米沙的性格:"这份通知(顺便说说)并没有对我有任何影响。"并且补上一句:"哎,让他们见鬼去吧,这帮坏蛋!"

在莫斯科,第一件事同样是给妻子写信,几乎是诗体的:

"从莫斯科寄出,

1924 年 11 月 16 日,

深夜,

我无比亲爱的!

我有十天没有见到你了,没有感觉到你在我身边,而且,好像是好多、好多的日子,像一堵大墙把我们隔开,不久前的往事浮现在我的面前,如雾如烟。你说说吧,不久前我同你漫步到奇尔河,我们折断了毛茸茸的芦苇,河边的空气既新鲜又凛冽,淡淡的红晕在你的面颊上颤动着……"

可是,接下去就没有任何诗意了:"冷漠的苦闷就像一股股浑浊的波浪涌进了心里……"他解释说:"当人们都在去追逐一块面包时,我厌倦了不仅我是个参加者,而且也是一个观察者。"不过,信的结尾很简洁——是生活中的散文:"我到了,怎么去挣钱呢,等着吧,不要惦记我。我会给你带去什么的。住房问题令人担心。"

[增补]通过科学研究,娜·波沃琳娜确认:"在米·肖洛霍夫的早期作品中,生活的道德原则的优先地位已被确立了……主人公们的悲剧命运是在不懂怜悯的时代的背景下产生的。"这一结论是有原则意义的——早在《静静的顿河》之前的短篇小说创作并非是对不久前的国内战争的政治宣传和见风使舵式的反应。

十四篇短篇小说

看来,在莫斯科的生活,比书信中预想到的还更加丰富多彩。

不久,烦恼就消失了:人们兴致颇浓地到编辑部里来找他,年轻的妻子——也来了——帮助他,而且读者们热情地接受了自己的苏联作家。

所有这些,当然都极大地鼓舞了他。短篇小说出版了! 在这 1925 年特别使他高兴的是,他已经写出了十四篇。

不用说,这些作品还有许多不成熟之处,而且国内战争的题材暂时还没有改变,尽管生活已经向他暗中提示了一些其他情节。不过,在他当时写出的作品中,有些好的还是显露出了肖洛霍夫式的与众不同——没有政治说教,没有空洞无物的夸夸其谈的浪漫主义,没有公式化的狂喜激动,没有号召世界革命,主要的是——在其追求幸福的国家中,刚刚经过了革命的人们心里感受的深度。

短篇小说《有家庭的人》写的是:作为红军战士的儿子沦为了白军的俘虏,白军命令其父亲押送儿子。作品不仅仅通过情节,而且通过语言,渲染了令人惊心动魄的场景:

"这时候,伊万就向我回过头来,伤心地说:'爸爸,到了团部还不是要拿我枪毙的,你这是带我去送命啊! 难道你的良心到现在还在睡觉吗?'

我说:'不,伊万,我的良心并没有睡觉!'

'那你不可怜可怜我吗?'

'我很可怜你,好儿子,我的心疼得快要碎了……'

'既然可怜我,那就把我放了吧……我在这世界上还没活够哪!'

他在路中央跪下了,向我磕了三个头,我就对他说:

'好儿子,让咱们到洼地那边去,你跑,我在后面开上两枪,装装样子……'"

要再现出国内战争的可怕的真实,对于其他作家来说,写出这些就已足够了。对于肖洛霍夫来说,这样的真实还太少——他的笔还要写到父亲打死儿子,但不是老一套的做法,而是说——这是由于国内战争和白军的凶残所导致的:

"伊万,你为我戴上苦难的荆冠吧。你有老婆和一个孩子,可是我家里有七个呢。要是我把你放掉,哥萨克们就会把我打死,孩子们只好上街要饭去了……"

作为十九岁的作家需要有怎样的内心经历才能反映出如此的内讧悲剧,这种悲剧连莎士比亚也未必有能力写出来!

过了一年,短篇小说《浅蓝色原野》问世了。它又是不可企及的——他为自己的情节调色板取来了这样一些色彩,来描写国内战争后失去了双腿的公社社员的情感上的惶惑不安。"……我看见我的安尼凯在耕地上爬着。我想,他这是要干什么?接着看见,安尼凯向四下里张望了一下,看看附近有没有人,就把脸贴在地上,又把一大块被犁铧子翻起的泥块紧紧地抱住,两手摸着,吻着……他二十五岁了,可他从来没有耕过地……难怪他心里悲伤……"

还有一篇小说《风》,又是写了一个在国内战争中付出重大牺牲的残疾人,情节是这样的:这个残疾人强奸了自己的妹妹,小说写得如此可怕,致使肖洛霍夫从来没有再出版它,只是在 1986 年,在一份旧报纸的报缝里我们才发现了它。

这位作家是非同寻常的,因为他不仅获得了敏锐的读者的称赞,也受到了无产阶级文化派评论家们以及稍晚时候来自拉普方面的攻击:"小资产阶级的人道主义!""自然主义!""公式化!""生物学主义!"……

此事的见证人就是德米特里·富尔曼诺夫,他是新文学的有威望的活动家。他以自己在真正的民间指挥官恰巴耶夫身边做政治委员为素材写的长篇小说《恰巴耶夫》这一文学总结而称名于世。他在自己的日记中写道:"明纳耶夫的软弱无力的小说出于战术目的而被接受了……肖洛霍夫来自于国内战争的优秀小说却被否决('这种材料让我们厌烦')。"

肖洛霍夫使读者产生兴趣的不只是靠尖锐的情节,也靠着艺术手法的多样性,虽然不总是精雕细刻。请看,在短篇小说《两个丈夫的女人》中,就可以读到:"花园披上了新娘一样的春装,开满粉红色的香气袭人的鲜花……"

而在这种色粉的颜色用过之后,他又在小说《小马》中的一个场景里采用了完全不同的色彩:"大白天,在落满绿宝石一样的苍蝇的马粪堆旁边,它头向前,伸直两条前腿,从妈妈的肚子里出来。一出来就看见头上有一团柔软的青灰色的榴弹爆炸的烟,在扩散开来……恐怖是它落地后体会到的一个感觉。"

而在这些短篇小说中又有多少在未来长篇小说中得以展开的东西。在《歪路》中——直接铺设了通向未来的阿克西妮娅和葛利高里的路:

"到了饮马处,他解下了马嚼,想起刚才的邂逅,微微一笑。不知怎的,眼前浮现起了纽尔卡那双稳当而潇洒地挡住花色扁担的双手,还有一对按着步子晃动的绿色水桶。"在《委屈》中——就有了《被开垦的处女地》某些场面的萌芽:"在圣母帡幪日之前,斯提潘由于身体虚弱跌跌撞撞地把牛赶到自己的田地上,给它们套上犁,痛苦地露出牙齿,咬紧干硬发青的嘴唇,默默地扶着犁把。"

快到秋天的时候,妻子就不得不回了家,到卡尔金村婆母那里。在莫斯科,靠肖洛霍夫打工挣钱,两个人生活不下去。

亲爱的人没在身旁:她在心中,在书信里,通过书信就会知道,他当时是怎么生活的:"我亲爱的玛露辛诺克,我的心情一如从前,我想,城市在颤抖,可看起来,不是那样。在卡尔金我觉得自己更精力充沛……

我想念你,发火前哪怕跑两步……

亲爱的,我特别想念你;由于我知道了,你在卡尔金也更加想念我,所以我的想念就更强烈了……"

接着他就谈了自己的生活:"我知道,你非常关心我的起居,吃什么,住在哪里……

我们屋子里住了四个工人……

这两天,我在扫院子人的帮助下极力做点饭,你看结果是这样的:昨天早晨去向'做干酪的'买来了一磅肉来做菜汤和肉饼,买了一磅土豆,一个葱头,两磅黍米和两磅砂糖。

用我的铁罐子做成了美味的汤,又煎了两个肉饼……一句话,一个卢布可以生活一天,玛露霞,我都吃撑了……"

他不能不谈谈文学创作的辛劳——他提到了两篇小说已交给了当时颇有声望的杂志《红色田地》和《探照灯》。而且,下面他还写道:

"我亲爱的! 不必害怕,无论如何我们也会生活下去的,你看,我们不比别人好,也不比别人差。每个月我平均可以挣八十来卢布,也可以安排你。

我们吃饭可以用掉三十五至四十九卢布,这是最多了……"他还极力计划出看起来最迫切的开支——谁能够想到,他还这么擅长于操持"家务":"漂亮的皮鞋值二十五卢布,普通的,也很好,十五至二十卢布,毛连衣裙,十五至十九卢布等,男式西装三十至四十卢布,好的,半高腰鞋十五至二十卢布。"

他又告诉了妻子,他这个钓鱼迷的"乐趣":"日前,我在百货商店,买了二十个英国的鱼钩。这鱼钩好极了,即使二十普特的鲶鱼也能钓上来,而且它又不大,昨天夜里我试着编一下钓丝,可是,没有你我弄不成。"

在这封信的结尾,他着重说到了一个令人捧腹的幽默:"你看,你该笑了。也就是那倒霉的吊床,绽线更厉害了。昨天夜里我五次掉了下来,挺害怕的!我睡着睡着——突然,轰隆一声,椅子靠背打在了后脑勺上,我赶紧就到下边躺下了。"

信中还有一个谜——它至今也没有引起传记作家们的注意:"我到过科学院。经过清理后裁掉了一千二百八十人。没有被清理的全部人员,在2月1日前,即经过两个月,还要暂时减到最小数量。"他为什么去科学院,为什么对此感兴趣?难道他仍然在考虑到大学去读书吗?

〔增补〕在描述 1925 年春天这位将来的经典作家外貌时,还有这么美妙的一段——出自《共青团员们》杂志责任秘书、诗人伊万·莫尔恰诺夫的回忆片段:"一个小伙子走进编辑部,他戴了一顶脏兮兮的褪成了橙黄色的推到了后脑勺的库班帽,穿了一件半军装的'长襟衣服',虽然破旧了,但看上去还不错。他带来了短篇小说《看瓜田的人》,并当时就要求读一下……"你看,不拖延,就是这种性格!

是"野兽",还是"粮食人民委员"?

就这样,他带着具有揭露性的题材的作品进入了新闻界,以帮助俄罗斯共产主义青年团,但是又不放弃学习美文学的想法。他倔犟而执著,人们记得他就是这样,他不同于为数不少的"顺从"的年轻天才(他们只是发表了作品而已!)。

当时的一位昔日的战友曾经回忆:"米哈伊尔·肖洛霍夫有一个特点……在人们没有说服其必要性前,他对自己的作品的任何修改决不妥协,对每一个词,每一个逗点,他都坚持已见。我们知道这一点。"

他把自己的第一篇短篇小说《野兽》交给了由文学协会出版的《青年近卫军战士》文集编辑部,等待着判决。他表现出了自己的性格——坐下来给文学协会的责任秘书写信:"你不明白这篇小说的实质……我坚决反对'不论是以我们的,还是以你们的'这一句,这篇小说明确地一语中的。"这位年轻作家反对根据无产阶级作家联合会思想家们的教唆,编辑部里所信奉的那些简陋的阶级观点。他并不是苏维埃政权敌人的保护者,这一政权对他是很亲切的。艺术的嗅觉已经暗示给它,对于人类来说,一般的社会正义的思想是应当通过人们的命运来认识的,这常常不能被套进政治教条中。

他写出了信,寄希望于对小说评价的集体智慧:"全体编辑部的委员读了它……"与此同时,他还坚持自己写作原则的权利,"毕竟都怜惜了我这个作者的'我'。"

信中也显露出了作家的状况,当时他谈到了要稿酬一事:"我的钱——鬼才知道怎么回事!"

靠着如此难与共处的原则性,很难进入文坛。但是,道德上对他的支持增加了,正如人们所说,妻子向他跑过来了。

到了老年,玛丽娅·彼得罗夫娜还曾回忆起那个年代:"我们在格奥尔吉胡同租了一间房,房子是用木板隔开的,隔栅的那一面,工匠们①的锤子叮当响,可是我们却像孩子似地兴高采烈。日子过得很穷,有时连一块面包也没有。一旦米沙收到了稿酬——几个卢布,我们就去买鲱鱼、土豆,于是,就像过节一般。米沙还和过去一样夜里写作,白天就去跑编辑部。"还不得不去打工:"在莫斯科,米哈伊尔·亚历山大罗维奇结婚后第一年,什么活都干过……"有人还回忆过:"他做过鞋匠。"

在莫斯科的第一个早晨,他就对她提醒了过去自己讲好的条件:"你只能在我身边工作。"他要求妻子为他抄清手稿。她说:"他夜里写,我白天就抄清……"过了两年,她的"雇主"攒了稿酬,买了一台打字机。(在一封信中,对此还留下了这样的话:"我让你从抄写中解脱出来,花六十卢布给你买了一台打字机。"妻子又补充说:"在当时,这价格不菲。我们很快地通过

---

① 皮鞋匠。——原注

自学就掌握了它——我和他。")

玛丽娅·彼得罗夫娜的莫斯科回忆是独具一格的——没有任何"有关与天才一起生活的"令人感动的或者慷慨激昂的色彩:"我们的衣服——都不好,不好意思上街。过了两个星期他拽着我去大剧院说:'一定要看看……'那里的一切都漂亮极了,全都让人眼花缭乱,人们都穿得那么漂亮,我很羞愧。米沙对我说:'那你想怎么样呢?一开始我们就要这样。'回到家我坐下来,在我们的斗室里……"看起来,首都的生活给她留下的印象并不很多。

春天,又一次决定回家,回卡尔金村。他们俩祝贺了肖洛霍夫的生日,第二天就上了火车。

故乡的家……关怀备至的妈妈。如今远离了报社的琐事,他不必想用什么买面包,就有可能直接投入到创作中去。

12月,全国都知道了作家米哈伊尔·肖洛霍夫的诞生。《青年列宁主义者报》刊登了一篇描写国内战争可怕真相的短篇小说《胎记》,小说中的父亲杀死了儿子:"阿曼塔把儿子紧紧搂在怀里,吻了吻他那双冰冷的手,接着用牙齿咬住毛瑟枪湿润的钢管,向自己的嘴里开了一枪……"

1925年,他又开始担心——发表了没有呢?他写啊,写,写,等待从莫斯科来的消息。这段时间里,他新写的短篇小说已经不少,他甚至想冒险写一下中篇小说《道路》。等待看来没有落空。那篇对编辑部来说感到怀疑的短篇小说《野兽》毕竟发表在2月中旬的《青年列宁主义者报》上了。这是已发表的第三篇小说,如今它有了一个新的标题——《粮食人民委员》,众所周知的标题《野兽》并没有消失,从这标题的选用就已经看出,他如何想强调这严酷的构思了——表现"战时共产主义"和粮食人民委员活动的残酷性。

"电线杆像麻雀跳跃一样整齐地绕过全区,传递着电报:征粮。在各个村子里,种庄稼的哥萨克们把肚子上贵重的宽腰带一勒,想也不想,就一下子打定主意:

'白白地交出粮食吗?……不给……'

不论在院子里,不论在街道上,凡是被人看中的地方,夜里都被掘了很大的坑,苗壮的小麦几十担几十担地给埋了起来。……"

结尾——则是两个官方征粮队员被撕开了肚皮的画面:"他们躺了三

天三夜。捷斯连科穿着肮脏的粗布衬裤，脸上冻结着从嘴里流出来的血块——从他的嘴巴到耳朵都被劈开了。在博佳金的赤裸的胸膛上，有几只草原鹰毫无顾忌地跳来跳去，不慌不忙地从撕开的肚皮和挖空的眼窝里啄食着黑芒的大麦。"

看，这是一位什么样的作家呀：从新生活中出来，但却没有把暴力诗意化，即使这暴力是为了革命的利益，为了拯救人民于饥饿之中，——他也不收起掉下来的眼泪。

写的已经不少——他要收集出版文集，但正如他认为的那样，所有这些还要在读者中检验，需要让这些小说都通过报纸和杂志发表。他不仅仅选择了共青团的报刊——好友瓦西里·库达绍夫工作的《农村青年》、《接班人》、《共青团员》和《青年列宁主义者》，他还决定去征服"成年人"出版物——《星火》和《探照灯》杂志。

如今妻子也有了自己的愿望——也许要生活得更好些。他们厌倦了在寒酸的衣兜里只有几个小钱。这种生活甚至在写给编辑部工作人员的信中也表现出来了："我特别寄希望于你，马尔克，写这封信我想重复提出要求，请你把小说安排妥当，并尽快给我寄来一部分钱……我想去一趟莫斯科，可是这一'去'就直接依赖于钱……"信的结尾他绝望了："快些来信吧，有希望没有呢？我能等到钱吗？急切地等待你的回音。"

进了院子不是灾难，不离开院子才是灾难。

而且，在顿河，人们都说："上帝不是没有恩惠，哥萨克不是没有幸福。"

报社"车间"来了消息。《少年真理报》在列宁逝世后更名为《青年列宁主义者》，上面又发表了一篇小品，这是作家一生中第三篇也是最后一篇小品，题为《钦差大臣》，有个副标题"真实的故事"。这篇小品写了人们把一个派来帮助雇农的共青团小官僚当成了工农监察人民委员部派来的特派员："在他面前，人们明显地战战兢兢，诚惶诚恐，对他阿谀奉承。他们细心观察他的脸色，对他的任何一点举动都关切至极，而他望着地板、陈设，兀自困惑不解。"共青团的果戈理，如此而已！

这篇小品在明白人看来最显眼的特征是——第一句里就提到的布坎诺夫斯克："布坎诺夫斯克镇信贷社的出纳员，嘭的一声关上了门，脸色铁青地站到管委会主席面前：'工农监察人民委员部的特派员来了，住在旅店里！……'"

不知布坎诺夫斯克镇里是否有谁读过从首都发过来的这种问候？

〔增补〕赫洛普科夫的某些研究确认："《顿河的故事》具有论争性地反对了在对人的阐释中的浪漫主义倾向,也同样指向了二十年代初期流行的主观表现主义的写作形式。肖洛霍夫极力写得简洁,追求具体的现实主义的风格形式,细节的真实性,描写的客观性,自由地摆脱掉作者抒情快车（评价成分文字极啧啬）。"还有不少重要的考察：……在肖洛霍夫早期的短篇小说里,有不少人物的这样一些名字和姓氏是很有特点的,它们在作者的创作记忆中牢牢地注了册,后又迁移到他的长篇小说里来。比如：科舍沃伊、阿克西妮娅、斯捷潘、普罗霍尔、安妮库什卡……那些絮絮叨叨讲剽窃的人,把这些明显的继承关系掩盖了起来。

"永不忘记……"

积累了八篇已经准备好了的短篇小说——够一本书了。他把手稿交给了新莫斯科出版社。出版社甚至已排了版,可是又有了这样的感觉：这些小说都是登在报纸上的,而看起来出现在文集中的应该是文学作品,他的第一本书这样同读者见面是否有些仓促呢？他还没有意识到,他早期短篇小说是有充分权利出现在其漫长的一生的。收入文集的有《胎记》、《牧童》、《粮食人民委员》、《什巴洛克的种》和《阿廖沙的心》……

肖洛霍夫要同他所信赖的人商量了一下：同绥拉菲莫维奇,于是把书的校样转给了他。我们知道,在这样一位长者周围有多少人在求助啊！可是突然来了消息——这位长者坐下来给他的文集写了序言,这就是说,他不认为,他是什么拙劣的写作狂。

在绥拉菲莫维奇的那几天的日记中有一句记载："鬼知道,这是何等的天才啊！"

从这时起,肖洛霍夫有了一位文学上的教父,可以欢天喜地地说着哥萨克式的笑话：古姆①。他被邀请去交谈——给与了信任！他听到了对自己

———————

① 即教父。

的赞颂之词："你这本书并不厚——八篇短篇小说,可却是整部长篇小说的一个大事件……"但突然他又说出了这样意想不到的话:"对于一个作家,最重要的是找到自己,你还很年轻……要敢去写大篇幅……"还说:"我已经嗅出来——你火药味足!"

这位导师很清楚地催促他写中篇或者长篇小说。

年轻作家的第一部短篇小说集《顿河的故事》由绥拉菲莫维奇写了前言于1926年出版,作者谈到了关于自己的一段文字:"肖洛霍夫同志的短篇小说像草原上的一朵鲜花,生机勃勃,色彩鲜艳。朴素、鲜明,所讲的故事使人感同身受,仿佛就在眼前。语言形象,是哥萨克说话所用的那种富有色彩的语言。简洁,而这种简洁却充满了生活气息,紧张和真实,在紧张尖锐的地方善于掌握分寸,因此使这些作品能够沁人肺腑。作者对于所讲述的事物具有广泛深入的了解,眼光敏锐,能抓住事物的本质。善于从许多特征中挑选出最典型的特征。"

前言中还有这样的忠告——以使他不能因为赞美之词而冲昏了头脑:"所有材料都说明,肖洛霍夫同志将会发展成为一个可贵的作家。不过还需要学习,需要认真写好每一篇东西,不要操之过急。"

多年以后,在自己导师七十五周年的诞辰,肖洛霍夫没有掩饰自己的火热的感激之情:"我永不忘记1925年,当时绥拉菲莫维奇看了我的第一部短篇小说集,不仅为它写了热情的前言,而且还想约见我……我们第一次见面是在第一苏维埃宫,这家饭店如今叫'民族饭店',我的教父和导师就住在这里。"

绥拉菲莫维奇对那初次见面也留下了踪迹,他不仅对此有很好的评语,而且还写入日记中。他为构思中篇小说《肖洛霍夫》还草拟了一张主人公的肖像画,这幅画线条简约,但画面生动感人,整个草图不仅因其真实给人印象很深,而且令人赞叹甚至惊讶:

"肖洛霍夫,个子不高,像孩子式的瘦弱,穿戴整洁,眼睛看起来有点笑意,有点好斗:'嘿,嘿!……说什么,我看……'

硕大的突出的额头,从他那年轻人向前伸展的光亮又打卷的浓密的头发下面鼓了出来,他那孩子般的前额很怪——这是又鼓又下垂的额头……

人不大,但端庄,紧紧地扎了一条带银饰的皮带。在端庄的脖子上,头也是端庄的,可是笑意却是轻盈的、嘲讽式的,哥萨克那种调皮的……

在纤细的、少女般扬起的眉毛下边,微微一笑,那一双严厉的线条清晰的像亚洲人式的扁长的灰蓝色的眼睛,目不斜视。

当他说话时,那双眼睛和双唇微有笑意:'说什么,我知道,我知道,兄弟,我看透了你……'"

在这一年,即1925年,肖洛霍夫为了到编辑部办事,几次登程去首都。他把新的作品告知了出版人,又讲了正在构思的作品。有一次他曾问过:能不能弄到那些被禁的白军流亡者们国外出版物,以便看一看他们是如何撰写顿河地区十月革命和国内战争历史的。为什么呢?后来,人们才明白,他已经着手创作反映在十月革命中的哥萨克命运的长篇小说了。

无论跑编辑部去做什么,结交朋友都是最有意义的事。有一个值得结识的人——安德列·普拉东诺夫!连当时著名的国立高等美工实习学校三个脾气古怪的共青团员画家也转过头来——他们就是未来的漫画作家,用一个集体笔名的库克雷尼克塞。还出现了讽刺画。人们知道,这具有敏锐头脑的三位一体,以艺术家的远见看出了土头土脑的外省人肖洛霍夫身上有突出意义的一些特点。

《共青团员》杂志的工作人员带领自己的作者肖洛霍夫去参加文艺学院的讲习班,学院就坐落在波瓦尔大街一所古老而豪华的独楼里。他去了好几趟。

唉!钱还是同过去一样,不够在首都生活的开支——稿酬不多,肖洛霍夫在这一年里,有时不得不——背着所有人——夜里去装卸列车。

越同文艺界的人结识得多,也就越表现出了那种绝非是共青团员的那种诱惑:"一旦有了稿酬,就立即去饭馆……肖洛霍夫很喜欢听茨冈人是怎样唱歌的……"诗人伊万·莫尔恰诺夫证实,他也在杂志社工作。

但他毕竟没有陷进去。《农村青年》杂志的工作人员后来在他们编辑部的《朋友作家》一书中写道:"文坛的浪漫生活并没有吸引住他,虽然他有时不得不也在其中转来转去,他倔犟而又执着,努力写作,那些晚会和酒宴只会妨碍他,身在莫斯科的路面上,心想的却是顿河草原。"

很好,对于大草原的思念远远超过了首都的消遣。

在草原中间,在顿河两岸——这是他的家!——他构思了关于哥萨克的长篇小说。

小说的构思不是一蹴而就的。"1925年开始写《静静的顿河》,可是,在写了三四个印刷页后,又放弃了……看来——力不从心……又重新从1917年,从科尔尼洛夫将军讨伐彼得格勒时写起。过了一年,又重新写……"

1925年快要结束了。在肖洛霍夫的心中已有了这部未来长篇小说。更使他感到无比欢欣的是——国外注意到了他:波兰翻译和出版了短篇小说《阿廖沙的心》的单行本。

从这时起,全世界开始认识了这位未来的诺贝尔奖金获得者。

〔增补〕在初学写作的作家肖洛霍夫的传记中,还有一个光荣的名字——瓦西里·库达绍夫。他同样也是外省人,也同样年轻,不过他已经参与了首都的文学生活,比肖洛霍夫更加稳固。他是《农村青年》杂志文学部主任,这使他可以发表肖洛霍夫的几篇小说,后来,他又是肖洛霍夫短篇小说集《顿河的故事》和《浅蓝色草原》的编辑(也是在这1926年出版的)。

两个人互相接近并非偶然,这是由于他们的共同经历。库达绍夫虽然是利比茨克人,但在成为莫斯科人前,也曾在顿河一带生活过。肖洛霍夫曾在博古恰尔中学学习过,库达绍夫恰恰在这时也是该市一所中学的学生。肖洛霍夫曾做过粮食工作者,库达绍夫离他不远,在卡兰切夫斯克区是个共青团工作者。以后的命运也没有破坏他们这种真诚的友谊——不论是在欢乐中,还是在困苦里。1999年,库达绍夫的继承人向国家交出了秘密保存了几十年的《静静的顿河》手稿。这也就对那些蛮横无理地向全世界煽动说肖洛霍夫是个剽窃者的人给与了极大的羞辱。

《静静的顿河》:如何开始创作……

妻子的历史见证　长篇小说主人公从何而来?
两个中央委员会的名单　时间长吗?
给老作家的指示　斯大林和这部长篇小说
谁造出了剽窃之说?　计划中的美国
给影星爱玛·采萨尔斯卡娅的几封信

有时传记作者写的规模很大——他可以标出自己主人公某些想法产生的准确日期,这种日期就成了其传记的核心,甚至是主要之点。

第 一 章
1926——1928:史诗的准备阶段

肖洛霍夫给予人类的是这样的作品,它迥然有别于在我国文化和世界文化中多得无计其数的所有另外一些杰出的作品。他用艺术形象为读者留下了永不会陈旧的忠告和训诫:一个人,即使并非握有权力,也并非来自上层,同样可以为自己和自己的人民去寻求真理。

总共只有两本规模不大的短篇小说的作者怎么去接近这个真理呢?

有特殊意义的四封信

新的一年……1926 年,亲人们祝愿这个一家之长的是什么,他又是怎么希望自己的?不难猜出——他希望自己开始写这部长篇小说,人们祝福他创作顺利并且完成。希望会实现吗?

一月,出版了——出版了——这是肖洛霍夫一生中的第一本书,如果更准确地说,按其不长的篇幅看——是一小本书。他是那么高兴,以至于页数多少都没有说准。不管怎么说,书架上出现了新的名字——肖洛霍夫!

　　过了不长时间,一下子几家杂志都注意到了这本书的问世。它们有像《新世界》这样的有影响力的,也有像具有政治化倾向的拉普杂志《在文学岗位上》,还有像《共青团员》这样战斗性强的共青团杂志。

　　最初的荣誉。这一荣誉传到了顿河,传到了卡尔金村。玛丽娅·彼得罗夫娜曾做过见证:"人们争先恐后地阅读这本小书,米沙感到难为情,一言不发,他特别感兴趣的是父亲亚历山大·米哈伊洛维奇说的话。父亲感动得几乎流了泪,拥抱着米沙说:'绥拉菲莫维奇亲自祝福了你! 如今,我看到了,你已经找到了自己的事业,我可以安心地死去了……'"

　　唉! 看来父亲预见了自己的命运——过了一个月,人们把他安葬了。

　　幸运的是,命运看来对肖洛霍夫家族也是厚爱的:有故去,也有新生。第一个孩子,长女斯维特兰娜出世了,多么棒的名字!

　　但是,没有平静的世界,有一个评论家嗅出了肖洛霍夫短篇小说中的伤感主义情调,出于政治告密,磨尖了他那支批判的长矛,不,伤感主义在革命的国度里没有位置,这个国家为了自己的理想要对准一切可能的——国内的和国外的——敌人而战斗。

　　……他在维约申斯克镇开始了生活。过了两年,全国都在阅读《静静的顿河》,人们都知道了这本书:

　　"维约申斯克镇紧靠着顿河,坐落在倾斜的、多沙的左岸上,是顿河上最古老的一个集镇,彼得一世时,奇戈纳克镇被焚毁后,迁建于此,更名为维约申斯克,曾经是从沃罗涅日通往亚速海水上交通干线的重要枢纽市镇。

　　在维约申斯克对面,顿河像鞑靼人的弓囊似地弯成弧形……

　　维约申斯克——整个集镇都建在黄沙地上,是个枯燥乏味、光秃秃的没有花园的镇子,广场上有一座古老教堂,风吹日晒,已经变成了灰色,六条街道都顺着顿河的流向伸延开去。

　　……在一个金黄色刺草丛生的小广场上,耸立着第二座教堂,教堂的个个圆顶都是绿色,屋顶也是绿色的,与湖对岸的一带绿杨汇成一片碧绿。"

　　年轻作家的生活方式一如昔日,他顽强地写了许多,主要是在夜里。

白天，照例要忙于别的事，与文学无关，他的性格就是这样——首先，他过着的是与同乡人息息相关的生活。有一位老住户曾记得："我当时曾在维约申斯克镇苏维埃机关里工作，米哈伊尔常常到区执委会来，找罗斯托夫执委会主席科尔涅耶夫，去学校，去土地局。他也常常同区里的领导一起到各镇、各村……这个小伙子爱说话，有说有笑。他喜欢开玩笑。到现在我还记得：他穿了一件白色仿缎斜领衬衫，腰上扎一条细细的皮带，总是叼着烟斗——嗞啦嗞啦地响着，冒着烟。"

肖洛霍夫只不过才二十二岁，可是他已经同高级长官肩并肩了，也同那些经营土地的人经常在一起了，他是个年轻人，而且是早熟的年轻人。由于他见多识广，所以迅速地成熟了。恰恰有些人忘记了，是谁在几十年的时间里絮絮叨叨地只说一件事：在那么年轻的岁月里，肖洛霍夫不能开始写这部史诗。

3月，为了办事去了莫斯科，在这里差不多住了两个月，在这段时间里他留下来四封信，其内容不论是对作家的传记，还是对于文坛都是特殊的见证。

第一封是给妻子的信："你知道吗？亲爱的，那些短篇小说——不过是助跑，试一试能力……而我却想写大部头的东西——长篇小说。我想表现十月革命中的哥萨克。"

看起来，对于这么年轻的作家来说，这一题材能胜任吗？可是在信中还有清晰的一句："计划已考虑好"，并且给自己下达了命令："应当着手工作"，他要求妻子能同意不在首都住，而回到镇里："那里呼吸和写作都会轻松。"

第二封信同样是写给妻子的。他感到那么无聊，在莫斯科最好的出版社里等待着谈话，为了消磨时间，就胡乱写出信息："我亲爱的，从国家文学出版社我给你写信……"他来是交涉出版第二部短篇小说集《浅蓝色草原》的事，同时又说，正准备他的第三部短篇小说集《高尔察克、荨麻及其他》，不过，我们发现，他伤心地写出："拖延……"可是，他还不无骄傲地写到了，有一篇小说，亚历山大·康斯坦丁诺维奇·沃隆斯基亲自看过，而且予以赞许。在当时，沃隆斯基是最有权威的共产党员，是苏联第一份"大型"的文学、科学、政治杂志《红色处女地》的奠基人，是接近列宁和斯大林的评论家和政治家,可是后来就成了"人民的敌人"。

信中也反映了对家务事的操心:"等邮包吧,四天以后我寄出。告诉妈妈,钱(五十卢布)我一旦得到,就寄出,……"这钱是他费力凑到的——并非是等来了稿酬:"大概,会计科弄错了……"

而且同过去一样,想家:"我非常想念你,想念斯维特兰娜。现在我在梦中见到了你们俩……"

第三封也是写给妻子的,谈文学的句子不多,而且是在最后,可是这为数不多的话语是如此重要,我们把它放在前面:"来了我就坐下来写长篇小说……我必须写出可以称作画卷式的东西,可是,在莫斯科还是同它告别吧。"这里说的就是《静静的顿河》!

而这封信剩下的内容就一般了:"我的亲人,可爱的!我知道如今你每一次到邮局去,都等待着我的消息。我真的'想死了'你和小女儿。她怎么样?现在要是把她抱在怀里,要是拥抱着你,那是极大的快乐!我想给斯维特兰娜买'小马车',可是它得三十至四十卢布。

星期二,我从发表了《死敌》的《共青团员》那里得到了六十五卢布的稿酬,其中五十卢布给妈妈吧……

你想买的东西,我希望买到……星期二我把邮包寄出去……"在其他一些信件里,他总是慷慨地做出那些美好的承诺:"我是这么计算的:我会收到九百至一千卢布,给你买一件大衣,冬天的帽子,四件做连衣裙的衣料,衬衣,然后就是二十磅的糖果、茶叶、咖啡、可可,还要买绞肉机,煤油等。"或者,写了如此令人感动的话:"我很想给你买一件大衣……有,我的爱妻,大衣漂亮极了,但不是皮毛的,而是长毛绒和棉的(一般地没有皮毛大衣,有太太穿的短大衣……现在你说了算,说吧,买什么颜色的)。"

第四封信证明了,肖洛霍夫实际上已着手写《静静的顿河》了。从莫斯科他给顿河的哈尔兰皮·叶尔马科夫发去一封信:

"尊敬的叶尔马科夫同志!我必须得到您有关 1919 年那个时代的补充材料。我希望,当我离开莫斯科到您那里时,您给个面子,可别拒绝告诉我这些材料。我计划 5 月或 6 月时到您那里……"

这封信写得很怪……干巴巴又冷冰冰,虽然从"补充"一语可以看出,他们已经见过面。也许,他不想让他们的合作被谁用"笔"记录下来?我猜,也有可能,不仅仅作家肖洛霍夫对在红军后方爆发的1919年维约申斯克反革命暴乱最积极的参加者有兴趣。

我急忙向后说两句,1927年夏肖洛霍夫得知了一个悲痛的消息:哈尔兰皮·叶尔马科夫由国家政治保安总局的一个委员会判处枪决,签字的就是人民委员本人亨利希·亚戈达。有什么办法,大权在握者的决定,好像对付普加乔夫和拉辛一样,上头就害怕像叶尔马科夫和米伦诺夫这样的人。

哈尔兰皮·叶尔马科夫不仅给长篇小说作者提供了"素材",由于他奇特的经历和独一无二的性格,肖洛霍夫开始"把他当做"《静静的顿河》中的主要人物——葛利高里·麦列霍夫。

但毕竟叶尔马科夫不是唯一的原型。肖洛霍夫不是摄像师,而是艺术家。有一次他曾说过:"顿河流域就有这样的哥萨克……可是,我强调,我只是拿来了他的'军旅经历':即'服役'阶段——德国战争和国内战争时期。"

麦列霍夫——这只是俄罗斯人的综合形象,他尽心竭力地勇于牺牲地为了自己,也为了多灾多难的人民探求真理和追求真理。肖洛霍夫坚持了这一点。有一次人们问他:"葛利高里形象你是怎么找到的?"他回答:"在人民中,葛利高里——这是一个艺术虚构……"

〔增补〕关于《静静的顿河》的人物原型,还有其他一些作者证词。

"一开始我是从哥萨克德罗兹多夫一家来写麦列霍夫家葛利高里、彼得和达丽娅的。我的父母住在普列沙科夫村时曾向德罗兹多夫家租了半间房子……所以,我描写葛利高里这一肖像时就从阿列克谢身上取来些什么,写彼得——就用了巴维尔的外貌和他的死,而达丽娅则很多地方都是从巴维尔的妻子玛丽娅那儿得来的,其他包括她迫害自己亲家公那件事……德罗兹多夫兄弟俩过去都是普通劳动者,在前线成了军官,这时革命和国内战争就爆发了。于是巴维尔被杀死。在格洛勃克山崖,他们被包围,红军要求他们:'和平投降!否则我们就杀死你们!'他们投降了,可是巴维尔是个军官,红军违背了诺言,当即就把他杀死了……后来,他的尸体运回了家……我当时正在溜冰,跑到家一看,一片寂静……我看到,在火炉旁边的铺了草的地上,巴维尔躺着,双肩靠着墙,腿弯着。而他的弟弟阿列克谢,耷拉个脑袋在对面坐着……直到现在我还记得这一切……于是,我在《静静的顿河》里就把这些写出来了。"

"对情节进行加工时就清楚了,作为葛利高里形象的基础,阿列克谢·德罗兹多夫性格不合适。这时我看到,叶尔马科夫更适合……他的先祖——奶奶是土耳其血统的女人,他得过四枚乔治勋章,曾在红军近卫军中服过役,参加了暴乱,后又被红军俘虏并出征到过波兰前线——所有这些都极大地吸引了我……"

我们补充一点。哈尔兰皮·叶尔马科夫在1891年生于维约申斯克镇安吉波夫斯克村,经过了对德战争、国内战争和波兰战争。只是在1923年才彻底回了家。2月他回来——4月即被逮捕。不错,经过两个月的法院审理后获释。由于村民们对他的信任,他做了四年的村苏维埃副主席和农民互助会会长。

1989年哈·瓦·叶尔马科夫死后恢复了名誉。

求助于导师

这部长篇小说只是交稿时并不顺利。它并非一下子就告别了短篇小说,令人感动的是,他没有忘记他的第一个祝福者和导师,1926年12月给他写了信:

"敬爱的和尊贵的绥拉菲莫维奇同志! 向您呈上我的短篇小说集《浅蓝色草原》,请接纳以不忘一个同乡和真诚而深切地热爱您创作的人。

小说集中收入了早期的短篇小说(1923—1924),它们还不成熟,别责备过严。《人家的骨肉》这篇是献给您的,请笑纳。

如果有可能,我请求您把您对我近期的小说《人家的骨肉》、《有家庭的人》和《浅蓝色草原》的意见写来。

您的意见对我是极为珍惜和特别宝贵的。哪怕写来两句也好。"

可是,绥拉菲莫维奇却没有回音——一周、两周、三周……肖洛霍夫作为一个高傲的人如何看待这种沉默呢?他又写了一封信:"敬爱的绥拉菲莫维奇同志! 两个月前我给您呈上了《浅蓝色草原》一书,如果能找到时间,我很想请您对于缺点和毛病写上两句意见,要知道我如今在镇里听不到谁提出批评的话,而您的话对我弥足珍贵,请不要拒绝。"

这是第二次逼着人家批评了！

而献给导师的这部短篇小说是一颗真正的珍珠。看它是怎么开头的：

"斋戒前最后一个荤食日之后，菲利普日就下了一场初雪。夜里，风从顿河那边吹来，吹得草原上蒙霜的野草沙沙发响，把散乱的雪堆吹得好像女人的辫子，又把土堆累累的路面吹得干干净净……半夜里，一只狼在峡谷里低沉地嗥起来，几只狗在镇子里呼应它，于是加夫里拉老大爷就被闹醒了。……"

小说叙述的广度令人吃惊——在一个哥萨克家庭的小小平台上既表现了老人，又表现了青年人的命运，不论是红军还是白军，不论是征粮队员还是马赫诺匪帮抑或是普通土匪，这些人都把瞄准器对准了他们。主要思想是使人震惊的：如果用枪把子逼着人们去奔向幸福，那么这一幸福的诺言不可能是正义的。

这篇小说的作者是勇敢的，好像他不知道，书刊检查有四种方式：自我检查、编辑部的警觉性、国家的书刊检查还有党中央的宣传部。

你看，那老头儿把他自己唯一的儿子——可爱的儿子武装起来去打红军，他卖了牛，买了马，在送他的时候说（按着毫不畏惧的肖洛霍夫的想法）："……你要像你爸爸那样去服役，不要辱没了哥萨克的军队和静静的顿河！你的祖上世世代代效忠沙皇，你也要争气啊！……"

看，小说又写道，为了反对消灭哥萨克，这个老头儿"穿上了镶条的灯笼裤……再穿上挂有橘红色饰带的近卫军上衣，上衣上还留着佩戴过骑兵司务长肩章的痕迹。胸上又挂满各种因为忠诚报国而获得的奖章和十字架……每逢星期日到教堂去……"

或者，还有一句——一次揭露了三个方面："哥萨克们临行以前带走了几匹马，剩下的几匹被红军拉去，最后一匹……被马赫诺匪帮看中拉走了。"肖洛霍夫最后作了总结："几十年来挣得的东西都化为乌有了。"

或者还有，征粮队员突然来到要"劝说"老头儿：

"'我们收集多余的粮食对国家有好处。余粮征集制，老大爷，你听到过吗？'

'要是我不给呢？'加夫里拉怒气冲冲，哑着嗓子说。

'你不给吗？我们自己去拿……'

‘吃别人的东西会噎死的！’”

这就是对征粮队员死的惩罚，当匪帮的队伍飞驰而来的时候，他们就成了解放者。读者所看到的，他们的头目就是以生动的肖洛霍夫式的肖像描写表现出来的：

“他满脸大汗，肌肉抽动，嘴角流着口涎，发出哨声问：

‘有燕麦吗？……你是聋子吗？活见鬼！’”

这个故事的继续也真正是肖洛霍夫式的。很难预料到，这两位老人却开始奇迹般地照料还没被打死的征粮队员的指挥官，把一切都给了他——不仅有给儿子留的衣服，而且用儿子的名字称呼他。对于失去了儿子的加夫里拉和他的老妻来说，这个人本来就是敌人啊！——却成了他们收养的儿子。

他很少去构筑非同寻常的情节，作者描写情节，比如，用人物的简洁的几句话，而这每一句在另一个作家笔下都可以形成由几页篇幅表现出的戏剧性场面。

“‘我不留你。你去吧！’加夫里拉鼓起勇气回答。‘你得瞒过老太婆……你说要回来的……你说，我住一阵子就回来……要不她会愁死的，会完蛋的……要知道，我们只有你一个……’”老爷爷说，他知道，来叫他收养的儿子回故乡去，回乌拉尔去——那里正在恢复工厂。

“‘你快点走吧！……’加夫里拉抓住大车嚷。‘不要回来了！……’

可爱的淡黄色头发最后一次在拐弯处闪了闪，彼得罗最后一次挥了挥帽子，而在他迈步走去的地方，风狂烈地旋转着，扬起了一片白蒙蒙的雾一般的尘土。”

在这里，作家加上了一个句号。这是什么样子的风啊！

短篇小说毕竟是短篇小说，他更经常关心的是长篇小说，他已经开始写了，但是对于哥萨克参加革命的历史，他创作的罗盘还没有调整好：

“用两年或者一年半时间我写出了六至八个印刷页，后来我感觉到：有的地方我没有搞好。读者，甚至是俄罗斯的读者，实际上也不知道什么是顿河哥萨克……因此我放弃了已经开始了的工作，开始考虑规模更加广泛的长篇小说……”

这里必须补充一句，小说的开端他原想的是写科尔尼洛夫叛乱的过程以及哥萨克参加讨伐彼得格勒。现在他明白了,应当从十月革命前写起。

〔增补〕摘录几句科研成果。叶·季波罗娃在论及《静静的顿河》语言的某些问题时确认:"《静静的顿河》的语言结构乃是一种用下列方式表现出来的艺术意象的共同完整体系:全俄通用语言;全民使用的反映出哥萨克人对世界看法特点的作者的有伴随意义的语言;在顿河俄罗斯人言谈中流行的方言词语和句子,哥萨克的谚语,俗语和民间诗歌创作的结构,其中有许多是属于反映出集体无意识原生态的,它们是由世世代代的俄罗斯民族意识而形成的。"

任　职

1927年8月,肖洛霍夫去了莫斯科——让他去看第二部短篇小说集的校样,考验已过,他成了莫斯科人。

总结一下写给妻子的几封信中涉及的一些事情。在他的命运中,开始提到《农村青年》杂志了。这家杂志很好,共青团员们都喜欢称它为"农青",它是双周刊,是在两年前即1925年创刊的,如今已经很有名气了。虽然它是一种社会—政治杂志,但也刊登文学作品。而且作者的选择也广泛——其中既有安德列·普拉东诺夫,也有米哈伊尔·肖洛霍夫。

编辑部对于来自维约申斯克的作家肖洛霍夫颇为厚爱,不论是朋友瓦西里·库达绍夫,还是杂志领导人尼古拉·特里申都曾聘请他来工作。在许多都巴望得到这一工作的人当中,为什么目光都投到了他身上,他不是团员,又不是党员——为什么呢?!

人们看中了他的是另外一些文学素质。肖洛霍夫告诉了妻子,他与主编见了面:"他提出给我文艺部副主任之职……"写过半页后,好像无意中写出了:"住房有点希望了……"

但是,一天以后,在信中心情就变了:"我在犹豫不决,不知道我该怎么办,是留在莫斯科任职呢,还是回布坎诺夫斯克去过冬,你也许感到吃惊:为什么把莫斯科换成了布坎诺夫斯克?……"

其实,他自己找到了答案:"住在莫斯科或者莫斯科附近,我绝对不仅不能写出长篇小说,甚至连两篇像样的短篇小说也写不出来。你自己想想:

从十点到五点上班,到晚七点以前只能待在家里,九点以前吃饭等,而午饭以后我的体力已不能工作……就这样,日复一日。如果这样下去,一般地说就应告别了作家的生活,其中也包括告别了长篇小说。而这对我来说是不能接受的。"

他又补充说:"我读过了《新世界》上对《顿河的故事》的评论,受到了称赞。他们期待着肖洛霍夫多写……"

最后是:"让他们期待吧:不必着急,很快就只能抓跳蚤了。"

日子一天天、一周周地飞逝而去,度过了闷热的首都夏天以后,湿漉漉的秋天来到了。

已经二十二岁了的小伙子没有顶得住特里申和库达绍夫的压力,有一天,要做一次决定性的谈话:他去杂志社任职还是不去?

怎么回答呢?对此,他在10月13日深夜两点钟又给自己的玛露霞——玛露辛诺克写了信,正如信纸角上所表明:"我决定让你知道这件并不小的事情……"信用了这种令人好奇的开头。

实际上他告诉了妻子自己一生中极为重要的变化:"今天我被联共(布)中央出版部任命为《农村青年》杂志文艺部主任。"看来,把他提拔得更高了——不是副主任,而是主任!"斡旋,我倒是没有去斡旋,他们来了并且提议,我接受了并且同意。特里申本人去了那里①不仅没有人反对我作为候选人,而且都极友好地接纳了我。"他还满意地补充了一句:"看来,那里都了解我……"

……10月20日去上班。作为一个作者或者客人,他曾许多次来到这个办公室,但只是如今他才开始想,他这匹任何颈圈也无法驯服的顿河马怎样在两个中央(党的和共青团的)委员会所开出的狭窄的清单中干着编辑生活的苦差事,并且只在心中抱着希望,能够自由自在地继续长篇小说的创作。

第二个工作日快结束时他就猛敲脖子了,对此他也告诉了爱妻。开始,当然,他写了自己得知党中央的决定,甚至引用了:"一致同意:斯塔利斯基同志关于任命肖洛霍夫同志为《农村青年》杂志文学部主任的建议。兹决

---

① 指党中央。——原注

定:任命肖洛霍夫同志为《农民报》文学部主任并提议《农民报》编辑委员会将其列入固定编辑名额。"

但是他又进一步写了编辑工作何等的繁重,当时国内总的目标是培养工农文学力量,他的定额是每天阅读二十部短篇小说并给每一位作者回信。在任何天才也没有发现的日子里,到处都是写作狂,因此,他写道:"我变傻了。"从而就产生了失望——"没有什么东西来填充编辑的皮包。""既没有天才,也没有文理通顺的,更没有对文学创作有起码认识的,只有一个'写作痒'。要给他们解释一下,他们写的哪儿不好,为什么不好……从谢米帕拉京斯克寄来的诗,是中等师范学校的小伙子写的,他写得很容易,把叶赛宁的诗拿过来,换几个词,就寄来了,对这样一些玩意儿还要扯着耳朵吵架……从罗斯托夫寄来了一个医学系学生写的诗,可我已经把它看过了……"就这样,对于同乡他也没有任何打折扣。

这里他承认——没有那种刚刚工作时的惊慌失措,也没有——相反地——全神贯注性格显示出的力量:"我一下子就想到了,真的差一点儿就不干了。"不过他冷静了下来,想得更好些,哪怕只干这一冬天吧。

在信中他又谈到了这部长篇小说:"我发疯般地在写。"还有这样的附笔,"我没去看看莫斯科,没地方可去,没去看电影,也没去看剧,甚至一次会议也没去参加。"

有什么力量足以把肖洛霍夫束缚住呢?从各种材料看,他总共只工作了几天。

……不久,就收到了绥拉菲莫维奇对短篇小说集《浅蓝色草原》的评价。不是敷衍了事,也不是官样文章,更不是匆匆急就篇。

老人深受鼓舞——没有任何创作的嫉妒:"年轻而健壮的肖洛霍夫,本质极好,有一双洞察一切的敏锐的眼睛。我有一个强烈的印象——这位年轻的作家正卓有成效地展示出他身上聚集起来的全部力量。无产阶级文学正在壮大。"不过,这位导师不改初衷——他绝不忘记谈谈警告:"但危险毕竟还郑重其事地守在他身边,他有可能不把自己的天才完全展现出来。"

靠着远见卓识的绥拉菲莫维奇轻轻的扶持,年轻作家在这几个月里,通过不同的出版社一本又一本地出版了七本书,当然,书都很薄,而且,其中的一种就收入了颇负盛名的"雇农丛书"系列中。

〔增补〕《农村青年》杂志的创刊是根据党中央于 1925 年 2 月的决议而确定的。在这份文献中,杂志被称为农村青年的"中心"杂志。8 月份又做出了一个新的决议《论共青团在出版领域的工作》,其中说:"必须注意到把青年诗人和作家团结到杂志(《接班人》、《农村青年》、《青年近卫军》)的周围。"三年以后,1928 年又做出了新的决议《关于改善青少年出版工作的措施》并批评说:"出版工作推进到农村做得很不够……为青年写的文学作品在质量上还不高(其中常常遇到一些不健康的惊险题材,并且不善于表现社会题材)。"

《农村青年》杂志主编尼古拉·特里申对执拗的肖洛霍夫一直感情甚好。文艺理论家、俄罗斯科学院通讯院士娜塔丽娅·科尔尼延科曾在特里申写的一篇小说中发现一段有趣的情节,主要主人公曾问一位优秀的女拖拉机手,她是否读过巴尔扎克的作品,他听到的回答是:"没有。"当时他又提出了另外一个问题:"你还记得《静静的顿河》中的阿克西妮娅吗?""不,我没读过。"波里娅更感到不好意思了,她悄声地回答。"你读得太少了。"他十分遗憾地说。

从 1935 年起《农村青年》杂志开始称为《青年集体农庄庄员》,后从 1962 年起——又称为《农村青年》。1956—1960 年这家杂志着手出版肖洛霍夫第一种七卷本文集,他是《农村青年》杂志最早的作者之一。

第 一 行

肖洛霍夫本人谈到的《静静的顿河》问世的时间是人所共知的见证:"第一部完稿是在 1927 年 9 月前,而第二部则是在 1928 年 3 月前。"

就在草稿的第一页上标出了:"《静静的顿河》,长篇小说,第一部,维约申斯克,1926 年 11 月 6 日"创作激情的力量有多么大——对所有人这是节日的欢宴,而他只有写字台。

有一位报社的人当时十分走运——他到过维约申斯克,并在自己的笔记中记下了:"他关在房间里写作,出来时两眼通红,像喝醉了一样。

'你写什么呢?'人们问他。

'长篇小说!'

'长篇小说?! 真的是一大本长篇小说?'人们拿他开玩笑。'那这部小说叫什么呢?'

'《静静的顿河》。'

'这书名是什么意思呢? 长篇小说——突然又是一条河。'

'这是一个漂亮的名字!'他信心十足地回答,'这可是一部真正的长篇小说。'"

人们想从肖洛霍夫那里知道:"你开始写小说时,有什么困难吗?"他回答得很老实:"困难无计其数!"他于是开始一一数落:"有时甚至没有钱,不能买烟抽,纸张也不够,我用两面写。"

有一回人们问他:"这部长篇小说开端的方案有很多吗?"他没有习惯于许多人常用的那种哗众取宠的方法——他说寻找过的方案无计其数,他回答说:"可是,一下子就开始了,就像书中写的那样。"然后他又补充了一件更有趣的事:"1926 年初,有一回我同法捷耶夫交谈,说小说的开端怎么写。他是拥护古典写法的,仿佛这样:'1877 年 8 月 14 日早晨,一艘三桅帆船驶向了大海……'可我却回答说:'太陈旧了! 如果写小说,那就按自己的方式,按新的方式写。'"

怎么叫按新的方式写呢? 小说写得如此直白,第一行不用任何奇思异想,但阅读时却把人吸引住了:"麦列霍夫家——在村子的尽头。"

书上印的就是这个样子。可是在手稿的方案之一就没有破折号,而且不是村子,是"镇"。

下面继续:"牲口圈的两扇小门朝着北面的顿河。在长满青苔的灰绿色白垩巨石之间,有一条八沙绳长的坡道,下去就是河岸……"不能这样:在"下去"一词后出现了一个破折号。下一句也写成了另一个样子:"在岸上,是长了青苔的灰绿色的白垩巨石……"小说的第三方案则是:"在长了青苔的白垩巨石之间,陡峭的八沙绳坡下就是河岸……"

在不远处的另一句开始写的是"屋顶掉了皮的小教堂"。不合适——删去了"屋顶掉了皮的"。可见,在寻求作品的开端时,付出了多少劳动。

一般来说,肖洛霍夫写得快,可是,对读者来说,幸运的是——他写得不慌不忙。有时候一天里总共只写几行字,有时候却能写两三页,可是最常见的是能力够写十页,或者更多。

有一次他坦诚地说:"有这样的情况,轻而易举地写出来的几页要修改来,修改去,而缓慢地艰难地完成的章节却一直都是完成了的定稿……这部小说我改过许多次。"

　　真的是这样。差不多每一页都表现出来对自己作家劳动的要求严格的态度——在修改和再抄过程中不断寻求更好的、更准确的东西。到处都是勾抹、再勾抹、添加、异文、改动,空白处写的一行行,字里行间——有的写得歪歪扭扭,有的写得笔直,有的夹写了两行,有的打了一个"钩",或者提醒自己"再修改",或者突然出现了"校2段"——这是标明校样的地方,意思是又产生了新的文本。舍弃被挑出来的句子,甚至是段落,显然是绝不动摇的——用粗笔一勾了事。

　　看起来,有时候所写的很少。在一页手稿上有五幅用粗笔画出的画:这让人想起了普希金的草稿。这些画都与小说文本相符,他一边写,一边画,而这个主意的产生明显地甚至掩盖了他本人的动机。有两幅草图颇生动,一个穿了哥萨克服装的哥萨克脸上显得很困惑,还有为另一肖像做的草图——生动的一双眼睛,嘴唇,下巴;眼神是忧郁的,而嘴唇和下巴就是倔犟的。

　　为一部描写哥萨克人的宏大的史诗收集资料的工作是折磨人的而且责任重大,并且还要知道,有可能一个新发现接着一个新发现地吸引着他。当时的创作欲望必然导致拼命的工作——还不算用的时间以及他的疲劳。当他第一次来到新切尔卡什克博物馆时,甚至跪在地板上查找一堆堆旧报纸和旧杂志。《顿河之波报》尤其吸引了他,有几天他没有从博物馆的书库里爬出来。博物馆并不经常允许局外人查阅秘籍——就像他那样为其作品收集大量资料。他常用一般的话语推托开,他说,我生活在人民中间。有一次,冒出了一段冗长的独白:

　　"人们都在你身边:你就去调度吧。在这里,成就依赖于你的本领,所有的东西都握在手里——材料和大自然。'活的材料'就在我身边,他在我的书桌旁喝着茶,同我一起去钓鱼——他什么都说,没完没了地说,只须牢牢记住——但还必须在档案馆中坐下来,特别是在新切尔卡什克和罗斯托夫,用地图研究团和师的调动。短篇小说、事实、活着的参加过国内战争和世界大战的人说的一些细节、交谈、询问……你还要开始研究专业的军事著作,依据我们的和白军将军们所写的许许多多的回忆录来分析军事行动……国外的资料帮助很大……"

然而,不是每一个"活材料"——都可以喝着茶或者给与善意的合作。

有一次,在米列罗沃,肖洛霍夫到了国家政治保安局的区管理局。这里的肃反主要头头听取了他的要求。他说:请求与正在关押的谢宁大尉见面,为长篇小说收集资料,必须同他交谈。这个穿着蓝领章服装的头头吃了一惊,真怪,居然有这么放肆的要求,想见由于组织暴动而被抓起来的人,没有当即同意。肖洛霍夫好像也忘了是在什么地方——仍然在坚持着:谈话真的很必要。

他心情沮丧地回了家:"刚才我在监狱的班房里同谢宁谈了话。我同他说着话,看着他就想:这个人很快就要没有了。而谢宁也非常清楚,近几天枪毙就在等着他。"那天晚上人们认不出肖洛霍夫了,他恐惧地一声不吭,这次会面的结果保存下来了:谢宁即被写进了《静静的顿河》,将来在《被开垦的处女地》波洛夫采夫形象中部分地也能认出他来。

……作家肖洛霍夫总是在大家最显眼的地方:他到哪里去,人们就来关心他,说什么或者不说什么,问他节日是怎么过的啦,平时又是怎么生活的啦,也问他是靠什么生活的,有人说,他是靠写在纸上的那些资料,也有人说他是靠着替大家操劳。

他总是出现在全体同乡人面前,而且对于他们的不幸还不仅仅总是说一句"可怜"。有一回,村积极分子会议从他这个总共不过二十五岁的同乡嘴里得知了一些相当不愉快的事情,可是,看来都很感动:他曾非常出乎意料地申斥了那种疏于管理的现象,可是,这一现象在镇里不知不觉地已经司空见惯了。

"先前,医院里没有病志,只有'病页',上面写了体温和病症……于是我就拿了并不是什么好东西的'病页'到了那里,它应当立即废止……"

有一位莫斯科女人曾来过他家做客,并写下了一篇独特的札记:"他过着自己某种独特的生活,有时候他注意了自己周围的一些身边琐事(他曾把屋子里所有的花都扔掉,说没有它们更好),有时候却又不注意或者装作没注意到……"还有:"他所喜欢的是打猎、钓鱼和其他什么,他需要这些并不是为打猎而打猎,他需要到草原上去旅行,露宿在顿河岸边,整理那些渔网,是为了那激动不已的情感得到放松……"她也发现了有特色的交流方法:"让别人说话,敞开自己的心扉……从而他经常地模仿别人,这种模仿有时是突如其来的,有时又是早已想好了的,同他谈话的人由于意想不到,也来不及躲起来,而他却把一切都看得清清楚楚。

关于自己,他谈得极少,稍有谈及也总是突如其来,就这么一两个词,总是要随时准备着,理解这偶然脱口而出的话,对此,要理解、弄清这复杂的意象……"

年轻时代,在自己朋友中间,他能够轻而易举地成为"至死不渝的自己人",可也会做出这样一些离奇古怪的事情,致使终生不忘。你看,瓦西里·库达绍夫的妻子的回忆:"有一次,肖洛霍夫要求再在这儿过夜。'在我们这儿,就在我们这儿吧。'瓦西里·米哈伊洛维奇答应了下来,只是睡在哪儿,铺什么啊。可是米哈伊尔·亚历山大罗维奇对此却付之一笑,他说,我们家多么'富有'啊。他不需要很大的地方,他说,我又瘦又小。于是,他就拿来自己那件人人皆知的两面有毛的皮袄,说,看,多么棒的床,于是,就铺在地板上。"接着就更有趣了,我们看到,早晨时,丈夫去叫醒这个"房客":"两个人走进了公用厨房,他们像帕特赫和帕塔松一般,①米哈伊尔·亚历山大罗维奇就是一个帕塔松……"

脱口而出——出其不意地——有时是相当冒险的。有一次在罗斯托夫,肖洛霍夫同朋友们去光顾一家餐馆,他们吃完了晚饭,走了出来,坐上了四轮轻便马车,在突如其来的肖洛霍夫的男高音歌声中,马车跑了起来。他唱的是已经好多年了的歌——上帝保佑,国家政治保安局可别听到——从白军逃走后再也没唱过的"东正教的静静的顿河,你汹涌澎湃,你浪涛滚滚……"这是哥萨克的国歌。

〔**增补**〕再谈谈肖洛霍夫在创作这部小说时关于历史和学术方面著作的准备情况,他阅读了革命前出版的许多著作:尼·布洛涅夫斯基的《顿河军史》、亚·萨维里耶夫的《顿河军三百年》、叶·萨维里耶夫的《顿河地区

---

① 这是由丹麦两位喜剧演员卡尔·申斯特里约穆(1881—1942)和哈尔德·马德森(1881—1939)所扮演的两个舞台形象,后流行于德、法、俄国的舞台,前者个子高,后者个子矮,两人性格,外貌,气质迥然不同。

哥萨克的农民问题》、阿·比沃瓦罗夫的《顿河哥萨克歌曲》……苏联出版的著作他读过了以下这些:安·扎伊翁奇科夫斯基《第一次世界大战1914—1918》、尼·卡库林的《世界大战与国内战争经验研究委员会资料汇编》、《革命如何作战》、尼·扬切夫斯基的《北高加索的国内战争》、"俄罗斯旺岱丛书"中的《革命的英豪》论文集和《顿河的无产阶级革命》以及联共(布)顿河局的一些传单……为了研究工作,他也弄到了国外流亡者的著作:柏林系列的《俄国流亡者档案》、匈牙利杂志《顿河年鉴》、安·伊·邓尼金、亚·谢·卢克姆斯基和彼·尼·克拉斯诺夫的回忆录……

但是,必须说明——《静静的顿河》绝对不能认为是一部历史长篇小说,就像《战争与和平》一样,这样的作品都是按照艺术创作的法则写出来的,绝不是学者们研究的结果。

第 一 部

就这样,《静静的顿河》的第一部完成了。

肖洛霍夫没有任何犹豫地把手稿交给了《十月》杂志的主编绥拉菲莫维奇,手稿就放在他的办公桌那几十份其他手稿当中——那些手稿既有来自年轻人的,也有来自昔日笔杆子战友的。这家杂志影响极大,它吸引了各种各样的作者——有天才的,也有写作狂的。对于到了迟暮之年的人来说,工作极累:阅读,阅读,阅读,要挑出某些有意义的东西。

在这份手稿的标题页上有一个熟悉的姓氏——教子肖洛霍夫,可是没有习惯地看到的"短篇小说",而是标明"长篇小说",题目"静静的顿河"并不显眼,却极有吸引力。他打开了这一包手稿就灰心了:打字机打得每页都挤得满满的,一点间距也没有,一行紧贴着一行——简直这些字母都搅和到一起了。可是,读过了开始描写麦列霍夫家院子的谜一样的漂亮句子后,他接下去就读到了:

"那河岸,遍地是珠母贝壳,河边被水浪冲击的鹅卵白形成了一条灰色的曲岸。再过去,就是微风吹皱的青光粼粼的顿河急流。"

名副其实的散文诗!

这样,这份手稿就看完了,最后几行……这位年轻的作家多么成功地找到了似乎很简单的可能性从而进入了那双亲复杂的情感世界——葛利高

里·麦列霍夫和他所不喜欢的娜塔丽娅这一对年轻人是否有爱情,是否已经谈妥了呢:

"夜里,潘苔莱·普罗柯菲耶维奇捅捅伊莉妮奇娜的腰,小声说道:

'你偷偷去看看,他们是不是睡在一块儿?'

'我给他们俩铺在一张床上了。'

'你去看看,去看看!'

伊莉妮奇娜隔着门缝向室内窥视了一下,就回来了。

'睡在一块哪。'

'可好啦,上帝保佑!'老头画了个十字,用胳膊肘撑着身子,在床上抽抽搭搭地哭起来。"

这是一篇从哥萨克生活中产生的精品小故事的汇集。

如果《静静的顿河》只能这样平静地流进当时文学生活的奔流的河水中该多好啊。

并非只有主编一个人读过了手稿。这就好像古老的判决:"我们的法官就是主意多。"小说的规模让一些人害了怕——实际上,只第一部分就有二十印张,而另一些人则更为害怕的是——被革命惊动起来的人民生活的真实性,尖锐地"从党外角度"反映了出来,这更让人提心吊胆。这不是演绎宣传部的指示,要根据这些指示,革命的历史就简单了,也就是:听从摆布。在革命中一切都一清二楚,好像打仗一样:看这是沙皇和资产者——那是工人阶级和布尔什维克,这是白军——那是红军,谁不同我们站在一起——他就是反对我们。肖洛霍夫所写的一切使拉普的理论家们深恶痛绝:这不是机会主义者吗? 这不是替布尔什维克思想的敌人摇旗呐喊吗?

绥拉菲莫维奇听着,听着,就来了火:"不做任何压缩出版!"

1927 年春,由于杂志社的支持,肖洛霍夫精神振奋了起来,考虑好了写一本——写给可能接受稿子的莫斯科工人出版社的书:"《静静的顿河》,篇幅四十(约)印张,共九部分,时代为 1912—1922 年,对题词是否有兴趣?"他又补充一句——到哪里躲开生活的平庸:"对于每一印张的报酬、印数和其他合同条件,我不是不关心的。"从而他也表示出已有了处理出版人和作家关系的经验。

就这样,说定了让出版人过目自己创作的时间已经到了,然而,这事儿却停了下来。他为自己解释原因:"我拖了,因为可恨的打字机拖了后腿。我们镇里有这样的'设备',它要给区执委会打印各种各样的文件,可我用这台打字机(我坚信这不是打字机,只是打字机的老祖宗,是约翰时代的印刷机)打印我的小说……负责打字的太太打起来极慢,我极有可能趁她未打完这部小说时,就赶紧写另一部。"

祸不单行。肖洛霍夫不知道,拉普的上层人物知道了手稿的事,要求他把手稿从编辑部拿来进行研究,他们对作者不信任,提心吊胆。很好,绥拉菲莫维奇坚持住自己的意见。

1928年1月,对于肖洛霍夫和对于整个世界文学来说,是个特殊年代里的特殊月份——不知他是否意识到了。在《十月》杂志的第一期上,他所写的《静静的顿河》第一部的最初几章呈现到读者的审判台上。

如今,人们急切地想要看到肖洛霍夫小说的单行本。这批手稿最后还是送到了出版社。由于莫斯科工人出版社进行改组,审阅手稿的事遇到了麻烦。肖洛霍夫很着急,听从了朋友库达绍夫的劝告,把手稿送到了国家文学出版社。这里抓紧了审阅,整整一个月后,他得知了决定——否定!看来,他等到的就是诸如此类的东西,当他谈到对自己和自己作品的判决时,不是没有挖苦、幽默的:

"他们挥了挥手,就像鬼见了真神那样害怕:'赞美哥萨克!把哥萨克的生活理想化!'一切都是这一套。"但他没有表现出屈辱或者愤怒的情感,甚至还哈哈大笑。他已开始习以为常了,他的小说在文学官员那里引起了恐慌:政治性的!

这时,在他的命运中出现了叶夫根妮娅·格里戈里耶夫娜·列维茨卡娅。她已经不年轻了——那一年她四十八岁,党员,她的舅舅阿·尼·巴赫在大学读书的时候就是著名的民意党人,曾被流放过,革命后成为生物化学苏联学派的奠基人。她丈夫虽是贵族,但却是革命者,曾经参与组织过"波将金号"铁甲舰的起义,后在革命的1919年里牺牲。值得一提的还有,在他一生的经历中,还有涅仁中学和杰尔普特(塔尔图)大学。列维茨卡娅本人在革命后得到了信任和荣誉,在党中央任职,后又在党的出版社工作,在这里,邮局送来的书稿委托她审阅。

就这样,一个维约申斯克镇叫肖洛霍夫的手稿到了列维茨卡娅手里……还好,她并不知道国家文学出版社的判决,看过以后她知道:这是一部伟大的作品!看过了《一个人的遭遇》的人大概会记得它的献辞:"献给一九三〇年入党的苏共党员叶夫根妮娅·格里戈里耶夫娜·列维茨卡娅。"看来,《静静的顿河》有两个文学教父:绥拉菲莫维奇和列维茨卡娅。从那时起,友谊把他们的整个一生都联接到一起。他立即在书信中尊称她为妈妈。

1928年夏——他给列维茨卡娅写了第一封信,情感充沛,但态度严谨,根据他待人和气的特点,明显地也想到了不能迈过首次相识的门槛:"列维茨卡娅同志!您的来信使我非常高兴,我高兴不仅是因为《静静的顿河》在中央政治教育委员会获得了两颗星,而且也因为您的信充满了温情和亲切感,我承认,我不很相信您能给我写信。您知道,为什么?莫斯科一些熟人给我来的信并没有娇惯我,正如人们所说的那样:'多日不见,心里就忘了。'"

可是,她早就高兴地为小说送到印刷厂铺好了道路。9月末,在写给出版社领导的一封信中真诚地发出了内心的呼号:"我很想让你们加快第二部的工作,请你们尽快出书吧,这得到什么时候呢?……"

不论是在杂志社还是在出版社,《静静的顿河》的命运最后已见分晓。从5月开始,《十月》刊出了小说的第二部,1928年10月结束。而在出版社里,小说的头两部也同样急于同读者见面。

1928年夏,肖洛霍夫创作的独立性经受了一次考验,他挺住了,保持住了自己的面孔。他拒绝了作家的集体下乡——正像顿河一带所说的,成批下乡到当时建立起来的集体农庄去。苏联作家联合会和《共青团真理报》社想出了这种"同生活结合"的主意,他们慷慨激昂地劝说和鼓动作家们:"去创作号召为争取集体化、为多耕细作而斗争的中篇小说、歌曲、招贴画,我们期待着走向集体农庄去的作家和画家。"

报上还补充说:"革命要求摆脱贫困和耕地交错现象,冲破没有文化的和富农的自私自利的围栏,走向在共同的土地上从事共同劳动的道路,走上文明的合作者的制度。"

肖洛霍夫在自家的维约申斯克想来想去,也拒绝了这样的义务,但拒绝得很巧妙,他给这一联合会写了一封信,信中同文学官员们"交换了意见":

"我同您被一千二百公里的距离隔开了,我收到邮件要在第六天。我从报上得知了,召开过了分配地点的会议,以便让我那些同仁去那里……只有我自己还不知道——我什么时候到哪里去。

我有选择的自由吗?我做什么选择呢?

如果您同意,确定方向相当困难,我就住在维约申斯克镇……

您应当帮助我,不是这样吗?……"

接下去,就是所谓的把对方难住了:"不管我到哪里'做客'——都是另一种人民,另一种语言等。我想到位于以前顿河州之内的集体农庄去。"

再接着谈就有些调皮了——他说,我不为那些黑暗的农村担保:"可我身边没有这样的集体农庄,在这种农庄里,哪怕一点点的自由自在的生活也没有,也许你为旅游者在导游图上也找不到这样的农庄。"

秋天……无所事事的心境。他病了很久,而且又严重——称自己的病为"打摆子"。玛丽娅·彼得罗夫娜害怕极了——瘦到不能再瘦了。在写给出版社编辑的一封信中他苦涩地开着玩笑:"风很快就要把我吹倒了……世界上什么事不会有呢?——我也会慢慢地死去,《静静的顿河》也就变成了孤儿了。到那时,你就写一份令人感动的悼文吧,就说什么,他有希望成为一个'德高望重的人'。"

他对美好的生活满怀希望地创作着,从《战争与和平》中引来一句简洁又优美的词语,来衡量自己:"哎,所有这些都'平安无事地过去了'(献给托尔斯泰纪念日的贡品),我好了。"当托尔斯泰百年诞辰临近时,他想到了这些。

〔增补〕当他着手描写人物性格时,未必有可能猜测出肖洛霍夫式天才的奥秘。比如,阿克西妮娅。不管是在麦列霍夫的眼里,是在为作品做的插图中,也不管是在电影里——她都是个美女。还有她那颗勇于牺牲的心,习惯中她被赞赏。毋庸置疑,肖洛霍夫爱她:多少激情献给了自己的这位女主人公!可是尊敬她吗?我觉得,理智不允许这位作家拜倒在阿克西妮娅面前。

我们且看一看娜塔莉娅去找这位命中注定的谈话者的一场:

"阿克西妮娅全身晃了一下,走到娜塔莉娅跟前,恶毒地笑了起来。

阿克西妮娅仔细打量着自己敌人的脸,忍不住想挖苦她一番。现在她——被遗弃的结发妻子——被痛苦折磨着,低声下气地站在自己面前,这就是那个女人,由于她的恩典,曾使阿克西妮娅哭干了眼泪,使她和葛利高里分离,使她心受重创,而当她,阿克西妮娅,在忍受致命的相思病的折磨时,这个女人却在爱抚着葛利高里。而且大概还嘲笑过她——失败的,被遗弃的情人。"

正如我感觉的那样,肖洛霍夫希望塑造出美与道德的另一种楷模:这就是娜塔丽娅!

她忠于丈夫,忠于家庭,忠于妻子的责任!不过只有在一处她是有罪的,即她去祈祷,让有罪的丈夫受到惩罚。

根据我的理解,作家的情感和任务就这样分道扬镳了,就像剪子的两边刀刃,在创作中——它们都非常锋利。

第 一 批 敌 人

肖洛霍夫等待着:对于他的长篇小说是谁第一个在报刊上发表评论。

绥拉菲莫维奇是第一个表态的人。1928年,发表完小说第一部的4月号杂志刚一出版,他就认为必须把《静静的顿河》的作者在《真理报》上向国内乃至全世界,甚至向苏联主要领导人物加以介绍,这位老人在自己的文章中并不吝啬运用了华美的意象和比喻:

"……土冈上一只雏鹰闪着黑色的光,黑亮亮的一只年轻的小鹰。它不很大,眼睛张望着,转动着它的头和它的乳黄色的鹰喙。

……鹰的翅膀突然展开了——我惊叹了一声,……雏鹰展开巨大的翅膀。它轻柔地从地上腾起,缓缓地摆动着,滑翔在草原之上。

我读过肖洛霍夫的《静静的顿河》以后,记起了这黯淡朦胧的遥远往事。一只年轻的黄喙小鹰,却展翅高翔了。为时不久,总共只有两三年,他在广阔的文学天地之中,像一个刚刚可以看得见的小点儿闪着黑色的光。最有眼力的人也难以预料,他会这样满怀信心地突然成长起来。"

但是,突然肖洛霍夫在阅读中遇到了难题——在全国的评论中,提出了一个问题:

"咦,下一步呢?"

对这一有问号的修辞性的问语,也许他已想过,现在想到了怎么继续写下去。

他错了,对于这明确的问题绥拉菲莫维奇给出了这样明确的回答:"顿河将被吸尽。特殊的军事公社的农民也会被吸干。"

这让人大吃一惊,这是真正的拉普式的奉告,他奉告要放弃描写哥萨克及其多灾多难命运的悲剧史诗的创作,绥拉菲莫维奇甚至找到了关心的理由:"如果一个作家,不能深入到无产阶级深处去,如果他不善于同样出奇制胜地写出工人阶级的面貌,汲取它的运动,它的意志和它的斗争,如果不能做到这一切,那么这个刚刚成长起来的作家就要毁灭……"

肖洛霍夫感情上惶惑了:这不是关心——这是一块墓志铭,他们想剥夺他故乡的土地,想把他从哥萨克中分开!

还好,幸运的是,这位导师不久就忘掉了自己瞬息即逝的政治手腕。保存下了这样的回忆:

"有一次,我们去见绥拉菲莫维奇,他的脸上显示出过节般的愉快的表情,眼睛里放射出年轻人的火花。他在屋子里踱着步,激动地说:

'看,这多么有力量!这就是现实主义!请想想。维约申斯克的年轻哥萨克创作出这样的反映了人民生活的史诗,性格刻划达到了如此深度,表现出了如此最深刻的悲剧,上帝保佑,他已经超过了我们所有人!现在这只是第一部,可是规模已经显而易见了。'"——真是一位预言家!

不久,绥拉菲莫维奇在家中举办了一次朋友晚会,来的有自己人,也有外国人。大家准备庆祝十月革命十周年。可突然,主人彬彬有礼地向知名客人们介绍了一位年轻人,这个人差不多谁也不认识,甚至莫斯科人也不认识,他说:

"我旁边坐着的是一位大作家。他是我的同乡,也是从顿河来的,比我年轻四十多岁,可是我必须承认,才能比我强百倍……他的名字还不为许多人知道。可是,一年以后全苏联都会知道他,两三年后——全世界……到那时,请你们不要忘了我说的话。"

对于这部长篇小说的问世,其他文学家有什么反应呢?不带偏见——赞叹、勉励、感激。教育人民委员部人民委员安纳托里·卢纳察尔斯基差不多是第一个做出了反应的,他说得简明而又优美:"是一块金刚石!"马克西姆·高尔基——按其威望来说是真正的文学人民委员——他在遥远的意大利的索伦多(不知是在那里治病,还是荣誉流放)阅读了这部小说,表达了自己的情感,既激动又豪放,他为自己的国家感到骄傲:"肖洛霍夫——根据第一部来看,是个天才……每年会产生出越来越多的有才能的人。这就是令人欢欣鼓舞的事情,罗斯是非常有才能的。"

小说的第一部在普通读者那里获得了令人大吃一惊的成就,《在文学的岗位上》杂志来到了维约申斯克镇,上面写道:"在莫斯科工人出版社有成千上万的人赞扬《静静的顿河》。"

肖洛霍夫还记得,这家出版社冒险做了一个非同寻常的试验,请来了一些工人通讯员,让他们听听这部小说几个章节的朗诵,他们听到了夜里三点,其中有一个人的妈妈,一直要求听下去,不要停。

然而拉普们却实施了报复——他们不靠本领,只靠数量。他们开始从肖洛霍夫的短篇小说收拾起。1927 年,拉普评论的台柱子之一的弗拉基米尔·叶尔米洛夫,给肖洛霍夫的短篇小说干脆就盖上了政治审判的图章:"偏离了无产阶级文学的风格……"人们是这么回忆起这个人的:"个子矮小,脾气暴躁,在恶毒地寻找敌人时,目光可怕地锐利。"

即使顿河一带的拉普同乡……也大帮其忙!为了批判,他们扛起了耙子上阵,雅罗斯拉夫的杂志《在高潮中》这么评论《静静的顿河》:"没有明显地看出是无产阶级文学……"后来,在地方的共青团报《布尔什维克接班人》上,出现了论这部小说的文章,副标题为《跟在艺术边缘之后》,但这些只不过是定金。肖洛霍夫读着,读着:"片面的画面……歪斜的镜子……《静静的顿河》——这是赤裸裸的公式……他的主人公见识极为狭小……结构简单……"于是给他"缝上了一块"政治标签:他没有看到"哥萨克的社会分化"。

在拉普的全体会议上,拉普派的头子阿维尔巴赫在其报告中大耍滑头,对拉普成员肖洛霍夫的这部长篇小说一句话也不说,但是他的助手们发言时却大声叫骂:肖洛霍夫这个哥萨克,"喜欢哥萨克式的大吃大喝"。

就这样,肖洛霍夫明白了,这种文学生活究竟是什么样子,人们的生活谈何容易。

他寄希望于,他写人民和为人民而写的想法能为众人所知,而拉普派们有的却是——政治迷宫——更确切地说是——政治死胡同。

妻子一见到他特别忧郁，就走了过来，把她那温柔的手放在他的头发上，他作为回答，撅起那小胡子做了一个开玩笑的指挥官的动作——也就是说，我还坐在马鞍上，在马鞍上，他们打不下来！

可是，有谁能撕破这诽谤的罗网，让读者睁开眼睛看到小说的真面目呢？

他崇拜绥拉菲莫维奇——他也不再带着拉普派的想法而徘徊不定了，利用了自己的威望，暗示给《小说报》编辑部，看看真正读书人的要求。

编辑部回了话……1928 这一年，由绥拉菲莫维奇作序的这部长篇小说共出版了二十五万册！顺便说说，这次出版所取得的成绩绝非易事，它对于所有从事写作的人，对于读者，具有如此的诱惑力，正是因为它为人民群众所接受。

在肖洛霍夫和绥拉菲莫维奇的相互关系中，1928 这新的一年情结又是怎么样的呢？对于他来说，不总是搞得很顺利，面前还有几十年的发展和难于置信的转折。比如，不论是绥拉菲莫维奇，还是肖洛霍夫，当然，都不可能预测到，过了三十七年后，正是这本《小说报》[①]在全世界突然意想不到地爆炸了。1965 年，恰恰就是一位读了这种老版的《静静的顿河》的人，向诺贝尔奖金委员会推荐授于肖洛霍夫奖。写来这封推荐信的就是谢尔盖·尼古拉耶维奇·谢尔盖耶夫-青斯基，按其年龄来说他是倍受敬重的，按其贡献来说在革命前的文学中就已深受景仰了。

他收到了高尔基劝他阅读的《小说报》上登的《静静的顿河》后，就大声说："天才！"

可是，对于高尔基这一名字出现的不可思议的交叉现象的生活路线又是离奇古怪的，有人 1928 年就提名，授予他诺贝尔奖。诺贝尔委员会上层的要人讨论了后予以拒绝："他是共产主义的积极拥护者。"你看你，还是臭名远扬不问政治的人呢！

肖洛霍夫与国外。《静静的顿河》的第一、二部问世后，肖洛霍夫就听

---

① 1928 年《十月》杂志 1—4 期发表了《静静的顿河》的第一部，同年 7 月《小说报》也开始刊登。

到了俄罗斯流亡者的意见,他知道,那里政治遮住了人们的目光。

　　"国外的俄罗斯人发狂似地阅读苏联的长篇小说,他们喜欢玩具般安详的哥萨克人骑在玩具般的马上。"弗拉基米尔·纳博科夫在报刊上是这么说的——轻蔑地,处心积虑地要使俄罗斯流亡者弃绝昔日他们国家的新一代作家。

　　"不幸的祖国……如果不是托尔斯泰和屠格涅夫,它不能分辨出哪怕是些正直的人,它不敢有自己的意见,甚至他们伟大的肖洛霍夫也不能有自己的看法……"叶卡杰琳娜·库斯科娃也这样把肖洛霍夫弄来一起拷打。仇恨巨大:她既不提谢尔盖·叶赛宁,也不提,比如,已经人人皆知的安德列·普拉东诺夫和米哈伊尔·布尔加科夫。

　　但是,国外出版物上也出现过这样远见卓识的评论,可是,最好他们不要露面,否则还要有国家政治保安总局和拉普派们来评估他们。弗拉基斯拉夫·霍达谢维奇和尼娜·别尔别洛娃在文章中说:"对'白军'哥萨克环境的描写,就对肖洛霍夫政治上的可靠提出了质疑……苏联评论界只能埋怨,只有对这一事实感到悲哀……"

　　肖洛霍夫想要知道——在那里,在西方,人们是否承认他不仅是一个具有敏锐的政治色彩的作家,而且也是一个能生动地显现出长篇小说文学特质的艺术家呢?

　　正好,布拉格有一位叫做谢·巴雷科夫的人,他在《自由哥萨克》杂志上写出了这一评论。"按照艺术上的美质,按照哥萨克人的兴趣,这部历史—生活长篇小说远远胜过了哥萨克生活中迄今为止所出现的全部小说创作,在这部小说中,哥萨克语言得到了很好的保存……"

　　……从这一年的8月起,肖洛霍夫每一周有时骑着马,有时坐上马车……到各个村子去同哥萨克们交往。收割开始了,春天和夏天,老人们都预言了会有好收成,可是如今心情比什么时候都坏——早来的雨水没完没了,湿乎乎的庄稼倒伏了,一堆一堆地,而一堆堆的粮食由于下雨更潮了。心在流血——小麦干脆就从这粮食垛里长了出来。还有一件倒霉的事:哥萨克们感觉到,冬天时,牲口就没有吃的了。更加上传来了流言:由于暴力社会化,牲畜都要赶进集体农庄。……人们拖着牛都上了集市,——快卖掉算了。肖洛霍夫惶恐不安——在新的一年里靠什么种地呢?!

他只有二十三岁,但心灵早已成熟,对于同乡人的生活他不能无动于衷。因而,在一个阴沉沉的不安的秋夜,他拿起笔来给莫斯科写信——给列维茨卡娅。突然,列维茨卡娅也对威胁着顿河的歉收情况深感不安,就预先告诉了党中央。

从莫斯科又向肖洛霍夫打来了一枪。《青年布尔什维克》杂志——共青团机关理论刊物——不仅仅称赞了《静静的顿河》,却又提出在阶级关系的描写中表现出了有害的人道主义。

肖洛霍夫小心翼翼地惊讶着——党的中央委员会,无论如何还没对小说予以评价。

……这一年的结束,他是在罗斯托夫度过的。人们邀请他到工厂的工人面前,到图书馆里,到出版宫的新闻工作者中间去发表讲话。一天有几次讲话,这样过了好几天——他要读小说的片断,讲一讲自己的创作,回答成百个问题。他向妻子承认日子是怎么度过的:"我一点儿自由的时间也没有,简直应接不暇,掉到魔鬼的漩涡里了。"为了同读者交流,两位莫斯科的客人就与他走到一起了:这就是当时著名的诗人米哈伊尔·斯维特洛夫(他们甚至住在旅馆的同一个房间里)和小说家尼古拉·利亚什科,但你别嫉妒他们——全部注意力都在《静静的顿河》的作者身上。

由于肖洛霍夫,顿河成了一块磁石。突然,莫斯科来了电话:法捷耶夫、阿维尔巴赫、基尔雄、杰克·阿尔陶津、马克·科洛索夫、库达绍夫和匈牙利流亡者马特·扎尔卡都强求肖洛霍夫要来他家做客,这整整是个拉普派的营地,他怎么答复的,不得而知,反正做客的事没成。

玛丽娅·彼得罗夫娜对丈夫感到奇怪,有一回,他从莫斯科回来,对妻子说:

"你就骂我吧,可我很想给自己买一支猎枪。"

他等了等,又接着说:

"我说谎,玛露辛诺克!我已经买了!想要说谎,但未成。是啊,我亲爱的,我给自己买了一支特神奇的双筒猎枪,比利时的,比别尔式的,无扳机的,花了一百七十五卢布,你大概很生气吧?……"

他又套上了大马车去了米列罗沃——给妻子带回来了礼物。有一次他从莫斯科还给她带来了十二把椅子。

……没有马,肖洛霍夫怎么能行呢? 还是在战争以前,他一直就是骑着马在各村走来走去,打猎或者是钓鱼时就骑了一匹烈性马:有时套上马鞍,有时有全套马具。当靠稿酬得到的钱多了时,就买了一匹奥尔良种大跑马,起初是灰色的,后来是白色的,他成了非同寻常的马的专家。你看,这就是证明:六十年代当他到布拉格时,博物馆里的人带他去看一匹马的雕像,肖洛霍夫立即就发现:"名马,捷克种……可是,哥萨克的马比它更匀称……"

〔增补〕肖洛霍夫得知了一件秘密的事:哈尔兰皮·叶尔马科夫被枪杀了。由于众所周知的原因,肖洛霍夫能够对他们过去的相识缄口不言吗,所以他没有背叛对他的记忆——结识了他的儿子。肖洛霍夫生平与创作的研究专家尼古拉·费季讲过下面一件事:"哈尔兰皮·叶尔马科夫的儿子约瑟夫——是个具有桀骜不驯性格的人,个性尤其热爱自由——他非常喜欢肖洛霍夫。

肖洛霍夫也不止一次地拯救他于水火,也责备过他,但却喜欢他那独立不羁的性格。约瑟夫常常在极端困难的时候找肖洛霍夫帮助。'父亲(他就这样称呼作家),帮助我吧,为了上帝!'而肖洛霍夫就去救助、帮忙、为他安排工作……当约瑟夫被侦查时,肖洛霍夫也没有弃而不顾。……他为减缓刑罚而去斡旋,一年以后,约瑟夫来到了罗斯托夫,到了爱他的那个女教师那里。但他忧郁成疾,不久就死了。肖洛霍夫像对亲生儿子一样感到惋惜。"

第 二 章
1929:斯 大 林

在肖洛霍夫的传记中出现了一个新的人物——约瑟夫·维萨里昂诺维奇·斯大林,这个名字出现的时间长,而且又特别显眼!

大权在握的读者

1929 年,对于这位年轻作家来说,就好像在向从未经历过的陡峭顶峰艰难地攀登一样,在《静静的顿河》第一、二两部之后,他开始写第三部,这是政治上十分大胆的一部,因而也是危险的一部。

上一部书的最后几行,是以一幅著名的画面结束的——村里一个老人在被枪杀的红军战士的坟头上立了一个神龛,用斯拉夫花体字母写着两行字:

> 在动乱、荒淫无耻的年代里,
>
> 兄弟们,不要深责自己的亲兄弟。

新写的这第三部是以古老的哥萨克民歌为开端的——其中也提及了袭击到顿河来的这场灾难:

> 可现在你啊,顿河,水流却是那么浑浊,
>
> 从上游到下游全都那么浑浊。
>
> 光荣的静静的顿河倾诉说:
>
> "我的水流怎么能不浑浊哟,
>
> 我放走了我的好男儿,
>
> 我的雄鹰,顿河哥萨克。……"

紧接着,肖洛霍夫就写了哥萨克的分化:"一九一八年四月,顿河流域的哥萨克彻底分化了:……从前线回来的哥萨克,都跟着退却的红军走了,下游各区的哥萨克节节逼进,把他们赶到本州边境上。"

如果以这种穿透力强的真实的基调来结束长篇小说的这一部,那么和以前的一样,对于他这位苏联作家,命运就预示出两种可能性:超越一切之上或者被抛弃。

哥萨克们说:找福却得到了祸!

在肖洛霍夫的命运中,如今差不多一切都依赖于克里姆林宫。什么时候斯大林将成为这本书的读者呢?

这时的斯大林是个什么样的人物呢?党的中央委员会的总书记,具有全权的国家统治者,到年末,即 12 月 21 日,他满五十岁。但距离富丽堂皇的生日纪念为时还很远,对于许多作家来说,斯大林暂时还不是一个中心的英雄人物。可是,这种文学上的疏漏已开始引起一些人的遗憾。在拉普派的某一篇长诗中出现这样的号召:

> "艺术家、歌手、诗人们,
>
> 时代的订单就在面前;
>
> 我们还没有去描绘斯大林,
>
> 歌声已唱遍了加里宁。"

肖洛霍夫仍然是拉普派的成员,可是他却不遵守这一车间的任何纪律。他一再出版自己反映国内战争的短篇小说,却不大大方方地哪怕是在不重要的情节上提到斯大林的名字。他写《静静的顿河》——同样也没有斯大林。这事奇怪。因为斯大林作为党中央的使者,是南方战线革命军事委员会的委员,而第三部小说所写的维约申斯克的暴乱,正是在斯大林所指挥的一翼爆发的。也许,肖洛霍夫干脆就不大知道领袖的军事指挥的经历?哪有这种事!在保卫察里津打击白匪军阶段,他对斯大林已了解了许多,甚至还向自己的熟人讲过对于自己的小说非常适合的另一件事——说斯大林从红军私自审判中解救出一个白军哥萨克,而这个人后来就成了苏联的著名的指挥官。

不论是斯大林,还是肖洛霍夫,苏维埃政权这十二年都让人记下了很多。国家按照革命的要求热情奋发地改造了自己,它可以骄傲地说,五年计划的第一年计划完成了。国家饱受了苦难,但经过努力,迎来了最初的成就。人们以极大的豪情接受了这些——我们能够做到!可是计划实施中同时又出现了最初的失败,人们对它闭口不言。相反,斯大林却没有闭口不言,他开始摧毁那些妨碍斯大林路线的人。

在当时人们日子过得怎么样?靠着热情和理想,重荷与灾难都被克服了,在新经济政策之后,特殊的灾难落到了农民身上。斯大林决定,社会主义的最初积累要靠打农村的主意来进行——用暴力没收农民的粮食,卖给西方:这样来为苏联的工业化建设筹集资金。

农民创造了工业化,而后就是工人阶级了。那时一切都以自我牺牲为基础。斯大林号召用加强团结和英雄主义精神建设社会主义:"落后就要挨打,但是我们不想被打。不,不想!"

在改革年代和后来的从社会主义走进资本主义出现了特殊的通货膨胀,即对历史评价的政治通货膨胀。在 1988 年召开的作家和历史学家的会议上,一位教授尤·阿法纳西耶夫找出了所熟悉的安德列·普拉东诺夫中篇小说《商队》,就提出:"人们称挖地槽的为冲向蓝天的人。"乱管闲事,他说,不过如此而已。

肖洛霍夫曾在《祖国颂》一文中谈过自己的感受经历——我要指出,这是在斯大林活着的时候,在苦难重重的1948年。尽管如此,他也没有背叛自己同胞的荣誉和尊严:"人民以长年的痛苦和伟大的革命斗争为代价,为自己找到了唯一公正的政权,并且无比坚决和勇敢地用自己的鲜血、自己的劳动巩固了这一政权,建设新的生活。"

1月,《十月》杂志开始刊出了《静静的顿河》的第三部,斯大林暂时还没有读。不应该。因为书中描写了对他来说难以忘怀的1919年——要知道,当时他正在不远的地方,在察里津作战,他完全可能成为这部小说中的人物,就像他的凶恶敌人——列夫·托洛茨基一样。而此时托洛茨基正在流放中,可是不久即完全被驱逐到国外。这个神经质的人物,身后在政治打靶场上留下了作为左倾反党倾向的托洛茨基主义一词。

2月,杂志上登出了新的几章,同过去一样,斯大林仍然没有碰这部小说。他召开了中央委员会的全体会议——宣读了报告《布哈林集团和我党的右的倾向》。布哈林的被消灭是因为他反对"用军事和封建行为剥削农民",这个刚刚出现的有偏差的人,就这么不小心地表达了意见。

在这部小说最后一部分里,就写了不少这种用军事和封建行为剥削农民的表现。肖洛霍夫描写了,这些当官的不是用真理,而是用歪理在掩盖这种剥削行为,比如这一场景——科舍沃伊在由于困难局面而唠唠叨叨的哥萨克们的面前回答说:

"'可这盐都跑到哪儿去啦?'沉默一会儿以后,独眼老头子丘马科夫用那只独眼惊奇地打量着大家说,'从前旧政权统治的时候,从来也没有人谈论盐的事情,到处都堆积如山,可是现在连一小撮都弄不到……'

'我们的政权对这个问题是不负任何责任的,'米什卡已经镇定下来,说,'有一个政权要对这个问题负责:那就是你们从前的士官生政权! 就是这个政权造成了这样的困难局面……'"

可是,这些对于喜欢探究真相的作家来说,显得还太少,他冒险又准确地写道:

"米什卡给老头子们讲了半天,讲白军撤退时如何破坏国家的财产,炸毁工厂,烧掉仓库。这些情况,有的是他打仗的时候亲眼看见的,有些是听人家说的,其余的则仅仅是为了减轻对亲爱的苏维埃政权不满,满腔热情地杜撰出来的。为了保护这个政权免遭责难,他毫无恶意地漫天说谎,振振有词,而心里却在想:‘对一群坏蛋说一些谎话,那又有什么了不起呢,反正他们还是坏蛋一群,他们也不会因此受到什么损失,可对我们却大有好处……’”

为了发表出这样一些想法——这是离经叛道的!——作家必须具有政治勇气。

……毕竟领袖还是找出了关心文学的时间,他同拉扎尔·卡冈诺维奇一起接见了乌克兰作家代表团。就在这时,对于斯大林和肖洛霍夫之间的关系,系上了极有意义的一个结——而对于肖洛霍夫来说,在长达几十年里这个结又是不幸的。当时领袖提到了作家费多尔·潘菲洛夫的名字,而他却是老牌的拉普派和绥拉菲莫维奇的新朋友。领袖称赞了刚刚出版的潘菲洛夫反映农业集体化的长篇小说《磨刀石农庄》。但对其他作品——后来的——其他部分却没有予以关注和支持。肖洛霍夫不能不记住这一情况。潘菲洛夫当时已经三十五岁了,是有了三年党龄的党员,他写的《磨刀石农庄》,其规模不比《静静的顿河》小,也是共四部。在绥拉菲莫维奇和法捷耶夫离开《十月》杂志后,他就占上主编的交椅。

〔增补〕肖洛霍夫和斯大林最初的相互了解——并没有见面——可以确定在1919年。4月,召开了联共(布)中央组织局会议,镇压顿河地区暴乱的领导人西尔卓夫做了《关于顿河事件的状况,关于在维约申斯克和其他地区哥萨克暴乱》的报告,组织局的记录中写道:“西尔卓夫同志提议对南方反革命哥萨克采取恐怖手段,把村里人作为移民迁出中央俄罗斯。”斯大林坚持了顿河局的观点。

再说两句。肖洛霍夫对于党内的两种倾向——正如当时斯大林已说的——有了反映。在《被开垦的处女地》中,有一个哥萨克就说过:“苏维埃政权一下子就出现了两个翅膀:右边的和左边的。”就在这里,根据肖洛霍夫的想法,出现了气哼哼极为辛辣的一句话:“什么时候它能离开咱们去见鬼呢?”这个“它”——就是当局!

81

判 决：剽 窃

1929年的早春,3月,肖洛霍夫打算去首都。在米列罗沃,临行前,正当他跑到一些朋友和熟人那里去的时候,有人告诉了他一件蓄意破坏他名誉的事:在莫斯科有人说你剽窃,从某个人那里你偷来了《静静的顿河》。当然,天大的冤枉!

坐在车厢里他平静了下来——这种指责就如某种痴人说梦。可是,在车厢里有一个旅伴也说着同样的话。

文贼!可是,怎么去寻找那些把这离奇古怪的谣言传播开来的人呢?要是传到顿河去怎么办呢?

莫斯科说什么的都有。一会儿一个人提出问题:"当然啦,一个什么委员会交给了总检察长克雷连科一份否定的材料——败坏名誉?"当人们去找这位官员时,他只是莫名其妙地摊开双手作为回答:"我第一次听到!"一会儿,第二个自报奋勇的人就预先警告:"中央过问了这个'案子'。"去了解——又是"谣传"。还有一个谣言——说他的那些稿酬都被扣押了。传到肖洛霍夫耳朵里的消息是,书店里关于这件事人们提出了数不清的问题。找出版人最好别去——他们都戒备森严。朋友们都不想看他的脸色了。

怎么办?走开躲起来——等等过去再说?不能让无耻的诽谤打中!也不用醉酒平息屈辱……

一开始,他就在写给自己的玛露霞的信中倾吐积愫,决定什么也不隐瞒:"我一一地给你讲:你自己都无法想象,这种对我的诽谤传播得有多远!在文艺界,在读者圈子里,谈的只是这件事……"接着,他就提到了三个人的特殊名字:"前天,斯大林同志在阿维尔巴赫那里问过这件事……米高扬问过此事……"

人们告诉肖洛霍夫,那些阴谋的诽谤者都是谁,于是他向妻子讲到了他们:"'冶铁场'的作家别列佐夫斯基、尼基福罗夫、革拉特科夫、马雷什金、萨尼科夫等人,他们心灵卑下,传播这些流言,甚至无耻地公开演讲……"又说,"甚至连党票也没有使他们小市民的反动的内心变得高尚。"

"冶铁场"……他们残酷地疯狂地仇视一切对文化持有非"无产阶级"态度的作家。

肖洛霍夫实际上被压下去了——要知道,他肩负着总共只有二十四年的生活经历。他向妻子承认:"我紧张得想放弃了……道德上完全混乱了……没有工作能力……做梦……"但他毕竟还高喊:"我要打到底!"

肖洛霍夫和辩护者们为了他的荣誉,想好了一点,唯一正确的决定是:将小说的草稿交给专门成立的一个委员会。

肖洛霍夫把写得密密麻麻的稿纸塞进了满满一皮箱。到了垂暮之年他还告诉了儿子说:"那是一只很结实的胶合板做的小箱……"

3月末,为正义而战的胜利来到了。肖洛霍夫轻松地叹了口气。1929年4月29日在《真理报》①上发表了一封《公开信》(占四分之一篇幅,而且字体又很显眼),并由委员会的五个委员签了字:亚·绥拉菲莫维奇、亚·法捷耶夫、弗·斯塔夫斯基、戏剧家弗·基尔雄和最接近党中央的拉普领导人列·阿维尔巴赫。他们用党的中央机关刊物为没有入党的肖洛霍夫作了辩护:

"由于无产阶级作家肖洛霍夫的小说《静静的顿河》取得理应得到的成功,无产阶级专政的敌人就散布恶毒的诽谤,似乎肖洛霍夫的小说剽窃了别人的手稿,关于此事的材料保存在于联共(布)党中央或检查机关(同时还提到报纸杂志编辑部)。

这种卑鄙的诽谤本身无须驳斥。任何一个了解肖洛霍夫以前出版作品的人,甚至不精通文学的人,也能毫不困难地发现肖洛霍夫那些早期作品和《静静的顿河》之间的共同的风格特点、写作手法、描写人物的角度。

同肖洛霍夫同志共事非止一年的无产阶级作家们,了解他的全部创作道路,了解他用几年的时间写作《静静的顿河》的工作情况,熟悉他为写作小说而搜集过和研究过的那些材料,熟悉他手稿的草稿。"

肖洛霍夫的一个同乡,罗斯托夫人亚历山大·索尔仁尼琴,诺贝尔奖的未来获得者,由于年纪甚小,没有读过这份《真理报》,但关于剽窃的传闻,正如几十年后他自己说的,却记住了,而且他把这种传闻拿来,用于反对获得诺贝尔奖的自己的同行,不过,对此我们将在相关地方再谈。

肖洛霍夫是在维约申斯克家乡收到《真理报》的——高兴极了,不论是

---

① 应为3月29日。实际上,3月24日在《工人报》上已登过这封公开信。

在区委员会里,在地方学校老师和高年级学生中间,还是在图书馆里……到处都是一个意见:我们决不怀疑——小说是在我们眼皮底下写的,他向我们还咨询过……

〔增补〕给委员会带去的手稿,肖洛霍夫没带回维约申斯克家来,他决定在自己的朋友瓦西里·库达绍夫家保存它。他向库达绍夫的妻子说:"……谁也不要给看,也不要交给谁,特别是党中央的人。"这几句神秘的嘱托造成了肖洛霍夫一生中乃至辞世后的另一个秘密,使得在一段时间里"剽窃说"的拥护者们洋洋得意。

《静静的顿河》手稿就以这种秘密的方式消失了。只是到了1999年才找到了它——经过了在它进入库达绍夫家之后的半个多世纪。

……在1929年1月至3月间,《真理报》还能记得肖洛霍夫与未来同他自己有关的某些其他资料。比如,在几乎连续的两期里出现了称赞年轻电影女演员爱玛·采萨尔斯卡娅的文章,她将走进肖洛霍夫的生活。再有,遭到了愤怒的思想政治批判的作家谢·尼·谢尔盖耶夫-青斯基,可是他未必能预测到,经过三十年后,由于诺贝尔文学奖,这位颇受尊敬的长篇小说作者能进入到他的命运中。再有就是关于全苏无产阶级作家联合会第一次全体会议连续发出了两个通告。我记得,肖洛霍夫是拉普成员,但是在发言者的名单中,或者干脆在全体会议的参加者中,都没有他的名字,然而,作为全体会议的总结所写的内容丰富的论文《文学艺术当前迫切的问题》中,在列举中却提到了肖洛霍夫:"在过去的一年里,我们有了巴赫梅季耶夫的《马丁的犯罪》、肖洛霍夫的《静静的顿河》和潘菲洛夫的《磨刀石农庄》。"这寥寥的两行文学作品奇怪的排行榜及其作者收入到"无产阶级文学"时都加了重点号。这就告诉了你,拉普的成员,米·亚·肖洛霍夫拉的是谁的套!又和潘菲洛夫排在一起了,他还记得巴赫梅季耶夫的名字——激烈的拉普派分子,后来气势汹汹地要推翻肖洛霍夫。

《真理报》在形成经典作家肖洛霍夫的传记中——常常给以帮助,在我这本书中,它就成了斯大林、党中央对待肖洛霍夫态度的一面镜子。无须我们中介就会知道,作为党的主要报纸向全国和世界介绍了这位作家的生平,并且教导人们如何理解他的创作。我们想象一下它的主要读者群——像教师一样的党的路线的传播者、鼓动家和宣传家、军队中的政工人员、农村和交通运输阵线的政治工作人员。而且,重要的是要知道:斯大林不是使一代《真理报》工作人员养成了严格服从党的纪律的习惯的。对于主要题材,对于著名活动家的评价,这里从来也不是偶然刊登,由于疏忽或者其他什么大胆的匆忙草率而造成的对抗斯大林的例外现象极少。

来自拉普的打击

1929 年 4 月。月底邮差给肖洛霍夫带来了当月的《十月》杂志。但是,这可是给你送来的即将来到的生日礼物——没有继续刊登长篇小说!

肖洛霍夫很激动,连读者也感到大吃一惊——上一期杂志上白纸黑字写了"未完待续",杂志这次"待续"却挪到了1932 年。

拉普的领导人阿维尔巴赫、法捷耶夫、叶尔米洛夫、基尔雄和李别进斯基——具有全权的团队! ——利用了绥拉菲莫维奇离开《十月》杂志的机会。肖洛霍夫描写维约申斯克暴乱是个错误! 他自己为顿河上游的暴乱作辩护,也为葛利高里作辩护,他就是苏维埃政权的敌人!

肖洛霍夫处于反击之中,这可是在他二十四岁的时候! 他不想被套上拉普派的笼头。立即同《在文学岗位上》杂志讲好,把它作为讲坛,在 7 月号就发表了自己的驳斥文章:"我写的葛利高里这个人物,就像是他本人那个样子,他确实实是那个样子,因而我笔下的这个人物是摇摆不定的。"而且,又加上了自己信念中最重要的一点:"……我不想离开历史真实。"

然而,他对于论敌的力量估计不足。看来,批判这部长篇小说的不仅是评论家、理论家而且还有那些指挥过消灭哥萨克和镇压暴乱的人。

有一回,肖洛霍夫给我讲述了——好像是他一生都记得的一件事:

"在这几章里出现了马尔金这个人物。我写他用了真名,要让人民群众知道,他是怎么消灭哥萨克的。可是,这时他在国家政治保安局里是一个重要的活动家……这个鬼家伙,嗅出了味道,知道了小说里有他的名字。真理总是扎眼睛……在国内战争中他曾在西尔卓夫指挥下作战。而这个西尔卓夫就是维约申斯克镇的军事委员。在这种情况下,我无路可走了——1929 年夏,西尔卓夫当选为联共(布)中央政治局候补委员,成为俄罗斯联邦人民委员会主席。也许,马尔金同他合伙来反对这部小说,他们对于在同白匪哥萨克作战的借口下消灭顿河哥萨克的回忆耿耿于怀。"

后来,肖洛霍夫还同马尔金认识了,他回忆:"'干吗你在书中造我的谣?'——马尔金说着,并大度地拍了拍我的肩膀。"

不过,即使不提到马尔金,手稿中写的也够让人害怕了。

他写了一个老太太同被俘的红军战士的谈话——没有任何"阶级嗅觉",她在这场兄弟相残的战争中可怜所有人:"'你别怕我,我不会给你亏吃。我有两个儿子都死在打德国人的战场上,顶小的一个也在这次战争中死在切尔卡什克啦。要知道,他们都是我怀了十个月生的……为他们担惊受怕……因为这个缘故,我可怜一切在军队中服役的人,在战场上打仗的年轻人……'"

肖洛霍夫——事情很明显——并非袒护白军,而是让这位母亲有权利可怜所有作战的人。

他去寻找高尔基的庇护,把这份对于拉普派和《十月》杂志的新主编费多尔·潘菲洛夫来说叛逆性的手稿寄给了他:请裁判吧!高尔基读过了后——给法捷耶夫写了一封信:"敬爱的法捷耶夫同志!《静静的顿河》第三部分是一部品位很高的作品……"

他准确地抓住了这部长篇小说的非同寻常的特点,但也预料到了后果——他已经明白,在苏联是怎样对待那些不符合司空见惯的党的公式的作品的。他挖苦地写道:"给流亡国外的哥萨克提供了一些愉快的时光,因此,我们的评论家们也一定给作者提供一些不愉快的日子。"

法捷耶夫和他的战斗团队是固执的,他们回避了高尔基的劝告,虽然都热爱和尊敬他。

可是,高尔基却是个硬核桃。过了一年,他想好要让斯大林过问这件拖延小说出版的倒霉事件。

斯大林没有拒绝,他完全按照斯大林式的方法干预了这件事。

但关于此事,我们还有时间说。

……拉普派们继续抨击这部长篇小说,对于肖洛霍夫来说这是阴云密布的时刻。可是突然出现了明媚的阳光——想给《静静的顿河》拍电影,这年轻的作家真了不起!又有了新的相识者……导演是伊万·普拉沃夫和奥尔加·普列奥布拉任斯卡娅,麦列霍夫由现实主义剧团的安德列·阿布里科索夫扮演,后来他成了极有名气的演员,获得了"人民演员"的称号。谁演阿克西妮娅呢?肖洛霍夫知道,他们请来了没有进行过试拍的二十岁的爱玛·采萨尔斯卡娅来演这个角色。他们见面一看——尽管她的姓有皇家味道,看起来脸宽,略显丰满的身材,一双值得信任的圆眼睛,是个欢天喜地的美女小苗儿,但那时她也是人人皆知了。两年前,她在这两位导演的电影《梁赞的娘们儿》中扮演过角色,引起了不小的轰动。

这一策划何时能成为影片呢?没有什么时候!至于说影片何时拍摄以及如何又从银幕上撤了下来——下面将在1931年一章中涉及。

〔增补〕说点有关爱玛·采萨尔斯卡娅的事。1993年发现了在那遥远的年代里,肖洛霍夫写给她的四封信,像晴雨表的指针那样称呼她说"女友",后说"小爱玛",或者"我的歌儿",但也有这样的——"你是我的灾难……"灾难是来到了。不论说的是电影,还是说的情感,对此,我们将在1937年那黑暗的岁月的一章可以读到。采萨尔斯卡娅留下的回忆录见证了肖洛霍夫在有关剽窃的流言飞舞那艰难岁月中的心情:"在交谈中他从来也不谈自己写作《静静的顿河》的情况。有时看起来他十分警觉,有点神经过敏,又突然沉浸到只有他才能见到的世界中。好像有什么事情让他'非常烦恼'。"

高尔基看来是对的:评论界以特有的政治激情打击了肖洛霍夫,他们既把他"当作了"剽窃者,又"当作了"有思想错误的作家。肖洛霍夫写道:"传播着这样的流言,似乎我是顿河军的上尉,在反间谍机关中工作过,总之是凶恶的白匪近卫军军人。"

一些文学团体也着手于对他的批判。"当肖洛霍夫表现昨天的生活习俗时,艺术上的成功是注定了的,但不是表现今天当前的现实。"这是"山隘"文学团体在党的指令性杂志《印刷与革命》上谈到的。

"长篇小说《静静的顿河》第六卷证明了,在第三部中尽管展现出了最成功的题材,但写的不总是不受制裁的东西:米·肖洛霍夫重复了自己,有时互换成苍白无力,几乎小品性质的文字,总而言之,永远摆脱不了的——无聊在威胁他。"——这是《大众杂志》送来的"礼物",这个杂志就是弗·巴赫梅季耶夫、费·革拉特科夫和尼·里亚什科领导的。

"主人公的社会评价有些地方失去了其清晰性……在一堆编年的报纸中分散了力度……"这话来自于《艺术生活》杂志。

列夫派们谴责他醉心于"贵族文学的修辞模式"。

二十年后的爆发

阴云笼罩,一种特殊的、对顿河来说是致命的灾难——歉收来到了。肖洛霍夫给列维茨卡娅写信:"我迟迟没有回信的原因是,我已经用了两周多的时间,坐火车跑来跑去……所有这些都不是办文学上的事,但却是极重要的……现在十二点,我坐在这里,笔从手里掉了下来,夜很短,而我又没有睡足……"

几个党员请肖洛霍夫到几个区去跑一跑,去宣传及时收购粮食。他被拖了进去。边疆区党委不高兴求助于作家来做这件事,而他的态度却是,甚至在书信中也焦急地说:"你看,我在兜圈子,去帮助不公平地受欺侮的人……"

因此,就做出了选择:亟待解决的不是美文学,而是帮助不幸者。正如他所说:心灵悲痛极了。

刚刚有了自由支配的时间,就写信,这封信写得很长:开始是在1929年6月18日写的——7月2日发往莫斯科。

一周以后,7月9日,斯大林也坐下来写信——最终,他阅读了《静静的顿河》,谈了自己的意见,给肖洛霍夫写了几行。

不过,斯大林的信不是写给肖洛霍夫的,肖洛霍夫的信也不是写给斯大林的。斯大林读了肖洛霍夫的这封信是在那一年的夏天,而肖洛霍夫看到斯大林的那封信却是在二十年以后。

斯大林的这封信变成了慢慢爆炸的地雷,而肖洛霍夫写给斯大林的信也决非是祝他身体健康。

领袖不能原谅作家涉足于对某些人来说并不遥远的、隐秘的历史题材,作家看到了国内已开始聚集力量赞美新政权时,也不能够沉默。

斯大林写信给费里克斯·康(我们摘要读一下关于肖洛霍夫的句子,全文稍后可见,情节即这样):"肖洛霍夫同志在其《静静的顿河》中写了一些极为错误的东西,对西尔卓夫……做了简直是不正确的介绍……"这样,西尔卓夫的名字就浮出了水面。

肖洛霍夫写给叶甫根妮娅·列维茨卡娅的信（他的信也是摘要，但却是由于另一原因——极长）：

"当你在报上读到这样简洁的玫瑰般的报道，说贫农和中农给富农施加压力，粮食就运来了——就会不由得想起，这不是非常引以为荣的对照：在国内战争的年代里，白军的报纸没有时间兴高采烈地预告所有战线上的'胜利'，预告同'被解放了的哥萨克'的紧密联盟……

中农被压制，贫农在挨饿……

在写给加里宁的电报中他们直截了当地说：'我们被毁坏的比1919年白军毁坏得还要厉害……'

人民群众变得凶狠残忍，情绪被压抑着……

阿尔乔姆①说得对：'应该用密眼筛子把直到加里宁这些人都抓起来，把那些虚伪地像法利赛人那些哭诉要与中农联合而同时又掐死中农的假善人都抓起来……'

已给边疆区检察长写了信，但他不回信，这条毒蛇。"

这封信也包含着具有特别政治能量的爆炸性结论："从此之后，让你们再讲什么与中农联合吧。"

这封信也还有这样的内容："关于我自己吗？我没有写什么……受到压制，感到什么都讨厌。"

这位敏锐的女党员认为把这封令她震惊的肖洛霍夫的信转交给斯大林是自己的责任，于是，她略加压缩即呈了上去。

在这一封有良心人写的信中包含多少内容啊！揭露了这冷酷无情的制度——它已经渗透到了各个地方：从克里姆林宫到最后一个村庄。警告——不能对人民群众冷酷无情，而且表现出了——冒着风险——自己与阿尔乔姆·韦肖雷志同道合。

看了肖洛霍夫的信，斯大林还未必忘掉了党中央就在这一年里通过了批判韦肖雷短篇小说《赤裸裸的真理》的决议（1937年他将被宣布为"人民的敌人"）。

---

① 作家韦肖雷。——原注

领袖读了肖洛霍夫的信,回答了什么呢?

"竭尽全力加紧出口粮食,现在这是重心。"这就是回答,当然,没有答复倔犟的肖洛霍夫,他写信给了自己最亲密的战友维亚切斯拉夫·米哈伊洛维奇·莫洛托夫,而这就意味着是对全国的指示。

还有一个他的回答——这一次,他在 11 月有个讲话《伟大转折的一年》——这是对全国,当然也是对维约申斯克说的:"集体农庄的建设事业取得了空前的成就……"

斯大林绝不是一个恶棍和庸才,这是一位天才的头脑敏锐的专制主义者。他极力要达到正义的政治目的——建设共产主义——而方法只有一个:强制性地驱赶人和人民群众进入他们渴望的自由、平等、博爱的王国。就是这条出口粮食命令的发出也并非漠不关心,而是意识到了人民为了社会主义工业化会忍受一切。应当得到贷款——因而下令出口粮食,而人民却被送上了做牺牲的祭坛,对此,斯大林从维约申斯克写来这封信的作者身上也明白。于是在他统治的整个时期就是这样:为了伟大的目标,一批牺牲跟着一批牺牲。

我们再看看斯大林对《静静的顿河》的全部评价:

"当代著名作家肖洛霍夫同志在他的《静静的顿河》中写了一些极为错误的东西,对西尔卓夫、波乔尔科夫、克里沃什雷科夫等人做了简直是不正确的介绍,但是,难道由此应当得出结论说《静静的顿河》是一本毫无用处的书,应该禁止出售吗?"

在一封信中既有袒护也有谴责,这是何等不可思议的结合呀!

肖洛霍夫是在二十年后才知道这封信的。至于作家和出版人在 1949 年是如何对待这封信的,我在相应的地方再说。

……家庭——这是心灵得以平静的真正的所在。女儿斯维特兰娜已经三岁了(她后来从事了出版工作,父亲死后成为世界文学研究所肖洛霍夫部的科研人员,再后移居到维约申斯克,是肖洛霍夫故居博物馆的学术秘书),一年以后,肖洛霍夫家又添人进口——长子亚历山大诞生(后成为生物学者,在克里米亚工作)。

〔增补〕斯大林是否知道拉普经常在攻击肖洛霍夫呢? 斯大林对拉普

的态度又是如何呢？1929年2月领袖给拉普写信说:"你们总的路线基本上是正确的;你们的力量也足够,因为你们拥有一系列的机构和出版机关,作为工作人员,你们无疑是有才干的和杰出的人物,希望多加领导……"

有了这样的支持就可以用来反对敌人,其中包括甚至反对肖洛霍夫。

领袖鼓励写国内战争这样的历史,但让它是一种颜色的,红色的! 他是政治家。

作家写《静静的顿河》用的却是多种颜色的调色板,他是现实主义者。

……革命的题材。肖洛霍夫相信,告别了腐朽的沙皇统治和对人残酷无情的资本主义,人们就会去实现千年的梦想:"我们是我们的,我们在建设新世界,谁一无所有,谁将拥有一切……"然而,他又告诫:革命的完成要为了人,而不是反对人,是心甘情愿地而不是用暴力地。在这部长篇小说中,他借用一个人物之口说出:"对一个杀人成性的人来说,砍个人要比捏死一个虱子容易得多。"在这时,他用掷地有声的格言式的话说:"革命革得人的性命太不值钱啦!"这些都写在血腥的叶若夫肆虐的日子里。

关于苏维埃政权,肖洛霍夫又为自己的人民写了些什么呢? 他深信,只有这种政治制度才能保障美好的命运,因此,他也把自己的全部都献给了它:他的一生,他的入党,他的创作,他的政论作品和演说家的天赋。然而,我们在小说中时常能读到离经叛道的东西,这是奇迹——难于理解! ——怎么通过书刊检查的呢。在《静静的顿河》中,他委托了自己的一个主人公说:"布尔什维克的政权是正确的,只有他们的少数人做得不正确……压制哥萨克,做些蠢事,不然的话,你们的政权是没有什么可挑剔的。他们有许多人是笨蛋,因而才出现了暴乱……枪杀人。现在杀一个,你看吧,明天杀另一个……还会轮到谁呢? 就是把牛拉走宰杀了,它也要摇摇头呀。你看,有那么一个布尔什维克,就像上帝一样处置别人的生命……这不是侮辱人吗?"在《被开垦的处女地》中,他继续写道:"'你怎么能怀疑苏维埃政权呢? 不相信,真的吗?! ——不过,我不想相信。我们都听信了你兄弟的谣言!'"

马克西姆·高尔基

对于肖洛霍夫来说,不寻常的1929年夏天已到了尾声。肖洛霍夫在维约申斯克。斯大林在索契休息。肖洛霍夫的敌人各在各的地方。

8月,斯大林的妻子纳杰什达·阿里卢耶娃在给丈夫写的信中说:"我听说,好像高尔基已去索契,可能在你那儿,很遗憾,我没在那里——听他讲话极有趣。"可是,回信却没有提到高尔基。

自然,肖洛霍夫对这一书信往来一无所知,可是他知道,高尔基正在促成三角关系:高尔基——肖洛霍夫——斯大林。而肖洛霍夫已完全感觉到了这种三角关系具有何等尖锐的角啊。

在这个月,共青团杂志《青年近卫军》上刊文:"我们做出了有害的和不必要的尝试,要把肖洛霍夫的小说归结为无产阶级文学……"肖洛霍夫懊丧地皱起了眉头:他们对准自己作品了。人们忘记了,他就是在共青团的报刊——俄罗斯共产主义青年团中央的报纸《少年真理报》起步的,还参加过这家刊物的文学协会。

9月,拉普的理事会准备批判——批判!——《静静的顿河》。争论中主要的祸首是亚历山大·法捷耶夫——他既是拉普的领导人,又是《十月》杂志的编辑,那时潘菲洛夫还没被任命:

"我向肖洛霍夫说过了,这需要让它们都见鬼去吧,你的小说里没躲开这些地方。"

大厅里人们喊:"正确!你说得对!"

拉普派书刊检查的好斗精神令肖洛霍夫感到震惊,法捷耶夫要求从《静静的顿河》第三部中"见鬼去"第三十章,要删掉的是一个旧教徒哥萨克讲述马尔金委员发起的镇压哥萨克的经过,还有党员施托克曼提出了对党来说揭露性的要求,即对哥萨克要严加制裁。法捷耶夫还坚持"修改"麦列霍夫形象——一会儿添一点"白的"颜色,一会儿又添一点"红的"颜色。

拉普分子们心怀诡计地大喊大叫,这一切都是想使肖洛霍夫阉割他的长篇小说,他们说:"肖洛霍夫——不是无产阶级作家"或者说他"美化了富农和白军",也还有这样的——这已完全是供国家政治保安局需要的了:"《静静的顿河》——就是白军的回忆录。"

肖洛霍夫几乎绝望了,但他明白——要知道,他们也是对的:他的《静静的顿河》既远离了红色的政客手腕,又远离了白色的政客手腕,不论是前者还是后者,都是主观的,这样,在阐述十月革命和国内战争的历史时,都是在说假话。

还有一个凶恶的打击。有那么一个激进的拉普派的兄弟想到,如何对离经叛道者进行"再教育"——砍断肖洛霍夫的根,他那多产的创作的根是与他的故乡顿河流域联系在一起的,"为了肖洛霍夫修改创作必须改变他居住的地点,搬到工人住宅区去,这些要记录下来……"

快到秋天时,他已经完全忍无可忍了。有一天夜里,他把所有攻击他的言论拿来一篇篇地看,因为列维茨卡娅已经经常同他交谈了——不是面对面地。

在写给她的一封信中他谈了许多。开始写,有"一个文坛上的下流坯"(他写了并苦涩地嘲笑说"这么说他还算温和"),但他好像是"自己人",是罗斯托夫共青团报的撰稿人,夏天时还到过维约申斯克,他走后给报刊写了这样的揭露文章,引起了极大轰动。他说,你们看,等肃反分子来抓他吧!他塞进文章里的,既有富农的帮凶,也让岳父逃税,而岳父——他记得——过去曾是阿塔曼!看"我帮了"谁!

然后,他又告诉列维茨卡娅,这个多产的作家是如何把他同不幸的鲍里斯·皮里尼亚克联在一起的。他知道,不久前斯大林写给拉普领导人一封信:

"比如说,像皮里尼亚克这样的同路人。众所周知,这个同路人善于观察和反映的只是我们革命的屁股……对于这样的同路人你们却找到了'爱护态度'一词,这不是一件怪事吗? ……"不过,要知道,报上那篇文章想的也不是那么简单,实际上想要能够追踪他与皮里尼亚克的"恶劣的联系"。对于指责肖洛霍夫剽窃,皮里尼亚克表示了自己权威性的不同意见。他,作为拉普成员的肖洛霍夫就在这一年,在柏林的流亡者"佩特罗波利斯"出版社出版了自己的《静静的顿河》,可是,皮里尼亚克也在这家出版社出版了中篇小说《红木》,其中的主人公对革命大感失望,因此,被评论家们疯狂地判处了死刑,宣布他为托洛茨基分子,于是许多人挤进了诽谤者的大合唱,肖洛霍夫不做这大合唱的歌手。他猜到了,如果作家被政治"盯上了",很不好,只是没有猜到,这个"不好",在1938年以皮里尼亚克被枪杀而结束。

从自己年轻朋友的这封信中,列维茨卡娅知道,报上不想替他反驳:"我有一肚子这样强有力的话要说……"

这封信没有摆脱阴郁的想法:"还会出现一些挑拨离间的诽谤者!……我身边繁殖了多少'好心人'哪,多得让你喘不过气来……"

肖洛霍夫也向她讲了家中不幸的事:"除了所有这些令人不愉快的事外,家中也出现了不幸——女儿得了疟疾。我刚一离开,那折磨死人的黄热病就扑向了孩子。"

他总结了自己的感受——这些感受就像慢性病一样:"不知怎么,一切都不顺利,而且也不开心……就像镇里人们说的:不幸的生活,不幸的生活,你什么时候变得这么糟?"

然而,他没有绝望,他要回击政治上打小报告的人和阴谋家的指责。毕竟如愿以偿——10月号罗斯托夫杂志《在高潮中》发表了他的《公开信》:"《布尔什维克接班人》第二百零六期《纯文学的作家们》一文的作者尼·普罗科菲耶夫指责我是富农的帮凶,反苏人物……这种指责是彻头彻尾的谎言……我断然摒弃……我保留再谈这一问题的权利……"不过,肖洛霍夫可以指出:在报上写文章的人,当然或者是阴谋家,或者是笨拙的告密者,可是,要知道,在许多方面他们没说错。肖洛霍夫,不管他从事任何社会工作,都这么保护过备受煎熬的人,他做粮食收税工作时曾是这样,现在也是这样,将来还是这样!

只是还要说一句:只1929年这一年就有多少次思想上被判处死刑的命运落在他身上啊!对于极为敏感的作家心灵来说,每一次过去后——时间都长——都给他留下了伤痕,伤痕累累——一生都这样。

有什么比这更可怕的呢:一个作家开始对自己的笔害怕了,把思想一分为二,以后考虑的似乎阅读他的作品的不再是读者,而是书刊检查官和另一些政治稽察员。

可是,在肖洛霍夫身上也开始出现了这种双重性。就在这年倒霉的秋天,也还是在这10月,他坐下来给法捷耶夫写信,大动肝火地倾诉自己的委屈:"只有你拿着笔,但不干净,说写就写:'你不是白匪军官吗?不是一个老太婆替你写的小说?你在帮富农?你信仰右的倾向?'"写出的既有真话也有假话。

在这封信中有关于那些指责的强烈反响,这些指责按照这三个条款是适合判刑的:剽窃!富农的帮凶——如今苏维埃制度的主要敌人!信仰右的倾向——要知道,布哈林分子如今是斯大林党的主要敌人!

还可以再加上斯大林那封信中针对《静静的顿河》的指责。不错,肖洛霍夫暂时对于这封信还一点也不知悉。

领袖不信任他。正在筹备出版极重要的国家版的《国内战争史》,国家和世界应当看到对于革命成就人人都看得懂的阐述,因而决定吸引来参加撰写这部历史的,不仅有最优秀的历史学家,也还需要最有才华的作家。

高尔基关心这一出版物,并且在11月写信给斯大林——劝他用肖洛霍夫:因为这位小说家是国内战争的专家。

过了两个月,斯大林给高尔基写了回信,关于肖洛霍夫他好像没有读到。他说,很想吸引"阿·托尔斯泰和其他文学艺术家来写",可见,他不愿意把写过国内战争史诗的作者肖洛霍夫包含在他的"艺术家"的概念中。也许他要提防肖洛霍夫那支特别真实的笔。他对高尔基写道,应当把"政治上坚定不移的同志"吸引到这一工作中来。为了增加说服力,按照他自己的习惯,又简明威严地补充了一句:"这样更可靠。"

不过,肖洛霍夫对此一无所知,很好,没有增加自己的烦恼。

他继续在写作《静静的顿河》的第三部。他写着——自己并没有意识到——他正同西方优秀的"军事"作家在进行创作的竞争。比如,1929年初,出现了雷马克的长篇小说《西线无战事》,过了半年,又出现了海明威的《永别了,武器!》。世界真的太小——这些杰出的作家都知道并高度评价了肖洛霍夫,而肖洛霍夫对于他们的经历也并非一无所知。

肖洛霍夫在自己的创作活动中,并不特别喜欢要在"许多"读者中通过,但他却有时在工人俱乐部和图书馆里同意朗读新写的《静静的顿河》的片段。一旦他在公众场所出现,人们不相信自己的眼睛:他不像是写出著名长篇小说的作者——太年轻而且完全还未长高。他走进大厅,一般都穿着顿河服装——短皮上衣,戴着灰色的库班羊羔皮帽子,露了馅,还有一身军便服。他读得并不用力,但声音清晰,他朗诵得极为朴实——绝无任何演员般的花腔怪调。

这个1929年,从始至终,对于他来说有两大特殊的事件。

1月,正如我们已经说过的,绥拉菲莫维奇,唉!离开了《十月》主编岗位,如今,肖洛霍夫在编辑部里就失去了支持。

12 月，斯大林五十寿辰庆典在即。年轻作家看起来有了一个不坏的可能性来表现出自己的忠诚，从而得到强大支持的保证。有过这样的例子。几十个，后来就有成百上千个不仅是记者、作家中的机灵鬼，坚持用自己的笔来歌颂领袖，以使他的诞辰成为全民的节日，而且《真理报》就像一艘快艇，上面站了一个伟大的人物，着装焕然一新，像一面旗帜，而斯大林最亲密的一些战友们发表的文章的标题，就犹如是一些装饰他的万国旗，比如，米哈伊尔·加里宁称自己的文章为《布尔什维主义的舵手》，安纳斯塔斯·米高扬的是——《布尔什维克党的钢铁战士》，其他一些人也不甘落后:《坚如磐石的布尔什维克》，或者《列宁主义者、组织家、领袖》，还有一篇文章写道:"不仅对于联共(布)，而且也对于整个共产国际，他都是最杰出的列宁主义理论家。"这家报纸使称谓合法化:"敬爱的领袖"或者是"党的领袖"。

肖洛霍夫继续在写自己的关于国内战争的长篇小说，他要捻一捻"红色将军"教导的小胡子，这一教导就是国防人民委员克里姆·伏罗希洛夫在其论文《斯大林和红军》中所提出来的，其粗体字的副标题十分刺眼，第一个就是:《察里津》，伏罗希洛夫在这篇文章里甚至引用了斯大林所提到过的白军杂志《顿河之波》，其中提到了斯大林，为了表现他的统帅天赋，这有用了，《静静的顿河》的作者，你学学吧!

文学"车间"不落后于政治，高尔基拍来了电报:"致斯大林，克里姆林宫，莫斯科，我祝贺，紧握手，高尔基。"杰米扬·别德内依——他，真够可怜的，斯大林不喜欢他! ——也不得不写了赞美诗。苏联的政论之星米哈伊尔·克里卓夫把自己表现为反击敌人的斯大林的保卫者，他在大型特写中写到了一个流言，世上到处开始传播:"围绕着斯大林由凡夫俗子和资产者所制造的猜测，说斯大林是'独裁者'，这是幼稚可笑的。"

《真理报》把十到二十期的报纸连续寄到维约申斯克，为肖洛霍夫提供了油水丰富的庆典大餐。

〔增补〕西方读到《静静的顿河》的译本是从 1929 年开始的。首先是德国:这部小说开始刊登在小城赫姆尼茨和马德堡，后来是科恩和汉堡的报纸上。这一年，法国有人注意到了这部小说，并着手为报纸翻译——共产党的《人道报》从第二年的三月起用九十七期刊出了它。当时布拉格、斯德哥尔摩、马德里和阿姆斯特丹的读者也都知道了《静静的顿河》。

　　某些资产阶级出版商恐惧于它反映重大事件表现出的冷酷无情的真实性，做了书刊检查的删改。当肖洛霍夫得知此事后，提出了抗议。

　　俄罗斯流亡者中出现了早期的评论——当然——是带有偏见的。跑在大家前面的是巴黎的《近日新闻报》，它在 1928 年 9 月就发表了一篇论这部长篇小说第一部的文章（署以笔名），文章开始表现出一般性的不满，说这部小说"没有什么杰出之处"，可是后来又忽然承认了"它整体上无疑是很有价值的——在日常生活方面……对于哥萨克有极好的了解……真正活生生的人物……"

　　1929 年 4 月，还是在巴黎，在《俄罗斯与斯拉夫报》上，神学家、修道院院长康斯坦丁发表了广泛地评价了头两部小说的文章，开始是"肖洛霍夫《静静的顿河》一书乃是一种独特的'轰动事件'"，接下来他就看到了："在读者的面前走过去的是整整的一组最主要①活动家们的画廊。这些人物肖像描写得没有敌视倾向，有些人（如阿列克谢耶夫、科尔尼洛夫、卡列金）甚至写得还有明显的同情"，他进一步确切地说："那种胜利者对忠诚的值得尊重的人们的同情，人们是能够感觉到的。但后者由于战败而陷入迷途。"也还有极深刻的对文学品位的评价："叙述真正地吸引住了读者……作者无疑具有极强的敏锐的记忆力和尖锐而深刻的观点……人物肖像，活生生的人物肖像！……"还有这样的评论："在作者描写大自然的地方，其写作手法既粗犷而又精细……它刺激……让你逐渐感到苦闷……只是有些地方您会高兴地停留在某种风俗画面前，它让人想到昔日您的愉快的印象……"

　　然而，在流亡者中间也有目光更加犀利的读者。令人震惊的历史伴随着在国外出版了《俄国文学中的哥萨克》这部文选，有一封给编辑的信："编者犯了一个大错误：像肖洛霍夫这样的大作家，只收入二十个片断，而比他差得很多的彼·尼·克拉斯诺夫，却给了他很多——整整八个片断。"这封信是匿名的。后来，经过很大周折才弄清楚了，写这封信的人就是整个苏维埃国家的死敌，白匪将军，顿河军的阿塔曼，国内战争中白色哥萨克军队的

---

　　①　指白军的。——原注

总指挥,也是独具特色的小说家彼得·尼古拉耶维奇·克拉斯诺夫。他在柏林找到了流亡隐居之所。在第二次世界大战中甚至信任了法西斯主义者,在德国领导过哥萨克军总部。有谁能够想到,就是他,受到肖洛霍夫抱怨的人,写进小说后对他没有任何同情,他却能没有偏见地谈出对《静静的顿河》如此赞许的话。他的评价还有这样的:"按其天才的程度来说,这是一位绝无仅有的伟大作家……我如此高度评价米哈伊尔·肖洛霍夫是因为,他写出了真相。事实是准确的……而怎么阐述这些事实呢?想必是他完全符合了真实情况……要知道,我当时也没有镜子!"

1947年这个被苏联法院判处枪决的克拉斯诺夫的孙子——米格里,苏联记者在智利找到了他,从而知道,这个将军之子出生于1947年,他自己也同样是个陆军准将,他是皮诺切特(智利总统)的战友,在皮诺切特叛乱时,因为杀死了一个工会领导人而坐过牢,在国内他是唯一的获得过"勇敢勋章"的人。记者曾问过他:读过俄罗斯经典作家的作品吗?知道肖洛霍夫吗?他回答:"我读过经典作家的原著,没听说过肖洛霍夫……"

第 三 章
1930:"粗 野 的 题 材"

新年已过,节日的那些餐具已不再作响。似乎冬天的小镇在拖延着睡眠,只有肖洛霍夫家的一扇小窗灯光几乎亮到黎明。

肖洛霍夫的敌人和斯大林的敌人

就在这1930年写给莫斯科的第一封信里,1月5日他告诉列维茨卡娅,正在继续写作《静静的顿河》:"我坐在家里,拓展着粗野的题材。"他聚精会神地写着:"要故意气一气敌人"——这封信是这么结束的①。

他还是想请这位列维茨卡娅帮助以便同一个——新的——敌人认识一下,要求("劳驾")她给他寄来登载了《为什么白军喜欢肖洛霍夫?》一文的《现代》杂志,这篇文章阴险地使作家与当局对立起来,宣称他政治上不可

① 这封信并不是这么结束的,这一句是在俄文版《肖洛霍夫书信集》49页的最后一行。

信赖:"肖洛霍夫客观上完成了富农的任务……结果,肖洛霍夫的东西甚至成了白军们可以接受的。"

肖洛霍夫看到:在国内,从斯大林诞辰开始就出现了某种新变化——领袖越来越频繁地把独自一人教导人民和党当作自己的义务。很快,对此人们已经习以为常,而且开始说:"斯大林为所有人着想!"

肖洛霍夫已经在相当程度上猜到了,按着斯大林的方式,集体化会是什么样的。领袖在马克思主义者土地问题专家代表会议上做了演说,其中甚至包含了顿河的资料。肖洛霍夫是在 12 月 29 日的《真理报》上读到这篇演讲的,标题很简单,但有威力:《论苏联土地政策的几个问题》,这篇文章来到小镇,正赶上新年。

看来,对顿河生活的令人愉快的评价正好赶上了令人愉快的新年节日:"例如拿前顿河州霍皮尔河地区的集体农庄来说吧……在集体农庄里面,单是把农民的工具集合起来使用,就产生了我们的实际工作者所梦想不到的效果……农民在单干的条件下是没有力量的,而在他们把自己的工具集合起来并联合为集体农庄以后,就变成了巨大的力量,因为农民已经有可能开垦单干条件下难以开垦的熟荒地和生荒地……"

这是田园诗!领袖装作并不知道列维茨卡娅转交给他的那封肖洛霍夫写的信。

肖洛霍夫能够忍受斯大林演讲中那彩虹般的调子吗?他能否不注意斯大林的指示呢:"开垦熟荒地和生荒地问题对于我国农业有极大的意义。"

生荒地……当作家读过了斯大林的讲话,他是否知道,生荒地这一称呼已不可避免地搁置了起来,还没有考虑对它耕种呢。

1930 年 1 月,领袖给高尔基写信:"我们的报刊过分强调了我们的缺点……这当然不好。"还有指示——给莫洛托夫的:"看在上帝的面上,请制止住报刊那些'接连不断的未完成计划'、'没完没了的失败'、'不良现象'等耗子尖叫般的谎言。这是歇斯底里的托洛茨基右倾调子,它是毫无根据的,不适合布尔什维克的。叫声特别响的是《经济生活》、《真理报》、《为了工业化》和部分的《消息报》。"

肖洛霍夫很快就感受到了这一指示的作用。

斯大林发表了一篇新的文章:《关于把富农作为一个阶级加以消灭的

政策的几个问题》,他像是判决一样地说:"为了把富农作为一个阶级击溃,需要用公开的战斗摧毁这个阶级的反抗,剥夺他们生存和发展的生产资料(自由地使用土地、生产工具、租赁、雇佣劳动权等)。"

可见,已经下令与整个阶级敌人宣战!而这可是包括了无计其数的有着妻儿老小的家庭!

斯大林不想在农村继续推行"新经济政策",也不想同富农协调好,以期共同改造农村经济。

在《被开垦的处女地》中肖洛霍夫充分地反映出了消灭富农的问题。他会对此轻描淡写、粉饰遮掩、百般辩护吗?不!

春天,肖洛霍夫到几个刚刚建立起来的集体农庄去走走。结果——写了一篇批判文章。当时的党员彼得·卢戈沃伊还记得:"他给了上顿河区领导以严厉的批评,涉及到了边疆区党委会,认为他们没有对防止歉收采取措施,尽管已经知道了这一问题。《真理报》没有刊登这篇文章,把这篇文章转给了边疆区党委会以便采取措施……"

这就意味着,肖洛霍夫战斗的火药变成了空壳——向全国介绍顿河出现的问题落了空。

这就意味着,斯大林对他的指示反弹了回去——没有受到批评。《真理报》如果批评"过火行为"也是有选择性的。边疆区党委会同样也没有抱怨这个"批评家笔杆子"。

但突然他的名字在《真理报》上出现了。这时高尔基发表了《工人阶级应该培养自己的文化巨匠》一文,不必讳言,肖洛霍夫高兴地读了,尽管他的名字只一提而已。可是,肖洛霍夫却担心起来——会不会继而把他宣传成工人阶级的歌手呢?

斯大林需要同盟者,特别是那些年轻人,因而他在写给高尔基的信中表现了自己的担心,不是所有的青年人都忠实于党:"我们有各种各样的青年。有垂头丧气的、疲倦懈怠的、悲观失望的……不是每个人都有足够的意志、力量、毅力和理解力,能够认识到大规模破坏旧事物和急速建设新事物这种景象是理所当然的,因而也是合乎心愿的。"

似乎这是直接对着肖洛霍夫写的。这时,他正在构思《被开垦的处女地》,而且在抵制那些要删改《静静的顿河》的编辑,他们把消灭哥萨克的一

些场面弄得面目全非。结果,他告诉《十月》编辑部:"我特别要求你们什么
也不要删除,甚至一些细节……我很恼怒,心灵极为痛苦。"

[增补]简直不可理喻,但却是事实:二十至三十年代国内有一大批杰
出作品萌芽了,然而被一些政客式的无耻的文学评论家弄得它们落了地,长
成了密密的一大片真正飞廉的幼枝。叶甫根尼·彼得罗夫当时是广为人知
的政论家和小说家,在战争中与肖洛霍夫交往很密切,唉!结识后不久他即
阵亡了。他曾经说过:"现在想起来都觉得可笑,可是,这却是实事。在许
多年里,米哈伊尔·肖洛霍夫在拉普的交易所里是作为拉普内的同路人身
份而开盘的,他痛苦地受到了不健康心理压力和对哥萨克生活中生产过程
的增长估计不足的折磨。"他又接着说,"阿列克谢·托尔斯泰的名字不提
是由于另一种原因,又补充说他是'资产阶级—封建主义作家',而米哈伊
尔·左琴科呢,就反复说他是'暴躁的执拗狂',是'文学上的凡夫俗子',关
于弗拉基米尔·马雅可夫斯基则耻笑地说他是'离开了文学的流氓无产阶
级,夸大其词者'。"

法捷耶夫——肖洛霍夫

4月,拉普分子们,法捷耶夫,《十月》杂志给《静静的顿河》做出了判
决。

总共不过一年前肖洛霍夫还觉得,1933年完成这部长篇小说。如今他
给列维茨卡娅写信说:"我收到了法捷耶夫关于小说第六卷的信……他建
议我对小说做出我不可能接受的修改……他说,如果我不把葛利高里改成
自己人,那么小说就不能出版。"这里还说:"我现在很糟,痛苦到了极点。"

肖洛霍夫总共只有二十五岁,大家都清楚,他还是这样地年轻,看他那
土头土脑的样子,也分不清楚首都的文坛和政坛的癖好。

可是,这就是一场考试——不可避免的——考一考一个公民和作家的
勇敢精神。把麦列霍夫变成"自己人",即意味着同布尔什维克的宣传画一
起搞宣传,就意味着改变生活的真实,并且拒绝自己的主要人物有权变成
一个追求真理的人。这就意味着背叛自己的作家天职——向饱受忧患的人
民说出关于沙皇、关于克伦斯基、关于白军、关于绿军,甚至关于红军的

假话。

于是,他像上战场一样要决定:投降,还是继续作战。

他知道,说真话——就要使自己苦恼,因而他写信给列维茨卡娅说"基巴利契奇的桂冠并没有搅动我"。绝望中他想起了这位民粹派的革命者,他在临刑前孤单一人研究出喷气飞行器方案,从而造福了人类。

他做出了选择:"我不能最后把葛利高里写成布尔什维克……对此我已写信给法捷耶夫……我坚决地提出了这一点。否则,我认为干脆一点儿也不发表更好……"

由于法捷耶夫信中显露出来了的他们拉普"车间"的习惯,他很生气:"来信的语气是不容反驳的,可我不想让他们用这样的语气同我谈话,如果他们所有人①要同我讨论与小说结局有关的问题,那么,根本不讨论岂不是更好(对拉普派分子有过这样的话:'可诅咒的弟兄')。"

他承认:"如果我写,那么主要的推动力量不是良好的'神圣的'创作愿望,而是赤裸裸的倔犟——证明、说服……"而且说:"我毕竟还是要写完《静静的顿河》的!但我写得就应像我构思的那样。"在肖洛霍夫书信中的这几句话里,我听到了那位中世纪伟大的倔犟者所呼喊的一句:"地球照样还要旋转!"

看来,因而他也在自身找到了力量和勇气,他不会灰心丧气的。

新的打击——说肖洛霍夫剽窃了小说的第二个流言浪潮出现了。吵闹不休的敌人们找到了替代天才的人。在4月1日肖洛霍夫从维约申斯克写给莫斯科——绥拉菲莫维奇的信中就有关于这次春天的挑衅行为的反响。信中有的是痛苦,而不是绝望。肖洛霍夫渴望得到的不是同情而是正义:"我从莫斯科的同事们和读者们那里接到了许多信件,信中他们询问和提出了人人皆知的问题,说又有了流言,是我从批评家戈洛乌舍夫那里剽窃了《静静的顿河》——此人是列·安德列耶夫的朋友,而且好像在《纪念列·安德列耶夫的安魂曲》中确有不可争辩的证据。"

肖洛霍夫自己已经对此作了分析:"日前我弄到了这本书……书中在安德列耶夫写给谢·戈洛乌舍夫的信中也真的有这些地方,在这里,他说,

---

① 即拉普的积极分子。——原注

他认为他的《静静的顿河》是废品。戈洛乌舍夫的《静静的顿河》——给我造成了痛苦和灾难——是一本旅行札记和风情特写，主要注意力（根据书信判断）放在1917年顿河人的政治情绪上。经常提及科尔尼洛夫和卡列金的名字……这就给了我那无计其数的'朋友'掀起了新的诽谤浪潮来反对我的口实，他们会搞得沸沸扬扬的，我深信这一点！我请您告诉我：我怎么办呢？还需要证明我，或怎么证明，我的《静静的顿河》——就是我的呢。"

他知道，绥拉菲莫维奇对于这位被说成是《静静的顿河》作者的戈洛乌舍夫非常熟悉。这位老人看过信后在自己的札记中写道："这个人的职业是妇产科医生，按其天赋是个文学家和评论家。是个很可爱的人，在交往中极善于讲故事，可是，唉，只是个极平平常常的作家，他的最重要的著作就是为插图版'特列季亚科夫艺术画廊'所做的文字说明。很难想象他适合做那部小说的'作者'。"

按次序分，戈洛乌舍夫是第一个作为"《静静的顿河》的作者"的候选人，而其他人也大致相当于这种创作规模的，他们总共算起来，大概接近十五人，巴望登上荣誉宝座的有一大群！[1] 反肖派们无论如何也不会明白，他们扮演的这一角色可笑得多么不成体统：他们刚刚指派了一个"天才"，就从积极的竞争者中又蹦出一个新的预约者。

当肖洛霍夫得知，甚至高尔基听到这一流言时也心中为之一颤，他痛苦极了——高尔基曾告诉一位来索伦多的客人："您听说了吗，肖洛霍夫的小说——是剽窃！肖洛霍夫偷了一个什么作者的……"而且肯定了剽窃说鼓动者惯用的理由："《静静的顿河》这部天才的著作，不可想象，怎么能是二十岁的人写出来的。"不过，高尔基很快也就确信了自己的怀疑没有根据。

肖洛霍夫在写给绥拉菲莫维奇的信中把这些都谈到了："我很想请求您，为我耽误一点时间，亲自过目……接到了您阐述了您的观点的短信我高兴极了。我不想对您说，作为一位长者，作为一位同乡，您的话对于我具有何等的意义……急切地等待您的回音。"

肖洛霍夫心中毕竟不是只充溢着一种忧伤，他邀请了自己文学上的教

---

[1] 作者在刚刚写完的《关于肖洛霍夫八十五年论争的白皮书》中已把这一人数上升到四十八人。

父来做客:"您考虑到夏天来之前会生病,我感到深深的忧虑,到车臣去,还是到静静的顿河来?……我坚持地请求您——不要再生病了。您知道,不仅仅是'丈夫喜欢健康的妻子',而且人们也都喜欢健康的人……"

奇怪的是:回信整整等了一年,因而还要熬过一段时间。

即使地方上的一些事情也让肖洛霍夫操心——他在写给一位熟悉的集体农庄主席的信中责备他——为什么还没有关于完成播种的报告。"你这傻家伙,你什么时候才能完成谷类播种!这真丢人!只完成了23.5,你却一声不响。唉!我希望你赶快播种,握你的手。"

这一年的5月24日,肖洛霍夫满二十五岁。作为生日的礼物——《十月》杂志编辑法捷耶夫停止发表了《静静的顿河》的后续部分。

《真理报》也增添了他忧郁的心境,在那些日子里——好像是故意的——潘菲洛夫成了人们注意的中心,走红了!《真理报》用三期发表了他从北高加索回来写的长篇旅行札记,而顿河州就是这个边疆区的一部分。潘菲洛夫确定了自己作为指导者的角色:"现在,应该动员几千名负责的工作人员去帮助二万五千人队伍。"①——结尾是这么写的。还有一条简讯:"费·潘菲洛夫的《磨刀石农庄》第二部已出版发行。"

对肖洛霍夫的长篇小说已亮出了红灯信号,而命运的宠儿却是绿色,斯大林非常喜欢潘菲洛夫,这很清楚,他的主要著作多卷集《磨刀石农庄》是"在集体农庄建设的旗帜下"写出来的,而且旨在反对农村生活陈旧方式的"愚昧",——这完全符合党的路线。

潘菲洛夫,潘菲洛夫,到处是潘菲洛夫……有一次肖洛霍夫同列维茨卡娅不知为什么——正如她感到的那样,谈起了:

"叶甫根妮娅·格里戈里耶芙娜,反映集体农庄生活的作品有很多吗?"

"很多,但是从艺术性的观点看,所有那些都毫无用处,从著名的《磨刀石农庄》算起……"

"你看,请别以为我自命不凡,要我说,如果我写,我要写得比其他人的都好。"

---

① 即1929年苏联派到农村搞集体化的二万五千工人。

这是什么——已经决定了,还只是由于意识到了自己更了解农村生活而产生的热切的情感?对此,稍后再谈。

1930 年 7 月,联共(布)召开了例行的第十四次全国代表大会,会上斯大林做了报告,在报告中他指示:"在社会主义建设领域,镇压是进攻的必要组成部分……"

肖洛霍夫对于这种"进攻的组成部分"已经领略了其代价,他写信给列维茨卡娅说:"国家政治保安局正在清除哥萨克,而且一批一批地流放。由于它(国家政治保安局)的恩典,平静又幸福。"

在这次代表大会上提出了《静静的顿河》——在最有价值的作品名单中。这个以拉普分子名义的赞美名单是维克多·基尔雄作为拉普分子们的功勋而宣布的。

斯大林……代表大会重新选举他为总书记。人民、党员,除了极少的例外,都相信他,认为他是列宁的忠实学生,认为他正确地把列宁的忠告付之于实践。

肖洛霍夫由于他的热情,自愿地参加了党组织,这一年他被接纳为候补党员。他拒绝了拉普派的领袖阿维尔巴赫作为他入党的介绍人,是由于绥拉菲莫维奇的推荐才接纳了他。其他两位介绍人——来自维约申斯克的共产党员。

斯大林按照社会主义的方式精力充沛地改造着自己的国家,不仅号召党员,而且也号召全体公民从事这一事业。1929—1931 年间他写的书信、讲演稿、论文、报告编成了三卷——收入领袖文集的 11、12、13 卷,其中有许多论及了消灭富农和集体化。

斯大林的主要指令之一——就是政治上的警惕性。至于积极参加了党组织的肖洛霍夫,拉普那些笔杆子的弟兄们并不承认他是真正的共产党人。对此,他是从拉普的共产党员小组的法捷耶夫一次讲话中得知的:"就举例说李别进斯基和肖洛霍夫吧,可以把他们联合起来吗?在李别进斯基那里,你们即使感觉到了他犯了错误,但这是共产党人的错误,他还是共产党员作家,至于说到书,那他并没有错误,那书还是你们的,共产党的。可你们看看肖洛霍夫的作品吧,这是变成了另外一种样子的因素了,是农民的或者是哥萨克的,他的意识形态是另外一种的,不是你们的。"

生活就如此艰难。然而,尽管如此,肖洛霍夫仍然像国内所有人一样,感受到了巨大的变化,周围的一切就像重新耕过了一样。开展了农业集体化,他感觉到了,按照斯大林的想法,这一工作将是急速的和全面展开的。

党的宣传鼓动部门没有白白地号召作家不要对这一场新的革命——土地革命——漠不关心。肖洛霍夫知道,许多笔杆子弟兄们已响应了号召,不仅仅是潘菲洛夫。用社会主义方式改造农业经济的大胆计划很有吸引力。个体农户拿着犁、连枷,在小份地上而不需要农艺师——对于一个大国来说已经不行了。连诗人奥西普·曼德尔什塔姆——他正在沃罗涅日州流放——也在日记中写道,他想开始写集体农庄的长篇小说。

理解另外一些作家同肖洛霍夫在同一时间如何生活和创作的是一个有趣的证据,曼德尔什塔姆的遗孀曾回忆他们中一个人,即瓦连金·卡达耶夫是怎么说的:"现在应当写瓦尔特·司各特……"他很想广为人知,但要这样就不能违拗当局,还要达到自己的目的。

在维约申斯克,肖洛霍夫为什么能感到吃惊呢——报上和杂志里对于农业集体化的耗费和错误都闭口不谈。然而,他却没有去参加赞美这新的一场革命的大合唱。早在1928年,他就向拉普的领导人写信说:"我身边没有这样的集体农庄,生活哪怕有一点点安定……"1930年也没有改变许多。

他从党的区委会里得知,党中央做出了决定——消灭作为一个阶级的富农。肖洛霍夫困惑莫解。强大的党等于证明了自己的无能,对于那些生产了粮食又不参加集体化的人,不想找到共同语言。党着急了!指示靠其坚决性来吓人:"在全盘实现集体化的各区,采取消灭富农经济的措施,应当同贫农和中农的切实的大规模的集体化运动有机地联系起来,从而成为全盘集体化过程的一个组成部分。"

在顿河,一场新的灾难,新的悲剧出现了。消灭哥萨克音犹在耳——如今又消灭富农。肖洛霍夫没有接受消灭哥萨克,怎么对待消灭富农呢?

〔增补〕苏联人民委员会主席阿·伊·雷科夫领导的一个委员会在1925年做了统计:在全部农民家庭中,富农占3.9%(总共!)贫农占33.4%,其余为中农。

在将来写的长篇小说《被开垦的处女地》中,肖洛霍夫写了村里开会宣布了被消灭的富农的名单,向读者显示出的是缓和了的情景。

弗罗尔·达马斯科夫曾经雇佣过雇农,但只在春天——耕地和播种。小说家写得更细些并非偶然——村里有个人喊:"我受过他许多好处……"

基多克·彼罗丁为自己说了话:"我执行了苏维埃政权的命令,增加播种面积,我雇佣工人也是合法的。"肖洛霍夫又加以补充:"在1918年跟我们一起自动参加过赤卫军。贫农出身……他白天黑夜地干活,头发胡子都顾不上理,冬冬夏夏就穿一条粗布裤子。挣了三对公牛,累出小肠疝气来,可他总是不知足!"

加耶夫,正如肖洛霍夫更细致地写道,他被当做富农消灭是根本错误的,那是"纳古尔诺夫作用的结果",他有过一个打工的,但只是一年秋天,当时他儿子应征参加了红军。心地善良的拉兹苗特诺夫补充了一句,说加耶夫"有十一个孩子"。

肖洛霍夫并没有迁就反富农的宣传和鼓动,他按照真相描写了所发生的一切,这就在国内和世界上让人们看到,不论是达马斯科夫,还是彼罗丁,根本不是什么富农,而是被当做富农来消灭的。但在小说中也有真正的富农剥削者——谢苗·拉普希诺夫:"大家都知道,这老头子战前就有不少家产,因为他放高利贷,收买贼赃,什么都来……弄得人家破产,放高利贷,偷东西……"

见证人的证据

1930年夏天,列维茨卡娅光临维约申斯克做客,肖洛霍夫早就劝她来了。

客人返回莫斯科后,根据生动的观感,写下了自己的印象,并把札记转交给了《星火》杂志,由于她的帮助,全国都了解了肖洛霍夫的生活和习惯,我引用极为有趣的几个片断:"……很难认出平时在莫斯科的肖洛霍夫。这个人——剃光了头,穿件汗衫,光着脚穿了一双哥萨克人日常穿的软皮便鞋。晒得黑黑的,身体健壮,噢,当然啦,嘴上照样还叼着烟斗。

……他那座著名的'私'宅,文坛的弟兄们对他散布过流言('肖洛霍夫给自己盖房子……'),同维约申斯克一般的住房没有什么区别。三个房间,和莫斯科的大小一样,很矮,前屋有个火炕,有一段玻璃窗的走廊——这里的全部就是豪华的肖洛霍夫宫殿。有一个带俄罗斯式火炉的厨房。小小的餐室里有一个大型的四灯收音机和留声机。

……创作间……屋子很小,一张床,床上面壁毯上挂着许许多多的各种各样的兵器,几支猎枪,一把有镶银刀鞘的哥萨克军刀,一条由山羊皮作把儿的马鞭子,各样的刀和一把左轮手枪——格子柜角上放着留声机用的唱片,一张写字台和一个书柜,书柜里摆着装帧漂亮的书籍,而且差不多都是革命前出版的。有经典作家和评论家的著作:托尔斯泰、屠格涅夫、赫尔岑、别林斯基、布宁、安德烈耶夫和勃洛克等人的,这些著作后面书柜里面放着当代的书——它们并不很多。写字台上没有我们常常习惯看到的东西:办公用品等。有个墨水瓶,一支钢笔,对了,让人注意的还有一个黄色皮包,装得鼓鼓的,看来是书稿,它甚至间接地暗示出房间主人的'职业'。

……玛丽娅·彼得罗夫娜告诉我说:'肖洛霍夫夜里写作,有时候傍晚睡一会儿,整夜地工作。要不就套上那匹灰马,到各村子去,又开始工作……他对自己的能力有多大的信心啊!他曾对我说:你看,我的书都翻译成外国语了……'

同肖洛霍夫交谈十分困难,他是个自闭性的人……我也说到了必须到莫斯科去,哪怕是冬天两三个月也好。'我为什么要去?'他兴致勃勃地回答,'要知道,这里周围有多少你想要的写作素材呀……'

……来一个人,说:'米哈伊尔·亚历山大罗维奇,给支烟吧,浑身无力,想抽支烟——''那喝一杯不?'当然,不会回绝。

一天的安排是这样的:我起得早——五、六点钟……老奶奶①早就在院子里忙活了,牛已经喂好,而且赶到了牛群里去,尼古拉是个心地善良的小伙子,牵着那匹灰马到顿河边去饮水,老奶奶还要喂鸡,一群小猪在食槽旁哼哼直叫(肖洛霍夫答应冬天给我们带去香肠……)狗一共四只,都是猎狗,大小不一。玛丽娅·彼得罗夫娜对妈妈那只才两岁的小狗舒里克让了步,'它要上桌子'。早饭开始了,然后喝茶……

……亚尔卡羊的故事……父亲开始逗弄她②,'斯维特兰娜,他们把亚

---

① 肖洛霍夫的母亲。
② 女儿斯维特兰娜。——原注

尔卡宰了。'没有宰,赶到羊群里去了!'小姑娘喊叫着。'这是他们在骗你,我们到爷爷那里去了,他们把羊皮都挂出来了!'这时,我生气了:'为什么你们这么折磨孩子?''那干吗不向她说真话呢?'他反驳说,'宰了就是宰了。'

晚上,我们一群人去捕鱼。人们穿好打鱼时的衣服,短大衣等,从仓库里拖出来渔网。夜里,河面上空气特别清新。他拿来了一盏灯和一副破旧的纸牌,由于寂寞,大家就起劲地做起赌'耍傻瓜'的游戏。渔网下好了,当月亮升了起来,肖洛霍夫来找我,在镜子般的静静的水面上不声不响地飘来一条小船,肖洛霍夫站到船头,拖起渔网,看看里面有没有鱼……"

在列维茨卡娅的札记中还有这样的证据:"玛丽娅·彼得罗夫娜告诉我,肖洛霍夫与一个集体农庄有联系,给过他们钱买拖拉机,为了写中篇小说……他到那里去……"

"为了写中篇小说"……印象的积累不是为了写中篇小说——而是为了写关于农业集体化的长篇小说。

刚刚诞生的集体农庄……肖洛霍夫是否猜测到了,远不是每一个集体农庄都能体现出人类关于集体劳动的世世代代的理想,以得到这样劳动的愉悦和公道的财富。

肖洛霍夫坐下来阅读党的著作,根据列宁和斯大林的著作要弄明白——农业集体化应当是什么样的。

列宁在1921年俄罗斯共产党第十次代表大会的报告中说过:"如果某个共产党人,空想在三年内可以把小农业的经济基础和经济根源改造过来,那他当然是一个幻想家……过渡到社会化的土地耕作,过渡到大规模的整体经济,但不需要任何强迫……"

斯大林在刚刚公布的在联共(布)第十六次代表大会的报告中说:"我们已经在两年的时间内超额完成了集体农庄建设五年计划的1.5倍(掌声),现在,让那些反对派长舌妇们去唠叨吧……无论如何也要全力加强集体农庄和国营农场型大规模经济的发展。"

肖洛霍夫知道,莫洛托夫本人——党和国家的二把手——在罗斯托夫边疆区委员会主席团会议上曾经有分量而又严厉地宣布:"我们指的是:为了随机应变地、不完全自愿地达到极大组织性,在春播期间要巩固集体农庄……"

肖洛霍夫在产生了反映农业集体化长篇小说构思的前夜,就生活在这样的政治氛围中,"不完全自愿地"——这种思想对他是至关重要的。为此,共产党员达维多夫们来到了顿河,他响应了党中央的号召,实施集体化。

斯大林高度重视达维多夫们,称他们这二万五千大军为"先进工人"。在领袖的论文《胜利冲昏头脑》中,他批评了集体化中许多过火行为,但针对中央派出来的人,却只字不提,这很怪,但却是事实。

所以,在将来写的长篇小说里是这么开始的,他让区党委书记在谈到达维多夫时带着责备的口吻:"哎,来了些这样的人,当地情况一点也不了解……"

也许,肖洛霍夫已经知道了列宁在党的第十次代表大会上说过的话:"实际显然已经表明,农业集体经营方面的各种各样的试验和创举,可以起多么巨大的作用。但是实践也表明,当人们满怀着善良的意图和愿望,到乡下去组织公社和集体耕作,但是因为没有集体工作的经验而不善于经营时,这些实验也起了不好的作用。……这种农业集体经营的经验做出了样子,不应当怎样去经营:以遭到周围农民的嘲笑或者仇恨。"

于是,小说中出现了这么一场——真实的——当达维多夫在会议上宣传参加集体农庄时,屋子里有个人回答了他:

"我是个中农,我说呀,公民们,集体农庄嘛!当然喽,没话说的,是件好事,可是得仔细想一想!马马虎虎,随随便便,瞎搞一通,那可是不行。党派来的这位特派员同志说:'只要把力量联合起来,就会有好处。'他说:'连列宁同志都这么说。'特派员同志不太懂庄稼活。"

肖洛霍夫支持农业集体化。但是,他不在将要问世的这部作品中为集体化事实上实现的情况做辩护。

〔增补〕有这么一项研究成果,有一次在论及风景描写时,娜塔丽娅·穆拉芙约娃指出:"在肖洛霍夫的全部作品中都有'大地的气味',而他又总是说把它与生长起来的青草气味融合为一体。对于这位作家来说,这种主要的气味——大地的强大灵魂令他不安……"《静静的顿河》中有一个例子:"刚刚发绿的草原上弥漫着不可言说的诱惑力,到处都是古代的融化了的黑土的气味和永远年轻的……青草的气味。"作家特别注意到了:"古代的""年轻的"并非对立,而是统一。

去欧洲的路

领袖把一切都置于监控之下,于是高尔基写信给斯大林,请求促成他所要见到的几位作家到意大利来:"如果作家阿尔乔姆·韦肖雷和肖洛霍夫去斡旋到国外旅行——请您批准他们为盼……"

斯大林批准了。

出行的人又补充了瓦西里·库达绍夫,于是在1930年冬启程。可是,没有成功,只到了柏林,继续前行的路被封闭了——意大利人不给签证。几个作家在等待。

肖洛霍夫第一次到欧洲,从不久前开始,苏联人到国外旅行的已成凤毛麟角——尤其是作家,一不小心就会受到国外政治上离经叛道思想的影响。

12月,在这里,在德国,肖洛霍夫已开始享有世界声誉了。当他同韦肖雷到了苏联大使馆,那里的人告诉他,看来,几家报纸都连续刊登了他的《静静的顿河》,具有醒目标题的论文也出现了,题目中就标出了他和小说的名。人们一再告诉他,资产阶级报纸《柏林日报》也登出了他的事:"关于俄罗斯人民及其命运,《静静的顿河》介绍的比许多学者的论文还要丰富。"马格德堡共产党人的报纸也同样写到这一点:"《静静的顿河》如此引人入胜地叙述了革命过程中俄罗斯农民的解放,它意想不到地成了教科书和导师……"肖洛霍夫惊讶的是:德国作家的报纸还转载了绥拉菲莫维奇论这部小说的论文的译文,而且还安排了他的照片。还有一篇文章:"由于其构思的宏伟,对生活的多侧面描写以及反映生活的满腔热情,这部长篇小说令人想起了列夫·托尔斯泰的《战争与和平》。"这种意见肖洛霍夫也是听到过的(类似于他从自己人即拉普分子那里听到的):"对于置身于街垒另一方(白军)的人,缺乏仇恨……"

他们还告诉了肖洛霍夫,在柏林和维也纳,有两家共产党的出版社准备出版他著作的德文译本。其中一篇书刊简介中是这么向读者介绍肖洛霍夫的:"三年前,在俄罗斯文学中第一次响出了这位年轻哥萨克的名字,如今他被公认为最富有天才的作家之一……他为我们描绘了顿河哥萨克——司捷潘·拉辛、布拉文、普加乔夫的后代们……"

人们给肖洛霍夫读了刚刚出版的《文学》杂志:"《静静的顿河》的印数超过了雷马克的《西线无战事》。"这不能不使职业的虚荣心得到满足。

很巧——列维茨卡娅的女儿和女婿正在这里,在柏林。女婿伊万·克列伊梅诺夫是杰出的国防工业设计师,国家委派他在苏联商务代办处工作,以使他有机会进入西方科学技术研究领域。

伊万·克列伊梅诺夫找到了最佳瞬间,给肖洛霍夫拍了照。真正一个幸福的欧洲资产者:戴着当时流行的软帽,漂亮的大衣,白色的衬衫,烟斗……

那时还很难想到,1938 年克列伊梅诺夫将会被逮捕,那是一个不公平的审判。

克列伊梅诺夫夫妇十分愉快地使全家人最好的朋友高高兴兴,克列伊梅诺夫的妻子玛尔加丽塔·康斯坦丁诺夫娜曾回忆:

"我们在一起度过了许多时光,在柏林街道上散步,去看电影。德国经历了悲惨的日子,法西斯主义者们掌了权。电影院里正在放映雷马克的反战影片《西线无战事》,我们亲眼目睹了法西斯主义者们的胡作非为,他们想破坏这场演出,放出来一群耗子在人们脚下乱窜,引起了一场混乱,警察包围了电影院,我们被挤到离入口处很远的地方……"

两年以后,1933 年法西斯主义者把肖洛霍夫从德国人民中间"挤"了出去:希特勒首相压制兴登堡总统,两人签署了《保护德意志人种法》,作为这法律的附件——"第四款"中宣称:"必须禁止和焚烧俄罗斯作者的书籍……"肖洛霍夫在名单中排在列宁、斯大林、高尔基之后,列为第四名,被判焚烧。

他们还在等待签证,代表团在德国"游荡",他们所得印象颇多,有些事肖洛霍夫在写给爱玛·采萨尔斯卡娅的信中讲述了,我们记得,这个人就是早先拍电影的阿克西妮娅扮演者:

"这里所有的一切都是那么可怕,人们在过剩生产中喘不过气来……无聊透了,很想回家,我想写作,爱玛。这里的姑娘很漂亮,大多数的青年人——是个奇迹般的民族!健康、充满活力、体格匀称!这些天,我们像魔鬼似地到处游荡,看到了很多,没见到的更多得多。现在还没有得到去意大利的签证,我们就到德国各地去,到过汉堡、莱比锡、鲁尔区,还有,对了,在农村待了几天。柏林……到处是灯火,人声吵杂,光怪陆离……"他又按照苏联方式补充说:"圣诞节前的准备让我们极为悲哀,所有这些圣诞树、礼品盒,对于我们来说老早就已经失去任何意义了。"

在一座小城,肖洛霍夫被邀请去了文艺厅——人们请他谈一谈自己及其他,于是他就即兴做了讲演:《谈俄罗斯无产阶级图书业的组织》。

他又给采萨尔斯卡娅寄出了一封信,其中读出了完全不是旅行者的想法:"我特别想看一看德国的'农民单干户'……"

作家的情感世界是难以捉摸的,肖洛霍夫的这种情感总是达到了某种暂时不可理解的头绪纷繁的程度。比如,1930 年 12 月 12 日,德国报刊首次出现了一篇文章——其中说,我开始写一部新的长篇小说,其中我要讲述"俄罗斯的农民单干户"。不错,肖洛霍夫未来这部作品的书名还没宣布,也还没有按照其笔友的惯例,表明了主题和情节。

看来,他突如其来的激情——回家,回家,并非偶然。旅行不能再继续下去了,这对于一个像他这样的年轻人来说是怪异的,——年轻人出国的机会极为罕见。这种惶惶不安的愿望在那封写给采萨尔斯卡娅的信中流露了出来:"有时候。不想回苏联,可如今突然又特别想回去,一句话,'完全相反',我执着地坚持自己的意见,明天返回波兰的签证就会见分晓。"

代表团分开了,肖洛霍夫坚持回国——不管克列伊梅诺夫夫妇怎么说服也不行,他的忠实的朋友库达绍夫附和着他,而阿尔乔姆·韦肖雷——坚持继续旅行,于是他们就与他分手了。

什么事情吸引他回家呢? 在写给采萨尔斯卡娅的信中回答了这一问题:"我在莫斯科被拖住了,后来到了全盘集体化的区里,我特别想去看看,那里怎么样,做了些什么。在苏维埃顿河条件下度过了一半自觉的生活之后,这里的生活野蛮而又难以想象。把我同他们联系到一起的脐带如此坚硬,割也割不断。"

过了两天,肖洛霍夫笔下又出现了向采萨尔斯卡娅讲述的消息:"我从汉堡回来,在一个潮湿的早晨进入了海港,在'自由港',灰色的乌云,船的桅杆,巨大的轮船,浓雾和海水的盐味。在附近一艘远洋轮船的船舷上站着一个黑人水手,他眺望着海港,眺望着雾霭沉沉的城市。他从热带什么地方带着香蕉和橡胶来到这里……我可不想再去欧洲了——太让人厌烦了。"

顿河一带发生的事件也使他的记忆感到十分沉重,信中他这样袒露了自己的情怀:"今天收到了你的信,不超过五个小时之前,而现在,这封信就好像是我从前线带回来的……您知道吗?您的信给我带来了顿河的温柔的轻风,你知道七月里草原上的风是怎么吹的吗?它让人在浓烈的百草馨香中刚刚能闻到干苦艾的苦涩又香甜的味道。在弥漫着烟味小屋里我想到了你,想到了草原的风,想到了我短暂的生活中多次走过的和坑洼不平的路,既高兴又心情沉重。"

他告诉这位扮演过阿克西妮娅的人说:"对了,在瑞典译文的《静静的顿河》中,出版商甚至端详着封面看,因为他很喜欢你的肖像,从第一页开始,你把双手放在扁担上,望着世界,而那个小伙子拿着手风琴——后面是一本打开的书。"在谈到这次国外出版的书时,根据画家的构思,书的封面是电影《静静的顿河》中的一个镜头。

肖洛霍夫刚刚回到维约申斯克——就在这 12 月末,罗斯托夫的报刊代替了肖洛霍夫从远方各国回来的采访记,却发出了宣战的战斗呼喊。有个叫扬切夫斯基的人,历史学家,在《在高潮中》杂志上突然发表了文章,由于这篇文章,众人惊慌失措——他连党也不珍惜:"肖洛霍夫的长篇小说被党的第十六次代表大会列入了无产阶级文学作品的名单。可是我却得出了结论,《静静的顿河》——这是一部与无产阶级分道扬镳的充满敌意的作品……"

〔增补〕一年前,即在 1929 年,不论是拉普还是《真理报》都同心协力地撰文反对指责肖洛霍夫剽窃,在索伦多,高尔基也指出了这一点:"在《红色报》我谈过了批驳关于肖洛霍夫的流言。"后来高尔基感觉到,不知为什么报刊对于捍卫肖洛霍夫的作家荣誉却冷淡了起来。

流言——又沸沸扬扬地传播开来,甚至有这种说法,说有那么一个老太太,找到了编辑部,提出了自己儿子的著作权问题。这个神话没被确认——那个老太太在哪儿再也没出现过。

在此之后,一些人又找到了新的顶替作者的人,当作家安纳托里·卡缅斯基去柏林的时候,就向当地的流亡者团体讲了肖洛霍夫的故事:

"莫斯科被与年轻作家肖洛霍夫的小说《静静的顿河》有关一些事情震惊了,文艺界突然'发现了'这部曾经轰动一时的长篇小说的作者是高加索的一个不知名的白匪军官,但他被特别委员会枪决了。人们说,在特别委员会任职的肖洛霍夫偶然地得到了死者的书稿,其中就有这部小说的手稿,国家出版社好像收到了一个中年妇女从外省寄来的信,信中声明,这部小说是属于她儿子的,她已经多年没有见到儿子了,并认为他已经死了。国家出版社想让肖洛霍夫高兴高兴,就请这个女人来莫斯科,并安排她与肖洛霍夫见面,可是这个女人却不知为什么死了,就像那个老太太也没承认肖洛霍夫是自己的儿子……"在他的这番话说过后,他总结说:"作家们的创作精力没有可能去写作和出书,常常要去与制造文坛某些重大事件有关的最不可信的故事和传播怪异的和不健康的流言而寻求出路。"

新的说法是:好像这份手稿是白军作家费多尔·克留科夫的,他在撤退时由于得了伤寒死去了,而肖洛霍夫未来的岳父把手稿拿到了手,并交给了他的女婿。还有一大串儿的荒唐至极的说法在世上不胫而走:从一个什么女人那里得到了消息,说这部小说的作者是她的哥哥,她说,小说是在国内战争中写的,手稿在他被逮捕时落到了国家政治保安局的刑侦人员手中。被称为是《静静的顿河》的作者的还有:伊万·罗季昂诺夫、维约申斯克的上尉伊万诺夫、某一个叫库赫金的大尉、顿河作家罗·彼·库莫夫和某一个叫阿尔辛尼耶夫的,他也被红军打死了,还有肖洛霍夫的岳父,甚至是玛丽娅·彼得罗夫娜……

"对我的'痛苦'请勿见怪"

斯大林找到了时间与可能,成为年轻的苏联文学命运的独裁主宰。

"对我的'痛苦'请勿见怪"——肖洛霍夫用了自己一封信中的这样一句,谈到了他因自己的《静静的顿河》而受到的苦痛。

他特别注意了"痛苦"一词——给它加上了引号,好像在暗示,这个词,已成为所有从事写作的人"职业用语"。就这样,斯大林在这一年告诉高尔基自己的想法:"……通过有组织的思想上(和一切的)作用以减少常发牢骚、哭哭啼啼和心存疑虑等人的数量。"

如今对于那些不同意斯大林所执行的政策的人,将长时间地确定了这一"作用",虽然各用不同的方式,都是要使他们闭口不言,鲍里斯·皮里尼亚克、叶甫根尼·扎米亚京、安娜·阿赫玛托娃和其他许多人。教育人民委员卢那察尔斯基被解职了,要知道,他是在最早的一批人中给了《静静的顿河》以崇高评价的。惩罚之剑高悬在叶赛宁一窝农民诗人的头上:尼·克留耶夫、彼·奥列申、谢·克雷奇科夫、帕·瓦西里耶夫、瓦·纳谢德金,死亡的命运落到了他们所有人身上……肖洛霍夫对所有这些不能不察觉到。

肖洛霍夫的沉重的心情也由于家中生活一点儿钱也没有了而加剧,出版社不及时地履行自己的责任——支付稿酬,他弄得一身债务,应当去一趟莫斯科,但又没有什么着落,令人讨厌的财务稽查员往往带着警告式的提示。

但毕竟肖洛霍夫没有惊恐万状,日子还照着习惯的那样。1930年夏,他给采萨尔斯卡娅写信说:"所有这些日子都像魔鬼似地跑来跑去,现在我又要到一些区里去……"不错,他又补充说:"如果日子过得这么糟,到那里该多么惬意呀!"

也许,斯大林认为,他有权领导文学。在青年时代他自己曾写过诗,甚至发表在格鲁吉亚经典作家恰夫恰瓦泽办的报纸上。他极聪明,非常清楚在同异己派的斗争中最忠实的助手——就是拉普派,这些人对任何思想上的动摇都疯狂地势不两立。领袖在这一年里说过这样的话决非偶然:"至于谈到我对拉普的态度,那么,就像在此以前那样,他们仍然是那么亲近的和友好的。"

皮鞭和蜜糖饼干的政策——斯大林在1937年以前对待作家们的关系可以这么确定。

肖洛霍夫一旦亲眼见到了领袖,就一下子看出来了:"他迈着步子,微笑着,那一双眼睛,就像老虎的一般。"我亲自听他这么说的。

"必须经历过各种各样的困境,可是,近些日子以来,我已忘记了这些。"——肖洛霍夫在自传中这么写过。对于历史,这话很好。作家很早的一位好友彼得·卢戈沃伊没有忘记他的一个"困境",在其回忆录中他还记得肖洛霍夫被接受为共产党候补党员所经历过的程序,有一个区里的领导指责他说,他写了哥萨克反革命分子,并劝告他说要去工业区研究工人的生活,写一写工人。这与绥拉菲莫维奇的愿望相呼应。

然而，肖洛霍夫仍然不需要急促地贪婪地关注着涉及到农业集体化和国家工业化的一切，他阅读了最近第十六次党的代表大会的决议，决议中向农民许诺两年内提供两万五千台拖拉机和其他机械设备，因为在哈尔科夫、车里亚宾斯克、扎波罗热、萨拉托夫……已建设了大型的农用机械制造厂。而且，这次代表大会也没有忘记了作家，既批评了"右倾分子"，也批评了"左倾分子"。

斯大林吓唬了一下老党员杰米扬·别德内依——给他写信说："党中央已经治伏了几十个诗人和作家……"

轮到了肖洛霍夫：有人惩治了他——停发了《静静的顿河》的后续部分，打击是严厉的，这小说要还是不要了？向谁寻求保护？向高尔基，但是高尔基——我们还记得——已经被斯大林的信警告过了，要知道应该如何对待不按照斯大林的方式思考的人。

当然，肖洛霍夫谈过"自己的"拉普杂志《在文学岗位上》，这份杂志的1月号上刊登了编辑部的文章，其中对写农业集体化的作家指出：

"社会主义进攻阶段的农民作家应当比过去更加符合政治上和思想上无比高度的要求，农民作家应当用艺术形象反映出对贫农和中农群众的改造进程……"

"作家应当反映……"1930年，斯大林在党中央之下设置了一个研究农村问题的"常设会议"，其成员有：加里宁、克鲁普斯卡娅、什维尔尼克，还有八个党的活动家。在将要写出的《被开垦的处女地》中，对于这个集体化的司令部只字未提，对于斯大林在这个司令部里的活动以及它的成员也只字未提。这就看出了肖洛霍夫这支笔磨得多么锋利——又是一支真正有礼貌的笔。

为了写小说，他积累了另外一些东西。不管是作为苏联作家们的最好的朋友，甚至是"斯大林集体化"的组织者，肖洛霍夫都没有惟妙惟肖地去描写斯大林。关于斯大林，将在这部小说中不多的几页里写到，不超过十来页，但从来也没有展开：既没有场面描写，也没有肖像描写，而且更没有引用他的话——如果不算哥萨克们讨论斯大林的文章《胜利冲昏头脑》，这也是不多见的几个字。

他不去赞美领袖——只有一次，从检察机关人员口中说出了这样的话，当时要把纳古尔诺夫开除出党,而他却是小说中唯一一个无限忠诚于斯大林思想的主人公。批判的话不是区委书记说的,却是检察长说的。而肖洛霍夫把他的话,写成了不管什么人不论何时也没有人敢写的:"这些罪行的根源是什么呢?老实说,这不是什么胜利冲昏头脑,像我们的领袖斯大林同志天才地指出的那样。这简直是左倾盲动,是反对党的总路线。纳古尔诺夫不但把中农当做富农清算,用手枪强迫人家参加集体农庄,而且把家禽、小牲口和乳牛都收归公有。有些庄员说,他试图在集体农庄里制定极严厉的纪律,这样的纪律连血腥的尼古拉暴君时代都没有过!"哎呀,这个检察长,哎呀,这个肖洛霍夫!

这部小说就是以这样的思想去面见读者的,农业集体化悲剧的根源不在于像斯大林说的那样"胜利冲昏头脑",而在于把集体农庄的秩序与昔日进行了比较。

我要特别指出的是,这位检察长的话在小说中是唯一的一处把斯大林尊称之为领袖和天才的地方。

斯大林在《被开垦的处女地》的第二章中就已经出现了。肖洛霍夫构思了一个有很大分量的场面——像进一步叙述的一个音叉:地方上的区委书记与由党派到这里来的"二万五千大军"的达维多夫见面,这两个人物如何表明他们对集体化的态度呢?一个是哥萨克的党员,而另一个则是昔日波罗的海水兵,后来成为普梯洛夫工厂的工人,坚如磐石的斯大林主义者。

达维多夫大概听着书记的指示:"你现在先去,在小心限制富农的基础上去办集体农庄……你干起来得小心。千万别去碰中农!……支部书记和村苏维埃主席……政治水平不高,可能出偏差。"

可是,党中央派来的这个达维多夫却不想接受这样的指示:"你刚才对我说,要小心对待富农。这话什么意思?"

区委书记却开导他:"不,同志,这可不行。这样,群众就会不信任我们的措施。中农会怎么说呢?他们会说:'瞧吧,苏维埃政权就是这样的!就会把庄稼人搞得团团转。'列宁教导我们,要认真注意农民的情绪,可你还说……"

肖洛霍夫冒险安排了读者十分清楚的矛盾:达维多夫和斯大林是一个方面,区委书记与列宁则是另一方面。

"达维多夫脸红了。'那么,照你说来……是斯大林错了,呃?'"

对于区委书记来说,回答可要留神,但是,按照肖洛霍夫的想法,直接就回答了:"这关斯大林什么事?"但并不害怕。可是接着就是明摆着地说出了反斯大林的话:"你主张怎么办呢?用行政手段对付富农,没有一个例外。……照你那么去干,一下子就会碰得头破血流的,哎,来了些这样的人,当地情况一点儿也不了解……"

达维多夫当时问到了关于富农的事:"为什么不能把他们像虱子一样掐死呢?"说到了虱子,曾几何时,一些人像大兵一样地用指甲掐死虱子。书记重又大胆地说:"你可以照你自己的意见去解释领袖的话,可是这个区是由区委常委会,由我个人负责的。到我们派你去的地方好好干去,要执行我们的路线……"

达维多夫继续在"压",他最后的理由是斩钉截铁的:"我将执行党的路线,可是,同志,我要以工人的方式不客气地对你说:你的路线是错误的,在政治上是不正确的,就是这么回事。"

区委书记直接地捍卫着自己的立场,尽管这是叛逆式的:"我的事我自己负责……'以工人的方式'——这种说法可过时了……"

就这样——他留下了最后的一句话,还有意味极为深远的省略号。要知道,在这里,作者完全可以"加写上"被忽略了的党中央政治局《关于在全盘实现集体化的各区消灭富农经济的措施》的决议,而且这个决议是由斯大林签署的。可是,肖洛霍夫却没有提这个决议。不管是为了教育自己的读者,还是给达维多夫、纳古尔诺夫这些人当作教材,抑或还是为了让区委书记和拉兹苗特诺夫们害怕,他也没有多次提到这个决议。

第四章——肖洛霍夫委托达维多夫宣布判决:"斯大林同志说:'把富农从生活中赶走!把他们的财产交给集体农庄……'"

第三十章——达维多夫劝说庄员们不要离开集体农庄,离开的人要求归还自己的土地和牲畜。不用说,集体农庄主席有自己的操心事——他不能同意这么做。大家威胁他:"我们派人到莫斯科去请愿,去见斯大林!"或者干脆就质问:"你们干吗要我们的命?"

唉!达维多夫,达维多夫啊……根据肖洛霍夫的"安排",他没能肩负起斯大林指示的责任,可是作者让他回答了。怎么样?拒绝!"你们想分到最好的地吗？办不到,就这么回事!"他继续非常清晰地说:"苏维埃政权把全部财产给了集体农庄,而不给反对集体农庄的人。"最后他是这么说的:"滚你们妈的蛋!"退出农庄的人好可怜,达维多夫砍断了公正的希望:如今只有一条路——滚蛋……

斯大林如果读了这个场景会怎样呢？要知道,统治者总是想成为一个大恩人哪!肖洛霍夫不知道为什么不想在小说中使用这一极具有小说色彩的事实——1930年,正如信中所说,斯大林向顿河邮寄来了"安排给'革命火焰'集体农庄三百卢布的证券"。这件事如果写了出来,就将会是拍马屁的文字:要知道,无风不起浪。难道报纸上每天用来阿谀领袖荣誉的文字不可以搬到这部小说的深处来吗？

达维多夫对于那些被驱赶的人的态度是粗暴的,但不比斯大林更厉害,斯大林说过:"从集体农庄首先驱逐异己分子,直接敌视我们事业的人。很清楚,这些人越快些赶出去,越好……"

一个是说"滚蛋",另一个则说"赶出去"……

第二十八章,党的会议讨论《胜利冲昏头脑》一文——纳古尔诺夫回击指责他的就是这个"冲昏头脑",他说:"老实说,要是斯大林同志到隆隆谷来,我要对他说:'我们亲爱的奥西普·维萨里昂诺维奇!你反对给我们中农一些警告吗？你可怜他们,想客客气气劝导他们吗?'"①

一个共产党员对于这一席带有领袖名字的话没有任何尊敬,肖洛霍夫的笔够吓人的:"请你别啰嗦了,马加尔,应该谈正经的了! 等到人家选你做中央委员会书记,那时你再不顾三七二十一地乱冲吧,现在你是个列兵……"这是怎么说的——"不顾三七二十一地乱冲!"

纳古尔诺夫信奉托洛茨基的观点,在会上他却划清了界限:"我已经摆脱了托洛茨基! 现在我感到同他站在一个水平上不体面!"就这样,托洛茨基分子纳古尔诺夫就站到了斯大林分子的队伍中。我不记得,除了肖洛霍夫以外,有谁能在斯大林活着的时候敢用这样政治色彩的调色板。

我特别注意第十三章,1956年以后,书刊检查官们从中删除了斯大林,当时,刚刚上台的党的最高领导人——赫鲁晓夫反对斯大林的报告成了政

---

① 尽人皆知,斯大林名为约瑟夫,而肖洛霍夫却硬写成奥西普。

治生活的指南针，人们不管应该不应该，到处都把他的名字勾掉，从国歌开始。

有一场——文字不很多——谈到了，村民们在大会上想为自己的集体农庄起个配得上的名字，于是就用了斯大林的名字。

这一场没有经过一再地渲染，在肖洛霍夫笔下，对于这件事没有出现"速记记录"那样的全体人民一致通过的狂喜，这一笔并非偶然，"经过长时间的争论"，按照作家的构思，看来，不是所有人都同意用斯大林的名字来命名。

区委书记刚刚认识达维多夫的时候就建议叫做"红色普梯洛夫"集体农庄，但人们没有同意。在会上有个人喊："叫红色哥萨克！"拉兹苗特诺夫说服大家用斯大林的名字来称呼，可是达维多夫反对，他担心让这个伟大的名字丢脸。要知道，他是对的，集体农庄经营得并不好——一会儿是耕地和割草时出现了挫折，一会儿农庄又差一点就散了伙，一会儿是婆娘们闹事，一会儿又是过火行动……

再描上几笔。拉兹苗特诺夫提议大家起立，为了向斯大林表示尊敬，脱帽。肖洛霍夫用生动的笔触冷嘲热讽："那些裸露出来的秃顶放出来光，那些长着各色乱糟糟头发的脑袋也都露了出来。"或者，还有另外一场：

村苏维埃主席兴致勃勃地鼓动农庄叫什么名字，遭到了达维多夫的制止，并且对于领袖没有任何尊敬之处："你讲到题外去了，拉兹苗特诺夫。"①拉兹苗特诺夫很不好意思："讲到题外去了？那么，对不起……"可是，他又说了这些。而达维多夫再一次地不高兴地说："瞧，你又翻起陈年老账来了……"

拉兹苗特诺夫为了给自己辩护，说："你一回忆起战争——心里就痒痒……"肖洛霍夫是怎么写的："心里就痒痒……"——没有任何热情。屋子里是谁支持了拉兹苗特诺夫的提议呢？狗鱼老大爷。不过，最后还是一致通过了。

〔增补〕在《被开垦的处女地》中，肖洛霍夫忽略了多提几次斯大林的

---

① 这一句，传记作者引用时丢了否定词，只能译作"你讲到点子上了"，当然不对。

机会。

第五章,这里叙述了拉兹苗特诺夫在国内战争中的故事。"他随着伏罗希洛夫的一支队伍,向莫罗卓夫斯克—察里津方向进发。"然而,作为人民委员的克里姆·伏罗希洛夫用三年时间随手写出的东西,只要一旦提及察里津保卫战,就不能没有斯大林的名字,因为斯大林是保卫战的英雄。可是,在这里,小说只有伏罗希洛夫的名字,却没有斯大林的!

第十九章,梅谭尼科夫回忆起他作为全俄苏维埃代表大会代表的情景,他回忆起了些什么呢?列宁墓……当时他拉下来头上戴的布琼尼帽,面对夜景的独白令人鼓舞。可是,对于斯大林却一字不提。然而,不正是斯大林主持了这一代表大会的工作吗?不管是这个哥萨克,还是这个作家,都没有执迷于对领袖的赞美。

第二十二章,这里又一次地提到了察里津保卫战,但这里写到了伏罗希洛夫,对革命军事委员会的委员斯大林却只字不提。

肖洛霍夫和"机会主义者"弗鲁姆金

写一本新的关于农业集体化的长篇小说极其不容易,如果不把它写成意识形态的宣传品,那么,好像整个政治氛围就能够剥夺一部真实作品构思的创作氧气。

你看,暗中背着人民群众,克里姆林宫里进行了一场争论——集体农庄的体制能否确保自由人们的自由劳动。老共产党员莫伊谢伊·弗鲁姆金(列宁甚至曾给他写过信)发起了这场争论,如今他是财政人民委员部副人民委员。他给斯大林寄去了一封加盖"机密"章的信件,极力让党的"最高审判"睁开眼睛面对现实:"农村里人们灰心丧气,这不能不反映在经济发展中……"他劝告说:"要把农民吸引到行之有效的(而不是虚假的)社会经济中……"他警告说:应当"确立革命的法制,在法律之外对富农宣判会导致在对所有农民的关系上破坏法制……"当时,莫洛托夫在书信中就已得到了指示:"应当打击富农,让中农在我们面前沉下脸来!"他却大胆肯定说,党的土地政策——"这是农业经济的退化"。他甚至冒险地写道:"……这样的政权应当被赶走……"

肖洛霍夫不仅知道了弗鲁姆金的不安,而且也知道了斯大林的反应是如何地生气。他这时就想起了顿河农业集体化高潮时自己写的那封揭露罪行的信(就是列维茨卡娅转交给斯大林的那一封)。他把信作了对比,就忐忑不安了,于是在下一次写给列维茨卡娅的信中就说:"……当时党内的一个著名人物写给党中央的信,大约也是这个内容,即机会主义者弗鲁姆金。斯大林答复了这封信……他承认了农村破坏法制的事实,这封复信我反复读了好几遍,并且想:'看来,大概我在历史上也同样倒了大霉。'"

弗鲁姆金这件事结果怎么样呢?斯大林尽管"承认了事实",但是用开除党籍和逮捕威胁了他及其拥护者们(弗鲁姆金于 1938 年死于劳改营)。

肖洛霍夫这件事的结果又是怎么样呢?结果是:他没有害怕"在历史上倒了大霉",而且在《被开垦的处女地》中反映出了农民对于匆匆地强制性地建立起集体农庄的真实的态度。作家透辟地看出来,农庄庄员没有特别的劳动兴趣,就如弗鲁姆金所说的"缺乏经济刺激物",写在小说里的也痛苦地承认了这一点。梅谭尼科夫失去了信心:"你看,三个人干活,倒有十个人蹲在篱笆旁卷烟抽……"对此,阿赫瓦特金①也说:"我手下只剩了二十八个劳动力,可是这几个也不肯干活,老是偷懒,真拿他们没办法……耕了一趟就坐下来抽烟,你连推都推不动他们。"对此做出的回答并非偶然——"惩罚"——达维多夫说:"一切都掌握在我们手里,一切都会搞好,就是这样,我们要实行罚款制度,要责成生产队长负起个人责任去盯着……"

肖洛霍夫还冒了极大的风险——他提出了警告,如果靠强迫建立起集体农庄,那么就有可能出现最可怕的事情——农民暴动。小说中有这么一场:苏维埃政权的敌人波洛夫采夫同打算加入集体农庄的村里人对话,他预先就告诫他们:"你就只好待在土地旁边当农奴了。"按照党的宣传鼓动部门的各种法律的规定,作者本应对这样的话予以回击。然而,不论是他,还是根据他的构思写出的听了这句话的人,都没有批判波洛夫采夫,代替了批判的却是更进一步展开:

"'要是我不愿意呢?'

'他们连问都不会问你一声的。'

---

① 书中是柳比施金。

‘这怎么成？’

‘有什么不成。’

‘太妙了！’

‘可不是！现在我问你：这样的日子过得下去吗？’

‘再也过不下去了……’”

这部小说写作的时候，斯大林的《胜利冲昏头脑》一文已经问世了，这篇文章原想让受到中央指示影响而有了过火行为的共产党员的过热头脑冷静下来。斯大林预感到了农民愤怒情绪的爆发，有可能，就把自己打扮成一个恩人以恢复公平正义。起码，有很多人都极力肯定他的这一角色。

在这部小说中，肖洛霍夫没有这么做，他找到了另一些色彩："区里的报纸发表了斯大林的论文后，区委会向隆隆谷村党支部发来了一个泛泛的指示，含糊不清地、不明确地解释了消除过火行为后果的问题。根据这一切，人们感觉到，区里一片混乱，区里的领导没有一个人到集体农庄来过，对于地方提出的一些质疑，不论是党的区委会还是区大田作业联合会，都不做答复。"

"含糊不清……不明确……一片混乱"，可是，肖洛霍夫并没有就此止步，他以并不降低的政治上的勇气，在《被开垦的处女地》里写进了达维多夫在斯大林的文章后的所作所为——独断专行！由于领袖的保护，哥萨克们满意了——他们希望今后不要再有过火行为了，其中有些人打算退出集体农庄，要求返回自己的牲畜。可是，接着就是禁止。这时，甚至连纳古尔诺夫也发起火来："为什么不下命令把牲口还给退出集体农庄的人呢？这不是强迫集体化吗？这就是！人家退出集体农庄，可是牲口农具都不还给他们。事情很清楚：他们没法子生活，没路可走，只好爬回集体农庄来了。"

看来，继肖洛霍夫之后，开始揭露的这种党和国家的体制，在半个世纪后的改革时期——大胆！——开始命名为凭长官意志指挥的体制。

〔增补〕有一位莫斯科的女诗人保存下来了这么一幅那个年代里肖洛霍夫的肖像，他是这样的，好像无论如何也不像写出来的那么一个公民和作家政治上耀武扬威的那张面孔："个子不高，矮而壮实，穿着一件不起眼的弗列奇式上装，一双靴子。淡色的头发向后梳得平整，举止不慌不忙，讲话声音不高,说起话来简直感到了不好意思。他不喜欢在大庭广众当中讲话,长着带有笑意的柔和的一张嘴,目光迟缓。肖洛霍夫不喜欢讲自己,讲自己的创作道路。你如果开始问他,那么他就挥挥手说:'最好请您看我写的小说吧,它们会向您更多地介绍我。'"

第 四 章
1931:一本小说　两个书名

最高政权如今主要的是——国民经济中的革命:农庄集体化! 斯大林在经济工作者的会议上做了乐观的讲演:"我们组织起了集体农庄,使得农民有可能像人一样地生活了。"

肖洛霍夫对这一论断是否有信心呢?

给斯大林的得不到回复的信

肖洛霍夫没有接受无边的乐观主义,他支持农业集体化,但也看到了,那些毫无心肝的执行中央指示的人坑害了顿河。

他看到了大饥饿的最早的黑色闪光,并想防止这一灾难。在12月和1月初——这时有多少节日啊! ——他到顿河上游一带各集体农庄去查看可怕的情况。

全面考察! 恶劣的严冬又增加了灾情:大风雪,气温下降,许多农舍里都冷得要命,甚至玻璃窗上全挂上了冰,屋角都结了霜……当他走进农舍来看望时,女主人甚至什么东西也拿不出来招待。炉子不生火,地下室空荡荡一无所有。哥萨克们都埋怨,粗野地骂鬼骂娘。哥萨克女人们哭泣着,孩子们抬起了由于饥饿而黯淡的小眼睛望着肖洛霍夫,人们开始了浮肿……

往前看——没有一线光明。对于播种就不可能去想——没有种子,人们也没有给牛马准备好过冬的干草和其他饲料,春天耕地的役畜在死去——这就意味着,来年任何收成也谈不上。

肖洛霍夫来到了"红色灯塔"集体农庄,他在区中心时人们告诉了他——这是个"模范的"集体农庄。他从马厩里走出来,心情抑郁,马夫告诉他,六十三匹马当中已经剩下十二匹了。他又走到马圈——只有四匹马可以上套——其余的肚子鼓了出来,连站都站不住了。他害怕地看了看那就要死去的马——顿河从没有这样的事。

不论到哪里,到处看到的都是这样。

他经过了"区牲畜采购办事处"到米列罗沃去——各集体农庄和单干户们正把各种牲畜赶到这里来交税或者卖给国家——他看到了只有在最可怕的噩梦里才能看到的景象。他们把公牛、乳牛,甚至连怀孕的母牛也一样地赶进了牛群里——两边放躺着"丢弃的"死了的牛犊和被公牛角从侧面撕破肚皮的母牛。那些牲口行走得慢慢腾腾,早已没有喂食和饮水了。

谁能够使人们摆脱这可怕的灾难?罗斯托夫的领导?他决定给斯大林写信,信于1931年1月16日寄往莫斯科。

这封信一开头就写得勇敢——警钟般的,没有任何外交辞令:

"斯大林同志:北高加索边疆区一系列区的集体农庄出现了十分危险的情况,因此我认为有必要直接写信给您……"接下去四页,写得密密麻麻的文字都是渴望着改变对农民的态度:

"这样的管理是不行的,区里的报刊简单地一言不发,党组织不采取任何措施以改善这一状况……这一现象不是个别的,绝大多数的集体农庄都让人大吃一惊。农庄庄员们心情沮丧抑郁……你要同他们交谈,就看不到他们的眼睛,都低着头看着地……"

他着重写了特别的一段:"用这样的'管理方法'不会向个体户证明集体农庄对个体经济的优越性。"

他不能不愤怒已极:"通常,农家都是把小牛犊养在屋里,和孩子们放在一起,把孩子的奶分给小牛犊喝,或者相反……各村游荡着吃得肥肥的狗,路旁躺着马匹的尸体。可是冬天还没有过去一半。当然,您很清楚,路旁死去牲口的样子对农庄庄员的心理,产生着什么样的作用……"

还有这样的话:"真让人伤心,斯大林同志! 当您亲眼看到这一切时,心都在流血……"

这封信的结尾,既提出了要求,也为自己鸣不平的角色表现出高度责任心:"请您派一个调查组到原顿涅茨州来,您将确信我向您报告的情况都是真实的。"

接下去却没有回信。肖洛霍夫心里很难过,但不妥协,他还有一个办法——摘下写报道的笔帽,于是他就动手写了特写《在顿河右岸》送给《真理报》。

这篇特写的写作不单单是由于心中充满了不快,这是制止当局向农庄庄员发火的一个尝试。对于二十六岁的肖洛霍夫来说,这篇特写——是他与高尔基和《真理报》很有影响的撰稿人卡尔·拉狄克交战的总结。

开始是在 6 月间,他告诉了高尔基自己与这位拉狄克冲突的事,这个拉狄克用乐观主义的肯定把美好的集体农庄生活说得让读者眼花缭乱。可是,对肖洛霍夫来说坚持真理才是最重要的,他急切地写信给高尔基:"我要提出证据——写一篇政论!"又确切地说:"现在我去走访北高加索边疆区(这是同拉狄克争执的结果)",同拉狄克没有任何妥协,也没有任何共同之处:

"拉狄克指责我政治上是外行,不了解俄罗斯农民,甚至是农村。"如今,这也是肖洛霍夫的性格,同党的上层一个有影响的人物纠缠了起来。拉狄克是作为德国的国际社会民主主义运动的代表而开始了自己活动的——他准备在德国筹划一场革命,后流亡到苏联来,在苏联,他被委任为中央委员会一个部门主任的职位——从而成了制定国际共产主义运动战略和策略的人物之一。

可是,1927 年他被揭发为托洛茨基分子,被开除了党,流放。然而,隔了一年后,即在 1930 年,他忏悔了:承认了自己的错误并脱离了托洛茨基。最后还是以"人民的敌人"的罪名被枪决——那是在几年以后。

肖洛霍夫的这篇特写,从它所提各项内容看——都是批判性的。当然,无论是编辑部,还是作者本人都不能允许他做出如此毫无节制的总结,只是在写给斯大林的信中这些总结已经有了,如今,有了些削减,降低了调子。但毕竟还是揭露。明察秋毫的读者可能产生怀疑——这不是同领袖论战吗?

领袖宣布了:"要像人那样地生活",作家就在特写中写进了哥萨克农庄庄员抗议的独白:"只要是个哥萨克——不论是当生产队长,还是当生产组长。他们这些公狗,把铅笔往耳朵上一挟,当起领导,游游逛逛,而婆娘门,又要扶犁,又要赶牲口,又要做饭!我们不愿意这样生活,苏维埃政权可不是这样说的!"

肖洛霍夫的指责像连珠炮一样："他们不能真正地学会组织劳动……那是什么生产竞赛呀！一半的牲口都放倒了……任务也没有完成……事先没有想到……人们被愚弄，精神极为痛苦。"这就是你"要像人那样的生活！"而且还有、还有、还有。看在这一场景里女人的话，当时农庄女庄员们遇上了从上级来的党的领导："我们这儿没有哥萨克男人！没有人陪我们睡觉，你却来说服我们去播种……"这里他们说的是经过了对德战争和国内战争之后，村子里差不多就没有剩下男人了。再看一个片断——这里直接描写小说中的狗鱼老大爷的话："有个区委特派员是城里人，他也来到田里，集体农庄庄员在耕地，他看见耕牛一边走路一边撒尿，就沿着耕地赶过来，边走边喊：'你这个坏分子！我要逮捕你！牛在撒尿，你为什么还赶它往前走？'"

对于肖洛霍夫来说，这篇特写很重要。他在写给列维茨卡娅的信中向她提出的请求并非偶然："请告诉我，你对这篇特写的看法，明天你将会在《真理报》上读到它。"他很担心，人们如何评价他的特写，维约申斯克人会说些什么，边疆区党委会能有何种反应，克里姆林宫里又会怎么看？……

他给列维茨卡娅写信的那一天，是个特殊的日子，5月24日，这一天他满二十六岁。

斯大林……很自然，读了肖洛霍夫的特写，当然对此他没告诉作者，但他告诉别人，一下子告诉了许多人。夏天，发表了他写的文章《论布尔什维主义历史的若干问题》一文，其中主要的是警告："某些'文学家'和'历史学家'把伪装过的托洛茨基的破烂货拖进我们著作中的企图，应当得到布尔什维克方面的坚决回击。"可是在生活中，还要试着弄明白——托洛茨基主义在哪儿，斯大林的过火行为又在哪儿？

肖洛霍夫……他不仅用已经落到了斯大林手中的两封信，而且也用了一篇特写，表明了自己对农村政策的态度。他又写了一封信——他很看重——给高尔基："我觉得，阿列克谢·马克西莫维奇，关于对中农的态度问题还会长期地摆在我们面前，摆在那些走着我国革命道路的一些国家共产党人面前。"他更明确地说："去年的农业集体化和过火行为的事在一定程度上肯定了这一点。"

那么在《被开垦的处女地》中是如何描写了消灭富农——在现实生活

中是如何进行的,或者又如何迎合了斯大林的呢?

如果把列宁和斯大林的文章与讲话同肖洛霍夫的小说并列地加以阅读,那是很有趣的。

列宁在1921年联共(布)第十次代表大会上说:"不要闭起眼睛不看这个事实:以实物税代替余粮征集制是意味着富农在现存制度下比过去更多地生长起来。但是同这一情况作斗争不能采用禁止的办法。"

斯大林在1929年党中央的一次全体会议上说:"资本主义因素的绝对增长仍然进行着,这就给了他们聚集力量对抗社会主义成长以极大可能性",还有更重要的话:"我们已经从限制的政策转变成把富农作为一个阶级加以消灭的政策。"

那么,肖洛霍夫——他执行的是谁的决定呢:是列宁的("不能采用禁止的办法")还是斯大林的(从"限制"到"消灭"甚至到"解除生命")呢?

在他构思的长篇小说《被开垦的处女地》中有几章表现了消灭富农的场景。

第七章,达维多夫和战友们采取了把富农作为一个阶级加以消灭的办法。拉兹苗特诺夫到了弗罗尔·达马斯克夫家,村苏维埃主席向他们宣布判决书:"贫农会决定……"

"'没有这样的法律!'季莫菲暴躁地嚷道。'你们这是抢劫!爸爸,我现在就到区执委会去……'"

要知道,季莫菲是对的——没有这样的法律。这样,小说是否会担心能唤起寻求法律保护的愿望或引起怀疑,从而像季莫菲那样仇视不按照法律行事的人呢?消灭富农的场景从此也就开始了,这一场景是以何种色彩的描写而结束的呢?引起了厌恶:"安德列①看见金口蹲在正房里,他穿了弗罗尔的皮底新毡靴,没看见安德列进来,拿起汤匙,在大洋铁桶里舀了一匙蜂蜜送到嘴里,甜得眯细眼睛,咂着嘴唇,黏糊的黄色蜜汁一滴滴往胡子上流……"

肖洛霍夫爱说实话……在被消灭的富农家中,在作家那统一的情感中,却描绘出了——互相加以对照的这样的画面:

---

① 即拉兹苗特诺夫。——原注

"焦姆卡·乌沙可夫的老婆对着箱子目瞪口呆,大家好容易才把她推开。……当雅可夫·鲁基奇从箱子里拖出一大堆女人衣饰的时候,她那因为常年贫穷和饥饿而褪了色的嘴唇怎能不发白呢?她年年生孩子,总是用破烂的褴褛和老旧的羊皮包裹婴儿。她自己呢?因为忧愁和永远的穷困,失去了本来的美丽、健康和鲜艳,整个夏天就穿一条筛子般的裙子。到了冬天,每逢洗那件生满虱子的唯一的衬衫的时候,她就光着身子跟孩子们一起坐在炕上,因为没有衣服替换……

'好人们!……亲人们!……等一下,我,我也许不拿这条裙子……我要换一条……我,也许给孩子们……给米沙……给杜尼雅……'她紧紧地抓住箱子盖,火辣辣的眼睛盯着那堆五光十色的衣服,欣喜若狂地嘟囔着。"

第八章,消灭富农基多克。纳古尔诺夫称他为"反革命"。肖洛霍夫并非是检察官,他避开了社会主义现实主义的教条,当人们把农庄主席打出了血时,他对基多克与达维多夫的厮打,用自己的笔做出了作家的裁判,读者的同情心倾向于谁呢?也许,读者毕竟看了出来,基多克打人首先是由纳古尔诺夫然后也是达维多夫的行为挑起来的。

第九章,消灭富农迦耶夫,肖洛霍夫并不顾读者的情感——这个"敌人"差不多有一打的孩子。拉兹苗特诺夫拒绝到这一家去执行村政权的任务,不想成为刽子手——你看,肖洛霍夫找到了一个什么词:刽子手!

达维多夫惊慌失措,纳古尔诺夫怎么办呢?作家让他大喊了起来——这对于构思中的形象是不可避免的——他喊得很可怕:

"'混蛋!'纳古尔诺夫紧握住拳头,尖声怒骂道。'你怎么为革命出力?可——怜——吗?我呀——现在就是有几千个老头子、小孩子、娘儿们……只要对我说,为了革命的缘故……得消灭他们……我可以用机枪把他们……统统干掉!'纳古尔诺夫忽然狂野地嚷起来,他那睁得老大的瞳仁露出了疯狂的神色,嘴唇冒着白沫。"

"疯狂"!这是肖洛霍夫笔下冒出来的多么厉害的词——对于这段独白他找到了准确的词。

第八章,拉兹苗特诺夫对纳古尔诺夫和达维多夫说:"可不能把什么都推在富农身上,朋友们,别想入非非了。"这又是对那种从错到错的政策的一种谴责。

第二十章,区委书记仍然想教育达维多夫:"真要命……我不是明明白白对你说过,警告过你:'你先别忙这个,因为我还没接到上级的指示。'集体农庄还没建成,你与其去驱逐富农,清算富农,还不如先去完成全盘集体化。"

第二十二章,区鼓动队队长康德拉吉科对自己的小组长说:

"'你干什么把手枪挂在衣服外面?快拿下来!'

'噢,康德拉吉科同志,万一富农……阶级斗争……'

'你这算什么话?富农又怎么样?你是来搞鼓动的……'"

不,无论如何在这部小说中也找不到这一点,说作家构思这部小说就是为了称赞斯大林的方针,去无情地消灭富农。伟大的艺术家的良心不允许他履行当时党员作家的责任,去把自己的笔变成政治风向标。

很快,连斯大林都不得不对消灭富农和被当作富农的人发出了终止令,在由他和莫洛托夫签署的指示中认为:"由于我们在农村取得的成就,这一时刻已经到来,十分清楚,我们已不需要大规模地镇压、处置的不仅是富农,也有单干户和部分农庄庄员。"

这部描写农村状况的小说,从1930年1月开始动笔,1932年1月开始就刊登在《新世界》杂志上,"大规模镇压"的终止令是1933年发出的,可以想到,这不能说没有这部小说的影响。资产阶级报纸上的评论抓住了肖洛霍夫反斯大林的情绪,而斯大林呢?

肖洛霍夫曾向我说过,斯大林用了两夜的时间读了《被开垦的处女地》的手稿,看来是一口气读完的。难道在他读这手稿时就没有想到他那对国家来说极重要讲话中的残酷无情的句子吗?《论联共(布)中的右倾倾向》:"……采取极端的措施反对富农,从而引起了布哈林和雷科夫可笑的哀号,可这不好吗?"

在《被开垦的处女地》中出现一个狗鱼老大爷形象,人们认为他是"喜剧形象",这已都习惯了,但是,难道他就是乱说一气吗?

为这样的人物寻找色彩并非易事,应当如何使狗鱼大爷进入表演角色——用肖洛霍夫的话说,这是真正的创作痛苦。试试看吧。要在画布上同时既表现可笑又表现痛苦,或者,一般来说,既表现幽默又表现讽刺。记得我喜欢的一本弗拉基米尔·达里写的谚语和俗语汇编中有一句话:"有的笑有哭的味道。"

不过,这个农民老大爷在肖洛霍夫笔下活了起来,他被认为一生意识到了自己生活受尽压迫,并且也希望得到哪怕些微幸福。至于长处……是个瞎扯的人吗?从来也不是。凭空插科打诨?未必发现了这一点。傻头傻脑吗?更确切地说,这是在说到危险事情时,貌似傻头傻脑的一种伪装。

这是个模仿着嘲笑别人的人!

难道他没有嘲笑过——令人不快地——他身旁的人和他周围的人吗?

肖洛霍夫善于躲在狗鱼老大爷身后:他说,从村子这个丑角那里得到了些什么。你比如,狗鱼老大爷靠着作者"暗中提示"就大胆地去解释幸福的农庄生活的诺言:"一切都照新办法做了,一切都那么莫名其妙,怪里怪气的……"或者他嘲弄讥笑地对付那些领导人物:"在苏维埃政权下傻瓜被消灭掉了……老的被消灭掉了,可是又生出来多少新的呀?——数不过来!在苏维埃政权下,他们不用人家播种,收割,自己就像落地的黑麦种子似的,长出来了……这种丰收是没有什么办法阻止的!"你看狗鱼老大爷和肖洛霍夫——两个人——在小说的最后竟如此大胆,严厉地嘲笑挖苦了最神圣的东西:入党。人们开玩笑地劝狗鱼老大爷:

"嗳,你为什么不去申请入党啊?你是个积极分子,快去申请!他们会给你一份差事的,你去买个皮包来,夹在胳肢窝下走来走去多神气。"当时,狗鱼老大爷就认真地向纳古尔诺夫说:"老弟,我总不能一辈子都伺候马呀……"继续又说:"不是对你说得明明白白吗:我要入党……我能派到个什么差事,嗯,以及诸如此类的问题……"纳古尔诺夫说:"你以为入党是为了要弄份差事吗?"狗鱼老大爷说:"我们这里的党员都有份差事。"

实际上,肖洛霍夫为狗鱼老大爷构思了一个危险的差事:在权势面前做一个独立不羁的丑角。从莎士比亚时代以来,宫廷里的丑角,是允许做很多事情的——公开的,不过只是嘲笑而已。

〔增补〕肖洛霍夫年轻时代写作技巧的来源之一。他曾经领导过区报社下属的一个文学团体两年,留下了这样一段回忆:"我特别记得关于'契诃夫是短篇小说巨匠'的对话。肖洛霍夫来的时候没有带任何发言提纲,他讲得很生动,也很随意,以其对契诃夫写作技巧的大量知识使我们感到震惊,他细致入微地分析了契诃夫的作品。"肖洛霍夫还有一句对这位同乡经典作家的最令人尊敬的评语:"契诃夫就是小说创作里的普希金。"这是多么无可争议的金石之言啊!

高尔基如何做出了反应

1931年6月,肖洛霍夫又给高尔基写了信。他没有抑制住内心痛苦的压力,毫无讳言地说:"由于我的创作,在这一年半的时间里我痛苦不堪,不过由于我要把所有这些话都告诉您又极为高兴……"

接着——他就谈到了这一件事(我记得,这件事指的是早在1929年就停止了发表小说《静静的顿河》的第三部分):"某些拉普的'正统领袖'读了第六卷后,指责我好像在为暴乱做辩护,他们还援引了夹击顿河上游哥萨克的一些事实。难道是这样吗?我并没有加以渲染,而是描绘了严酷的暴乱前的现实……想要消灭的不是阶级,而是哥萨克……"

肖洛霍夫又确切地说:"阿列克谢·马克西莫维奇,我应当表现出消灭哥萨克政策和夹击中农哥萨克的否定方面,也就是说,不这样做,就不能揭示出暴乱的原因,这样,不仅不会无缘无故地暴乱,而且跳蚤也不会咬。"

他明白,这部小说为什么要被毁:"我的几个兄弟们,读了第六卷,但他们不明白,我所写的符合历史真实,分明地提出过警告……"

他对书刊检查机关的挑剔十分气愤:"他们反对以前已经实现了的'艺术虚构'……向我提出了砍掉我特别珍爱的一些地方作为必须的条件……有趣的是,十个人建议删掉十个不同的地方,如果他们的话都听,那要删掉三分之二……"他给高尔基举个例子:"我有这么一个句子:'坐在龙骑兵马鞍子上的骑手们(红军战士)散乱地纵马飞过来……'这句话有什么值得反对的,他们就这样大叫:'什么人?!说红军散乱地纵马?难道可以这样写红军战士吗?!要知道,这就是反革命!'……"

在这封信中还有对马尔金的看法:"在第六卷中,我引入了苏维埃当局的'拙劣作家'(这是区里来拿走被没收了衣服的一个小伙子,这个小滑头也受过白军的屈辱,是红军第九军的一个委员——真的有过这么个人,我根据一个赶车人的口述而创造了他……),这些最'偏差的东西'就歪曲了苏维埃当局的思想。"

就这样,这部作品还是不是天才的史诗了呢?

肖洛霍夫被这些不怀好意者所折磨,需要得到及时的帮助,因而又一次给高尔基写信,信中的每一个字都浸透了苦痛:"我的心情极为不好,从来还没有过这么坏的心情。我十分担心自己将来的文学命运。如果在发表《静静的顿河》期间他们能够制造三起大案('老太婆'、'为富农辩护'、'戈洛乌舍夫')来反对我,一直围绕我的名字编织肮脏而卑鄙的谣言,那么我就会产生了合乎情理的担心:'将来怎么办呢?'如果我写完了《静静的顿河》,那么这不是靠着可诅咒的'弟兄们'——作家和文学家舆论界的支持,而是违背了他们千方百计地糟蹋我的努力……哎,让他们见鬼去吧!"他以那种品质端庄人的倔犟又补充说:"可我无论如何也要写完《静静的顿河》!而且要写得像构思的那样……"

高尔基阅读了寄给他的手稿,立即去保护这位作者。

一开始他就给被《静静的顿河》吓破了胆的人法捷耶夫写了信:"我,很自然,赞成出版……"但这一态度却没有什么效果。

当即他就去找斯大林本人,高尔基已经明白,他自己已经没有能力去帮助失宠的人了,因此他把肖洛霍夫的手稿转交给了领袖。斯大林读完了手稿同意与肖洛霍夫见面,他喜欢在高尔基参加的情况下接见作家们。

7月,莫斯科郊外的克拉斯科沃——高尔基的别墅,肖洛霍夫向这位导师吐露了真情不到一个月。也是巧合:正是在7月,但是在两年前,我们已经知道了,斯大林写到了这位"著名"作家所犯的"极为错误的东西"。这封信仍保存在档案中。当领袖坐在桌子旁撰文批评肖洛霍夫时,是否想到了这个人呢?他的烟斗轻轻地冒着烟,微笑着,这是何等的目光啊!过了许多年后,肖洛霍夫还记得:"总是有些被疏远了……"

肖洛霍夫还记得这次会面:

"大家坐在桌子旁,高尔基一直一言不发,他吸过了烟,又在烟灰缸上点燃了火柴,斯大林提出了问题:'为什么您在描写科尔尼洛夫将军时,写得那么和缓?他的形象应当变得残酷些。'

我回答:'科尔尼洛夫的所作所为我写得并不和缓。但确实是在描写他时有些手法和看法符合了对这个有军官道德教养人的认识,在对德战争

中他是一个忠诚的勇敢的人,主观上是热爱俄罗斯的,他甚至从德国的俘虏营里逃了出来。'

斯大林大声问:'怎么,他——忠诚?! 他反对人民! 杀人如麻!'

应当说,这句坦率的真话说服了我,后来我对手稿又进行了加工。"

肖洛霍夫又点上了一支烟,继续说:

"斯大林提出了一个新问题:'关于联共(布)顿河局和南方战线革命军事委员会在对待中农哥萨克的过火行为一事,你是从哪里得到的?'"

我听过作家说的这些话,并且想到了在这个问题之后,他不能不小心谨慎了。看来,在那一瞬间,这位大权在握的交谈者的老虎般的目光抓住了肖洛霍夫。斯大林——这是一位极有洞察力的读者,对于国内战争中消灭哥萨克的政策,即在与富人和白色哥萨克作斗争的借口下消灭哥萨克中农的事,他的记忆力不会淡薄。

肖洛霍夫怎么回答呢?"我回答说,小说描写的恣肆专横是具有严格文献性的——根据档案资料。可是,历史学家们——他说——写国内战争却回避了这些资料,没有写出生活的真相。他们掩盖了恣肆专横……"

这个二十七岁的与大权在握的领袖交谈的人具有何等的勇气,他谴责了当局,却没有谴责人民,他谴责了胜者,却没有谴责败者!

肖洛霍夫继续说:

"这次会面结束时斯大林说:'有些人似乎认为,小说的第三部分使得流亡的我们的敌人、白匪军人感到极为满意。'于是,他就问我和高尔基:'对此你们有什么看法?'高尔基说:'他们即使是最好的、正面的人物,也可能变坏,转而反对苏维埃政权。'我同样回答:'在小说中白军好的很少,我表现出了他们在顿河和库班地区的彻底失败……'这时斯大林就说:'是的,我同意,《静静的顿河》小说第三部对事件进展的反映是为我们的,为革命而写的。'"

会面结束了——杯里的茶也都喝完……告别的时候领袖站了起来微笑。

肖洛霍夫很高兴,高尔基也很满意,胜利啦!

可是,斯大林却极为阴险。现在我们已经知道,他先后两次——在1929年和1931年——发现过《静静的顿河》中的政治错误,但仍批准出版。

然而用的省略号,他并没有排除地雷,从而使得地雷在他1929年写给费·康的信中因批判了这部小说而会爆炸,只是不知道这爆炸是不可避免的,什么时候呢?这,也许,连斯大林本人也不知道。爸爸没去收割,还要看天气。

1931年12月,遇上了第一个最恶劣的天气。出现了同斯大林本人顶嘴的严守纪律的大胆的党员,这些人深信,他们的超警惕性不会被批判。肖洛霍夫在写信给列维茨卡娅的信中反映出了对于这部小说来说致命的政治气候的情报:"我收到了潘菲洛夫的信,《十月》杂志编辑部一些人不满意于(修改过的)第六卷,他们坚决反对出版。"此外——他又说,潘菲洛夫已把手稿寄给了党中央的文化宣传部。他最后是这么总结的:"愈来愈不轻松,这样子已经三年了,甚至变得忧愁起来……"

〔增补〕斯大林和作家们……关于斯大林阅读文学作品的非同寻常的方法,高尔基曾告诉过罗曼·罗兰,后者在他的莫斯科日记中写进了这一意外发现:"在许多读书的领导人中,他①其中提到了雷科夫和斯大林。斯大林在读书时,常常从中寻找有争议的话题,然后就用很长的时间谈这个问题,他有惊人的记忆力,读过的篇章,背诵重复几乎没有错误。有时,他事先就告诉了高尔基自己去拜访,并且问:'可以请一下某个,某个人来吗?'"

斯大林正是在这个时候,1929年,支持了对拉普分子安德列·普拉东诺夫的迫害,在他的创作中,"有争议的话题"变成了政治上的错误。法捷耶夫在其《十月》杂志上发表了普拉东诺夫反映农业集体化的短篇小说《起疑心的马卡尔》。

"我们的机关——是臭狗屎——彼得读过了列宁的著作,而马卡尔听着,很惊讶列宁智慧的准确性——我们的法律是臭狗屎。我们会发号施令,可是都不会去执行……社会主义靠人民群众的双手去建设,而不是靠我们机关的官方文件。可我还在想,有朝一日因为这话会把我们绞死。"

过了两年后,普拉东诺夫因为中篇小说《有利》受到了更加严厉的批判。

肖洛霍夫怎么知道了这些呢?要知道,他同普拉东诺夫已经成了朋友

---

① 指高尔基。——原注

关系。他们之所以联系在一起,那是因为两个人都因农业集体化的过火行为而忧心忡忡。

为导师做的鱼汤

1931 年里的肖洛霍夫……作家很顺利地把他反映消灭富农和农业集体化的长篇小说写完,他考虑好了书名——残忍而又真实的《浴血流汗》,对于党的这一天才之举,任何人也没有这么描述过,甚至他的忠实朋友维约申斯克区的一把手,共产党员彼得·卢戈沃伊也不支持他的这一想法。他在回忆录里说:"肖洛霍夫有一次来到区委会说,那本关于集体农庄生活的新小说他已写出了几章,并把它寄往莫斯科出版,这本小说的书名,他说,将是《浴血流汗》。我对这样的书名感到有些吃惊,并且也说了这一点,他感到很为难地笑了笑,但自己的想法还不变。"

拉普的书记处于三月批准了肖洛霍夫为《十月》杂志编辑部的编委,他们知道,他的文学威望是很高的。有趣的是,在此之前的这些年里,具有拉普成员资格的他,用当时的话说,却没有任何"社会负担"。在他的履历表中写道:"承担过何种社会(拉普除外)工作?——什么也没承担过。""在全俄拉普组织中从事什么工作——什么也没有。"那么,作为编辑部的编委,他将怎样表现出自己呢? 1938 年肖洛霍夫将会报告自己的这一工作——这个报告是令人吃惊的,我们将在相应的地方看到。

维约申斯克得到了消息,电影《静静的顿河》不准与观众见面,对领导的判决不应有任何埋怨,因为这不是创作问题,而是政治问题:"……哥萨克的私通男人……津津乐道哥萨克生活。"不过,还有,还有这种说法的:超阶级性和不支持革命——原来这是刑事犯罪! 它的制片人——导演——被开除职业电影工会。人们用一些难听的话诬蔑肖洛霍夫,好像他是大迫害的帮凶,作家受到这卑鄙的诬陷之词的侮辱,对此他写信给爱玛·采萨尔斯卡娅说:"至于说到《静静的顿河》等事,似乎我促成了它的被禁,或者我对被禁幸灾乐祸——胡说八道! 我还没有达到如此'要手腕'的高峰。自然,我要去做需要我做的和可能做的一切,以使《静静的顿河》搬上银幕。不过,你是否知道,我不相信所有这些传言,照我看来,这是莫斯科那些狗男女照例的一次诽谤! 唉! 让他们见鬼去吧!"

肖洛霍夫毕竟说服了绥拉菲莫维奇来做客,他与儿子光临了维约申斯克。

主人极力关照尊敬的来宾,甚至做了这样的安排,他们坐上了船,离开维约申斯克几十俄里远,到妙不可言的顿河中去钓鱼。

肖洛霍夫家的鱼汤鲜美异常——是鲟鱼汤!——带着飘过来的傍晚的篝火的刺鼻浓烟……

他们谈着,谈着,甚至忍住了差不多有蜻蜓大的顿河蚊子的叮咬(对于这种发出狂躁响声的凶猛飞虫,肖洛霍夫有一次当着我面说它是双涡轮机)。

绥拉菲莫维奇的儿子写进日记里的话有:"我觉得,肖洛霍夫对我们的到访很高兴,想告诉父亲好多话,这些话在镇里他还没有同谁说过……父亲从肖洛霍夫那里回来时神清气爽,充满了活力。"

对于每个人来说,这次会面各有不同的看法。绥拉菲莫维奇听了肖洛霍夫讲述的关于《被开垦的处女地》的一些事,他自己开始考虑也用这一题材写本长篇小说,可是——垂垂老矣——精力只够他写一篇特写《在顿河草原》。肖洛霍夫创作这部新小说的想法不仅得到了支持,而且同这位早就感觉到并永远会感到亲切的老者的交往,使他高兴地体验到一种人的亲情。一年以后,在写给绥拉菲莫维奇的信中,他还需要再现这种回忆:"不久前我得知,就是那位奥尔山斯克村的白胡子哥萨克,他曾同我们在库库耶捕到一条鲟鱼,他是一位了不起的歌手。我听过他唱的'高音',无与伦比!我很惋惜,知道他的天才太晚了,当时应当让您也听听!"

绥拉菲莫维奇从肖洛霍夫同乡那里听到过许多关于肖洛霍夫的事,有这么一件事他写进了日记里:

"有一回,肖洛霍夫骑着马回家……在镇子附近两个小花园之间有一条弯弯曲曲的立着很高篱笆的路,有一辆飞驰的汽车拐弯开了过来。那匹马立即惊叫着用后腿站了起来,一瞬间,马就同肖洛霍夫倒在篱笆旁一堆碎石块上。汽车停了,车上跳下人来,惊讶地叫着,道着歉,请他上汽车,要送他回家,他们牵住了跳起来的马。'算啦……没什么……'肖洛霍夫说着就骑上马:骑手坐汽车有失体统,他牵着马走了。

他进了镇子一看,马的脸上全是血,唉!停下!难道就这种模样进镇子里去吗？转过了身到顿河去，到了岸边，他把马牵到水里，开始仔细地洗掉马脸上的血迹，然后又洗了洗马肚子和沾了泥巴的腿——腿也弄脏了……

肖洛霍夫费了很大的力气，忍受了剧痛，洗好了：脚像铅一般地沉重，上了马鞍，骑着刚刚洗过的干干净净的马进了镇上。

到了家，他已经下不来了——人们把他扶了下来，搀着他进了屋，靴子说什么也脱不下来——腿肿了起来，像大圆木，必须把靴子剪坏。"

9 月，召开了拉普扩大的全体会议，法捷耶夫做了长篇报告《为伟大的无产阶级文学而斗争》，报告中一一称赞了一些作家：潘菲洛夫、伊斯巴赫、基尔雄、别济缅斯基、李别进斯基、伊利因科夫……没有肖洛霍夫。

肖洛霍夫猜到了，他是一个持有异议的人！——报告中的攻击不是由于突然的记忆模糊，恰好，就是在这几天，法捷耶夫还给高尔基的秘书克留契科夫写了信："是否听到了关于米沙·肖洛霍夫的什么事？"

人们可以向法捷耶夫打报告，同他不一样的是，白色流亡者慷慨地给《静静的顿河》以极高的评价。布拉格的《自由哥萨克报》评论肖洛霍夫的长篇小说《静静的顿河》的论文有个感染人的长长的标题："巨大的人类的真实"和"哥萨克的民族主义"，其中毫无保留地公认了这部小说的艺术价值：

"非凡的观察力和作者对哥萨克生活的知识，哥萨克生活的感人画面的惊人的真实性和准确性，哥萨克谈话中音节的正宗形象性——所有这些是如此地鲜活、敏锐和熟练……"

11 月，从维约申斯克给《新世界》编辑发去了一封信，提出了长篇小说《浴血流汗》：

"尊敬的波隆斯基同志：请告知我，可否为我的长篇小说在《新世界》上安排好地方，篇幅为二十三——二十五印张，已写好十六印张，大约明年 4 月完成，第一部分的五个印张我可在 12 月 1 日前寄去，我很想从 1 月份起登出，自然，如果是能够出版和不推迟的话。这部长篇小说的题材是写北高加索的一个北方区里的农业集体化（1930—1931）。我的地址：北高加索边疆区维约申斯克镇。致以敬礼。米·肖洛霍夫。"

他的写作明显地看出，是受到了顿河流域新潮流出现的鼓舞，当他知道有一个集体农庄来了些拖拉机，就立即骑上马登程——要亲眼看一看，白天夜里地同拖拉机手在一起:白天就在隆隆作响的拖拉机上,夜里就在静静的篝火边……

12月,一下子给列维茨卡娅寄去两封信,第一封信里好像对一年作了总结,他认为必须要告诉她:"至于涉及到《静静的顿河》,那么,我因为一些微不足道的小事而没有结束。……真倒霉。"也告诉了她自己的创作生活:"我在写一部新小说,关于,比如就像维约申斯克,哥萨克们参加全盘集体化的故事……"

这里,他大胆地使用了斯大林《胜利冲昏头脑》一文的题目:"您也说过,我因'胜利'而'冲昏头脑',因而失去了自我批评的嗅觉。不过,12月我将带去这部长篇小说(它的一半),您将是最早的读者,那时您就可以说,我的自我评价是否有错误。"

信中他也没有隐瞒不高兴的事——谁能想得到,这位著名的作家居然还有这等事:"国家文学出版社没有支付给我钱,我欠下了许多债,我的那些债主(其中包括财务稽查员)凶狠地折磨我,我是这么穷,以至于到莫斯科去的钱都没有了……唉!一句话——毕竟我还是决不动摇地挺住了这世界危机的碎片带给我的打击。"

突然——好像重又开起了玩笑——另一种意义的心理感受:无休止的诽谤,他是这么表达的:"剽窃者的荣誉称号"。

肖洛霍夫的第二封信有趣的是请求给他寄来两本新书:列昂尼德·列昂诺夫的《蝗虫》和弗拉基米尔·斯塔夫斯基的《助跑》,后者是他的一位老相识,做过边疆区的作家协会领导人,现在是莫斯科人。这两部作品都描写了农业集体化,肖洛霍夫对他们的兴趣当然不是偶然的——哪怕把看法对照一下也好。

就在这1931年,反映消灭富农和农业集体化的长篇小说第一部脱稿了,《十月》杂志和《真理报》都已准备出版它。可是,为什么肖洛霍夫在写给《十月》杂志编辑的信中出现了这样担心的话呢:"如果你们想出版……?"

"米沙,你终究是个反革命,你的《静静的顿河》白军比我们更喜欢。"——就在这一年,亨利希·亚戈达就这么对他说过。

当我听到肖洛霍夫转述的国家政治保安总局可怕领导人的这句话时,

就控制不住——颤抖了一下,虽然作家说它时心里很平静。亚戈达——我将给他以应有的评价——在长篇小说中他极为专业地抓住了叛逆。但是,这个肃反头子忘掉了肖洛霍夫与"人民的敌人"哈尔兰皮·叶尔马科夫之间的关系吗?也还是这个国家政治保安总局的长官亲自下令枪决了叶尔马科夫,而且在那份败坏名誉的《案卷》中就有肖洛霍夫写的请求与他见面的信。

〔增补〕经过十年以后,肖洛霍夫的作家记忆力仍牢牢地记住了1931年发生的事。

在已经提到过的肖洛霍夫那篇特写《在顿河右岸》中,农庄庄员抗议地喊了起来:"苏维埃政权不是这么告诉我们的!……"而在1960年完成的《被开垦的处女地》第二部中也有类似的话:"苏维埃政权是这么告诉我们的吗?它告诉我们,在劳动人民中间不应有各不相同的差别,可你们歪曲法律,总是想在自己的管制下把他们扭过来……"

我们还记得,在肖洛霍夫同斯大林的交谈中产生过对科尔尼洛夫的争论。在战后写的长篇小说《他们为祖国而战》中,科尔尼洛夫的名字也出现在正规军指挥官亚历山大·米哈伊洛维奇的独白中:"二十年代,有一次,斯大林视察我们军区的作战演习。晚上,大家谈论时提到国内战争,一位军官突然顺口说出关于科尔尼洛夫的这么一句话:'他主观上是个诚实的人。'斯大林像猛虎将要出击那样眯缝着黄眼睛,但是却很克制地说:'主观上诚实的人一定是和人民站在一起的人,为人民的事业而斗争的人,而科尔尼洛夫反对人民,和人民建立的军队作战,他怎么是诚实的人?'这就是斯大林,两句话就把真理阐述清楚了。在这个问题上,我完全同意斯大林的观点。"

1993年,突然评论界又复活了,由于麦列霍夫形象进而批评肖洛霍夫。就像过去拉普分子提出的那些责难,他又遇到了麻烦。他创造了一个戏剧般的人物,而不是普通的像招贴画一样的宣传形象。在安德列·马卡罗夫和斯维特兰娜·马卡罗娃的文章中(《新世界》第十一期)说:"他写的不是自觉的和无所畏惧的祖国保卫者[1],而是暴虐的武夫[2],他好像什么都一样,

---

[1] 指在世界大战中。——原注
[2] 指在国内战争中。——原注

不管何时,不管何地,不管杀谁……葛利高里·麦列霍夫折腾来折腾去的行径,丧失了其精神的坚定性和道德支柱……在他的思想中我们看到了布尔什维克的意识形态和宣传鼓动的大杂烩……肖洛霍夫对他的评价是:'从白军中逃出来,又不到红军那里去,这就十分准确地表现出了作者赋予这个人物性格的最重要的特征:无定形性。'"至于葛利高里的内心痛苦,文章中只字不提。

评论家们不想弄明白,麦列霍夫形象之所以极有意义,在于他在自己的迷误中是真诚的,而这一悲剧现象是由于十月革命和国内战争产生的。

我记得:人们不接受麦列霍夫自身的阶级本质,不管是拉普分子,还是亚戈达,就是在将来,党的宣传鼓动部门也不接受他为正面的真理追求者的形象。

第 五 章

1932:"万一——牵扯到我……"

在1月的第一周,苏联人开始读上了肖洛霍夫的新小说,《真理报》刊出了片断。

它在报上有一个标题,很普通,也是谜一般的:《到那里的唯一道路……》,编辑部在附注里解释说:"这是一部新小说的片断,情节发生在农业集体化初期北高加索的一个镇里。"

怎能不想拿起《被开垦的处女地》

报纸的订户看到的这部小说还有开会的场面,会上告知了农庄的成立,作者简单地写下了名字:米·肖洛霍夫——没用全称。

……肖洛霍夫在1932年。他是否意识到了,新年一个个过去,而具有独立不羁目光的作家生活并不容易,创作就更加艰难。他开始确信这更加强大的政权力量,这一政权认为,文学和艺术工作者必须服从它的任何指令,即使是暂时性的。要知道,你必须相信崇高的共产主义理想,如果参加了掌握政权的党的队伍,尤其要这样,而肖洛霍夫正是在这一年参加了联共(布)的。如果从事艺术的人追求创作自由,而国家的管理者又极力在灌输社会的步调一致,能够找到妥协之路吗?

就这样,肖洛霍夫的长篇小说问世了,然而它却靠了外科手术的干预。

肖洛霍夫生活中的一切又重新开始。那部描写十月革命和国内战争的小说被扭曲了,这部反映农业集体化的新小说也同样被扭曲。

《十月》杂志收到了《被开垦的处女地》的手稿,提心吊胆,要求修改。肖洛霍夫拒绝了。他想,最好把手稿转交给《新世界》编辑部,可是,那里也障碍重重。

后来,他讲过:"他们要求我删掉关于消灭富农的几章。我用全部理由坚决回绝了。"

可能有人知道,斯大林曾委托过阿列克谢·托尔斯泰谈出的这种评价所带来的后果,这一评价在文坛圈子里到处传播:"由于他①的才干,可以写得更广阔些,更好些。《被开垦的处女地》的主要缺点,而且一般来说肖洛霍夫全部作品也都是这样,他笔下的反面人物更卓越——比正面人物更卓越,除此之外,他还极其夸大了哥萨克人所爱的一切。"

不过,领袖一点儿也没白白地以意想不到的决定夸奖了《静静的顿河》——因为已决定出版了,尽管他亲自抓到了其中"犯了极严重的错误……干脆用了错误的情报"。

谁能够让他的"坚决"愧悔呢?

"必须去找斯大林帮助,"肖洛霍夫回忆起一次谈话同我说,"斯大林读过了《被开垦的处女地》的手稿,就说:'我们这里怎么有这些不明事理的人?……这部小说应当出版'——他又说了让肖洛霍夫一生都牢牢记住的话——'我们不怕消灭富农——为什么现在倒害怕写这个呢?'"

领袖极其坦率!然而这同时不是对小说家勇气的高度评价吗?这一年里,肖洛霍夫没有离开斯大林的关注。1月22日高尔基突然给克里姆林宫寄去一封内容广泛的信,信中指出:"我听到了关于作品的许多令人高兴的事情……"他援引的作家名单并不长,其中第一人就是肖洛霍夫。

在领袖干预了以后,《新世界》杂志编辑部——编辑格隆斯基和两位作家马雷什金及索洛维约夫——态度明显地缓和了,这样,事情就进展得更快了,一直到把手稿送到印刷厂。排字工人忙了起来,印刷厂响起了有节奏的

---

① 即肖洛霍夫。——原注

啪嗒啪嗒声……最后,杂志的第一期问世了——刊出了这部小说的头几章,题目为:《被开垦的处女地》。

为什么《浴血流汗》被否决了?编辑部采用了斯大林在马克思主义者土地问题专家代表会议上演说里的话,在演说中斯大林指出了"开垦处女地(生荒地)的极大意义"。由于这篇演讲对国内的重要性,《真理报》刊登了。可是《浴血流汗》呢?题目太阴沉了——这是给剧本用的。由于领袖的振奋人心的指示,决定题目也迎合这一调子。难道在其《胜利冲昏头脑》一文中没有说过:"这些胜利鼓起了我们党的勇气和对自己力量的信心。它们武装了……"

可是,肖洛霍夫不接受这个新书名。在信中他告诉列维茨卡娅说:"至今我还敌视着这一书名,唉,多么可怕的名字!有时它这么让自己讨厌,烦死了。"

当然,有趣的是,在这一期的杂志上同肖洛霍夫排在一起的还有哪些人。费多尔·革拉特科夫——他的长篇小说《动力》,这是过去"冶铁场"的一个激烈的敌人;索科洛夫·米基托夫的札记《去马雷金诺旅行》;布鲁诺·亚辛斯基本是流亡波兰的革命者,是个散文作家,这一期却突然登了一首长诗;诗人弗拉基米尔·卢科夫斯科伊和尼古拉·乌沙科夫的诗作;世界知名的法国人罗曼·罗兰的论文……时代总是让杂志喘不过气来,即使在封底也要登出号召性的广告:"苏维埃国家的每一位劳动者,有义务积极参加购买国防和航空化学建设促进会第六期全苏彩票——为苏联的国防事业,我们献出五千万卢布!"

肖洛霍夫怎么样呢——只有一颗心,却一下子为两部小说跳动:重新启动《静静的顿河》第三部的出版,并开始出版《被开垦的处女地》的第一部,这可绝非易事!

春天,在写给列维茨卡娅的信中他承认:"我忙得疲惫不堪……勉强能在这人世上走动……在我周围是那些令我厌烦得要死的人……说了《静静的顿河》,又轮番地提到这本倒霉的新作《处女地》……"似乎想得到同情,可下面又写了:"不,真的,十分高兴!"①

---

① "十分高兴"应为"令人厌恶",作者引误,见俄文版《肖洛霍夫书信集》78页。

一期接一期发表出来的肖洛霍夫的新小说,使那些开始习惯于苏联作家只有在生硬的政治公式的框框内才能够对生活做出反应的人大吃一惊。艺术家肖洛霍夫的话语有力地证明了,他的小说是由生活悄悄提示的。作者既了解达维多夫,区委书记,令人信任的梅谭尼科夫,也了解托洛茨基思想培育起来的纳古尔诺夫,消灭富农的受害者们,新生活的敌人以及那个由严酷的命运而决定的喜欢耍滑头开玩笑挖苦人的狗鱼老大爷,所有这些人物,作者都了如指掌——突然,生活变得更香甜,甚至对《胜利冲昏头脑》一文的作者也这样。他给了每个人说出自己意见的权利。他不是书刊检查官员。这部小说描写了消灭富农和农业集体化过程中的当时全部的灾难和胜利成果,因此,小说中有幻想、有警告,有愤怒、有喜爱,有教育,有妥协,有愤然而起,有自我节制,于是重新又开始行动,同与他对抗的社会舆论结合到一起。难道不是这样吗?

大概,如果心还没有生锈,阅读这本书不能无动于衷,小说写到了如何凶残地消灭富农,可是又会产生愉悦,一贫如洗的焦姆卡·乌沙科夫的老婆从富农的家产中分到了东西……你怎能不可怜达维多夫耕地时努力地要自己完成"一公顷又四分之一",但同时你要明白,他笔下的顿河生活到处都是在斯大林的命令下进行的……你同情纳古尔诺夫的革命激情,可是当他被开除党籍时,你又感到很痛心……在抢粮仓的骚乱平息以后,本来想不必太费心了,可是斯大林的文章出现后,集体农庄分崩离析又令人心里难过……可怜背后挨了一枪的德姆卡克,可怜梅谭尼科夫对美好未来的幻想,即使对于狗鱼老大爷你也不想嘲笑。

谈起肖洛霍夫——区委委员们——和他的新小说。有一次他讲:"我写完了关于社会主义劳动竞赛的一章,带到了区委会,读了。我不清楚为梅谭尼科夫制定的定额是多少。同志们讨论过了这个问题,劝我说:把定额打折,让它和什么一样。我打了折。后来集体农庄有人给我写信说:'康德拉特耕的地是否多了呢?!'"

……不论是谁来到维约申斯克,都会立刻明白——作家肖洛霍夫为每一个镇里人和村民所理解。多少宝贵的时间好像白白流失了,但也许相反——他受益匪浅。

肖洛霍夫讲过,有天一大早,一个脸上被抓破的哥萨克来找他:

"'米哈伊尔·亚历山大罗维奇,能找点什么喝的解解酒吗?'

'出了什么事,啊?'"

于是,那个人就说了起来,唉,稍做了加工,就直接写进了小说里。

"'那还用说吗,米哈伊尔·亚历山大罗维奇,我亲爱的人,那些人糟蹋了哥萨克的荣誉,难道我能忍受得了吗?昨天我牵了头小牛犊上市场去,当然,卖了。按照规矩,我请了客,然后又……我回家时天已很晚,一下子就爬到炉炕顶上去。早晨,我听到贤内助来问我:'钱哪儿去啦,我问你哪!你这公狗!''在哪儿,在哪儿?'我生了气,'大概我这里没有钱!''怎么能这样?没有钱?'我感觉到,坏了。睁开了一只眼瞧着:我那贤内助拿起了准备好的炉铲子杀气腾腾地奔着我来了,'钱哪儿去啦,你这公狗?'伴随着娘儿们问话,铁铲子就向我头上打来。'你相信吗?喏,欣赏一下吧,看我脸上的样子……'

这时我就问他:她们,婆娘们能明白这种事——哥萨克的荣誉吗?"

[增补]《被开垦的处女地》还有一个暂时没有破解的谜,即当局对肖洛霍夫的态度。看来,这是一部离经叛道的长篇小说,引起过党的书刊检查机关的挑剔,但它却得到了斯大林的赞赏,甚至经过一年半、两年后又获得了官方的普遍认可。

党的宣传鼓动部门的精心发明有时深入到文艺生活中,它指示小说的解释者们把评价从批判性的换成了赞颂性的,从而给读者以另一个观测点。比如,如今列宁的指示与斯大林的指示相对立,在这部小说中就表现为不超过达维多夫某种随意性的理解。当时就流行这么一种文艺理论著作:"在村积极分子会议上,他①涉及到列宁和斯大林关于社会主义改造的指示时,就'依照自己的理解去引用它们'。这是多么安全的方法啊!后来,一个文艺理论家笔下又出现了这一论断,说区委书记被揭露为'政策混乱',而称赞达维多夫乃是因为他'办事灵活,准确地实现斯大林同志的指示'。"

肖洛霍夫谈克里姆林宫的"最高决策机构"

履行不履行领袖的话,《静静的顿河》要继续出版吗?他伸出了手,但

---

① 指达维多夫。

也下了绊子,他赞许了《静静的顿河》,但却没有下令加快出版;他称赞了《被开垦的处女地》,但却没有终止怀疑的态度。

作家怎么办!他只能把委屈向亲近的人倾诉。

"我气极了,从来也没这么凶!从《十月》第五期起,由于我的原因停止了刊登《静静的顿河》,他们简直要了我的命……"这一年的4月,他这么写信给列维茨卡娅说。他这指的是那些热心的《十月》杂志编辑拿了书刊检查官的大笔,无情地砍掉了小说的好几章,比如,他们压缩了枪杀哥萨克和安葬彼得·麦列霍夫的场面。

"1月份就谈好了刊登《静静的顿河》第三部,可是这好像说得不很死,从5月份起还不想登(个中原因见面时我向您说)。所有这些事情(这里还有那个新东西带来的麻烦)……"——这是他写给绥拉菲莫维奇的信谈到的一下子出版两部小说的命运,也是在4月里。

还有令人提心吊胆的事:"我担心以后《处女地》怎么才能不被砍杀。"

甚至对《十月》和《新世界》杂志产生了这样的埋怨——他的信,他们不回,稿酬也不再寄。

还有《真理报》,这时也增加了烦恼。在早春的那些日子里——3月间——顿河就发起了攻势,谴责地方政权的种种罪恶。"毫无成绩……机会主义……蒙骗群众……党员专横跋扈……"国家应当知道,在一个主要粮仓地区,经济上的失败谁是罪魁祸首!

肖洛霍夫感觉到了社会不公,他进行了干预。他非常清楚,只靠这样的批评于事无益,于是重新到各镇、各村去走访——不仅到自己所在的区,结果发现:不论哪个庄员的家庭——都是这样吃不饱饭。甚至早在1月给法捷耶夫也写过:"萨沙,我们这里粮食问题很糟,在所有的北方各区都非常困难——从未有过的困难!"

作家的自我牺牲精神多么可贵——在这些月里,他准备全身心地投入到为顿河鸣不平的工作中,于是他给《真理报》写了文章,请他们过目。

1932年3月22日,就在这家报纸的第二版上出现了标题为《管理不善的犯罪行为》(本报专业记者供稿)的一篇文章,署名为"米·肖洛霍夫,维约申斯克镇,北高加索边疆区"。

"难以想象,还有比这种对待需求的态度更恶劣的吗!"他对无视人民群众的态度充满了义愤,写道,"集体农庄广大群众对已经形成的糟糕局面感到愤慨,必须究查造成损失的直接和间接犯罪分子……"

他知道这些犯罪分子:"人民委员部必须进行干预,到目前为止,它还没有为结束这种混乱局面做任何事情。"他还点了这些单位的名:集体农庄中心管理局、粮食饲料局、畜牧业托拉斯。

在这些日子里,斯大林也有些关于出版的事情。报上登出了他同德国客人、作家埃米尔·路德维希的谈话,谈话中他向全国和全世界讲到,在他,斯大林的领导下有一个"最高决策机构":"在这个最高决策机构里集中了我们党的智慧……如果不这样……那么我们在工作中就会犯极严重的错误。"

最高决策机构!领袖——说了最高决策机构,而肖洛霍夫的文章首先恰好是尽力地因为"极严重的错误"打了中央。我要指出的是,在这篇文章以后,他不再在《真理报》上以"专业记者"身份发表文章了,很长时间,甚至到了战前。

恰好,这一期《真理报》很显眼:肖洛霍夫的文章登在第二版,而第三版则是高尔基占了整整一版的著名文章《"文化巨匠们",你们同谁站在一起?》。

肖洛霍夫的文章在最高层里没有触动任何人。看来,他白蹦跶了,像网里的鱼!因而,过了一个月,4月20日,他给斯大林写信,尽管他还记得:上一次这样的信还没有回复。然而,不能不为真理而斗争,就是这样的性格!

开始说得很严厉:"斯大林同志:党中央《关于将牲畜强制公有化》的决议与1932年肉类收购计划直接相矛盾。"他说,党中央已着手把一切——百分之百地——劳役畜甚至全部的羊和猪都公有化了。

揭露的钉子继续往里钉:

"……大牲畜的计划应当全部完成,这也依靠包括怀孕的或者刚生下牛犊的母牛在内。

……从最初的几天开始,农庄庄员们在农庄各处开始坚决抵制:他们开始把牛经常锁在板棚里,拎着棒子同买主偷偷见面,没有任何人不想卖掉最后一头牛(2月1日,全区一万三千六百二十九个农户只有十八户有一对牛),当时在农业委员会的会议上,只是简单地让这个或那个庄员承担卖牛

148

的责任。庄员们拒绝自愿交牛,这时,村苏维埃的工作人员就相应地改变了办法。买牛一般地按这种程序进行:七个八个十二个'买主'来找庄员,他们把主人绑了起来,或者把他们看住,这时,其他一些'买主'就来砸坏锁头,急急忙忙地把牛牵走。村子里进行了一场真正的战争——从事农业生产的人同来牵牛的其他人的战争,遇到什么就拿什么打,作战的主要是婆娘和孩子(少年)。

……当党中央3月26日的决议来到区里时,情况就复杂了起来。

……党中央的决议与肉类收购计划之间的矛盾非常明显,区里的党组织已觉得自己一点也没有信心了。如果说,联共(布)维约申斯克区委一言不发,那么,照我看,只是因为去年当边疆区党委提出要交三千头畜役牛的肉,而区党委只能考虑为降低数量而斡旋,结果得到了边疆区党委的训斥。"

就是这一次,斯大林也没有给肖洛霍夫回信。

4月,《真理报》在月底最后一版光怪陆离的广告中,登了一则醒目的广告:"国家文学出版社廉价丛书",开始介绍要出版法捷耶夫的《毁灭》,高尔基的《我的大学》和列昂诺夫的《獾》,而潘菲洛夫的《磨刀石农庄》被取消了,可是对《静静的顿河》却说:"4至6月印刷第一部,六十戈比,7至12月出版第二部。"广告写得匆匆忙忙。我还记得,正是在4月份,肖洛霍夫还向列维茨卡娅抱怨"我气极了"《十月》杂志的亲拉普编辑部的"阴险"和"捣鬼"。

法捷耶夫同过去一样仍是拉普的主要官员之一,并领导着《十月》杂志,肖洛霍夫在写给他的一封信中表现出了担忧:"给我回信吧,告诉我你写的关于《处女地》的第二块文章,就像关于《静静的顿河》你已说好的那样。"在春天写给列维茨卡娅的信中就能感觉到在幽默的外表下,无法消解的忧愁,以至于他不能完全投身于文学。"书房里静悄悄地,挺好。我老是在家中坐着,不从皮椅上站起来,椅子就在桌子旁,当你坐在椅子上时,你就可以心满意足地躺着;我总是这么坐着,读读架上的好书,高兴地写点什么……"

德米特里·波波夫的回忆录里写道:"我在松树林里找到了几个狼崽儿,决定把它们带给肖洛霍夫。我从安基波夫卡出来到维约申斯克,我带了这些狼崽儿,但我很害怕:母狼会追上我的。我到了米哈伊尔·亚历山大罗维奇家,他们全家人都跷起脚来看。可是,突然肖洛霍夫就对我说:'米嘉,把它们送回去吧,让它们再回到树林里。'我想了想,就决定:再努一把力。"

肖洛霍夫的徘徊

斯大林想更加牢固地加强作家和党的联系,为此决定把当时许多的作家协会和联合会合并为一个。

拉普让他特别烦恼,在对文艺政策的评价中吵吵嚷嚷,跑来跑去——取代了党中央,它极力要成为党的最高审判的圣者并以此成名。

斯大林开始了改革,指示成立一个组织委员会,很快,这个组委会成员的名单就摆在他的桌子上。斯大林读着,看到了"肖洛霍夫",于是把他"删掉"!知道吗——为什么呢?他换上了"别列佐夫斯基"——这就是那个费奥克蒂斯特·别列佐夫斯基——老布尔什维克,写过两三本不怎么样的作品,但他的蛊惑人心的积极性颇为有名——极力保护党的原则。这位无所不知的领袖不知知否,别列佐夫斯基也参与了关于肖洛霍夫剽窃一说的流言制造?

1932年4月23日的《真理报》。肖洛霍夫在家乡维约申斯克看到了党中央的决议:"现有的无产阶级文学艺术组织(瓦普、拉普、拉莫普等)的框子已经狭小,而且阻碍了文艺创作更大规模的发展……"

肖洛霍夫也高兴了起来,甚至激情澎湃,他忘记了那数不清的对他作品轮番的阴险否定。过了一周半后,他就写了信,反对拉普的伪装。可在一页纸上都提到了哪些人的名字呢?——有被禁的联合会的长官:法捷耶夫、阿维尔巴赫,顺便说一下,后者是当时颇受尊敬的雅科夫·斯维尔德洛夫的亲戚,还有一个是令所有人望而生畏的亚戈达。多年以后,法捷耶夫领导苏联作家协会时的战友,弗拉基米尔·斯塔夫斯基得知了阿维尔巴赫在亚戈达的后继者叶若夫当政时被逮捕,就立即告诉了斯大林:"阿维尔巴赫实际上迫使一批作家给联共(布)中央写信,提出了不同意解散拉普的决议。"他列举了这一批作家的名字,连肖洛霍夫也没有忘记。

党中央对新出现的反对派立场感到不安,立即组成了委员会,不仅作家们,而且就连党员机关干部也感到吃惊——斯大林亲自领导这个委员会。

名单中第二个人就是拉扎尔·卡冈诺维奇,此人文化程度很低,是政治局委员,但对领袖逢迎拍马达到了很高的水平,任何委托都能去很好完成。这个委员会接受了命令:"研究出现的问题,以政治局的名义做出决定。"

肖洛霍夫迅速地考虑好,过了一天就被请去签字,其他人也同样去了。

在党中央里,人们轻松地叹了口气,政治局甚至通过了决议:"鉴于法捷耶夫、基尔雄、阿维尔巴赫、肖洛霍夫、马卡里耶夫已收回自己的声明,并承认了其错误,问题已经解决了。"只是肖洛霍夫仍在猜测:难道全部都真心诚意地同拉普脱离关系了吗?——比如,阿维尔巴赫。

就这样,在拉普的一伙人中,驯服了的人取得了他们意见的完全一致,可是,要知道,他们在作家团体中仍然是少数。不知肖洛霍夫后来知道否,对于党中央的决议,那位清廉的米哈伊尔·普里什文(肖洛霍夫不久前读了几部普里什文的作品,并且喜欢上了)不论在作家色彩方面,还是在对作家生活的思考方面,会有什么样的意见。当时,普利什文在日记中是这么写的:"作家们从拉普中解放了出来,就犹如农民从农奴制的束缚中解放出来一样,但同样没有土地,自由是承认了,但没地方种地,在这种自由的条件下,你也没有什么可写的。……"

肖洛霍夫也同样开始思考这新的不自由的自由。比如,党中央做出指示,如何去写维约申斯克的暴乱——《真理报》登出了《国内战争史出版计划》。指示是面向全国的。在肖洛霍夫过生日的那一天,登出"计划"的那份报纸送到了维约申斯克,这一生日礼物令人苦恼。报上把这次暴乱称为"哥萨克的旺岱",也就是说,把它与法国大革命中的保皇党人的暴乱相提并论,这一提法是阴险的。

今后,无论是对于历史学家,还是对于小说作家,抑或还是对于亚戈达的部门,谁为反对顿河地区的苏维埃而战斗,就只应称作是敌人。这已经是法律规定了的。这个"计划"发出了仇视哥萨克的气息,而对于挑起这次暴乱的原因——消灭哥萨克!——却只字不提。有可能肖洛霍夫还记得,高尔基曾极力请求斯大林同志吸收他,肖洛霍夫,参加写作《内战史》工作。

肖洛霍夫如果听从了中央指示,那么《静静的顿河》就要放上十字架了,还怎么写接下去的几章呢?肖洛霍夫没有服从。

5月,出现了三件特别的事件,都与肖洛霍夫的名字有关,两件出在莫斯科,一件在巴黎。

《真理报》编辑委员会决定:"录用肖洛霍夫同志为《真理报》固定撰稿人,同意他在北高加索一带采访。"唉!对新闻记者的关爱并不是永恒的,在政治形势的波涛中,"固定"就是最不固定的事:在《真理报》上,直到战争爆发,没刊登过这个"固定撰稿人"笔下的任何一篇正经的可以发表的作品。

为组建苏联作家协会的组织委员会召开了第一次会议,肖洛霍夫参加了,毕竟不能没有他。向党中央请示批准《十月》杂志编辑部的名单,肖洛霍夫也在其中。可是,与此同时,潘菲洛夫也在名单中——好像在挖苦人!文艺界的代表们决定把主编的位置给潘菲洛夫,也没人再相信了——完了,编吧。

过了一个月,党中央审核了组织委员会的报告,肖洛霍夫被批准了。可是,潘菲洛夫,根据党的"横向"裁决——同过去一样,让他做主编。

有谁能够看到,在不远的将来——肖洛霍夫和潘菲洛夫成了完全势不两立的人物。

第三件事——是巴黎的——记入了肖洛霍夫生平春天的年鉴里。他被罗斯托夫找了去,在那里"被打败了"。他同一个可靠的人说过:"在边疆区党委会里,有一个同志告诉我,《复活报》(保皇党人流亡国外刊物)刊登了对《新世界》杂志第一期的一篇评论,评论中大骂了革拉特科夫的《动力》,却……称赞了《被开垦的处女地》。我很吃惊,苦恼,甚至不只吃惊。我被打败了……"

敌人怎么能称赞一位苏联作家呢?根据当时流行的党的理解,真正的敌人只能辱骂和仇恨我们。

在他过生日的两天前,肖洛霍夫被请到了有警惕性的党员那里,他们说了许多这种事,正好,不用考虑请客吃饭了,他们商量好,这篇文章要全文朗读,于是就去找《复活报》。报纸找到了,文章也读了。在由俄罗斯居住国外的著名作家弗拉基斯拉夫·霍达谢维奇和尼娜·别尔别洛娃署名的《文学编年》简评中写道:"肖洛霍夫属于那些与革拉特科夫相对立的许多其他苏联作家,他们的创作不是为了苏维埃政权,而且也不顾及它。《被开垦的处女地》的题材,若是被别的什么人拿来作为小说的基础,那么只能写得枯燥乏味,可在肖洛霍夫笔下却如此有血有肉,从第一行开始就赢得了我们的好感……"

为了达到平衡,合作者们不应该不用在《被开垦的处女地》中闹事的哥萨克们的这样一些话:"我们不反对苏维埃政权,只是反对自己村子里的混乱状态。"

〔增补〕1932 年 11 月,在《复活报》上又出现了一篇论及《被开垦的处女地》的文章,其作者为尼古拉·季马舍夫,他是位社会学家,法学博士,当时做主编的助手——他未必懂得,这篇文章对于肖洛霍夫何等危险。季马舍夫写道:"翻阅这本书时不由自主地产生这样一个问题:它的作者是谁——斯大林及其制度的真正信徒还是假装朋友的隐藏的敌人。小说中所描写的野蛮的生活是那么可怕,以至达到了使起码的人的感情都感到愤怒(值得注意的是,随着小说情节的展开,它的某些主人公也会有类似的感受,尽管他们扮着'新生活建设者'的角色),自然而然地不得不做出这一决定——这位作者心里是'白军的',又善于天才地化装为'红军'。"

他综合了印象:"没有一部作品能像肖洛霍夫的长篇小说那样,揭示出'农村社会主义改造'中命中注定的真正的悲剧的性质……因此,所有人阅读这部小说不仅仅把它当做饶有兴趣的读物,而且它也是一种独特的启示,回答当今俄罗斯现实给我们提出的个人难以解决的问题。"

政 治 游 戏

秋天来到了,发表在《新世界》杂志上的反映农村集体化的小说,"最高决策者"不能不注意。

斯大林正在索契休息,从那里给卡冈诺维奇写了信:"《新世界》登出了肖洛霍夫的新小说《被开垦的处女地》,有趣的一本书!看来肖洛霍夫研究过顿河集体农庄的事,我看,肖洛霍夫有极大的艺术天赋,此外,他作为一个作家极为诚恳认真:他写的东西都是他极为熟悉的。"

你看,这是对这部长篇小说多好的评价呀!

莫名其妙的是,斯大林却没有向广泛的社会舆论公开这一评价,而卡冈诺维奇又终生缄口不言。为什么斯大林对这部小说的评价不见诸报刊呢?

我相信,这决非偶然!8月,生活好像完全平静下来,肖洛霍夫给列维茨卡娅写信谈了《静静的顿河》的写作:"第三部已写完,我带它去交稿。"接着就告诉她好消息:"再写第四部的想法强烈地吸引了我(好在这一部中许多片段我已在不同时期'心情好时'写完了……)"他甚至为列维茨卡娅抄下了第三部的"老早已选好的题辞",读起来令人感伤:

> 你呀,光荣的静静的顿河,亲爱的父亲,
>
> 顿河·伊万诺维奇,你是我们的恩人,
>
> 到处传颂着你的光荣的名声,
>
> 用美好的语言歌颂光荣的名声,
>
> 从前你总是急流奔腾,
>
> 你急流奔腾,水波晶莹,
>
> 可现在你呀,顿河,水流却是那么浑浊,
>
> 从上游到下游全部那么浑浊。

信的结尾提醒她(看来,他没有忘掉,1929年列维茨卡娅把写给她的信已转交给了斯大林):"只是请您,不要给党中央写信,也不要说出我的任何担心……否则,没准儿——给我安上个'哥萨克倾向'。"

9月,《被开垦的处女地》出版了单行本,简朴的软封面上印有阶梯式的几行:"米哈伊尔·肖洛霍夫,被开垦的处女地,格拉西莫夫插图"。而且,联盟作家出版社出版得极快:9月1日书稿交付制作,十五天后即签署出版。

拉狄克说来就来,他恨肖洛霍夫,但是知道了斯大林关于《被开垦的处女地》的意见,就立即搞出了急就篇,给文章定了这么一个题目:《〈被开垦的处女地〉——社会主义现实主义的楷模》,从而让国内所有读者、作家和出版家从党的主要报刊上懂得党的意识形态方针。

斯大林在那些日子里正关注着不久前从意大利返回苏联的高尔基即将到来的文学与革命活动四十周年的庆典。根据最高领导的旨意,人们竭尽全力地要使他变得恭顺驯服——文章和讲话中铺天盖地般的阿谀奉迎,为了纪念他,俱乐部、戏院、街道、集体农庄,甚至下诺夫戈罗德市都以他的名字命名。

肖洛霍夫在报上看到了斯大林发给高尔基的电报："祝贺您长寿,为全体人民工作得愉快,也令工人阶级的敌人丧胆。"

愉快……丧胆……

有谁知道,肖洛霍夫心中充满了喜悦和恐惧。流亡国外的敌对分子们称赞《被开垦的处女地》一事,人们是否告诉了斯大林呢?

喜悦的事——他又恢复了被杂志删得面目全非了的《静静的顿河》文本,告诉出版社说:"头三部都经过了作者的某些修改……"并且同时又发出了最后通牒:"我再不作任何修改、删除和增补了……第三部里有一些增补的文字,所有这些增补都是《十月》杂志给删除的,我把它们恢复了并坚持要把它们保留下来。"

出版社任何不同的意见也没有提出。然而,这里如不要点儿滑头还是无法应付的。这件事肖洛霍夫记了一辈子:"1932 年,在国家文学出版社出版《静静的顿河》第三部单行本时,他们曾对我保证说,这部小说要出全本,可是结果出书时,托洛茨基从集会会场跑到契尔特科沃车站的一段文字不知被谁删掉了……"就这样,一直到八十年代,这部小说就留下了一块空白。看来,这个书刊检查官不懂任何政治逻辑:在小说里,作者没有说过托洛茨基的任何一句好话——他是主张消灭哥萨克的,而斯大林又恨死了托洛茨基。可是,检查官们却有自己的理由。

还有件令人不快的事。在刚写给出版人的信中,作者提出了最后通牒:"我寄出了《静静的顿河》,共三部,我反对国家文学出版社为节日纪念系列只出版第一部。如果出版,那就三本全出,如果不行——那就最好一本也不出……"节日纪念系列——这就是为筹备十月革命十五周年而出的一套权威丛书。肖洛霍夫也猜到了,出版社考虑到政治上更安全些,只出版第一部。

《国内战争史》出版计划的作者们看起来手倒很长。

《真理报》没有忘记顿河。农业集体化的敌人暴露了出来。肖洛霍夫在一篇文章中奇怪地提到了一个与麦列霍夫相呼应的名字——说有一个吉赫列茨克镇的麦列霍夫烧掉了粮食,而不把它交给国家。在这位新闻记者笔下,难道这个故事是偶然的巧合吗?可以想象出,检察长在审判中会以什么样的"文艺学"而显示自己的本领。

就这样,9 月《被开垦的处女地》出版了单行本。反映这一新农村题材的作品相继问世的有潘菲洛夫的《磨刀石农庄》、斯塔夫斯基的《镇》、尼基福罗夫的《顶风》、戈尔布诺夫的《浮冰》。出版的中篇小说有伊斯巴赫和奥多耶夫的农村作品。特瓦尔多夫斯基正在寻找自己的春草国,此外,他还写了《丰收之歌》,其中有这样的诗句:

> 在共同的地块里,
>
> 我们卖力地流汗耕作,
>
> 大家联合到一起,
>
> 成为友好的劳动组合。

这位年轻的诗人追求真理也并非容易,肖洛霍夫读过了他的一首诗:

> 你在做什么,兄弟?
>
> 你可怎么样,兄弟?
>
> 你在哪里呢,兄弟?
>
> 在白海运河的何地?

怎能不弄明白这暗语——这条运河是由关押中的犯人修的。农业集体化的农村这一题材具有诱惑力……这位诗人坐下来写中篇小说,这部小说于 1987 年以《未完小说草稿》(1932—1933)为题由《新世界》加以公布,这一“草稿”的某些情节重点有些近似于《被开垦的处女地》的解决方法。

《真理报》在这些日子里刊登了一篇长篇论文,它差不多全都是在称赞潘菲洛夫的《磨刀石农庄》:“作为创作方法的社会主义现实主义已做出其……”关于《被开垦的处女地》却什么也没说,可是不提及肖洛霍夫还不行——只提到了《静静的顿河》,可怎么样呢? 在书单中还有舒霍夫和斯塔夫斯基的作品。三个没有一点儿可以匹配的作家被简单地归为一类:“农村现实主义作家”。

10 月在高尔基家中,斯大林召集了共产党员作家开会。领袖表明了这次会议的主题:作家应当用自己的作品帮助建设社会主义。他说服大家,让拉普停止活动是正确的,并提倡新的作家组织要整顿秩序,他认为作家们的团结是必需的,于是他就把刚刚互相打过招呼的两个人的名字通过称赞“团结”在一起了:潘菲洛夫和肖洛霍夫,他说:“像《磨刀石农庄》和《被开垦的处女地》这样的作品具有重大意义——它们作为思想艺术作用的手段,影响了为数众多的人,可是,这些作品的阅读数将受到局限,特别是由于我们的纸张资源。"后来的结果却令人感到奇怪:国内如此重要的一次会面不知为什么没有成为社会的财富,没有见诸报刊,甚至干脆没人提它。

〔增补〕肖洛霍夫确信——1932 年《真理报》极力不去注意《被开垦的处女地》的问世。

1 月,报上既没有继续刊登《被开垦的处女地》,也没有发表评论。另外一些作品和另外一些名字却出现了:亚历山大·别济缅斯基的长诗《莫斯科的布尔什维克》、葛利高里·雷克林的特写《三山的布尔什维克》,在 1 月的最后一期上《新世界》发表了对杂志的评论,它批评说:"在文学上没有为捍卫党的路线而进行斗争……它想成为中立的……为反对党的路线的隐蔽斗争所利用。"

2 月,刊发了《为文学批评的党性而斗争》一文——《被开垦的处女地》仍不为注意。

3 月,刊发了《为文学中的列宁主义而斗争》一文——对《被开垦的处女地》只字不提。

4 月,党和工会积极分子"您读了什么书"的发言评述——在所读书目中没有提及肖洛霍夫。《为列宁主义的文艺批评而斗争》一文,批判了拉普的庸俗化,而对它们如何毁灭《静静的顿河》和《被开垦的处女地》的却一句也不写。

6 月,《新世界》杂志两期中都登了《被开垦的处女地》——《真理报》却一言不发。

7 月以后各期——一律不提肖洛霍夫,它却刊出了论诺维科夫·普里波伊、彼得·巴甫连科的新小说以及论列昂尼德·列昂诺夫创作道路的论文,还发表了别济缅斯基的诗,以及连续几期登出了斯塔夫斯基的特写《镇里来信》。当杂志把《被开垦的处女地》全部发完,小说也出了单行本,《真理报》也没有任何反应,没有评论,甚至也没有按惯例发表读者反馈的来信。

11 月 16 日,《真理报》最后一版的边框里利用小字印出一则很短的新闻:"近日联盟出版社出版新书",在长长的一系列书目中最后提到了肖洛霍夫的小说。

5月……我把这一月放在编年的最后并非偶然,因为一个例外引人注目,《真理报》刊登了《被开垦的处女地》的片断,并发表了第一篇称赞小说的评论——很巧——在肖洛霍夫过生日时。

苏联中央执行委员会主席米哈伊尔·伊万诺维奇·加里宁对此颇有勇气,人们喜欢尊称他为"全苏班长"。他冒险没有等中央的总书记公开表态,作为中央政治局委员,接待了初学写作的一些作家并发表了讲话,这一讲话登在了报上:"请看,肖洛霍夫!要知道《静静的顿河》和《被开垦的处女地》——是我们最优秀的作品,而他的创作是在一个偏僻的外省的小镇里,对于这个初学写作的人,没有什么杂志能帮他的忙,他写了很多——看,也成长起来了。"

尽管这样,《真理报》也没有热心于对《被开垦的处女地》的评论。

在国家政治保安总局和克里姆林宫,人们已经得知,美国的《新闻周刊》杂志发表了关于《被开垦的处女地》作者的文章:"肖洛霍夫先生敢于忍住包围了俄罗斯文学的政治上的防线,向西方读者表现出鲜明的饶有兴趣的人物性格,唤起了人们对主人公的同情,不管是好人还是坏人。令人惊异的是,他到现在还是自由的……"

狩猎小说的失踪

在为了争取《静静的顿河》和《被开垦的处女地》发表的所有战役打完之后,作家没有让自己歇息起来。

"我写过几篇狩猎短篇小说"——在一份标有"1932 年"日期的自传中他写了这么一行。这一具有诱惑力的消息对全国来说成了一个谜——这些短篇小说在哪里呢?谁也没有在报刊上看到过,如果它们已经焚毁了,那么又是为什么呢?有多少秘密都产生于肖洛霍夫那不寻常的性格。

其实,在这一年里不仅对于袭来的忧虑他早已有准备,而且也有极为有趣的日常生活的万花筒。看,他对莫斯科的一位朋友提出的请求:"兄弟,我的稿纸用完了,没有地方可写了,所有草稿也都写满了……请您寄一些来吧……"或者还有这样的信:"所有的走访都让我很难过,没有时间写作……"或者——写给其编辑的信:"您同我的联系保持得不好,我感到遗憾。"再看他写给列维茨卡娅的信中谈到了她的儿子:"为了伊戈尔和关于伊戈尔,我早就要说:他想要结婚。我发现这一点是在他留下的极不好的唐璜式的小胡子和好像某种短尖胡子的时候,但我没有说话。我想,他的'良知会苏醒过来的',他也会说:'我要结婚了,兄弟,那就来参加婚礼吧!'但结果却没有这样,我很遗憾……然而,不能因此把我排到后面,不让我为了列维茨基家族的延续而喝上一杯。"或者,他突然给自己一位朋友三本关于打猎和钓鱼的书:彼得·弗莱亨写爱斯基摩人生活的《伟大猎手》、薄伽丘的《十日谈》和古代阿拉伯作家与统帅乌·萨玛·蒙凯兹写的《醒世书》。有时在他的一封信中还有这样的细节:"答应给我弄到的那只歪把烟斗在哪里呢? 正好,不要再考虑了,我原想模仿主人的样子,千万不要了! 你带了猎枪出门,叼着歪把烟斗,不想让牙齿受累,但碰着了胡子。还是应当经常用直烟斗,牙齿咬紧,不用手拿,手里有猎枪,你明白吗?"这里说的主人是谁? 他在自己抽烟的爱好中同这主人要分开来了。不难猜到——是斯大林!

十月,他给斯大林本人写了一封信——附有一份合理的建议,提到如何完善播种机的这样一个细节:"会有助于保住大量的种籽",看,他多么想让全国受益啊。

总共不过二十七岁的一个作家,其内心世界却是不可知的,他对自己也不总是了如指掌。这一年的夏天,完全是一种突如其来的情感就在这个有打猎瘾的人心中涌动,难道是狩猎小说的一种反弹? 他给列维茨卡娅写信说:"在顿河的那一岸,离维约申斯克八十俄里远的草原上,我见到了狼,它从草丛里蹦了出来……我向它开了枪……当我走到它跟前时,它还活着……那狼把头转向了我(抬起后背它感到很困难!)耳朵紧贴着地,两次牙齿咬得咯咯响。你看,我忘不了它的眼睛,眼睛里充满了那种炽烈的仇恨,好像那瞳孔都冒出了烟……在此之后,我感到有点坐立不安。"

他还谈到了自己怎样照顾着一只受了伤的小鸨,当然,也不是没有幽默:"一天里我要三次出镇给它抓蝲斯吃,可是那些婆娘们大吃一惊,她们真的摸不着头脑,看着我这个有家室的人怎么还做孩子的游戏。那只小鸨开始不吃东西,我就强制喂它,后来就习惯了,也开始喝匙子里的水了,并且一次能吃十多个蠡斯……它的翅膀还没有长好……有这么一种感觉，好像我失去了一个贴心的亲人一样……一定是从我身上形成了某种不抗恶主义的东西……"

……在俄罗斯作家中以了不起的猎手称著的有——屠格涅夫和涅克拉索夫，可是，如果你阅读《战争与和平》，阅读《哥萨克》，就能无动于衷吗。

肖洛霍夫是以著名的猎手而广为人知的。他甚至为自己安排了一个第二"工作间"——小屋不大，但却有一整套他喜欢的工具，几支猎枪和一支卡宾枪，一些子弹夹，猎袋，小桌上还散放着等着用的子弹壳和铅沙……

为了撰写这本书，我搜集到了一些回忆录，希望它写得有趣，并进一步了解他的性格。

"肖洛霍夫请我一起去打猎。这是什么打猎呀！简直是美的享受。一只山鹬急冲冲地飞了上去，它不按直线飞，而是来个急转弯，转来转去，所以打中它极难，可是肖洛霍夫打中了，他精于此道，会打得很准。他打飞鸟几乎百发百中。我把自己带的子弹全打完了，可是肖洛霍夫却还能给我，毕竟我只能打到三只鸟，而肖洛霍夫只用掉十——十二颗子弹，战利品就有七八个。"

或者："有时候我们坐汽车到大草原上去打野鸨，有一只野鸨距汽车不远地方落了下来。肖洛霍夫下了车，走近那只鸟停的地方，他突然两腿一跳，那野鸨立即就飞了起来……"于是在《静静的顿河》中就出现了这么一个场景，当时"阿克西妮娅挺起胸脯，鼓起了乳房在她那紧裹在身上的短上衣里抖动着，就像是在网里乱冲的野鸨，向已经撒了气的潘苔莱·普罗柯菲耶维奇身边凑过去……"

还有："他能够准确无误地知道，兔子是在什么时候、什么样的灌木丛下睡觉，一窝小狼在什么样的树林里，狡猾的公狐狸到哪条道路上去打食或者瞎折腾，野鸭子藏在什么样的芦苇丛里，海雁和大雁会在什么样的湖上降落，山鸡和野鸡又常出现在什么地方。他走在齐腰深的雪地里，可以一连几个小时地观察野猪，最后，第一枪就可以把它放倒，还要去安慰他带来的同伴，同伴因为害怕，早就爬到树顶上去了……"

在他的狩猎狂热中独具一格地让人们看出来这样一点——不是为了屠戮而成为杀手："有一回，他的小儿子带着伙伴们靠着汽车前灯照亮，在冬麦地里打死了一些兔子带回了家。火冒三丈的父亲把年轻猎手们的枪夺了过来,他为他们这种并不值得的打猎办法感到可耻。"

他有一个打猎的想法没有实现,1934 年一位传奇般的基地飞行员安纳托里·里亚比杰夫斯基曾讲过此事:

"肖洛霍夫长时间地询问过北极地带的工作条件,机场外面都有些什么,我们怎样在荒漠的雪地上去寻找它们,然后就突然问起了:'在北极地带有打猎的吗?除了熊以外,那里还打死过什么野兽呢?'这时他就责备起那里的猎人,接着我们就谈起了一些纯职业上的话题。我向他讲了些楚克奇人的事,讲他们在北冰洋的岸边打海象和海豹。他总是在问我:'他们用什么打呢?怎么打?'听了我说的'用冰间未冻的水面'后,他就让我解释这是怎么一回事。我就说,由于风吹,冰面出现裂缝,海象和海豹的头就从那里钻出来吸空气。这时,楚克奇的猎手们就在一旁——一动也不动。等到这些海兽吸足了气儿,就向它们开枪。否则它们就会沉下去,像皮球一样地溜走了。肖洛霍夫听了哈哈大笑:

'我想象出这是多么狂热的狩猎活动,啊!唉,我要能去一趟多好,见见楚克奇人!'

'那还拖延什么呢?'我就说,'坐我的安特—4 飞机咱就去楚克奇吧!'

'那就太好了,可是我在写小说……'"

〔增补〕有一回,人家给肖洛霍夫一条挺大的灰色牧羊犬,奇怪的是,他收下了礼物却没有表现出特别的喜悦,而后来也没有人看见过他牵着这只牧羊犬,孩子就去询问他,为什么不喜欢这只牧羊犬呢,他就把胳膊上一处带有平滑发白皮肤的没长平的伤痕给他们看。在战争中,他所在的一支部队曾有过回忆,说他们进战俘营的事。那战俘营外面有带刺的铁蒺藜围着,简单的木房显得可怕,还有看守房。门打开时就从里面跳出来一群凶猛的德国牧羊犬……就这样,胳膊上就留下了野兽带来的伤疤。

第 六 章
"斯大林常常用眼睛寻找……"

10 月——我把这一月分出来特别的一章——有两件大事进入了肖洛

霍夫的一生,而每件事都影响久远。

他参加了共产党,而且在党内生活一直到一生的终点。

他听到了斯大林本人对麦列霍夫的评论,而这一评价在很长时间里就是指令般的官方评价,甚至在领袖逝世以后。

党的权力:打嘴巴和举酒杯

正如我们所知,作为对国内出现的事件都有许多自己看法的离经叛道者,肖洛霍夫成了全苏布尔什维克共产党党员。

没有任何人强迫他入党,让作家入党的极少,他是自愿的!他完全赞成写进了党纲和党章里的内容,从党章中令人欢欣鼓舞地可以看到,为了一切被压迫者和被剥削者的利益,应当积极地去参加社会主义和共产主义建设,并积极地与妨碍这一建设的人进行斗争。为了人民的幸福,应当积极向前……还有什么肖洛霍夫没有去做。

他是个离经叛道者——却不是反对者,他了解自己祖国的艰难命运,想看到她更强大、更漂亮,从童年时代起就懂得自己那些多灾多难的同胞所受的苦难和重负——想要他们过上幸福、宁静的生活。

保留下了这样一段回忆,接受肖洛霍夫入党时人们给了他什么样的赠言——好,那就听听吧:"在文化宫召开的党的公开会议上来的人特别多,有一个参加者指责肖洛霍夫说,他写了反革命的哥萨克,而没有去写工厂的工人、矿工,于是就劝他到工业区去看看……"

肖洛霍夫猜得出来,他作为一个党员,为什么区委却需要他,这不是为了光荣地站在他们队伍里。他们如今非常需要一位这样敢于对抗致命不幸的人民委员——阿塔曼。十分清楚,大饥饿突然来了。不是挨饿,因为这不仅是干旱的结果,而主要的则是由不加考虑地榨取粮食的罪恶政策造成的。

肖洛霍夫也猜得出,边疆区党委及上头并不很欢迎他这种新的做法,本来这个犟家伙就碍事!

由于顿河一带的状况,使得肖洛霍夫的神经已经紧绷到了极限:没有爆发,可是,在莫斯科,这事却发生了。

这事出现在《新世界》编辑伊里亚·格隆斯基家中举办的一场晚宴上。

主人把肖洛霍夫介绍给阿列克谢·伊万诺维奇·斯杰茨基相识,后者是党中央的宣传部长,党内职位极高的一个人。

肖洛霍夫向他走了过去,嘴巴里还哼着小调:"斯杰茨基一伙——马列茨基一伙……"而这个马列茨基是斯杰茨基的一个熟人,已定性为布哈林分子,是斯大林同志亲自这么确定的。这时,斯杰茨基为了以决绝的方式同党的敌人划清界限,奔过来就打了肖洛霍夫,可是肖洛霍夫也还了他一下。格隆斯基害怕把肖洛霍夫搂了过来,拖到了另一个房间,勉强地算是讲和了。这件事传到了斯大林那里。有一回,他问过肖洛霍夫这件事,幸运的是,谈话没有什么结果。

……领袖和政治局三个有影响的委员——莫洛托夫,伏罗希洛夫和卡冈诺维奇屈尊光临到马克西姆·高尔基在小尼基茨卡雅街的独宅,要与作家们交谈。这里召集来一些有可能支持组建作家协会这一想法的人,共请来了近五百位作家。来的人有法捷耶夫、卡达耶夫、列昂诺夫、绥甫琳娜、米哈伊尔·科尔卓夫、巴格里茨基、马尔夏克和潘菲洛夫。

高尔基的独宅按其建筑和陈设来说,都独出心裁地漂亮,这是他从意大利回国后赠送给他的,革命前它属于一位知名的富豪、文艺保护者里亚布申斯基。以斯大林为首的党的高层官员沿着装点得优雅别致的温馨的弯形楼梯来到了二楼。客厅里也极好——既宽敞又舒适:在木制镶嵌的墙上有名画和雕塑品,门敞开着。不是所有人都能安排得下,有的只想听一听,看一看。作家们安排得到处都有:有的在办公室,有的在过道里,有的在书房……

斯大林征服了所有的人,因为他并非冷若冰霜,一位到会的评论家和文艺理论家科尔涅里·泽林斯基事先就想到了要有札记,他最先记下来的有这么一段:"斯大林同志迅速地关注地环视了一下到会的人……"

高尔基和斯大林邀请作家们发言。

作家们的发言是各式各样的。有的人表现出了明显看得出的阿谀逢迎——这对于所有人还不是常态,但人们已经习惯了;有的人表现出了独立不羁——暂时还允许,但过了三四年后人们确信:到了早些抛弃这习惯的时候了。

斯大林和肖洛霍夫……他们每个人对于发言都有自己的理解,每个人,当他们听时——很明显——都有自己的内心感受或者是严格的打算。

正如泽林斯基写的："弗拉基米尔·扎朱布林,把斯大林和墨索里尼加以比较,以警告那些国王姓氏的成员,想扮成为领袖的人。"斯大林怎么样呢?泽林斯基指出:"斯大林皱着眉头坐着。"肖洛霍夫怎么样呢?我记得,他不需要任何警告——在他的笔下斯大林的名字在《静静的顿河》里没有出现过。1938年肖洛霍夫得知,扎朱布林那时被宣布为"人民的敌人"。

莉季娅·绥甫琳娜。"对于许多尖锐的发言来说,她意想不到地发言反对高尔基提议让某些过去的拉普领导人进入组织委员会。"肖洛霍夫早就为这个尖叫的同行感到苦恼了。可斯大林呢?我们再看看泽林斯基的札记:"抗议的声音、喧闹的声音响起。但斯大林同志支持绥甫琳娜——没有什么,让她说吧……"

而后斯大林自己讲了话,他的讲话不能不令大多数人神往,而昔日猖獗一时的拉普分子们——却垂头丧气。

"'让人害怕',抛弃一些人容易,而要把人们吸引到自己一方来就很难。为什么我们取缔了拉普呢?这是因为拉普脱离了党外群众,在文学中也不再做事了。他们只是'让人害怕'——这不好,应当'让人信任'。"

有个人被领袖的善良鼓舞着,冒险说了句尖锐的话:"如果党中央不把我们交出去,阿维尔巴赫也不会吃掉我们。"

大家在这一时刻都信任领袖,他自己是否相信自己说的话呢?未必。还没过几个星期,惊异不已的作家们就在《真理报》上看到,为了筹备新的作家协会,不仅把猖獗一时的拉普分子马卡里耶夫而且也把阿维尔巴赫也引进了组织委员会。

评论家伊万·马卡里耶夫与肖洛霍夫挺熟,两个人都出生在顿河。"斯大林在马卡里耶夫发言的时候站起了身,走出去吸烟。"——泽林斯基记了下来。但这个评论家的命运是悲惨的——到了三十年代末坐了牢,肖洛霍夫怎么想的呢?他不相信逮捕的公正性。

作家们对领袖充满了兴趣,泽林斯基把这一点永远地铭刻下来:"他们询问斯大林同志接见埃米尔·路德维希、伯纳·肖的情景……"

领袖也注意到了肖洛霍夫:"大家谈起了《静静的顿河》。"泽林斯基确切地说:"斯大林评价了葛利高里·麦列霍夫形象。"

高尔基邀请所有人吃饭——餐厅很大,盛情好客的餐桌又宽又长,然而即使在餐桌上肖洛霍夫也没有离开大家的注意。泽林斯基在自己的札记中写道:"大家想起来了,肖洛霍夫还没有说话。"所有的目光都投向他这里,但他却躲了起来,因为领袖在场。

他为什么没有讲话呢?要反对在会面时大家讨论的问题吗?不好意思?高傲?泽林斯基回避了这一危险任务,没有写下这个已经誉满整个世界的外省人为什么沉默不语,他在一切方面都不像聚集到这里来的作家弟兄们。关于肖洛霍夫的举止,泽林斯基模棱两可地写道:"实际上时过境迁……已该吃晚饭了。"然而,甚至在这段札记里也清晰可见肖洛霍夫的并非奴性十足的而是高傲的性格。他既没有为领袖举杯祝贺,也没有提议帮助党中央如何把即将到来的作家代表大会开得不负众望。

泽林斯基描绘了斯大林的面貌:"脸上表现出某种狡诈神色,好像是老虎般的。"而肖洛霍夫在长篇小说《他们为祖国而战》中就记下了这一点:"斯大林像猛虎将要出击那样眯缝着黄眼睛……"

肖洛霍夫继续成为关注的中心。作家们开始准备唱歌,法捷耶夫想说服肖洛霍夫同他一起唱,肖洛霍夫很不好意思,同高个子的法捷耶夫站在一起,肖洛霍夫就显得矮了。他穿了件紧身的毛料衬衫,一颗大脑袋剃得光光的,难为情地笑了笑。他寻找机会,怎么能躲开众人对他的关注,法捷耶夫还是一个人唱了。"为我们最谦虚的作家,为米沙·肖洛霍夫,我们干一杯!"法捷耶夫大声地说,他已经喝得相当多了。

而斯大林呢?令人吃惊的激情,自然,这时已转变成了冷静地想给上一堂政治常识课的愿望。"斯大林重又站了起来,手里拿着杯子:'为肖洛霍夫干杯!对了,我还忘了告诉你们,生活本身可以改变人,然而,你们却要去帮助人的心灵改造,这是一项重要的工作——改造人的灵魂,你们是人类灵魂的工程师。所以,我们要为作家们,要为你们中间最谦虚的,为肖洛霍夫同志干杯!'"

那肖洛霍夫怎么办呢?——为斯大林干杯!那其他一些作家呢?有的人为肖洛霍夫感到高兴,有的人却极为嫉妒他。

敬完酒后,他趁着人们没注意就溜走了。"斯大林经常用目光寻找肖洛霍夫。在为他的健康喝酒时是这样,先前谈起葛利高里·麦列霍夫时也是这样。"

　　看领袖是怎么说的——他指示不要把麦列霍夫看成是真理的探索者，而要看做是"叛逆者"，正如泽林斯基所写的那样："不应当认为麦列霍夫是农民的典型代表，白军将军们不会任命一个没有官阶的农民去指挥一个师，而在哥萨克那里是可能的，关于哥萨克我们问了肖洛霍夫……"

　　作者跑到哪儿去了？泽林斯基回忆得难以置信："肖洛霍夫没在跟前。"

　　令人吃惊之举！这里所有人都关注你，而你却既不在御前唱歌，也不卑躬屈膝地聆听可爱的英雄人物的裁判，不想让自己写进历史，甚至，也不利用这次恩典再同领袖一起多坐一会儿。

　　不过，我们再回来谈这次席宴的当初，那时，肖洛霍夫还没走，斯大林在那个晚上表现出了令人吃惊的坦率：

　　"诗歌很好，长篇小说更好。不过，现在我们更需要剧本，剧本更容易被理解……工人看剧，通过剧本能轻而易举地把我们的思想变成人民的，让它深入到人民群众中。"

　　肖洛霍夫从少年时代就喜欢这一体裁，如今也没失去兴趣，1936年，在维约申斯克他创办了哥萨克集体农庄青年剧团。不过，他不想拼命地去执行领袖的指示，尽管在戏剧创作方面他毕竟还想要一试身手。

　　"有些人反对旧的东西，"领袖改变了话题，"为什么？为什么所有旧的都不好？谁说了这句话？你们以为迄今为止的一切都不好，所有旧的都应当消灭掉，而新的只从新的中建设。谁向你们说了这话？伊里奇总是说，我们珍惜旧的，要从旧的中建设新的。我们把旧的清洗干净，为了新的而把旧的接受过来，为了自己而利用它。我们有时候躲在旧的外壳下面，为的是更暖和些。你们要更勇敢些，但不要急于把一切都消灭掉。"

　　肖洛霍夫可以用这一独白来衡量一下自己，不，即使在自己作家生涯的少年时代，他也没有被时髦所诱惑。没有同古典传说——现实主义中断了联系。

　　"作家应当懂得马克思和列宁的理论，"斯大林继续说，"但也应当懂得生活。艺术家首先应当真实地反映生活。一旦他真实地表现了我们的生活，那么他在生活中就不能不发现、不表现那种引导生活走向社会主义的东西。这将是社会主义的艺术,这也将是社会主义现实主义。"

瞧,这就是用了几十年的战略性的指示。

肖洛霍夫有时在对当前人们关注的问题作的讲演和文章中也用过这发音别扭的词组:"社会主义现实主义",不过,目光锐利的读者不会想到把《静静的顿河》列入这"社会主义现实主义"一类中,他们知道,这部长篇小说——是不需要任何解释的真正的现实主义的杰出的典范。

也许,肖洛霍夫感到吃惊:《被开垦的处女地》在这次会面中根本不提,不论是斯大林,还是高尔基,或其他人——不管是朋友,还是敌人——对这部小说只字不说,真怪!

晚会已完全结束了……客人们离开了高尔基的家,开始是领袖和身边的人先走,然后是作家弟兄们不乐意地离开了,他们从听到过的和别人答应过一些话中激动得还没有平静下来,而且也不是所有的人都喝醉了……正如我们已经知道的,肖洛霍夫却早已不见了。

……从这个十年中叶开始,斯大林所说的"让人害怕"就不可遏止地牢牢地接近并进入国内的生活,它也扫荡了这次会面的参加者——差不多参加者的四分之一将死在劳改营或被枪杀。

那次会面还有一个牺牲:在斯大林谈过麦列霍夫以后,对这个人物,评论家们越来越只按照一个条款来随意解释:他是敌人,对于这部长篇小说的创作逻辑来说,这种解释使人看不清革命的真相。读者的接受也是双重的:一种是随着小说的阅读,它铭刻在心,——而老师、记者、编辑、宣传干部和打着肖洛霍夫专家旗号的见风使舵的狂热之徒,灌到头脑中的则是另一种。

《真理报》和其他所有报刊对于这次会面一点儿也没有报道,而第二次这样的会面也好像是保密一般。

也还有一种猜测,为什么肖洛霍夫从来也没有写过自己这次与斯大林的会面?

高尔基继续在自己家中把新的作家协会的创始者们聚集在一起,他同过去一样殷切地接待了肖洛霍夫。列昂尼德·列昂诺夫曾给人留下深刻印象地说过:"长长的桌子,人们在吞云吐雾,浓烟一层一层的,桌子也似乎因此变得更长。在桌子的尽头是高尔基同肖洛霍夫坐在一起……"

1932 年结束了,肖洛霍夫一回忆起来,就既有愉悦,也有悲伤。

有一个机会,人们向他讲述了维肯季·维肯季耶维奇·魏列萨耶夫的生活往事,这是一位十分值得尊敬的老者,在革命前很久就已开始了创作。肖洛霍夫听到了他对自己的意见:

"《被开垦的处女地》——这是半个真理。"于是他决定同他结识,听他亲自讲讲何以有这样的评价,也许还要争论。

关于那次会面——毕竟见了面——在魏列萨耶夫的日记中留下了极有价值的见证,虽然简单了些,但肖洛霍夫说的话都已记录下来,说到他曾有机会向斯大林讲述过农业集体化之可怕情景:斯大林一声不响地听着,后来,突然就没有回答一个字,站起了身,走了。

到了年末,肖洛霍夫不能面对文学了,灾荒更加凶猛地推进到了顿河,大饥饿!肖洛霍夫已经感到了灾难。一年前在《拥护改革》中他就警告过要出现旱灾,要出现"单纯追逐数量的作法,影响了部分集体农庄的工作质量"。甚至还谈到了顿河部分集体农庄庄员不关心生产劳动,因为他们收益不好,不公平。我记得,后来也就给斯大林写了信。

领袖对集体农庄的成效有什么看法呢?肖洛霍夫在下一年的1月可以得到对自己批评的答复,这是一个独特的答复——他写在斯大林《第一个五年计划总结》的报告中:"很遗憾,现在我不能停留在缺点和错误上,因为委托我所做的总结报告的框架没有谈这一问题的空间。"真怪,按惯例不"停留"在错误上,但这却是事实。而这,我猜想,也并非偶然,也不是什么"框架"。斯大林很少打错了主意,他有意地对缺点和错误避而不谈。

而关于集体农庄的成效肖洛霍夫是怎么想的呢?文章最后他得出了结论:刚刚建立起来的集体农庄的体制需要——早已经需要——改革。看,这是怎么阐述的:"应该坚决地为改革集体农庄的经济而奋斗。应该这样管理经济,以便为国家不仅提供足够的粮食,而且也要提供足够的肉、毛皮,甚至优良的顿河马,从而提高集体农庄的生活水平。为做到这一切,条件是具备的,仅仅需要去努力实现它。"

……一年将结束,冬天来到了顿河,紧接着,冬天又请来了死神。不论你怎么去看报纸,不论怎么去研究斯大林的讲演,关于大饥饿都只字不提。

党宣布了胜利和取得的成就,它们都存在,但与此同时,几百万人注定要饿死。

肖洛霍夫就是成就和灾难的见证者,也许,正因为如此,他不管哪部作品都不是单维的。1932年11月至12月的报纸报道了:

哈尔科夫拖拉机工厂到11月7日已生产近一千六百九十台拖拉机,而1820年……

基辅报告了苏联生产出第一台焊接柜(世界上最好的)……

"约瑟夫·斯大林号"内燃机车,苏联第一台电力火车以及五百马力的第一台机车相继建成……

最早型号的苏联电视和小轿车也出现了……

〔增补〕肖洛霍夫在斯大林对作家所做的指示中抓住了矛盾。这次会面前夕领袖在高尔基家中还举行了一次同党员作家的会晤,那次,他有时谈到了可以评价"党内的异端":

"文学中一个团体的垄断不会带来任何好的东西……"

"我们的目的只有一个:建设社会主义。当然,不会因此而取缔和消灭文学创作的形式的多样性和色彩的差别。只有在社会主义条件下,在我们这里,艺术的各种各样的形式,形式的整体充实性和多面性,各种创作的所有的丰富多彩的色彩,才能够和应当得以发展和扩大……"

"为什么您要求非党作家必须懂得辩证法的法则呢?……托尔斯泰、塞万提斯、莎士比亚都不懂辩证法,但这并不妨碍他们成为伟大的艺术家……"

"甚至可以向反革命作家——艺术语言大师去学习文学创作技巧……"

有一点可以为领袖"辩护"——他的这些反对社会主义现实主义的自白,一生中再也没谈过。

变 换 了 招 数

肖洛霍夫很高兴。莫斯科来了消息说,国家文学出版社于明年将在"社会主义农村丛书"和"国家出版社联合公司廉价丛书"的两个系列中再版《被开垦的处女地》,编辑为尤里·卢金(从此时起,两人建立了终生友谊)。

书稿在印刷厂只停留了十六天,也许,说来印数少——总共五万册,真的是少,因为国内当时统计有二十万个以上的集体农庄和近五千个国营农场,很奇怪——这样的印数与《真理报》中卡尔·拉狄克所给予的那种兴高采烈的有力的评价不很相适应。

《被开垦的处女地》在农村没有成为苏联农民和党的积极分子的案头书,肖洛霍夫可以知道,拉狄克写斯大林的那本小册子出版了二十二万五千册。

《被开垦的处女地》第三版的独特之处在于,它不仅第一次在封面上有了插图——犁沟里的一台福特牌拖拉机和年轻的拖拉机手举起了手表示欢迎(吸引购买者)。书中还有一则请求:"出版社和作者寄希望于全体读者把对本书的评论寄来,如果组织了集体讨论——希望寄来会议记录、决定等。"

实际上,评论倒是寄来了,只是很令人吃惊——没有任何一致的意见。

肖洛霍夫猜到了,人们硬是把这部小说削足适履地去适应政治上的癖好。1933 年 1 月,《国家文学出版社公报》讲了话,这家公报把自己的忠告和推荐告诉给图书管理员、书商、教师、党的工作者、宣传和鼓动干部、记者、编辑,即以阅读为职业的人。明显地是按着拉狄克的样板,这家公报设计出了如何阅读这部长篇小说的指导意见:"《静静的顿河》的作者把北高加索地区的一个小镇为创办集体农庄而进行的英勇斗争作为新的史诗的第一环节。"

肖洛霍夫确信,这样的指示不适合所有人。对他也是这样。可是评论家们——有些支起了警惕的耳朵,却寻找到了另样的解释。他们从长篇小说中出来,去投向政治犯罪的广阔视野。《旗》杂志就是寻找错误的第一家。《被开垦的处女地》和《静静的顿河》每一部刚一出版,它就立即做出反应。像双筒枪,一齐开射:"客观主义……作者好像在观察斗争中的两个方面,打量自己对他们的态度。在不可调和的斗争中存在着互相对立的两个体系,两个世界,而肖洛霍夫好像想在人道主义的天平上测量一下——它们哪个方面在斗争中流出的血更多,哪一方面牺牲更大,哪一方面更加残酷无情。"

1934 年,文学上见风使舵的人更频繁地出击了:"客观上——就掩盖了富农反革命的蠢蠢欲动。"(《青年近卫军》杂志)"在人们的意识中对宗教的消亡缺乏深刻的分析"(《反宗教者》杂志)。

来自特瓦尔多夫斯基的支持赶到了,他在《文学报》上撰文:"在这部长篇小说问世前,对于许许多多人来说,关于集体农庄这一特殊世界的认识还只是局限于一般性的报道和概念。"

肖洛霍夫知道,他的新小说在西方已迅速地被注意到了,那些不受制于联共(布)和共产国际,而后也不受制于苏联共产党和作家协会的评论家们有着自己的带有反苏色彩的评价。比如,美国的《时代周刊》杂志就写出了这样的话:"《被开垦的处女地》公开地对苏维埃政权持批评态度,他颂扬了与马克思主义哲学明显的势不两立。小说中鲜明而有力地提出了肖洛霍夫式的非马克思主义的论题:'人应当是其时代的创造,对于人应当有极大的关爱'。"还有这样的话:"个人主义对抗党的路线,对俄罗斯来说是超自然的。"

在西方,也找到了眼光更加敏锐的读者,他们看到的不仅是长篇小说中的政治勇气。"米哈伊尔·肖洛霍夫,不管其他什么人,配得上诺贝尔奖金。"——1935年在出版瑞典文《被开垦的处女地》时《新的一天报》上写道。

"《被开垦的处女地》与《静静的顿河》相比较,在所有方面都向前迈出了一大步……这是他现实主义才华的力量与丰富性的伟大见证……"法国经典作家罗曼·罗兰确认了这一点。

在苏联,人们突然想起了拉狄克的评价,不提及这个"托洛茨基分子的名字",要去指挥队伍:"右手,出击!"评论家不得不变换招数,这发生在大约是《被开垦的处女地》问世两年后。当局及其喽啰们确信:靠挖苦,目的不能达到——人们在阅读这本小说,而作家也不急于要修改它,而且对于客观主义和其他罪过的指责他也并不悔改。当时,国内正处于社会热情的浪花上——官方的吹鼓手们完全有自由把这部小说变成宣传品,这就意味着熟练的宣传和坚强的鼓动都掌握在党的全能的手上。"这本书振奋了人们的精神……让人们在集体农庄里更多地和更好地工作……"(摘自1935年《新世界》杂志);"我要模仿肖洛霍夫笔下的达维多夫去领导集体农庄"(摘自1936年的《农村通讯员》杂志)。

不错,有一位评论家敢于去捍卫这部小说,使它免遭处心积虑的愤恨和热心的吹捧——此人就是维·戈芬谢菲尔。1936年,他在其所著《米哈伊尔·肖洛霍夫》一书谈《被开垦的处女地》的一章中无所顾忌地挖苦说:"社会主义现实主义——这不是1932年时装杂志上新衣服样子的样板。"(他还写下这样的话:"这部小说政治上的尖锐性能够使它被认为是软弱无力的。")

寡不敌众。《被开垦的处女地》并非任何宣传品的这一思想不是立即出现的。真正有权威的作家们说出了这一思想。亚历山大·特瓦尔多夫斯基确认,文学中的《被开垦的处女地》乃是被阶级斗争所笼罩着的农村的真正的发现;伊里亚·爱伦堡写道:这部小说对于他来说是苏联艺术真正腾飞的一个标志。

但是,只是没有遏止住向读者袭来的其他评论的浪潮——宣传品的、粗浅单义的、庸俗社会学的、充满政治色彩的评论。他们要使读者习惯于相信,这部长篇小说的出现是适时的、合乎人胃口的。

斯大林仍一如既往,一言不发。对于《被开垦的处女地》,在他漫长的一生中,报刊上从没有见过他说的一句话,就像小说问世时他没有给凶恶的评论戴上嚼环一样,后来他也没有与毫无节制的赞扬针锋相对。

〔增补〕这部小说给人们留下的最初印象已不再提及了,可是人们却必须按照政治晴雨表去理解这一切。

1948年,在学生用的文学教科书中写道:"读者知道,这部长篇小说的主人公们为理想所鼓舞着,这一理想要求他们永远走在先进的队伍中,永远地去召唤……"

1970年文学教科书把这本小说比过去更加生硬地加以政治化:"作品的中心是两种尖锐地互相对立的阵营——社会主义阵营和地主资产阶级、富农反革命阵营。"

1982年新的文学教科书好像是政治经济学教材,它教导说:"对于农业集体化的合理性,作家不限于只提出社会经济的理由……"

在改革的年代里,对这部小说评价的改革也出现了。1988年有一位女评论家在《书评报》上宣布了对这部小说——没有任何事实根据!——的判决:"为了我们孩子的名义,把《被开垦的处女地》从教学大纲中删除掉!"

肖洛霍夫是怎样看待对自己作品所做出的评价呢? 当他发表讲话时,很少与评论家进行公开争论。也许他认为,打架打不出粮食。所以在我国他因此才没有同谁进行过公开辩论,即使以后也不争论。1960 年因《被开垦的处女地》他接受了列宁奖金时曾生气地说过:"经常地同读者保持联系……但是同某些读者我的关系不是那种敌意的——而是就像用一句话可以概括的——冷淡关系。他们对作家提出的要求常常是太无节制。比如,有一位读者在小说出版后就指责我说,《尤里·米洛斯拉夫斯基》①主人公保留住了英雄,可肖洛霍夫却杀死了纳古尔诺夫和达维多夫,'这同社会主义现实主义有什么相通的地方?'——他问。然而,这样的忠告就不能听。"

① 这是米·扎戈斯金反映十七世纪初俄罗斯人反对外国入侵者的一部小说。

大 饥 饿

顿河的辩护人　达维多夫原型被捕
拉·莫·卡冈诺维奇　莫斯科　克里姆林宫
给约·维·斯大林的信　政治上目光短浅
顿河的领袖　1993 年的亵渎神圣

第 一 章
1933:"……我们都成了反革命"

顿河的上空似乎安上了玻璃——已经几个星期过去了,那令人目眩的天刺得眼睛疼痛,没有云彩,它灼热地一动不动地压着大地……

田地里没有生命,凶狠的热风把大地吹得一无所有,地里不给农民长出任何庄稼。

斯大林的演讲和肖洛霍夫的信

1933 年顿河流域毁灭了,附近的库班和乌克兰的南部地区也奄奄一息,而对面方向就是哈萨克斯坦。

大饥饿……人民群众是这么称呼这次死神凶残地来临的,正如我们已经说过的那样,原因不仅仅是旱灾,还有用暴力手段没收粮食。

直到今天也没有统计过墓地的十字架数量。1988 年《真理报》上是这么披露的:"1932 年至 1933 年的冬天,饿死的人数达到三四百万。"政治家们真慷慨:随便一统计——就是上百万死者!

从 1985 年改革伊始,推翻斯大林不可动摇的三十年统治宝座并揭露其错误与罪行已经一点儿也没有危险了。

然而肖洛霍夫仍生活在斯大林的时代里。

斯大林的文章、讲演、报告……其中指示我们通向光明的未来。在报纸、歌曲、电影中开始唤起全民的热情,在几乎所有作家的作品中,都完全支持这一方针。

大多数人相信斯大林,不可能设想还能有另一种生活,就像他指出的那样。人们建设社会主义,为了它勇于去做出自我牺牲,有的是自愿的,有的是被怂恿的,有的是被强迫的。

加速国家的工业化已经开始,强制性的农业集体化做了工业化的基石,有许多理由证明这一牺牲的必要。沙皇统治和世界大战与国内战争的破坏,最贫穷的人民群众还记忆犹新,这种记忆就轻而易举地接受了要进行自我克制的号召,而且难道西方资本主义国家不是想消灭这世界上唯一的社会主义国家吗?人们害怕——惊慌失措地——在人类发展中做出另一种选择,这也同样助长了人们的这种情感和心绪。

于是大饥饿出现了,斯大林对此是怎么想的呢?肖洛霍夫呢?

想必肖洛霍夫感到了震惊——而领袖恰恰在 1933 年的 1 月利用中央委员会全体会议的机会在自己的报告中向全世界宣布:"我们成就的主要结果表现在哪里呢?表现在集体农庄的建设以及与此相联系的在农村中消灭了贫困和赤贫现象……"

可肖洛霍夫却知道,笼罩着顿河各集体农庄的贫困状况有多么可怕,唉,这还是远在长出第一棵滨藜或酸模之前。很清楚,他聚精会神地读过斯大林的讲话。因此,按着作家的眼光透辟地看出来的东西,远不是所有人都能看出来的,因为这些人被公开看到那些共同困难迷惑住了:经济落后,而"落后就要挨打",如此等等。而对于人们生活得怎么样,靠什么生活,他们担心什么,又关心什么,乃至于穷在哪里,领袖却闭口不谈,似乎在教导他们不要去注意灾难。

是谁提出了——大声疾呼并为了所有人——大饥饿呢?是在《被开垦的处女地》中的肖洛霍夫。这里认定了第一个欧洲越橘就是坏疽,手法极为有趣——肖洛霍夫委托了波洛夫采夫这个人物告知了灾难的来临:"我们得到了可靠的情报,布尔什维克中央正在向庄稼人征收粮食,说是为集体农庄准备种子。其实这些粮食将要卖到国外去。因此,庄稼人,包括集体农庄庄员在内,将忍受无情的饥饿之苦。"

斯大林过了三四个月后开始制止——十分坚决——关于饥饿消息的蔓延。而且说到饥饿就应当判刑——这是"反革命宣传鼓动"。在这部小说中也同时说到:"每个村子都传播着流言,说要把粮食收集起来运到国外去,今年就不播种了。"

唉!因此作家一点儿也没有夸大其词,没有瞎编。在那挨饿的两年里卖到国外去的粮食达二千八百万公担①。天平的一端是抛给了千百万公民致死的命运,而另一端则是国家的工业化获得的外汇。

肖洛霍夫可以满意的是,这部小说不管有意还是无意,毕竟对悲剧提出了警告。应当习惯:同当局的政治论争已逐年变得更加危险。

斯大林记得的正是哥萨克,他在自己的《第一个五年计划总结》中就预先规定了其命运:"众所周知,一部分反革命分子极力组建某种类似集体农庄的组织,利用它们作为其地下组织活动的合法的外衣。"

肖洛霍夫是后来出现的这一事件的见证人:进行大清洗——从党的队伍中开除二万六千名共产党员,其中几十人都是受尽苦难的维约申斯克人,肖洛霍夫不仅认得他们,而且也能叫出他们的名字。

1933 年 1 月,斯大林还有一次演讲《论农村工作》:"1932 年我国粮食产量比 1931 年多。"肖洛霍夫为之一愣:也许在这样的确信表示之后,就应指令把余粮交给挨饿的人? 可是却有另外的指示:"第一条——完成粮食收购计划,第二条——种子进仓,只有完成这两个条件后,才可以开始和开展集体农庄的粮食交易。"而且毫无例外!

肖洛霍夫读着斯大林的报告,可这报告没有让他的心只成为一个读者的心,他的心在愤怒地跳动。

他从维约申斯克给朋友发出一封信,这位朋友安纳托里·索尔达托夫是他少年时代做粮食收税工作时结识的:"……粮食收购方面的一些事……粮食生产最落后的一个区……情况异常紧张……播种会有极大困难,吃饭就更加困难了。"吃饭困难! 作家已预先看到了——收获庄稼什么也

① 一公担为一百公斤。

没得到。对此并非道听途说——"区委会带着委托书多次在区里各处跑",这些突然在 3 月的《莫斯科晚报》上做了报道。

还有一封信寄出去了——给《真理报》写的简讯。它登出来了,不长——共二十行,有个爆炸式的标题《不深思熟虑工作的后果》。肖洛霍夫担心当局破坏他家乡所在区的播种准备工作:"边疆区执委会责成维约申斯克区调给米列罗沃区集体农庄一千吨种子……"这是开始的几行,最后提出了警告:"业已形成的这一状况给维约申斯克区顿河右岸各农庄的播种带来了直接的威胁。"

这条简讯好像斯大林没有过目,尽管大家都知道,他读《真理报》极其细心注意。肖洛霍夫最终确信:领袖的任务就是得到粮食——无论如何也要得到粮食。为了迎头面对冲击的目标——国家工业化——他准备牺牲一切。他,斯大林亲自起草的《关于保护国有企业、集体农庄和合作社的财产并加强社会(社会主义)所有制的法律》已执行了几个月了,肖洛霍夫在《真理报》上看过这一法律。

法律是严酷的,这项法律首先是用来对付那些因为没有一块面包而要活命的人,因而人民群众中伤心地称它为《五穗谷物法》①。

这惩治人的法律立即执行的结果,国内几乎有五万五千人被判刑,为了杀一儆百,判处枪决的人数——说起来可怕——达二千一百一十人,肖洛霍夫久久地也没有忘记这一法律。

还采取了其他一些惨无人道的措施,如今根据自己的意愿从挨饿的农村逃出来的人走投无路,这不仅因为在人们相继饿死的各区边界线上设立了哨卡,无论谁,哪里也逃不出去,而且城里人又有了护照制度,而集体农庄庄员以后再经几十年也不会有护照。

肖洛霍夫在沉思中大概内心为之一颤:镇里他这个有儿有女又有老人的大家庭,今后怎么办呢?面临大饥饿的威胁,他写信给索尔达托夫说:"我在考虑,似乎要预先'疏散了'。"

发表在《真理报》上的文章无济于事。

---

① 在大饥饿中,农村妇女为了让孩子活命,不得不偷剪谷穗熬粥,这一法律就是惩治剪谷穗妈妈的。

1933 年 2 月,集体农庄突击队员第一次代表大会召开,斯大林站在讲台上,称赞了优秀工作者的劳动,号召他们进行更努力的工作并鼓舞全国人民:"主要的困难已经度过了,现在摆在你们面前的困难简直是不值得认真谈到的。"肖洛霍夫看了这些感觉怎么样呢?

在这个月的月末,他到了莫斯科几天——让他去同一些作家会面,这些作家对同顿河天才的交流极有兴趣,提出问题是不可避免的:《静静的顿河》续篇什么时候问世呀? 他说:"我正在写第四部,大概,我做了一些蠢事,你们会哎的一声再也不去听对它迎逢讨好的评价了。"

有先见之明! 实际上,文坛上的领袖在 1940 年就否定《静静的顿河》了。

肖洛霍夫的春天。不过,对文学事业的关注更少了,他,犹如后来在一封信中所写的:"我走遍了许许多多的耕地,不仅仅是维约申斯克区的一些集体农庄。"他到处去看看……于是,从维约申斯克给自己的战友和朋友、区委书记卢戈沃伊发出了一封长信,这封信是 2 月 13 日写的。在群众中人们认为 13 这个数字不吉利,而且他写的就是不幸的事,这不幸已来到顿河(我摘要引用这封信)。

"维约申斯克镇发生的事件具有骇人听闻的性质,彼得·克拉斯诺夫、科列什克夫和普洛特金①被开除出党,干脆就在党委会上把他们解除了武装并关进了监牢……他们告诉这些人,还有更严厉的措施。……他们谴责说……我们放纵了粮食盗窃,加速了牲畜的死亡,他们用全部死刑罪过来问罪……

事情是如此严重,看起来(如果他们抓得多些)也将牵扯到你。简单地说,我们所有人好像都是反革命。

……逮捕了近三千集体农庄庄员。

……在顿河右岸,连一个老支部书记也没剩下,所有人都坐了牢,有许多人已经被打死了。

……你是否同意,我们都在从事反革命活动呢? 唉……去他妈的吧!"

当他们给贴上"反革命"标签时,你就骂吧。

---

① 即达维多夫的原型。

但主要的还是在前面:"需要拿出全部的勇猛精神,毫不妥协地去斗争,以便从自己身上拿掉这不应有的污点。对此,我将在莫斯科说——你知道同谁说。"

肖洛霍夫又寄出一封信,这一次是给边疆区检察长的:"我恳请检察机关介入下面这一案件:1930 年或 1932 年布坎诺斯克镇苏维埃没收了亚库申科夫兄弟家的房子……他们并非是被剥夺公民权的人,两兄弟在集体农庄工作,第三个兄弟从红军复员后在莫斯科任职。请审理此案,以恢复革命法制。"这封信的附笔很有意义——他写这封信不是寄出去就拉倒:"如果你对此案写来几句,那很不错,我将深为感激。"

似乎为了答复作家的全部忧虑,3 月 11 日《真理报》发表了一篇编辑部的文章,可见这文章是指示性的,指令性的。这篇文章为顿河而写:"摧毁富农分子、敌对分子和白军分子及其策划的怠工破坏行为尚未进行到最后,因为党中央和斯大林同志在领导集体农庄建设中揭露出的缺点,还没有充分考虑到各区的党组织,部分地也有边疆区的领导。"也提到了维约申斯克区。

当肖洛霍夫看到了在评价罗斯托夫领导的犯罪行为时用了"部分地"一词时,就能想象到他的情感了。

〔增补〕当时肖洛霍夫的感受如何,这在他写给年轻时代的朋友索尔达托夫的信中透露出了一些信息——甚至突然地提到了列夫·托尔斯泰。"这个时候怎么样呢?雅斯纳雅·波良纳的状况,那些笔杆子弟兄们谁也没遇上这样的条件,各种各样的事弄得我焦头烂额……我设计了今年夏天自己的出行①。但现在未必办得成……"

为克里姆林宫写的十五页

肖洛霍夫履行了给斯大林写信的承诺,这是他的性格!4 月 4 日他给莫斯科寄去了一封十五页的信。这是让人睁开眼睛面对顿河流域如今所承受的可怕状况的一种新的尝试。信写得直截了当、公开、执着,没有什么温

---

① 到国外。——原注

文尔雅,好像从长篇小说的篇章中走出来的麦列霍夫也参与执笔一样!

"斯大林同志:维约申斯克区北高加索边疆区的其他许多区,没有完成粮食征购任务,也没有储备籽种。在这个区也像其他区一样,集体农庄庄员们由于饥饿现在正在濒临死亡,成年人和孩子们都浮肿,他们吃人所不能吃的一切东西,从橡树的树枝到树皮以及沼泽地里各种各样的草根。"

于是,领袖也就知道了,他的指示,边疆区委的暴吏们是怎么执行的:"奥夫钦尼科夫严厉批评区领导,并且拍打着左轮手枪的皮套宣布下列指示:'要不惜任何代价拿到粮食,我们要施加压力,让它鲜血飞溅!不怕鸡飞狗跳墙,要把粮食拿到手!'"指示是:"不怕鸡飞狗跳墙,要把粮食拿到手!"这一指示抓住了区里报纸,有一期的报纸打出这样标题:"不惜任何代价,任何手段,完成粮食收购计划和籽种储备。"于是在各区里就开始了极力让它"鸡飞狗跳墙",并"不惜任何代价"弄到粮食。

肖洛霍夫注定要让斯大林尝一尝长时间阅读的折磨,就像判定他去受饿一样。"在瓦夏耶莫集体农庄,他们往女庄员们的腿上和裙子上倒煤油,点着火,然后再扑灭:'你说,粮食坑在哪里?'

……他们把集体农庄庄员的衣服扒下,穿着内衣,光着脚,关进仓房或者柴棚。这事发生的时间是一、二月份。……

……在列别亚什集体农庄,让一个受审的人站在墙边,用散弹猎枪向他的头部旁边射击……

……在扎屯集体农庄,宣传站的工作人员曾经用马刀拷打被审讯的人,在这个农庄,还侮辱红军战士的家属,在挑开房盖,拆毁炉灶的时间,还迫令女人陪宿。

……在索伦佐夫集体农庄,在促进委员会的屋里,抬进来一具人的尸体,停放在桌子上,就在这个屋子里审讯集体农庄庄员,以枪毙相威胁。

……大规模地迫害集体农庄庄员和个体户。"

肖洛霍夫甚至找到了统计数字:"被赶出住屋的有一千零九十户。"这封信也揭露了这种迫害带来的后果:"居民们被事先告知,谁要收容被驱逐的人家,他自己全家也将被驱逐户外。有的仅仅是因为某个集体农庄庄员被挨冻的孩子的哭声所感动,让被驱逐的邻居进屋暖暖身子,他本人就被赶出了家门"。被赶出家门的人,就更加受冻了。"在巴兹科夫集体农庄,一个妇女带着吃奶的孩子被赶出家门,她整夜走遍全村,求人放她和孩子进屋暖暖身子,没有人敢放她进屋,都怕自己也被赶出家门。第二天一清早,孩子冻死在妈妈的怀抱里,母亲本人也冻僵了。"

从其他一些数字里也散发出死亡的冷气:"在五万居民当中,挨饿的无论如何也不少于四万九千人,这四万九千人得到了二万二千普特粮食,这只够三个月。"信里还有这样的谴责的句子:"没有人关心饿死了的人的数字。"

这封信里还写了"普洛特金"。肖洛霍夫并非轻松地写到,当把这位活动家调到区里去任职时,他不动脑子地一味地去执行上头的最凶残的指示。

肖洛霍夫直截了当地谈到了是什么导致了灾难的发生:"他①建议把平衡表确定的征粮数由二万二千吨改为五万三千吨。"

肖洛霍夫按照作家的方式生动地描写了,一个边疆区的领导不听地方政府的意见是怎么制定收获量的。

"从维约申斯克镇出发,走了十公里,费多罗夫指着一块麦地问柯列什科夫:

'依你看,这片小麦一公顷能打多少?'

柯列什科夫说——'不超过三公担。'

费多罗夫说:'依我看,不少于十公担!'

柯列什科夫说:'哪儿来的十公担?你看庄稼种得晚,地里长满了苦苣菜和杂草,麦穗稀稀拉拉的。……'"

这个费多罗夫火了起来,指示说:"你弯下腰看看,全是麦穗!"接着,又给领导描写了这样的场面,就像老百姓说的,简直荒唐可笑到家了,然而却令人信服地写道:

"柯列什科夫为人有些粗鲁,没有学会礼貌待人,再加上有些神经质(这是震伤的后遗症)——他被费多罗夫说的激怒了,就回答:

'我这就脱掉裤子弯腰站着,你哈下腰来看一看……'"

肖洛霍夫总结说:"亲爱的斯大林同志,这一切都是那么地可笑,如果不是可悲的话。"

---

① 边疆区委书记。——原注

对此,他冒险试试引证一下历史,只有无感情的人才会无动于衷:"约瑟夫·维萨里昂诺维奇,您还记得柯罗连科写的短篇小说《在沉静的乡村》吧?这样的'下落不明'不是发生在被富农怀疑为窃贼的三个农民身上,而是发生在几万集体农庄庄员身上。而且正像您所看到的,使用的技术手段,更加丰富多彩,安排得更加精心细致。"

"下落不明"……肖洛霍夫从柯罗连科的武库中抓到了这个词绝非偶然:当局躲开了那些可以采用任何手段的不驯服的农民。

这封信中令人绝望的句子越来越多:"……上顿河区也有因为饥饿而浮肿和濒临死亡的人……有的家庭没有粮食吃,只吃乌菱……现在顿河右岸又有了黄鼠,很多人彻底'活了过来',吃煮的和炒的黄鼠,再也不到牲畜埋葬场去拖死动物了。就在不久前还不仅吃新死的动物,而且连患鼻疽病被开枪打死的马匹都吃,吃狗、吃猫,甚至吃炼油之后没有任何营养的动物死肉……现在从事农田劳动、完成工作定额的集体农庄人员,每人每天领四百克粮食……这位突击队员①一定会把一半粮食留给孩子们,他自己忍饥挨饿……他一天比一天更虚弱,再也不能完成定额,那时他就只能领二百克……"②

这封信到了结尾——每一行都在砍杀,犹如挥动锋利的哥萨克军刀:"如果我所写的这些,值得引起党中央注意的话,请向维约申斯克区派来真正的共产党员,他们要有足够的勇气揭露对所有致命损害本区集体农庄经济负有罪责的人,不管他是谁;他们要真正地进行调查,不仅要揭露出对集体农庄庄员采取刑讯拷打和侮辱等卑劣手段的人,而且还要揭露那些鼓吹这样干的人。"

这封信中有一句话——突然笔锋一转,辛辣地挖苦说:"我无话可说,如果一般来说国家什么也不给我们,即使在那种情况下,也不是所有人都会死去。"

最后,明显地加以暗示:"请宽恕这封信写得啰啰嗦嗦。我觉得,写给您要比用这些材料写最后一部《被开垦的处女地》更好。"

---

① 他并非白白地强调这一词,看来,想起了斯大林同集体农庄突击队员们的会面。——原注
② 这段文字不出自15页的这封信,而出自4月16日写的另一封信。

"一不做,二不休! 我们不种地到秋天也得浮肿,现在负责也一样——反正一回事!"肖洛霍夫在《被开垦的处女地》的第一部写到女人闹事的场景时就曾这样警告过。

肖洛霍夫往日写的信仍没有回音,这一次又将怎样呢?

由于创作上的一些事情,神经又绷紧了。这时出版社邀请他去参加《静静的顿河》的讨论会——评论家们把笔磨得尖尖的,不仅有赞不绝口的。有个人突显出了"性意识形态"话题:"请看吧,他是怎么描写女人的。我们看到的女人不仅从一个方面——从生物学的、动物性方面。不能够同意说哥萨克人中只有这样的女人,她们的生活只是作为床上的妻子,而且只是个情人。我想看到的是另外样子的女人,不是肖洛霍夫现在表现出来那个样子的。……"还有个人做了判决:"我无论如何不能同意,现在坐在这里的人不厌恶他过分的自然主义……"肖洛霍夫听了这样的一些话该怎么样呢,而且还是在出版社的人在场呢!

克里姆林宫回复的十二个词

这封信到了克里姆林宫。肖洛霍夫也许能知道,他的信一到,有经验的机关工作人员就忙碌了起来,在斯大林的秘书处,人们用各种颜色的笔来标记"来文":"肖洛霍夫来信"、"何时收到?"、"4 月 15 日收"。然后就把它放到斯大林的办公桌上——助手看过后,挑出其中最刺痛人的句子划上加以强调,有时是为了更容易看到主要内容;有时是为了表明这个大胆家伙所擅长的东西。当这封信返回到助手时,上面写了两句批注:"交莫洛托夫同志,斯大林。"和"我的档案,斯大林"。

斯大林的回电写得既快又短——总共是十二个极重要的词:"特快电。北高加索边疆区维约申斯克区维约申斯克镇,米哈伊尔·肖洛霍夫。信十五日收到。谢谢你的报告。我们一切照办。请告所需数量。33 年 4 月 16日,斯大林。"

奇怪,领袖向一个作家询问拨付粮食的统计数字,而不是问地方当局!

肖洛霍夫遇到了难题——怎么理解"一切照办"的承诺,又为什么没有答复派来"真正的"共产党员的请求。去年 11 月,以拉扎尔·卡冈诺维奇为首的党中央的一个委员会已来过顿河,难道斯大林对他的工作满意?我们已经看出,肖洛霍夫没有把这个委员会算做是"真正的"共产党员。还说呢,他已经在自己所在州的《锤报》上看到了这个检查委员会一个强加于人的决议:"鉴于在粮食收购中极为可耻的失败,兹对各级党组织提出如下任务:摧毁由富农反革命分子组织的粮食收购的怠工现象,消灭事实上已成为怠工传播者的部分农村党员的抵制行为,铲除与党员称号不相容的消极情绪和与怠工者们相妥协的行为……"

毕竟他的信没有白写——已答应给予帮助。肖洛霍夫和两个区党委的书记们立即行动,他们盘算着,统计着,领袖所要的数字。肖洛霍夫写了信,开头很简洁:"4月16日,维约申斯克镇,亲爱的斯大林同志:……"

斯大林又没有耽搁,把这封信给了莫洛托夫:

"维亚切斯拉夫:我认为,应当完全满足他们的要求……此外,还需要把谁派到那里去(比如说,什基里亚托夫),弄清楚问题并追究奥夫钦尼科夫和其他所有造成了混乱人的责任。"他很关注此事,为迅速完成他的嘱托,又增了一句:"明天!"

后来,顿河和肖洛霍夫很感谢斯大林——那还用说,领袖如此关心。他们知道否,领袖的批示并非是一种怜悯或者取缔农村中有害政策的表示,在信中斯大林给莫洛托夫做了注脚:"很清楚,这件事情具有'全民的'色彩,而我们在那里所有犯过的错误之后——能够只在政治上赢得胜利,白白拿出的四五万普特粮食对我们没有什么意义……"

斯大林在自己的这一次游戏中正确地决定了不拖延答复——广大人民群众这时应该知道克里姆林宫的关怀。可是,没有按照肖洛霍夫说的统计数字,不知道为什么承诺给的粮食与要求的还不到四分之一,总共四万普特。维约申斯克人和邻居们不难计算,这个数字对于十万居民来说意味着什么。因此,肖洛霍夫又一次地写信:

"亲爱的斯大林同志:今天收到您的电报。两个区(维约申斯克区和上顿河区)共有居民九万二千人,最低限度需要粮食援助十六万普特……"

肖洛霍夫忧心忡忡——春天,每一天都很宝贵,5月就应当结束播种……在4月的最后一天,他给索尔达托夫写信:"我们这里情况仍然糟极了,这说的是整个北高加索边疆区,播种吹了,至于吃饭……唉,最好别提了。只能够简单地告诉你:人们不仅仅浮肿,而且也开始饿死了。无论如何,如今较之 1921—1922 年更加无比困难了。"他第一次提到了国内战争结束后 1921 年的饥饿。

在这种情况下怎么生活?也许,会高兴于同领袖本人互通书信,而且由于他,肖洛霍夫的斡旋,领袖答应予以帮助,斯大林给他的电报一封封发到了维约申斯克,这引起了一些人的尊敬,也引起了另一些人的嫉恨,也许,事情办完后他就离开,离开——去"疏散",就像他在绝望时信中写的?可肖洛霍夫仍然留在维约申斯克,难以想象的泰然自若!

他在写给列维茨卡娅的回信中,把自己的内心感受告诉了她:"亲爱的好妈妈:您不会因我感到不满意的,什么不好的事情也没发生,我还是那样,只是稍稍有些弯了腰……许许多多的人饿死了,成千上万的人得了浮肿,已经失去了人的模样……浮肿的集体农庄庄员完成了一天的定额,可以得到有一半谷糠的四百克粮食……"没有挖苦讽刺是不习惯的:"我生活在一个有趣的岁月里!竟到了极富裕的时代!可你还说'您不喜欢我',我自己也不喜欢自己,没有看到,明天就是五一节了。"

他还写到了,已给斯大林发去两封信——"这是半年里唯一的'创作'成果",对于作家来说,那两部尚未完成的长篇小说该怎么办呢。

〔增补〕在军事长篇小说《他们为祖国而战》中提到了《五穗谷物法》。在这部小说中让牧羊老人说了这样的话:

"……我的儿媳妇在 1933 年被判了十年,坐了七年牢,其他的给减免了,去年才放回来。她就是在这个饥饿的年代到打谷场偷了四公斤麦子。她总不能和孩子等着饿死吧?……就为了这十俄磅麦子,她为每一俄磅麦子坐牢一年。为了这点麦子,服了七年苦役。"

作家没有夸大,法律就这么定的:"作为法律惩治的措施,因盗窃(偷盗)集体农庄和合作社财产,社会保护的最高措施为枪毙并没收其全部财产,如情节较轻就代之以剥夺不低于十年的自由……"

——……莫洛托夫没有忘记,肖洛霍夫在写给斯大林的信中是如何揭露他的。到了老年,当他为传记作者口授自己的回忆录时,为自己作辩护说:"我读了一些评论家谈肖洛霍夫的文章……一些人称赞他:他是那么地忠诚,关心人,是那么地善良,是个好人!在维约申斯克逮捕了一些人,他为每个人都做过辩护。他曾向党中央提出支助粮食的问题……可是，当时应当对所有的区都这样帮助，但是靠什么呢？靠工人吗？还是怎样？只有极大地相信党，其中包括相信斯大林能帮助农民和工人坚持下去，以使他们忍耐和作出新的牺牲……在世界帝国主义面前我们毕竟站稳了脚跟。"可以理解他的感情，但这也明显看出，在评价往日这可怕的一页时他还是个教条主义者。

第 二 章

谁的真理？……

斯大林继续控制着一无所知的广大人民，饥饿，大批地死亡。国家极大，你看，不是什么都能打听出来的。

报 上 的 警 告

肖洛霍夫并不害怕，由于袒护同乡人，有些人说他"有哥萨克倾向"。他给克里姆林宫写了信。他倔犟——一旦决定了，那就写，就寄。

玛丽娅·彼得罗夫娜赞同丈夫的主意——她始终如此：她拗不过丈夫。可是，当她来到邮局寄信时，心里却打起了鼓：她觉得，丈夫的想法是危险的……由于向斯大林提出要求，使他伤透了脑筋。人们说，他性格严厉，不喜欢犟嘴的人。但是，不论如何，他还是帮助了……当然，唉！帮得多么可怜……

于是，斯大林又接到了一封信。[1] 在这封信中肖洛霍夫极力让斯大林睁开眼睛看一看罗斯托夫党委的当权者们："斯大林同志，您曾说：'将一切照办'。而我担心一点：边疆区党委会委托的那位弗洛罗夫[2]来调查维约申斯克事（有一次已经委托过他做这样的事了），他就会开始进行调查……最后的结果，承担责任的将仅仅是底下的工作人员，而领导他们的人却不受惩罚。"

---

① 这封信实际即上一节第一句"这封信到了克里姆林宫"的同一封，这里不应是"又接到了一封"。

② 边疆区党委常委。——原注

他也告诉了领袖,在顿河,镇压仍在继续:"各集体农庄独断专行,他们将人开除仅仅是因为某个庄员的没有充公的房子被集体农庄的管理机关相中……先开除,而后开始'消灭富农',在全区共消灭近二千户……在这样的状况下,这些家庭明摆着会饿死的……

人民法院判处十年徒刑的,不仅有偷了粮食的人……法官们这样判,是怕再给他们本人贴上'姑息阶级敌人'的罪名……国家政治保安总局侦察科紧急搜寻反革命分子,以便刺激粮食收购进程。"

信的结尾好像说了半句话就戛然而止:"好了,我不再用区里的事情分散您的注意力了,所有的事说也说不完。"

为了拯救顿河,肖洛霍夫牺牲了自己的创作。在写给斯大林的信中他承认:"从去年11月以来,我唯一写下的就是给您的信。最近的半年,对我的创作活动来说,是被一笔勾销了。"

那是一个贫穷的岁月,在《被开垦的处女地》中肖洛霍夫用了康德拉特·梅谭尼科夫的嘴公开地表达了那几年里自己的情感:"我们忍受了多么贫穷的生活,走出家门几乎光着脚,赤身裸体,可还得咬紧牙关地干活儿。"

人们靠着希望在生活着,一些人相信,斯大林神圣地履行列宁遗训的承诺很快就会实现;另一些人相信,不可能没完没了地糟下去,人们相信过,也团结了起来,或者,团结了起来是为了相信。党成长起来了,共青团成长起来了,工人突击队也建成了。第一个五年计划的总结公布了,难道肖洛霍夫不欢欣鼓舞吗,斯大林格勒拖拉机厂,哈尔科夫拖拉机厂,罗斯托夫的农业机械厂,扎波罗什地方的"公社社员"厂,哈尔科夫的"镰刀和锤子"工厂都建成了,而所有这些工厂都是为了农业经济的发展。

写完信后,肖洛霍夫的心情是复杂的:有忧虑,斯大林将如何对待真相,也有满足——他意识到了自己这一做法极为重要。

国内被告知,对贫困闭口不言,所以作家应当两次克制住了自己——冒险写出真相和冒险表明不相信粗暴地加以欺骗的报纸。

肖洛霍夫就是这么一个人,《真理报》在编辑部文章中给以了严厉的制止:"声言在伏尔加河、乌克兰和北高加索的苏联公民饿死几百万,这是庸俗的诽谤和肮脏的诋毁。"

后来又刊登了这样的文字,就好像正是说给肖洛霍夫听的——知道否,你在为谁作辩护:"维约申斯克区的许多集体农庄公然怠工……"

为了真理而战并非易事,哥萨克常说:或者当统帅,或者一声不吭,在斯大林那只急性子的手下什么事都可能出现。

莫斯科:"政府电"

在镇邮局里,人们忙做一团——斯大林来的电报!

"4月23日,7点57分,发自莫斯科,编号101—59,4月23日,0点40分交,政府电,北高加索边疆区维约申斯克区维约申斯克镇,米哈伊尔·肖洛霍夫收。刚刚收到您的第二封信,除了不久前已批准四万普特小麦,我们又追加批准给维约申斯克人八万普特,给上顿河区四万普特,不要写信而要用电报回复,勿拖延时间,斯大林。"

这份通告了领袖予以救助的电报是公开打来的,在莫斯科有多少人知道了这一消息啊,顿河,又有多少人知道了斯大林的关怀啊!

可是维约申斯克镇却不知道,紧接着这封闪电般的电报后,斯大林给肖洛霍夫写来了一封信,信中谈到了他对顿河出现的一些事情的态度,斯大林的电报是给所有人的,而信是给肖洛霍夫一个人的。

六页不大的纸,亲笔手书,不按格式,字迹清晰,看起来,斯大林匆匆疾书——有时字行歪斜了。

"肖洛霍夫同志收,约·斯大林亲笔。亲爱的肖洛霍夫同志:您的两封信均收到,正如您已知道的那样。您要求的救助,已提供。为了查清问题,什基里亚托夫同志将到您那里去,到维约申斯克区——我非常希望您给他以帮助。就这样,但这并非全部,肖洛霍夫同志。"

愉快的阅读到此就打住了,接下去领袖就使用了另一种调子:

"问题在于,您的这些信留下了一些片面印象,对此,我想向您说几句。

我感谢您的来信,因为这些信揭露出我们党和苏维埃政府工作中的一些毛病;揭露出来我们的工作人员想要控制住敌人,却无意中打到了朋友并且造成了极残忍行为。

但这并不意味着我完全同意您的意见,您看到了一个方面,一个不好的方面,但这只是问题的一个方面。为使在政治中不犯错误(您的那些信不是小说,而是典型的政治),就应当观察,要学会看到另一面。而另一个方面就是,你们区那些可尊敬的庄稼人(而且不仅是你们区)在进行怠工,反对给工人和红军留下粮食。这一事实,怠工是悄悄进行的,表面上是无恶意的(不流血)——但这一事实并没有改变那些可尊敬的庄稼人实际上是在同苏维埃政权进行'静悄悄的战争',用纠缠的方法进行战争,敬爱的肖洛霍夫同志。

当然,这一情况无论如何也不能为我们的工作人员所造成的混乱作辩解,正如您所说的那样,而造成这种混乱的犯罪分子理应受到应有的惩处,但一切都很明显,可敬的庄稼人不是那种无恶意的人,这从很远处也能看得很清楚。"

在这里,肖洛霍夫不能不停下来——他这个维约申斯克人,"从远处也能看得很清楚"?!

看来,结尾的话毕竟还是写得充满善意:"好啦,祝你事事如意并握您的手。您的约·斯大林,1933 年 5 月 6 日。"

肖洛霍夫的信和斯大林……他没有否认"极残忍行为",不错,对于他来说,这极残忍行为是"有时"和"无恶意的"。但这也没有让肖洛霍夫占有优势。他答应过进行审理,但却早早地就说过顿河在怠工方面是有罪的,而为顿河作辩护——则是政治上的糊涂。

肖洛霍夫应当懂得在作家总体队伍中自己的位置,尘世的课程充分地教育了他这个对最高政治并不熟悉的人:政治并非是他的事业,他不应当袒护那些同苏维埃当局进行"战争"的人。

他开始极其关注地阅读《真理报》——突然出现了有关他与克里姆林宫交往的评论。文章没有提到他,却指出了对待顿河的怀疑态度加深了,就这样,维约申斯克区就在全国轰动起来了:"位置在附近的北高加索各区具有相同的条件,播种的指标却完全不同!比如,上顿河区,维约申斯克区,康斯坦丁诺夫斯克区播种的要少几万公顷……"过了几期之后,又一次批评了维约申斯克区。

大字号的标题映入眼帘:《揭露有害的评论》、《为深入检查和清洗党的队伍而斗争》、《北高加索降低了播种的速度》,所有这些好像都是直接冲着肖洛霍夫来的:不要袒护怠工的敌人啦。

中央监察委员会党纪事件处理小组书记马特维·费多罗维奇·什基里亚托夫来到了维约申斯克,他严厉,难以接近,对自己也决不留情。在十天的时间里他走访、询问一些民众,只在他的笔记本上就留下了三十五人的姓名,在春天的泥泞的道路上他走遍了各村苏维埃,查看了生产队,几次还带了肖洛霍夫同行……委员会看过了四千多份文字材料。

陪同他的人当面提出问题:他站在哪一方面?

过了几天,斯大林看到了什基里亚托夫写的报告,报告中既有关于"非法的迫害",也有关于"大规模的过火行为"的内容,甚至要求把犯罪分子"开除党籍……"报告中还有扰乱安宁者的名字:"肖洛霍夫同志对区里十分熟悉,他帮助了我……"结论:"对维约申斯克区的过火行为调查结果充分地证实了肖洛霍夫同志来信的正确性。"

下一步怎么办? 他们把肖洛霍夫叫到了莫斯科。斯大林、莫洛托夫、伏罗希洛夫、卡冈诺维奇接见了什基里亚托夫和肖洛霍夫,同时还有几位罗斯托夫的人。第二天,继续审查这次调查的结果,非常熟悉顿河情况的米高扬到了会,农业人民委员也被邀请到会,后来会议的大门也为罗斯托夫党的领导人和普洛特金打开了。

政治局的决议《关于维约申斯克区》就是这次审查的结果。主要之点是:"党中央认为,对于破坏粮食收购的农庄庄员施加压力的政策是完全正确和绝对必要的,但由于缺乏边疆区党委的足够监督,这一政策在维约申斯克区被歪曲和诬蔑了。"

会议结束后,大家向肖洛霍夫祝贺他的胜利:边疆区党委会毕竟收敛了。决议"向边疆区党委指出了对于其代表和特派员的工作没有足够的监督"。

然而,斯大林胜利了。

肖洛霍夫以自己所在的区为例,谈到了整个顿河地区的灾难,更广泛地说——全国的灾难。

斯大林则是停留在一个区。

肖洛霍夫揭露了多年来对集体农庄庄员的欺侮的做法,这种做法导致了饥饿。

斯大林却只谈到"歪曲"。

肖洛霍夫揭露的是可怕的专权体制。

斯大林没收了粮食又惩治了在秋收时节常常见到的不可避免的错误。

肖洛霍夫要求改变对农庄庄员的态度。

斯大林赞许继续执行党的路线——只是不要出现过火行为。

肖洛霍夫要追究造成成千上万人死亡和进行大规模镇压的犯罪者的责任。

斯大林追究边疆区党委责任的措施只在党的体制中做低层次的惩罚——"指出了对其代表和特派员的工作没有足够的监督。"不错,边疆区党委的两个干部被免了职,为此,区里人也算捞回了本。起码,对两个干部中的一个要以枪决来威吓,但最终只宣布了"严厉训斥",就像对待普洛特金那样,甚至也没开除出党。

肖洛霍夫曾直截了当地说——据莫洛托夫提及——毫无人性的政策是从何而来。

而斯大林对党中央的责任却避而不谈。

斯大林给所有人都上了一课:不论是人民,还是党的机关,国家政治保安总局,还是做辩护的肖洛霍夫,检查大员什基里亚托夫。我发现,过了五年以后,保护顿河这条线又在继续——还是这三个人,肖洛霍夫、斯大林、什基里亚托夫。

肖洛霍夫是否意识到,即使他和区委会那些志同道合的朋友们失败了,对于历史,也是一种胜利呢?他们表明了自己是真正的共产党员,他们的良心在一代代人面前是纯洁无瑕的。

肖洛霍夫感到惊异的是,政治局《关于维约申斯克区》的决议在党的主要报刊《真理报》竟未刊登过。相反,新发表的文章却更加具有政治上的尖锐性:"维约申斯克区一些农庄庄员在完成其粮食上缴任务时表现出公开的怠工现象……""右倾机会主义者的活动逍遥法外,同富农勾结……""受富农情绪的困扰,超出了阶级警觉性。"

这些期报上的一些标题极为醒目:《饥饿的英国》、《罗马尼亚的饥饿风暴》、《第四个饥饿的严冬来到——纽约来信》。肖洛霍夫感觉到,宣传鼓动部门处心积虑地把国内注意力从"自身"的饥饿中引开。

1933 年 8 月,斯大林光临了罗斯托夫州,什么目的呢?也许是检查他们如何执行了决议并且同这位勇敢的作家会面？肖洛霍夫知道，领袖与伏罗希洛夫和谢·米·布琼尼一起来参观布琼尼养马场，他们对跑马兴致勃勃。

对此，《真理报》作了报道，可是，它报道了其"固定作者"是如何为正义而进行的斗争了吗？唉，没人关心他的这一角色，国内主要报纸连他的创作都一声不吭。比如《组织委员会会议……》这一信息登出来了，其中谈到，高尔基称赞了潘菲洛夫的组织才能（可是，我发现，他对肖洛霍夫为顿河做辩护立下的全国功勋却闭口不言）。请看《论创新、当代题材和读者》一文，它研究了反映农村生活的作品，其中提到了左拉、高尔基——甚至斯大林的名字，然而，在这篇洋洋洒洒的长文中既找不到《静静的顿河》，也找不到《被开垦的处女地》的位置。

这一年，作家肖洛霍夫最后的神经也支撑住了。

这时，边疆区党委还没有批准他入党——吹毛求疵，候补期计算得不正确，而且家中也并非诸事顺当。

在一封信中肖洛霍夫写道："今年我运气不好。看，萨沙得了百日咳已经一个半月了，这病由于着了凉又加重了，嗓子嘶哑，整天都在不停地咳嗽，还能做什么工作？玛丽娅·彼得罗夫娜和妈妈，面对这一大家子人就像老母鸡。"还写到了忠实的妻子："我妻子被折磨得睡不着觉。"

在歉收和大饥饿之后，疗伤中的维约申斯克过去了两年。

历史怀着感激之情把对肖洛霍夫为民请命的文字保存在史册中，他保护了在当局的重压下受尽苦难的和无辜的人民。列夫·托尔斯泰就是在九十年代初的饥饿日子里，开设了免费食堂，借助于报纸的帮助，提高了他救助饥民的声音，并在1905年的第一次革命中奋起抗议死刑的审判；弗拉基米尔·柯罗连科拯救了因不公正的审判被出卖了的穆尔塔的沃恰克人，他们曾被指控利用宗教仪式杀人，为了捍卫真理，他甚至在包括其他论文在内又写了特写《在沉静的农村》（肖洛霍夫在给斯大林的信中提到过这部作品）；契诃夫声名卓著，也因为他到了萨哈林去考察，调研了苦役犯们的生活并且参加了救助饥民的工作……

然而，还没有因其公民责任感的激情而奖赏给米哈伊尔·肖洛霍夫应得的一切，他的重大意义没必要加以夸大——他为十万不幸的人们提出了辩护,他保护了残酷当局统治下的农民!很可惜,不论是政治家还是历史学家,不论作家圈子,还是新闻记者圈子,都决不去想想——致以深深的谢意——把自己同胞这些彪炳千秋的活动收入我国历史的最伟大事件的总汇中。

[增补]给未来的研究者提出的问题。为什么斯大林隐瞒了他写给肖洛霍夫的信?既没有在当时的《真理报》上发表,后来也没有收入自己的文集中,他却刊出了当年写给其他作家的信——给别济缅斯基的,给比里-别洛采尔科夫斯基的,给米库琳娜的——而且,不少都是空泛的祝贺电报。为什么他在广大人民群众面前不再一次表现为一个大恩人,而在创作车间面前表现为政治上的导师呢?

在斯大林活着的时候,肖洛霍夫为什么隐瞒了自己同斯大林的斗争,这不难猜得到。可是,为什么在赫鲁晓夫时代,当揭露斯大林备受欢迎的时候,他也不把自己写给斯大林的信收入文集中呢?

戏剧创作中的悲喜剧

活着很艰难,肖洛霍夫现在只有二十八岁,按其天性,这位作家的心灵极其精细和敏感,一件事就可以使他生活平静——他要为家庭操心,要去关心真正的朋友,可是,唉!简直很少从事于创作,如今也几乎很少有可能去打猎和钓鱼来排遣心中不快。

法捷耶夫在来信中表达了关心:"《被开垦的处女地》第二部的创作进行得如何?《静静的顿河》写下去了没有?告诉我关于你的消息……"他没有回信,可有什么回的。无论是创作心情,还是时代,对于自己编辑《静静的顿河》第三部的肖洛霍夫都不复存在,在3月里写给列维茨卡娅的一封信中他忧伤地承认:"那本书我无论如何也不修改,让它更加显眼……"

不错,1933年他着手编辑当前要再版的《静静的顿河》,为此,不仅要自我完善一下风格。他未必是一个宗教信徒,但是,他真的不想以一个反抗上帝的人而著称,在该书1931年版中大家看到了:"格里沙老爷子……把福音书看脏了……"如今,出现了另一种文本"格里沙爷爷读过福音书……"一个词换掉了,但这实在是与时代相背,对无神论者的党来说,他就是个离经叛道者。

在首都,肖洛霍夫极力关注于文学生活,《真理报》予以了帮助。4月间出现了一篇造成互相歧视的长文《论社会主义现实主义》,狠狠地打击了谢尔盖耶夫–青斯基和安德列·普拉东诺夫,阿尔乔姆·韦肖雷也遭了殃:"歪曲了现实的意义,对现实进行了反动的和有害的描写……"肖洛霍夫熟悉他们中的每一个人,因而读了此文他不能无动于衷。

在另一期的通报里,读到了法捷耶夫、弗谢沃洛德·伊万诺夫和帕乌斯托夫斯基同共青团作家别济缅斯基和列夫·卡西尔联合到一起,并发表了呼吁书:"致全体作家,我们要为孩子创作文艺作品。"这是真正的共青团号召:"我们号召尼·吉洪诺夫、阿列克谢·托尔斯泰、米·斯维特洛夫……"在这一串名单中提到了绥拉菲莫维奇和潘菲洛夫。可是——奇怪的是——在这"被号召"的队伍中却没有高尔基、米哈伊尔·布尔加科夫、帕斯捷尔纳克和他,这个有罪的人。也许,怀疑了他的能力或者担心他的真实会吓坏了少先队?

1月,在肖洛霍夫生日的那一天,报上登出了两篇报道,《十月》杂志的作者与读者见面……《十月》编辑部召开会议……

对于杂志的作者和编辑部的成员肖洛霍夫——没有什么可说的。他收获了32年自己播下的东西。杂志的主编在极大程度上对他不喜欢。但一般来说,他对于编辑部内部的游戏置之不理。

肖洛霍夫有着自己的平和的快乐——心灵毕竟躲开了春天的那些战斗。他抽出了几天时间到梅德维季河口镇的绥拉菲莫维奇家做客,而如今,根据党中央的决定,这里,已经更名为绥拉菲莫维奇市。两个人谈得没完没了……另一件快乐的事:8月,列维茨卡娅的女婿克列伊梅诺夫终于要来肖洛霍夫家。夏天已经可以克服了饥饿带来的后果,因而他给列维茨卡娅写的信是那样的平静安然,这封信由其女婿带了回去,信中的一切都洋溢着宁静的气息,甚至有这样的句子:"我们给您带去了一对沙鸡,这是我们打猎成绩的物证……我们等待您明年来……再见!9月末,我将到莫斯科,那时将会高兴地看到您。玛丽娅·彼得罗夫娜和老奶奶向您问候。你的米·肖洛霍夫。"

……那本由肖洛霍夫编辑的《静静的顿河》附有哥萨克词语表,这就是说,他有了机会参与了自己作品的编纂。

……轮到了该完成斯大林关于需要新剧本指示的时候了。这时法捷耶夫写来了一封信:"亲爱的米沙:现在,由于我们和电影工作者的发起,作家同导演在一起工作已经成为一种时尚……我们想吸引你也来参加这件事。"

5月,由于一个纯偶然的机会就开始"吸引"了。当时有一位第比利斯的著名的电影导演尼古拉·申格拉亚在火车站的售报亭遇到了一本对于格鲁吉亚人来说书名古怪的《被开垦的处女地》,他买了下来,读了后,十分喜欢,于是就向肖洛霍夫提议把它改成电影。肖洛霍夫准备与他见面——他看过申格拉亚的一些片子——印象极深。7月末,他们商量好,一起编写电影脚本。肖洛霍夫极其能干——他给导演写信问:"谁来演呢?……记得吗,您答应在莫斯科留下照片……我很想让片子更好一些,而成功地选择人决定一切,这您比我更清楚。"他又明确地说:"您考虑过没有,鲁什卡的角色由您的妻子演为好,对她的才华我给予了极高的评价。……"这里说的就是娜嘉·瓦奇纳泽,肖洛霍夫称她是"格鲁吉亚的维拉·霍罗德娜娅",他的这番话表明了他非常了解电影天才女性的美。

拍电影的事拖到了第二年。当时,1月15日,肖洛霍夫给列维茨卡娅写了一封信,看起来其口气与其说是骄傲,不如说是感到惋惜:"整整一个月同电影导演坐下来写《处女地》的脚本。能拍电影吗?目前谁也还什么都不知道。"

人们还打算把《处女地》搬上舞台,肖洛霍夫知道,已有好多剧组想根据这部长篇小说写成剧本,那么由谁改写呢?他自己没有说出意见。出现了两个大胆的人。可就在这个时候,又有人策划了一场轰动了整个文艺界的戏——丢脸的搞阴谋的,以至于把肖洛霍夫也卷了进去,他由于自己扮演了"主角",又是罪过,又是可笑。这两位戏剧家由于都很明白的原因,带了自己的剧本去找肖洛霍夫以取得同意。

第一个人是尼古拉·克拉舍宁尼科夫——1933年10月他收到了肖洛霍夫拍来的电报。第一句话就好像一颗子弹的爆炸:"剧本的印象是极令人难过的……"那个人的答复极为惊慌失措——同样也用电报发过来:"用特殊铅字印出的这个剧本……畅行好多城市……"他记得十分清楚,早在7

月间他就得到了肖洛霍夫的通知:"我委托克拉舍宁尼科夫同志把我的长篇小说《被开垦的处女地》改编成剧本,并交给他特权在莫斯科和列宁格勒上演这一剧本……委托他首先同瓦赫坦戈夫剧院进行谈判……"

这个戏剧故事的第二幕引出了新的情节,列宁格勒戏剧协会要求取缔克拉舍宁尼科夫的专利权:"必须进行创作上的竞赛……"这样,在舞台上就推出了一个新的人物——第二位戏剧家:约瑟夫·维纳。

肖洛霍夫处于两难境地。他想来想去,正如他感到的那样,公布了一个安排好一切的决定:允许列宁格勒剧院上演由维纳改编的剧本(除了一些不大的毛病和结尾略有不妥外),允许克拉舍宁尼科夫在瓦赫坦戈夫剧院上演自己的剧本(《莫斯科晚报》报道:"肖洛霍夫观看后提出了一些意见……")。

两年以后,又有了第三幕,肖洛霍夫放下了幕布:放弃了以前的意见。这一次他对剧本的评价持以不可改变的否定态度。

真巧——正是从这时开始,文坛上一个年轻人倾心于肖洛霍夫,肖洛霍夫才二十八岁,但对于许多人来说他已经是导师了。1933年夏,肖洛霍夫在维约申斯克收到了一个邮包,其中有一本刚刚出版的书和一封信:请过目并等待回音。噢,这完全像自己曾经给绥拉菲莫维奇写信那样。11月,他回了信:"斯蒂特尔曼同志:请接受我一百个歉意,因是不久前我才拜读完。这本书写得温馨,我们没有后悔把它拖延到了秋天阅读,天冷时,它会让人暖和起来。祝好! 米·肖洛霍夫。"同这位作家的友好情谊他持续了很长时间。

他并非对所有人都这么热情接待,一个固执的庸才就被他顶了回去。有这么一个人,曾想得到他的宽容——他突然就终止了来往,并回答得很挖苦人:"鞋匠在缝制鞋子前,先要学会把猪鬃捻进麻绳里去……"而这一比喻则是很有说服力的:"不懂自己专业的ABC,就不能成为作家。"

年底,肖洛霍夫突然想起了普洛特金,在党中央做出了决定,剥夺了他在维约申斯克工作的权利后,好像他跑到了基辅。他收到了肖洛霍夫的一封信,信中俏皮地说:"你又回到工厂里……不好的是提高了自己的职位,扔掉了钳工的工作。咳,你做供应机关的工作怎么样了呢? 这真是莫名其妙,是让犹太人去做买卖或者搞供应吗?"然后他又说了正经事:"我现在仍在写《静静的顿河》。"还有这样充满哲理的话——过去没有过的,将来也不会有:"我在等待春天,整个一生我们大家都在等待着什么,但也就这样地死去了,没有等到最重要的东西。也许,死去也就是'最重要的'?"

这里继续说一下区里的日子是怎么过的——而且肖洛霍夫的笔用寓意的冷嘲热讽的调子也谈到了这一点:"这个轮子旋转着,一半写上了'好',另一半写上了'不好'。不知道,轮子停下来时,看到的是哪一半。一句话,像儿歌儿里写的:

'也许,黄雀脑袋疼?

也许,黄雀不自由?'"

下面就是充满了深刻哲理内容的回答:"不论是谁,什么也不知道。"在维约申斯克也是如此:"不论谁什么也不知道。"

这一年的最后一封信是 12 月 28 日写的,好像一年里没有任何灾难出现——只是文学方面,一位女作家给他寄来了一个剧本请过目——听听反应,而他在回信中则俏皮地说:"我自己只是在写,不会读,我对待会读的人大约就像哑巴对待歌儿唱得好的人一样。"但是他还是答应了读一下寄来的剧本。

〔增补〕我在自己的家庭档案中收藏有 1933 年出版的发行量达一百五十万份的小型挂历,这份挂历保存了时代精神,因为它提供了九条口号。这些口号有助于了解肖洛霍夫最复杂的情感世界。在他所生活的那个时代里,斯大林想要看到迅速发展的不断胜利的国家,但是——我强调的是——单维的国家,由于意识形态的战略就不再注意人的心灵的微妙变化了。

一、高举列宁的旗帜,我们取得了在为社会主义建设胜利而进行的斗争中的决定性的成就。(斯大林)

二、农业经济及其主要问题的命运,从今以后不再由个体农民经济来决定,而是由集体农庄和国营农场决定。(斯大林)

三、为实现列宁的民族政策而斗争,为实现苏联各族劳动人民的团结和平等而斗争。

四、为实现联共(布)的团结,为突击工作和社会主义建设速度,为社会主义劳动竞赛而斗争——反对形形色色的机会主义,旷工者和破坏分子!

五、在进入社会主义阶段的国家不应当有文盲,我们要把苏联变成全面有文化修养的国家!

六、生产更多的煤、钢铁、铜、石油和机器!

七、在改造阶段技术决定一切!(斯大林)

八、别人的土地一寸我们也不要,但是我们自己的土地一寸也不给任何人!(斯大林)

九、国际革命战士救援会——是国际的和无产阶级团结一致的一所学校。

看起来,给努力走向新社会增光的这一首庄严肃穆的交响乐与肖洛霍夫心绪相融合,就写出了社会中出现的令人心酸的真相,斯大林从肖洛霍夫的信中得知了1933年维约申斯克区所出现的可怕的景象:

一、农户——一万三千八百一十三户;二、总人口——五万二千零六十九人;三、被国家政治保安局、警察和村苏维埃等机关逮捕在押的人数为三千一百二十八人;四、其中被判处枪决的——五十二人;五、由人民法院和根据国家政治保安局的一个委员会决议而判决坐牢的——二千三百人;六、开除集体农庄的——一千九百四十七户;七、处以罚金的(没收粮食与牲畜)——三千三百五十户……

破坏安宁的人

“孤独者”的来信　没有肖洛霍夫的代表大会
斯大林和歌剧《静静的顿河》
《被开垦的处女地》有第二部吗?
引起了叶若夫和波斯克列贝舍夫注意
作为检查者的什基里亚托夫
祝领袖六十华诞的文章　安娜·阿赫玛托娃
安德列·普拉东诺夫　诺贝尔奖获得者

第 一 章

1934:“在作家的职业中找到了自我……”

有两句可靠的经过时间检验过的俗语:“说真话——自寻烦恼”和“一切都会消失——唯真理永存”。

斯大林的那封信认为他对农民状况的看法是片面的,读了这封信后,肖洛霍夫又该怎么生活,怎么想,又怎么创作呢?

区里报社的立场

肖洛霍夫即使在新年的餐桌上也不能不想到,过半个月后将有一个重大的事件,区里报社的编委会要召开会议,会议将讨论米·亚·肖洛霍夫由候补党员转为联共(布)党员的事。这里他的党员命运也将被决定——他的候补称号还能存在多久。

怎么能这样——从 1932 年起他就成了具有全权的正式党员了吗? 唉,

暂时还没能确定下来，那是把他当成了候补党员，比犯错误的强。

国家迅速地改观了。1934 年领袖在例行召开的党的代表大会上，有不少理由可以宣布："国家在比较短暂的时间里，转移到了国家工业化和农业集体化的轨道上，第一个五年计划取得了成就，这使我们感到了骄傲，并加强了对我们工作人员力量的信心。"

斯大林号召发展经济，然而对于人民在1932—1933 年遭遇到了大饥饿的威胁而造成的巨大牺牲却缄口不言，相反，他却慷慨地赞扬人民为"新社会的建设者"，而那些优秀的人则是突击手、斯达汉诺夫工作者、先锋战士和英雄。

在这一年，根据某种极平常的理由，按照习惯，凭着"情感"他写了一份文字吝啬的自传，可是，突然又拿起笔来，坦诚地加以充实："看来，现在最终在作家的职业中，在这一场艰难而愉快的创作中，我'找到了自我'。"

在肖洛霍夫的生活中，一些大事十分紧密地凑到了一起。几乎与镇里召开党的会议相同时，第十七次党的代表大会在首都也筹备了。

1 月 15 日，已经很晚了，党的会议刚刚结束，他明显地表现出了心情激动，就给列维茨卡娅写信："我们这里还没有清党，违背了党中央的决议，把我转为党员，而且区委会还为通过这一决定去斡旋。而您说——'值得同情的'，我已经不再同情自己了，我永远是一个'积极的候补党员'。"

"违背了党中央的决议"……这是边疆区委在败坏肖洛霍夫和区委名誉的游戏中玩的一张牌。边疆区委书记事先没有任何通知就光临了维约申斯克镇并且出席了会议。当他发言反对肖洛霍夫时，援引了中央的文件《关于 1933 年清洗党员和候补党员》来掩盖了他见不得人的意图。文件中不仅说到了运动的目的是"优化成员的品质"，而且也包含了用来反对肖洛霍夫的内容："不论在城市还是在农村，自这一决定公布之日起，停止转党工作。"现在十分清楚，区委书记卢戈沃伊允许肖洛霍夫转为正式党员，对此，罗斯托夫都已知道，因而决定加以干预。正式的理由是有的，关于"优化成员品质"，这些人却没有考虑肖洛霍夫的名字。

众所周知，报社里的人，并不很怕什么，于是立即予以回击，而且他们又早就同卢戈沃伊商量过，所以，听过了这位高官客人的话后立即顶了回去："我们都了解，了解肖洛霍夫，他是我们的同乡，是在我们眼皮底下长大的。"

1月末召开了党的代表大会,肖洛霍夫后来得知,会议发给每一位代表一份很重的硬纸包,上面印有"赠给党的第十七次代表大会的代表"的字样,其中包着潘菲洛夫的四卷本长篇小说《磨刀石农庄》的第一部。

代表们情绪振奋,根据斯大林的提议,这次代表大会被称做胜利者的代表大会——人们认为,国家在社会主义建设中取得了胜利。在这些日子里,肖洛霍夫极力从《真理报》中去翻寻一些最重要的东西,一篇篇讲话,讲话,还是讲话……党的精英对走过的道路作出了自己的评价,也齐心协力地描绘了对未来的改造。一些人的发言是纯洁的,犹如良心——他们中的许多人这是最后一次成为代表;另一些人的发言——卑躬屈膝,他们为自己的反斯大林倾向而忏悔;还有一些人极力靠阿谀逢迎保住自己,尽管昨天还是以真正的革命者称著。领袖让他们弯下了腰:对一些人用镇压加以威胁(称为"反对派"——这是国家政治保安局"案卷"中的用语)。对另一些人则以造成党的分裂相威胁,迫使他们背叛自己的信念——需要团结一致嘛!

肖洛霍夫看看关于农村和农民的讲话,可是,没有任何人——没有任何人!对于不久前的大饥饿以及饿死的几百万人任何人也不置一词,好像从未有过这种事,因为对于领袖的赞颂如排山倒海般的巨浪。

他那次给斯大林不拘礼节地写信称:"斯大林同志:今天收到您的电报……"过了还不到十个月,而现在,他的老乡——边疆区党委书记就发言说:"我们知道,我们党推出了一位保证我们执行正确的党的路线的领袖……"人民委员米高扬,这时已是政治局候补委员了——关于大饥饿的记忆好像突然就烟消云散,说:"斯大林同志对党的天才领导,经过了五年的斗争,带领我们取得了这样的成绩,1933年只是一些集体农庄提供的粮食就超过了1913年全部地主和富农得到的粮食总量。"季诺维耶夫和加米涅夫的讲话为了表示忏悔也颂扬了领袖,前者在谈到斯大林的报告时说:"在其杰出的报告中……"后者则说"我们的,我们的领袖和指挥员斯大林同志万岁!"

肖洛霍夫知道,在代表大会上曾两次提到了他的名字。尤金,是个党员,党中央给了他任务,帮助组建作家协会,他引用了一位雇农出身的书迷的话:"在新出版的书籍中,我差不多读了诺维科夫-普里波伊、绥拉菲莫维奇、高尔基、肖洛霍夫、潘菲洛夫所有的作品。"

潘菲洛夫获得了荣誉:他本来不是代表大会的代表,却为他提供了到讲台讲话的机会,这是作家中唯一的一个人!他是这样面对大厅开始了自己的发言的:"同志们,你们允许我这个《磨刀石农庄》小说的作者以'磨刀石人'的语言讲话。"他的讲话从歌功颂德的开始几句就不怎么样,其中"从积极方面"列举了一些名字,但把他们套在一起却不成比例:高尔基、绥拉菲莫维奇、富尔曼诺夫、涅维罗夫、法捷耶夫、肖洛霍夫、舒霍夫、别济缅斯基、别拉·伊列什、吉达什、基尔雄、斯塔夫斯基、弗谢·伊万诺夫。大概,肖洛霍夫付之一笑:一个大铁锅里既有鲤鱼,也有活蹦乱跳的棘鲈。

代表大会上没有人提到《被开垦的处女地》,斯大林在报告中没谈,当时的思想家们没谈,文坛的兄弟们没谈,集体农庄的党员代表也没谈。但是,所有从集体农庄来的代表都在上气不接下气地谈着集体化。这次代表大会罗盘上紧张抖动着的指针没有指向《处女地》,而是指向了《磨刀石农庄》,在这部多卷本的长篇小说里,作为积极主人公的是斯大林,还有几部作品也称赞了斯大林——阿夫杰延科的《我爱》、伊里因的《大传送带》和索波列夫的《大修》……被压弯了腰的评论家们很快就看明白了,《磨刀石农庄》和《被开垦的处女地》陷入了何等对立的境地!特别看好哪一部?有个人在谈及潘菲洛夫时,曾得以说出这样的话:"我们当今的巴尔扎克。"

还是在这次代表大会召开之前,围绕着潘菲洛夫的议论纷纷就已经使马克西姆·高尔基生气了,看来,就因为这样,恰好在这几天,他就决定在《文学报》上发表了《关于一场论争》的文章以批评《磨刀石农庄》,但他并没平静下来,过了半个月,他又给吹捧为新出现的巴尔扎克的主要人物——亚历山大·绥拉菲莫维奇写了一封公开信发表。噢,这位极受尊敬的老人就处于这种状态了:既同肖洛霍夫很友好,又与潘菲洛夫结为一体。请看——高尔基的责备:"您尊称潘菲洛夫为圣者……""评论界抽不出时间来把《磨刀石农庄》同《被开垦的处女地》加以对比……""您肯定,'今天要学习潘菲洛夫的作品,而在将来也要研究我们的时代',而我倒觉得,即使我们是大祭司,我们也不应当去做预言……"

斯大林称赞潘菲洛夫,高尔基却在消灭他,这个主意是冒险的,评论界的倾向性轻而易举就可以看出。还有一点:在代表大会上提到了国内主要

"文艺评论家们",有一个发言的说:"斯大林和卡冈诺维奇同志对文学战线给予过和正在给予极大的关注……他们不止一次地召见我们,不止一次地同我们交谈,给我们作指示。"

领袖的指示……肖洛霍夫可以记得自己同领袖的交往:接见,好像审讯一般,但由于允许了出版《静静的顿河》,这次接见的结局很好(他想到了没有,将来小说承受了书刊检查机关多少次死刑的判决);领袖曾为肖洛霍夫举过杯(可也对麦列霍夫做了判决);批准了出版《被开垦的处女地》(紧跟着就有编辑们的说三道四);对大饥饿也没有置之不理(但却指责肖洛霍夫政治上的糊涂)……肖洛霍夫还可以记得卡冈诺维奇的名字,在他到了顿河一趟后,肖洛霍夫就板上钉钉儿地被指责为反革命。

有一次,肖洛霍夫对我说过这件事:"这位活动家喜欢指教我们弟兄,有一回甚至小心谨慎的法捷耶夫也忍无可忍,直接当着斯大林的面贸然地说出了:'拉扎里·莫伊谢耶维奇'——他说——'你对文学一窍不通,带着自己的意见乱钻!'斯大林笑了,卡冈诺维奇坐在那里面红耳赤。"

……1934年2月《电影》杂志刊出了轰动一时的消息——肖洛霍夫和申格拉亚告诉大家,他们把《被开垦的处女地》改编成什么样的电影脚本也达成了一致意见,可以想象,这个热情冲动的格鲁吉亚人同倔犟得有时一点就爆炸的哥萨克取得的一致意见经过了何等的争执,甚至在餐桌上也如此!肖洛霍夫寄希望于杂志的读者:"申格拉亚理解我,对于《被开垦的处女地》的主人公也同我想到的都一样。"作家平静而又认真地说:"在拍摄之前我还想把唯一的愿望送给申格拉亚……我想在演员挑选上要极其注意并表现得敏锐……"

唉,这两个极其乐观的合作者没能预想到主要的东西——电影界整个的复杂性。有一个当时极具影响力的文学活动家——党的正统分子,制造了一场脚本之战,而且他得到了国家电影部门的支持,进行抵制的只有两个人——申格拉亚和肖洛霍夫,结果他们以失败告终!

〔增补〕有些科研成果表明,在《静静的顿河》中关于大自然描写的某些内容。叶·希林娜就已确认:"在这部史诗长篇小说的艺术体系中大自然占有重要位置。大自然的描写表现在所有重要形式中:对地形和动植物世界里个别对象的描写;把人和存在于大自然的带有物和过程的历史加以比较;作者和一些人物对周围自然环境做出的判断以及他们的情感和行为。"

"一大群托儿"

在党的代表大会之后,斯大林和党中央就抓了作家协会的筹备工作。报纸杂志上越来越多地刊登了讨论作家协会章程草案的文章,以及关于统一的作家协会领导下苏联文学应当如何发展问题。未必有人反对这样的协会。作家们对正统的拉普派那种处心积虑的贪权样子厌恶得不得了,讥讽地称他们为"行吟诗人",正是这些"行吟诗人",在斯大林的阳光底下越来越为自己的地位而争斗——他们不想离开文学的奥林匹斯山,他们指责所有人的非革命性,要知道,他们听到了在党的代表大会上关于领袖说过这样的话:"斯大林同志,这里顺便说说,曾教导我们对待作家要珍惜,因为,他说过,文学——这是一种精致的工作!"可是,这种关心是虚伪的。

不论在代表大会前,还是在其后,对作家充满了关注的既有意识形态的仆从们,也有国家政治保安总局——内务人民委员部,还有凶狠的甘心效劳的评论家。"农民诗人"尼古拉·克留耶夫被逮捕,同他毫无共同之处的奥西普·曼德尔什塔姆也被捕,阿赫玛托娃的诗集差不多十年不能出版,他们迫害了谢尔盖·克雷奇科夫、亚历山大·希里亚耶维茨、彼得·奥列申……被驱逐的还有米哈伊尔·布尔加科夫、巴别尔……饱受了创作不自由之苦的有普里什文(在其内容广泛的日记中,他的所有主要沉思都为一些不相干的观点所掩盖着)、普拉东诺夫和谢尔盖耶夫-青斯基,而肖洛霍夫对这三位作家都崇拜有加。他看出来了,有多少甘愿为当局效劳的作家幸运地把书一出再出,稿酬、财产、荣誉、社会关注,可是他们的著作如蜉蝣而已。

在代表大会召开前他被注意到了,这是个别的。法捷耶夫在《文学报》上以极美好的愿望发表了一篇指示性文章《为高质量,为写作技巧而斗争》,开始他没有用职业性的称赞回避肖洛霍夫:"他……依靠着生活的'自然主义'细节,走向了综合和典型化",最后——批评了起来,"有时在这些细节后面看不到整体。"让读者去猜吧,这个"整体"指的是什么,难道肖洛霍夫在其关于十月革命和国内战争,关于农业集体化,关于消灭富农的长篇小说中没有看到"整体"吗?

批评并非偶然。那些正在筹备作家协会的人并不很赏识肖洛霍夫,其中之一即是索尔茨,他不久前升为党的高官,在组织委员会里作过报告,人们问他:他怎么看待当代文学?他挖苦地回答:"我的记忆力不好,不论读什么,都忘。你看,读了肖洛霍夫的《被开垦的处女地》——可现在却忘了。"开过这次会议后科尔内伊·楚科夫斯基回家与莉季娅·绥甫琳娜同行,他听到绥甫琳娜讲到这个索尔茨令人厌恶的一些话:"自由主义官员们讨厌他。"

在代表大会前的这段时间里,肖洛霍夫写了一篇文章(写了一个半月),于是现在用公开的形式谈出了自己的职业观点和信念。他不讳言,同谁站在一起,反对谁。他给高尔基写信说:"亲爱的阿列克谢·马克西莫维奇:我给您寄去论文,请过目。如果您认为应当修改,请斧正。但是,只请您不要交给组织委员会的人去宰割。他们乱写一气,那样,一篇文章就只会剩下'角和腿'了。"

很幸运,他的这篇文章躲开了《文学报》里"乱改一气"的书刊检查,也许是高尔基作为组织委员会主席动用了自己的威望和权利。

1934年3月18日,这篇文章问世,它有一个引人注目的标题《为作家和评论家的诚实劳动而奋斗》,它完全不符合时代的精神,作者没有用思想政治类的指示来教训笔杆子弟兄们,没有使用在斯大林的五年计划期间关于文学和文学家作用的畅销的表达方式,也没有回应不久前《文学报》有这样一些指导性的教训的纲领性的文章:"我们有这个时代最伟大的一些人物——我们有过列宁、有斯大林、莫洛托夫、卡冈诺维奇、伏罗希洛夫,可是在文学艺术领域,我们这里还没有展现出像我们领袖一样地具有这样伟大智慧和革命气魄的人来。文学中应当有这样的人物出现。作为共产党的领袖,当代人们中最伟大最具有天才的就是斯大林同志。"

很快又出现了肖洛霍夫写的文章《致英国读者》,此时在英国正准备出版《静静的顿河》,在这篇文章中同样没有任何政治口号。

在这篇文章中肖洛霍夫都讲了些什么呢?他不仅支持了斗争中的高尔基反对轻视语言使用中的古典传统,也反对了灌输一种伪人民性的和别样的行话土语,而这种倾向当时是很时髦的。

他反对一些人用"反艺术性的、不学无术的和没有才华的作品"来堆满文学书架,也就是说,反对那些耍政治手腕人的急就篇。他警告了正在产生的"文学领袖主义"的危险,批判了"不顾一切地"宣布"文学领袖"的小说为"我们伟大的'革命时代'气势恢宏的纪念碑"这样的作法。这恰恰就暗中指向了潘菲洛夫。他还关切地指出了"缺乏善意的严肃的无愧于这个词的批评"。

他要求那"一群托儿"停止"赞美自己的"作家,停止攻击"异端者"。他提到了那些在文学政策上随波逐流的人:"粉饰现实从而直接损害真实的……不是好作家。"

最后,他还预先告诉了人们,谁也不能等待他写出甜蜜蜜的作品:"我的书不是茶余饭后阅读的消遣品,不是以帮助消化作为唯一目的的读物。"

他反对投机文学和造孽文学家的斗争遭到了挫折,这个世界的强者乃是有经验的策略家,他们有自己的反攻方式:沉默!即使在作家代表大会上对于这篇纲领性的文章——也不置一词,他们没看见,如此而已。

然而有一个苏兹达里地方关押政治犯隔离室里的囚徒叫马尔杰米扬·留金的却注意到了这篇文章,这个以非同寻常的勇气反对斯大林的党员被判罪,长年累月地单独监禁(后被枪杀)。他不仅发现了这篇文章,而且这篇文章成了他在监狱痛苦折磨中的一大事件,他曾把此事写信告诉儿子……这个"人民的敌人"特别注意并且予以支持的,实际上是主要的思想——不接受见风使舵的文学。他打心眼里公开地批判潘菲洛夫的集体农庄小说。他还指出,在这方面高尔基和肖洛霍夫是一致的,对此他写道:"高尔基和肖洛霍夫理所当然地抨击了他。"这个注定要被杀掉的人在信中还有这样的话:"我在关注作家代表大会的筹备工作……"

4月的第一周里,肖洛霍夫从维约申斯克给列维茨卡娅照例又发出一封信,其中谈到写完了《静静的顿河》第四部中的一章。"这一章我写了很久,我写完了它,在反复读过之后——嗓子里颤抖了起来",并接着说:"我一直担心,我不能写完或者写得不好,不能像应当写的那样"(他没有预先想到一点——不仅在这一年,即使再有五年的长时间,也没让他把这部长篇小说写完)。

他提到了潘菲洛夫:"要知道,这个人最终变得极坏,他不厌恶采用任何手段要沿着文坛官阶的阶梯爬上去。"

肖洛霍夫担心的是,一个"不好的"春天来到了:"燥热的风吹了三周,积雪倒是融化了,但大地还是干旱。工作开展得不顺手……很早,大约从一月开始,人们就浮肿了,不是所有人……但是很多。"他又补充了一句:"如今为了写关于爱情的小说,应当有勇气,尽管这是苦涩的爱情。"正好,这时他在写"那可爱的不幸的阿克西妮娅终于又与葛利高里相爱了"。

〔增补〕肖洛霍夫的讲话中提到了先行者:"托尔斯泰是不可企及的……契诃夫……我们还没有学会像老年人那样写作,这决不是自我毁灭,我们写作还没有用足全部精力……契诃夫从来也不出'半成品',在他的笔下你找不到废品……"

政 治 局 会 议

5月,顿河流域这最好月份的最后一天——播种完成了。钓鱼的人自由自在了,而肖洛霍夫就是一个钓鱼迷——可是,在莫斯科的斯大林却想到了他。高尔基想要出版《第一、二个五年计划中的人们》文集,为此决定组建一个编辑委员会。领袖着了迷般地研究了为他送来的编委会成员的名单,他不满意。他早已制定过公式,好长时间它已经成了习惯用语:"干部决定一切!"于是,他删掉了布哈林,虽然他是党中央候补委员,但却写上了拉狄克、基尔雄和肖洛霍夫的名字。然而,三个人中谁也没能作为成员为这个编委会工作过。头两个人没有许久,还没等到关于五年计划中英雄的书出版——就进入了"人民的敌人"的名单,而肖洛霍夫为执行领袖的委托还没出过力,也没有放弃这文集的工作,但他却又有了别的操心事。

政治局决议的后果毕竟表现出来了——大饥饿再一次威胁了人们,因为没有取缔用暴力的方法没收粮食。这一次谁来搭救顿河呢?

1934年6月14日,肖洛霍夫拜访了斯大林,用了一个小时多一些时间他说服了领袖及其周围的一些人,应当急速制止再次要发生的灾难。斯大林这一次迅速地做出了决定,他组成了一个由党和国民经济中有影响的十位活动家构成的委员会,日丹诺夫和米高扬甚至也在其中,这个委员会的名单按姓氏字头排列,肖洛霍夫是最后一人。过了一周多一点,政治局通过了党中央和人民委员会关于救助顿河的决议。

在政治局的这次会议记录中还有一条："关于肖洛霍夫出国访问"，文中写道："批准肖洛霍夫同志出国访问丹麦和英国一个月并拨付外汇。"记录下面签字人：约·斯大林。

在这一天里，除了肖洛霍夫关心的问题外，还有哪些事让政治局不安呢？在会议记录中几乎有二百个问题，实际上有些经过了讨论，有些只是在预先准备好需要拿来签字的方案上表示一下。这里有关于降低鱼和肉的价格问题，有奖励契留什金号上的英雄们和组建"苏联和中国文化联系协会"问题，还有为中小学生编写古代史教材以及在莫斯科郊区别列杰尔金诺地方建设作家别墅区问题……

根据斯大林的旨意，政治指针指向了肖洛霍夫一方。在那种岁月里，批准出国可并非是常事，而且还有一个奇迹——肖洛霍夫进入了国家职务级别委员会。

不久，作家就在《真理报》第二版上发现了一个大字标题：《作家肖洛霍夫经过了党的审查》，在短评（善意的）中说：他经过了党的清洗。但是，为什么经过了半年后又说到了这件事？也许，报纸在等着上头的某种暗示？报社里有过这种情况，肖洛霍夫感到奇怪的原因是："根据米哈伊尔·肖洛霍夫的警示，对维约申斯克区有些地方的过火行为不止一次地采取了纠正措施……"这是第一次也是最后一次公开地向大家讲出来的，尽管还模糊不清，这位勇敢的作家同大饥饿的罪魁祸首已经较量过了。

肖洛霍夫成功地经受住了审查——镇里的党员们提的问题很尖锐：有人是真心实意的，有人勉强掩饰了卑劣心态。这值得了解其中的某些内容，因为在回答中表现出了作家的性格，这也是他对生活和创作态度的一种反响。

"请说说，您是怎么收集素材的？"

"带着筐。"有个人反驳了一句。

"可以不回答这个问题，"委员会主席说，"最好您说一下都承担了哪些社会和党的工作？"

"同区里党组织保持了经常性联系，参与了他们的工作。我作为几家杂志编辑部成员，为年轻作家们做了大量工作。"

"您是怎么帮助初学写作的作家们的？"

"近一个时期以来人们对文学的兴趣极大，其实，经常涉足文学的一些人在某个种子采购站办公室里还不会做个办事员，就认为最好还是去写诗，认为文学创作是轻而易举的事情。这样的人对文学什么也做不出来。在我的关注下有五个人，我答应了他们，给他们修改手稿，帮助他们掌握写作技巧。"

"您同集体农庄有什么联系？"

"经常到农庄去，没有这种联系我就不能够写作。"

"您从事文学创作的推动力是什么？"

"这个问题很难回答，有对文学的爱好，天赋也有。"

"对评论家瓦西里科夫斯基和列别杰夫的指示您是怎样看的？"

"评论家们许许多多的指示我没必要都同意。"

"你知道吗？国外从您的小说《被开垦的处女地》中砍掉了五章。"

"我曾经提过抗议……我写的信得到了欧洲一些著名作家极大的反响，其中包括安德列·纪德也同意我写的信，甚至还表达了自己的抗议。"

"您的作品在多少个国家再版过？"

"十四个国家。"

"请问，《常胜将军》这个剧本在卡尔金镇上演过吗——您写的？"

"是，我写的。当时我对自己的文学尝试感到不好意思，于是就把它给了外地。"

"请问，如果是在全面集体化时期，葛利高里·麦列霍夫会起到什么作用呢？"

"如果《静静的顿河》不是结束在国内战争时期，而是结束在三十年代，这个问题我就能够回答了。麦列霍夫是个虚构的典型，所以很难回答，他可能做些什么。"

"为什么您把葛利高里·麦列霍夫写得引起了人们的同情呢？"

"麦列霍夫是个中农，而中农的摇摆不定是很厉害的。在麦列霍夫身上，我想表现出这种摇摆。让主人公跷着脚，趾高气昂地走路，这样的作家不好。"

那么，这次会议是怎么结束的呢？通过了决议，"认为米哈伊尔·肖洛霍夫通过了审查"，劳动者的手掌爆发出震耳的响声。

1934年6月29日——《共青团真理报》出版了轰动一时的新闻,报上刊登了同肖洛霍夫谈近期创作计划的文章。标题令人大吃一惊:《关于集体农庄的剧本》:作者拒绝改编《被开垦的处女地》为剧本——"他决定创作一部别具一格的戏剧作品,同样是用集体农庄的题材。"他甚至谈到了某些细节:"非常现实主义的!写新老农民或者——更确切地说是——农民出身的'父与子',"他准确地说,"这个剧本我已开始写了,几乎写了一半……"可是,下面却说,"暂时搁置了起来,因为要把长篇小说写完。"

肖洛霍夫任何一个剧本也没发表过,即使他写完了长篇小说,我们记得连那些狩猎的短篇小说也没有问世,尽管8月17日的《共青团真理报》还说:"肖洛霍夫开始写短篇小说。"

在作家代表大会前的一段时间里,还有哪些事情相伴呢?有件潘菲洛夫向高尔基做解释的事,潘菲洛夫不能去俯就肖洛霍夫,但他却崇拜高尔基——在肖洛霍夫那篇文章发表后五天的书信中,压住了傲慢的情绪写道:"这些日子里我反复想了不少,并想同您知心地谈一谈,公开地,以便能永远打消妨碍我的误解,尽管我真诚地努力去做一切,同您工作并在您的领导之下。"

高尔基不信任他,但知道谁是潘菲洛夫的保护人。他给斯大林写了一封揭露性的信:"我不相信潘菲洛夫的真诚,他是共产党员,同时也是文化水平极低的农民,他是狡诈的、病态爱慕虚荣的但却具有顽强意志的小伙子。他极具活动能力地反对对《磨刀石农庄》持批评态度,拉拢了瓦列伊基斯作为自己的保护人,还有个叫格列奇什尼科夫的人出版了一本吹捧他的书,其中断言'《磨刀石农庄》的认识意义,毫不夸张地说是巨大的',并且重复了瓦西里科夫斯基文章中的句子说,'甚至任何一本研究农业集体化的专门著作也不会取代,也不能取代它。'"

接着高尔基又写道:"当然,在这本小书中,对于肖洛霍夫的《被开垦的处女地》和舒霍夫的《仇恨》只字不提,十分自然,对潘菲洛夫漫无节制的吹捧就对这些作家起到了病态的和有害的作用。"

很少有人知道,高尔基多么需要一些同盟者——他根据某些观点正在筹备着作家代表大会,秘密地对抗着斯大林和组织委员会里斯大林的那些委员。然而,并非诸事顺利,更何况5月里又遭到了丧子之痛。但这个到了老迈之年有病在身的人毕竟极想聚集力量,他曾发言反对那些从党中央派到组织委员会里的人。

但胜利终究是属于斯大林的,高尔基办成的事极少,比如,在由百人组成的未来的作家协会理事会成员名单中,只有七个候选人是"他"提出追加的。

就这样,在代表大会召开前的几个月里,肖洛霍夫就同高尔基站在一起,这就是说,反对由克里姆林宫所强加给文学的那种集权政治化表现。我发现,在辩论中支持高尔基的人也同肖洛霍夫保持一致——阿列克谢·托尔斯泰、弗谢沃洛德·伊万诺夫、莉季娅·绥甫琳娜和列昂尼德·列昂诺夫。

列昂诺夫后来回忆起,有一次亚戈达这个刽子手人民委员喝醉了酒询问他:"'列昂诺夫,您说说,为什么你们需要文学上的领导权?'于是我明白了:完了。当时我自己也假装喝醉了,蓬头垢面地回答:'您说哪儿去了,亨利希·格利高里耶维奇!什么领导权呀?我只需要不能往我头上拉屎,否则淌到我的眼睛里,就看不到稿纸了……'那个亚戈达回答:'哈——哈——哈—……'他笑着,这就是说,这一次算是躲过去了。"

从二十世纪八十年代末起,人们开始颠覆马克西姆·高尔基,他曾经是个圣徒,可是在许多文章和讲话中却变成了一个反基督的撒旦。人们为什么诅咒他?好像他是"斯大林大清洗"的帮凶,就像肖洛霍夫一样,两个人被归结为一维公式。他们的真正的命运以及高尔基和肖洛霍夫对生活的真正态度都不能套进任何一种简单的公式里。

〔增补〕高尔基对肖洛霍夫创作的态度不仅仅是由于某些令人懊丧的理由:要说明白,是否剽窃,或者保护他不受无耻的评论家的伤害。同肤浅的评价——更多地卷入政治中的评价相反,他看到了更重要的东西(在同罗斯托夫作家列夫·帕申科夫的谈话中):"在西方最明智的读者也都承认,比如说,肖洛霍夫小说情节的发展——并非是作者主观意志的产物,而是对真正生活的严肃的反映,不管是在罗马,还是在巴黎,人们都是这么看的。这就说明了,为什么肖洛霍夫的小说被欧洲那些精明的人认为,就是现实生活本身。"

肖洛霍夫同样也抓住了这一点,在 1934 年为自己的《静静的顿河》英文版所写的序言中指出:"我很高兴,我的长篇小说《静静的顿河》受到英国读者和新闻界的热烈欢迎。我尤其高兴的是:英国是向世界文学宝库提供了无数珍宝的很多大作家的故乡,他们用自己不朽的创作培养了英国读者的品位。"

但是,在这里他也不是没有担心地指出:"多少使我感到奇怪的是,我的小说在英国被当作是一部猎奇小说。"

第 二 章
作家代表大会:溜走了的肖洛霍夫

怪论:党和文坛上的政客们对千百万读者承认的人缄口不言,而与此同时,斯大林和他的党的宣传鼓动部门却又明白——肖洛霍夫的作家威望对于党的威望,对于整个工农国家的威望又极为需要。

《真理报》的鬼主意

在作家代表大会前的一些日子里,《真理报》上登满了有关文学的文章。包含着冗长思考的文章用斜体字发表出来——这是给作家们看的;对消息随便地做了一大堆注释——这是给读者们看的,不论前者还是后者,都在说明苏联文学的现状,说明党和人民必须如何对待它以及它将来应如何发展。

社论让作家团队都站齐——这是指示性的文体:如果称赞地提到了谁,那么,这就是荣誉的证明,其中却一次也没有提到肖洛霍夫。对"我们读什么作品"这一话题而写的长篇政论《致工人们的公开信》中,说到人们读法捷耶夫、拉狄克、列昂诺夫……的作品,在书单中只提了一下《被开垦的处女地》,却没有《静静的顿河》。还有一篇评论文章——农民们读什么,对于作家的选择、淘汰重要程度不可同日而语:"在伊万诺夫卡没有一座好的图书馆!找不到潘菲洛夫的《磨刀石农庄》和肖洛霍夫的《被开垦的处女地》。"可是报纸的下一期里,肖洛霍夫名字又没有了,却由于闪现出另外一些早已被人们忘记的名字,眼睛都看累了……《真理报》要想躲开肖洛霍夫的名字看起来是不可能的,7月里出现了一篇关于歌剧《静静的顿河》的评论,文章说:这部歌剧赢得了全苏比赛的"特演"荣誉,可是怪得离了谱——在称赞的评论中居然没有肖洛霍夫的名字。

突然,报纸"改正"了,在作家代表大会开幕前四天,登出了一则通告:"8月12日晚,苏联作家亚速海—黑海边疆区第一次会议结束,会议选出了自己的代表米·肖洛霍夫参加全苏作家代表大会……"——还列有八个人的名单。可是,在新的一期的报纸上肖洛霍夫的名字又从报上消失了,尽管提出了一组其他人的名字:弗谢·伊万诺夫、英倍尔、别济缅斯基,左琴科、楚科夫斯基,阿维尔巴赫、伊里夫和彼得罗夫,瓦连京·卡达耶夫……

当然,肖洛霍夫不看报纸也知道,他在国内已经广为人知,甚至这样的令人愉快的消息也来了:契留什金号上的英雄们从沉没的船舰上及时地抢救出了他们所需要的四种书——《静静的顿河》、普希金的长诗集、朗费罗的《海华沙之歌》和汉姆生的《老爷》。

1934年8月17日全苏作家第一次全国代表大会开幕,这一天的报纸上鼓舞人心的标题让人眼花缭乱:《社会主义文化的进军》、《抒情的火药保持干燥》、《党性和艺术》、《表现人的新的社会主义品格》、《幸福的文学》……《真理报》上登出了报告,讲话,讲话……

代表大会的中心报告是高尔基的《苏联的文学》,它篇幅很长,却没有肖洛霍夫的名字。8月22日,高尔基又一次讲话,他称赞了,比如说,列昂尼德·索波列夫,但却没有提到肖洛霍夫,阿·托尔斯泰先生也没有提及,在发言中他忘掉了自己受过其保护的昔日的导师而当今却在争论中成了对手的绥拉菲莫维奇。亚历山大·法捷耶夫一声不响。登上了讲台的有评论家叶尔米洛夫、列日涅夫和拉普时代的敌人革拉特科夫及其他发言者。人们称赞了阿列克谢·托尔斯泰的长篇小说《彼得大帝》、伊利因的《大传送带》、潘菲洛夫的著作……开始日丹诺夫代表党中央致词,后来又有文化和宣传部长讲话。他们中谁也没有想起肖洛霍夫来。提到了他的有玛丽埃塔·莎吉娘,但发表在《真理报》上她的发言却不同于代表大会的速记记录稿……《真理报》把莎吉娘提到肖洛霍夫名字的地方压缩了。

这种对于国内最优秀作家奇怪的"忘却"没有任何逻辑可言。当时,党的宣传鼓动部门正在竭尽全力地用肖洛霍夫打造成一个楷模:他在苏维埃时代靠着共青团刊物成了一位作家,又是党员,又写出了反映斯大林集体化的长篇小说……

当然,在代表大会上肖洛霍夫的名字还是提到了,尽管惊人地少见。可是,《真理报》对此也加以隐瞒。他的名字只出现在后来出版的会议速记记录中——这可不是给广大读者看的。只有从这份速记记录中才可以知道,列宁格勒小说家米哈伊尔·丘曼德林曾用一句话打破了沉默的蛛网:"不谈《被开垦的处女地》就不是积极的农庄庄员。"(在代表大会前的争论中,他是为数不多的高尔基和肖洛霍夫的拥护者之一。)而且从某一个集体农庄来代表大会的名誉客人要求把轻佻的鲁什卡形象写入"先进女农庄庄员"名册中。

可是要知道,肖洛霍夫本人同样不知为什么也认为不说话更好——他没有报名发言。

这令人费解,难道就不说点什么?肖洛霍夫的论文《为作家和评论家的诚实劳动而奋斗》就令人信服地表明了他思维的宏大的规模。

答案到何处去找?也许可以从高尔基写给党中央斯大林的那封信中去寻找?写这封信时他还没有离开代表大会主席的宝座。在信中他坦诚地揭露出:"……共产党员们,但他们在代表大会上的发言在意识形态方面是模糊不清的,从而也暴露出了他们职业上程度不够。"接着高尔基就提到了自己敌人的名字:潘菲洛夫、叶尔米洛夫和法捷耶夫:"他们习惯于扮演行政领导的角色,极力在加强自己的领导地位。"对党员巴维尔·尤金他干脆就说:"我厌恶他那种庄稼汉的狡诈,无原则性,心口不一和胆怯,他知道自己无能,却极力搜罗更加微不足道的人把自己包围起来,以使自己藏在他们中间。"(我们注意到了,肖洛霍夫从来与尤金的关系就不好。)高尔基也没有忘记"拉边套的"列夫·梅利希:"尤金和梅利希——是一条线上的人,这伙人——有'权力欲',而且靠着党中央机关,当然,能够指挥,但是,在我看来,他们没有权利对文学进行实际的和必要的意识形态的领导,这也是由于这些人薄弱的精神力量,同样也由于他们对待过去和现在的文学的极端无知。"高尔基这里也批评了费多尔·革拉特科夫(他传播过关于肖洛霍夫剽窃的诽谤)。斯大林知道高尔基不喜欢巴赫梅季耶夫(他也参与了糟蹋《静静的顿河》)。但是,高尔基却善意地评论了伊万·马卡里耶夫,他写道,也正是这位评论家就文学的状况给斯大林写了一封评论的信,而这位马卡里耶夫——多么巧——正是肖洛霍夫的同乡。

也许,肖洛霍夫知道了高尔基写的信,这封信很接近他的心情。肖洛霍夫因而也不想在隆重的代表大会的清谈馆里白费工夫,没有很多发言者谈到最迫切的职业问题。

文坛的领导毕竟对肖洛霍夫尊敬有加——最后一天,主席团委托他在讲台上宣读了代表大会决议草案。

然后,作家协会理事会成员也形成了,没有他也通不过去。斯大林批准了,作为筹备这次代表大会的组织委员会成员的肖洛霍夫曾被斯大林删除了,可是,在这些日子里他明白了,如今没有肖洛霍夫是不行的。同肖洛霍夫一起进入理事会的其他人中间有:法捷耶夫、阿·托尔斯泰、爱伦堡、列昂诺夫、左琴科、老年人魏列萨耶夫和杰米扬·别德内依,还有潘菲洛夫、革拉特科夫和党中央的一个委员亚·谢·谢尔巴科夫,经过了不长时间后,由于内务人民委员部的支持,理事会成员也增补了伊万·卡达耶夫、布鲁诺·亚辛斯基、列夫·加米涅夫……

令大多数代表感到奇怪的是肖洛霍夫的举止——突然长时间地从会议大厅里溜走了。为什么这么突如其来?他去强求一位很有影响的人民委员谢尔戈·奥尔忠尼启则的接见,这是他过去的一位老乡,二十年代曾任过他们边疆区委书记。他去过那里后说服了奥尔忠尼启则,让他帮助维约申斯克的文化设施建设,那位老乡并没拒绝,于是下令修建了自来水管道……所以,由于这件事,镇里人感谢奥尔忠尼启则,感谢肖洛霍夫。

代表大会结束了,如今作家们组织起来了。

〔增补〕本书中肖洛霍夫——潘菲洛夫这条线很明显,这只局限于后者的出现。费多尔·伊万诺维奇·潘菲洛夫(1896—1960)在文学中度过了重大的忙忙碌碌的一生。只说一点:他领导过《十月》杂志近三十年,不难猜到,有多少作家靠自己的作品在这份杂志上找到了结识国内读者的可能性,除了多卷本的《磨刀石农庄》外,他自己也创作了《为和平而斗争》和《伏尔加——母亲河》,还有几部中篇小说、剧本、短篇小说,也写过政论文章。获得过斯大林奖金。

对美国的兴趣

肖洛霍夫在开过代表大会后,同当局的关系仍同过去一样:任性固执又不能加以改变。

他从莫斯科回来——立即就接见了罗斯托夫的工人,他说:"在全苏作家代表大会开过以后,摆在我们每一个作家面前的一个紧迫的问题是:今后怎么写?"

其实,——怎么写呢? 他回答得很干脆,回击了以前和不久前有些人对自己的指责,其中包括那些发言的集体农庄女庄员,他说了当时任何其他人也不敢高声说出的话:

"在我们这里,一个时期以来读者们存在这样一些想法,实际上,这些想法是不对的,不能正确地指导作家。如果要写集体农庄的农村,那么他们就要说,好,要表现党支部,表现共青团的活动,妇女的成长,可是,又怎么能漏掉合作社呢? 我们毕竟应当想到,有这么一句很好的俗语:最漂亮的姑娘也拿不出来她没有的东西,还有另一句俗语:量力而行。人们常常对作家提出一些与之不相称的要求。"

后来肖洛霍夫才知道,在"不相称的要求"的压力下,让帕斯捷尔纳克招架不住了,接着就是曼德尔什塔姆。他们写了关于斯大林的诗。1937年阿列克谢·托尔斯泰写了中篇小说《粮食》,这部作品表现了国内战争时期在斯大林和伏罗希洛夫领导下的保卫察里津的战斗。1939年,布尔加科夫根据莫斯科模范艺术剧院的预订,在领袖六十华诞前写出了描写斯大林少年时代生活的剧本《巴统》(被禁演)。肖洛霍夫对于这次作家代表大会既没写出评论,也没写回忆录,好像从记忆中把它删掉了(终生!),可是在这段时间里米哈伊尔·普里什文的作品却使他大开眼界——不是没有高尔基的劝告——他爱上了他的作品,以至于在写给女作家格里涅娃的信中甚至丢弃自己作家的自爱:"您又夸奖我了,尽管鼓励对一个作家来说是如此必要,就像用松香来擦音乐家小提琴的弓子一样,真的,您又给我擦松香了,可是对于如此奇迹般的作家比如普里什文您却忘记了,您读过他的《生命之根》吗? 如果没有——我特别要劝您:读一下吧,一定要读! 他的文章写得如此明澈,充满智慧,有老者的明晰,就像山泉里的水。我不久前读过了,直到今天心里还是暖烘烘的,要知道,您喜欢优美的语言,就像喜欢好人那样。"

年底,他登上了出国之路,共五十九天! 同玛丽娅·彼得罗夫娜一起! 斯德哥尔摩——哥本哈根——伦敦——巴黎!

会见,会见……人们以肖洛霍夫为荣,对于他的每一次讲话都给予极高注意。可是,在智者的大厅里,当人们如痴如醉地领悟他的每一句话语时,责任又何其重大,他可真的不是一只麻雀……巴黎震惊了,当时能主宰社会情绪的上层文艺创作的精英都来欢迎并结识这位苏联作家,他们有:作家安列·马尔罗(后来的文化部长)、让·里沙尔·布洛克、查理·维德拉克和画家波尔·西涅克……

人们都来看望这位客人——想弄明白,这个哥萨克身上的如此伟大的天才究竟从何而来?

在丹麦,人们把一位报人写的令人吃惊的短评翻译给他听:"全世界知名的作家,当代《战争与和平》的作者,走遍了农村,钻进过猪棚和牲口圈,是吗?"这位俄罗斯的旅行者并不回避自己的意图,他向记者解释说:"我用了许多年的时间,就想熟悉一下农业文化。"

人们饶有兴趣地见到了他——送走时更加充满尊敬之情。

"肖洛霍夫的长篇小说是迷人的,生动有力又饶有兴趣……"这是当时伦敦一家很可靠的报纸《周日版画和周日新闻》谈到《静静的顿河》时写的,丹麦的报纸《洛兰—法尔斯特农民报》确认:"肖洛霍夫——这是伟大的俄罗斯作家,新的托尔斯泰,是从战壕里走出来的……对于人类命运的漩涡的描写是庄严宏伟的,他的叙事艺术显示出了天才……"巴黎的杂志《今日呼声》介绍说:"《静静的顿河》和《被开垦的处女地》证明了,肖洛霍夫是与托尔斯泰和屠格涅夫相等同的艺术家。"凑巧,《被开垦的处女地》甚至让高层的国务活动家和经验丰富的政治家爱德华·埃里奥大为惊讶,他极力尽其所能地批驳了苏联所有的教条主义评论,同时指出:"这不是一部社会学作品,也不是宣传鼓动小说。这是一部以非同寻常的创造力写出来的大艺术家的作品。"

俄罗斯流亡者中更加明智些的人——同样对肖洛霍夫感兴趣。巴黎的《镇》登出了他的肖像画,还有他向读者提出的问题——他说,我们要共同努力去回忆经历:"是哥萨克吗? 哪个镇的? 是外来户吗? 参加过世界大战吗? 在哪一个部队里? 国内战争时在哪个部队里? ……"

但是,即使在旅行途中他心中也十分沉重。差不多每个晚上都为肖洛霍夫夫妇安排了极为精美的席宴,把他们安排在最好的宾馆里,去参观各地名胜古迹。而这里的一切照料管理得多么好,直到每一小块土地,还有那成群的牲畜……大大小小居民区之间的道路,农村的建筑,农业技术……他心情沉重,那是因为不由自主地想起了因大饥饿而破了产的顿河流域。

玛丽娅·彼得罗夫娜掩饰住了自己的惊喜之情:商店里的衣服和鞋子让所有人都喜欢——她怎能不想为自己所有的孩子和老人们买下这些新鲜货,为镇里的邻居朋友买些礼物。

在苏联大使馆,当他扑上去看莫斯科出版的报纸时,他很吃惊——那都是些什么样的标题呀!《哥本哈根肖洛霍夫的报告》、《伦敦隆重迎接肖洛霍夫同志》、《法国作家同米哈伊尔·肖洛霍夫会面》、《国外五十九天——同米哈伊尔·肖洛霍夫的交谈》……

肖洛霍夫会亲自写下国外的印象吗? 按照那个年代的习惯,苏联作家在旅行札记中必须讲到失业的重压,共产党人的勇敢精神和激烈地揭露"腐朽的资本主义",总的来说,肖洛霍夫什么也没写。但毕竟还是有一次他说了——未来的著名女作家维拉·凯特林斯卡娅当时带着《共青团真理报》的证件作为列宁格勒的记者执著地要求了他。她知道,肖洛霍夫同丹麦农民和土地专家们交谈的热情还没冷却,冒险的报社主编也就发表了肖洛霍夫的坦诚的谈话,这次谈话以后在报刊上——直到赫鲁晓夫上台以前从来也没有登载过:"我要讲给我们的农庄庄员听,那里的农业安排有序,我们应当向他们学习什么,他们是商品过剩,他们不知道往哪里存放这些商品,而我们却商品不足……我想研究所有那些有益的和宝贵的科学与文化成就,在我们繁荣起来的社会主义经济中,这些成就可以而且应当加以运用……"

从那时起,他对外国的农业越来越有极大兴趣。在一封信中他谈到:"我有这样的想法——还要出去,但不是到欧洲,而是更远,到著名的美国去,除了所有其他问题外,农业问题强烈地使我感到兴趣。所以我想去,去看一看,长长见识。"

领袖已经好几年接连不断地盛赞集体农庄生活的成就——肖洛霍夫却不很屈从于这种热情。在这一年里，他写信给普洛特金——他与普洛特金的相识一直没有中断："一切进展得犹如关于白牛童话中那样……其中包括在你的领地事情办得也不好。今年富裕的生活没有得到，我承认，我怀疑它明年就会到来……"

玛丽娅·彼得罗夫娜除了有同丈夫共同的旅游印象外，还有自己的感受。对此她曾写信给外交官格奥尔吉·阿斯塔霍夫的妻子（同这位外交官在德国相识，见面知道了，原来他也是顿河老乡）："亲爱的娜塔莎：向你致以最良好的祝愿，我盼望你夏天时一定到我们维约申斯克来。虽然说回家好，可是我在旅途中瘦了很多，以至于我儿子都认不出我来了，他说：'妈妈，你不是这样的。'而且从这时起，可以说，我的关心转到了爸爸那一面。如今，尽管我感觉自己好一些了，但仍然还是不那么好，所有的一切都不像出行前那样，如果不厌恶，我就不能回忆大海！有朝一日要是还到什么地方去，可不要走海路了。祝你丈夫好。玛丽娅·彼得罗夫娜。回信吧。"

当肖洛霍夫夫妇旅行时，国内却出现了一件悲惨的事件。大使曾惊慌失措地忧心忡忡地告诉过他们：12月1日，列宁格勒州委领导人，党中央书记谢尔盖·米隆诺维奇·基洛夫被杀了。从莫斯科来的密码电报准确地说——恐怖行动！

斯大林宣布了对策——在全国各地开始了对"人民的敌人"的大逮捕。

当肖洛霍夫夫妇回到家，很快就确信了，对每一个苏联人都要怀疑其"反苏"，更何况公众性人物，如作家。不错，作家也是各式各样的……在12月里，《文学报》发表了莫斯科作家全体会议的决议，其中指出："作家们委托莫斯科苏维埃做到，让所有的肩负着保卫和保护国家安全使命的无产阶级专政机关，以布尔什维克的激情和精力和绝不松懈的革命警惕性，与阶级敌人进行无情的斗争……"叶若夫的皮手套教训起专家来。

苏联人民忘我地相信了光明未来的成就，第聂伯水电站、马格尼特戈尔斯克铁矿，土耳其斯坦—西伯利亚铁路之所以完成，就是因为全国人民响应了党的号召千方百计地去建设新生活。劳改营也建起来了，但却不是少先队夏令营。

第 三 章
1935："生活得更美好……"

从这一年开始,国内流行了一句成为格言了的口号:"生活得更美好,生活得更愉快!"

肖洛霍夫从国内真正的——而不是口号的生活中吸收到自己生活中来的是什么呢?他把什么带到自己生活中来了呢?

潘菲洛夫的"失言"

肖洛霍夫不久前当选为边疆区执委会委员,1 月 28 日起他被邀请——尽管是以客人身份参加苏维埃全国代表大会的工作。

他无论同谁相识,大家都感到吃惊:他不像个知名人物,他没有任何特殊之处,年轻,脸色绯红,头发卷曲,眼睛笑眯眯的,脖子黑黑的——草原上晒的,不是在疗养地晒的。唉,他很像是个集体农庄的农艺师,也真是这样,整个儿地表现出了草原、大河、顿河天空的气息。难道这个人就是《静静的顿河》和《被开垦的处女地》的作者?

当铃声一响,所有人被请入大厅,肖洛霍夫在主席团里看到了高尔基。在座位上他坐好后,打开了从休息室买来的《真理报》——差点儿惊叫起来:发表了由潘菲洛夫署名的《给阿·马·高尔基的公开信》,语调是进攻性的,放肆无礼,还有他肖洛霍夫的名字。

在作家代表大会召开前,潘菲洛夫曾低三下四、死乞白赖地找过高尔基,想谈合作的事,现在他写了什么呢?原来,去年夏天,高尔基在他之后,由肖洛霍夫以及另几位有原则性的作家对潘菲洛夫进行了批判,而他从上级的夸奖中暖和过来了身子,于是就对那次的批评予以回击。公开信充满了煽动性。他指责高尔基对年轻作家的"加工"("加工"这是当时党的词汇中时髦的词),自己却扮演了青年作家保护人的角色。他大耍政治手腕——见风使舵——揭露高尔基,大骂当时真正的圣者:"看,您在最近的一篇文章中写道:'我们这里滋生了一些上了年纪的不可救药的作家……他们被算作是共产党人,却深深地陷入了小市民个人主义的泥潭里。'您这是抛向共产党人极大和严重的指责。"

这是向高尔基发出的强大的炮轰,高尔基也真的没有参加过党:"这些人指的是谁呢?——'不可救药的,上了年纪的'?他们就是:肖洛霍夫、法捷耶夫、别济缅斯基、基尔雄、阿菲诺格诺夫、别拉·伊列什、吉达什、布鲁诺·亚辛斯基、革拉特科夫、巴赫梅季耶夫、绥拉菲莫维奇、比里—别洛采尔科夫斯基、斯塔夫斯基,哎,还有潘菲洛夫和一系列类似的名字。如果你说的是这些共产党人作家,说他们'深深地陷入了小市民个人主义的泥潭里',他们不想学习,对什么也不关心,除了自己的泥潭,那么,这谁也不会相信。"

肖洛霍夫没有任何理由被塞进这个名单里,尽管在这列举的正统的拉普派中——他只是一只白色的乌鸦,难道把绥拉菲莫维奇排除在外了吗?

高尔基答复了吗?肖洛霍夫后来得知,高尔基这位非党作家并不怕煽动,于是愤怒地写了回信:"您是一个有病态自尊心的人,就像我们所有那些被早年的荣誉毁掉了的作家一样……"可是,《真理报》编辑列夫·扎哈洛维奇·梅赫利斯却拒绝发表高尔基的回信。

2月,肖洛霍夫信守了诺言——在自己区党委的全体会议上发了言——报告了他这次国外旅行。他讲到了那里——资本主义社会中的农业状况,冒险地甚至作了对比:"我们这里,完全不使用宝贵的肥料,让它野蛮地荒废了。我们可以超过瑞典的收成……"不论梅谭尼科夫们、拉兹苗特诺夫们和达维多夫们怎么抵抗——他说,我们从来也不会这样。卢戈沃伊却坚持:通过决议,支持肖洛霍夫的建议,哪怕效法些力所能及的东西。

区里准备了播种。肖洛霍夫也有自己关心的事,在他的一封信中就有了反响:"我们的报纸不让我工作!我刚刚送走了《共青团真理报》的一位姑娘,中央电台的和《消息报》的就来了,我同他们又磨蹭了五天,真要了命!"

记者们的确开始积极地"宣传"肖洛霍夫……《消息报》刊登了《静静的顿河》片断,后来《旗》杂志又来了一封信(读起来有趣,就像引诱肖洛霍夫进入这家杂志):

"敬爱的肖洛霍夫同志:我们谈过了《消息报》,知道您不想在杂志上发表《静静的顿河》第四部……我们赞成你提出的声明……"他们"赞成"并以其作者集体的阵容引诱肖洛霍夫:"也许,这一次(在编委会很早以来就打算吸引您到《旗》中合作后）我们同您可以谈妥……这一年,比如,第一期要全部刊登斯洛尼姆斯基的一部中篇小说,第二期要全部刊登科谢·阿拉克良的长篇小说《红旗勋章获得者》,第三期,在一期里完全刊登伊·爱伦堡的长篇小说《不松一口气》。"但,肖洛霍夫拒绝了。

1935年3月,肖洛霍夫在《消息报》上向读者谈了自己创作《被开垦的处女地》第二部的构思:"把如此丰富的素材安排在一本书中委实困难……我有一个要把这部小说再增加一本的想法……"

然而,为第二部所写的全部书稿不得不拖延下去——因而,这又是多么可怕的命运啊!——在战争中由于法西斯炸弹的轰炸书稿遭到了毁灭(对此,下面再谈)。

为什么他停止了长篇小说的创作呢?保存下来两个证据,区委会战友、朋友彼得·卢戈沃伊的证据是:"众所周知的过火行为(这是简单地说,可是,多重意义则是——政治)阻断了创作的道路。"肖洛霍夫本人的证据是:"我写到了小说的结尾,可是问题出来了:如今这些已经不是重要的了,它不能使读者激动了……你写了,如何建立起集体农庄,可是劳动日问题就冒出来了,写完了劳动日问题后,又出现了怠工问题……"

怠工问题!这怎能不想起斯大林的那封信,信中写到,对抗大饥饿的那些哥萨克们被称之为怠工者,而肖洛霍夫为保护他们却遭到了严厉的谴责。这时又怎能不想起1933年他写给斯大林的信——他提出了抗议,反对过火行为并反对不分青红皂白地指责怠工:"我觉得,写给您要比用这些材料写最后一部《被开垦的处女地》更好。"

一个个无眠之夜他在沉思中——是不是要继续写下去,急不急于要抓住"时机",对读者是不是要隐瞒实情,这几年毕竟没有写长篇小说……在这些夜里不是也写出了有这样句子的文章吗?

"粉饰现实从而直接损害真实……不是好作家。"

肖洛霍夫受到了荣誉和嫉妒的折磨。作家协会秘书、党的工作者亚历山大·谢尔巴科夫一天接一天地写着日记,他记下了谁请求什么事或者说过什么。根据他的日记,对于肖洛霍夫没有人请求什么,可是却有背后的意见,比如,对《被开垦的处女地》,却说"极为显而易见的敷衍了事的作品,把政治公式拿过来,再在它周围串上艺术素材,公式装点得五颜六色。肖洛霍夫就是一个国家部门的、农业人民委员部作家而已"。这是弗拉基米尔·斯塔夫斯基的话,他是作家协会很有影响的一位领导,当着人面,巧妙地装作是肖洛霍夫的朋友。1938 年肖洛霍夫还深深记得他们的这种友谊。

人们都在期待着《处女地》的第二部。文坛的领导特别想让它加快问世,因为它将是斯大林农业集体化的一曲颂歌。五一劳动节过去之后,在作家协会理事会的全体会议上,人们听取了《新世界》杂志编辑的报告,速记稿写道:"日前,我收到了肖洛霍夫的一封信,在肖洛霍夫不打算在《新世界》上发表《被开垦的处女地》的所有表态之后,他在信中写道:自己从来也没有声明过不在杂志上发表它,而且我们的协议仍然有效。他说,九月末或者十月初将寄来手稿以便在杂志上发表。这样《被开垦的处女地》第二部今年就会在我们杂志上刊出。"不知肖洛霍夫是否知道,这份速记记录送到了党中央。

在斯大林活着的时候,《被开垦的处女地》的全本没有出版。难道从三十年代后半期以来可以出版不去对领袖的政策歌功颂德的作品吗?

难道第二部中具有巨大爆炸力的比如说"草原路上"这一场景能够完整地保存下来吗? 前面,好好地套着大马车往前走——赶车的人,普通的农庄庄员,而后面就是骑手——达维多夫,农庄主席。他们走着,说着话,领导开始责备赶车的人走得磨磨蹭蹭,也许他想,找到了一个能够理解的例子:

"'噢,如果我们说,村子里着了火,你就拎着水桶用这样可耻的速度去救火吗?'

'他们不会打发像我这样的人去拿着水桶救火⋯⋯'

'那么照你看,他们打发谁去呢?'

'打发像你这样的人,还有马加尔·纳古尔诺夫去。'"

肖洛霍夫又"确切地"写道:"⋯⋯你跟马加尔只要去运运水,把马儿赶得飞跑,赶得它们一身大汗就是了。至于火,还得由我们农庄庄员们来扑灭——有人提水桶,有人背救火搭钩,有人拿斧头⋯⋯"

看来肖洛霍夫用了自己主人公的嘴表达出了,今天并非每个人都懂得的道理,经过了烈火般的十月革命、国内战争、消灭富农、农业集体化和每十年的进一步的"灼伤",人们所需要的是什么样的政权:"而我们呢,那就是说老百姓,目前过着平静的生活,好比在稳步前进,我们干活也好,救火也好,都不需要太混乱,太匆忙……"

太混乱。还有一位真正的人民作家——诗人亚历山大·特瓦尔多夫斯基——他在自己战前的《春草国》中写道:

斯大林同志!

给个答复吧,

别再让人无谓争吵:

眼前乱七八糟的事,

究竟有没有个完?……

不,肖洛霍夫不能够去写多卷本的《磨刀石农庄》。

也许,实际上写个剧本敷衍一下?在两个写剧本的人失败了后,人们特别期待剧本。——在斯大林提出号召后写剧本,时髦,又能受到称赞。更何况去年他答应了《共青团真理报》,自作主张——要为观众提供剧本审判。

在当时,就连内务人民委员部对于政治笑话也毫无办法,人们栽培了这样的俏皮话,因而俏皮话也就如雨后春笋般出现了。有一则关于肖洛霍夫和斯大林的政治笑话在流传,其中一个正好说的是剧本:

"'肖洛霍夫同志,您写了关于农业集体化的小说,长篇小说是需要的,但是您不能写写剧本吗?'

'不能,斯大林同志,我不是戏剧家,这事应当跟乌克兰剧本作者柯涅楚克去说。'

'柯涅楚克已经写了,关于乌克兰大草原,而您却要去写顿河草原……我想,您会写出来的,为什么不能呢?你看,有些人——什么都能写!……又是长篇小说,又是剧本,又是电影脚本,又是诗……'

'不,斯大林同志,我不能这样。我就是写长篇小说,还无论如何也写不完……'

'那你就试试吧,从这儿直接到索契去,休息休息,洗洗澡……你看,就写出来了。'

'那我还是回维约申斯克吧,斯大林同志。'

'为什么?'

'因为那里干旱没水。我觉得,我写不出剧本来……'

'您这个暗指什么呢？肖洛霍夫同志？'——等了片刻,斯大林最后说:'那么,好吧。那么您就写您的长篇小说吧,上帝保佑您,吃新鲜的面包吧……再见。'"

肖洛霍夫开始考虑写一本关于自己同志的书——写区里领导们的生活和想法,可是如今区里每一个人日日夜夜在操劳,而明天,你看吧,都要卷入内务人民委员部的"案子"里去,他又怎么能动手写这样的作品呢?

他拖延了写农业集体化的题材,动手去开垦家乡镇里其他方面的"处女地",在建好了自来水管道后,又开办了师范学校,组织起了剧团。

报社的人也注意到了这些:"他为年轻作家做了大量工作,经常性地辅导五个初学写作的作家,为他们修改手稿,用自己的经验和知识帮助他们。"而这些却是在他三十岁的时候。

[增补]那么在三十年代里肖洛霍夫最终完成《被开垦的处女地》了吗?有一种看法已存在多年,说这部长篇小说(指第二部)在战前已经写好,但手稿在1942年飞机轰炸时被焚毁了。不过,在这一话题上,事实却相互矛盾:肖洛霍夫和卢戈沃伊都证实过,这部小说的写作已中断了,作家协会由组织秘书谢尔巴科夫签署的发给斯大林的报告写道:"最近几个月肖洛霍夫、马雷什金、阿·托尔斯泰、潘菲洛夫等人写出了新书。"肖洛霍夫女儿斯维特兰娜·米哈伊洛夫娜说:"妈妈肯定地说,爸爸不打算把早已写好的手稿交出去出版……"

女儿、鲜花和技艺的"奥秘"

3月,肖洛霍夫从维约申斯克给列维茨卡娅写了这样一封信,让莫斯科所有的朋友们惊叹不已:"我的玛丽娅·彼得罗夫娜走路已经大腹便便了……"这是说,家里要添人进口了。

他继续以女人的另一半的名义说:"她们想对您有个共同的请求,请您尽可能多地买一些花籽……"解释原因说:"搬进了新房子啦。"

最终,这位举世皆知的作家家中有可能不再拥挤了:"如今我这才感觉到自由自在了!坐在自己的顶楼里,听不到孩子的声音,工作起来极方便。"只有一件伤心的事:"院子里空荡荡的……"又一丝不苟地说:"我们将把买花籽的钱寄去。"关于自己这个人,他还开玩笑说:"我老了,很快,也许就不能去打猎了,到那时我就拿着喷壶去浇花,去侍弄所有的芬香的植物。"

4月……《文学报》开始了自己的春播:宣传了栽种。发表在4月20日的文章《论警惕性》警告说:"阶级敌人极力地也渗透到苏联文学中来……"过了二十天后,又谈到了敌人。这一次报纸把谢尔盖耶夫—青斯基也列入了敌人中,由于他的短篇小说《南方列车》而称他为反革命分子。然而,不管人们怎么污蔑他,肖洛霍夫却不否定他。

他所熟悉的塔斯社记者们大吃一惊,他们告诉了肖洛霍夫,一下子在两家很有影响的瑞典报纸上登出了消息,说他,这位长篇小说还没有写完的作者,有可能成为诺贝尔奖的候选人。在这些文章中,他被尊称为"全世界知名的作家"。

同时,肖洛霍夫也收获了自己世界知名度的成果,斯大林签署了政治局《关于在巴黎召开的国际作家代表大会》的决议,批准了代表团:高尔基、阿列克谢·托尔斯泰、爱伦堡、米哈伊尔·柯尔卓夫……还有肖洛霍夫,总共十五位作家和党员谢尔巴科夫。

在今年的4月份作家生活中还要描上一笔。他给出版社发出了信,请求转汇来即将再版的《静静的顿河》的稿酬。出版社大概从来也没有碰到过提前要钱的这种"理由":"……支付售给维约申斯克区叶兰斯克中学的载重汽车钱。"他解释说:"你们知道吗,事情是这样的:这所学校是苏联十所优秀学校之一,卖给了他们一辆汽车使用,可是学校却没有钱……就要看着这辆汽车卖到别人手里,这时,我就要帮助学生们了……"

还有一件大事。绥拉菲莫维奇给肖洛霍夫发来了善意的信号,明显地想要和解。根据绥拉菲莫维奇的请求,年轻的罗斯托夫作家和普希金专家、学者维塔里·扎克鲁特金要到肖洛霍夫家做客。这位不同寻常的全权代表还没跨进门槛就转达了导师的话:"我自己应当到肖洛霍夫那里去,他在等着我。可是如今好像故意为难似的,我这里出现了不好的事情,该死的体温向上攀升,而我们的医生们害怕我的死刑,就禁止我离开家门……您要按照哥萨克的方式这样拥抱他,并告诉他,我这个老乡亲向他深深致意,祝他身体健康……"在肖洛霍夫家的做客深深留在这位年轻作家的心里,他在《浅蓝的花》一书中写到了这些,书却在战后问世。

肖洛霍夫考虑到了各方面,高兴地同绥拉菲莫维奇和解了,他慷慨热情地接待这位来使决不是偶然的。玛丽娅·彼得罗夫娜做了鲟鱼来款待客人,而米哈伊尔·亚历山大罗维奇则讲述了顿河的捕鱼和打猎的事。扎克鲁特金后来说,他听到了一篇关于狩猎的短篇小说。(这里又一次提到了一直也没有实现的作家构思!)

当然,他们谈到了文学,甚至谈了普希金。可是,主人却并不傻气,当说到《静静的顿河》第四部时,他表示不想讨论了,于是话题过渡到了国外的印象上。

为什么不深入到自己创作的内在活动中呢? 也许,是由于他所从事的写作不给其他人留下任何多余的东西,因为正是在这时他已告诉了出版社:"我已开始重新修改……"

作家并不满意……一些手稿保存了下来,它使人看到了创作的内幕——比如,第四部小说第八卷第五章是怎么修改了的。

肖洛霍夫在已准备好的文本上又写进了文字——他并不怕补写得漆黑一片:"可是鞑靼村的生活实在很不美满。哥萨克们由于不得不忍受种种生活必需品的匮乏,而大骂苏维埃政权。"接着就增补了整整一页,写到了由于没有过去常见的商品,生活暗淡无光,这增补的部分是在写村苏维埃那个场景而结束的,当时老头子们到村苏维埃来找科舍沃伊。

"'没有盐啦,主席老爷,'一位老头子说。

'现在没有老爷啦,'米什卡纠正说。

'没有老爷嘛是可以过日子的,可是没有盐却不成。'"

可是,在最终文本里这位哥萨克的最后一句话却改为:"请原谅,这一切都是按照老规矩……没有老爷嘛可以过日子的,可是没有盐却不成。"

就在这一页上留下了编辑修改的痕迹,其中既有对政策的反响,也有对风格的关心,开始是这么写的:"有好几次,米什卡黄昏时候从革命委员会回来,看见几个烟鬼在胡同里围成一圈,在齐心合力地用火石打火,低声咒骂着,嘟哝着:'列宁,托洛茨基,给火吧!'"在书中我们却读到:"有好几次,米什卡黄昏时候从革命委员会回来,看见几个烟鬼在胡同里围成一圈,在齐心协力地用火石打火,低声咒骂着,嘟哝着:'苏维埃政权,给火吧!'"

在肖洛霍夫的作家生活中还有一件大事:7月21日在《共青团真理报》上登出了一篇不长的文章《英雄的波德库舍夫卡村》,这是他去库班旅行的结果。

〔增补〕有一封从库班的来信促使肖洛霍夫写出了这篇文章。两个当地的哥萨克在《消息报》上读到了《静静的顿河》片段,于是给他写信提出了要求:把国内战争中他们村子里发生的事插入这部小说中。他很重视这封信,并写了复信,复信犹如一面镜子,反映出作家对文学及其读者的态度:

"我非常激动地饶有兴趣地读了你们的来信,你们所写的内容,对于一部大型文艺作品来说,实际上是绰绰有余的素材⋯⋯波德库舍夫卡及其居民的英勇斗争不可能写进一本什么书中⋯⋯它之所以不可能,就像我已经说过的,你们那里独立的素材太丰富了⋯⋯这样极丰富的生活你也不能插入到《静静的顿河》中⋯⋯不管如何,我很想见见你们两个人,看看你们的战友和了不起的波德库舍夫卡⋯⋯国内战争的题材并没有写完。我们——作家们——关于国内战争已经写出了许多著作,可是大部分已经被遗忘⋯⋯剩下的少数作品,我们读者还在喜欢它,记住它,这样的著作极少。对于国内战争的伟大,对于我们的胜利和经历的苦难,这些作品还没给予充分的反映。"

他说"关于1918年至1920年间的事,我们还应当写,写得更好些,而关于这件事,待我们见面时再交谈,考虑点什么⋯⋯"

他做了考虑,当他的复信寄到波德库舍夫卡时,来信的两个人感到很意外时,他劝说这些革命老将开始写回忆录,他自己答应要为他们的书作序。

唉!他们的书没能面世。过了两年,肖洛霍夫得知——写信的那两个人,其中一人因是"人民的敌人"而被逮捕,肖洛霍夫感到必须为他获得自由而斗争,目的达到了。

去库班的旅行,丰富了他的印象。在会面和交谈中,新的色彩就不知不觉地丰富了他艺术的调色板,这些色彩就落在了《静静的顿河》第七卷的画布上。比如,这里出现了一个调皮的故事,写普罗霍尔在库班撤退时为自己得的病寻找药物:"⋯⋯一个有经验的哥萨克,劝他用鸭掌汤治。从这时起,普罗霍尔一走进村庄,或者集镇,遇到第一个人就问:'请问,你们这儿养鸭子吗?'等被问得莫名其妙的居民否定地回答他说,因为附近没有水,养鸭子无利可图的时候,普罗霍尔就极轻视地咬着牙! 骂:'你们住在这儿,可过的简直不是人的生活! 大概,你们从来也没听见过鸭子叫吧! 草原上的蠢货!'"

在描写被摧毁的白军的末日时,还写了新罗西斯克的特征:"从海上吹来的带着浓重咸味的冷风。它把一种奇特的、陌生地方的气息吹到岸上来。但是,对于顿河人来说,不仅风是陌生的——在这个被穿堂风吹透的、寂寞的海滨城市里,一切都是陌生的、异乡的。"

玛丽娅·彼得罗夫娜的礼物

多么高兴啊:在临近肖洛霍夫的生日时,儿子降生了! 他叫做米哈伊尔。从一大早开始,络绎不绝来祝贺的邻居们看到:这个家庭有了三个男性——宝贵的5月。

在喝了喜酒后,略有醉意的客人们七嘴八舌地说起了开场白:"上帝保佑他长大,身体健康,骑上骏马!"

看来,不久肖洛霍夫就想到了另外一句:"谁有孩子,谁就有了麻烦。"甚至写信给列维茨卡娅说:"我们的米什卡因为肠炎病得很厉害,维约申斯克没有医生(尤其是儿科医生),我的玛丽娅·彼得罗夫娜简直吓坏了,遭了不少罪。现在刚刚恢复,又得上了感冒,睡不着觉,一会儿一醒……"

从莫斯科接踵而来了两个通知:去面见斯大林和要确保国家文学出版社出版插图本的《静静的顿河》。

……已经熟悉了的克里姆林宫办公室,从他第一次来访,肖洛霍夫就开始创作关于救助顿河的另一本书。如今,斯大林同意分析一下关于如何增加产量的建议。肖洛霍夫同区委会的战友们说服斯大林,饥饿的年代——一年接一年地——在顿河出现。办公室里除了斯大林外,还有莫洛托夫、卡冈诺维奇、奥尔忠尼启则和农业人民委员。这一阵容强大的会议赞同了《关于苏联东南部干旱地区确保粮食稳定增产措施》的决议草案。

……画家中断了颇有威信的《静静的顿河》第二部插图版的筹备工作,出版社打算让肖洛霍夫来承担责任。肖洛霍夫的确是自己邀请了罗斯托夫的雕像家和画家谢尔盖·科罗利科夫来为自己作品做插图的。当他得知这位画家早就喜欢上了这部小说并且为它画了许多草图时,就对他很关注。这些草图显示了画家对全部哥萨克生活的透彻的了解:马鞍是哥萨克式的,军刀是哥萨克式的,草房也是顿河地区的,因而,它们打动了挑剔颇多的肖洛霍夫。

肖洛霍夫给画家写去一封信:"亲爱的科罗利科夫:请不要让我为难。非常需要你把第二部的插图在近期内拿出来,因为第一部书不想在 7 月份出版,否则出书就会中断了……"

在肖洛霍夫的一生中,重要的事件如此之多,可是瞎忙一气的政治又突然危险地找上了门儿。

这次不愉快的事是从区上一家报纸的短评开始的。有那么一个年轻而活跃的记者写了一篇大胆的文章,说什么维约申斯克区委会没有组织对宪法草案的讨论。这是多么可怕的指责! 秘密报告打到了党中央:"在宪法草案讨论的时候,边疆区报纸《布尔什维克之路》登出了一篇对维约申斯克区宪法讨论进行歪曲的短评,为了答复这篇短评,卢戈沃伊发出一份十分愤慨的电报以反对短评的作者,根据这份电报的精神,区委会还通过了一个经肖洛霍夫同志润色过的决议。"报上,那篇短评作者擅长搞阴谋诡计,他报告说:"联共(布)边疆区委会取消了这一决议并指出了联共(布)维约申斯克区委会严重的错误。"而且还"揭露了"作家"肖洛霍夫去了米列罗沃,又设法弄出了另一个决议……"

肖洛霍夫显然已经知道了这个秘密报告,决定要在写给斯大林的信中保护自己区委会的同志:"这可怕指责的理由在哪里呢? 在宪法草案公布了一个半星期的时间里,两个拖拉机生产队没有及时地讨论方案。"这一保护之举效果不好——又有了呼应! 作家肖洛霍夫和区委会的敌人没完没了地继续积累"黑材料"。

非常明显,肖洛霍夫给斯大林写信是抱有极大希望的,他明白,人民群众响应他的号召并不仅仅是被迫的。斯大林号召走向美好的未来并且深入浅出地解释了达到这一目的只能需要劳动和团结,而叛逆者——干脆滚蛋! 在这一年,报上登出了令人骄傲的数字:俄罗斯国家电气化委员会的列宁计划实现了,战前 1913 年所有主要指标都已抛到了后面,而且甚至生活也富裕了,尽管还不太富,小康开始走进了普通人的生活。

1935年12月9日《文学报》发表了以《〈静静的顿河〉将于二月完成》为题的同肖洛霍夫的一篇谈话录,实际上,他没有放弃长篇小说的写作,而且表明了一个非常重要的想法:白军白白地发誓说他们是为人民而战——他们并不明白,他们把自己放在了人民的对立一边。麦列霍夫就说到了这一点:"是的,将军老爷们也该好好想想:革命以来老百姓已经变成另外的样子啦,可谓是脱胎换骨啦! 可是他们还在用那把旧尺量他们。而这把尺马上就要断了……"

肖洛霍夫并没有使自己心爱的主人公在追求真理过程中这些摇摆不定的思索停止下来,他进而谴责的不仅仅是停留在过去的那些统治者:"要他们转变也真难。应该给他们的脑子上点儿车轴油,免得吱吱扭扭地乱叫!"这也责备了那些令人至今更多地只靠口号来关心人民的人。

肖洛霍夫这部长篇小说已经写了第十个年头,而其创作的精神并没低落,比如,他极为精巧地绘出了风景画,他成了读者的导游员,成了走进烽火连天的国内战争的晴雨表:"顿河六月的夜晚黑魆魆的。黑页岩似的天穹,恼人的寂静中,金色的星星在眨眼,有几颗星星陨落下来,闪光的轨迹映在顿河的激流上。从草原吹来干燥、温暖的薰风,把盛开的香薄荷的芬芳送到人烟稠密的村镇,而河边草地上却是一片露湿的青草、黏土和潮湿气味,水鸡在不停地鸣叫,近河一带的树林完全笼罩在银色的雾里,宛如梦幻仙境。"对于感受到备受战争煎熬的人经历的多层次的悲剧,这种色粉般的色彩极有说服力。

对葛利高里在家中停留却用了另一种色彩加以描绘,开始好像是幅水彩画:

"孩子们头发的气味多香呀! 散发着太阳、青草和热烘烘的枕头气味,还有一种使人感到无比亲切的什么气味。他们都是他的亲骨肉——也真像草原上的小鸟……"在这里,不用任何过渡手法,拿起了刻刀作出了版画,就替代了纤细的笔触:"而父亲那两只抱着他们的又黑又大的手,却是那么笨拙。他这个刚离开鞍马才一昼夜的骑士,在和平环境里,显得是那么陌生、格格不入——浑身散发着刺鼻的大兵味儿、马汗味儿、苦涩的长途行军气味和皮带的臭味……"

……有一次,列宁格勒的作曲家伊万·捷尔仁斯基和他那位歌词作者请求来做客,这两个人年轻而且胆子大,他们把差不多谱写好的歌剧《静静的顿河》钢琴曲和歌词拿出给肖洛霍夫看——我们请他读一下歌词。

他耸了耸肩:心里很高兴,可这东西是别人的。不过,他怀着好奇的心情还是拿起了随意改过的作品,读了:"第一场:在新郎父母家中葛利高里·麦列霍夫同娜塔丽娅·科尔舒诺娃的婚礼,幕启时响起了合唱的婚礼歌:'唉呦,好妈妈,我真的很难过。'唱过歌后就是欢快的舞蹈。但是葛利高里和娜塔丽娅都不高兴。葛利高里想起了阿克西妮娅。响起了忧郁的调子……"开始部分甚至没有读完——他转到了最后一页上。在这里,红军们唱着歌而"孤零零的萨什卡向他们说出告别的赠言:'好弟兄们!按着自己的方式去改造生活,要成为一个真正的人。可不要像我们——老爷的奴才'"。

后来,伊万·捷尔仁斯基回忆起:

"我用了那架相当糟糕的钢琴,演奏了全部歌剧,唱着歌词……然后,出现了在这种情况下常见的令人难过的停顿。"

当肖洛霍夫打断了这一停顿,邀请客人坐到桌子边,开始了进餐,音乐家就问:

"我和歌词作者对小说做些改动,对此您不很生气吗?"

回答得令人大吃一惊:

"那和我有什么关系?我的小说——那是我的小说,可你的歌剧——这是你的歌剧……这是你的事业,你要在人民面前得到对歌剧的答案。"

肖洛霍夫既没有否定,但也没有表示同意。

"也许你的歌剧在大城市里人们喜欢,可是在我们顿河这里,他的音乐会让人格格不入,摸不着头脑。"

客人争辩说:"歌剧里的音乐是以俄罗斯民歌的音调为基础的,顿河的民歌类似于俄罗斯的……"

"不,不!你说得不对!你怎么能对他们的民歌听而不闻呢……"

也许,这时肖洛霍夫产生了这么一个主意,要促使镇里剧团在首都的舞台上独立地去演出歌剧节目。

捷尔仁斯基看出来:"争论在继续……我们每一方面都坚持自己的意见……"肖洛霍夫作为回答,邀请他们参加一个集体农庄直接在林中草地上举办的哥萨克音乐会,既有唱歌也有舞蹈。在这位作曲家的回忆录中写道:"米哈伊尔·肖洛霍夫同大家都一样……兴致勃勃,不管他唱什么歌,因为高兴也就弥补了他表演的不足。"

兄弟二人感到吃惊的是,一旦肖洛霍夫出现在人群中,立即就被大家围住。他自己也承认:"我甚至给许多人写过申请书,他们知道,区里不会拒绝我,如果这请求是合理的……有时附近的村镇也有人来,他们卸下了自己的马,坐在那儿等着我走出来到院子里……一旦你听到了诉苦,看到了我们这个世界上还有那么多眼泪和不公正,那么简直就不想写作了。"

这两位兄弟极为高兴地走了:肖洛霍夫既不是他们作品的检查官,也没有禁止他们。

〔增补〕肖洛霍夫的小儿子米哈伊尔从少年时代就长得和父亲的外貌惊人地相似,可是他没有成为"爸爸的儿子"。他踩出了自己的生活道路,接受了生物学的教育,甚至在苏联科学院主席团下属的保护自然委员会中任职,而且他喜欢哲学,后来他的全部工作时间都是在罗斯托夫法学院社会学科教研室任教并做过教研室主任。父亲辞世后他担任了维约申斯克镇的肖洛霍夫故居博物馆顾问,而且由于发表了一些札记、父亲书信以及自己同父亲的谈话,从而丰富了肖洛霍夫学。他写过价值极高的回忆录——《关于父亲》一书。由于他的这些活动,曾获得了肖洛霍夫国际奖。他鼓励了自己的儿子亚历山大从事于回忆伟大的祖父的工作,所以肖洛霍夫的这位孙子成了肖洛霍夫故居博物馆的第三任馆长。维约申斯克区在筹备这位经典作家百年诞辰时,许许多多的需要操劳的事理所应当地都落在他的身上。百年诞辰前一年,故居博物馆的科研集体也同样获得了肖洛霍夫奖金。

第 四 章
1936:"执行任务的人"

肖洛霍夫知道——在艺术上斯大林决不是个门外汉,领袖的铁链子明白,什么对党是有利的,什么是绝对不行的,什么可以经过批评(以防万一)后再放行。

从 1936 年起，斯大林把指针移到了艺术的国家轨道上，毫不客气地和坚决果断地，不需要任何第一眼看来的特殊理由，不需要传统的警告信号，就以决议、报告和讲话的形式出现，于是，出现了多年的党领导文化的新阶段。如此地无所不包，然而比以前更加残酷无情。《静静的顿河》和《被开垦的处女地》就几乎是落入这一政策的沉重车轮下最早的作品。

《真理报》：都是肖洛霍夫

1 月 9 日《真理报》登出了一篇短评，写到了歌剧《静静的顿河》在列宁格勒首次公演："《静静的顿河》的演出成功是苏联歌剧艺术的成就，"导演是当时的萨穆伊尔·萨莫苏德，年轻的同样也出了名的德米特里·肖斯塔科维奇帮助了他。

1 月 11 日，《真理报》又登出了一篇令人高兴的评论——谈到了集体农庄庄员读者喜欢这部描写农业集体化的长篇小说，而且，他们指望快些看到它的后续部分。庄员们写道："我们期待着在《被开垦的处女地》续书中米·亚·肖洛霍夫向我们展示出为实现斯大林的号召在顿河两岸所进行的斗争，我们希望作家在书中展示出面貌一新的隆隆谷村。"

你看，在《真理报》的这面镜子里，歌剧《静静的顿河》和小说《被开垦的处女地》就是这样被反映了出来，以后会怎么样呢？

列宁格勒人把歌剧带到了莫斯科，在大剧院的舞台上演出了：掌声、鲜花、惊喜，一切都如初次公演一样。肖洛霍夫专程从维约申斯克赶来，坐在经理的包厢里同作曲家一同观看。他又向作曲家谈到了自己过去不满意的一些话——歌剧中没有一首真正的哥萨克民歌。捷尔仁斯基持有不同意的理由：他认为民间创作可以不必直接因袭而表现出来（我注意到了，肖洛霍夫仍然长年地经常听电台里广播的这部歌剧中两支曲子：《波留什卡原野》和《出征歌》，这两支曲子不仅职业扮演者喜欢，而且业余艺术家也喜欢）。三年以后，肖洛霍夫吃惊地得知，甚至像里昂·孚希特万格这样的唯美主义者也记住了这部歌剧，他在自己写的《莫斯科 1937》这本书中，对它有几句好评。

1 月 20 日，《真理报》首版的醒目标题是：《斯大林和莫洛托夫同歌剧〈静静的顿河〉作者的谈话》，在短评的最后写道："在谈话的最后，斯大林和莫洛托夫同志谈了一些意见,强调必须改正改编中个别的不足之处。"表演艺术家从斯大林口中听到了一句不容争辩的话:"形式主义与人民格格不入。"在党的词汇中第一次出现了这可怕的罪名,有趣的是,斯大林不论在什么时候,从来也不有所指地使用这一概念,总是概括地使用,不必做出多余的解释,随时为了党所需要和适合的艺术上的千篇一律而斗争。

肖洛霍夫此时关心的却是完全另外的事情。他写信给列维茨卡娅说:"现在,我坐下来,要写完《静静的顿河》,有些事情完全不像所想象的那样……"早晨,又经过了一个不眠之夜,肖洛霍夫精疲力尽地倒在沙发上,玛丽娅·彼得罗夫娜走过来给他倒空了烟灰缸,桌子上放着刚刚写好的稿纸,还有许许多多的增补用的纸条,稿纸上有许多修改之处和再次修改的地方,它们看起来好似细心耕耘过的大地。而且有一次,她得以突然看到了描写战争的如此印象深刻的画面:"葛利高里瞅着暗淡下去的马眼睛,没有回答。他甚至连马的伤口也没有看,只是在马不知道为什么犹豫不定地慌张起来,挺直了身子,突然跪下前腿,低垂下脑袋,仿佛请求主人饶恕它的什么罪过似的时,他才稍微往旁边移动了一下。马低沉地呻吟着,侧着身子倒下去,想抬起脑袋,但是,看来,它已经把最后的一点力气消耗光了:颤抖越来越轻,眼睛已经毫无生气,脖子上冒出了热气……"

……日子过得并不单一。只是很宁静,家中的,地里的,甚至顿河的。看起来,他写给外交官格奥尔吉·阿斯塔霍夫的信也是这样地平静无事:"亲爱的老乡:你为什么没有回信呢?什么时候你放假?什么时候你同娜塔莎来维约申斯克?我们一直在等待着,并真正地高兴迎接你们的到来。我们可以去捕鱼。草原上鸟很多,湖泊里的水鸟也不少。而这里的西瓜和香瓜都已经熟了,这里不是过日子,简直就是过节。玛丽娅·彼得罗夫娜向你们致意,我紧握你的手。我们等待回信,米·肖洛霍夫。"(阿斯塔霍夫1941年被逮捕,第二年就消失了。)在这封信中,肖洛霍夫还提到了给"迈斯基同志"发去了一封信,他是苏联驻英国的大使——这有什么联系呢?

这样的家庭书信写得多么好!可是,"简直是过节"却从来也没有过。在肖洛霍夫写给《新世界》杂志的一封信中谈到了长篇小说时,有一句意味深长的话:"如果善良的人们不妨碍我,将在年底写完它。"如果不妨碍他!

尼古拉·奥斯特洛夫斯基和米哈伊尔·肖洛霍夫。1936年,肖洛霍夫写给他三封信。第一封信:"亲爱的,尼古拉·奥斯特洛夫斯基:书收到,谢谢。请原谅我久未回信。我本想到索契去看望你,谈一谈,但一直没有去成。利用一个'难得的机会'给你送去《静静的顿河》的第一部,最后一部一旦出书——立即寄去。请接受我友好的祝福,紧握你的手。祝愿你精神愉快、身体健康、事业有成。米·肖洛霍夫,1936 年 7 月 8 日。"

干巴巴的。很快他又写了信,这一次他找到了这样的语调,让收信人不要认为这是给一个残疾人的信:"感谢你的来信,感谢你对我的友好情谊。一旦我做完这本该死的书,我一定到索契去。现在,我不顾炎热,又开始写了。我坐下来,流淌着苦涩的汗水,热切地望着顿河。凭良心说——在这种狂野的天气里我也没有任何一点想法,要偷偷溜到那个旷野里去,让风吹拂一下,但我有点担心好像妻子没有把我腿拴在写字台上。以往有过这种恶劣地剥夺我兄弟的先例。"他以这样的幽默继续写道:"妻妹莉里娅以其特有的不加思索整天里谈到你,没完没了地讲着。她来时不说'你好',总是说'你看奥斯特洛夫斯基'等等。太厉害了,在我们宁静的家中出现了这种变化!我应当告诉您,生产队长同志,您尽管躺在床上,也打败了无法自卫的少女……"最后,写得亲切而自然:"热烈地拥抱你,亲爱的尼古拉,祝你万事如意,我想,我们很快就会见面,我衷心地祝福你的妈妈和所有你的亲人。米·肖洛霍夫,1936 年 8 月 14 日,于维约申斯克。"

第三封信是在 10 月寄出的,同样也是从维约申斯克。这封信里有着极富于同情的支持:"亲爱的奥斯特洛夫斯基:谢谢你的友好关注,谢谢你的来信。我十分生气地摒弃了这样一些议论,他们说你将不久于世,我全身心地祝福你健康长寿,永不衰老……"接着就是两个作家完全职业上的交流:"这个月里我应当工作到汗流浃背了,如果不写完《静静的顿河》——那在这个世界上我就要以一个扯谎的人而出名了,但前景对我并不乐观。我去了一趟莫斯科,泪流满面地请求不要让我去参加反战大会①,所以,我又重新坐了下来,写到很晚,'我要超过定额',到早晨再阅读,并挠起了脑袋。对于你本人我这种作家的情感是永恒的,因而没什么添枝加叶地写它……"

后来,他们见面了,是在这一年的 11 月,在奥斯特洛夫斯基的莫斯科住

---

① 去巴黎——原注。

宅里。对于一个卧床不起的人和他的坚强的妻子来说,当时真是高兴极了。对于这位目盲的作家来说,辨别力足以看出肖洛霍夫创作的独一无二之处——这就是独立性:"你知道吗,米沙,我要找个诚实的人,有话能直说。我们这些作家兄弟都忘记说真心话了,而朋友们又怕得罪你……好吧,米沙,你把装订好的带封皮的原稿拿去吧……"他这是说的带到维约申斯克去的那本自己的小说《暴风雨所诞生的》。

然而,结果他们关系并不特别亲近。肖洛霍夫尊重他的长篇小说《钢铁是怎样炼成的》,然而,他未必能喜欢发表在《文学报》上的奥斯特洛夫斯基对自己的"宣传鼓动":"让哥萨克的布尔什维克们成长起来,并且占有我们的心。揭露和剥夺那些理想主义者,他们让自己的主人公把工人阶级的鲜血洒在了静静的顿河的草原上。"

〔增补〕《文学报》在11月中旬为伊里亚·爱伦堡提供了讲坛以痛斥布宁:"有一种空气让鸟死花谢,这就是外国的空气,像过去一样,布宁还在那里歇斯底里地乱喊乱叫……"

肖洛霍夫和布宁,两位诺贝尔奖的获得者。肖洛霍夫不仅对其小说,也对其诗歌予以高度评价。但与此同时,对他的某些东西持有批判的态度。在我的札记本里保存着他在会见年轻作家时颇为有趣的谈话:"布宁有一篇《红色将军》的短篇小说,其内容并不复杂。写两个小男孩长大了,一个是地主的儿子,另一个则是鞋匠的儿子。他们俩在一起长大,甚至是朋友。在第一次世界大战时,两个人都上了前线,后来,他们俩在激烈的国内战争中见了面。一个是邓尼金的密探,另一个是革命战士。于是,鞋匠的儿子就命令他:'要枪毙你,先生!'小说中并没有艺术上的长处,可是对普通人民的蔑视却比比皆是,毫不掩饰的仇恨!在散文创作中他是个极好的抒情者,在这里,布宁作为一个艺术家却遭到了失败。可你们却说,他是天才,可天才的人可以按不同方式来写作……"

他谈到对布宁短篇小说《来自旧金山的先生》的意见:"一部伟大的小说,但其中傲慢处清晰可见,托尔斯泰笔下的《伊万·伊里奇之死》更加有力——也更加简洁。"他对布宁的短篇小说《扎哈尔·沃罗比耶夫》给予很高评价。

然而这一细节也颇有深意。参加会面的有一位女诗人拉丽莎·瓦西里耶娃，她对肖洛霍夫说：对于作家来说，有一个自己的维约申斯克该多么幸福啊，如果布宁也生活在"自己的"维约申斯克，就像托尔斯泰生活在雅斯纳雅·波良纳一样，那么，他的发展会是另一种样子了。肖洛霍夫皱了皱眉，就回答说：布宁在欧洲找到了"自己的"维约申斯克，所以，当他看到布宁的短篇小说下面用小字排版的"阿尔卑斯山海岸"时，极为生气。

　　至于，布宁如何评价肖洛霍夫，下面将谈到。

黑　材　料

　　《消息报》1月1日刊登了布哈林的文章，他宣称1936年是"社会主义人道主义繁荣"的开端。

　　古怪地祝福这一社会主义人道主义之父的命运落到了一些人的头上，肖洛霍夫后于1938年在写给斯大林的信中说："克拉秀科夫说，在5月1日这一天，罗斯托夫监狱里喊声震天，从单身牢房里有人高喊'共产党万岁！''斯大林同志万岁！'"

　　3月，维约申斯克镇，内务人民委员部的人开始盯上了肖洛霍夫。他们指派人，收集他的"黑材料"，幸运的是，找到了一个勇敢的集体农庄庄员瓦西里·亚历山大罗维奇·布拉格洛多夫——这是多么善良的姓氏——来揭露阴谋家。他向区党委写了材料："我、加里宁、马赞诺夫、邦达列娃在场时，那个人说，肖洛霍夫在选挑去莫斯科演出的歌手时，雇用了一个歌手，在他的大手风琴里放上了一把那干式手枪，要刺杀斯大林同志，说完后就给了我们一份由叶若夫同志写的材料让签字，签了字就可以得到很重的奖赏。"

　　这个哥萨克胆子真大，甚至在这份声明中还写了这样的话：内务人民委员部区管理局的领导来了，他还称赞了关于挑拨离间的这个主意。

　　当然，关于这种险恶的胡说八道，没有一家剧院知道，《真理报》什么也没有登出。

　　这次挑拨离间有个内幕。肖洛霍夫曾帮助过歌剧的上演，对此，节目单里也作过说明。他曾劝说过剧团，吸收一些维约申斯克的歌手和舞蹈家，以便让大剧院感受到真正的顿河气息。这一非同寻常的主意换来了很大成就。难怪指挥者尼古拉·戈洛瓦诺夫向肖洛霍夫表达了谢意。

《真理报》报道了另一件事——在歌剧院《静静的顿河》初次上演时,邀请了八十五位顿河哥萨克的集体农庄庄员作为荣誉观众。总的说来,在那些日子里,中央的报纸对顿河给予了不小的关注。3 月 3 日发表了波乔尔科夫——克里沃什雷科夫部队的骑兵哥萨克驰骋战场的照片,过了两天——又有顿河的客人们在大歌剧院里签名的照片,其中几个人就是维约申斯克的哥萨克。

3 月中旬这部歌剧史诗演出结束。《真理报》上刊登了长篇的《集体农庄庄员——顿河哥萨克给斯大林同志的信》,哥萨克们感谢领袖使他们有可能来到首都听歌剧,而主要的则是,他们过上了幸福的集体农庄的生活,不过所用的句子都是那种伪哥萨克的语言:"我们很强烈地热爱这种生活,它是我们的,你想不到比它更好的了……"

肖洛霍夫看到这封假信该怎样呢?大饥饿过去才三年,坟墓上还没长出草,苦涩的眼泪还未干……

3 月的《真理报》一期又一期地送到了维约申斯克。作家会议的总结公布出来了——主要是批评。一些作家被指责为形式主义;另一些——则是"形式主义的影响"。谁是形式主义者呢?他们的名字是:列昂尼德·列昂诺夫、康斯坦丁·费定、伊万·卡达耶夫、伊里亚· 爱伦堡、鲍里斯·皮里尼亚克、弗拉基米尔·基尔雄、科尔内伊·泽林斯基,真巧,在那几天里还出现了对《被开垦的处女地》歌剧创作完成的短评。……

肖洛霍夫在《真理报》开出的"麻风病人"名单里没找到自己,可是从歌剧的说明书上知道,他们也不满意"一些评论家们指责作家,他特别地看重了旧式的哥萨克生活方式,甚至对它进行了美化"。这时,他就想到了,正是由于这个原因,电影《静静的顿河》才被禁演。令人忧心忡忡,还好,维约申斯克的区党委没有改变,彼得·卢戈沃伊喜欢和看重肖洛霍夫。

1936 年 4 月 26 日,区里的报纸《布尔什维克顿河》报道,党员换证工作在维约申斯克镇已经开始:"无产阶级作家米哈伊尔·肖洛霍夫得到了 NO.0981052 号党证,他是《布尔什维克顿河》编辑部基层党组织成员。在授予他新党证前同他的谈话中,区党委书记卢戈沃伊同志指出了作为维约申斯克区党组织成员、联共(布)区党委委员和区执委委员肖洛霍夫的工作是积极的。接受了党证后,肖洛霍夫向书记表示:对于共产党员的称号他给予高度评价。"

他的高度评价也是因为没有把真理兑换成了见机行事。

于是,在《静静的顿河》中,他的笔下就写出了米哈伊尔·科舍沃伊同葛利高里·麦列霍夫在他们从波兰前线回来后的一场对话:

"……葛利高里说:

'你我之间好像有什么不对头的……我从你的眼神上看得出来,有点不对头!我的到来使你很不舒服?或者是我多心了?'

'不,你猜对了,我很不舒服。'

'那你指的是什么呢?'

'我们俩是势不两立的仇敌……'

'过去是。'

'是的,过去是,看来,将来也还会是。'

……

'米哈伊尔,你怕的是什么呀?是不是怕我又起来暴动,反对苏维埃政权?'

'我什么也不怕,不过有时我想:一旦有什么风吹草动,你准会投到那面去。'

'那我完全可以投到波兰人那边去呀,你想是不是呀?我们曾有整队人马投到他们那边去啊。'

'你错过了机会?'

'不,我不想去。我已经服役完毕。不论为谁,我都不效劳啦。我这一辈子仗得已经够多啦,精神上非常痛苦。不论是革命还是反革命,我都厌恶透啦。最好是所有这一切统统……叫这些玩意儿统统见鬼去吧!我想跟孩子们一起生活,干干庄稼活儿,这就是我的全部希望……'

可是,无论什么样的保证都已不能使科舍沃伊相信。葛利高里看明白了,也就不再说了。有一刹那他非常痛恨自己。自己为什么要去辩解,要证明什么呀?……葛利高里站了起来。

'咱们别说这些毫无意义的话啦!够啦!我只想最后对你说一句:如果苏维埃政权不来碰我,我是不会去反对它的。如果要来碰我,我就要进行自卫!……'

米哈伊尔轻蔑地冷笑说：

'真是异想天开，革命军事法庭或者肃反委员会是不会问你愿不愿意怎样的，他们不会跟你讨价还价的。'"

在国内战争的悲剧中，每一个方面都有自己的真理，而肖洛霍夫没有隐瞒这一真理。

……莫斯科给肖洛霍夫打来了电话，请准备好去巴黎参加反战大会。根据政治局的决议，肖洛霍夫被列入争取和平战士民族委员会委员——总共才二十一人，这是多么大的信任！可是，让所有人感到意外的是：他拒绝了。报告打给了斯大林，斯大林指示了在政治局会议上进行讨论。会议于五月召开，做出了这样的裁决："同意肖洛霍夫同志的请求……解除其巴黎之行。"

为什么拒绝了如此被看得起的和荣誉的委托呢？在书面上，没有指明原因。他就这样地生活下去——已经是一位享誉全世界的作家，区党委会的工作积极的委员，大家庭的一家之主。这一年，他在报刊上发表的文章不多：只有《静静的顿河》中的几个片断，以及由于他所熟悉的高尔基和奥斯特洛夫斯基的逝世而发出的唁电，还有，发表了一篇给英勇的西班牙战士的祝贺信。

然而，也还有他做出了反应的和使他高兴的事情。斯达汉诺夫运动进入了高潮——这一运动由于冠以斯大林的名字而显得神圣。莫斯科精心地制订出了第一个城区改造的总体计划：将要修建地铁和"莫斯科—伏尔加"运河。国内开始出现的一个又一个新的建设项目都冠以斯大林的名字，拟定了开凿"伏尔加—顿河"运河，新型的罗斯托夫联合收割机将命名为"斯大林人"。

在并不歌颂斯大林的不多的作家中有一个人，就是肖洛霍夫。

……高尔基逝世了。从收音机里，在区党委会里，肖洛霍夫知道了这一噩耗——让我们举行群众集会纪念吧。他发了言，然后就拍电报给莫斯科，给《真理报》，文字极为简洁，但却令人感动而且真诚："我对我们国家和苏联文学遭到的巨大损失深感悲恸。"过了几天，他被请到了师范学校去，向学生们讲了高尔基。他又马不停蹄地答应了州里报社，写出一篇文章，有一个句子写得非同凡响："阿列克谢·马克西莫维奇的渊博而全面的知识、他孜孜不倦勤于劳动的精神、他对自己的严格要求，都使我感到震惊。"

〔增补〕经过了十年以后，伊万·捷尔仁斯基向尼基塔·波戈斯洛夫斯基讲了一件事，后者就把这件事写进了自己的回忆录小说中："捷尔仁斯基来到了莫斯科，要和大剧院共同继续创作他的歌剧《被开垦的处女地》，剧院给他租了一个房间，可惜，那里没有电话，而他的亲弟弟列昂尼德为他的歌剧编写歌词，他却留在列宁格勒，他靠邮局给伊万寄去歌词的片段，有时就把人物不长的宣叙调用电报发过去。由于为一场急须修改的文本中的句子，于是列昂尼德就急匆匆地拍去了电报。女电报员看了一眼电文，说了'等一下'就出去了，确实是等了一下，就进来了两个穿着便衣的年轻人，一把抓住了感到莫名其妙的歌词作者的手，就把他带到该去的地方，这个可怜的人在这里被折磨了两天两夜，直到高层领导把这件事弄清楚为止。这段电文是给歌剧中某一个阶级敌人准备使用的，大概是这样：'武器收藏可靠，准备听令动手，相信必胜，上帝保佑我们。'"

拯 救 顿 河

肖洛霍夫拿出了勇气给斯大林写信，谈到了一些人把顿河拖进了新的灾难中——大清洗！卢戈沃伊对那个时代留下了阴沉的见证："在众人皆知的过火行动的那几年，由于肖洛霍夫和我们的行为越过了边疆区党委的头顶，边疆区党委的人没有忘记收拾肖洛霍夫和我。他们开始把执行任务的人派到区里来……"

这些"执行任务的人"的活动不仅被卢戈沃伊所证实。不久，他已不再是区里的领导人了。派来一个叫卡普斯金的人代替了他，这个人是边疆区党委的忠实奴仆。

肖洛霍夫给斯大林写了五封信，他坚信，再没有任何人能拯救顿河免于大清洗。这些信在1993年以前一直是国家机密。

其中一封信在肖洛霍夫生平中占有特殊地位，它的特殊不仅仅是因为篇幅极长——长到按书页计算有二十二页，其中没有任何作家的激情——有的是事实，只有事实。

这封信上所标明的日期是1938年2月16日。这封信之所以必须在这章里提及，那是因为骇人听闻的暴行正是从1936年开始的，尽管此前几年里已经提过了。就这样，斯大林就读到了对优秀党员们和他——肖洛霍夫的迫害是怎么开始的：

"……在1934年，当我向您，斯大林同志讲述了北顿河州集体农庄的状况、讲述了边疆区党委不愿纠正1932年、1933年所出现的各种过火行为之后，在党中央做出决定，向北顿河州集体农庄提供帮助之后，——缅希科夫、基谢廖夫等人彻底变得肆无忌惮。缅希科夫设置了一套监听我和卢戈沃伊之间电话的系统，对我们的行动布置了几乎是不假思索的跟踪。基谢廖夫和其他一些人一起，开始在区党委常委会上，公开反对卢戈沃伊提出的或者我提出的任何政治方面和经济方面的建议。工作不可能继续下去……他们在边疆区党委和党中央散发声明，诽谤卢戈沃伊、诽谤我、诽谤其他同边疆区党委内部的反对领导所进行斗争的共产党员。没有一次区党委常委开会时，我们不遇到舍勃尔达耶夫分子公开的和隐晦的攻击。"

接下去又谈到了，为什么在最初一段时间里还服从了他们："我们知道这些吗？毫无疑问，是知道的。我们知道，但保持沉默，因为我们坚信：如果要求换掉他们，派来的将会是同样的人。关于这一点在撤销基谢廖夫和缅希科夫职务之后，已经使我们确信无疑了……"

他还写到，他和卢戈沃伊怎样去了罗斯托夫见党的第一书记，希望得到同情和帮助。谈话非常激烈，肖洛霍夫向党的领导人说："我不是犯罪分子，不想在公开的监视下过日子……"得到的回答却是厚颜无耻而又侮辱人的："我派蔡特林去你们那里做第二书记。卢戈沃伊缺乏政治常识，而蔡特林是一个有文化的小伙子，我们将派一个得力的内务人民委员部主任……无论如何，我们还是要对你们有所监视……"

在这封信中肖洛霍夫证实，在斯大林过问了此事，什基里亚托夫进行了审查的三年后，一切依然如故："1936年起，事情急转直下。发现了一个收拾我们的简便而无害的方法——全区开始了深挖敌人的活动。……"肖洛霍夫历数了许多无辜被逮捕的人，强调指出其中之一："克拉秀科夫，维约申斯克区党委常委，是我们的同志，有一回已经坐了牢……"

他还告诉了斯大林自己家庭状况："被派来的舍勃尔达耶夫①的三套马

---

① 舍勃尔达耶夫为边疆区党委的头目。——原注

243

车同我们进行丧失原则的斗争时,不惜采取一切手段。1936年夏天,他们开始散发涉及我和我妻子声誉的恶毒的匿名信,破坏我作为一个共产党员和一个人的名声。有一次我说到了这一点,季姆琴科①笑了笑,表示愿意提供帮助,调查这一案件,并查出信的作者。我拒绝了他的帮助,因为我坚信,他正是这些卑鄙作品的作者。季姆琴科不止一次地告诉我说,哥萨克的反革命组织准备对我进行暗害……我想详细了解季姆琴科提供的这条信息,问他是谁跟踪我,他是否被逮捕过?季姆琴科连眼睛都不眨一眨,对我说:'我没有对您说过这样的话,您错误地理解了我。'那时,我们的关系已经完全定型了,季姆琴科要求我告诉他我去的地方,好采取某些保卫措施,我笑了笑,用一句俗语回答说:'求求上帝让我摆脱这些朋友,遇上敌人我自己对付。'"

肖洛霍夫信中所写的都极其真实,他挑选了真正具有爆炸力的事实,我援引了其中几处:"当时对他②说,他将死在监狱里,他回答:'就是死的时候,我也要高喊共产党和苏维埃政权万岁,让你们这些法西斯看一看,学一学,忠诚的共产党员是怎样死法!'……'你们想叫我做假供?''做吧,你做了假供我们就记下来。'"

"……在罗斯托夫州监狱,被捕的人除了自己的刑侦员,谁也见不到。被捕的人请求准许给检察官写信,或者给内务人民委员部写信,都被粗暴地拒绝了。写好的报告,当着囚犯的面被销毁。囚犯一天比一天更坚信,刑侦员的专横妄为是没有限度的。于是就供出对他人的揭发材料和承认自己从来也不曾犯过的罪行。"

这些血迹斑斑的文字送给克里姆林宫对于作家来说并非易事。

在此之前这里已经传出消息,鲍里斯·皮里尼亚克被宣布为"人民的敌人"。七年前,当肖洛霍夫被指责为剽窃时他没有拒绝保护,过去,在1935年他写的长篇小说《果实成熟》中,在称赞了肖洛霍夫的同时,也称赞了马雅可夫斯基、帕斯捷尔纳克、阿列克谢·托尔斯泰、列昂诺夫、弗谢沃洛德·伊万诺夫:"各不相同的文学和社会根源的作家们所创作的文学作品,

---

① 内务人民委员部维约申斯克区分部领导。——原注
② 克拉秀科夫。——原注

彼此之间也并不相同。"讲得何等公道。

……肖洛霍夫落入了最警惕的"监视"之下,犹如他的小说。列维茨卡娅跟他说:"有一次,我偶然地碰到了潘菲洛夫。他说'您同肖洛霍夫是朋友——请说服他,让他结束《静静的顿河》的时候,要使葛利高里成为一个布尔什维克。否则,《静静的顿河》不能面世……'"

列维茨卡娅并没有惊慌失措:"但这如果并不符合生活的真实呢?"他回答:"反正都一样——应当这么写。"肖洛霍夫作为回答,只是微微一笑,又以其倔犟的坚定信念说:"我要违背所有那些可诅咒的作家兄弟们来结束《静静的顿河》……我认为这是正确的。"

看起来,生活还是令人愉快的。1月1日取消了粮食和其他食品的供应证,孩子们都欢呼雀跃——允许了庆祝新年并且可以举办新年松树游玩活动。顿河人民知道,对于哥萨克来说宣布的也更宽容了些——可以大胆地说"哥萨克"话了,也可以重新唱起独特的哥萨克民歌,可以穿上过去的制服和带有镶条的肥大的灯笼裤,也可以戴上制帽了。玛丽娅·彼得罗夫娜轻松地叹了一口气:一些限制取消了,因为她的家庭出身是非无产阶级的,她的父亲就曾经是阿塔曼。

肖洛霍夫的生活视野也越来越广阔了,在一封信中写道:"我恳请您告知伦敦,我非常关心英国报刊对《静静的顿河》的反应,并恳请您把我的信早些转寄给丹麦的女译者阿·切梅林斯卡娅-科普。"

无计其数的朝圣者——不仅是有名气的,都络绎不绝地来到维约申斯克——肖洛霍夫的名字像磁石般地有吸引力。比如,有一个人来了,让肖洛霍夫朗诵了自己的"作品",他一边读着一边说:"没有天才,别白白浪费时间。"……可那人却回答说:"那您说的不对,我的妻子是牙科医生,她也明白点儿文学,她跟我说的可不是这样……"

另一位拜访者却感到了极其难为情,对此他曾讲给家里人:"你们知道吗,有一个老者从乌克兰来了,他是徒步走来的,他说他来就是'不过看一看',他还说,他算是到过了雅斯纳雅—波良纳了。"

也许,正是在这次会面以后,肖洛霍夫才想出了这样的俗语:"请不要以你的不好意思让我不好意思。"

在为这本书收集到的回忆录中,我更珍惜的是一个老哥萨克所说的这

245

样的发现:"他是个真正的民众的人,好像挺伟大,而且也有巨大的智慧,可却是自己人……"

在回忆录中还有这样的闪光:由于一个镇里的女人的请求,肖洛霍夫像鸭子叫那样地嘴里呷呷作响,因为她来抱怨女婿。

"他干出什么事啦?"

"在窝棚里,他自作主张想加个隔板……米哈尔·萨内奇,你说说他吧。"

而且,还有个老铁匠,叫德米特里·谢尔盖耶维奇·卡拉姆斯科夫,他对肖洛霍夫在那遥远的集体化时代有过这样一些回忆:

"有一回,米哈伊尔·亚历山大罗维奇来找我,并且说:'我去过伏龙芝集体农庄一趟,想看看那里的人和他们的工作。播种工作干得不好,结果就像加尔梅克人那句开场白说的:油是有了——要烤面包,可是没有面粉。他们那儿就这样。耕牛有,耕地有,却没有犁杖,咱们给他们打个犁杖吧。'于是,我们俩就干了起来,打好了犁杖,最大号的——十英寸,米哈伊尔·亚历山大罗维奇在火炉旁干得极麻利,拿着很重的铁锤砸着,这时我就说:'米哈伊尔·亚历山大罗维奇,扔掉你写小说的事吧,到我这儿来干活儿,我能把你变成真正的铁匠。'米哈伊尔·亚历山大罗维奇笑了笑……"

〔增补〕马·高尔基对肖洛霍夫的两部长篇小说还有过这样的评价:"真实!……漂亮的真实,残酷的真实,《静静的顿河》和您新写的小说的力量和美就在于此。"

第 五 章
1937:"黑 色 蛛 网"

1937 年来到了这个国家。

人民的命运——同过去一样,就像英雄般地从事劳动,以使国家变得更强大,而对于大多数人来说,这种火热的激情——把国家变成社会主义强国——是真诚的。

可是内务人民委员部那些人却有自己的任务——根据党的司令部指

示——要把国家从"人民的敌人"手里拯救出来。党中央的全体会议在去年10月就已宣布:"无产阶级专政要变得更加随机应变,因而,它也就成为更强大的体制……"

向党中央告密

根据温馨的风俗习惯,肖洛霍夫是在家中开始了新年的,人们甚至领着小米什卡到晚会用的小松树前。不错,午夜时分区党委的朋友们来举杯欢庆。客人来见客人——善良的主人非常高兴。

这一年又开始了操劳,这在1月5日他写给昔日的老乡、新闻记者鲍里索夫的信中就可以知道一些。作家提到了希特勒,充满敌意。他说到了自己负荷过重,这不仅是因为他在写作《静静的顿河》的最后一部,而且一些年轻作家要求他过目并祝福他们的创作("一些新生的作家一包包地寄来手稿"),他给那些想成为作家的朋友一些职业上的忠告,其中之一是这么写的:"我并不反对帮助,虽然关于支持的话你明显地夸大了……文学和作家名字的形成并非像你所想象的那样……如果我用像早年作家兄弟们支持我所用的那种方法来支持你,那么,过一个星期你就要累死了。"

《文学报》新的一期来到了维约申斯克,上面发表了一篇题目吓人的集体的信《间谍和杀手》——要求以更大的警惕性揭露"人民的敌人"。签字的人有:法捷耶夫、阿列克谢·托尔斯泰、马尔夏克、巴甫连科、奥列沙、布鲁诺·亚辛斯基……还有一期上登了马克西姆·高尔基的响亮的号召:"如果敌人不投降——就要消灭它。"

他的这篇引起轰动的文章教导人们保卫社会主义,反对其所有的敌人,其中包括被列入"人民的敌人"的人。高尔基的明确目的是正确的,但他是否知道,这些敌人当中有的是真正的敌人,有的则是内务人民委员部所诽谤的人?

作家们奋起反对的是谁:在自己的队伍中反对确确实实的间谍、敌人,还是由内务人民委员部所认定的那种人呢? 这里有许多是候补的敌人。

作家伊萨克·巴别尔被捕了,他在受审中提到过肖洛霍夫,刑侦员在记录中写下了"被揭露者"的话:"对于苏联文学的杰出作品我们沉默不语,或者持之以轻蔑的态度,却过分地鼓吹并没有参与到实际文学生活中的单干者,人们为肖洛霍夫名声的扩大设置障碍并宣称他是个极平平常常的作家。"是否有这样不幸的因徒,而实际上又是肖洛霍夫的如此包藏祸心的敌人,或者人们迫使他去自我诽谤吗? 如果人们告诉了肖洛霍夫巴别尔的供词,他凭着纯洁的良心就可以说,在对待巴别尔的关系方面,他从来也没有表示出政治上的胆怯,甚至,当他的《红色骑兵军》遭到了普遍排斥,而且第一骑兵军指挥官布琼尼对这部作品也不喜欢的时候! 有一次,肖洛霍夫就说过:"我不能认为自己是巴别尔的亲密朋友,但是,无论如何,我同他的关系还是友好的。"

果然,这个世界真小。在那种岁月里,在一种情况下他可以在狭小的监狱班房里瑟缩成一团,而在另一种情况下也可以坐到边疆区党委会议大厅旁。对于肖洛霍夫来说,这可不是个比喻。巴别尔与国家政治保安局著名的人物叶夫多基莫夫是朋友,而就是这个叶夫多基莫夫却煽动党员们来反对肖洛霍夫。

……边疆区党委全体会议在罗斯托夫召开,新的党的领导即这个叶夫多基莫夫主持了这个会议。肖洛霍夫写信给斯大林时谈到了这个人:"叶夫多基莫夫极端凶狠地当众冲着卢戈沃伊发火,他大声喊叫说:'你胡说什么失宠! 你们在维约申斯克形成了一个名士派! 肖洛霍夫就是你们的一切! 你们给自己树了一块石碑,就朝着它祈祷! 应该让肖洛霍夫写他自己的书去,我们搞政治用不着他!'如此等等。"

世界真小。有一个大学生要到肖洛霍夫这里做客,他没有接待,这个大学生可是叶甫根尼娅·格里戈里耶芙娜·列维茨卡娅儿子的朋友,他多么喜欢同作家进行交谈啊! 只过了十年,肖洛霍夫家里人都知道了,要来做客的是内务人民委员部的爪牙,他带了任务来搜罗"黑材料"。幸运的是,这个人还算有良知,他在永远地从列维茨卡娅周围那些人中消失之前,曾打来了电话并且歇斯底里地大叫:"叶甫根尼娅·格里戈里耶芙娜,我想告诉您并请您转告米哈伊尔·亚历山大罗维奇,我并没有罪过,是他们让我做的,别了,看来我们永远也不能见面了! ……"

同乡的敌人也企图搞些肖洛霍夫的"黑材料"。肖洛霍夫写信给斯大林说:"2月份,柯列斯科夫来找我,他是邻近的巴兹科夫区格拉切夫机器拖拉机站站长,他过去曾在维约申斯克担任过区土地管理处处长,他对我讲了这样一件事:内务人民委员部米列罗沃州办事处主任斯彼兰斯基传唤过他,连续审讯十四小时,末了说:'你在白军里服过役,入党时隐瞒了这一点。在白军期间,你枪毙过红军战士,我们手上有你的材料——他指了指很厚的一叠文件夹——我们随时都可以把你关起来,但我们现在还不想这么做,一切都在于你自己,你是我们所需要的人。你同斯拉勃琴科、卢戈沃伊、肖洛霍夫的关系很好……'也就是说命令你告发他们。"

3月,斯大林做出了《关于党的工作中的错误以及消灭托洛茨基分子和其他两面派的措施》的报告,领袖要求积极采取这些措施。

1937年4月15日,《文学报》刊登了苏联作家协会领导人亚历山大·法捷耶夫的讲话《向生活学习》,文章也谈到了肖洛霍夫,"比如说吧,米·肖洛霍夫就以令人吃惊的对生活的把握而显得与众不同。可以直截了当地说,当你阅读他的作品时,感到了真正的创作上的嫉妒,你看吧,这是真正的佳作,不可重复的……"可是,突然,也没有任何过渡就说:"不过毕竟在他的作品中还缺乏重大的、无所不包的、全人类的思想。"后来就出现了这样的谴责——缺乏"重大的思想"——变成了尖锐的政治谴责:"无思想性"。

布坎诺夫斯克镇里有一个人大难临头,维约申斯克镇的肖洛霍夫要帮助他摆脱灾难,他给检察长写了一封信,请求他"接受此案并予以帮助"。

可是,他刚刚把信寄出,新的灾难就落到了自己的头上。作为一个真正的人民作家被指责为保护了"人民的敌人",这都是边疆区党的当权头目处心积虑干的,肖洛霍夫告诉斯大林:"4月份,叶夫多基莫夫来到维约申斯克。在区党委常委的秘密会议上,我们向他说明了我们同切卡林一伙的分歧。叶夫多基莫夫指责我们公开保护人民的敌人克拉秀科夫……"

反对肖洛霍夫及其战友的密谋在继续进行,从镇里向首都发出了匿名告密信,直接到党中央,这封信很长,用纸极好,打字也很漂亮,用的是很严厉的党的词语:"1937年4月26日,机密。格尔佐维奇同志:在区里,肖洛霍夫周围聚集了一伙负责人员,逍遥法外……"接下去就是指名道姓的"托洛茨基分子":"联共(布)区党委书记卢戈沃伊同志,曾两次被撤职,但每一次都是由于肖洛霍夫的坚持,撤职决议被取消了。卢戈沃伊祖护了联共(布)区党委委员、征粮委员会特派员克拉秀科夫(如今是被揭露出并被逮捕的托洛茨基分子)……肖洛霍夫同志支持卢戈沃伊,因而常委会做出了恢复克拉秀科夫……农艺师赖佐-米罗什尼琴科名誉的决定……两次被开除出党,两次在肖洛霍夫同志的帮助之下又官复原职……"

玛丽娅·彼得罗夫娜的一位亲戚——很巧,他与肖洛霍夫同姓,又是他的朋友,叫弗拉基米尔·肖洛霍夫,他是叶兰斯克学校的校长,也受到了"监视",被列入由作家肖洛霍夫"组织起来"的集团中。党中央接到了这封匿名信予以办理——派了人来罗斯托夫,研究情况并作出报告。那里——为什么如此的无组织无纪律呢?——但是却迟迟没有回音。看来,他们有些害怕,既怕说假话,又怕说真相。否则,又要重新来一次审查。但是,党中央对此事不能拖延,因而提示:"联共(布)中央亚速海—黑海边疆区党委书记叶夫多基莫夫同志:要求从速答复我们的信……附送维约申斯克区的简要报告。联共(布)中央书记助理布什。"

叶夫多基莫夫联系到了内务人民委员部边疆区分部新领导人柳什科夫来审理此案,柳什科夫在顿河一带迅速地有了极大的声望,他既是安全部门三等(将军军衔)人民委员,又是三枚勋章的获得者和边疆区党委常委委员。他有着自己的职业爱好,对此,他的一个下属曾说过:"'国家杜马'——坐班房,就是'刺伤'(得到口供)是基本方法,班房里有很多在押的人,不允许他们待几天,当时他们获取口供都是在所有剩下人能够看得到的地方,这就影响了剩下的人,结果就特别显著:有时都来不及办理手续……到处都用'挂起来'的办法,有时也打人,其中包括了我……"

这时,在莫斯科,莫斯科模范艺术剧院经理在斯大林面前报告工作——如何执行了他的指示,进一步提供苏联题材的剧本,他报告说,已有两位小说家同意成为剧作家,这就是著名的列昂尼德·列昂诺夫和已经出了名的尼古拉·维尔特,而同第三个人谈时碰了钉子:"我极力说服米·肖洛霍夫写,但暂时未成。"

对于肖洛霍夫一家人来说,5月令人焦虑。区里党的会议开过了,罗斯托夫派来一位代表参加,这就是柳什科夫。卢戈沃伊就是这么回忆的:"他们指责我、洛加乔夫和肖洛霍夫,说我们保护了人民的敌人。"肖洛霍夫这一个月仅仅满三十二岁,对母亲是无法瞒住的,外面要谋害她的儿子。玛丽娅·彼得罗夫娜夜夜无法安眠,将来会怎样呢?浑然不知的恬然自乐的只有孩子,他们不知道篱笆门外的世界是什么样的。

肖洛霍夫躲开了区党委那些人了吗？他一声不响？他宣布与己无关？……下面我们读一段回忆录："米·亚·肖洛霍夫发了言，他说得很吃力，但说了自己不同意边疆区党委会的意见，说什么区党委常委会似乎保护了人民的敌人。他说，对这样的敌人他一无所知。肖洛霍夫声明，区党委常委执行了正确的政策。"

他仍然没有防范……边疆区党委所要求的这三个人中不论是谁都要"悔过"，也没有声息。有的却是回击——在会议收场时宣布：卢戈沃伊和洛加乔夫被解除职务——他俩进一步的命运将由罗斯托夫决定。

肖洛霍夫感觉到了边疆区党委的惩罚态度，但他并不放弃自己的战友，卢戈沃伊永远记得："我同洛加乔夫，许多人都互相回避……都在等着逮捕……可是米哈伊尔·肖洛霍夫却不疏远我们……打电话……请到他家去……也到我们这里来……在所有这些日子里我们去钓鱼或者打猎……"又补充说，他这位作家朋友就是这么固执："他同区党委新来的领导却划清了界线……"

对于肖洛霍夫来说，5月是在罗斯托夫结束的，在边疆区党委常委的会议上柳什科夫做了自己这一次维约申斯克之行的报告——全是敌人、敌人、敌人……叶夫多基莫夫大喊大叫，对着卢戈沃伊和肖洛霍夫投过去愤怒的目光："看看，你们保护了谁！"在写给斯大林的信中，肖洛霍夫只用了三言两语就描绘出他那给人留下深刻印象的画像："他是个滑头——这个瘸了腿的老狐狸！是一个从事肃反工作的老手。"

洛加乔夫和克拉秀科夫的命运预先已经确定了：在肖洛霍夫和卢戈沃伊不在维约申斯克时他们被抓走了。当时，日子过得飞快，就像射出去的子弹，祸不单行——卢戈沃伊也被逮捕了。

但是，需要坚持住。也许，因为肖洛霍夫已准备好精力要出击，才答应了《真理报》写出论文《论苏联作家》。文章并不长，它于5月20日刊出，在他过生日前不久。文章中一开始就表达了同西班牙反法西斯战士们团结一致的精神——在西班牙，在共和派的人民阵线与佛朗哥将军所领导的法西斯的"西班牙长枪党"之间的国内战争正在进行（有三千多苏联公民和共产国际的战士站在共和派一边作战，而希特勒和墨索里尼则支持佛朗哥），全世界都在关注着两个社会体系这第一次的决战。

肖洛霍夫执笔当时这一最具有爆发力的题材大概并非偶然——他使作家有可能说清楚自己的观点……"苏联作家同苏联社会究竟是什么样的关系,通过我个人的身世也可以看得很清楚。"他写道,"我是顿河上游维约申斯克镇的一个居民,在国内战争年代,我曾经为苏维埃政权的胜利而斗争过。苏维埃和布尔什维克党养育了我,教育了我。我是苏联人民的儿子。苏维埃政权对我的关怀,就如同慈祥的母亲对儿子的关怀一样,我不可能做别的比喻。"

肖洛霍夫写出了这些都是真诚的。他不是苏维埃政权的敌人。他只是为反对这一政权所做出的骇人听闻的"过火行为"而进行斗争,在极少数的勇敢者当中,他不惧怕讲出上头的这些残暴行为。

但与此同时他又非常清楚国家工业化和农业集体化所提供的一切,清楚苏维埃国家在国际舞台上的积极作用,清楚已经出现了苏维埃艺术的崇高典范。

7月,肖洛霍夫被选进国际保卫文化作家联合会的理事会,看起来这是何等的荣誉和尊敬!然而,在自己的祖国却没有预言家。肖洛霍夫到了罗斯托夫一趟,到边疆区党委会看一下,得到了这样一些印象,要重新决定寻求斯大林的保护。

这该死的生活。

〔增补〕在肖洛霍夫身上,很早就唤起了对职业的严格要求的情感,与他亲近的一些同仁在自己的回忆录中保存下了他在三十年代中期所谈到的如此俏皮的话:

"在革命最初的日子里,我曾跷起脚,趾高气扬过——从那以后不相信自己的脚了,走路这么跷起了脚,说话也这么跷起了脚,写书还是这么跷起了脚。"

"人们说,过分的和超前的荣誉把他变坏了,可是他却特别兴致勃勃地去迎战这使他变坏的影响。"

"挖出假证……"

给斯大林的信——无所顾虑!——是从说明边疆区党委会一个书记沙

茨基的表现开始的,他不久前到过维约申斯克:"'肖洛霍夫,你的朋友现在在押,关于他们的供词很多很多!维约申斯克案件,这才是个开头……这是一件非常有趣的案件。维约申斯克还会誉满全国的!'我回答他说,逮捕卢戈沃伊和洛加乔夫是个错误,说得更准确些,是敌人的行动。沙茨基笑了笑,问我:'你这不是往我的园子里扔石子吧?你听着,办不到!我是经过严格审查的人。你可以根据这样一个事实来判断,是叶若夫把我选到身边,放在负责岗位上的,叶夫多基莫夫费了好大的劲才从党中央把我要来。'"

肖洛霍夫也告诉了斯大林坚强的共产党员和自己的朋友彼得·卢戈沃伊的可怕命运:"半夜里刑侦员格里戈里耶夫来到牢房,进行这样的谈话:'反正你不能永远不开口!我们强迫你招供!你在我们手里。党中央批准了逮捕你的命令吗?批准了。也就是说,党中央知道你是敌人。而对敌人我们是不会客气的,你不开口,不供出自己的同伙,我们就打断你的双手。双手长好了,我们再打断你的双腿。腿再长好了,——我们就打断你的肋骨。让你尿血、拉血!你会满身鲜血地爬到我的脚下,求我恩典,求我让你死。那个时候,我们再打死你,然后写个报告,说你断了气,把你扔进土坑。'"

斯大林还知道了区里另一个人所受的折磨:"洛加乔夫同样经受了这一切。污辱他,践踏他的人格,骂他,打他。连续八昼夜审讯,然后又把他放进单人特囚室七昼夜,这个单人特囚室里满是耗子,他在单人特囚室里只穿了一件内衣,其他衣服全被扒光了。他从单人特囚室不是被架出来的,而是抬出来的。他的左腿残废了,审讯了四昼夜。在单人牢房里躺了三个小时,接着又抬进去连续审讯了五昼夜。他不能坐,不停地从椅子上摔下来,他请求沃洛申刑侦员允许他半躺在那里。他在光地上睡了将近一个小时又被弄起来。重又拷问了他四昼夜。对他进行诱供。"

肖洛霍夫还为其他一些党员作辩护,斯大林读到了此事,说十一个集体农庄主席中有九个人被撤了职,他举出了一个例子:"科隆达耶夫机器拖拉机站站长格列卜尼科夫作为人民的敌人被逮捕,而这个'敌人'过去是斯塔夫罗伯尔的贫农,红色游击队员,曾因战功获奖一支银制的枪。曾经是,而且很可能现在仍是对党无条件忠诚的人……"

肖洛霍夫还说,哥萨克庄稼人不得不处于何种状态下:"我自己从熟悉的集体农庄庄员口中不止一次地听到,他们是在某种'做好紧急动员准备'的状态下生活,随时都备有面包干、要换洗的干净内衣,随时准备被捕……"没有任何的文质彬彬,他就劝告大权在握的当政者:"唉,这怎么能行呢,斯大林同志?"

肖洛霍夫也谈到了对自己搜集黑材料的问题:"从1937年1月开始,就审问关于我、关于卢戈沃伊和洛加乔夫的情况,经过短暂的,也就是几个小时的休息之后,又一次重新提审。在刑侦员的办公室里,一审就是连续三昼夜、四昼夜、五昼夜……对话倒很简单:'你不开口?不提供证词?畜生!你的朋友都在押,肖洛霍夫也在押。再不开口——我们就把你折磨死,把你像尸体一样扔进垃圾场!'"

到哪里找到力量?怎么能坚持住?开枪自杀?打死他们?大喝一顿?变节?逃跑?他想起了哥萨克往日的一句俗语,当他们遇到魔鬼的纠缠时就大叫:"上帝把马和我都带走吧!"他做出了一个绝望的决定——立即前往莫斯科并在党中央接待室留下一封信:"亲爱的斯大林同志:我来莫斯科待了三四天,很想面见您,即使五分钟。如果可能,请接见。波斯克列贝舍夫知道我的电话号码。米·肖洛霍夫。1937年6月19日。"

领袖没有回音。

夏天,他头顶上已经浓云密布,罗斯托夫当局觉得自己逍遥法外,就又开始对肖洛霍夫亲属进行围攻。边疆区党委给维约申斯克区党委下达了命令:"绝密。卡鲁斯金同志亲收。第15308号。在区党委8月5日的会议上审理了叶兰斯克中学案件。尽管有足够的揭露材料,但你们还是对弗·肖洛霍夫做出了叫人不可理解的轻微的决定,而照理说,应该让他承担最严重的罪责,请您立即做出解释,原因何在?沙茨基。"

在写给斯大林的信中,肖洛霍夫详细地谈到这件事:"季姆琴科告诉我,不得不逮捕弗·肖洛霍夫——他是我的亲戚,1924年入团,任叶兰斯克中学校长……作为证据,他列举出:一、在学校学生中培养了宗教情绪。学生们读《圣经》;二、弗·肖洛霍夫破坏性地砍掉了学校庄园里的一万棵果树;三、弗·肖洛霍夫系统地破坏教学工作;四、他作为历史教师,从托洛茨基立场上讲授历史。

经区党委决定,组建了调查组,卡鲁斯金和季姆琴科有意地把自己的同伙放进了调查组,调查的结果是:一、学生读的不是《圣经》,而是在家里翻看1914年出版的画刊《觉醒》,其中有一些照片复制品是以福音书为题材的('你往何处去'插图等)。二、弗·肖洛霍夫完全不可能毁掉一万棵果树,因为学校的果园总面积仅有十二公顷,那里只种了六十五棵果树,这些果树至今完整无损。三、没有任何证据可以证明弗·肖洛霍夫破坏教学工作,因为这与客观事实相矛盾。四、同样,他也没有从托洛茨基立场讲授历史。……尽管调查结果是这样的,调查组还是歪曲事实,明显地弄虚作假,做出以下结论:撤销弗·肖洛霍夫职务,将其案件移交内务人民委员部立案侦查。"

撤下了侦查大网。在写给斯大林的信中肖洛霍夫证实:"同时他们又开始审查在切尔诺夫斯克村小学担任校长的我的另外一个亲属。"肖洛霍夫向领袖解释这件事:"沙茨基和其他人需要在逮捕卢戈沃伊、洛加乔夫等人之后,逮捕我的亲属,以便证明我周围政界的人和亲属是一帮敌人,从而强行从被捕的人口中掏出指控我的假供,然后,给我贴上了一个'人民的敌人'的标签,把我也送进监狱。"

当来到维约申斯克的肃反工作人员在肖洛霍夫夫妇面前把扳机弄得咔咔响时,用什么样的话才能表达出他们的感受呢?玛丽娅·彼得罗夫娜已经猜到了什么在等待着丈夫,如果是逮捕,那么它已经临近了。

……卢戈沃伊突然被叫到了莫斯科,最高惩罚机关关注了这个区里党的工作人员,审讯一次接一次。他后来说过:"他们要关于肖洛霍夫的口供。"他还记得,其中一个被逮捕的人在用刑时颤抖着,关于肖洛霍夫就完全胡说八道起来。他还写道,当时,监狱中已传说正准备逮捕肖洛霍夫,甚至说,他已经被捕了。

9月,同过去一样,肖洛霍夫想面见斯大林,但仍然没有答复,这久久等待的折磨一天天地拖延下去。叶夫多基莫夫无耻地玩弄自己的把戏——拖延答复党中央的询问。阴险狡猾,根据校正好的脚本进行了演出:结束审判并摆出事实加以回答,结果确实是这样。从党中央给罗斯托夫打来电话,报告中记下了电话的谈话:"布什同志今天同叶多基莫夫同志的秘书处通电话,问题解决了,边疆区党委决定撤销维约申斯克区的几个领导人,决议早在5月间就已通过,他们已把决议寄来……"

这就是判决,也是对肖洛霍夫的判决。如果他的朋友是"敌人",那么,他自己也是"敌人"。

肖洛霍夫看清了自己对手们新的策略,而罗斯托夫党的当权者也极为清楚莫斯科的评论家们对肖洛霍夫的意见,甚至也对斯大林对《静静的顿河》的并非一种态度有所耳闻。肖洛霍夫在我们提到的这封信里就向斯大林说了,叶夫多基莫夫的前任在边疆区党委会的岗位上就企图折断他顿河哥萨克的脊梁骨:"舍勃尔达耶夫突然开始对我的写作前途表现出异乎寻常的关心,每次见到我都小心翼翼地、但却坚持不懈地说,我应该转去写其他题材,必须融入工人阶级深处,描写他们,因为农民哥萨克题材已经写尽,而党需要反映工人阶级的追求及其生活的作品。他不遗余力地建议我搬到任何一个较大的工业中心去,甚至还许诺在搬家时给予种种协助。他小心地影射说,我做的不是我应该做的事,这有损于我的创作活动。他在劝说我……"

这里,他们又一次地在大门上卑劣无耻地涂抹起了过去那些臭油漆——说他剽窃!因而在这封信中肖洛霍夫写道:"而内务人民委员部区分部主任缅希科夫,利用1929年被开除出党的托洛茨基分子叶兰金制造了针对我的案件,说我剽窃了叶兰金的《静静的顿河》。正所谓,千方百计,无所不用其极!"并且说,"敌人在我的周围编织着黑色的蜘蛛网……"

肖洛霍夫的朋友和同情者减少了,有一些人坐了牢,对当时的另一些人有一句古老的俗语说:"找的是乐儿,忘的是祸。"——他永远感激卢戈沃伊:他没被摧毁——不背叛,也不诬陷别人。

肖洛霍夫在自己写的这封信中证实,那个时代的人如今都缄口不言——而正直忠诚的党员则拒绝充当"惩罚机器"的螺丝钉。"在全区的党员会上绝大多数共产党员,在区内的长期的共同工作中了解克拉秀科夫,因此反对开除他,也就是说,谁都不知道秘密逮捕的原因。区党委会也不能就此事给予解释(一百四十名党员中有九十一人反对开除)……"

有谁知道,也许恰恰是在这令人精神紧张和夜里失眠的日子里,肖洛霍夫通过自己的感受,通过母亲、妻子和所有亲人的感受,在写到麦列霍夫回到家乡,当局哄骗他,极为怀疑他时,肖洛霍夫对麦列霍夫及其亲人们写出了悲剧的文字,葛利高里和科舍沃伊的对话不仅对于二十年代而且对于

1937 年也恰恰是有重大意义的：

"'那么你信任我吗？'葛利高里直盯着米哈伊尔问。

'不信任你！不管把狼喂得多么好，它还是往树林里看。'"

就在这时，传来了葛利高里妹妹的声音："米哈伊尔说，他们要在镇里把他抓起来……这是什么生活呀！该诅咒的，什么时候才能结束呀？"……就在这时，阿克西妮娅惊慌失措："那杜尼亚什卡怎么硬说，一定会把你押起来呢？她把我吓得要死啦……你们以为他们总要把你关起来吗？……那我们怎么办呀？我们怎样过下去呀，葛利沙？……"就在这时，一个哥萨克炮兵冒出一句大胆的话："我，也许是借酒浇愁，喝醉啦！我回到家里来，可是这日子简直不是人过的，是地狱……！哥萨克简直无路可走啦！"

即使在大恐怖年代里，肖洛霍夫也断然否定了把长篇小说的结局写成社会主义现实主义浅陋的通俗读物的可能性！

正因为这样，在小说的第四部中他真实地描写了献身于自己理想的真正的共产党人："离残余的红军士兵不到五十沙绳远了。三排齐射以后，一个身材高大、黝黑的脸膛和黑胡子的指挥员从沙丘后面挺直身子站起来。一个穿着皮上衣的女人搀着他。指挥员受了伤。他拖着受伤的腿，走下沙丘，端正了手里的上着刺刀的步枪，沙哑地命令道：

'同志们！前进！打这些白匪！'

这些勇士唱着《国际歌》，进行反冲锋。视死如归。

最后壮烈牺牲在顿河岸边的一百一十六名红军战士，全是国际连的共产党员。"

为什么红军取得了胜利？在《静静的顿河》的最后一部里肖洛霍夫描写了一个场面，当时葛利高里·麦列霍夫（那时他在白军方面作战）同一个叫坎贝尔的英国人在一起喝酒，一个中尉翻译官给坎贝尔当翻译。中尉对葛利高里说：

"'坎贝尔不相信我们能打败红军。'

'他不相信？'

'是的，不相信。他对我们军队的评价很坏，对红军却赞不绝口。'

'他参加战斗吗？'

'那还用说！差一点没被红军俘虏……'

'他都唠叨些什么？'

'他说，他看见，他们都穿着树皮鞋，排成步阵，向坦克冲锋……他说，人民是不可战胜的。傻瓜！您可别相信他的话。'

'怎么能不信呢？……'

'他喝醉了，胡说八道。人民是不可战胜的——这是什么意思呢？可以把他们的一部分消灭，其余的都判处……不，不是判处，而是强迫他们服从我们的意志。'"

〔增补〕有一项研究成果，谈到了肖洛霍夫创作中的肖像描写。阿·波诺玛廖娃确认："肖洛霍夫在肖像描写中把注意力更经常地集中到对眼睛的描写上。"

"关于自杀的想法"

最终，在作家协会里人们想到了肖洛霍夫。

在高尔基辞世以后，弗拉基米尔·斯塔夫斯基成了总书记，现在他来到了维约申斯克。在他来之前就有了传闻，说他早已认识的这位同事，生活中出现了麻烦。他返回莫斯科后，给斯大林写了一封长信，信中表示要极力挽救肖洛霍夫，但他的热心非全力以赴，这里既有狡诈的外交手腕，也有"浓重的色彩"，甚至还有秘密报告。唉！这位作家已经适应了这样的生活，他可不是肖洛霍夫！"致联共(布)中央委员会，机密。约·维·斯大林同志：鉴于对米哈伊尔·肖洛霍夫状况的一些令人担心的报道，我到了维约申斯克镇他那里。

肖洛霍夫没有去西班牙参加国际作家会议，他解释说这是由于'维约申斯克区里自己的政治处境复杂性'决定的。

米·肖洛霍夫迄今为止既没交付《静静的顿河》的第四部出版，也没有交付《被开垦的处女地》的第二部。他说，他在维约申斯克区的生活环境和条件剥夺了他写作的可能性。

我不得不阅读了《静静的顿河》第四部的打字稿三百页。鞑靼村破败不堪的景象给人留下了抑郁不快的印象，达丽娅和娜塔丽娅·麦列霍娃之死，破败不堪和某种毫无希望的总的基调，在整整三百页里都显得毫无希望,在这阴郁的基调里,葛利高里·麦列霍夫既失去了爱国主义的怒火(反对英国人),也失去了反对将军的愤怒之情。

米·肖洛霍夫告诉我,最终葛利高里·麦列霍夫放弃了武器和斗争。

'我无论如何也不能让他成为布尔什维克。'

肖洛霍夫在维约申斯克的状况怎么样呢?三个月前,联共(布)维约申斯克区委过去的书记卢戈沃伊——肖洛霍夫最亲密的政治和个人的朋友被逮捕了,在此前后又逮捕了区里的一些工作人员(过去区征粮特派员克拉秀科夫和过去区执委会主席洛加乔夫等人)他们都被指控为参加了一个反革命的托洛茨基组织。

米·肖洛霍夫开门见山地对我说:

'我不相信卢戈沃伊有罪,如果审判他,就意味着,我有罪,也要审判我。要知道,区里这些事都是我们一起做的。'

在提及卢戈沃伊这个人时,肖洛霍夫看到他的只是一些正面的特点,特别称赞了他在反对人民的敌人舍勃尔达耶夫、拉林及其随从们所作的斗争中的那种激情。

米·肖洛霍夫带着近于仇恨的愤慨心情说:'我还不知道,如今边疆区的工作人员在我面前如何把脸转过去。你看,第二书记伊万诺夫,伊万·乌里扬内奇来了,过了两天,他们就在一起喝伏特加酒,谈来谈去,好像他很健谈。我已经想过了,他比叶夫多基莫夫还厉害,你看,他成了人民的敌人,如今被捕了! 看吧,有什么办法! 他们把我们赶去播种,收割,而自己在巴兹吉却让粮食烂掉。成千上万普特粮食就在露天地里烂掉!'

第二天,我就去验证一下肖洛霍夫说的这些话。一点儿不假,在巴兹吉村的顿河岸边存放着(部分已经着水了)近一万顿小麦,只是近几日在下过雨后才把帆布送来,粮食组合的破坏分子已被逮捕。

米·肖洛霍夫极为愤慨地谈到了内务人民委员部的区里工作人员在监视他,收集关于他及其亲属的一切谣传。

米·肖洛霍夫激动地坦诚地说:

'我有了这样的想法,后来我觉得这些人很可怕。'

我理解这一点,因为他承认了关于自杀的想法。

我当面曾问过他,你想到了没有,在你的周围区里的敌人正在活动,你如不把这些写出来,那些敌人是会占便宜的? 你看,你不写——敌人呢,这意味着在某种程度上达到了自己的目的! 肖洛霍夫脸色白了,犹豫不决了起来。从进一步的交谈中,他非常清楚地得出了结论,说他在近期犯了严重的政治错误。

一、8月初他收到了一封信(写在卷烟纸上),那是过去区征粮特派员克拉秀科夫从流放地寄来的,这封信他任何人也没给看过,只是在同我谈话中第一次拿了出来。可是,它就是支持卢戈沃伊的证据。信中克拉秀科夫写道,他是无罪的,对他的刑侦是错误的和有罪的等。

我提出了问题,他是否把这封信复印过了? ——肖洛霍夫说,复印过了,但既没给叶夫多基莫夫,也没给区党委。

二、作为区党委会七名委员之一,肖洛霍夫没有任何党的工作可做,也不到各集体农庄去,只是坐在家里或者去打猎,再不就是听'自己人'的消息。

肖洛霍夫集体农庄的庄员们表现出很大的不满,因为肖洛霍夫把他们忘了,他有好几个月没到那里去了:

'生活中他还有什么不够的呢? 房子——两层小楼,有男女雇工,有汽车,两匹马,一帮狗,坐在家里还一直抱怨。'

三、在边疆区的代表会议上,肖洛霍夫被选进了秘书处,但他一次也没到那里去。

在边疆区(顿河畔罗斯托夫),人们对肖洛霍夫的态度是非常小心谨慎的。

叶夫多基莫夫同志说:

'我们不想把肖洛霍夫交给敌人,想让他离开敌人,成为自己人!'

与此同时,叶夫多基莫夫同志还这样补充说:

'如果不是名字这么响的肖洛霍夫,我们早就把他逮捕了。'

我在自己的谈话中一直向叶夫多基莫夫同志谈到肖洛霍夫,他说,卢戈沃伊直到现在也没有意识到,尽管他犯罪事实明确并且有许多证词,而且内务人民委员部边疆区分部在关注刑侦的质量。

非常明显,在区里进行活动的敌人躲藏在肖洛霍夫背后,玩弄他的自尊心(区党委常委会不止一次在肖洛霍夫家中开会),企图并且现在就利用他作为辩护人，从而保护起自己。

对于肖洛霍夫来说最好的办法就是（他妻子的亲属们如今还在影响他——靠着他妻子他们公开从事反革命活动）让他离开镇子，搬到工业中心去，可是，他又坚决反对这一点，对此，我无能为力劝说他。

肖洛霍夫断然地无条件地声称，他与党和政府的政策没有任何分歧，但是，卢戈沃伊一案引起了他对地方当权者行为的极大怀疑，他抱怨已经不能写作了。米·肖洛霍夫不知为什么认为有必要提到，他给国外寄出了第四部小说的片断，但是这在莫斯科（国家文学出版社）没有放行，而国外已向他提出过要求：手稿在哪里？是否出现了什么问题？

肖洛霍夫在对待克拉秀科夫信件的态度和对待党与社会工作的态度方面，已承认并答应改正自己的错误，他说，在谈话之后，他的心里轻松多了。

我们约定，他要经常地写作，并在近期去一趟莫斯科。

然而主要问题——他的辗转不安，他的孤立（由于他的过错），他的怀疑，让人非常担心，对此我将再说。

谨致共产主义敬礼！

弗·斯塔夫斯基

1937 年 9 月 16 日 ”

在这封信上有了批示："斯塔夫斯基同志：请试着叫肖洛霍夫同志来莫斯科两天，您可以引用我的话，我不反对同他交谈一下。约·斯大林"。

登上了去莫斯科的路——那里等待他的是什么？逮捕？获救？……

档案保存下了这次作家与领袖会面的日期："1937 年 9 月 25 日，十六点半到十八点。"斯大林也请来了莫洛托夫和叶若夫，他们谈了一个半小时！

肖洛霍夫带着复杂的感情离开了握有大权人的办公室。当斯大林听过肖洛霍夫说的话——他没有打断，也没提出其他问题，而他听说要救助苦难的顿河流域时，他说：我们要办理，而其他再没答应什么。当人们刚出去，肖洛霍夫就对叶若夫说：要求见一见卢戈沃伊，这个内务人民委员见风使舵——他相信领袖重视这位作家，于是就同意了。卢戈沃伊后来回忆："他们把我带到叶若夫那里，米哈伊尔·亚历山大罗维奇·肖洛霍夫坐在内务人民委员的办公室里。我先看看他是否被绑了……我明白，肖洛霍夫没有被捕。"他相信,这次会面——并非是对质。

十天以后,最终叶若夫通知了有希望的消息,肖洛霍夫当即执笔写信:

"亲爱的斯大林同志:叶若夫大概已告知您维约申斯克案已了结之事。他昨天说过,今天将把释放卢戈沃伊和克拉秀科夫问题提交党中央。我经历的这十个月使我有权请求您,请在叶若夫同志通知维约申斯克一案后或其他任何您认为方便的时间允许我见您几分钟,对您,对中央委员会我个人有个请求。我恳求通过波斯克列贝舍夫告知我,他知道我的电话号码。莫斯科,肖洛霍夫。1937 年 10 月 5 日。"

然而,还需要一个多月,肖洛霍夫所揭露出这一"案"才最终"停办"了。等啊,等啊,又等啊……

最终,11 月 15 日,罗斯托夫拍出了电报:"莫斯科,联共(布)中央斯大林同志:请求批准联共(布)罗斯托夫州委员会 11 月 14 日的以下决议:……州党委会决定:一、恢复卢戈沃伊同志在维约申斯克区的工作,任区党委第一书记。二、恢复洛加乔夫同志的工作,任执行委员会主席。三、恢复克拉秀科夫同志的工作,任人民委员会征粮委员会驻维约申斯克区特派员。"

到了现在,一切都没有任何拖延地算是完结了。那还用说——斯大林亲自过问了! 只经过两天,政治局就批准了所收罗斯托夫州的决议。

肖洛霍夫和镇里所有的正直党员们都极为高兴,但是又出现了许多没完没了的问题:

为什么州党委的决议中对肖洛霍夫在揭露"维约申斯克案"中的作用和对他的污蔑却只字不提呢?

为什么除了这三位区里工作人员外,却没有提到受这一"维约申斯克案"牵连的其他受难者呢?

为什么州党委宽恕了区党委那个居心叵测的书记卡普斯金——只说了一句"召回州党委待命",为什么宽恕了同他在一起的内务人民委员部人员呢?

为什么党中央对叶夫多基莫夫和内务人民委员部边疆区分部的领导不做出原则的评价呢? 难道斯大林相信了叶夫多基莫夫签署过的东西——就像他上报党中央所说,"反革命的右翼中心力量和社会革命党—白匪军组织"在一切方面都是有罪的。但是对于这样一个突然在边疆区党委决议中冒出来的奇怪组织又为什么只字不提呢？明显这是经过考虑的。

玛丽娅·彼得罗夫娜曾向我讲过："米哈伊尔·亚历山大罗维奇发来电报，说，一切都好，等着吧。除了我以外，谁也不知道这份电报。可是，也许在邮局里人们就为这圆满的结局兴高采烈了。简单地说，全镇里的人都出来迎接，我还记得，卢戈沃伊和洛加乔夫都哭了起来，哥萨克们拥到了米哈伊尔·亚历山大罗维奇跟前表示祝贺……"

卢戈沃伊在自己的办公室里，把当地一位老师画的救命恩人肖洛霍夫的肖像挂在了显眼的地方。

在几乎半年的时间里，肖洛霍夫和这三位维约申斯克党的干部就生活在斧头的威胁之下。当时就是这样的时代：或者逼迫着人们不断地瞧着刑侦人员的眼睛；或者当同事、党的战友、邻居一旦遭到了他们的怀疑，眼睛就得从这些被逮捕者的身上转过去。当曼德尔什塔姆被逮捕时，与这位诗人极亲近的人以及作家协会里的权威人物都一声不吭，有一回，甚至斯大林都对此表示了惊讶，他说给一个背叛者听："如果是我的朋友遭到了劫难，我就能翻墙过去救他。"

他知道，斯大林的话是对谁说的。比如，当有人想让作家协会减缓大清洗时，那个人却向法捷耶夫提出了另外一种意见："从什么时候起苏联作家决定了保护人民的敌人？你们有保护他们的证据吗？或者你们不相信国家机关？"

他又以极大的关心补充说："敌人不应当保护，这是发疯。"

肖洛霍夫个人提醒过斯大林，不要保护"人民的敌人"——我们知道，那要早得多，那是在大饥饿的1933年。

在肖洛霍夫和国内生活中，1937年还出现了两件大事，一件是文学上的，一件是极具政治性的。

《新世界》的11月号上发表了《静静的顿河》的第七卷，它揭开了这部小说的第四部，许多人还记得第六卷结尾的几行：

"'你这是拉的什么呀，大嫂子？'米哈伊尔感兴趣地问。

'我们这是帮着贫农阶级的妇女建立家业呀：我们把资产阶级的缝纫机和面粉送给她。'一个红军战士口快、麻利地回答他说。

米什卡接连烧了七栋房子，都是逃到顿涅茨对岸去的商人莫霍夫、'擦擦'阿捷平、神父维萨里昂、监督司祭潘克拉季和三个富裕哥萨克的家宅，这以后他才离开了村子。"

长篇小说新的一卷是从顿河上游的暴乱者与红军的对峙写起的。

第二件大事出现在莫斯科。在政治局会议开完的那天晚上，人们寻找肖洛霍夫，并且以党中央的名义要求他同意提名他为苏联最高苏维埃代表——这是第一次，他说，在国家和人民的历史中出现了这样的政治事件……斯大林同志个人的信任……

肖洛霍夫同意了。之后，他到了家中，要完成必要的程序——给新切尔卡什克选区的领导人发去了电报："亲爱的同志们：提名我为最高苏维埃代表的候选人，这是你们给予我的信任，这是对我所从事党的和社会活动与文学活动的最高奖赏。我说一句多余的话，这就责成我奉献出全部的创作可能性，终身为党和人民服务。祝好。米·肖洛霍夫。"

10月1日，他来到了新切尔卡什克，这里为代表候选人举行了隆重的迎接仪式，到处是鲜花，大厅里挤满了选民，他们热烈地迎接了肖洛霍夫，他用庄重的话语讲了："……作为伟大的强盛的祖国的爱国者，我可以自豪地说，我挚爱着我亲爱的顿河大地……历史用事实检验人们，而不是用语言。历史检验人在怎样的程度上热爱祖国，检验这种爱有什么样的价值……"

他刚刚从莫斯科返回家园——正值维约申斯克集体农庄青年剧团成立纪念日，人们庆祝这总共一周年的节日，大家责成他讲话，他话说得简洁——总共五句："如果不骄傲，如果剧团里没有死气沉沉的自满……就应当再抓紧学习，更加努力地去掌握舞台表演技巧……"这个剧团在这样的导师帮助下演出很大胆，既上演过老剧作家亚历山大·奥斯特罗夫斯基的剧本，也演过根据年轻人的尼古拉·奥斯特洛夫斯基的小说改编的《钢铁是怎样炼成的》，还演过当时轰动全国的康斯坦丁·特列尼约夫的《柳鲍芙·雅洛娃娅》以及各村各镇耳熟能详的剧本《被开垦的处女地》。

与此同时，选举业已完成。肖洛霍夫知道，与他同时被选为最高苏维埃代表的还有作家车间里的同仁阿列克谢·托尔斯泰、亚·柯涅楚克、弗·斯塔夫斯基等几位。

斯大林严加管教了边疆区党委和内务人民委员部工作人员，准许选举肖洛霍夫为代表。难道如今不管对于敌人还是非敌人或者其他挑拨者，肖洛霍夫都是不可侵犯的吗?难道从新的一年开始就出现了新的生活——对于创作和苦难的家庭来说就出现了宁静祥和的生活了吗?

连老者绥拉菲莫维奇也支持肖洛霍夫,他那篇感人肺腑的特写《米哈伊尔·肖洛霍夫》刊登在《文学报》上。当然,没有教导还是不行的:"作家应当与时代同步。"

而肖洛霍夫可能此时正用他那清晰明快的笔触为《静静的顿河》描绘出了与他那狂热的钓鱼天性相同步的场景:

"……看见清澈、平静的水里几条大鲤鱼的黑脊背,它们游得与水面那么近,所以连鱼鳍和摆动的红尾巴都看得清清楚楚……它们有时候藏到绿色的水莲叶子下面,然后重又游到明静的水里去咬那沉到水里的湿柳树叶子……"而后来,在描写了如画般的钓鱼场景以后,出现了真正来自于肖洛霍夫性格的句子:"他的努力成功了……无意中捉了差不多一普特重的鱼,这可不是谁都能碰上的好运气啊!"而且更准确地写道:"钓鱼迷住了他,驱散了那些阴郁的思绪。"

对于肖洛霍夫本人来说,钓鱼成了继狩猎后又一种执着的乐趣,也许还有这样的想法:让小说家的主人公——去摆脱一些阴郁的思绪。肖洛霍夫不少乡亲都赞叹而又吃惊地回忆过他的这一乐趣。

"请您问一下当地那些钓鱼的,他们从哪儿弄到了这么棒的鱼钩,每个人都会兴致勃勃地告诉你:'米哈伊尔·亚历山大罗维奇分给的,谢谢他。'"

"要说到钓鲤鱼的技术,很难同肖洛霍夫比试比试,要知道,就是这么一回事——用上鱼饵,扯一下钓竿,第二件事就是收,从水里拖出来半普特重的鲤鱼。这里的鲤鱼,就是所说的让你的血都'亮'起来的那种。可是,肖洛霍夫钓上鲤鱼时却让你察觉不到,他静静地、一声不响地、信心十足地、不吵不嚷地、不慌不忙地……"

"米哈伊尔·亚历山大罗维奇在顿河和霍皮尔河可是个钓鲤鱼,特别是钓鲟鱼的钓鱼迷,维约申斯克有个六十岁的老头儿叫斯皮里扎·维普里什金的却在这里胜过了他,肖洛霍夫高兴地称他为'钓鱼一把手'。难怪肖洛霍夫总是称赞他并邀请他一起去钓鱼,当地一个外号叫'钓鱼兽'的普里库尔,也同他们一起钓,这个人曾参加过三次战争,是个炮兵部队的上等兵,钓了鱼就会有肖洛霍夫的美味鲟鱼汤了,或者别的什么鱼汤,这就要看钓到什么鱼了。"

或者还有这样的回忆:"生活在顿河边,常常可以看到米哈伊尔·亚历山大罗维奇同一些年纪不轻的大胡子钓鱼的一起拖着大鱼网,或者是那种两人用的拉网。"

还有个小故事表现了他性格的闪光:

"有一次,在霍皮尔河边钓鱼。米哈伊尔·亚历山大罗维奇晚上就相中了岸边的一块好地方,于是一大早伴着霞光带了鱼竿去了,并且告诉别人,谁也别到他那里去,别打扰他。太阳老高了,当肖洛霍夫从小树丛里走出来,到了草地上时,帐篷旁的人们也都带了打到的战利品回来了。在柔和的阳光照耀下,肖洛霍夫拎回了几条大鲶鱼,两条腿一前一后地踩着点儿,抖动着那一串鱼,调皮地唱起了他那种'儿童最高音':'啊,树林沙沙响,蚊子嗡嗡叫,肖洛霍夫,打来三条鲶鱼了……'"

12月的最后一天,肖洛霍夫让自己的文学领导心情不快——他拒绝去第比利斯参加为纪念肖特·卢斯塔维里的长诗《虎皮骑士》问世七百五十周年而召开的苏联作家协会第五次理事会全体会议,这不仅因为他还没有摆脱政治上的争端,也因为他不喜欢这种装潢门面的庆典。

〔增补〕关于妻子玛丽娅·彼得罗夫娜的家庭,在写给斯大林的信中曾经提及。彼得·卢戈沃伊在一次自己的回忆录中也保存了对肖洛霍夫岳父的记录:"彼得·雅科夫列维奇是一个了不起的老人,他个子高,魁梧,身材匀称,嗓音洪亮,但已经满头白发了。在许多方面他都帮助过肖洛霍夫处理家务,给他弄到劈柴,弄饲料,磨面粉和粮食,弄到其他食品。他曾帮助盖起了带有顶楼的房子,可是这座房子后被法西斯飞机炸毁了。在家庭晚会上,彼得·雅科夫列维奇带领大家唱歌,他自己也唱,他那随心所欲唱出的男高音极好听……"

第 六 章
1938:走向蒙难地……

1938年肖洛霍夫已满三十三岁,基督遇难的年龄,有基督蒙难的各各他这个地方吗？他成了苏联最高苏维埃代表，由于斯大林个人的同意，他又当选为党的第十八次全国代表大会的代表和苏联作家协会主席团成员，然而对他提出这样的问题是否合适呢？

一百个段落的揭露

1月，在新的一年里，看起来不论对于肖洛霍夫本人，还是对于他的人民，都没有预示出什么不好的东西，相反，新年是以吉祥之兆开始的，1月里就出现了两件大事！

可爱的小女儿玛申卡降生！那是1月3日，到处都喜乐欢天！即使在写给并不最亲近的人也兴奋地说："我们生了个女儿，叫做玛莎，家里更加愉快了，就像在儿童乐园一般……"

过了一周，党中央召开了全体会议。斯大林发起通过了这一决议：《关于党组织对开除出党问题的错误，关于对被开除联共（布）的人上诉的形式主义和官僚主义态度以及关于消除这些不足的措施》，有了这样的希望，大清洗将不会成为一场运动，而伴随着的逮捕、牢狱、审问、"三套马车"、特别会议的噩梦也将终止了。也许，斯大林相信，做得过分了，要改变方针。非常明显，这里不能够没有肖洛霍夫愤怒地敲打教堂大门的影响，他是倔犟的——四年来与当权者单枪匹马地作战！

但是，这里还有困惑莫解的事。近几年来开除出党的人有百万以上，而决议中谈到的只是"错误"和"不足"。在莫斯科，血腥的磨坊已经启动，而只有地方上的工作人员遭到大批判。当然，顿河首当其冲："由于联共（布）罗斯托夫州党委领导人政治上的目光短浅，从党内开除了正直的共产党员，明知不对也去处罚工作人员，千方百计地整治共产党员……"这些几乎都是从肖洛霍夫书信中引来的句子。但是，斯大林毕竟还是斯大林——他在结尾时用了威胁的口吻说："……在那个时候，我们尽一切可能在党内保留了反革命的干部。"对于肖洛霍夫来说，问题是如今谁被列入这"反革命的干部"中——是内务人民委员部罗斯托夫的头子柳什科夫还是他呢？

唉，全体会议召开不久就关上了闸门。看来，第一个感觉到了这一点的正是肖洛霍夫自己，他又得进入战斗！

2月，最高苏维埃第一次会议召开。庄严隆重的开幕式，感受到了参与到全国的生活之中,有了新的相识……肖洛霍夫代表转交给斯大林一封信,说到顿河地区什么也没有改变。①

同那种毫无人性的政治所进行的无所畏惧斗争的肖洛霍夫这本大书的第三章开始了,它继续动摇了他本人社会主义思想的信念。

在党中央的决议中肖洛霍夫看到了热心的州党委领导们继续根除"反革命的干部"的可能性。"目前,情况一如过去:无辜的人在坐牢,有罪的人欢呼庆祝,没有任何人想到要承担责任。"——他给斯大林写道。

他又确切地说:"卢戈沃伊和维约申斯克的其他几个人,由于您的过问获得了自由,而近百个被党和人民的敌人关押的其他共产党员们仍在狱中和流放地受尽折磨……"

他综合起来说:"应该结束对被捕者采用刑讯的可耻体制,不能允许连续五昼夜、十昼夜地不间断审讯,这种侦讯方法是给内务人民委员部光荣的称号抹黑,也不可能弄清真相。"②

而且他也谈到了自己,说他对克里姆林宫没有任何幻想:"在我的周围还在编织着黑色的蜘蛛网……"

这封信很长,超过了一百个段落。信中列入了不公正地当作了"人民的敌人"的五十多人的名字,也提到了八个区的许多集体农庄和机器拖拉机站的几十个无名的牺牲品。穿着带有蓝领章服装的酷吏们也被点了名。

斯大林在这封信中写下了"陷害肖洛霍夫"几个字,并且把肖洛霍夫对掌握大权的全部忧虑都归结为他个人的忧虑,根据这一批示,这封信被送交助手波斯克列贝舍夫和内务人民委员叶若夫。当他们阅读后,在空白处写了十几个批注:"无法检查"和"检查"。这些批注就是指示:什么需要检查,什么不需要,他们任命了主要检查人员——什基里亚托夫。肖洛霍夫在信中自己也写到了他:"请您派马·费·什基里亚托夫来调查被逮捕共产党员的案件吧,1933 年,他在我们这里认识了很多人。他更容易熟悉情况。"

什基里亚托夫反复阅读了在空白处有领导人批示的信,准备上路——对于他来说,这封信简直就是检查计划。"无法检查"的批注就写在肖洛霍

---

① 这次会议的召开应为 1 月,1 月 29 日他参加了最高苏维埃第一次会议,这封信却是 2 月 16 日写的。
② 这里引用的仍是"挖出假证"中那封写给斯大林的长信。

夫这些话旁边,比如"应该自信地重新审核罗斯托夫州在去年和今年定罪的案件,因为他们中间的许多人都是无辜被关押的。……其他被捕的、现在被流放的人,也怀着激动的心情,给我写来审讯的情况。他们写这些,是让我向您报告,是怎样审讯他们的,是怎样把他们打成人民的敌人的"。

什基里亚托夫可不是个笨家伙——他看出,对"检查"的指示不是标在信的所有地方,在肖洛霍夫做出综合结论的地方决没有这种批注,这就意味着,劝告是这样的——不涉及到一般政治性质的话题。看来,他感到惊讶的是肖洛霍夫面对领袖能如此大胆:"现在到了彻底揭开这个乱线团的时候了,斯大林同志……难道可以成年地在这样的魔鬼压制下生活吗? 可怕的监狱体制和内务人民委员部的刑侦方法……斯大林同志! 将被捕的人毫无监督地交到刑侦人员手里,这样的刑侦办法有极大的缺陷……所有的事,说也说不完,斯大林,这些也就足够了。"

什基里亚托夫不能不深深地铭记出自最终的内心力量的哀求:"亲爱的斯大林同志! 我向您本人请求——您对我们一直都很关心,我向党中央请求,彻底弄清我们的案件吧! ……"

彻底? 检查人员听了这要求可以莫名其妙地耸耸肩——无法实现。肖洛霍夫本人就曾如此准确地概括了大清洗体制的特点:"我曾经对叶夫多基莫夫说过:'为什么州党委会不采取任何办法,不从监狱里放出因同卢戈沃伊有联系而被当作敌人监禁的人呢?'他回答,'这件事你告诉叶若夫了吗? 这就够了,我能做什么呢?'"

可见,5 月里,什基里亚托夫在顿河背着多么重的包袱在检查。

而肖洛霍夫的担子也不轻,所要关心的事也不少。在 3 月的一封信中,他记下了这些:"可以说,我陷在事务堆里了,钻到了它的鼻孔里,也许没到耳朵边……"这里说的是,在他的生活中出现了新的义务和负担:"代表的责任压在了身上——尽管你叫吧! 上面给我安排了一个办公室(编制内的——只有我一个人)。我急急忙忙地答复选民的申诉。间歇时间要看手稿……"

〔增补〕肖洛霍夫的小女儿毕业于家乡的学校,出嫁后移居到莫斯科并在现代人出版社工作。父亲曾不止一次委托玛丽娅·米哈伊洛夫娜编辑他的选集甚至是文集。她丈夫是个军事工程师,她同丈夫一起培育自己的儿女,儿子后来成了外交官,而漂亮的女儿后毕业于国际贸易和法律学院。

关于辞职的信

1938年2月末,肖洛霍夫向莫斯科的斯塔夫斯基发去了一封信:"亲爱的沃洛佳:我有这么一件事要告诉你,请把我从《十月》编委会中除名。"作家协会总书记明白——这封信不可能瞒过文学界其他的领导人。他召开了书记处会议,书记们对这在当时看来非同寻常的声明都感到震惊——肖洛霍夫同潘菲洛夫的政策划清了界线:"我不能为杂志的路线负责——我不想做幌子,让我摆脱这些吧。"

信中十分明显,潘菲洛夫不能忍受肖洛霍夫:"至于说到我同编辑委员会,其中包括潘菲洛夫之间的相互关系,三年里我没有从他们那里收到过杂志,他们也没寄来一封信……"还有一段文字——毫无外交手腕的评价:"简直蛮横无理。"

肖洛霍夫断绝了同斯大林本人公开支持的人来往,何况是在国内政治斗争最尖锐的时候,当时反抗的话最好少说为妙。在中央的全体会议以后,杰米扬·别德内依被开除出党,阿尔乔姆·韦肖雷被逮捕后就永远地消失了,肖洛霍夫高度评价过他的长篇小说《浴血的俄罗斯》。其他的一些不幸的消息也传到了维约申斯克:曼德尔什塔姆在监禁中死去了,米哈伊尔·科里佐夫被投进刑讯室,因"反苏宣传"尼古拉·扎勃洛茨基被逮捕……他们不是盟友,但却是作家协会里的同事。

即使在维约申斯克,人们也凶狠异常。你看,玛丽娅·彼得洛夫娜哥哥家,半夜里敲门,狗叫,骂声不断。一些人早就对他"咬牙切齿"了,在他的"案卷"中写有:"格罗莫斯拉夫斯基是镇阿塔曼的儿子,在革命之前和以后都是宗教神职人员,1916年为诵经士,1920—1929年为教堂助祭,1930年根据南方刑法典第五十九条被判刑,但1932年因撤销原判决而获释……"如今他也成了"人民的敌人"——一大早肖洛霍夫就得知了这突如其来的灾难。

然而,肖洛霍夫有多么强的自制力啊。他坐下来给伦敦的一位老朋友写信,这个人早在革命前就是党员,现在是苏联驻英国的贸易处代表,名叫尼古拉·彼得罗维奇·罗曼诺夫。他驱散了阴霾的思绪，也许振作了精神写道："当即我就想象出了，你是怎么抓蚊子的……尽管对于你来说能捕捉蚊子和幼虫鱼的大小并不是新闻：你曾经把全部抓到的虫子调皮地装到花椒露酒的瓶子里……"肖洛霍夫邀请他来钓鱼和打猎时，又想起了普希金的诗行："我要就着鲟鱼和沙鸡，喝的不是那种讨厌的杜松子酒和威士忌，而是那'泡沫喷涌的闪光的美酒'，这酒就曾经被美食家亚历山大·谢尔盖耶维奇·普希金讴歌过。"然而，他突然就正儿八经地说："由于社会工作的负担，没有时间写作。"朋友知道，他用"社会工作的负担"一语掩饰了那些政治上的交战。

肖洛霍夫又向自己最亲近的人谈出自己的痛苦，即使在 11 月 15 日写给列维茨卡娅的信中，也处心积虑地掩饰自己的内心感受："长时间没给你写信，那是因为我没回来，当时在莫斯科，也因为，我已经有八个月的时间没有写《静静的顿河》了——这一切将另做解释。可是，关于这个'朋友'我写的时间很长，又枯燥无味，对此应当说说……作家这些手艺人转而十分残酷地来反对我……"

他突然又意想不到地接下去写："亲爱的叶甫根尼娅·格里戈里耶夫娜，您知道吗？全国四面八方都给我来信，如此多的人间的苦难都压在了我的身上，我开始被压弯了腰，对于一个人这太多了。如果再加上我个人的和其他人的苦恼，那就简直忍无可忍了。鬼才知道这是怎么啦，看来，我老了，真不想这样……"

语调阴沉，含意晦暗。然而却不难猜测到个中原因：人们带着自己的苦难来找他——这是持续根除所谓的"人民的敌人"的黑色的反光。

向维约申斯克发来信件的人是否知道，肖洛霍夫本人也还需要帮助——难怪他写出"我开始被压弯了腰"。《静静的顿河》结尾部分的写作很紧张，犹豫不决的麦列霍夫——无论如何也没有使他成为布尔什维克！如今新的苦难从国内四面八方向他走来，而斯大林并不给予答复他最近的那封关于继续进行中的大清洗的长信……各各他！

等待，肖洛霍夫等待着斯大林的回信。党中央里不祥的沉默伴随着《真理报》对肖洛霍夫的名字及其创作的不祥的沉默。

4 月，这里发表了列日涅夫的论文《在新的阶段》——纪念党中央关于改组文学艺术团体决议发表五周年。应当说,这位肖洛霍夫学专家"忘记了"哪怕提一下肖洛霍夫。

5月,伊万·捷尔仁斯基发表了谈自己创作歌剧《静静的顿河》的文章——关于肖洛霍夫却什么也不提。就在这一期的报纸上刊登出了对出版节作家们写的祝词——有阿·托尔斯泰、斯塔利斯基、尤金、斯塔夫斯基、拉胡济、斯杰茨基……肖洛霍夫本是过去的作者,甚至是专业记者,却没有被邀请。

在生日的前夕,肖洛霍夫读到了以《文学中的托洛茨基的代理人》为题的整整一个专栏,《文学报》的编辑在文章中谴责了"经常性的对潘菲洛夫的陷害……"他,肖洛霍夫是否还记得,他与《磨刀石农庄》作者的交手? 文中还有关于"敌人"的句子,好像是对他,对《静静的顿河》的作者的教训:"诠释了国内战争的历史,却狡诈地对斯大林的作用一个字也不提……"可是,要知道,在他的长篇小说中"对斯大林的作用"其解释也是一句也没有。肖洛霍夫继续看着文章——阿维尔巴赫那些人被称为"反革命集团",也提到了马卡里耶夫。而阿维尔巴赫曾一度想推荐肖洛霍夫入党,马卡里耶夫则是他的同乡,不久前相识(现在这可以称之为"犯罪联系")。

当然,所有这些什基里亚托夫也都读过了。

肖洛霍夫怎么办? 他又得顶风而上,他要为瓦西里·库达绍夫的长篇小说出版说话,这部小说被《十月》杂志否决了,说它"歪曲了时代",这一评价并没使肖洛霍夫感到难为情,他请求斯塔夫斯基主持公道,胜利了! 朋友的这部小说没有发表在杂志上,而是以单行本问世了。

[增补]信中提到了普希金……肖洛霍夫高度评价过诗歌创作,这不仅指普希金和莱蒙托夫。比如,在《静静的顿河》中他就插入了亚历山大·勃洛克的诗句,而在那部军事长篇小说中还有普希金的一个诗节和马雅可夫斯基的几句诗。在适当的场合他还朗诵过丹尼斯·达维多夫、叶赛宁、丘特切夫、费特、布宁的诗,也还喜欢格鲁吉亚诗人巴拉塔什维利。他还非常满意地熟悉了白色流亡者顿·阿明纳多(真名为阿·彼·什波良斯基)非同寻常的诗作。他也喜欢几位自己同时代的诗人,甚至高兴地为弗拉基米尔·菲尔索夫的诗选作过序,他能自由自在地游弋在民歌的汪洋大海

中，——《静静的顿河》中的民歌有多少啊！

他特别重视普希金的《诗人》（"当阿波罗还没有要求诗人/去从事一种崇高的牺牲……"）、费特的《十四行诗》（"当罪行在醉意浓浓/淫荡的一群狂暴汹汹……"）以及顿·阿明纳多的《跋》中这样的句子："活过了，存在过了，吃过也喝过/就如白中捣水一般地无益/周围附近走来走去/没看到主要的就走了过去。"

1938 年，肖洛霍夫还找出了时间向阿拉木图发出了一份祝贺电报，给当时的著名诗人和说书者江布尔，看起来，他关注了这位诗人民间歌曲中的两句作为答谢："静静的顿河的亲爱的儿子，你们也是江布尔的亲爱的儿子……"

关于"肖洛霍夫同志"：失败

维约申斯克镇差不多处于了特别的状态：马特维·费多洛维奇·什基里亚托夫——从莫斯科派来的同志——前来处理肖洛霍夫提出的申诉。与此同时，苏联内务人民委员部四总部的领导采萨尔斯基也来了，正如肖洛霍夫知道的，这个人与电影演员采萨尔斯卡娅没有任何亲属关系。区里的内务人民委员部工作人员忙得团团转，区党委会也瞎忙一气，应当推迟所有工作，为检查人员让路：谈话、询问、陪伴。这些客人可不是老爷：又是去罗斯托夫，又是看看监狱，又是安排对质。

肖洛霍夫寄希望于正义，能有正义吗？他相信什基里亚托夫。

出差结束了，检查大员们走了，过了几天准备好了一份报告——责任至关重大：《斯大林同志、叶若夫同志：关于以斯大林同志名义对肖洛霍夫同志来信的调查结果的报告》。多么引人注目的用词："肖洛霍夫同志"——"斯大林同志"还有一个颇有趣的征兆：什基里亚托夫和采萨尔斯基签字的时间是 5 月 23 日——这正是肖洛霍夫过生日的前一天。

报告的作者都是拘泥细节的老古董，对肖洛霍夫的信及他们对信的看法逐条加以摊开，他们两次大规模地随心所欲——从这封最长的信中，甚至从波斯克列贝舍夫和叶若夫所"暗示"的八个项目中，只抽出三个加以调查，避开了肖洛霍夫对罗斯托夫州党委会的揭露，甚至一般说来，他们也没有"发现"任何综合性结论。

什基里亚托夫和采萨尔斯基说服斯大林,调查时细心地遵行了公正的原则,对质时甚至也邀请了肖洛霍夫。可是,他们却避而不谈这些对质是怎么进行的。他们命令押解来的"人民的敌人"坐在桌子旁,旁边就是对他进行刑侦的人员,这刑侦人员要从他口中逼出"需要"的证词,这时就说:"讲真话!"然而,坐牢的人,身旁有刽子手的人,敢讲真话吗?上头这些客人明天就要回莫斯科,而这里一切照旧。因此,才出现了这样的事:其中有一个人,当他第一次同莫斯科人见面时肯定了自己过去的真实的证词,可是第二次对质时——他却否定了。在报告中也承认了不是所有人都谈过:"肖洛霍夫同志所指出的下列人员我们未能询问,其中一部分是根据第一类而判刑的①或者是在劳改营中的……"

什基里亚托夫和采萨尔斯基没有冒险去支持肖洛霍夫。肖洛霍夫写信给斯大林说有一百八十五个同乡"无罪坐牢",而检查人员却告诉斯大林不要相信肖洛霍夫:"他们中大多数是富农,参加过1919年维约申斯克反革命暴乱,和再次流亡国外(其中十八人由于参加右翼托洛茨基组织而被逮捕了)。他们还不同意肖洛霍夫的看法:为了调查肖洛霍夫提出来的所谓罗斯托夫内务人民委员部机关对被逮捕者施行过肉体刑罚一事,我们专门询问过被关押的利马列夫、秋季金、杜达列夫、库兹涅佐夫、梅利尼克夫、托奇尔金、格列宾尼科夫和格罗莫斯拉夫斯基,在被询问者中没有一个人向我们证明过,曾对他们采用任何一种形式的肉刑……"波斯克列贝舍夫看过这份报告时细心地在这几行旁做了标记。

接下去又采用了血腥的手法:使用了格罗莫斯拉夫斯基这个姓氏,而对他与肖洛霍夫的亲属关系却只字不提。因而从这一起刑侦案卷中抄录来的文字是极其凝重的:"他被指控为,在'红色麦穗'国营农场工人中间进行反苏宣传,传播对党及其领导者的谣言。格罗莫斯拉夫斯基不承认自己有罪,但是却有六条证词和四次对质揭发了他……证人布卡列夫作证说,在有他在场的情况下,格罗莫斯拉夫斯基针对着对右翼托洛茨基集团参加者的判决说过,如今许多没有任何罪过的人都处死了。证人谢尔久科夫举出了事实,说格罗莫斯拉夫斯基曾公开讲过敌视和诬蔑斯大林同志的话……"

---

① 指枪决。——原注

他们使斯大林相信,在肖洛霍夫周围并没有"编织"任何"黑色蛛网":"肖洛霍夫同志所提出的内务人民委员部区分部对他所进行的迫害没有得到证实……"但他们毕竟还承认了:"秋季金①曾向我们提出过,他的的确确说过,在内务人民委员部区分部里收集过肖洛霍夫同志的材料……在对质季姆琴科同志时,他却完全否认这些……"而结论却是:"他们谁说的对——是内务人民委员部区分部领导季姆琴科同志呢,还是已被逮捕的秋季金呢——这很难说!"看吧——甚至对斯大林来说,这也是个惊叹号。

就这样,什基里亚托夫和采萨尔斯基并没有支持肖洛霍夫的揭露材料。

这样,斯大林也就知道了,这件事也不过是"个别错误"而已,然而,难道他,作为一个领袖废止了自己的名言"砍伐树木就得飞木片"了吗?

报告里摆在领袖面前的选择是:肖洛霍夫要求惩办刽子手,因而他写道:"为什么不惩处那些把卢戈沃伊、洛加乔夫、克拉秀科夫抓进监狱,并为达到敌人目的而严刑逼供的人,并追究他们的责任呢?难道说,这一切就这样原封不动,让敌人有可能继续大肆活动吗?"可检查的人却说服领袖不能这样:"我们认为,这么做是不适当的。"

通过了什么决议了吗?如果有过一封书信决议,那么还没被发现。有一点很清楚,只要肖洛霍夫没被逮捕,就意味着,斯大林原谅了他:我们将抄录下给作家心灵留下深刻印象的这封信。

肖洛霍夫是否知道了什基里亚托夫指责过他欺骗呢?最好是不知道。如果知道了,那么夜夜他就会战战兢兢了。

罗斯托夫和维约申斯克当局是否知道检查者的报告呢?不得而知。但我想,不管怎么说他们还是知道了,也许还都十分高兴,因为接踵而来的没有任何特殊措施。

是否由于这些日子,在军事小说《他们为祖国而战》中有了这样的反响:"难道我们在自己家里不整顿就绪,要勉强爬着去同法西斯分子作战吗?"

〔增补〕肖洛霍夫在写给斯大林的信中并非徒劳地提及了继续指责他

---

① 内务人民委员部区分部的工作人员。——原注

剽窃的这件事——而这次却来自内务人民委员部的人,斯大林没有答复,社会舆论也保持了沉默。

但在西方,人们都公开否定了这种诽谤。人们小心翼翼地告诉肖洛霍夫,有一个叫德米特里·沃罗丁斯基的人,如今是白色流亡者,是肖洛霍夫的一个同乡,他在巴黎为肖洛霍夫辩护,在流亡者的《镇报》上发表了文章:"我很想解释一下这'虚假的传言'……在我们大规模地离开俄罗斯时,顿河一带有两个哥萨克大作家:费·德·克留科夫和罗·彼·库莫夫……我同费·德·克留科夫有多年的友情,他的构思计划我都知道,如果有些人硬说他'丢失'了《静静的顿河》的开头部分,那么我确确实实地知道,这部长篇小说他从来也没有考虑过……至于说到罗·彼·库莫夫……他同样也被牵涉到这种传言中,但他却没想写这样的小说。"

"卡秋莎"的设计师和人民委员贝利亚

肖洛霍夫得知,叶甫根尼娅·格里戈里耶夫娜的女婿——伊万·捷连季耶维奇·克列伊梅诺夫被逮捕,他的经历是光荣的:1919年起为党员,参加过国内战争,在国内是从事火箭技术的最早的组织者之一,秘密的火箭学院院长。我注意到,他的副手是俄罗斯航天学的天才谢尔盖·巴甫洛维奇·科罗廖夫(他同样也被捕)。周围都是一些间谍,而在克列伊梅诺夫的履历表中就有了"不好"的句子,在驻德国的商务代办处工作了两年。在对他的搜查中还找到了肖洛霍夫给他的礼物——一支用光学原理瞄准的猎枪。

克列伊梅诺夫并不胆怯,在审问中关于肖洛霍夫的事他什么也不说,似乎他们没有经常见面,打猎,饮酒,或者,也没有到过德国,而在德国,肖洛霍夫并没住在宾馆里,而是住在克列伊梅诺夫家。

叶若夫给斯大林写了一封信,信中附有被怀疑者的名单,写得暂时还不是最可怕的:"为了逮捕,我们正审查所有这些人。"领袖批示:"不必审查,必须逮捕。"

时代就是这样,早晨你还不知道,谁在夜里来敲门。克列伊梅诺夫在斯大林动笔之前不久就亲自给他写了信:"报告,No.1,第三科研所所研制的火箭82毫米弹片和发射装置的靶场(国家)试验业已顺利完成……"这就是未来的卡秋莎。

不论是曾在一起工作的同事,还是人民委员部的领导,谁也不想为克列伊梅诺夫作辩护,肖洛霍夫却决定这么做。不论哪一次,他也不惧怕斯大林的教训:他没有为敌人作辩护。在档案中保存下来肖洛霍夫写给党的监察委员会的一封信:"1938年就克列伊梅诺夫一案我去找过贝利亚,非常肯定地可以相信,逮捕克列伊梅诺夫是一个错误,我要求过贝利亚对我这位被捕的朋友进行细致的不抱偏见的审查……"

拉夫连季·贝利亚当时还不是人民委员——他只是个副手,但大权在握,内务人民委员部的全部权力很快全都落入他的手里,无一例外。同他打交道极为危险——不要多久自己就要大难临头。每一次点点头和转一下自己的大脑袋,那只夹鼻眼镜就凶恶地闪着光。

在那个年代里,尤其不能不仅去保护被逮捕的人,甚至也不能简单地再同他的家庭保持联系。为别人脑袋打赌——自己的脑袋就得搭进去。

列维茨卡娅已经孤独无依了,为大家所忘记和抛弃,她是否还记得就在不久前维约申斯克的来信还提到了国内四面八方都压在肖洛霍夫身上的苦恼?如今她同样不得不给他写信谈到自己的苦楚:女婿被捕,女儿玛尔加丽塔也被捕。肖洛霍夫回了信,尽管他不能不知道,在被捕者家庭里的书信要被检查:"亲爱的叶甫根尼娅·格里戈里耶夫娜:您的来信对于我和玛丽娅·彼得罗夫娜是极大的快乐。如今已经知道了伊万·捷连季耶维奇的消息,而且他身体还好,健康,那样就完全可以好起来的。玛尔加丽塔表现得很棒,这很好,我们很高兴……"

但希望落空了,法院很快做出了残忍的判决,克列伊梅诺夫被枪决,妻子进入劳改营。如今,列维茨卡娅面对着所有人的惊恐面孔,只有肖洛霍夫一家没有被这一污点吓倒——他们11月23日给她写了信:"在我们的关系中,不能够谈到有任何变化,我们全家人还像过去一样地爱您……"

1938年春夏两季里,落在肖洛霍夫身上的令人操心的伤心事又有多少啊!然而,除了玛丽娅·彼得罗夫娜,也许还有列维茨卡娅和卢戈沃伊以外,对于所有人来说,这个不同寻常的肖洛霍夫好像生活中什么事也没发生一般。你看,他还在给伦敦商务代办处工作的一位朋友写信——而这时他恰恰在等待着斯大林的回信。他在信中写道:"谢谢你寄来的干烟叶,我抽了它两周,然后我又换成了吸劣等的'人头牌'马合烟。请给我弄到干烟叶和打猎用的歪把烟斗（用歪把烟斗去打猎更方便）。"友谊归友谊，干烟叶同它分开——钱的事一丝不苟："……如果4月份我能把英国的钱给你汇过去。"

就在这时，他还同意了和一位翻译家见面，这个人就是彼得·奥特里缅科，他认识列夫·托尔斯泰、列宁甚至美国人爱迪生，如今很少有人了解他了，他希望能把肖洛霍夫的作品翻译成英文。

他还参加了普及性杂志《苏联建设》所出版的关于哥萨克题材的筹备工作，可是也顽强地忍住了关于自己的那些恶意的流言和诽谤，有人说什么他是叶若夫妻子——叶夫根妮亚·所罗门诺夫娜·哈尤金纳的情人。

他还教导初学写作的小说家："在《新世界》杂志上今年你们要去找找季科夫斯基的短篇小说，看看他是怎么构成情节并加以描写的。你们应当读一些西方作家的作品，比如海明威、欧·亨利，他们都是杰出的短篇小说的巨匠，向他们学习非常有益。"他还给女演员采萨尔斯卡娅写信说："你读了埃利赫·雷马克的《西线无战事》没有？我看过根据这本小说改编的电影。它没有拍成电影之前更生动有力。"他还在一篇论文中承认："我喜欢拉格洛夫、斯特林堡、汉姆生的作品，借助于他们——乃至于喜欢上了整个斯堪的纳维亚。"与此同时，他还反复阅读契诃夫。

〔增补〕进行创作的条件。有一回，肖洛霍夫直言不讳地说："当有可能写作的时候，比如说，早晨我坐下来着手写作，就会有那么一个集体农庄庄员，或者是女庄员来找我了，他们都带着自己刻不容缓的事，从别的村子赶来。我只有在午饭后才不能接见他们，于是就得扔下写作，洗耳恭听……"

等待的痛苦折磨

年初，肖洛霍夫曾绝望地写道，他差不多开始被压弯了腰，我们看到他毕竟还是挺了过来。夏末，肖洛霍夫的敌人就活跃了起来，决定要算总账（剪刀加浆糊，开始往他身上贴），明显地使用了什基里亚托夫和采萨尔斯基报告中的结论。

卢戈沃伊在自己的回忆录中谈到了1938年秋他所收到的一封信："我是维约申斯克区科伦达耶夫卡村公民，曾被内务人民委员部罗斯托夫州机关逮捕过,在审讯我时,他们用那干式手枪对准我,要求在有关作家肖洛霍夫的反革命活动的证据上签字……"

肖洛霍夫还听到了伊万·谢苗诺维奇·波戈列洛夫的陈述,这个人不久前来到了区里。他曾是新切尔卡什克的工程师,参加过国内战争,获得过勋章。他十分坦诚地吐露了真情:"他们让我来维约申斯克,安排好了工作,想要得到肖洛霍夫的信任,极力到他的家里去,在晚上聚会时,就提供证据——证明肖洛霍夫是顿河地区暴乱集团的领导人。说什么,肖洛霍夫把受过党和苏维埃政权委屈的我招募到自己的组织中。说什么,肖洛霍夫组织晚间聚会,把暴乱的领导人召集起来,并且同他们一起召开反革命会议……我左思右想,下定了决心:不论我怎么样,这条路我不能走,因而我来找你。"

下一步怎么办? 有一次肖洛霍夫给我讲了起来:

"人们预先告诉我,夜里要有人来逮捕我,一帮人已经从罗斯托夫起程了。我们镇里的肃反工作人员,他们告诉我说,也是先得到了通知——有人被安排在窗下,有人被安排在门口。这个勇敢的人①是 1926 年入党的,他告诉卢戈沃伊说,内务人民委员部领导找了他去,并且说,'已得到逮捕肖洛霍夫的命令,'他说'这问题州党委已同意'。卢戈沃伊赶紧来找我,我们要决定——怎么办? 跑! 到莫斯科去。再去找谁? 只有斯大林能救我们。或者,有谁知道,那里对我都怎么想的……于是我跑了,坐了一吨半的卡车,但没有往米列罗沃开,而是去了另一个州的邻近的村镇。"

玛丽娅·彼得罗夫娜补充说:"我不知道米哈伊尔·亚历山大罗维奇该怎么办,如果当时他通过米列罗沃去莫斯科,那里会有人在等着抓他……这时,我劝说他打乱行踪。于是他就去了米哈伊洛夫斯克。当他们想到了时,就已经晚了。"

继续听下去委实不轻松。在首都,肖洛霍夫遇到了法捷耶夫,在作家协会里他身居高位,斯大林都倾听他的意见,也许他可以替自己辩护? 没有。他不得不给斯大林写信:"亲爱的斯大林同志:我有极紧要的事要见您,请接见几分钟。米·肖洛霍夫。1938 年 10 月 16 日。"斯大林没有立即接见。

---

① 波戈列洛夫。——原注

真正的蒙难地各各他:每一天,好像距离肩上艰难命运的十字架只有不可知的一步之遥,就这样,一天挨着一天,等待的痛苦折磨!

他已得知,在罗斯托夫,在师范学院里,出现了因胆小怕事而产生的可耻的背叛丑闻:在悬挂着肖洛霍夫和一些伟大作家肖像画的大厅里,肖洛霍夫的像从墙上消失了。

〔增补〕在国际民主主义的活动中,肖洛霍夫多年以来一直是最有权威的人物,因而在苏联作家的《致世界和文化界朋友们》的公开信上理所当然地由他来签字,信上还有这样一些句子:"法西斯主义——这是文化的不可调和的敌人,所有那些珍视文化的最宝贵的和最精致的表现的人,都要走向人民,和人民在一起,为反对反动势力而斗争。……"

一杯伏特加和斯大林办公室

肖洛霍夫曾对我回忆起,10 月 23 日,他脱口而出:"我同邪恶干一杯伏特加……"

过了一周多,对要求会面,领袖的反响——仍然没有,而波戈列洛夫也来到了莫斯科。

肖洛霍夫讲的往事我下面是这么记下来的:

"我把这杯酒喝了,可突然,电话铃响了:召见!斯大林的助手波斯克列贝舍夫对我说:'你们来吧,卢戈沃伊,还有谁。'

从我们住的'民族宾馆'到克里姆林宫近在咫尺。一行人带了波戈列洛夫走到了红场,突然间肖洛霍夫悄声地哼起了顿河哥萨克的民歌:'噢嘻,你们呀,这严寒……你们冻死了的灰狼……'然后就停了下来,一脸地不高兴地说:'一旦我们回来,那就放开喉咙地唱一通……否则,我们就地进入铁窗……'"于是,就把两只手的四个指头叠成十字架压着十字架的样子:监狱的窗子。他是多么喜欢这支民歌,致使在《静静的顿河》的最后一部描写葛利高里在福明匪帮里的苦难生活时又出现了。

"我们到了那里,"肖洛霍夫继续说,"我往接待室一看,卢戈沃伊在那里,在他另一侧有两伙人:内务人民委员部罗斯托夫分部的领导,还有一个穿制服的,也是我们罗斯托夫的,科甘,稍远一点地方是我们党的领导人。

他们叫我们都进去,于是我们走进斯大林的办公室。我看到了斯大林——在他一旁有莫洛托夫和叶若夫。斯大林把身子转向我:'请你们谈一下事情的真相。'于是我就回答了——在激动之中我还能说,在给您的信中都写了。如果您要不相信我——就让波戈列洛夫作证……"

"斯大林听了后就点了点头,"肖洛霍夫继续向我说,"'那么,就让他说吧。'我看,波戈列洛夫很激动,但他却坚定地报告了,他们那些人怎样找的他,怎么交待的任务。可他们却不承认这些,然而波戈列洛夫几乎喊了起来:'斯大林同志,他们是挑拨离间的家伙!'斯大林走到波戈列洛夫跟前,直盯盯地看着他的眼睛。波戈列洛夫很镇静地说:'斯大林同志,我说的是真话,可他们说的是假话。'于是,就从兜里掏出了一页纸,他说,'这就是科甘亲笔写给我的。'这时,科甘一切都明白了……"

肖洛霍夫在讲述中不止一次地喘喘气,他回忆得并不轻松:

"斯大林看着我并且说:'亲爱的肖洛霍夫同志,你们尽在瞎想,我们会相信这伙造谣的家伙。'于是把目光投向内务人民委员部的人,那些人吓得不死不活。当然,我很高兴,我摆脱了灾难,于是忍不住就说:'斯大林同志,当然啦,为了让我安下心来,您的想法是对的,但是,有这么一个笑话。说是有一只兔子跑着跑着,遇到了一头狼,狼问:兔子,你跑什么呀?兔子回答说:怎么不跑——抓住了就给你钉掌。狼说:那是给骆驼钉掌,不给兔子钉。兔子回答它:等把你抓住了,钉上掌,那么你再去证明,说你不是骆驼吧!'

我还记得,叶若夫听了甚至笑了,而斯大林只有一点儿笑容。他盯住了我问:'大家说,您,肖洛霍夫同志,喝酒很多吗?'我回答:'斯大林同志,由于这样过日子,你也得喝酒!'"

肖洛霍夫面见斯大林的最后——说出了笑话和苦涩的趣闻。斯大林转过身看着叶若夫,也开始说起了笑话:"嗯,那什么,尼古拉·伊万诺维奇,我们要把他的高加索皮带解下来吧?"看来,他想到了从被捕者身上解下皮带的规定。

当时他们区那个肃反人员的举止让肖洛霍夫感到惊讶,斯大林走到他身边问了句什么,那个人立即从椅子上蹦下来,两手摸着裤线,一动不动像个木头人,不置可否。这是党的多么好的士兵啊!

1938 年的春、夏和秋,对于肖洛霍夫来说就是这个样子。特瓦尔多夫斯基笔下有两行文字写到了那个时代:"手里抓的总是——以防阶级敌人不够……"

麦列霍夫要同谁在一起……

什基里亚托夫和采萨尔斯基在自己的报告中差不多把肖洛霍夫说成了骗子以后,好像他在镇里面隐藏了起来。远离了大权在握的人的注意,等待着那艰难的时刻。——不,他并没有放下武器,他去了莫斯科,去执行那位同样没有被摧毁的卢戈沃伊的委托,他写了一封区党委关于在干旱的顿河流域必须提前采取一些措施的信件去找人民委员会(当时国家政府即这么称呼)副主席安纳斯塔斯·伊万诺维奇·米高扬。

米高扬很清楚,找他来斡旋的是谁,要谈的是什么事,他把信转呈给斯大林并还加了附笔:"致联共(布)中央委员会书记斯大林同志,鉴于同草原地区干旱现象做斗争问题联共(布)中央政治局作出的决议,兹将肖洛霍夫同志转给我的联共(布)维约申斯克区党委书记卢戈沃伊的信呈给您……"

看,有了结果。1938 年 10 月《真理报》上刊登了党中央和人民委员会的决议《关于同草原地区干旱现象做斗争的措施》,这是肖洛霍夫关心顿河这本大书中的又一章。

肖洛霍夫也没有背叛莫斯科的朋友,他给列维茨卡娅写了信:"你们给玛尔加丽塔写信时——请转达我们的问候,并祝她万事如意……"这是说的列维茨卡娅的女儿,她已被关进了劳改营。有趣的是,当打开这封信时,各级劳改营的领导是否得知了肖洛霍夫对这位"人民的敌人"妻子竟如此关心呢?

写给列维茨卡娅的信也谈到了另一件事:"我有一个半月没有动笔了……我有点怕写《静静的顿河》了……"

那么他写了些什么呢?《真理报》总共登出了肖洛霍夫的三篇短文:绥拉菲莫维奇七十五岁时的贺辞,英雄女飞行员瓦连京娜·格利佐杜勃娃、波琳娜·奥西宾科和玛琳娜·拉斯科娃的莫斯科—远东不着陆飞行以及全俄列宁共产主义青年团成立二十周年。

对于肖洛霍夫来说,这 1938 年是长而又长的一年。

突然对于他的态度改变了,冰冻期结束了,开始突如其来地转暖。在莫斯科电影制片厂,批准了谢尔盖·叶尔莫林斯基(米哈伊尔·布尔加科夫的朋友)为影片《被开垦的处女地》编写的电影脚本;《小说报》上刊出了《静静的顿河》第七卷;世界文学研究所提名肖洛霍夫为科学院院士的候选人。年轻诗人和新闻工作者安纳托里·索夫罗诺夫从罗斯托夫赶来,代表州新闻纪录片厂要求拍摄关于作家肖洛霍夫的影片。他考虑来,考虑去,没有拒绝。当然,当拍摄工作刚开始,他就激烈地干扰为影片中人物唱颂歌。他同索夫罗诺夫成了朋友,特别是从六十年代以后,他们经常见面并有书信往来,那时,这位老乡已经成了《星火》杂志的主编。在这家杂志上,肖洛霍夫发表了《被开垦的处女地》第二部的一些片断,而且"星火"两次出版了他的文集。

肖洛霍夫没有料到:这一切都是怎么回事?他知道,稀粥并不是这样随便煮出来的。有这么一个传闻,说好像斯大林有过指示:"应当给伟大的俄罗斯作家肖洛霍夫创造良好的写作条件。"

如果是这样,那么看起来,斯大林明白,怎样才能有利于长篇小说帮助对劳动人民进行社会主义教育,如今,肖洛霍夫的创作开始适应为党的方针服务了。比如:有一位当时的评论家就撰文谈到达维多夫:"他很好地掌握与考虑了斯大林关于农村新政策的那些话……他在斯大林的讲话中所看到的就是他自己所想到的那些,他捍卫这些就像是捍卫自己考虑成熟和经过深思熟虑的东西……"

在国外,人们发现了对待来自顿河岸边当代托尔斯泰的新的态度:一会儿是逮捕的威胁,一会儿是所有官方热情的颂扬。人们一次又一次地谈着这一新闻。肖洛霍夫得知了这样的消息,他所熟悉的意大利报纸《泽尔莫》登出了一篇并非经过深思熟虑的文章:"得到了自己一位朋友的警告,肖洛霍夫得以藏了起来,避开了独裁者的愤怒。愤怒很快平息了后,肖洛霍夫就进入了苏联最高苏维埃之中,并且骄傲地接受了'优秀苏联作家'和'社会主义现实主义经典作家'的封号。"

在国外,人们没有考虑到这一点:肖洛霍夫从来也没有否认过社会主义思想本身,他只是同对于这一思想的歪曲和滥用作过斗争,因此,认为他是被荣誉和地位所收买的看法是荒谬透顶的。

愤怒并没平息。斯大林有远见：在不久前伟大的高尔基去世之后，社会主义强大国家不应当没有可以骄傲地享誉全世界的作家。领袖不仅宽恕了肖洛霍夫一个人，仇视当局的米哈伊尔·布尔加科夫、安娜·阿赫玛托娃、米哈伊尔·左琴科、谢尔盖耶夫-青斯基……都没有被投进刑讯室；米哈伊尔·普里什文也没有坐牢，虽然把他变成了自然主义儿童作家，只发表一些不痛不痒的作品；也同意了流亡国外的玛琳娜·茨维塔耶娃回国；过了一年，流亡中的库普林老人也乘坐火车回来了……

然而，不能动一动的人是没有的，斯大林读过了题为《地狱》的杰米扬·别德内依的抨击文章后就指示："请转告这位新出现'但丁'，他可以不再写了。"

肖洛霍夫也遇到了很大的麻烦。所有人都企图把社会主义现实主义的教条强加给他这位伟大的现实主义者，不久，他就在一本书中看到："就这样，可以在肖洛霍夫笔下发现并非真正明白了'人民形象'的痕迹，它有力地培植出了所谓的'农民作家'和知识分子所喜欢的'描写的地方性'。"

但小说家肖洛霍夫并不投降，在一家报纸上他告知："现在我在写作长篇小说《静静的顿河》第八卷，即最后一卷，已经完成了写作的一半。"

对于千百万社会主义建设者来说，谁是令人鼓舞的人物形象呢？——是在追求真理中徘徊不定的葛利高里·麦列霍夫呢？还是心如铁石的共产党人米哈伊尔·科舍沃伊呢？《静静的顿河》的作者在三年前就许诺过："在小说的第四部中，米哈伊尔·科舍沃伊在布尔什维克中显得与众不同，我把他从次要地位提升到了关注的中心。"

肖洛霍夫没有完成自己的"社会义务"，在小说的第七卷中这个人物根本没有出现过——而第八卷中他也只是出现在几章里。如今，扮演了新角色的科舍沃伊成了革命委员会主席。肖洛霍夫为了描绘他的肖像寻找了新的色彩，一会儿是："我给你看看，小鸽子，什么是苏维埃政权！"一会儿是："对自己和所有周围人都极其凶恶。"一会儿是污辱人的："你做事就如牛犊子一样：吃食就在那打转转。"一会儿就对麦列霍夫说："明天就去，如果你不肯乖乖地去，我就派人押送你去……"人们对他是这样观察的：他在村子里走起路来"步子缓慢而又高傲"。

当一章紧跟着一章地描写麦列霍夫的命运时，同样是依据于生活的真实,这时的肖洛霍夫仍是倔犟的。他没有按照一些指示和劝告去做:也就是说,在以前的几卷中,他让这个"叛逆者"徘徊来徘徊去,如今,让他有可能恍然大悟。人们要求作为一个党员的肖洛霍夫好像要介绍麦列霍夫入党。

〔增补〕从很早开始就有人企图强行把肖洛霍夫当成另一个麦列霍夫,1928年拉普派的主要评论家叶尔米洛夫就曾要求肖洛霍夫让犹豫不决的主人公走上他认为的唯一正确的道路:"逐渐地走向布尔什维主义",还有一个"正确的制图家"马什比茨-韦特罗夫说服读者相信:"作者把他引导到走上共产主义"。肖洛霍夫已经用自己的两部长篇小说谈出了完全不同的另一种看法——当局必须让人们在这个政权之下自愿地选择道路。

就连拉普也闭口不谈,可正统的评论家们并非和平主义者,而如今被接受的则名副其实的是内务人民委员部的评价:"等级制度哥萨克的战斗思想家"——比如,列日涅夫就是这么评论麦列霍夫的。

读者们说了些什么呢? 一些人受到了对麦列霍夫阶级仇恨的穿透一切的光线的辐射,另一些人有勇气在阅读这部长篇小说时没有思想偏见,其中有人能够独立思考,在《文学报》上另辟蹊径:"《静静的顿河》这是一部绝无仅有的独特作品,它深入到人的心灵,就像《战争与和平》一样,这两部作品都一样,使我为小说的主人公们产生了忧伤和不满足的情感,可是该怎么办呢? 要知道,这就是生活……"

还有来自普通读者的几封信——它们是文艺学家娜·科尔尼延科收寻到的(顺便说一句,他在"肖洛霍夫与普拉东诺夫"这一论题研究方面有颇多的建树):"在还没有阅读肖洛霍夫作品时,我对于等级制度和显贵们,特别是对于哥萨克,持有一种不可调和的态度。在读过了以后,取代了从前的仇恨态度,却对哥萨克,对他们的英雄主义精神,对他们为自己的利益而斗争的坚强意志产生了同情,甚至对葛利高里产生了某些爱,因为他是为后代的荣誉而斗争的勇敢战士。"签字人是顿巴斯三十五岁的采矿工古恩琴科。或者:"我是三年级的学生,我读过了您写的《静静的顿河》这本书,我非常喜欢它。我一定要像葛利高里为沙皇而战那样,也要为苏维埃政权而战。"签字的是西西伯利亚边疆区库杰金涅沃村米沙·布洛夫。

第 七 章

1939：党代会——作家对抗领袖

斯大林活着的时候还没有过这样的代表（而后也没有）：在党的全国代表大会上敢于否定联共（布）中央的总书记，后来，根据党中央的指示，没有让人民群众知道这件事，斯大林也就"没有发现"这件与自己和党对抗的事件。这个代表人物就是米哈伊尔·亚历山大罗维奇·肖洛霍夫。

《消息报》上的对答

对于肖洛霍夫来说，新的一年是在同全国人民的交往中开始的。

1月1日的《真理报》在记者短评中提到了肖洛霍夫的承诺，说《被开垦的处女地》将在本年内完成，人们等待这本书的第二部亦有好多年了。

在元旦的《消息报》上刊登了《静静的顿河》的片段（附有注释：《静静的顿河》第四部令读者关注的这一章日前已由米哈伊尔·肖洛霍夫完成，并且从维约申斯克镇以《消息报》专业记者拍出的电报方式传来）。

整整一个月后，罗斯托夫的《锤报》传出来新的消息——久已期盼的！关于肖洛霍夫："《静静的顿河》剩下了最后几章：2月我一定完成。"

但是，全国人民还不是立即都知道了这些。比如，有人不允许谢尔盖·格拉西莫夫上映影片《静静的顿河》："他们告诉我，把这部小说改编成电影未必有意义，这部小说以其全部的长处把葛利高里·麦列霍夫的命运推到了首要地位，这个人没有自己的道路，实际上是历史注定灭亡的人物……"但是，要知道——应当承认，从政治安全角度看，这种否定是完全正确的。但是，没有谁是初学乍练之手或者是政治上要谋反的可疑分子，这个格拉西莫夫以其影片早已声誉鹊起了。

而且，在此之前国内并无此事，党中央宣布了正在筹备例行召开的联共（布）第十八次全国代表大会，这次大会将批准国家发展的社会和经济纲领。

1月，党中央在筹备代表大会，但是科学院和作家的事也不能不关注，而且我们注意到，没有忘掉肖洛霍夫。

1月25日政治局批准了由十五人组成的苏联作家协会理事会主席团

成员,——其中就有肖洛霍夫,亚历山大·法捷耶夫为主席团书记。

1月28日,肖洛霍夫当选为苏联科学院正式院士,这个科学院院士才三十四岁!他甚至得到了阿列克谢·托尔斯泰的支持:"他是伟大的现实主义艺术家……我相信,选举肖洛霍夫为苏联科学院院士将会受到全体苏联人民的热烈欢迎。"

1月31日,肖洛霍夫"因其在发展苏联文学艺术中的杰出成就与贡献"荣获了国内最高奖赏——列宁勋章,在总共获得嘉奖的一百七十二位作家中,只有二十位作家获此殊荣,其中就有肖洛霍夫。

当然,所有这些都是令人愉快而又备受尊敬的,但是肖洛霍夫不能不明白,在所有这些荣誉之后不仅是承认,而且也有驯化的企图。

在这些日子里,也许他第一次参与了科学院的事情——肖洛霍夫收到了苏联人民委员会其中一个委员会主席的关于制订统一的缀字法和标点符号的信,看来,他已被批准成为这个委员会的委员。

2月,在《消息报》的第三十四期上刊登了肖洛霍夫关于作家荣誉的思考(仿佛当局分割真实的一种号召):"当一个作家即使在微小处违背了真实,它就会引起读者的不信任:'这就意味着——读者想——他有可能在大处也说谎。'"

3月,党完成了参加这次代表大会的代表选举。《真理报》上刊登了通知:《罗斯托夫州的代表》——名单中有"作家、勋章获得者、科学院院士肖洛霍夫",下一个姓名即是"内务人民委员部州分部主任阿巴库莫夫"。

众所周知,代表的选举一定要经党中央的批准,不论在罗斯托夫,还是在维约申斯克,抑或还是在肖洛霍夫家中,大概人们非常惊讶这次对作家肖洛霍夫的信任。

代表大会开幕了,《真理报》上刊登了江布尔、尼古拉·阿谢耶夫的祝贺诗,乌兹别克诗人们的祝辞占了整整一版,与他们一起的还有康斯坦丁·帕乌斯托夫斯基、弗谢沃洛德·维什涅夫斯基的祝辞……但没有肖洛霍夫的!

肖洛霍夫在代表大会上,他听到了领袖在讲台上如何宣布:"基本上实现了共产主义的第一阶段——社会主义。"肖洛霍夫同所有人都赞成通过了新的五年计划,当然,他心潮澎湃。到1942年,计划建成"第二个巴库",

以向国家提供更多的石油;建成远东冶金基地,小马力的汽车工厂、乌斯季卡缅诺戈尔斯克和古比雪夫水利发电站……计划中还有这样的句子,使得肖洛霍夫不能不激动万分:"达到丰收(每公顷)十三公担","生产出足够数量的马铃薯、蔬菜、奶制品和肉制品","准备采取措施以保持里海的水位","组织大量生产风力发电机"……

不管怎么说,宏伟的理想还是实现了,人民群众付出了汗水。然而,当时在代表中有谁能够推测到,在 1942 年,整整一年里战争就将所有的一切都摧毁了呢?

〔增补〕作家肖洛霍夫活到了这个时候,六十年代初,党和国家的头目尼·谢·赫鲁晓夫打过保票,说经过二十年,到 1980 年建成共产主义,后来,他的继承人列·伊·勃列日涅夫断言,苏联是"发达的社会主义"国家。

听不到热烈欢呼的讲话

肖洛霍夫被列入了发言者名单,他走上讲台时脸色严肃,穿着端庄而整洁,军便服外面扎上指挥官的皮带,脚上是一双得体的高腰皮筒靴(在那个时代里,他"出门"常常是这种军人的打扮,只是没有领章,这符合时代的森严的精神,此外,也强调了他顿河的出身)。

在他之前已有一位作家发了言——当时是很有名的。命运注定了他以乌克兰文化活动家的名义讲话,他的全部发言几乎都是颂扬斯大林,只有一段是颂扬赫鲁晓夫——当时他是乌克兰党中央第一书记。他讲话产生的效果可以从速记记录的报告中看出:"掌声,全体起立,欢呼一片:'乌拉!伟大的斯大林,乌拉!''我们幸福的缔造者,我们强大的各民族联盟的领袖,我们战无不胜的国家的力量和智慧——伟大的斯大林万岁!'斯大林同志举起了双手,热情地向代表团表示谢意。"

当肖洛霍夫讲完话时,大厅里既没有爆发出掌声,也没有祝贺,更没有"乌拉"的欢呼声!尽管在他的发言里也不止一次地提到了斯大林的名字,在这座大厅里还是从来没有过这样的场面。

肖洛霍夫不同意斯大林在报告中谈到的大清洗政策的必要性的历史根据,斯大林听了感觉如何呢?

领袖说了些什么,作家又说了些什么?

斯大林说:"知识分子总的来说是由有产者所供养的并且为他们效劳,因而十分清楚,我们国家的革命分子,首先是工人阶级,对他们所持的那种不信任的情感,常常转而为仇恨……"供养,不信任,仇恨……

肖洛霍夫说:"还有另一种类型的作家,他们在遥远的过去'获过奖'。奖给他们的是流放西伯利亚,是驱逐,是把他们捆在耻辱柱上,罚他们充军,以国家机构的全部暴力镇压他们,甚至通过纨绔子弟军官之手,随随便便地处死他们……而我们则用整个心灵,尊重和热爱这些经典作家……"用整个心灵尊重和热爱……

然而,在他的发言中也还有让人感到莫名其妙的东西:补充了斯大林的话。

关于文学,斯大林一个字也没提。

在代表大会召开前,报刊增加了"杰作"的书单,首先是些颂扬斯大林的作品,肖洛霍夫对此唱了反调。他向这皆大欢喜的浮萍里投下一块石头:"文学艺术的情况怎样呢?""同志们,我认为没有必要在这里谈我们的产品,谈最近三年我们出版的书。之所以不值得,是因为好书,你们都已经读过了,并且记住了它们,而那些坏书,也就没有必要提了。(笑声)现在我们写得不多。代表大会的售书亭里,文学作品这部分贫乏得惊人,这一事实就雄辩地说明了我们写得少。我不知道身为代表的其他作家兄弟们有何感受,但我经过这样的书亭时,尽可能地绕开它,离得远些,走得快些,因为没准儿哪位代表会拉住你的衣袖问你:'你们怎么穷困到如此地步,为什么没有书呢?'(笑声)"

斯大林在他的报告中对文化问题的关注并不很多,他关心的是另外一些问题,工业和农业问题,以及加强党的团结以避免观点和意见上的偏差。

肖洛霍夫则批评说:"有一个时期,国家文学出版社因为没有新书,只能再版旧书。作家们给出版社取了个有讽刺意味的外号:'国家文学再版社'。我担心,假如今后纸张的情况仍然是这样,那么,国家文学出版社将会得到另一个外号——'国家文学不出版社'。但是,作家们仍然坚信,增加文艺书籍的纸张问题能够得到圆满解决……"

斯大林以自己的报告让大家明白——每一位发言者都必须宣布自己对

"人民的敌人"的态度,因而,每一个人都急匆匆地感激斯大林,他使国家摆脱了托洛茨基主义者和布哈林主义者,摆脱了破坏分子和间谍。

肖洛霍夫在自己的发言中不提"人民的敌人"也是绕不过去的,只是对此极为简约,概括,平淡,而主要的则是在批评中不点一个人的名字。

……肖洛霍夫和党。他对于党并不是一个反对派,他恪守着另一种情感——对于一个共产党人的责任心持有纯朴的、浪漫主义的情感。他发言反对斯大林对旧知识分子的评价,在经济领域却支持他的报告。开完了代表大会,回到维约申斯克镇,他在群众集会上宣布:"如果我们在两个五年计划中没有建起强大的重工业,如果我们没有加强我们国家的国防能力,那么,毫无疑问,我们就会被拖进战争中去,那么,我们无论如何也不会像现在这样……"

〔增补〕代表大会的代表们无论谁也没有对肖洛霍夫的讲话作出反响,即使罗斯托夫州党委书记在自己的发言中也没有提到这位作家同乡。

后来,国外却有了反响。纽约的杂志《社会主义通报》写道,也许是惊诧万分地:"在代表大会,一系列枯燥乏味的官方华丽词藻中,肖洛霍夫的发言引人注目,这也许甚至违背了肖洛霍夫的初衷——多么浓重的真挚的多愁善感的色彩,对于在斯大林专制的顽石般土壤上文学的凋零又何等的忧虑。"还有这样一些话,最好既不读给斯大林听,也不读给肖洛霍夫听:"肖洛霍夫不管如何极力坚守在官方的轨道上,一个大艺术家就是这样也比一个卑微的吓破了胆的党员更有力量。"

白兰地,长篇小说和"小文章"

全国已开始筹备斯大林诞生六十周年大庆,庆典将在12月21日举行。彻底强化了的句子已经使肖洛霍夫不奇怪了:"天才的、伟大的领袖","社会主义革命的天才战略家","社会主义胜利的鼓舞者和组织者","人类的伟大天才","天才的理论家和组织者","列宁的亲密和优秀的战友与朋友","全世界劳动人民的天才领袖"……不论写出来还是讲出来都已司空见惯了。"马恩列斯的事业"这四位侧面的浮雕像在报纸、杂志和书籍中大量印出。

在庆典前应当做的事情中，肖洛霍夫把自己列入其中了吗？他有着另外一些操心的事。

保护同乡！他写信给莫斯科，给内务人民委员部，要求他们释放一位不公正地被逮捕的同乡哥萨克伊·伊·波波夫。

他关心的是让区里人生活得更好！他给所熟悉的检察长写信，为请求保护同乡他多次给他添麻烦："许多事让我陷入到齐耳朵那么深，我要到各地去，几乎不能做我职业上的事情……"他还谈到了，为了履行区党委常委的责任，他还要经常到自己所在区的各村镇去走走。

文学上的事也很多！你看，他在自己的信中劝告《新世界》的主编，用他的话说，要从"平平常常的"文章中摆脱出来，并且呼吁要发表关于康德拉吉·布拉文的著作。再看，他读了一位年轻作家的短篇小说，在经过了细致的分析后写出了全部的大实话："所有这些都谈到了您的表现手法的贫乏，不会描绘人物的外貌和内在世界，粗浅简陋，您（用您的风格来说）做了粗浅简陋的俘虏。"

许多东西被带到他的生活中，可是在评价中却有足够的幽默。他写信给列维茨卡娅说，在年初，他已经有了勋章、科学院院士和其他荣誉之后，妻子更加细心地关心他了："玛丽娅·彼得罗夫娜已经向我说过，我现在什么也不写了，因为，'被感动的东西，写不出来，一旦写，就写不好。'"他使用了一个含义多么丰富的词语"被感动的东西"。

……电影导演列昂·乌兹卢赫来找他，想说服肖洛霍夫共同合作拍摄一部反映顿河风情的纪录片，要知道，不管多么奇怪——居然说成了，而且，肖洛霍夫还朗诵了一段海明威这位美国作家的散文，他还仍然记得，在国外一部关于热带雨林的户外拍摄的影片给他留下了印象："我们的顿河从银幕上就会这么地表现出来……"

于是开始讨论起来，他想在银幕上看到自己的顿河是什么样子的："春汛，洪水泛滥，水中一棵孤独的白桦树，树上一群蜜蜂……小鸭在守卫着它的窝……草原上一只饥饿的狐狸在小丘之间偷袭一只黄鼠狼……"

战争搅乱了这一构思，只保留下两张散乱的残页——开始和结尾部分中的——这是他们共同执笔的电影脚本的片断：

"草原……盛夏的道路，嫩草丛生，道路弯弯曲曲地向远方伸去，那里，在地平线的边缘下出现了一个点,依稀地听到了悠扬的歌曲的调子。歌声越来越大。一辆载货车靠近了,公牛懒洋洋地摆动着尾巴拉动着大车,车上坐了一对男女哥萨克,他们在合唱着,歌声悠扬,多少还有些忧伤,但就是这忧伤的歌也帮助了他们消磨漫长的旅途的时光。……"

"顿河水漫过了两岸,淹没了河滩的草场,那春汛的河水来势凶猛,冲洗着杨树的白色树干,摇摆着汛期湖水里芦苇的枝头。野鸭躲在河湾处。一艘汽船在顿河中行驶,它那有着回声重复的汽笛鸣叫着,吓得飞鸟飞向淹在水中的树林里,汽船的轮子拍打着河水,声响极大,舵手在搬动着舵轮,于是乘客们眼前出现了春汛河水淹没树林的奇异景观,河柳灌木丛慢慢地移动过去了,它们那纤细从水中支出来的枝条长满了刚刚绽开的幼芽……"

唉,遗失的不仅仅是电影脚本,而且还有已经拍摄完的几千米胶片。

春天,肖洛霍夫夫妇来到了莫斯科,5月24日一大早就开始了忙碌——如何庆祝米哈伊尔·亚历山大罗维奇的生日。

"'我们正准备接待客人,'他对我说,'突然电话铃响了,斯大林的电话!他怎么知道,我住在民族宾馆里呢?'他对我说:'米哈伊尔·亚历山大罗维奇,您不能到我这里来一趟吗?'我感到了意外,甚至害怕,什么都忘了,忘掉了请来的客人,忘掉了玛丽娅·彼得罗夫娜……'好,'我就说,'我就去。'——这时,他解释说——'可我怎么能做出另外的回答呢?'"

他又继续说下去:"斯大林听了后就说:'在这种情况下,有车去接您。'我又问他:'车的号码是多少,我在哪儿能找到它?'斯大林严厉地说:'别着急,米哈伊尔·亚历山大罗维奇,他们会找到您的,一定能找到。'"

领袖对作家给予了极大的信任,这样的荣誉可谓百里挑一了,而有趣的是,在他那里做客的人几乎待了整整一夜。

玛丽娅·彼得罗夫娜开始补充说:"唉!我有多么担心哪,他被带走了。"在回忆录中她像生活中的女性那样目光敏锐:"我打开了包①,包里有一些糖果,另一个包里是装在瓶子里的甜水,孩子们用的果子水。战前这可是罕见之物,还有一些别的小礼物。"

而肖洛霍夫是如何筹备斯大林的生日庆典呢?12月11日他给斯大林

---

① 斯大林给的。——原注

发去了一篇小文章——别出心裁！——与之相伴的还有一封独特的信。

信中肖洛霍夫提到了往日礼物——一瓶白兰地，伴随着回忆还有生动如画的细节：

"……妻子把这瓶酒从我这里拿了过去，决然地说：'这是一个纪念，不可以喝！'我想说服她，浪费掉好多的时间和美妙的话语，我就说，这瓶子有可能一不小心就打破了；时间长了，瓶里的酒会变酸的，简直什么话我都说到了！大概，凭着所有女人都具有的那种讨厌的固执，她坚持着说：'不行！不行！就是不行！'最终，我毕竟费了九牛二虎之力说服了她，我的妻子，我们说好，写完《静静的顿河》时，再喝这瓶酒。

在这三年的时间里，在生活的艰难的时刻（而这种时刻，正如每个人那样，并不为少），我不止一次地企图破坏您这一礼物的完好无损。可是，妻子却愤怒地有条理地打断了我的念头。日前，经过了十三年的写作，我完成了《静静的顿河》，而这恰恰与您的生日巧合，所以，我等到 21 日前，也就是等到喝酒的日子，我希望我把这篇小文章寄给您，因为不知道《真理报》是否能发表它。——您的米·肖洛霍夫，1939 年 12 月 11 日。"

斯大林是位非同寻常的读者——目光洞察秋毫。他笑了笑，看来，像狗鱼老大爷那样开玩笑地流露了真情，然而他看到了，最终期待已久的小说结尾写出来了，可是，那里麦列霍夫是个什么样的人呢？在他的——领袖的档案中关于《静静的顿河》有"一些极为错误的东西"的意见，已经搁置了十年。此外，在肖洛霍夫的这封信中提到了这位老者——明显地是在祝福生日。但是，为什么如此卑微地称作"小文章"呢？！又为什么担心《真理报》不发表呢？于是，斯大林极其好奇地读起这篇小文章来。

肖洛霍夫想到这部长篇小说——想到思想家们怎么对待它：要知道，这第四部没有让任何人满意。当然，写出东西的命运掌握在斯大林手中。在当时他写给叶甫根妮娅·列维茨卡娅的信中惊呼："只要出版就好，哪怕砍掉四肢和头颅！"

与此同时，《真理报》一次又一次地报道大权在握的人的生日庆典：12月 20 日，授予斯大林社会主义劳动英雄称号，过了一天，授予"荣誉院士"称号，又过了三天，他当选为全苏农业科学院名誉院士，12 月 20 日发表了为科学、艺术和文学工作者建立的"二十项以斯大林名字命名的奖金"的决议,还有"优秀发明成果的六十项斯大林奖金"以及"在军事科学领域十八项杰出贡献奖"的决议。

肖洛霍夫的"小文章"却什么也没有。

……父爱。有一回,肖洛霍夫动手写诗——给孩子们写的,逗他们玩。如果不是彼得·卢戈沃伊这位战前的党内朋友,谁还能知道这件事,而且把它拿来抄下了一篇文字不少的诗呢?那么这就看看其中写到兔子的有趣的几句吧:在全部动物中/一般说我最勇敢!/我既不怕黄雀,/也不怕刺猬,/经过刺猬旁,/绝对不发抖/住在这里,在森林/我就不喜欢狐狸……

〔增补〕有这么一项研究成果。在谈到《静静的顿河》中肖洛霍夫书中人物的立场时,费·库兹涅佐夫确认:"肖洛霍夫使人们有'自我表达不同观点的充分自由'的可能,有时是极端的观点,不需要作者的干预,不需要由作者完成的评价。"这也是我在《被开垦的处女地》中确认的最重要的特点。

"不滥用……评价"

在旧广场的党中央的大楼里,早在1939年春天,政治局委员中就有人产生了这一想法,为领袖的诞辰筹备出版一本书,它将是世纪的纪念碑,是苏联人民领袖的纪念碑,也是人民自己的纪念碑。书名很简洁,领袖也很喜欢:《斯大林,六十华诞纪念》。

谁配得上成为这部书的作者呢?中央委员会的人用了几个星期把名单编来编去,毋庸置疑,政治局全体成员进入了名单,也没有忘记忠诚于第一个苏维埃国家的共产国际的领袖保加利亚人格奥尔吉·季米特洛夫,西班牙共产党人的领袖多列士·伊巴露丽,还有几位外国的活动家。被邀请为作者的还有极地英雄伊万·帕帕宁,英雄飞行员尼古拉·卡马宁,飞行设计师谢尔盖·伊留申,部队的骄傲、作曲家和指挥家亚历山大·亚历山德罗夫……作家也没有忘记,但不知为什么,人数不多,其中有阿列克谢·托尔斯泰和米哈伊尔·肖洛霍夫(当这本书问世时,肖洛霍夫注意到了这本厚厚文集的书名:《为了祖国!为了斯大林!》)。在伟大的卫国战争中,也许他想到了,无所畏惧的部队政工人员的战斗号召是从哪里来的,托尔斯泰跑在了时代的前面）。

肖洛霍夫的"小文章"不仅由斯大林转交给了《真理报》，而且也送到了未来这本书的编辑部。不管在哪里，人们一收到它都大吃一惊：总共有三个印刷页，而其他人的有十至十五个印刷页，小说家为什么这样呢？可以推测，当人们读了他的小文章，第一个想法就是想对斯大林发表它的指示提出异议，可是又有谁敢反对发表呢？

《真理报》毕竟小心谨慎了起来，这篇小文章只是在庆典后的 12 月 23 日发表了出来，而且是在第三版上，夹在周围那些冗长的文章间。

难怪肖洛霍夫向斯大林谈到了自己的担心——能否发表？当他执笔谴责阿谀逢迎者时，冒着多方面的危险："我觉得，那些习惯于撰写决议和文章的某些人，有时忘记了，谈及斯大林时可以不用过多的词藻来表示感谢，无须经常提及此事地去热爱他，不滥用修饰语来评价伟大人物的活动。"

在那诞辰庆典的日子里，肖洛霍夫就是如此独特地预先告示了斯大林和社会，避免随着时间的推移出现将被称之为"个人崇拜"的倾向。（在1956 年苏联共产党第二十次代表大会上，尼·谢·赫鲁晓夫把对领袖的记忆进行了大规模的讨伐之后，在报告中揭露了斯大林的"个人崇拜"，肖洛霍夫却妙趣横生地指出："当然，崇拜是有的，但也有个人。"）

当人们对比了他所写的与另一些祝寿者所写的，就已经看出了他想法的伟大意义。这部文集的开篇是中央委员会题为《致伟大的列宁事业的继承者——斯大林同志！》的一封信。最后一篇是编辑部这样的军号合奏曲：《同领袖斯大林在一起，奔向共产主义！》。

庆典著作和报纸上那些作者们过多地使用了富丽堂皇的"修饰语"，他们怎样看待肖洛霍夫的劝告？而这些人，莫洛托夫、伏罗希洛夫、卡冈诺维奇、贝利亚、米高扬、加里宁、叶美里扬·雅罗斯拉夫斯基……他们中的每一个人都经历了地下活动、监狱、流放的考验，也都体验过崇高无产阶级的直率与坦诚的革命情谊，但是，他们早已同这些告别了，如今在制造对自己最高领导人的崇拜。后来揭露斯大林的尼基塔·赫鲁晓夫对自己的所有战友们做出了让步，他发表了一篇赞美的文章，——简直就是散文诗："斯大林——就其质朴纯真是人们的朋友；斯大林——就其对人民的爱，是人民的父亲；斯大林——就其领导各民族的斗争的智慧，是各族人民的领袖……"

肖洛霍夫的小文章不长,但却伟大,因为它揭开了斯大林处心积虑掩饰起来的秘密:1932—1933 年的大饥饿和大清洗……

而且肖洛霍夫还批评了把饿死的人可怕地指责为"怠工"。

所有这些在 1933 年写给斯大林的信中都有反映。那时,肖洛霍夫没有回答,七年以后他做出了回答。

他在这封信的第一句就揭露不单单是由于自然的因素才爆发了大饥饿。一些人造成了饥饿,人们把它定名为大饥饿。谁是罪魁祸首? 对于斯大林,对于未来的读者,他直截了当点出了"边疆区领导"。

肖洛霍夫这封信的第二行提到了,这大饥饿是有安排的:"在集体农庄里,打着同怠工作斗争的旗号——剥夺了农庄庄员们的粮食。所有的粮食,其中包括为劳动日而预付的粮食也被没收……集体农庄里开始了饥饿。"

怠工被提到了。这个词就是多年前残酷地没收粮食的指示,如今肖洛霍夫清楚地写道:"……打着同怠工作斗争的旗号……"

信中还有新的揭露:"许许多多的共产党员,被边疆区领导认定为执行他们的政治路线不正确和不能容忍,因而被开除出党和逮捕。"

肖洛霍夫没有忘记,斯大林曾救助过粮食。然而他还是这么写了,让全国人民第一次知道,对哥萨克的这次帮助是在何种情况下采取的办法:"他们中有些人自行聚会,许多人陷入了绝境,由于饥饿与消瘦,他们已经不能走路了。"

这篇"小文章"的最后毕竟还用了几句向斯大林表示了对诞辰的祝贺,但写得很奇怪——不是出自作者的口,这些话交给了一个无名的人物——哥萨克的老者来说,他在肖洛霍夫笔下好像忘记了全民的庆典,忘掉了必不可少的"修饰语":"此后,在餐桌上人们开始谈起了政治,谈起了粮食,劳动日应分到的粮食,谈到了秋播小麦的发芽,也谈到了未来丰收的希望。"就写这些——句号!

肖洛霍夫提醒斯大林及其周围人,他们没有同人民在一起,他们应当怎么做。

这是一个很有性格的人物,没有什么审慎周密的打算……

〔增补〕有一项研究成果。在论及《静静的顿河》中抒情插话的手法运用时,普里霍琴科指出:"当涉及到战争题材时,抒情插话就会特别紧张和充满激情。按其韵律的安排、意象的序列,它可以同哥萨克民歌相媲美,从总的叙事性话语中,这样的抒情插曲由于其韵律的重复,极度名词性动词的安排和互相贴近意义的词语的使用就显得与众不同,它加强了激动的情绪并赋予了叙述以庄重的抒情诗的氛围。通过宏大规模的叙述明显地看出了作者极力要在读者心灵中找到反响的强烈而生动的情感。"

最 后 一 章

12月,《共青团真理报》记者安纳托里·卡里宁硬要到维约申斯克来,肖洛霍夫正全身心地忙于长篇小说的创作,但他知道,这位记者是顿河的老乡,生在普赫里亚科夫斯克村,所以,他不仅答应了与他见面,而且向这位新朋友谈到了许许多多的事情。

然而,并非所有的一切在见面以后都见诸报端。……同芬兰的战争正在进行,这位报社记者在札记本上记下了这些并非偶然:"从卡累利阿狭长地带铺满厚厚冬雪的地方开始,我作为一个军事记者,来到了同样铺着厚厚冬雪的维约申斯克,尽管这里是和平安宁的。肖洛霍夫办公室的窗外是一派古典的和平的景致:顿河蒙上了一层浅蓝色的冰,冬雪覆盖了森林和草原,肖洛霍夫自己是否感觉到了身处在田园诗般景色的包围中呢?列宁格勒城下正在翻腾着,血腥事件的气息是否传到他这里来了呢?"

肖洛霍夫从这位军事记者口里饶有兴致地得知——这场战争进行得怎么样,电台和报纸讲到的只有一点,战事顺利,政治流亡者们已经组成了未来的社会主义芬兰政府。实际上,对于红军来说,战争的第一阶段就已经失败了,因而对于克里姆林宫来说,真是丢人。

他把一大堆热切期盼的问题一古脑儿向客人提了出来,卡里宁在札记本上记下了最重要的:"审慎冷静改变了他,脸上阴沉下来……最后说:'是啊,仗还要大打,不能够轻视白色芬兰力量。'"

记者最终赢得了信任后,极力要弄清楚《静静的顿河》如何结尾:"肖洛霍夫的创作当时十分顽强。在写作最后几章的那些日子里,他收到了许多来信。读者们激动不已。'让葛利高里活着吧!'一个人坚持着说。'葛利高里应当活下去!'另一个人提出了要求。'要知道,当然,他要和红军在一起吗?'——第三个人问道。"

肖洛霍夫问这位记者:"大家想有一个轻松的结局,可是,如果结局让人闷闷不乐呢?"卡里宁说:"我无法控制住叹息:'就这样啊?'"

这短短的问题引起了关于作家有自主权的一段长篇独白。"我只能说,《静静的顿河》的结尾引出了各种各样的看法。作家应当善于说出真话,不论这真话有多么苦涩……对待一部文学作品的评价,首先应当从真实性的观点来看待。"

在记者的札记中也看出了肖洛霍夫与同乡人之间的相互关系:"一大清早,从马克萨耶夫村来了一个赶车的,他用鞭子敲打肖洛霍夫家的篱笆门:'米哈伊尔·亚历山大罗维奇,耽误您一会儿时间,我收到了一张奇怪的纳税收条……'"

安·维·卡里宁在二十世纪五十年代成了一位出色的作家,后来又成了把肖洛霍夫的长篇小说改编为电影的合作者。他在谈到肖洛霍夫时有不少新颖而有价值的论断,同他的交往颇深。

一般来说,肖洛霍夫善于交朋友,比如,在写给阿斯塔霍夫的信中表现出了多少男子汉吝啬的温情,尽管在德国相识以后已经过去了许多时光:"亲爱的阿斯塔霍夫夫妇:得到了你们的消息我们很高兴,只可惜的是,你们还很少记得我们,像人们说的,有时记得。噢,这没什么,见了面我们再算账!我打算11月到莫斯科,这时能够见到你们吗? 请尽快给我们来信。我很想见到你们。祝你们万事如意。米·肖洛霍夫,1939年10月24日。"

在莫斯科,人们要求他更经常地到首都来。8月里,党中央组织局谴责了潘菲洛夫领导的《十月》杂志编辑部,而肖洛霍夫此时仍是这个编辑部成员。对于这个正统的主编来说,谴责提得很怪异:"腐朽的自由主义……只此一家的阿尔志跋绥夫气息……资产阶级观点……"不管怎么说,这也是对肖洛霍夫的一个打击:"编辑部的同仁没有履行自己的职责,实际上它变成了空招牌……肖洛霍夫同志在内……"要知道,这一阵喧嚣使伊里亚·谢尔文斯基写出了一首诗《评论家——某破坏者的独白》。

我记得,肖洛霍夫老早就要求过离开这家杂志的编辑部。

……夏、秋、冬,不管最高政治层面里发生了什么事,而肖洛霍夫的天才,一会儿痛苦不堪,一会儿又欢呼雀跃,他把葛利高里·麦列霍夫带到了长篇小说的最后几页。

他说出了心里话:"创作时心中冰冷不能成为艺术家!一个由于心脏肥胖卧床的冷血动物写不出真正的作品,也永远找不到通向读者心灵的道路。我赞成作家在写作时热血沸腾,当他写到敌人时,我赞成由于忍住了对敌人的仇恨他气得脸色发白,要让作家对于他所喜爱和珍视的主人公能够同他一起欢笑,一起哭泣。"

最后一章终于写完了,也许,毕竟是在深夜里,黎明时分他画上了句号,不知为什么,他看了一下时钟——清晨四点。

屋子里何等的寂静,窗外何等的寂静。

有一次他承认,就在这一时刻,他心中冒出来一句话:"看你作出了什么,米沙?!"

玛丽娅·彼得罗夫娜成了这一真正的历史事件的见证人——后来她曾说过:

"天亮时我醒了过来,听到办公室里米哈伊尔·亚历山大罗维奇那里有点不对头。灯还在点着,天已经亮了……我走进办公室一看:他就站在窗户旁用力地哭着,全身颤抖……我走到他身旁,抱住了他,我说:'米沙,你怎么啦?……安静一点儿……'他从窗口转过身来,让我看写字台,透过泪水,说:'我写完了……'我走近写字台,读了最后一页:

'葛利高里爬上斜坡——他气喘吁吁,沙哑地唤了一声儿子:——米什卡!……好儿子!……这就是他生活中剩下的一切,这就是暂时还使他和大地,和整个这个在太阳的寒光照耀下,光辉灿烂的大千世界相联系的一切。'"

总共不过几行,但却好像一篇完整的故事:受难者幻想的并不多,但是世界没有变小,他和儿子待在了一起,只是那耀眼的太阳——有着寒光。

就在这一天,肖洛霍夫要妻子找来打字员,对于急不可耐的作家的那颗心来说,一周一周的等待拖得令人难过。然后,他的那支笔最后一次碰了碰打印清晰的手稿……

……哎,还是这样的性格。年底,享有盛誉的莫斯科模范艺术剧院中当时享有盛誉的演员尼古拉·赫梅廖夫同舞台优秀工作人员中的优秀者一道邀请肖洛霍夫来,以便能同意他们把《静静的顿河》搬上舞台。最后,没有惊喜,他们听到了——肖洛霍夫拒绝了。他不相信,即使在这家剧院,这部史诗如果不经过删改能转变成有充分价值的节目。

〔增补〕肖洛霍夫一如既往,在自己校订书稿时要求极严,草稿中留下了自己校对的痕迹。有时,一个句子有几种不同说法,而又有时,删掉或者补进的只有一个词。

其中有一章,他甚至在战前加工了麦列霍夫的妹妹与科舍沃伊之间爆炸般争执的细节,那时她同爱她的丈夫已经结了婚了,可是,你看,出现了裂痕——政治性的。

在草稿中写道:"杜妮亚摆好了桌子,就问:'怎么的,照你说,谁要是在白军里干过,就不会饶恕他了吗?'

'那你怎么想呢?'

'我是这么想的,人们都说,谁要是记仇,魔鬼就会惩罚他。'

'哦,这也许吧,福音书里是这么说的。'米什卡冷冷地说,'可是,照我说,一个人要为自己做的事负责。'"

后来,在书中读到的似乎只是另一种易于理解的样子,但实际上有更为重要的明确意义,加重了语气:"杜妮亚摆好了桌子,也没有看丈夫,问道:'怎么的,照你说,谁要是在白军里干过,也就从来不会饶恕他吗?'"

还有一个例子——这一次纯然是修辞上的完善。在最后一章的开始,最初写道:"像被焚烧过的草原,葛利高里的生活漆黑一片⋯⋯"

可是,回到了文本,结果就是这样:"葛利高里的生活变得就像野火烧过的草原,漆黑一片⋯⋯"

第 八 章
1940:顶住异议的奖金

1940年,肖洛霍夫满三十五岁。

大不大呢? 公正地说:生命是靠行为来衡量的。

斯大林 阿赫玛托娃 普拉东诺夫

1月,可以看出,几乎所有的首都报纸都不断登出成功的肖洛霍夫享誉国内的文字。《真理报》、《共青团真理报》、《消息报》、《红星报》以及先后两次的《文学报》都发表了《静静的顿河》的完稿的片段,与此同时,肖洛霍夫为祝贺斯大林诞辰的那篇"小文章"的著作也问世了。

月末,肖洛霍夫前往莫斯科,要转交给斯大林一封信,这封信讲到了一个重要的事件:

"亲爱的约瑟夫·维萨里昂诺维奇:我带来了《静静的顿河》的结尾部分,很想同您交谈。如果您认为可以——请接见我。

祝好!

米·肖洛霍夫

1940年1月29日"

肖洛霍夫还记得1931年。当时斯大林作为书刊检查官阅读了手稿,并且批准出版了"叛逆"作品。也许,这一次,他读过后就防止了被禁。

作家肖洛霍夫等待着起码由于两件事引起的不愉快,特别是《静静的顿河》结尾的特点。麦列霍夫最终没有成为布尔什维克,而且也没有出现斯大林的形象,甚至干脆就没提到他的名字。当然,这看起来很奇怪,因为小说有上百个真实的历史人物,不止一次提到了列宁,写进了布琼尼、纳哈姆克斯-斯杰克洛夫、马尔金……提到的格鲁吉亚人名字有1812年的英雄彼得·巴格拉齐昂,1919年维约申斯克暴乱的参加者瓦西里·基科维泽……不能不提到格利戈里·拉斯普京、布鲁西洛夫、克伦斯基、卡列金、克拉斯诺夫、邓尼金……历史人物超过百人。

斯大林并没有阅读手稿,立即转交给了《新世界》杂志和文学出版社。出版社传来好消息,手稿已经通过了领导办公室的初审,放行出版。开始,手稿交到了小心谨慎的编辑,后来交给了吹毛求疵的校对,然后又交给技术编辑和美术编辑……

这就是说,阿克西妮娅向葛利高里讲的那些话没有从手稿里剔除,她讲了他的米什卡作为一个土匪的儿子是怎么活过来的(要知道,那时"土匪"一词与"人民的敌人"的概念相符):"有一回,米什卡从街上跑回来,浑身直

301

哆嗦。我问他：'你怎么啦？'他哭得非常伤心……'孩子们都不跟我玩儿，他们说——你爸爸是土匪。'"

通过阿克西妮娅的回答，肖洛霍夫表达了自己对麦列霍夫的看法："你爸爸他根本就不是土匪。他是个……不幸的人。"

即使对麦列霍夫已经有了评价，但要经过许多年之后，对这个人物说出全部真话的时代才会来到：作为一个追求真理的人，他掉进了阶级斗争的磨盘里，因而为追求个人和自己人民的幸福成了牺牲品。

小说还保留下来一些反映了肖洛霍夫青年时代的句子："出现了一些小股武装匪帮。这是哥萨克富农和富裕的阶层对组建征粮队……的回答。"

书刊检查机关也没有碰到群众集会的场面，当时哥萨克已经分化了（这同样来自于作者少年时代的印象）：

"'赶走征粮队！'

'征粮工作该收场啦！'

'打倒征粮委员！'

守备连的红军战士们也喊着口号回敬他们：

'这是反革命！'"

肖洛霍夫并没有重视关于内战史的教科书，没有按着它核对自己写的东西，因而他才能够批判不论是白军的，红军的，还是绿军的阶级对立的极端性。在自己的长篇小说中，他充分地表现出了——当有武器的人被斗争所迷惑，连普通人也变坏了。

当玛丽娅·彼得罗夫娜得知，手稿已经到了排字工人手中，她就同婆婆一道摆好了节日的宴席。女主人们知道，吃什么能让所有人喜欢——从小孩到米哈伊尔·亚历山大罗维奇，他们喜欢带有土豆的"天才的"馅饼，烤羊肉，肉馅饼和"两个在一起"的酥饼，直接从铁锅里拿出来的土豆加上自己做的酸奶油——甚至小匙就插在里面。

生活不仅仅是在家中装点了起来，对报刊上刊出的长篇小说片断的反应也出现了。

小说写完了——生活以其全部的不安还在继续。肖洛霍夫并没有躲了起来，他没有停止对那些需要保护的人进行辩护。

五十岁的安娜·阿赫玛托娃近二十年来灾难不断,她的创作遭到了持续的政治怀疑,她既没有自己的住房,也没有工资,而且也无法发表作品,因为一生被打上了耻辱的烙印:

　　1921年丈夫被枪决——他是诗人尼古拉·古米廖夫,被看作是反革命谋反的参加者。就在这一年,儿子列夫·古米廖夫被捕了,他后来成了杰出的历史学者和地理学家。

　　谁能够帮助这位母亲和儿子? 肖洛霍夫! 对此,阿赫玛托娃在自己的札记中写了出来。唉,这些札记在她死后和肖洛霍夫死后都出版了。整个一生肖洛霍夫都细心地隐瞒了自己这一高尚之举:拉夫连季·贝利亚在肖洛霍夫的请求之下让了步,阿赫玛托娃的儿子也就获释了。唉,他获得自由的时间并不长(总的说起来,他在劳改营中度过了十二年)。

　　还有一个悲剧。“从1925年起完全停止出版我的诗了,而且开始有步骤地在现行报刊上加以消灭。可以想象到,这时我过的生活是怎样的,这样一直持续到1939年。”安娜·阿赫玛托娃曾写道。

　　但是,找到了一个大胆的人,他向斯大林说到了阿赫玛托娃的状况,结果奇迹出现了:下令定期出版诗集,1940年5月她的《六部诗集选》就问世了,其中选入了1912—1940年间的作品。

　　紧接着还出现了更加不可思议的事,肖洛霍夫估算了一下,对于一个失宠的诗人来说,出书很少,而且,一般诗歌印数又少,需要唤起社会舆论,他采取了什么措施呢? 在阿赫玛托娃的札记中有答案:“肖洛霍夫推举她参评斯大林奖金”(1940)。

　　法捷耶夫和阿列克谢·托尔斯泰支持了肖洛霍夫的热情,同肖洛霍夫一起他们都参加了刚刚组建的斯大林奖金评选委员会。

　　辩护没有白费,阿赫玛托娃回忆道:“小报告来了……”第一个小报告来自党中央办公厅主任,他向中央书记日丹诺夫愤慨地写道,诗集中没有“革命的和苏维埃的题材,没有写社会主义的人”。日丹诺夫做了回应:“不客气地说,这样的诗集问世,简直是耻辱。这种阿赫玛托娃式的‘淫荡伴随着对上帝的祈祷’怎么可以出版呢? 这是谁推出来的?”他接通了《文学报》的电话,于是,《文学报》登出了一篇评论阿赫玛托娃诗集的长文,此后,这部诗集就从所有的图书馆里开始下架了。

看吧,当他大胆地推荐"意识形态相左"的作品入选最高苏维埃奖金时,肖洛霍夫自愿地陷入了何等的窘境。

"我用脑袋担保",当为某人求情时,他习惯这么说。

有一次斯大林听到了这句话,毫不迟疑地当即可怕地责备他:"您脑袋没有那么贵重。"

阿赫玛托娃和肖洛霍夫……文艺学家和阿赫玛托娃的好朋友,当时已经并不年轻了的一位女性爱玛·格尔施坦在1993年自己的回忆录中写道:"她读给我听,几乎嘟嘟哝哝地读着'静静的顿河静静地流',我没有想到,这就是未来的《安魂曲》,而她也没有考虑到这一点。我没有想到的是,为什么她那列宁格勒的诗与顿河相呼应。只是后来很晚,在莫斯科,我问了安娜·安德列耶夫娜这件事。她支支吾吾地回答:'我不知道,也许是因为列夫曾到顿河去考察过?'她这样说。肖洛霍夫的《静静的顿河》是列夫很喜欢的一部作品。'这你不知道吗?'——她吃惊地问。我的确不知道这件事。"

安德列·普拉东诺夫和米哈伊尔·肖洛霍夫。在这被政治"布满了地雷"的年代里是什么把他们结合在一起了呢?他们经历不一样,在许多方面政治观点不一样,创作手法也不一样。

早在二十世纪的二十年代末他们就已相识——两个人都被青年近卫军的文学协会所吸引,而后来就什么事都出现了。有一次,普拉东诺夫吃惊地看到了,在拉普集体批判自己的一封信上有肖洛霍夫的签字。普拉东诺夫与那些疯狂地捍卫着党的思想基础的人格格不入,但为什么肖洛霍夫在这封信中签了字——要知道他自己就受到过无端的痛斥啊?!智慧足以不吵翻脸。还有普拉东诺夫妻子的见证:"肖洛霍夫来串门……讨论起《静静的顿河》的个别章节,我记得丈夫这样的一句话:'你太残酷了,米沙,残酷'。普拉东诺夫就这样表达了自己对当时描写国内战争罕见的真实性的看法。他对肖洛霍夫的关系还有一点——就是评价《被开垦的处女地》:'描写农业集体化的唯一的一本诚实公正的著作。'"

在这一年,普拉东诺夫写了一篇关于阿赫玛托娃诗歌创作的很好的文章,然而从中却删除掉好像同肖洛霍夫合作写出的句子:"对于发表她的作品不应当阻挠或者制造麻烦。"

肖洛霍夫知道,早在 1938 年普拉东诺夫的十八岁儿子就被逮捕了,并且被当作是"反苏青年间谍破坏组织领导人",进了劳改营十年。这位不幸青年的证词保存了下来:"在刑侦人员的威胁下,我做了虚假的幻想的口供,因为他对我说,如果我对口供不签字,就要逮捕我的父母。"

肖洛霍夫猜出了,由于斯大林对他父亲普拉东诺夫毫不掩饰的仇恨,儿子甘愿作出了牺牲。

一切都是从二十世纪二十年代末开始的,当时拉普的评论家们已开始摧毁普拉东诺夫的著作:说这些作品污蔑了"新人",歪曲了党的"总路线"。当斯大林读了短篇小说《多疑的马加尔》后,发了火,称他为"意识形态上的模棱两可"和"无政府主义"。

肖洛霍夫对此了如指掌,但是他没有离开普拉东诺夫。普拉东诺夫感觉到了肖洛霍夫对于自己把政治置之度外的如此大胆的态度,因而在绝望中找过肖洛霍夫,肖洛霍夫并不拒绝他,又去当局奔走——并不轻松。普拉东诺夫摆脱了困境,这次辩护不仅救出了他儿子,也挽救了他自己。唉,由于儿子在狱中感染了急性结核病,1943 年就死去了。

普拉东诺夫的灾难并不由此而结束,战后他的遭遇特别艰难。著作不能出版,因此生活极度困难。对于这位失宠的作家,所有人都转过身子,肖洛霍夫却及时给予帮助。他知道,普拉东诺夫从文学角度整理出了一大本民间故事集,但是,没有出版人,于是肖洛霍夫就为故事集的出版"打通了道路"——在扉页上印上了"由米·肖洛霍夫编辑"。

长时间以来有过这么一个笑话。"肖洛霍夫去找斯大林为普拉东诺夫的儿子斡旋,斯大林皱着眉头听着。

'看看您,肖洛霍夫同志,写文章,跑来跑去,为所有人说情,一会儿替饥民和哥萨克,一会儿又替维约申斯克的领导。贝利亚告诉我,您去找过他,并说服他克列伊梅诺夫没有罪。您相信吗,他不是个破坏分子?'

'我相信,斯大林同志。'肖洛霍夫平静地回答。

'您对所有人都相信,为所有人求情。如果出了事谁替你求情,谁相信您呢?'

'您,斯大林同志。'

'您是这么想的吗?我劝告您——别犯错误了,肖洛霍夫同志。'"

战前……要想替失宠的文人弟兄们作辩护,并不很妙。三十年代末,被杀死的作家已超过了千人。

肖洛霍夫在政治方面早就不再发表什么新作了,他的文集中1940年的作品是个空白,《被开垦的处女地》第二部的手稿已在办公桌里埋葬了多年。

……《静静的顿河》最后一卷已交付给印刷厂,如今应当考虑出版这部小说的全本了,作者面临着繁重的任务——综合阅读全篇。他读来读去,克制了年深日久的烦恼:小说中由于删砍留下了许多伤痕,不知怎么,心中无言,在许多地方,我们作者的想法都被五马分尸了。

〔增补〕被删砍的部分肖洛霍夫在晚年都及时地恢复了,在他逝世以后,高尔基世界文学研究所又发现了一部分。

对书刊检查删砍部分的揭露,丰富了人们对肖洛霍夫作为革命时期和内战时期极端行为揭发者的认识,请看几个例子。

"这几天一些衣服褪了色的人移动到州里来,倒霉的时刻临近了。"这是写1918年末红军进攻时被删掉的句子。

"'工人没有祖国,'彭楚克斩钉截铁地说,'马克思的这句话里——有着极深刻的真理。我们过去没有,现在也没有祖国! 你们呼吸爱国主义空气吧……这块可诅咒的大地培养了并养活了你们,而我们……像生长在荒野里的杂草和苦艾……'"作家这种对共产国际"世界革命"极端行为的态度也被书刊检查机关隐藏了起来。

"真诚地想帮助科尔尼洛夫的人们行走着,他们使二月里失去了的旧俄罗斯惊动了起来。"这里一下子就让人想起了肖洛霍夫同斯大林的一次关于科尔尼洛夫的对话。

小说中甚至有个完整的人物都不见了,她只进入了第二卷中的一章里——红色顿河领导人之一波乔尔科夫的"女人":"皮肤微白,胸部丰满的一个姑娘,她被他当作了护士带来了。"

还发现了其他一些地方强行改变了作者的意图——在对卡列金和李斯特尼茨基的评价上,在施托克曼对一个共产党员应是什么样的人的思考中。

"加急出版"

1940 年 2 月 8 日,《消息报》上出现了一篇短文:"日前,作家、列宁勋章获得者肖洛霍夫交付了文学出版社最近写出的两卷(第七、第八卷)……近日小说第四部交付发排……小说将加急出版,印数颇大,在出版丛书类的同时,也出版大众读物。小说的第八卷将发表在《小说报》的一期上。"

毕竟在俄罗斯形成已久的俗语没有白说:2 月——是一条宽广的道路。

3 月,还有一件大好事:《新世界》杂志发表了《静静的顿河》的最后一卷。

《消息报》的一位记者找到了这期杂志——前往维约申斯克镇,向小说家提出了一些重要的问题,他得到了对这些问题的极有价值的答复。

"'这么多年前构思的长篇小说,它的写作计划改变过吗?'

'只是局部。有的人物不得不挤进来,有的多余的偶然人物还要从小说中撤下来。次要的,插曲,偶然的章节——同所有这些必须舍弃。'

'您写出的《静静的顿河》发表了出来的有多少页(指作者页)?'

'约九十页,我所写出来的共接近一百页。素材如此之多,一段时间里我考虑过写小说的第五部。'

'您感觉到什么更困难一些呢?'

'更加困难和不成功的地方是历史描写方面。对于我来说,这个领域——编年文献领域是另一种领域。幻想必须受到限制。'

'您出生在 1905 年,对于老式的哥萨克风情,您的这些知识是从哪里来的?'

'也许这是孩提时代的回忆,或者是与哥萨克生活环境不断交往的结果。可是,主要的是——深深地去领会素材。'"

……肖洛霍夫等待着对小说问世的反应。世上存在的所有作家,未必不想(尽管是偷偷地)知道,人们是如何对待他们作品的。

第一反应出现在《文学报》上,它的赞许令人感到吃惊,但也就仅此为止,麦列霍夫首先就使读者分裂了,他身上留下了斯大林式的判决的影子——与人民格格不入!

这时《文学评论》杂志也赶到了:"关于葛利高里的故事结束了——他

是社会真理的探索者,也开始了关于葛利高里作为个人安宁的探索者的故事。"

这是一颗信号弹。评论家和文艺学家之间的战斗打响了,每个人都想在这部长篇之上竖起自己评价的旗帜。

没有几个人敢于冒险支持肖洛霍夫,其中之一的维克多·佩尔佐夫写道:"除了小说中写出来的之外,什么其他事情也不能在葛利高里身上发生。他命运中的一切都是不可改变的,犹如物理学的定律一样……肖洛霍夫没有放弃真实,他没有违背自己艺术家的良心……"

其他许多人用党的教条来批判作者。

"不仅仅葛利高里,而且他的全家只配有一个毁灭的结局。就像所有枯萎了的,谁也不需要的植物一样……"这是评论家马·鲍·卡尔内伊开始了辱骂这部小说——这声音在《文学报》上发出,后在《十月》杂志上结束,而这家杂志仍然由潘菲洛夫指挥。没有摆脱掉拉普作风的弗·弗·叶尔米洛夫对麦列霍夫是这么写的:"叛逆者……悲喜剧人物。"巴·彼·格罗莫夫认为:"在葛利高里最后一次的转变中,科舍沃伊是有罪的,也正是在这一点上,长篇小说的情节暗含着思想上的不足之处。""我们时代的应募兵……哥萨克孤立无援的一名战士。"这是伊·列日涅夫用双筒猎枪打出来的两颗子弹(他的其中一篇文章就用新出现的党的术语称作为——"麦列霍夫气质")。评论家瓦·雅·基尔波金称麦列霍夫为"举止合群……头脑迟钝……思想对于他来说是无法承受的重荷……"

在国外,人们突然注意到了——虽然是肤浅地——叛徒。在一家美国的杂志上人们吃惊地看到:"自觉的共产党人形象:施托克曼、彭楚克、拉古京、瓦列特——都是没有说服力的、呆板的公式,并不是活生生的人。只要肖洛霍夫一写到他们,败笔就开始跟着他,语言僵硬,像柳树枝一样经常柔软的肖洛霍夫式的句子变得干干巴巴和呆头呆脑……"还有的给予了综合:"作为共产党人的肖洛霍夫已精疲力竭,而作为艺术家的肖洛霍夫则极力抵制一个党员的全部意图。""他以其全部的农民天性并不看重脱离了劳动阶级的人们的激进主义和革命性,他们已经'失去了什么'。"

作家们不打算落后于文学理论家。5月,在肖洛霍夫生日的前夕,作家协会里讨论了《静静的顿河》,他们争论得极为激烈,亚历山大·别克予以批评,亚历山大·法捷耶夫也予以批评,可是诺维科夫-普里波伊、瓦连京·卡达耶夫、维亚切斯拉夫·希什科夫和绥拉菲莫维奇却加以称赞。写出了独具一格的《忧郁河》的作者希什科夫说:"《静静的顿河》在苏联文学中首屈一指……"亚历山大·绥拉菲莫维奇热情地讲道:"肖洛霍夫是一位重量级作家……作为一个最伟大的现实主义艺术家,他首先是最有艺术力量的,深刻真实的,他不害怕最尖锐的境遇,意想不到的人物和事件的冲突,他是伟大的、真诚的作家……鬼晓得他多么有天才。"听到过绥拉菲莫维奇说了这些话的人回忆说:"他甚至带了一种吃惊的口吻说了最后的几句话。"

肖洛霍夫也为没想到的成功而吃惊——电台播放了《静静的顿河》最后几章,评价的人一下子激增,到处都有反响……甚至在美国也看出听到广播后的效果,当地《社会主义通报》上登出来一篇由维拉·亚历山大罗娃写的有趣的简评:"热情洋溢的来信有一大批,普通的劳动人民——工人,乡村女教师称赞这部长篇小说以及没加任何粉饰的葛利高里。有一位莫斯科工厂的女工曾讲道:她从自己极为短暂的睡眠中挤出时间,不放过一次转播……"然而,在一篇文章中又这样指出:"可是,沿着社会阶梯越向上走,那就有更多的失言和粉饰。"进而解释说:"不容置疑,如果肖洛霍夫紧跟着官方的评论,就会给出一个幸福的'苏维埃式的结局',这样就不仅扭曲了不仅作为艺术家的,而且作为人民巨大革命的儿子的心灵。"结论是:"广大读者群众与评论界针锋相对,感谢他的正是由于这真实。……"

中国也同样关心这部长篇小说。有一篇文章呼唤着"尽可能快一些地把这肖洛霍夫的伟大时代的全文文本交给读者"。可是,要实现这一点尚需一年之后。

肖洛霍夫在等待着——对于这部长篇小说斯大林谈到了自己什么意见没有呢? 他一言不发!

也许在其日理万机的繁忙当中他忘掉了肖洛霍夫的这本书?

肖洛霍夫记得,8 月,在领袖的桌子上放着这一年肖洛霍夫写来的第二封信。这封信极为重要,十万火急——为顿河求情。

于是,在这本肖洛霍夫关心哥萨克的大书中又出现了一章。

信中忧心忡忡:"亲爱的斯大林同志:我请求您对顿河北方区集体农庄

经济问题采取措施,在这些州里,这些问题不能解决,而且这里如果没有您,未必有谁能把这些问题解决好。我要在莫斯科待三四天,这几天如您不能接见我,那么我特别希望您在认为可能的时候召见我。致以敬礼。米·肖洛霍夫。"

这封信的语调完全不是请求式的,而是要求式的。

后果使他不能再等了,四天以后决定了召见:夜里十点四十开始——半夜结束,斯大林请了莫洛托夫到场(他不是第一次参加斯大林同肖洛霍夫的会面)。后来,不知为什么又找来了贝利亚。作家向他们讲述了粮食储备的极为困难的局面,那里春天时正赶上天旱。他们用心地听取了:只在维约申斯克区就有八千公顷土地没有种子种地,州党委对此漠不关心——交粮计划却没有任何改变。对于斯大林来说,听到了一个熟悉的名字——卢戈沃伊。肖洛霍夫证明:区党委书记却得不到州党委的理解,因而才要求到克里姆林宫寻求帮助。

很快,中央政治局和人民委员会就对此事画上了句号:取消了肖洛霍夫同乡们的欠债,甚至准许延期到下一年度向国家上缴粮食。

12月,肖洛霍夫又从维约申斯克向领袖寄出了一封信。这封信暂没找到,但却有贝利亚和他的副手梅尔库罗夫写给斯大林的答复,从这份答复中清楚看到,肖洛霍夫在寻找几位突然失踪了的乡亲。他们答复斯大林说:"……被枪毙……被枪毙……"贝利亚及其喽啰们对斯大林的答复很谨慎,甚至好像替自己辩护,而且说,肖洛霍夫在某种程度上说是对的:"鉴于肖洛霍夫同志所指出的刑侦问题,我们在内务人民委员部一系列机关专门选拔了一些工作组进行检查,清查已被逮捕、判刑、枪决和正在取证等情况。根据刑侦材料,我们在内务人民委员部的一切管理局、分部和机关里,对于消除表现出来的缺点和调整好数字统计工作采取了措施。"

为了躲避肖洛霍夫的指责,他们需要的似乎不是真正的自我批评,而是阿谀奉承地向斯大林打报告。

后来,当贝利亚将被逮捕时,在那些日子里肖洛霍夫支持赫鲁晓夫大概并非偶然。对此,下面还要提及。

〔增补〕肖洛霍夫作为伟大的职业作家赢得了每一代大中学生的尊敬,

真的是这样——语言的天才！

　　……《静静的顿河》的第一卷，作者还很年轻，还没有什么经验。但是，第一段，就是这一段的文字！就表现出了艺术家、风景画家、旋律作曲家的天才："波浪吻着鹅卵石，微风吹拂中青光粼粼的顿河激流平静了下来。"你觉得很奇怪：平平常常的几种颜色和音响，可是巨匠的笔把它们如此运用来，使它们成了风景画和乐曲一般。

　　或者是："了无乐趣的和毫不中用的野草……"或者好像是音乐家小提琴发出的声音："黑麦粒声音清晰地溅落到水中，发出一阵唑唑的响声，就像有人发出的低沉的嘘声。"或者，又是那种迷人的音乐："河岸发出一种潮湿而淡淡的霉味，细小的口涎水从马的嘴角流了下来，心中有一种甜滋滋的空虚，舒适恬然，无忧无虑……"或者在描写磨坊斗殴时突然出现的这样的断奏音响，接着就是拖长了声调地喊叫："啊——啊——啊——啊……呜——呜——呜——呜……啊呀——呀——呀——呀……噼啪声，咕咚声，呻吟声，轰隆声。"

　　小说又有多少地方色彩的语言："把干粪块带到河湾处……"，"变了调的声音……"，"把马放到牧场上去……"，"敞开大门……"，"掀起了波浪……"，"马蹄轻脆地嗒嗒响……"

　　意象……他找到了如此精到的比喻，简直让人叹为观止，比如，举例说："在那些打过仗的地方炮弹炸开了大地的愁眉苦脸的面孔：它怀念着人们流出的鲜血，上面锈迹斑斑……"或者描写作战中被杀死的人："西兰吉耶夫坐在马鞍上，身子向上一动就摔了下来，双手去拥抱蓝天的远方，抓着什么……"或者是："冰块，死尸般地变蓝，膨胀了起来。无法形容的一种甜味出现在裸露的黑土地上……"

　　小说在增添纪实文学色彩方面做得十分精到！这里收藏了布尔什维克的传单，那里，除了特别档案馆外，又让我们了解了科尔尼洛夫的文告，卡列金的讲话和克拉斯诺夫的信函（我猜测，昔日的书刊检查官们曾大伤脑筋过）。

　　长篇小说最后的一卷，每一个句子都表现出了创作上的成熟。看这大自然产生的音乐："春汛的河水……安详地低声吟唱……"看这话语本身的不寻常的音乐："因为你太轻佻了……"再看如此选择的令人恐怖的语调，

311

以向读者展示战争的可怕真相："葛利高里跪了下去,想要最后一次仔细地看看,记住亲人的模样,而恐怖和嫌恶却使他不由自主地哆嗦了一下:密密麻麻的一层虱子在潘苔莱·普罗科菲耶维奇蜡一般的灰色脸上乱爬,爬满了眼窝和腮帮上的皱纹。它们像一块浮动的纱布,遮在脸上,在大胡子里,在眉毛里乱爬,蓝上衣的硬领子上也爬满了厚厚的一层,衣领都变成了灰色……"

奖 金 评 选 前

文学与艺术领域的斯大林奖金评选委员会从 1940 年 3 月开始工作。在所有的文艺分支和几乎所有的加盟共和国里,批准通过了一位主席,两位副主席和三十六位"普通"代表。后来,在这个委员会中成立了一个文学组——共有包括肖洛霍夫在内的八位作家和两位文艺学家。

委员会下达了指标——制订出参加奖金评审者的名单。作家协会没有拖延,8 月末召集了主席团会议,并提出米哈伊尔·肖洛霍夫以其长篇小说《静静的顿河》参加奖金竞选:"本年度在小说、诗歌、戏剧和评论领域其他卓有成就的一系列人物中,只有一位候选者的限制——苏联作家协会主席团强调授予获奖者以斯大林奖金的重大意义。"

不久,世界文学研究所院士学术委员会的会议也开过,这一委员会也同样提名《静静的顿河》。

过了两个月后,法捷耶夫突然向作家协会主席团提交了另有四位作家竞选者的补充名单(也许,党中央暗示过了不要特别看待遭到批评的《静静的顿河》的作者)。

新的候选人中的谢尔盖·谢尔盖耶夫-青斯基著有长篇小说《塞瓦斯托波尔决战》,它生动如画地描写了 1853—1856 年克里米亚战争时期的塞瓦斯托波尔保卫战。

……大家都知道,以斯大林名字命名的奖金也就是斯大林奖金,受奖人要为领袖说出最新的话语,他善于把自己的政治观点转化成作家们易于明白的指示,而且他要让热心的读者公认,他有不同于所有其他被召来参加"审判"的独特之处。尼·谢·赫鲁晓夫在回忆录中曾经承认过:"没有时间阅读文学作品,我记得,有一次莫洛托夫问过我:'赫鲁晓夫同志,您读过了吗?'我回答:'莫洛托夫同志,读得极少。''我也是这样。全陷进了一些刻不容缓的事情上了……'"

如果同时去看斯大林对待政治和对待文学的态度,那么他的个性特点看起来很有趣。他知道了为自己祝寿的上千米长的颂歌,也吞下了带刺的肖洛霍夫的"小文章",体验到了对芬兰作战最初几个月的耻辱,但一次也不呵斥那些多产的作家,他们的作品层出不穷,只要大喊乌拉把帽子向敌人那里扔去就把敌人打倒了。经济上并非万事如意,但他还是找到了时间下命令起草党中央的决议《关于文学批评和图书目录》,其中有这样的句子:"在大多数报纸和杂志上,文艺批评的资料几乎消失了。"而在此之后就下达了禁令:"取缔作家协会所属的人为组建的评论小组"或者"停止出版《文学评论》杂志的作家和文学家的特殊著作"。

评论滞后,但对肖洛霍夫却不滞后,人们争先恐后地评论肖洛霍夫,甚至法捷耶夫也不避开注意力,他在《真理报》上提到了肖洛霍夫意想不到地所做的事情:"出现了一些杰出的剧本创作,尽管我们说的是最近一年里他写出的剧本……"这其中就有肖洛霍夫和谢·亚·叶尔莫林斯基写的电影脚本《被开垦的处女地》。

维·采·戈芬谢菲尔所写的论文汇集单行本《米哈伊尔·肖洛霍夫》问世,其中既有作家传记,也有作品分析,这部研究著作的最后一段文字显得很重要:"在肖洛霍夫的长篇小说中你会感觉到那种新的将要称之为苏联经典文学作品的特点及其可贵之处。"

〔增补〕肖洛霍夫天才的鲜明特征之一就是——生动形象性。美国肖洛霍夫专家格尔曼·叶尔莫拉耶夫在其《米哈伊尔·肖洛霍夫及其创作》(圣彼得堡,2000年)一书中指出了《静静的顿河》只在"人"、"动物"、"大自然"、"对象"、"上帝"、"鬼"等范畴内就有二千一百四十六个比较(形象对照),比如举个例子:"我要是没有武器,犹如女人撩起了裙子下摆——光的。"学者把这种创作统计同列夫·托尔斯泰的《战争与和平》作了对照——这里的比较七百六十一个,而鲍·帕斯捷尔纳克《日瓦格医生》中则是七百二十九个。很清楚,这种统计结果并非是评价,它只是深入提出创作的指数。

肖洛霍夫是运用比喻的高手,比如叶尔莫拉耶夫从小说中挑选出一些动词,用它们来与"寂静"一词比喻式组合,其丰富多彩实在让人赞叹不已:发出叮当声、溅出的水声、凝滞、发呆、颤抖、躺下、变凉、嗡嗡响、拍摇声、悬着、吃草、安息、闷闷不乐、崩落、涨破、爆裂、积累起来、扑腾着、成熟、沉积起来、延伸、陷入、冻住、全身站立、死去、编结、晃动。

在《战争与和平》中只有一处这种动词比喻——"寂静笼罩了"。

肖洛霍夫式的技巧还有一个特点,按照这位学者的看法是:"在他的早期短篇小说中可以统计出近六十种各不相同的颜色,而在《静静的顿河》中则超过了一百种。"叶尔莫拉耶夫甚至在这块调色板上发现了"退色兔皮的"颜色。

反对小说的大联盟

11月,斯大林奖金评选委员会着手审查候选人,他们收到了由文学小组送交的名单:现在名单上有七个人。

谁是裁判官呢?这最后的一句靠斯大林。那么谁是斯大林前的一个人呢?委员会主席是戏剧导演弗拉基米尔·伊万诺维奇·聂米罗维奇-丹钦科,他早已享受到了崇高的荣誉,已经并不年轻——时年七十二岁,对于文学具有极其丰富的经验——他曾把无数经典著作搬上舞台,三年前已经成为苏联人民演员,自然,斯大林奖金不能躲过他,那是两年后的事。大概,亚历山大·法捷耶夫在这里是主要权威——党中央委员,比其他文化工作者更经常地接触斯大林。阿列克谢·托尔斯泰是文学小组的主席,在委员们中间他是唯一的一位仍保留了国家文学艺术的白银时代光辉传统的人物。亚历山大·杜甫仁科是电影导演,他以其影片《肖尔斯》获得了殊荣,就在这一年也被提名参评奖金,斯大林喜欢他。肖洛霍夫是聂米罗维奇-丹钦科的两位副主席之一,然而,在文学小组的会议上谁也没见过他的面。

可是,不仅仅是他们将主宰着参评者的命运,我们在下面还会知道其他情况。

怎么讨论《静静的顿河》呢?按照惯例,闭门磋商,但有女速记记录员,没有作者参加——这是规矩。也许,这倒挺好。当文学车间的弟兄们在切割你的作品时,不考虑敏感的心灵,他们常常不像是作家,而像是政治家。

不怕裁判——怕裁判官!

仪表堂堂的阿列克谢·托尔斯泰像个达官贵人一般,第一个发言:"《静静的顿河》一书在读者中既引起了激动,也引起了伤心……《静静的顿河》的结尾是虚构呢,还是个错误? 我想,这是个错误……葛利高里从作品中走出来不应当是个土匪。从对于人民和革命的态度来说,这都不是正确的。如果《静静的顿河》一书在第四部结束的话,那么错误只在于此。但我们觉得这一错误将会被读者群众的愿望所纠正,他们要求作者让葛利高里·麦列霍夫继续生活下去……"

法捷耶夫发了言:

"作品的结尾让我们所有苏维埃人最美好的情感受到了委屈,因为十四年来我们等待结尾:而肖洛霍夫却把心爱的主人公引导到道德空虚的道路上。十四年里他写了人们相互你砍我的头,我砍你的头——可是砍的结果最后什么也没剩下,人们堕落到了彻底的精神空虚,从这场厮杀中什么也没有诞生,肖洛霍夫让读者走进了死胡同,也因此让我们对这部作品的评价遇到了极大麻烦。"

他继续关心地说:

"肖洛霍夫了解哥萨克的生活,习俗,他以天才的巨大力量表现了哥萨克一个家庭的命运,表现了反革命活动的'必然灭亡'……"

就在这时,他好像一个经验老到的检察官玩弄着手腕更加明确地说:"但是这一切都是为了什么呢? 取而代之的诞生了什么呢? 这在小说中没有……"

他的发言是以裁判结束的:

"我个人的意见是,这里没有表现出斯大林事业的胜利。"

好可怜的法捷耶夫,他想比罗马的神父更神圣,但却没有想到,他的头上已经开始聚集了政治上不信任的乌云,1948 年他被从作家协会的领导岗位上免职了。

电影导演亚历山大·杜甫仁科要求发言:

"我带着内心极为不满意的感情读过了《静静的顿河》这本书,综合起来形成了下面的印象:静静的顿河世代流淌,这里居住着男男女女的哥萨克,他们骑在马上,喝着酒,唱着歌,他们有着一种有滋有味的、稳定的、温馨的生活风俗。革命来了,苏维埃政权和布尔什维克破坏了静静的顿河,赶走了他们,唆使他们兄弟相残,父子反目,夫妻不和,从而导致了国家的贫穷,淋病、梅毒泛滥,到处是垃圾、仇恨,强健的人们被赶走后,火气十足地参加了匪军,到处抢劫以终其生。作者的这一构思是个极大错误。"

杜甫仁科是不幸的,战争期间,1943 年末,由于斯大林开始不喜欢他的一部关于战争的新闻纪录片,后来又因为另一部《国际主义》,从那以后,他的名字就从银幕上,从报纸杂志上长久地消逝了。

文艺学家阿布拉姆·古尔维奇辱骂这部长篇小说:

"人们之所以不满意,就因为它没有写出进行革命的那种积极的人民的力量,而革命却可以为它带来的所有的悲惨的冲突与牺牲作辩护……"

这也是一个不幸的人,战争结束后他一下子就得到了"无爱国心的世界主义者"的称号,并带着这样的光环离开了人间。战后,肖洛霍夫立即注意到了他死后的命运,但绝不是报复,对此下面再说。

诗人尼古拉·阿谢耶夫。他心地忠厚地充满诗意地说:"这是一个有缺点的,但却是人们喜欢的作品!……(速记记录上标出:'有笑声')噢,怎么说呢?"这位诗人也是不幸的,太天真。他觉得,被斯大林称赞过的马雅可夫斯基后继人的称号就是一张永久的赎罪券。1943 年他的书就被禁,党中央指出书中有"犯了一系列政治错误的诗篇"。

如果不去讨好斯大林,谁对评审委员会的委员们有同感呢,他们都知道这部小说的价值,也都知道评选结果的代价,大家都坐在地雷上面……女速记员的笔绑上了缓燃导火线,不说出肖洛霍夫的政治错误,看吧,一个火星就会引起爆炸。

下一步怎么办?应当等待,看着委员会在最后投票时怎么办,看看斯大林怎么处理,等待他在委员会决议签上字的那个时刻的到来,那时就知道了谁是获奖者,谁被否决了。

肖洛霍夫是什么时候得知所有这些发言和讲话的呢?法捷耶夫后来鼓足了勇气告诉了他,投票反对,作为回答,他只听到了:"为什么呢,我不明白……"

〔增补〕人民喜欢的作家总是精通民歌的,从普希金和屠格涅夫以来都是这样。请看《静静的顿河》。叶列茨地方的肖洛霍夫研究专家亚历山大·诺沃谢利采夫提出，在这部小说里唱过四十多首民歌，其中就有这样一些精品，比如："噢噫，静静的顿河，我们的父亲！"、"在冶铁坊里"、"森林里闪烁着炉火般光"、"东正教的静静的顿河汹涌澎湃，波涛滚滚，"、"国际歌"、"嘎，嘎，灰色的天鹅，回家吧！"……他甚至统计了：第一部中民歌有十四首，第二部为十二首，第三部为九首，第四部为六首。他还有一个重要的发现："在如此丰富的民歌背景上，另一部长篇小说则让人忧心忡忡地没有了歌声。"原来，在《被开垦的处女地》中除了《国际歌》外，就没有任何一首歌曲。研究者感叹地说："人民都默不作声！"他发现了肖洛霍夫对当时农民的情绪具有深厚的知识："婚礼上都没有歌声。"

战前的几个月

1940 年最后几个月。《真理报》竭尽全力地宣传斯大林奖金的候选者：论文、作品片断、评论。奇怪的是：其中没有肖洛霍夫！这一年的最后一期——刊登了新年调查表（这也同样是别具一格的颂扬），上面有：阿尔卡季·盖达尔、江布尔、历史学家塔尔列、音乐指挥萨莫苏德和演员赫梅廖夫，也没有肖洛霍夫。

报纸报道，莫洛托夫在柏林。去年即 1939 年的 9 月 1 日，德国挑起了第二次世界大战，莫洛托夫受委托来摸清希特勒的意图，以防止他进攻苏联。唉！莫洛托夫不知道，早在四个月之前，同他谈话的人就曾在一次政治与军事高层人物的秘密的会议上说到了："同俄罗斯应当结束了。1941 年春……用一次打击。"当时从希特勒口中说出的一句妙趣横生的话——也是讽刺之语："我看过关于俄国战争的一部俄罗斯人胜利的影片……"

大概，这里谈的是一部当时那种时髦的刚刚应急出炉的影片，其中表现了不把祖国的一寸土地让给敌人。

当出现了这样一些愚蠢的、谁也不需要的影片、长篇小说和故事时，肖洛霍夫感到了心痛。在《静静的顿河》中，德国人并非是胆小鬼，在他后来写出的《他们为祖国而战》中有一个人物直率地说，他为战前一些幽默作家和漫画作者的肤浅感到惭愧："他们在那里同样不是傻瓜。我有两次不得不同德国人交手，一次是世界大战，一次是在西班牙，我必须去正面对待他们。他们有充分动员起来了的军队,经验丰富的军队,在两年中得到了真正的战斗训练,总的说来,这是很难对付的敌人……"

肖洛霍夫只是在战后才知道,恰恰是在这些日子里,意大利的法西斯政权是怎么评价《静静的顿河》的。有一个出版商想出版这部小说,得到的却是国民文化部长惊恐万状的回答:"对于能够引起道德精神消沉的著作,出版发行应当极其小心谨慎……我认为必须拖延到好的时候……"

1940 年进攻前十二天,希特勒在柏林批准了"巴巴罗萨计划","第二十一号指示"中写道:"德国武装力量应当准备好用闪电战摧毁苏维埃俄罗斯……"在"军事行动实施"部分里也提到了顿河。

到了新的一年。肖洛霍夫刚刚把目光注意到《真理报》第一期的最后一版,就看到了一幅友好的漫画肖像。他的老相识著名的库克雷尼克塞画出了一群幸运儿,在画面的新年松树下有:肖斯塔科维奇、科学院院士卡皮察,年轻的学者弗廖罗夫和彼得扎克,画面上还有一个戴着平顶羊皮帽,手里拿了一本书,下面的文字是:"作家米哈伊尔·肖洛霍夫,1940 年完成了多卷本长篇小说《静静的顿河》。"噢,他想,对于奖励一事国内已经开始宣传准备了。

1 月的第三天,评选委员会最后一次拿到竞选者的名单,有人被删掉,有人列入,名单里出现了潘菲洛夫及其长篇小说《磨刀石农庄》。第二天,统计委员会做了投票总结,记录里显示,赞成肖洛霍夫的在三十二名委员中有三十一人,赞成谢尔盖耶夫-青斯基的二十九人,赞成潘菲洛夫的有一人。

3 月 16 日一大早,肖洛霍夫像往常一样,打开了收音机,听到了关于获奖者的胜利消息,他听到了有他,肖洛霍夫,在获奖者之中。同他一起获得了小说创作一等奖的有谢尔盖耶夫-青斯基和格鲁吉亚小说家列奥·基阿切利。于是,立即从莫斯科就有人打来了祝贺的电话,一个,两个,第一百个……

可见,斯大林没有支持以他的名字命名的委员会中那些提高了警惕的人,现在就猜想一下吧,是一些什么想法使他做出了如此惊人的决定。他忘记了十一年前他写过的"一些极为错误的东西……"吗?他亲自评价了这部史诗创作的天才,以使它永恒?是他摒弃了政治手腕,既然总的看来他博览群书,就会很好地去分析文艺作品呢?还是表现出了政治手腕——贬抑那些委员们,以提高自己在国内外舆论界和这部大胆作品崇拜者中间的地位呢?

维约申斯克的邮局超负荷地工作——电报一封又一封地不断!获奖者本人倒挺谨慎。邻居、朋友和区党委的人都吃惊于他这种少见的平静的情感。

玛丽娅·彼得罗夫娜和她的女性团队摆好了庆祝的席宴。

《真理报》开始称赞那些获得了以领袖名字命名奖金的人——不称赞你就试试吧。发表了一篇论肖洛霍夫的文章,它是由这部小说的编辑尤里·卢金写的,一眼就可以看出,他写这篇文章既出自纯洁的内心,也出自意识形态的指示,认为"《静静的顿河》——这是一部经典著作……",在谈到麦列霍夫时又说"脱离人民、落后于人民的必遭失败……他行动盲目……"

就在这几天里,希特勒召见了自己的将军们,提出了如何同我国作战的一些主意:"俄罗斯的幅员问题:一望无际的空旷领地使我们必须把军队集中到决定性的地段里……"他补充说:"在密集地运用坦克和飞机的情况下,俄罗斯人站不住脚。"他未必能看到,在苏维埃俄罗斯有多少个洛巴兴、兹维亚金采夫这样的人,再过一年半到两年的时间,肖洛霍夫就在长篇小说《他们为祖国而战》中使这样的人开始千秋万代永被人们怀念。

还是在和平的 3 月,三十六岁的作家肖洛霍夫得知,《静静的顿河》四部小说首次合在一起用一个封面已签署出版。在尤里·卢金所写的序言中有一个论断引起了人们的关注,这一论断此前任何人一次也没有提过:"肖洛霍夫——这是斯大林真正喜欢的人。"这句话当时人们并没有说来说去,不论是论文的作者,还是出版者都清楚地考虑到,在并非轻松的斗争中,这部小说之所以能获得奖金,首先是由于领袖起的作用。

在这篇文章里斯大林的名字又一次地出现了,原来,战争不仅仅接近了国境,而且也接近了书中。"以众多人物形象的激烈冲突,向我们鲜明地展现出了天才的斯大林在南方摧毁敌人这一计划的环境。"这是说的哪一本书呢?就是《静静的顿河》!《静静的顿河》写进了这一巧妙的意图,但书中却没有写进斯大林的形象,你看吧,这位读者也让自己相信应得到的东西。

早年有过这么一个笑话。"肖洛霍夫把一本书送给斯大林作为礼物，书上写了'斯大林同志惠存——米·肖洛霍夫'。怒气冲冲的秘书波斯克列贝舍夫给他打来电话说，给斯大林同志的书写了这样的题辞他不转交。'那我应当写什么呢?! 写上致以厚重的无产阶级敬礼?'肖洛霍夫委屈地回答说。"

斯大林的影子无处不在。在党机关的档案中我发现过一张写给党中央书记谢尔巴科夫的字条，这字条是他的下属宣传鼓动部写来的，上面提到了筹备出版回忆高尔基的文集，特别引人注目的是："吸引有个人交往的作家们参与这一工作……"于是我就在名单中找肖洛霍夫的名字，结果没有。肖洛霍夫与高尔基的交往以及《静静的顿河》得救的事被忘掉了，这也还是因为在第一次作家代表大会前夕，党中央的"人民委员"和顺从他们的作家领袖们纠缠在争吵中。其实，名单让人提心吊胆——是党中央工作人员确定的："充斥了一些人民的敌人的名字"，因而作了禁止的裁决："不应出版。"标注的时间为1941年6月14日。

三天前，希特勒签署了命令："准备进入实现'巴巴罗萨'计划后阶段。"这一命令就是在摧毁苏联后，如何处置我们国家和整个世界。

希特勒不知道，肖洛霍夫了解自己的人民，他在将来要写出的军事长篇小说中，通过自己笔下一个叫亚历山大·米哈伊洛维奇这个人物的独白鲜明地表现了人民："我们心中的全部热情，全部智慧，全部的力量都用在了军队的建设，用在了加强国家的实力……"瓦西里·库达绍夫的妻子曾记得，当肖洛霍夫参加某一次克里姆林宫接见回来的时候是什么样子："只是感觉到有某种令人担忧的东西，这种感觉是同等待战争的爆发联系在一起的。"

但他的生活仍然如习惯地那样关心和平生活中的一切，继续为公正而斗争：他去找国家最高苏维埃主席团——让他们退回给从监狱中放出来的一个库班哥萨克的勋章，这个人是他在波德库谢夫卡地方的一个老相识，肖洛霍夫不仅让他从监狱里放了出来——如今还决定恢复他那光荣的阅历。

影片《被开垦的处女地》上映了，但它并没有给谁带来荣誉，尽管所有的宣传力量都已经敲响了定音鼓，罗斯托夫的报纸甚至大胆地说了几句让见风使舵的人感到害羞的话："这是一种程序化了的，在许多方面是人为的成就……"而且它还作出了准确的诊断说："影片的主人公和小说里的主人公互相间差别太大。"电影工作者没有冒险试一试进入到肖洛霍夫描写的复杂的农业集体化的深处。

沃罗涅日地方不久前的肃反人员杜克利斯基，在电影界作了新领导，参与了对演员的挑选之后，对这部影片构思的挖苦嘲笑就开始了。他找来了导演尤里·赖兹曼并且说，选来扮演达维多夫的演员不好看："无产阶级的代表人物必须漂亮，有力量，看起来有感召力……"由于已经提及过的脚本作家谢尔盖·叶尔莫林斯基因政治原因坐了牢，这件事才告吹了。叶尔莫林斯基在被审讯中曾用与自己合作的肖洛霍夫的名字来为自己辩护，这也无济于事，不过还算走运：蹲囚室很快就改换了到阿拉木图流放。

肖洛霍夫对待自己作品的评价在获得了奖金以后仍然是谦虚谨慎的。正好在此期间他曾告诉一位朗诵的女演员说："短篇小说《共和国革命军事委员会主席》，像我其他所有的早期不成熟的作品一样，根据我1927年以来坚持的意见，没有再次出版，因而也不值得朗诵，尤其不需要把这篇小说改写成剧本。我的意见就是这样。"

1941年，和平生活的最后几个月已屈指可数了。

……科尔内伊·伊万诺维奇·楚科夫斯基结识了肖洛霍夫。早在革命前那些年代楚科夫斯基就已经习惯于同那些著名的和伟大的人物交往了，他结识过列宾、高尔基、夏里亚宾、康尼、勃洛克、马雅可夫斯基、库普林、布宁、卢纳察尔斯基、帕斯捷尔纳克……

肖洛霍夫给他留下了深刻的印象，在日记中他写到了肖洛霍夫，这些文字既揭示了肖洛霍夫性格的新的层面，也证实了人人皆知的他的特点：

"1941年1月4日，昨天与肖洛霍夫相识，他住在最高苏维埃的疗养院里……昨天他从自己住的大院里迈着坚实的步伐（列昂尼德·安德列耶夫的步伐）走了出来，腰上扎了条漂亮的皮带。我给他读了谢梅宁的诗，他夸奖了几句，可是再就不说话了……他家里人有：'玛丽娅·米哈伊洛夫娜（昨天她满三岁），儿子阿里克，还有一个儿子，岳母和妻子——'所有人都很好，严肃认真，并不是琐碎的，听摆布的。他们所有人给我留下的印象是有魅力的，而他又不能与全家人离开，他同全家人又是一个整体，只有在家庭中才能够理解他。"

过了一周又有了新的记载——肖洛霍夫突然被揭开了一点秘密:"他不可思议地接待了我。我们谈起了儿童文学,原来,他什么都读过了——既读过《穆尔吉尔卡》、《黄雀》,也读过《集体农庄的孩子们》。他很严厉地责骂了写松树球的那一篇小说——写那个松树球怎么站到了灯下,'胡说八道'。他同意为我们的教科书写些关于狩猎和国内战争的文章。"他们又见了两次面,还有新的纪录。楚科夫斯基记下了重要的内容!看,关于法捷耶夫:"肖洛霍夫谈到了萨沙·法捷耶夫:'如果法捷耶夫真正想写作,难道他能够这样在文坛的一切琐事上挣扎吗?不,他喜欢的是接待室里有人在等着他,他喜欢他是党中央委员等等。唉,如果他就是一个普普通通的法捷耶夫,那么他该具有何等价值啊?'我做了辩解说:法捷耶夫是个令人喜欢的人,也是一个好作家,他并不争论……"

再看关于作家协会:"我同肖洛霍夫度过了整整一个晚上,谈话的基本主题是:作家协会怎么办。肖洛霍夫有这么一个想法:'应当解散作协——让大家去写书。让作协只成为一个职业组织。'"

也许,楚科夫斯基颤抖了一下——那时还没有任何人敢大胆怀疑关于斯大林组建作家协会的决定和高尔基为之所做出的艰苦努力。

国防人民委员部和工农红军总政治局向部队发出了号召:"训练部队只由于战争中的需要,只能够像战争中所做的那样!"唉,把这一号召变成行动已经没有时间了。

肖洛霍夫所喜欢的青年近卫军出版社开始出版发行"共青团员军事丛书"。

国防人民委员部把肖洛霍夫找去,祝贺他获得了预备役团政委称号,认为他是上校了。许多内容写进了团政委的鉴定书中:作家的荣誉,描写战争的天才,尽心竭力的爱国主义者和积极的党性。

然而他的心没有平静下来,他感受到部队将以弱势进入这场不可避免的战争,在后来他写的长篇小说《他们为祖国而战》中反映出了这样的想法:"像大雪落到头上,三七年落到了我们的身上,军队中我们丧失了许多,许多。而同法西斯的战争又迫在眉睫……怎么能够平静!"

德国。在这几个月里,希特勒对将军们说:"摧毁苏联……那时德国就会是无法攻破的了……"在批准了的《巴巴罗萨计划》中提出了警告:"对俄罗斯士兵的评价,俄罗斯人将在他守卫的地方战斗到最后一个人。"

在顿河,正如全国各地一样,生活变得好起来。夏天刚刚来到的时候,肖洛霍夫就欣赏起了蛮不错的丰收在望,他看到了,在牧场里,集体农庄的牲畜增加了,在机器拖拉机站里,拖拉机和联合收割机明显地越来越多了,商店里的商品更加多种多样,人们骑上了自行车,哥萨克人戴手表也并不少见了,哥萨克女人在节日里穿上了工厂生产的新衣服,乡村商店里不仅卖煤油,也有图书了……

在肖洛霍夫家中,5月末开始孩子们就吵吵嚷嚷了——斯维特兰娜和亚历山大放了暑假,小家伙们高兴夏天的到来,玛莎四岁,米沙六岁了。

肖洛霍夫当然对于"巴巴罗萨计划"一无所知,这就是说,他不知道希特勒的这样的命令:"在南方——同时占领……"这就是指的哥萨克的土地。因此,他了解的那些人,恰恰是在这顿河作战方向上,成了他军事长篇小说的主人公。

……1941年6月21日,最后一个和平的日子。对于肖洛霍夫来说,他两次具有了象征意义,白天,是在党的关怀下永远地对哥萨克事情的操劳,晚上,要关心由他那支笔产生出来的艺术创作。我这里说的是,白天,他作为区委常委参加了关于夏天如何安排迫在眉睫的粮食生产的讨论;晚上,肖洛霍夫的那些孩子们——集体农庄青年剧团准备照例的《被开垦的处女地》的节目演出。

战争:肖洛霍夫上校的胜利和灾难

领章上的四条"杠"　上前线
为军人祈祷　轰炸维约申斯克
机场的重大事故　书刊检查与新小说
向盟国的呼吁　关心失宠的人
匈牙利还记得　欢庆时的词语排列

炮弹轰鸣,1941 年 6 月 22 日清晨天还没亮,大量的人群唤醒了这个大国的靠近边界地区,这消息通过秘密联系送到了参谋总部和克里姆林宫。带着日耳曼人的迂腐,德国最高统帅部的信号不可避免地制订了:"多特蒙德",它宣布:前进! 于是苏联的国界被突破。

第 一 章

1941:团 政 委

6 月 22 日夜,和平宁静的《真理报》排好了报样:一篇哲学家的论文,纪念米哈伊尔·莱蒙托夫逝世百年的一篇短评,一篇关于苏联出产的回旋加速器的短文,以及关于当时著名的乌克兰作家亚·柯涅楚科所写的一部新剧本的文章。罗斯托夫也没有被忘记,介绍了罗斯托夫所进行的循环棋赛。

回 应 的 电 报

当然,人们早已预感到了战争。难怪在和平宁静的《真理报》最近的一期上出现了一篇对报刊《劳动的忘我精神和作战的勇敢精神》的评论。但只是对法西斯主义却只字未提。

肖洛霍夫承认，斯大林同希特勒签订互不侵犯条约是极好的——它把战争的开始推迟了一两年。但希特勒毕竟比斯大林狡猾多了。

战争的第一天——中午十二点……肖洛霍夫同全家人都趴在收音机前，告全体人民书，但这不是斯大林的声音，而是莫洛托夫的："苏联政府命令我们的军队——击溃强盗的入侵，驱逐德国的军队……"

在维约申斯克，实际上人们不可能知道已经发生了什么事，德国总参谋部陆军参谋长弗朗茨·哈尔德却知道。"进攻的第一幅画面总体是这样的：敌人因德国军队迅不及防的进攻而被捉住……"他在自己的日记中写道。

肖洛霍夫相信莫洛托夫的话，但是过了两个小时后，最高苏维埃主席团就发出了令人清醒起来的命令：《宣布苏联个别地区进入战争状态》，紧接着可怕的猜测就出现了——从这命令中清楚地看出，战争状态不是在"个别地区"，也不仅是在国家的西部，也在莫斯科，也在顿河。

肖洛霍夫看了一本法西斯的主要著作——希特勒的《我的奋斗》（克列伊梅诺夫翻译过这本书里的一些内容给了他），他把刚刚得知的一些内容结合到一起："要占领和殖民化从易北河向东的一些地区……"，"俄罗斯广大人民群众智力和道德水平可怕的低下……"，"在俄罗斯非常少见……与对知识分子上层不同，只需要腐蚀那些既不会阅读，也不会写作的没有文化的群众……"，"我们向马克思主义的'人与人平等'的原则宣布绝不妥协的战争。"

不，希特勒的进攻不是为了从那里撤退。

战争的第二天，肖洛霍夫一大早就在邮局——从维约申斯克向莫斯科发出一份电报，签署了"急电"，这是作家向敌人开的第一枪："国防人民委员部铁木辛哥，亲爱的铁木辛哥同志：我请求将我荣获的斯大林奖金转入苏联国防部基金会……根据您的召唤我已准备好随时参加工农红军，为保卫社会主义祖国和伟大的列宁—斯大林的事业流尽最后一滴血。"签字人："工农红军预备役团政委，作家米哈伊尔·肖洛霍夫。"

战争的第三天，肖洛霍夫在区党委会里——这里要求他对镇里人发表讲话，他胸有成竹地去了——因为他知道，作为一个真诚的作家和国家的苏维埃代表,人们期待他讲些什么。他不能像莫洛托夫那样让自己轻率浮躁,他从来也不说空话。午饭时,《真理报》拿来了——他看了通报:"苏联作家举行集会",特别注意到,在首都,法捷耶夫、巴甫连柯、维什涅夫斯基和流亡的德国作家维利·布雷德尔都讲了话,他们讲的都没有预感到战争的真实情况,战争就是你死我活,就是消灭。最后一版则是:"儿童文学业余活动奥林匹克比赛。"

6月25日,《真理报》报道:"罗斯托夫党的积极分子举行会议"——他们致信斯大林,确信,入侵者必将被粉碎。

第二天又发表了来自顿河两岸的一篇短评——《维约申斯克举行群众集会》——报道说,镇里人送走了首批新战士,还指出:"最高苏维埃代表、作家、科学院院士米·肖洛霍夫向入伍的哥萨克们发表了热情洋溢的欢送辞。"

肖洛霍夫说:"在这场卫国战争中……"这就是说,他已经感觉到了,尽管还不是所有人都明白:这场战争具有了全民的——卫国的!——性质,它不会迅速地轻而易举地获得胜利。

他号召:"顿河哥萨克始终是站在保卫祖国神圣边界的前线,你们将继承先祖们的光荣的战斗传统,就像你们的曾祖父们打击拿破仑,就像你们的父辈消灭恺撒军团那样,去粉碎敌人……"

可见,他想到了,刻不容缓地激发起历史的记忆以唤醒爱国主义情感该有多么重要。斯大林也同样想起了人民关于拿破仑和恺撒军团的命运,只不过是在八天之后。

当他准备讲演时,他把自己写的《静静的顿河》拿到了手中——再次读了起来,十年前他已经写出了1914年同样与德国作战的那最初的日子:

"上校从营房的转角处走出来,驻马在队伍的前面……'哥萨克们……德国对我们宣战啦!……'上校又讲了些话,他在斟酌字句,想激起人们的民族自豪感。"

收音机里传出来一曲新歌,歌词是"让那高尚的狂怒,像波涛一样沸腾,一场全民的战争,神圣无比的战争!"这是一曲真正的国歌,国家不得不放弃和平生活。

7月3日,斯大林在电台演讲,肖洛霍夫像其他人一样,为他的讲话所震惊——领袖从来也不曾对人民这样讲："同志们！公民们！兄弟姐妹们！我们军队的战士们……"斯大林承认了这场战争的残酷和艰难，最后他以昂扬的精神格言式地说："一切为了前线！一切为了胜利！我们的事业是正义的。敌人必遭毁灭！"

莫斯科对肖洛霍夫的答复还没有。

当时他自己已经准备好了写这场战争的这支笔，交给了《真理报》一篇长篇特写《在顿河上》，它于7月4日见报。

就在这一天，希特勒宣布——他知道，他的军队在张牙舞爪地推进："我一直在努力要把自己安排在敌人的圈子里，实际上他们已经打输了这场战争……"

希特勒却没有办法知道"敌人"的情绪。

肖洛霍夫却知道！在他的特写中记下了哥萨克女人送丈夫入伍时说的话："你看，又来了，这些德国人，……又闯进我们这里。不让咱们太太平平地过日子……费嘉，你要留神，别放他们过来！"（战争结束后这一文本作了压缩——没有了更加有感染力的"这些德国人"，是谁表现出了警觉性——编辑或者是肖洛霍夫本人——不得而知。）

这时，全国人都读到了一个"年纪不轻，两颊凹陷的哥萨克"的一段独白——在第一次世界大战中他在德国度过了俘虏的生活："把我们每八个人一组套在犁上，耕种德国的土地。后来把我们派到煤矿，定额是运八吨煤，可是，我们拼足力气也只能运两吨。完不成定额就打你。让你脸对着墙，朝你后脑勺上打，打得你脸往墙上撞，然后把你装到铁蒺藜做的笼子里。笼子很低，只能蹲不能站。蹲两个钟点，再用钩子把你从那里钩出来，你自己是爬不出来的……"这个哥萨克正好还有个全民的姓——库兹涅佐夫。这个苦命的人不知是否活到了可以阅读短篇小说《一个人的遭遇》的时候？小说中受尽苦难的主人公也有这么一个俄罗斯人的普遍的姓——索科洛夫。

这篇特写的结尾让全国人民丢开战前的"无产阶级国际主义"："激起这仇恨的人，激起人民严峻而狂暴的怒火的人，必将大难临头！"

在《静静的顿河》中以另一种方式描写了1914年哥萨克们应征入伍同家人告别的场面："……呈现在成千的哥萨克眼前的……是他们日常的、熟悉的生活；大声呼叫哀号的老婆、孩子、情人；没有收完的庄稼，荒凉的村庄、市镇……'再过两个钟头我们就要上兵车啦'，这是每个人都记住的唯一的一句话。"

然而，他觉得为什么还没有任何一支部队从莫斯科开出来？他所培育起来的集体农庄青年哥萨克剧团已经动员起来了，如今，剧团得到了为顿河的保卫者进行演出的任务，后来，快到冬天时，男演员都去参加战斗了——有的人光荣牺牲，有的人受到嘉奖后归来。

在莫斯科，一位人民委员把肖洛霍夫的电报转发给了工农红军总政治部领导梅利斯，梅利斯看过电报后就说："当然，派肖洛霍夫去做团政委，也可以做师政委。他的一句话就可以激励人民去参加战斗……"可是部队的《红星报》主编大卫·奥滕贝格却要求肖洛霍夫到自己的编辑部做专业记者。他选择了具有重大战略能力的文学队伍，其他人还有：阿列克谢·托尔斯泰、安德列·普拉东诺夫、亚历山大·法捷耶夫、康斯坦丁·西蒙诺夫、伊里亚·爱伦堡、彼得·巴甫连科、叶夫根尼·巴布里洛维奇、亚历山大·克里维茨基……

当时奥滕贝格就向维约申斯克拍来了电报："赶赴任务处。"还要求他写写关于哥萨克们的情绪。

编辑回忆说："肖洛霍夫来得比我们期待的要更早……"他一看就是昔日的战士：穿着军官的便服，马裤，皮靴，皮带上有个金属小牌，上面有军官星的标志，一眼就注意到挎着皮带套的手枪。

他向编辑交出了第一个炸药包——特写《在哥萨克集体农庄》。文章的结尾他提到了自己同乡们生活的遥远的历史，这些人是他特写的主人公："我爷爷和拿破仑打过仗，我还是个孩子的时候，他给我讲过，拿破仑在向我们进军之前，在一个大白天里，在荒郊野外，集合起来自己的元帅和将军们，说：'我想征服俄罗斯。将军先生们，你们意见如何？'这些人众口一词：'皇帝陛下，无论如何也不行，这个大国好厉害，我们征服不了。'拿破仑指着天空问：'你们看得见天上的星星吗？'大家回答：'看不见，白天是不可能看见的。'拿破仑说：'可是我能看见。星星向我们预兆着胜利。'说着就命令他的军队向我们进攻。从宽宽的大门走进来，从窄窄的小门走出去，是费尽力气才钻出去的，我们一直把他送到首都巴黎。我用我老头儿的笨脑筋想,八成是这个德国的头头也梦见了这颗愚蠢的星星……"

可是在这篇特写中也写到了后方肩负着拯救祖国命运的人:"无论孩子和老人,都参加田里的劳动。去年劳动日极少的人也投入了劳动,同时大家都毫无例外地工作热情极高,拼命工作。'布尔什维克之路'集体农庄第三队队长瓦西里·策里科夫,听到一位区干部并不过分地夸奖之后,回答说:'我们不能把工作干坏。我认为,我们现在是用劳动保卫祖国,一旦需要,我们要拿起武器来保卫。再说,几乎每一家,都有人在红军部队里当兵,我们怎么能干得不好呢?'……"

这家报社的新战士们都住在民族宾馆里,夜里有人敲门,罗斯托夫诗人格里戈里·卡茨和米哈伊尔·斯蒂特尔曼来找人,都是老朋友,他们俩也是得到了用笔参加战斗的命令——途经莫斯科要去自己的军报报社。他们在一起,一边吃,一边唱,几乎整整一夜都在唱着哥萨克民歌,而肖洛霍夫则是领唱人。

奥滕贝格还记得那些日子里的另一个场面:"我们四个人——阿列克谢·托尔斯泰、米哈伊尔·肖洛霍夫、伊里亚·爱伦堡和我,都坐在我的房间里,这个房间既是办公室,也是卧室,编辑部几乎所有工作人员都这样。桌子上摆好了当时很不错的酒菜——茶、不多的香肠、一大盘子拌凉菜,这盘拌凉菜甚至是行政管理处极其吝啬的处长、我们的瓦西里·奥金茨科夫无条件拿出来的。我们讨论着前线的新闻……"

肖洛霍夫获得了一个正如当时人们所说的红色封面的证书,他珍藏了这证书。但他珍藏的是《真理报》1944年补发的。打开这证书一看,除了照片和印章外,印有:"苏联国防人民委员部中央机关'红星'证书,授予号158,本证书持有人米哈伊尔·亚历山大罗维奇·肖洛霍夫上校为《红星报》专业记者。"还有主编的签字。

〔增补〕在他最喜欢的哥萨克民歌中,肖洛霍夫特别重视《森林里杀出来长矛和利剑》,这支战斗的歌曲成了肖洛霍夫家的家歌,甚至在双亲的金婚之日,作家的子女完全用哥萨克的方式演唱了它,我还记得它的第一节和最后一节。

噢,森林里杀出来长矛和利剑,

骑兵连来了,噢,勇敢的哥萨克,

哎哟呀,我们再说两次,

骑兵来了,噢,勇敢的哥萨克。

噢,你看这顿河哥萨克,

你们砍,扎,把刺刀安上,

哎哟呀,我们再说两次,

他们砍,扎,把刺刀安上。

可我还知道有这样一支歌:"噢,俄罗斯,母亲俄罗斯,你啊,俄罗斯,我们的土地,噢,这么多,这么多的,苦难与不幸它经受过了⋯⋯"

也知道这首:"噢,铅弹飞驰而过,心中感到了震惊,噢,哥萨克,噢,我繁衍生息的地方,地方,噢,我没有见过比你更大的地方⋯⋯"

第 一 道 命 令

8月23日,这个初出茅庐的军事记者得到命令前往西线,到伊万·斯捷潘诺维奇·科涅夫将军(后来在胜利的时候他成了元帅)的第十九军,原来见面的不只是作家和集团军长,他们而且是同乡!战斗前科涅夫在北高加索军区曾任司令员之职,就住在罗斯托夫,肖洛霍夫在这支部队里一直待到10月。

就在这一天,哈尔德在日记中写下了:"可以期望,尽管遇到了布尔什维克的固执抵抗,在近期内我们毕竟会具有决定性的战果,我们起码在冬天到来之前会实现我们东线作战的主要目标。"

就在动身来看望肖洛霍夫之前,伊萨克·列日涅夫说了句冷淡的话:

"能够允许前线的指挥处于危险的地方吗?"

肖洛霍夫批驳了他这样的关心:

"战士们去打仗,可我只在远处看吗?!"

退却,退却,退却。心里怎么样?就在这短短的时间里,肖洛霍夫发表了九篇特写和论文,这比战前七年的还多。

然而,其中包括即使《静静的顿河》也站到了战斗的阵地上来,大概,这是肖洛霍夫始料不及的。这部小说好像成了初学写作的军事作家的教科书。早在战前就已获得温馨的荣誉和斯大林关注的年轻诗人康斯坦丁·西蒙诺夫开始考虑要写严肃的散文，他在札记中承认：

"在深深地铭刻在我头脑中的情况下，我又阅读了《静静的顿河》，这是在1941年8月。

在那种岁月里，有两本书给予我心灵的比什么都多，第一本就是《战争与和平》，对于我来说，这第二本书就是《静静的顿河》，书中情节的悲剧性和书中所塑造的人物性格（多数是人民的人物性格）的力量结合在一起，使这一部悲剧作品成为了描述人民力量、叙述百折不挠的坚毅精神、描述面对苦难和死亡无所畏惧的一部书……这本书，如果说在像1941年那样的生活时刻使你感到必不可少的话，那么，在以后，在整个一生当中，它都会是必不可少的，像你本人（今天的你，甚至是当时的你）的一部分。"

需要作家。就在这样的日子里，法捷耶夫请求党中央帮助把"最重要的和政治上信得过的作家"召集到莫斯科来，他说："在电台演说和在中央报社任职，他们可以给我们带来极大好处。"然而，给党中央写信的不只是法捷耶夫。我在党中央的档案中看到：有一个颇受欢迎的通俗小说作家请求不要征用他个人轻型"福特"汽车——因为那是当局为了表彰他为青少年创作的革命英雄小说而赠送给他的，他说出了理由：这辆汽车"有些陈旧"，他作为一个作家如果没有车很难从作家别墅区佩列杰尔金诺"来到莫斯科"。

在前线，同肖洛霍夫在一起的有亚历山大·法捷耶夫和叶夫根尼·彼得罗夫，后者是伊里亚·伊里夫的合作者，他们创作了著名的讽刺长篇小说《十二把椅子》和《金牛犊》（他于1942年逝世）。

战士们对于这些在战前就获得了极大声誉的客人们极有兴趣。肖洛霍夫的领章上有四个鲜红的区别标志，当时叫做"四个杠"。法捷耶夫却戴一个菱形章，这是旅长、将军才有的，他还戴了列宁勋章。肖洛霍夫出门时不戴勋章，全身是军便服，翻领，肩上配有武装带和一条戴防毒面具用的宽带子。

彼得罗夫与肖洛霍夫关系一点儿也不亲密，可是在这一次同行之后，却受到了他创作魅力的感染："这是一位极罕见的艺术家，看到了一个细节——别的人都是这样，但他仅仅说出一个词——就会出现一幅完整的画面。"可能,他在肖洛霍夫的特写《在赶赴前线的路上!》就发现了这样的细节:"在这燃过战火的灰暗的背景上,立着一棵仅存的、奇迹般保留下来的向日葵,它美丽、妖艳、令人难以置信。它的金色的叶子闪着安详的光。它兀立在被烧毁的房屋屋基近旁,在被践踏过的土豆茎叶当中,向日葵的叶子被大火微微烧灼,它的茎杆周围散落着不少碎砖,但它还活着!它在这一片毁灭和死亡当中顽强地活着。这棵在风中微微摇曳的向日葵,仿佛是在这片墓地中唯一活着的自然的造物。"

科涅夫将军还清楚地记得这位著名作家的到来——后来,他在回忆录中指出:"这给了我们信心,我国先进的知识分子准备分担我们的命运,并坚信最后的胜利,忍受了德国人可怕的强攻……"

连肖洛霍夫也记住了这次出行。有一次他讲到了亲自经历过的这么一件事:"必须要到团指挥部去一趟,而广场上德国人的炮弹持续了一个月,越来越强。指挥部的地方好像不易看出来,'拉马'侦察机发现了我们的行动,炮火相当密集。可是我们必须去,几个红军战士带着我走,敌人发现了我们的行动,炮火压住了我们。我们都卧倒了,有个红军战士嚼着一块大面包说:'肖洛霍夫同志,会打死我们的,咱们回去吧!'我一声不响,他还带着我,他知道怎么做,再向前走,是一块开阔地,我们过不去,等了一会,又回来了。但是,必须去,既然提出来了,就得去。于是,我们就又出发了,这一次成功了,团长过来迎接我们,高兴极了……"有趣的是,他在讲述这件事时没有任何慷慨激昂的样子。

他还记得——同样也不羞于没有"英雄主义色彩":

"1941 年,我所在的那支斯摩棱斯克连队开到一块墓地,连队刚刚选好了阵地,迫击炮弹就打过来了。大家都趴下,我和所有人都紧紧贴着地面。这时德国人瞎闹一气——在猛烈的炮火打击下,他们不得不退下去。我个子小,看前面有个两米高的栅栏,猛地一下跳了过去,也不记得怎么跳的了,离开那里只能是眼疾手快!"

肖洛霍夫要求同俘虏交谈,于是,给他看司令部后面的一块空地,那里坐着三个德国人,还有我们一个大尉及翻译,肖洛霍夫走上前去——除了一个德国军官外,所有人都立即站了起来。肖洛霍夫对他们说:"请坐,请坐!继续来,大尉,别停下来。"并且眯缝着眼睛看着那个没站起来的人:

"有力气的男子汉！大约是'纯血统'吧？"

"完全对,从三四年开始就是社会民主党党员。"

"他说什么？"

"他没说话,今天我们押送他到莫斯科。"

其中一个德国人就成了特写《战俘》中的一个人物。

肖洛霍夫结识了卢金将军——他指挥十六军,可是,很遗憾,这一相识不过是昙花一现。肖洛霍夫并非是一下子就对这个未来的长篇小说《他们为祖国而战》的主人公感到兴趣的,稍晚一些时候,在斯摩棱斯克城郊的那次英勇的战斗之后,在更晚的时候——即战后,卢金将军将证明,他在德国的俘虏营里没有背叛祖国。

有一次,肖洛霍夫找出了时间,到军报编辑部去看望。编辑部位于一片大森林掩护下的维亚济马城外的一个小村落附近。世界真小,在这里,肖洛霍夫的两位很好的老相识亚历山大·布瑟金和米哈伊尔·施蒂特尔曼竟然在这里工作,他们俩都是罗斯托夫的作家,他们俩为朋友很快就安排好了战场席宴,干脆就在地上铺了一块防水布。摆上了军官那一份前线的食品。朋友们一直在讲着、讲着,而他却在贪婪地听着。他们讲到一个指挥员,在被包围的时候把自己部队的炮火引到自己身上;他们讲了一个官阶为大尉的勇敢的莱蒙托夫的后代;讲到了一个通讯兵的奇遇……而肖洛霍夫也并不沉默,他讲了自己的创作构思,想写一些做了俘虏的德国人。后来,布瑟金就唱了起来——他挑选了忧郁而又忧郁的歌:"你是小麦地吗,我的小麦地,没有耕种的孤零零的地方,为什么你啊,小麦地,青草和麦子都没长？这事你主人公心中有本账……"但他停了下来——他看到,这增加了客人的悲凉的情感。

肖洛霍夫也同样地朗诵了几首诗,最后按照哥萨克的习俗——喝了告别的马镫酒,然后各自乘车离去。肖洛霍夫曾回忆道:"我同萨沙乘车去了师政治部,德国的炮兵这时向我们'夹叉'炮轰,炮弹开始在前方爆炸,另一些在后面……'瞎打,混蛋！你打不着！'我们跳进了射击区,躲在了一个丘陵后面……不久即得知,萨沙·布瑟金牺牲了。他冲出了包围圈,但子弹打到了最后……"

战后,肖洛霍夫为布瑟金诗歌创作选集一书写了感人的、表现出充沛友谊之情的序言。牺牲的还有斯蒂特尔曼和卡茨。

前线之行不仅极大地开阔了作为记者的肖洛霍夫的视野,也使作家肖洛霍夫受益匪浅。

但是,在这极端惨烈的日子里,只是这个具有团政委称号的记者,并非一切都听从权力的支配,虽然作家肖洛霍夫有着元帅一般的名字。报社的编辑曾回忆过这么一件事:"肖洛霍夫的第一篇特写我们是通过军线得知的。但当时编辑部已经得到了斯大林的直接命令,命令说既不要提到十九军,也不要提科涅夫的名字,所以必须给这篇特写加上一个中性的题目《沿着斯摩棱斯克方向》。当肖洛霍夫回到莫斯科时,手里拿着报纸生气地来找我说:'可我已经答应了科涅夫,说我要写他的军队……'我做了解释,凑巧的是,科涅夫很长时间一直记得肖洛霍夫的承诺,在战争结束后多年,他在自己的回忆录中谈到了这件事,并且表示了遗憾。在一次见面的时候,我向他做了解释,说肖洛霍夫在这件事上是没有过错的。"

在这篇特写中,甚至景物的总体画面也显示出了战争的真实——没有任何言过其实:"被践踏得七零八落的沉郁的黑麦、烧成灰烬的村子、被德军炮弹和炸弹毁了的教堂……"

他去前线写这篇特写,可是却看到了和明显地听到了以备不测的结果。对此奥滕贝格后来说:"肖洛霍夫在科涅夫部队中待了几天,他面见了许多战士、军官……他在德国重炮的轰炸声里同士兵一起过夜。他到过科兹洛夫第二二九步兵师的进攻部队里,科兹洛夫是位中年的将军,两鬓已经灰白,参加过五次战争,肖洛霍夫同他交谈,又去面见反坦克连的纳乌莫夫少尉、侦察员别洛夫,这个人十六次深入德军后方。肖洛霍夫看到了作战中的这些人……"

这些印象和感受积累了起来就成了军事短篇小说和长篇小说《他们为祖国而战》中的鲜明的人物形象和作品的色调。

肖洛霍夫身在前线,可诺贝尔奖获得者伊万·布宁却住在他的法兰西,法兰西也被德军占领。恰恰是在这个时候,不知何故他开始阅读《静静的顿河》,在其日记中有两段记载:

"1941 年 8 月 3 日,我读了肖洛霍夫《静静的顿河》的第一部。真是天才,率直纯朴自不必说,但在现实主义方面太粗鲁。因此由于语言的怪里怪气,又有大量的地方话,读起来十分困难。"我还记得,肖洛霍夫本人也感觉到了这一偏颇,难怪他曾支持过高尔基关于语言的争论,并且在讨论中他对过量使用地方话是很严厉的。他不止一次地执笔于长篇小说创作——也让它避免自己年轻时代的癖好(历史上有些情况怪得出奇——索尔仁尼琴,这个继布宁和肖洛霍夫后的诺贝尔奖获得者,他严厉地指责肖洛霍夫的正是因为他编辑过长篇小说)。

布宁的第二段记载是:"8月30日,昨天我读完了《静静的顿河》的第二部,他毕竟是个粗鲁的下层人,我又重新体验到了对布尔什维克的仇恨之情。"

哈尔德老早就把希特勒的命令写进了自己的日记——其中有这样的话:"向罗斯托夫——哈尔科夫方向进一步作战……"

布宁在阅读肖洛霍夫作品,可肖洛霍夫却迷上了托尔斯泰的著作,也许能杜撰出许多故事来说说为什么在这许多麻烦事中他偏偏需要伟大的《战争与和平》。战壕里有些士兵,不用说,很走运——他们在团政委的背兜里发现了托尔斯泰的长篇小说。肖洛霍夫把书赠送给了他们,并且在自己这位先行者的硬书皮上好像以自己的名义写上了亲笔题辞:"我的朋友们!一步也不后退!让波罗金诺的荣誉鼓舞我们去创建部队的业绩。我相信,红旗将会在德国国会之上飘扬,柏林见!你们的米·肖洛霍夫。"

应当说,这是多么信心十足的预见啊!

有某些惊人相似的是,在稍晚些时候,康·罗科索夫斯基在莫斯科城下的作战地图就写上了:他说,从这里就是我们去柏林的路。

遗憾的是——特别遗憾的是,没有任何人能领悟到让肖洛霍夫的这些话出现在报纸上,在当时,只有最富有天才的政论作品才能评价这些话。

9月,肖洛霍夫刚刚来到编辑部,就着手给斯大林写信:"亲爱的斯大林同志:今天我从前线返回,想单独向您讲述一些情况,它对于保卫我们的国家具有重要意义。米·肖洛霍夫,1941年9月2日……"不知为什么,这封信没用打字机打印,斯大林也没有接见他。很可惜,作家准备向最高统帅讲些什么,所有这些对历史来说都是未知数。

也正是在这几天,法捷耶夫写信给了党中央:"我们要求批准组织国际作家广播集会……苏联参加者为:肖洛霍夫、托尔斯泰、左琴科、特奇纳、库巴拉……"接着来参加的有美国人索尔茨贝格和散居在世界各地的知名的流亡者:德国的约翰内斯·贝歇尔、奥地利的斯台芬·茨威格、法国的让·里沙尔·布洛克和波兰的弗拉基斯拉夫·布罗涅夫斯基……

9月末,肖洛霍夫从同乡口里得知,卡尔金村人准备迎战德国人了——他们组建起了同入侵者作战的歼敌队。肖洛霍夫已开始掌握了作战的经验,他笑了笑作了回答。过去的红军游击队别兰诺夫爷爷成了肩挎单发步枪的指挥官。每一天,他那支由十个老头子和一些等待应召入伍的人组成的队伍巡视遍了杂草和芦苇地。

……接近首都的道路异常艰难,不论是斯大林还是希特勒,都把全部注意力放在斯摩棱斯克方向上,它保卫了莫斯科。朱可夫在战争结束后说:"如此庞大的军队在移动着……那里人员的相互比例①为3.3∶1;坦克为8.5∶1;大炮为7∶1。"

在那时,肖洛霍夫写出了一篇又一篇前线和后方都极为需要的特写。

特写《卑鄙行为》发表在8月29日的《红星报》上,并且过了一周后《真理报》也予以转载,这篇特写所讲述的敌人那骇人听闻的暴行让人们永远也不会忘记:

"在耶利尼亚附近发生了激战……我军转入进攻时,法西斯分子将所有妇女和儿童赶出村子,把他们排列在战壕前面……"

在特写《在赶赴前线的路上》里,肖洛霍夫重又以善于在表现战争时找到非同寻常的色调而令人惊讶:

"我们驶进前不久还称为是村庄的一个地方……突然看见在黑色的、烧焦了的墙头上,有一只黄色的猫……突然转身,像一道黄色的闪电,消失在瓦砾颓垣当中……有两只野化了的母鸡——丧失了公鸡和女伴的两个寡妇……"

特写中不仅描写了有致命危险的战斗生活的繁忙,作者也写出了一些生活中日常极平凡的日子,这使人们摆脱了战争,似乎运用了《战争与和平》中托尔斯泰的手法:"……在一座土房前,人们压低了声音奏着手风琴,有二十来位红军战士围成一圈,愉快地笑着,人们当中有一个年轻的、个子

---

① 德国人和我们部队之间。——原注

不高的红军战士在漫步起舞,他懒洋洋地耸着肩膀,在他的绿色的军装的肩胛部位,盐点一般的汗渍,清晰地泛着白光。他欢快地用粗大的手,拍打着皮靴的靴帮,还对一个高个儿的、笨拙的红军战士说:'你出来,你出来,你怕什么?你是梁赞省的,我是奥勒尔省的,咱们来比试比试,看谁跳得好!'"

《初次见面》。这是一篇关于"一位年轻的、乐观的中尉"的故事,也是关于"一位上了年纪、两鬓苍白,举止稳重……农民出身的将军"的故事,还写到了一位厨师"从战场上背回一个受伤的中尉",可是,这里第一次谈到了肖洛霍夫自己是怎么生活的:"为了过夜,给我的三个同伴和我拨出一顶不大的帐篷。这帐篷用山杨的幼树仔细地伪装过。地上铺了松树枝,蒙上雨布,给我们当作床铺。我们盖上了军大衣,为了暖和彼此挨得很紧,就这样睡着了。十一点钟,大地在我身下震颤,我在睡梦中听到了一声沉重的爆炸声……"

《红军将士》。肖洛霍夫开始讲述一个侦察员的故事时,引入了一个有趣的话题——特写的主人公对作者说:"我第一次看见一个活着的作家,我读过您的书……"肖洛霍夫写道:"我怀着不亚于他的兴趣看着这个十六次深入德军后方,每天都冒着生命危险的、无比勇敢、无比机智的人……他两肩微微耸起,手臂很长。他很少笑,然而一旦像孩子一样满脸挂起笑容……他的两只手引起了我的注意,手上布满了新鲜的和结了疤的伤痕。我猜想,这是因为他经常要在地上匍匐前进……他慢条斯理地讲述着,时不时地用那结实的牙齿嚼着扯下的草叶。"

大家让肖洛霍夫听听无线电广播——法西斯的主要报纸《国民观察家报》的评论中说:"伟大的时刻已经来到,东方战役的结局已经确定……军事上结束了布尔什维克!"

可是就在这几天里,全国都在阅读肖洛霍夫的鼓舞人心的文字:"无论我们的祖国经受怎样的严重考验,它终将是不可战胜的。它之所以不可战胜,是因为千百万普通的、朴实的、勇敢的儿女在挺身保卫它,在同法西斯敌人的斗争中,不惜流血、不惜牺牲自己的生命。"

他在西线,可是每天早晨都全神贯注于苏联情报局的综合战报——他想要知道,南方战线的战事怎么样,保卫战靠得住吗?9月末,我们的军队撤退了,同样,在这里德国的"荣格"集团军已经逼近了塔甘罗格和伏罗希洛夫格勒。顿河流域近在咫尺。1941 年 10 月末罗斯托夫宣布了城防委员会成立。

希特勒这一命令是人所共知的:"最后,为最终大规模打击的前提已经具备了,为了这次打击,在冬季到来之前还应去歼灭敌人……"

肖洛霍夫记得哥萨克的一句俗话:"有人想得到,可也有人不想给。"然而,他并非是个自命不凡的人,在未来的军事长篇小说中直接地写出了士兵的这样的话:"你看,他们要把我们逼到哪儿去,这帮德国佬……想起来感到可耻又可怕,他们要让我们退到哪儿去呀,这帮狗崽子!"

在编辑部里,人们告诉他,美国有一家很有影响的杂志,在文学评论家中进行了一次问卷调查——"请指出 7 月至 9 月美国出版的一本最好的书",十五个人指出是《静静的顿河》,一位评论家还补充说:"肖洛霍夫的长篇小说表明,希特勒反对它(他)……"

[增补]11 月,当莫斯科面临沦陷的威胁时,斯大林从克里姆林宫用直线电话向前线指挥的朱可夫不停地提出这样一个问题:"您确信,我们能够守住莫斯科吗?我问您这个问题时,心里很痛苦,您作为一个党员,请说真话。"

连肖洛霍夫也能够回答他。他在自己的人民群众中已经看清楚了的,写到纸上的是如此地满怀激情:"以拯救祖国的名义而带来的牺牲并没有削弱我们的力量,难于忘记的损失所带来的悲痛也没有降低我们的意志……"

恰恰是在这个冬天(严峻的冬天已经来到),冯·博克元帅在日记中写道:"关于似乎敌人在阵地上军团被'粉碎'了的认识,正如最近十四天的战斗所表明的,不过是错觉而已。"

朋友卢戈沃伊的见证

10 月,编辑奥滕贝格签署命令,批准在南方战线的军事记者米·肖洛霍夫短期出差到顿河——疏散家庭。

肖洛霍夫曾到家两次。开始告诉了家人要离开,然后就坐上了汽车奔赴罗斯托夫,到前线指挥部,后来,又回到维约申斯克——搬家。

……准备出行。妻弟拒绝离开——他准备成为游击队员,大家久久地劝说妈妈,她无论如何也不同意走:她说,要死在家乡的土地上,不论是房子,还是牲口,我不想让它们听天由命。

要带走什么呢?主要财产就是两部长篇小说的手稿和来往书信——于是把它们装入箱子里并且埋到木棚的地下。还挖了一个坑,埋了打猎用的枪。

区党委的彼得·卢戈沃伊那几天的回忆录保存下了,还保存下了肖洛霍夫赠送给他的自己的照片,照片上这么写着:"纪念友好情意,这友谊在烈火中不燃,在大水中也不被淹没。为了我们再次相逢和战胜罪大恶极的法西斯主义的胜利!你的肖洛霍夫,1941 年 10 月 11 日。……"

他还记下了他们险些被打死的经过:"肖洛霍夫坐车前往南方战线司令部,路上他带了我,我要去州党委。在卡缅斯克的上空,德国飞机飞过,从空中向我们射击。我们不知怎么奇迹般地幸免于难,第一次,直接就在头顶上,第二次在左侧,打碎了侧门玻璃,第三次是在右侧,离汽车只有二三十厘米……"

卢戈沃伊也还记得,肖洛霍夫作为一个军事记者是怎么样的一个人:"他同德国俘虏交谈,上前线。在这样的奔波中,肖洛霍夫着了凉,生了病,住进了医院。可是很快就从医院里出来了,他说,正在打仗,他需要工作。"

他还留下了肖洛霍夫本人同俘虏见面所写的记录,这份记录作为新闻职业的"菜单"颇为有趣:"德国人,二十四岁,弗里茨·努里,九十四坦克师,坦克号二七四,12 月 26 日生于科隆,上等兵,1940 年 2 月入伍,曾驻扎德国三个月,父亲是工人,个子不高,圆脸,黑眼睛,穿半军官式的裤子,有点儿漂亮,窄肩膀,一双皮靴,毛袜子和棉袜子(一般都有帆布包脚布,袜子),德国香烟六支。"

10 月 15 日肖洛霍夫把家搬到了伏尔加河畔的尼古拉耶夫斯克小镇。他打听去区党委的路——书记曾记得:"清晨,一位身材不高,领章上有四道'杠'的军人走进我的办公室,穿着一件长长的骑兵大衣,戴着一顶灰色的护耳帽子。他自我介绍:'团政委肖洛霍夫。'当然,首先他同我谈了关于前线的情况,法西斯分子们扑向莫斯科。米哈伊尔·亚历山大罗维奇说:

'这帮混蛋像蝗虫一样爬了过来,但没有什么,我们守得住,应当守得住。'"

区党委书记劝说肖洛霍夫在即将开赴前线的地方军事学校学员面前讲讲话。

肖洛霍夫二十年来并不知道,他的《静静的顿河》正是在这接近毁灭的年代里同样有助于取得胜利,而且是——在国外。1961 年,罗斯托夫的肖洛霍夫研究专家康斯坦丁·普里玛曾收到一封从保加利亚写来的信,写信人正是这部长篇小说主人公之一的顿河暴乱军队的司令巴维尔·库金诺夫,他从 1920 年就流亡国外。在这封信中,他以曾被法西斯分子招募到特种师团一些人的名义这样地承认了:"这些哥萨克们,读了米·肖洛霍夫的长篇小说,就像读了约翰的启示录一样,他们趴在书上放声痛哭,揪着自己灰白的头发(可能这样的人有上千)——1941 年,这些人不能为反对苏维埃俄罗斯而去作战……"

在祖国大难临头的岁月里,这部长篇小说中的许多思想都引起了军人们的共鸣,他们在小说中遇到这样一些说到了他们心坎上的话:"要记住一点:如果你想活着,想从拼死的战斗中胳膊腿儿全乎地活过来——就要维护人类的真理。"或者是——"爱动刀枪的人必将死于刀下。这是一定的。"

也还有对于后方悲哀地安葬亲人的安慰的话语:"青草淹没了坟墓,时间吞噬了悲哀。清风扫去征人的脚印——岁月舔尽了创痛和那些久盼未到亲人,甚至无日再盼的人们的怀念。人生苦短,上帝赐给我们大家践踏青草的时间是很有限的……"

……战时的日常生活。乌克兰诗人安德列·马雷什科还记得自己同肖洛霍夫的一次见面,当时恰恰是在德国人相信莫斯科就要"完蛋了"的时候:"那天很晚的时候,我们下榻的莫斯科宾馆里,电话铃响了。米哈伊尔·肖洛霍夫打来的电话,他刚从别洛夫骑兵军团回来。过了半个小时,他自己就来了,身穿一件前线的白色皮袄,戴着护耳帽子,十分疲倦,但他行动敏捷,很爱说话。当他问过好之后,我看到他那双蓝色的聪慧的大眼睛,似乎,就看到了他的心里。晚饭我们只有带皮儿的凉土豆、一点点面包、几块糖,还有我们叫做茶的开水。米哈伊尔·亚历山大罗维奇同我们坐在桌子旁,从自己的旅途背包中又拿出一听儿什么罐头——这一下晚饭就漂亮了。"他没有忘记,又朗诵起了诗歌:"我朗诵了《我的乌克兰》诗集中的诗,其中既想起了灰色的第聂伯河,也想到了我们整个的祖国,它正在战火中受着煎熬,十分悲哀。"

肖洛霍夫不止一次地到过骑兵队——那里吸引着他。有一回,对于作家肖洛霍夫来说已过去了多年,我告诉他,我认识了一个很有名的骑兵统帅——他让我向肖洛霍夫提到一件事,说战争期间他和另外几个骑兵指挥官曾送给肖洛霍夫一把小军刀。米哈伊尔·肖洛霍夫立即反驳说:"不是,那小军刀不是给我的,他瞎说,他们当时想换我的领章标志。我的领章标志上面有个靶子和两支交叉的枪,步兵用的,他们就提议要拿骑兵的小军刀换。因为这是有命令规定的,不能说换就换……我不同意,可是,那两个人身强力壮……两个年轻的小伙子就拽住我的胳膊拧老头儿。后来,他们把它给了我——放到了伏特加酒杯里,提议洗了洗,把酒喝了,就算是……这事是在莫斯科城外,在多瓦托尔将军的骑兵军团,不错,他战死了,指挥官换了另一个人。"

同斯大林突然有了一次见面——审问式的。"把我找到了莫斯科,"他开始对我回忆,"他们说'去参加接见外国人吧,向他们讲一讲我们这儿怎么样,这很重要……'好,我回答说,我去。我去了,那儿离前线不远。在宾馆里我收拾了一下,换了衣服,就去了全苏国外文化交流协会。沿着大理石的楼梯,我走了上去——已经习惯了。走进小会客厅,我看到桌子旁坐着我的一个敌人——作家,他穿着一身克维尔克特呢的西装……桌子上有几瓶白兰地酒和水果……关于我,他传过谣言,似乎我把家庭留在德国人占领区,自己也准备去。他们对我就这么说的。好了,我把一切都告诉他并且坦率地说:'哎,我说,你连……'用俄语说的,直截了当,然后就离开——不在那儿待了。我回到了宾馆,找来了个作家朋友——喝了一通,感到委屈……"

接着他的讲述中就出现了斯大林。"早晨,我正准备去编辑部,可是电话铃声响了,波斯克列贝舍夫来的电话,语气冷冰冰的:'他在等着您,昨天您在那儿都干了些什么啦?!'我去了……走进了门,波斯克列贝舍夫坐在接待室里——连头也没有抬,眼睛也不看,严厉到简直无法容忍。

唉,我想……接见的铃声响了,他为我打开了门……我走了进去,见到斯大林在桌子旁,站着,手也没伸过来,眼睛也冷冷的,一声不响。他看着,看着我,然后说:'您的家庭在什么地方,肖洛霍夫同志?'我刚回答——这时走进来一个将军,他交给斯大林一张什么材料,斯大林看了看后转过身来,把那将军打发走了——看着我就说'不过,现在我们知道了,您的家庭在哪儿,您做得对,把它疏散了……'他又问,这一次缓和了:'您现在归哪里管辖?'我告诉了他,当时他说:'好了,肖洛霍夫同志,走吧。请保护好自己,党需要您,人民需要您!'我出来了,穿过接待室,转身对着波斯克列贝舍夫做了个轻蔑的手势——'割下草你就吃!'心里很高兴——真是什么事都有……"

就在这一天他也没有忘记自己昔日的朋友瓦夏-瓦西卡,即瓦西里·米哈伊洛维奇·库达绍夫。他知道,如今他也是个军事记者,肖洛霍夫去看望他的妻子,送给了她一些供给军官的罐头,又抽出了时间给库达绍夫写了明信片。字迹潦草,但情感充沛:"亲爱的朋友!命运让我和你天各一方,但毕竟有朝一日我们会到一起……"但这没有实现,这位朋友永远地消逝了。

11月末以来,莫斯科城郊的战略基地消停了一些,可是南方战线却更加艰难了,哈尔德的日记里有这样的记载:"顿河畔罗斯托夫——到了我们手里……俄罗斯人退到了冰上。"

肖洛霍夫过了一个星期后毕竟可以松一口气了。我们的部队以异常顽强和勇敢的反击成功地夺回了这座城市。哈尔德写道:"由于俄罗斯军队优势兵力的进攻,第一坦克军团不得不转为退守,而完成这一退守任务也委实困难……"

这一喜讯会持久吗?

反击……这就意味着有更多的德军俘虏。就在这个时候,12月初,《真理报》发表了肖洛霍夫的特写《战俘》,他没有白白地选择这一题材,仍然在保卫中的国家应当知道——敌人作了俘虏,敌人投降了。这篇特写真实地再现了那些德国俘虏,有一个人相信德国的胜利:"冬天以前我们的军队就能打败你们……"另一个人则惊慌失措:"你们要枪毙我吗?"第三个人庆幸地说:"战争对于我来说结束了……"第四个人并不轻松地想到了:"德国到头来是要受到惩罚的……"

在这个普通士兵的忏悔中,肖洛霍夫为自己做出的综合抓到了某种主要的东西,这篇特写用预言式的话语,好像不是写在 1941 年,而是写在 1945 年,我国军队已兵临柏林城下:"是的,这倒是不错的反思。德国士兵越是早日意识到严重的罪责和无法逃避的严惩,那么,民主对疯狂纳粹的胜利就会来得越快!"

12 月中旬,肖洛霍夫得到了调转到西南战线的任务,这里与南方战线成了邻居——这就是说,家乡的顿河近在咫尺。札记本都写得满满的——几乎两个月时间,在这里浏览了印有"红星"的邮件。

心中极为痛苦:家乡的土地已有一百五十万平方公里沦为德国人铁蹄之下,那里几乎有七千五百万公民曾过着和平的生活。尽管苏联情报局对损失的总的报道保了密,肖洛霍夫还没有感受到战争带来的可怕后果,但他作为军事记者不难猜测到,被打死,打伤和俘虏人员粗略统计也有百万。

可是,他没有白白地被这家主要军报派到这条战线上来——12 月 6 日进行了反攻。人们委托肖洛霍夫要报道,德国人是如何被赶到了相反一方的——有一百公里,而这里有四百个被解放了的城市、大镇和农村,敌人损失了一万六千名官兵。

〔增补〕党中央在 12 月批判了《新世界》和《十月》"严重的政治错误",肖洛霍夫并非不关心这些杂志,乌云已在作协领导人法捷耶夫头顶上聚集起来。党中央指出:"文艺杂志是苏联作家协会的机关刊物,作协主席团完全没有领导他们的工作……尽管联共(布)中央关于必须从根本上改善文艺批评状况的指示不止一次地发出,但从主席团方面和法捷耶夫个人方面并没有采取措施……在作家会议上法捷耶夫的文艺批评的发言内容空洞,抽象,多有错误……苏联作家协会主席团和法捷耶夫同志个人对自己没有做出必要的结论。"不管为法捷耶夫感到多么可惜,可肖洛霍夫明白这些杂志实际上还没有改造到战争的基调上来。

第 二 章
1942:"这样的书——用来卷烟?"

战争的第一个冬天,可怕的严寒凶猛肆虐,由于鲜血染红了积雪,人们心中燃起激情。

1941 年 12 月 5 日,全国和世界都在欢呼——莫斯科取得了胜利！然而心中却更加忧虑——这是战争的最后转折吗？德国仍有实力。

斯大林——飞行员——肖洛霍夫

1 月,由于苏联情报局领导的要求,肖洛霍夫飞往古比雪夫(今萨马拉),可是飞机着陆时突然倒立了起来,发动机一头扎进了地里,机上同行的人都死了,只有飞行员和记者肖洛霍夫活着。现在,他们进了军医院。作家的女儿斯维特兰娜·米哈伊洛夫娜曾对我回忆起当时诊断结果:"爸爸所有的内脏器官错了位……"

肖洛霍夫写给妻子的信说:"在克里姆林宫医院①进行了中修,现在已经——几乎穿上工作服了,我在写作。已经到了这样的时候,不仅可以随便到哪里去,而且也不是根据教授的禁令不能写作了。我差一点儿成了残废,可是还是有那么一点瘸,如今我用脚刨地了……"不论他怎么说笑话敷衍,严重震伤的后果一直拖累到生命的结束。

小儿子米哈伊尔也同样记得一些:"很快他就回来了,我甚至走到他跟前都感到好怕——脑袋肿大得十分怪异……很长时间他什么也不能吃——任何食品都会引起呕吐……"

肖洛霍夫获准回到家中治疗——家仍然在尼古拉耶夫斯克小镇。玛丽娅·彼得罗夫娜用茶匙喂他——只能喝鲜奶皮。在战争中,到哪儿去弄到这高贵的食品呢？世上不是没有好心人——邻村集体农庄主席每天都带一小罐来。

可是,对于家庭来说还是出现了令人苦恼的荒唐事——报纸编辑部一直没有给这位军事记者办好补贴证,当时叫做军官供给证。肖洛霍夫的一封信中保存了这些所有情况:"为了吃饭,妻子同孩子们出卖家里的东西,当大炮的响声一停,就按照供给证去寻找自己应得到的钱,可是对我的答复是:'车出了事,钱物都失掉了。'唉,上帝保佑,我们都活过来了。战争中人人都感到困难……"

---

① 它已疏散到古比雪夫。——原注

1942年2月28日,《真理报》发表了特写《在南方》,肖洛霍夫在南方战线待的时间并不长,但是对于所见所闻还是写出一篇很长的故事。其中有关于顿巴斯矿工的美妙的句子,写这些老年人和青少年为了胜利如何在地下进行劳动,其中也有对于占领者——德国人、意大利人、罗马尼亚人、匈牙利人和芬兰人的愤怒的话语,而作者的结论并没有掩饰严峻的真实情况:"敌人还在猖狂作战,还在叫嚣着什么春季攻势……"

……国外,人们越来越关注肖洛霍夫,在阿根廷,用西班牙语出版了《静静的顿河》,虽然这里坚持的是亲德政治制度和凶残的书刊检查制度。在罗马,在被占领的南斯拉夫,这样的想法却没有成功:宣布了禁止引进肖洛霍夫的作品,禁止翻译。

有趣的是,意大利法西斯独裁者墨索里尼在自己的藏书室里仍然把《静静的顿河》与陀思妥耶夫斯基和托尔斯泰的几部著作并列在一起。

在同法西斯作战的英国,人们同样记得了肖洛霍夫,结果别出心裁地——用一种方法把未来获得诺贝尔奖金的两个人联结到了一起。有一位叫希曼斯基的人在一篇关于鲍里斯·帕斯捷尔纳克的论文中,称赞了"个人主义同集体主义和艺术同宣传所进行的英勇斗争",文中也批评了肖洛霍夫"成了前线记者",这篇论文法捷耶夫是知道的,有趣的是——不知他是否转告给了肖洛霍夫?

3月,震伤仍然没有痊愈的肖洛霍夫,命运让他到萨拉托夫去了几天,在那里,他重又感觉到了自己是个作家。当时知名的演员鲍里斯·利瓦诺夫,正同他们的莫斯科模范艺术剧院一起疏散到这里,他建议肖洛霍夫把《静静的顿河》改编成话剧。

谈判开始得非同寻常,这位演员的妻子对此记得很清楚:"在我们这小小的旧式旅馆里,楼梯是铸铁的,我们听到了咚咚响声,像队长的脚步声。敲了门后,进来三个人,米哈伊尔·肖洛霍夫穿了一身军装,当时他的胡须是麦子颜色的,高高的大额头很像画家费多托夫……萨拉托夫严格执行灯火管制,我们点上了小油灯,在碟子里放了点油。他开始就讲了前线的事,讲到了一些年轻的女卫生员,有的年纪很小,很脆弱,她们在战场上寻找着受伤的人,然后就把他们背回来,她们甚至不确信,这些伤员是否还活着……在讲过了这些令人吃惊的故事后,肖洛霍夫突然用高亢的声音唱起了哥萨克民歌……我们一直坐到天亮。"

友谊就是友谊,但性格还同过去一样,利瓦诺夫在那一夜里充分感受到了这一点。这个初出茅庐的剧作家是幸运的,肖洛霍夫赞同了写剧本,在此之后就对他说:

"我对你有一个要求:葛利高里要有儿子,也许,按年龄来说,现在他在作战。当演出结束时让葛利高里的儿子到幕前来,面向观众,给他写一段独白,我们有很好的年轻的演员……"

"不,不,不,可不要这样!"

"你要理解,这是必须的,米沙!"

"我写了这部长篇小说,这是完整的作品,我不再……"

读者喜欢《在南方》这部特写,都要求他在全苏广播电台上朗诵。在等待到演播室录音时,他发现了一个疲弱的漂亮女人,她的一双眼睛十分伤心,于是他走上前去,与她相识:原来她就是奥尔加·别尔戈丽茨,列宁格勒的女诗人,刚刚从被围困的列宁格勒来。

他立即想到了,这位就是战前由于"政治问题"被枪杀了的杰出诗人鲍里斯·科尔尼洛夫的妻子。

她看着他——原来,这就是肖洛霍夫!——她极为信任地说:"我确信,人们对列宁格勒什么事也不知道……在电台,还没等我开口,就对我说:'什么都可以说,但是无论如何也别说挨饿,千万千万……'所以,在电台里,我没有朗诵一首我写的那些列宁格勒的好诗,甚至连《新年贺词》都认为是'色调阴郁',而对于《同志,痛苦的日子已临头》一诗说,这是'不折不扣的悲观主义情调',虽然'诗写得挺好'等等。这里到处都是异己的人,和我作对的人……关于列宁格勒,一切都隐瞒了,人们不了解它的真实情况,就像对叶若夫时代监狱里的情况一样……不,他们既不允许我在电台上朗诵《二月日记》,也不让我出版诗集……"

肖洛霍夫听她继续讲,她的坚持不懈的请求和哀告刚刚被全苏广播委员会主席回绝了。晚上,在旅馆里,她给肖洛霍夫朗诵了自己写的"禁诗"。

过了一段时间,肖洛霍夫得知,在一次作家领导人的会议上,批评了《二月日记》,还有她的一本书——《我的道路》。

肖洛霍夫站出来了!他深深同情这位遭到了一个又一个灾难的失宠的

女诗人,但她却是正直的女诗人。奥尔加·别尔戈丽茨在自己的日记中写道:"1942年5月,由于肖洛霍夫的倡议,《共青团真理报》发表了《二月日记》,此后不久发表了《列宁格勒日记》。这些作品不论是在读者中间,还是在所有前线,都引起了读者强烈反响……"

肖洛霍夫很喜欢这位新朋友,同她的见面以及她所讲述的那些面对着死亡然而决不屈服的被围困的人们的生活,使他想要去写写这些人,而且得到了朋友的支持。他写出了《给列宁格勒人的一封信》,并说:"当你开始工作时,就读读它吧……"这封信在电台上播放过:

"亲爱的列宁格勒的同志们!我们知道,在敌人的包围之下,你们的生活、工作、作战有多么艰难,在所有的前线,在全国各个后方,人们经常想起你们。在遥远的乌拉尔的一位炼钢工人……在顿巴斯打击德国入侵者的一位战士……"

可是,南方战线形势严峻。4月5日希特勒下达命令:"为了在南方进行一场主要战役,首先必须集中全部现有的军队以消灭掉通向顿河的敌军……"肖洛霍夫知道,5月1日,十一个德军师团已经突破了防线,并且继续推进,其中包括推进到他的顿河。

斯大林签署了战争中最残酷的命令——命令说,在射击威胁中要宣布:"一步也不后退。"

在这里,肖洛霍夫已观察到许多,并非一切都写进了特写。比如,在札记本上还有这样激动人心的一段文字:"一个黑眼睛的青年,胸部受了重伤,唉,有什么办法能不让他离开这个世界呢!开始时,他还能够说话,把妈妈、妻子、孩子的照片和书信交给一个俄罗斯朋友,要求他把这些带给亲人。当他的精力完全耗尽,在不省人事的时候,他还说着母语:'切!……切!……'在死前的绝望中他用尽力气喊着……"人们告诉肖洛霍夫,这"切"就是亚美尼亚语"不"的意思。

德国军队停在了顿河左岸离绥拉菲莫维奇市不远的一段前线。

古比雪夫那次空难仍在折磨着肖洛霍夫,这种折磨已经转入正常化了。

在团政委肖洛霍夫生日的那一天,最高统帅斯大林邀请他来吃晚饭,难以想象,这个大权在握的人忧虑得团团转时,还为作家抽出了时间,有宴会、有敬酒的美好祝愿,没有关心就没有崇高的荣誉,斯大林得知了他的震伤,关切地提议:米哈伊尔·亚历山大罗维奇,到格鲁吉亚去疗养吧。后来,又得知了这次震伤是怎么造成的,就说:"有人说,飞行员喝醉了,要审判他。"肖洛霍夫回答:"我担保,他没有喝醉。""您怎么能担保呢?""飞行前我同他谈过话,所以我敢肯定。"这就救了一个人——少牺牲一个。

快结束的时候,斯大林举起了酒杯:"战争正在进行,很严峻,非常严峻。在胜利之后,谁能当之无愧地把这场战争鲜明地反映出来,像在《静静的顿河》里那样呢?把勇敢的人写出来,既像麦列霍夫、波乔尔科夫那样,也像那许许多多的红军和白军,还有像苏洛沃夫和库图佐夫那样的呢,没有。战争嘛,作家同志,正是靠这些伟大的统帅取得了胜利。在您的生日里,我想祝您健康长寿,祝您写出新的天才的无所不包的长篇小说,其中要真实而鲜明地,像在《静静的顿河》里那样,描写出英雄的士兵,天才的统帅们和这次可怕战争的参加者。"

过了一个月,在开战一周年之际,6月22日,《真理报》刊登了肖洛霍夫的短篇小说《学会仇恨》。

当时,肖洛霍夫得知,由于对形势感到了绝望,州党委会的人在他住的维约申斯克建立了一个好像是"中心"的组织,以便建立同军队指挥部的联系,并领导本州北方各区的游击队。卢戈沃伊找到了一个机会,把此事告诉了他这位朋友,说德国人在顿河的另一岸修建起来一个什么——正对着他们镇。

可是,不需要任何悲观失望,相反,他写出了一篇题目含意深远的小说,其中就有一个从俘虏营中逃回的格拉西莫夫中尉的自白,这个主人公就是后来写出的《一个人的遭遇》中索科洛夫的前身。

看吧,不知何时肖洛霍夫对沦为俘虏的人的命运产生了兴趣,恰恰是在这几天,他那个战地札记本上写满了一个政治指导员所讲述的让心灵冷冰冰的故事:"我同普通战士一起做了俘虏,没有什么区别的标志,因而我保住了命。晚上把我们押送到了集中营,早晨时,我发现周围有无计其数的人,他们被打过后衣衫褴褛,挤在一起脏兮兮的,许多人饿得精疲力尽,跪在地上苦苦哀求……他们吃些稷米和葵花籽……包扎伤口没有绷带,每一处伤口上都爬着蛆。那些还有点力量的伤员,向前伸着双手,许多人都得了气性坏疽病……"

谁如果读过《学会仇恨》,就会在其中找到更加可怕的真实情况:"……在斯科维拉附近的峡谷里,我们来到行刑的地方,被俘的红军士兵就是在那里惨遭杀害的。你们有没有去过肉铺?唉,这地方多少有点像肉铺……峡谷树枝上挂着一具具血淋淋的尸体,没有手,没有脚,身上的皮一半被剥去……"

　　正是在这篇小说里,就有天才的闪光,请看这掷地有声的格言:"对敌人的仇恨将永远停留在我们的刺刀尖上!"再看这具有深刻感染力的色彩:为了表现出俄罗斯士兵的内心世界——经历了残酷的、殊死战斗之后的一位士兵看到了长着嫩枝的一棵白桦树,就天真地温柔地惊异地问:"在这里,你怎么保存得这么完好,亲爱的?"

　　在这篇小说中也写到了,目光敏锐的读者能够认定肖洛霍夫对1941年8月16日斯大林二百七十号命令的反应。这一命令告诫了部队:被俘——就是背叛,俘虏——将缺席被判处死刑,他们的家属——将遭到大清洗。

　　肖洛霍夫并不打算去抗议这命令,在全面大撤退的时刻他还明白,在军人的队伍中,为了培养坚韧性不能够只靠政治说教。可是,他的心灵不能接受命令中的威胁——无法特别清楚地分辨出是谁——就像格拉西莫夫那样——忠诚地经过了被俘之后,甚至还逃了回来。肖洛霍夫战前的生活就与不分青红皂白的罪责相对抗,因而如今他也不回避这被禁的题材。他让自己的主人公有可能从俘虏营中逃出来并且落入了游击队之手,从而反映了生活的真实——这是隐约地但却是清晰地:"……他们对我有一些怀疑"。就这样,对于当局和人民来说几乎是把最具爆炸性的题材表现了出来,这就是被俘和对俘虏的态度。这一问题在短篇小说《一个人的遭遇》中还要提及。

　　……《红星报》编辑奥滕贝格看到了肖洛霍夫对战壕里士兵的关切态度,感到了善意的震惊:"他发现,由于书信经过很长时间才寄到,或者有的干脆就遗失了,前线战士们内心非常痛苦……同肖洛霍夫交谈过后,编辑部准备给国防人民委员斯大林打一份专门报告,当然,通过的措施还是很坚决的。"

　　〔增补〕这时,在国外的人们也发现了《学会仇恨》这篇小说,在美国、英国和印度都翻译出版了,而在墨西哥还收入到了《法西斯兽行黑书》中。

这篇小说在俄罗斯流亡者的报刊上也有了反响,不错,那是在战后。1956 年反苏杂志《界限》发表了尼古拉·奥楚普的一篇文章。"这篇短小的特写有多么卓越和纯朴啊!"他写道,而且把其中的内容与基督教的观念作了对比,"爱有时候并不恰当,或者更准确地说,它有时候有权采用仇恨的形式。某些天主教徒断言,上帝创造了地狱就是出于对人的爱,因此,仇恨——这是圣者的功绩……《学会仇恨》写得极好……"

母 亲 之 死

肖洛霍夫有时候就去尼古拉耶夫斯克镇,有一次他同玛丽娅·彼得罗夫娜决定回维约申斯克一趟。

这时,斯大林给他家寄来了邮件。"我们正打算上路,"米哈伊尔·亚历山大罗维奇向我讲过,"我一看,开来一辆'M'型小轿车,走出来一个穿了内务人民委员部服装的上校,他对我说:'团政委同志,这是给您的邮件和包裹。'我把包裹打开,那里有波斯克列贝舍夫的一封信。我读着信:'维·约·斯大林同志让我给您全家人转寄这个邮件……'大致就是这么写的,这封信没保存下来。邮包里有香肠、罐头,还有……一瓶酒。当然,我们晚饭时吃了……"

他们刚刚走进老家的镇子,就立刻感到愧惜,敌人再一次冲过来,帮助德国人的还有意大利人,维约申斯克已成为前沿阵地的一个镇,开始遭到飞机轰炸。区党委、邮局、青年剧团、七年级学校和医院都燃起了大火……

肖洛霍夫的母亲——阿娜斯塔西娅·丹尼洛夫娜就在那一天被炸身亡,当时他们正准备第二次疏散到现在的哈萨克斯坦西部地区,这场灾难降临时,目击者保存下来了见证。

"我有个任务,出门经过了维约申斯克……吃过了午饭……传来了飞机的声音……向窗外一看,发现了四架敌机,他们飞得并不高(或者像肖洛霍夫说的,飞得看不起人的不高),我还没来得及想什么,就传来了像猪嚎一般的炸弹尖叫的嚎声,在距离肖洛霍夫家五十米左右的地方,炸弹爆炸了……'啊呀,费多尔,别去找客人啦……'我急急忙忙打点上路,吻别,过了一个小时,又有一群飞机来到维约申斯克……"这是一二七步兵师军法官费多尔·克尼亚杰夫在日记中写的。

"我站在板棚的阴凉处,刚刚看到左边飞来一架很矮的飞机,就出现了一群很小的黑鸟。这时妈妈像一阵风似的向我扑过来,把我搂在腋下,用另一只手左右挥动着,让她身边的所有人都逃走:'到地窖里去!哎——呀——快到地窖里去!快!'"这是作家的小儿子米哈伊尔·米哈伊洛维奇所回忆的。

"法西斯们撒了野,轰炸了一次又一次。"有一位士兵回忆道,"'福克—沃尔夫'飞来了,'拉马'也飞来了,撒下来传单:'把刺刀插到地里去,俄罗斯士兵投降吧',接着来的还是轰炸!我已经记不得是谁从肖洛霍夫家里跑了出来,但是人们说,他妈妈头部中弹死了……"

关于母亲的死,肖洛霍夫在书信中告诉了格·马·马林科夫,他当时是党中央很有影响的一位书记,又是国家国防委员会的委员:"7月6日我回到了我们的维约申斯克,8日早晨德国飞机飞来,第一次是四架,第二次十二架,投下了近一百枚炸弹,用所有的机枪扫射了街道。镇里着了大火,然后飞走了。第二次轰炸时……打死了我的母亲,炸弹落到了院子里,很大一块弹片夺走了母亲的性命。"

儿子怎么能写出如此沉痛的文字!他名副其实地领教过战争,也沉重地看到了战争。

在信中他回忆:"她多么以我为骄傲啊——我是她唯一的儿子,当我向她讲述最近一次到过斯大林同志那里时,她又是哭泣,又是大笑,她祝福过斯大林同志并且说:'米沙,现在你就在我身边休息吧,把病养好……'"

接下去写的——按照肖洛霍夫的方式——就是整个的真实情况:看来,情况不妙,镇子保卫得不好。军人不能打退空袭,总是不能回击他们。

信中还有这样的内容:"亲爱的马林科夫同志,我向您提出一个要求……请您给我一支带子弹的什帕金型冲锋枪。"这里他所写到的枪支,现在叫做自动步枪,因而他想要,因为这种武器当时还很少见。

在这封信中,关于家、大藏书室和手稿与书信的最宝贵的档案资料的被焚毁,他一句话也没说,作家的女儿斯维特兰娜·米哈伊洛夫娜对这件事的经过向我解释说:

"父亲把自己的档案资料交给了内务人民委员部罗斯托夫州分部管

理,人们把它同区党委和区分部档案资料一起运走。可是在战乱中这些档案散失了,父亲的档案也就没有了。有的士兵捡到了一些手稿,有人用这些纸卷烟抽,还有些手稿是挨家挨户收集起来的。它们是怎么散扔各处的——谁也不知道。历史就是谜一般的……"

还好,有个军官猜到了这些稿纸是什么,就从地上捡起了《静静的顿河》第三、四部的草稿一百四十张[1],战后,这批草稿转交给了列宁格勒的俄罗斯文学研究所,即著名的普希金之家。

在肖洛霍夫写给马林科夫的这封信上留下了阅读和研究的痕迹,用红色铅笔加以强调的句子是关于写到了大轰炸时人们无能为力,写到了他要求发一支自动步枪以及关于妈妈的事。普通铅笔在信的上角标出了"肖洛霍夫";绿色铅笔写下了"保存";蓝色铅笔写下了"档案,46 年 5 月 8 日"。

战争是残酷的,刚刚安葬了妈妈,肖洛霍夫就对妻子下令:"半个小时准备上路!"然后就对她妹妹喊:"莉季娅! 一条腿蹦也得走,除了文件外,别想带走那些破烂……"又催妻子:"快! 快! 玛露霞。过了一小时啦,别再晚了,它们还会来的[2]。他们闻到味了,感觉到没受惩罚,现在要来实的了,咱们的房子太显眼……"

妻子给孩子们穿好了衣服——天很热,她又在房间里找药盒子和一包用玫瑰色带子捆起来的丈夫的莫斯科书信。她的妹妹——同样惊恐万状——只来得及把护照拿到了手并从缝纫机台上拿下来四个线团。全家人就带了四个孩子去更远的地方飘泊。现在先到哈萨克斯坦西部的达理因斯克村。

这个区中心并不是简单地出现在逃难者的命运中。州党委尽管在当时居住条件极困难的条件下,还是给肖洛霍夫一家提供了乌拉尔斯克中心的一处房子。肖洛霍夫什么房子也不要,但得到的回答却是:"旅馆里没有地方安排了!"

他到了达理因斯克,这里极像维约申斯克:在一片沙丘旁就是不宽的街道……他抽出时间到了区党委。同他们相识后,肖洛霍夫得知了情报局的

---

① 也有一百三十七张之说。

② 这指的是德国轰炸机。——原注

最新消息,听到了一件好事:我们要去看看你们后方了。大家让他讲一讲"关于战争的事"。有个人提出了问题:很快就能在西方开辟第二条战线吗?他当时让所有人都激动万分,非常生气地回答:"对同盟军没什么指望了,他们要滑头,总打退堂鼓,特别是这只老狐狸丘吉尔⋯⋯应当依靠自己的力量。⋯⋯"

他喜欢哈萨克斯坦这块辽阔的土地,人民好客,草原也让人想到了顿河,乌拉尔河简直就是顿河,一片寂静,人烟稀少。但可以看出,狩猎、钓鱼倒是资源丰富,难怪战后他几乎每年都来这里。

1942 年 6 月末的一天,似乎人们回到了和平年代,肖洛霍夫被召到莫斯科去参加最高苏维埃代表大会,只是在大厅里几乎没有穿着非军人服装的代表,甚至连后方的人也早就换上了军装,肖洛霍夫还记得莫斯科人那瘦弱、疲惫的样子。

在心中这战争也是沉重的——德国人和意大利人于 7 月 11 日占领了米列罗沃,而 7 月 24 日州党委会楼上的红旗再次被扯了下来——罗斯托夫也沦陷了。肖洛霍夫后来才知道:总共在半年的时间里,在州里不大的一块领土上,甚至还不是全部,法西斯分子摧残、枪杀、绞死了九万多他的同乡,又有多少人被赶去学习德国风尚!不知为什么,曾为《静静的顿河》做过插图的画家科罗利科夫自愿地去了德国人那里,后来在撤退中同他们跑到了德国去,难道他的德国妻子的劝说或者他对苏维埃政权的某些不满就比他的哥萨克血统更重要?

7 月 11 日肖洛霍夫给自己的党员朋友卢戈沃伊写去一封信——十足的战争内容,但又那么有生活气息:"亲爱的别嘉!我不知道维约申斯克的情况怎么样,从这里也很难判断。如果你们家还没有搬走,那么我要再一次提醒你:他们会赶走牲口的,我们的奶牛也会带走的⋯⋯紧紧地拥抱你们所有人,我坚信,我们会见面的。米·肖洛霍夫。"还有一段关切的附笔:"家里还剩下一些吃的东西,如果还保存完好——合适的你就拿走吧。"

〔增补〕彼得·卢戈沃伊写了关于肖洛霍夫母亲的回忆:

"阿纳斯塔西娅·丹尼洛夫娜,这是一位文静的谦和的女人。她生在亚辛诺夫卡村,那里距维约申斯克镇不远,是区里唯一一个居民点,那里所有人都是外来户，乌克兰人，哥萨克称他们是'霍霍尔'。阿纳斯塔西娅·丹尼洛夫娜有一头乌黑的头发，黝黑的略露出颧骨的脸，一双深棕色眼睛。尽管已经近于年迈，仍不知疲倦，家务事从早操劳到晚，当儿子举行家庭晚会时，她就要忙到深夜，这样的晚会就高兴地常常搞。阿纳斯塔西娅·丹尼洛夫娜极会腌渍黄瓜、西红柿、白菜、西瓜、苹果和制作各式各样的食品。她所腌渍的食品绝对美味可口，即使到了春天，到了四、五月份，吃起来还和昨天的一样。她的烹调技术也是奇妙无比的：在维约申斯克没有任何人能做得比她还好。她的这门手艺也被玛丽娅·彼得罗夫娜学到了手，玛丽娅的姐妹安娜和波琳娜做得也不比她差。阿纳斯塔西娅也同样会做出很好的果子酱，她总是聚精会神地观察着果子酱，让它既不烤焦，也不过火，果子酱做得总是香味十足，看起来漂亮，又极香。她还善于做各种各样的饮料和甜酒。她亲自到市场上去买食品，即使家里富裕了也是这样，她总是精打细算，一些细小的东西都很珍惜。在与人交往中，阿纳斯塔西娅·丹尼洛夫娜总是很有分寸，聪颖，能够自持，很会观察人，平时寡言少语，但每一句话都说得恰到好处。

母亲非常爱自己的儿子米哈伊尔，就因为儿子，她学习了写字，以便自己能给在博古恰尔读中学的儿子写信。儿子也深深地爱着母亲，母亲的许多特点都被刻画在伊莉尼奇娜这一人物身上，读过《静静的顿河》的每个人都会铭记在心。"

一位将军的命运

就在 1942 年 10 月初，他给《红星报》主编发了一份电报："您好，请准与卡尔波夫同赴斯大林格勒前线，请回电。热烈地拥抱你，肖洛霍夫。"

他已有了丰富的作战经验，也猜到了今年在伏尔加河有主要战役，因而就想同报社的责任秘书一起去斯大林格勒。

当他来到前线的司令部，被所见所闻震惊了，由于不间断地轰炸，城市被炸毁了，守城官兵的状况比走投无路更糟：德国人突破到伏尔加河边，斯大林格勒一两天就会被占领……而随着城市的沦陷，通向高加索和外高加索的石油宝库的大门就直接为德国人敞开了，而我们部队作战又怎么能没有它——汽油、重油和煤油呢？

肖洛霍夫知道,最高指挥部副统帅朱可夫在领导着城市保卫工作。可是,唉,没能见到他,但他也不一定要去见他,他看到,朱可夫在这座地狱中也没时间见记者。对于了解前线生活这就不必说了。肖洛霍夫有个惊人的才能——在他准备写的人中间,他会成为自己人,后来成了罗斯托夫作家的彼得·列别坚科这位在前线的老乡的见证保存了下来:

"我在一个小战壕里找到了米哈伊尔·亚历山大罗维奇,为了到他那里去,还得从指挥所爬过二十多米,真正是在爬行,德国人就在身边,而且他们的狙击手当然也没有睡大觉。

肖洛霍夫同一个上了年纪的士兵坐在装过炮弹的箱子上,有个二十来岁的小伙子——宽肩膀,白眉毛,同样地披着一件斗篷坐在战壕壁旁……

那个留着小胡子的低声说:'这事好像有人很走运,可是……你看,我和米吉卡——这是我儿子——我们已经打了四百一十六天了,连伤痕都没有。可是那个人——看吧,刚刚来到连里,还没来得及向德国佬开枪——就已经准备……看,这事就像……'

'而你将来要做什么呢?党的教官吗?'他突然地问起了肖洛霍夫。

'现在你找到卷烟的报纸没有呢?'

肖洛霍夫没有找到报纸。那个士兵失望地皱了皱眉,可是米吉卡递给了他一本小书。

'你疯了,怎么!拿这本书卷烟抽,你得用脑袋想想,可是……'

这本小书就是《学会仇恨》。留小胡子的人补充说:'要学会这样,我们的弟兄们不能不学会仇恨,哎,无论如何也不能,你明白吗?写这本小书的人也不是一般人哪……可是,他什么都知道。他的心是战士的心,你知道吗?就像你一样,他来过战壕,随随便便地,来了,坐下,就说:弟兄们,咱们吸烟吧?谁的更冲?……心哪……'"

接下去呢?突然打起来了,而米吉卡却牺牲了,目击者又留下了这样的见证:"大地浓烟四起,炮弹把它炸飞了起来,战壕里弥漫着焦烟的气味,而那个士兵却一直跪在那里,一动不动,就像给他儿子立的纪念碑。肖洛霍夫俯身去看那个牺牲了的小伙子,把他的一只手攥在自己手掌中,紧紧地握着……他的脸突然变成了灰色,两鬓上的脉管鼓胀了起来,眼睛里充满了痛苦……连队开始了进攻。那个西伯利亚人趴在儿子身上,嘴唇贴上了嘴唇,用刚刚能听到的声音说：'别了，米吉卡，我回来——再安葬你……'"

还有一个上过前线的瓦西里·格里亚兹诺夫也深深地记住了同肖洛霍夫见面的情景："这是在斯大林格勒的城外，正在进行激战……他来到我们的战壕里，一边走着，一边报告情况，还不时地向外面看，用望远镜观察法西斯军队一方。有一个士兵就说：'团政委同志，用望远镜要小心点儿，德国人的狙击手正防备着呢。'肖洛霍夫笑着回答：'谢谢你的提醒，可我不怕狙击手，小兄弟，我念过咒，子弹打不着。'"

后来，这个故事就传得一个比一个有趣："噢，我们战壕里的士兵把他围了起来，一下子就认出了这个团政委就是肖洛霍夫。我于是对他说：'您，米哈伊尔·亚历山大罗维奇，大概会说躲避子弹的祷告词吧？''会。'他回答，'那些祷告词，《静静的顿河》里就有，要说新的，那我现在心里倒想出来一个，朋友们，它开始是这样的：以我们父亲、母亲和儿子的名义——一步也不后退！'他停了下来，一声不响，喷出了马合烟团，又说：'想写一篇好的。''写什么呢？''写什么，写你们怎么为祖国而作战。你看我现在来到战壕里，我要看一看，向你们学习，研究一下士兵的生活，你们过去的一些事，然后我就写，一定的……'"

人们在卡梅西诺也看见过他——喀山至斯大林格勒道路修建指挥部就设在这里，德国人一天三次轰炸这座小城。

不仅在编辑部里人们感到了吃惊——这位专业记者没有寄来一篇特写，大概，他在构思大部头作品。不过，在为报社收集所需要的资料时，他并没有失去干劲——虽然震伤后所受折磨的痛苦一天也没有忘了他。

这部新小说写的就是保卫斯大林格勒的人，他起个名《他们为祖国而战》，正好，这里他用了"祖国"一词，字头是小字——没有更多的慷慨激昂的色彩。

肖洛霍夫作为见证人，像那些为祖国而战的人一样，不允许德国人渡过伏尔加河，1942 年 11 月，他们转入了反攻。

给他的记忆留下特殊印象的是，英雄们的牺牲经常是由于领导的无能造成的。他很痛苦——对于挥之不去的惋惜和怨恨欲说不能，他告诉朋友们说："六十二军发起了进攻……我看到了，八百人的队伍是怎么死去的，只剩下六名官兵，其他人在火车站旁躺倒了一层。他们不是德国人打死的，而是隐蔽起来准备撤退的自己人打死的,结果怎么样,全被侧翼的炮火打趴下了……太可怜了……这是谁的罪过——崔可夫还是罗季姆采夫?分析分析看吧,他们现在你推说我,我推说你,可是人哪,倒下死了……谁承担罪责?战争嘛!可我想要表现的尽管是痛苦的,可却是真实的……"

肖洛霍夫暂时还在斯大林格勒,可是莫斯科围绕着《静静的顿河》,一些人却玩起了见不得人的把戏。10月,政府副主席安纳斯塔斯·米高扬给党中央写了标有"密件"的信:"在英国及其所管辖区域,对苏联政治和文学书籍产生了极大兴趣……"并附上了一份书单,请求党中央批准出版其英文版。书单里有《静静的顿河》。人们"讨论"了这封信,把《静静的顿河》删掉了,换上了华西列夫斯卡娅的《虹》,这位女作家极受斯大林宠爱,拍马屁的说来就来。

……德国,在保卢斯军队已经意识到了自己的末日时,希特勒发表了讲话,极为奇怪地招供出:"有人总是嘲笑我是预言家。当时嘲笑过我的一些人许许多多已经不再笑了,而那些仍然在嘲笑我的人,也许,很快就不会嘲笑了,通过欧洲,整个世界如今都意识到了这一点……"

总共过去了半年,这部长篇小说最初的几章就问世了,全世界以普通的俄罗斯士兵为代表,知道了真正的预言:"让敌人暂时地欢庆胜利去吧,但胜利将属于我们!当在德国土地上进行最后的决战,我们伟大的解放者——军队的红旗招展的时刻,灾难将降临到这产生了一大帮掠夺者、强暴者和杀人犯的可诅咒的国家……"

国家公布了颁发"保卫斯大林格勒"勋章的命令,肖洛霍夫将获得这一嘉奖,它记录下了在人类历史上的一场最伟大的战役中,《红星报》的使者肖洛霍夫同其参战者一同战斗的历史。

〔增补〕带着记者的札记本在战壕里奔走,丰富了作家肖洛霍夫的经历。对于未来的军事长篇小说来说,前线日常生活的特征是一句又一句地积累起来的,而不是从别人的转述或者纪录片电影中得来的。

肖洛霍夫很明显地不得不手里拿过工兵铲——否则在长篇小说中未必有这样的描写:"太阳把这荒野的大地晒得像石块一样坚硬,用力把铲子刨下去也只有几厘米深,刨下来,一片一片碎块,就在刨的地方留下了光亮的闪光的痕迹……"

只有亲自观察过才能写下这样的句子:"敌人中间那辆坦克车跑到前面,开足马力,冲入拦住去路的集体农庄铁工场,工场的墙壁是用树枝编的,外面抹着泥,墙壁坍塌的尘雾顿时把这辆坦克淹没了。等它从坍塌的铁工场冲出来时,铁甲上沾满干树枝和垃圾。它炮击重机枪巢,压坏好几个掩体……"

肖洛霍夫同一些人交往,为了他们已准备着手写出长篇小说《他们为祖国而战》,这种交往使他加强了这一信念:不是书刊检查机关,而恰恰是生活的真实才应当左右他这支作家的笔。正因为这样,在小说中才出现了非同寻常的自白,像学会战胜敌人的名副其实的教科书:"应当怎样作战,我们还没有学会一点点真正的仇恨,看吧,当我们学会了,那时在战争中我们挺进时就应由于愤怒嘴角上冒出沫子——到那时候德国人就会转过身屁股朝东了……"

……在肖洛霍夫关于军旅生活的回忆录中我发现了极重要的笔记,这段笔记之所以令人吃惊,是因为其中模模糊糊地看出了些尽管当时还不甚清楚的东西,但却让人不由自主地想到了《一个人的遭遇》中那个不幸的索科洛夫,所以,我从肖洛霍夫的讲述中摘录出片断——口头的,但却是活灵活现的……

"有那么一个年轻的哥萨克,长得貌不惊人,不管怎么说日子过得还可以,那时还没有爆发战争。可是,战争爆发了,唉!人们撤退了,我们的这位英雄就被包围了。他想赶紧换上便装,混到市场上去,向两边瞧一瞧,看看人们在法西斯控制下怎么过日子,这种新秩序他可不喜欢。后来,他做出了这样的决定,悄悄地钻到河水里向东方游去。后来,他变成了那种样子,像一只野兽,没有了人的模样,在他实在坚持不下去时,最终倒在了我们一个年轻女人面前,在那儿待了两三天。

我们这个哥萨克不知道走了多久,终于等到了这个时刻,到了前线……连乌鸦不声不响地飞过这五十俄里也是不可能的。夜里他碰上了巡逻兵,必须一声不响地把他干掉。在一个弥漫着大雾的雨天的夜晚,我们的英雄来到了河岸,河的对岸就是我们的部队。

他等着深夜的到来,抓住了机会……扑通一声跳进了河里。德国鬼子的炮火立即铺天盖地打过来,这之前,河水还挺凉,后来,水也烧热了。探照灯光扫视着河面,简直倒了霉了。他鼓足了劲儿吸口气,就钻到河水里,在水下尽量坚持着,再露出水面吸气,又钻进水里。

突然,我们的部队在对岸发现了河水里有人,也开了火,这就掩护了他。开始,这个哥萨克非常害怕我们这些人,'他们会杀死我的,这些该死的东西。'他想,'他们会杀死我,那可怎么办呢?难道就不能回到自己的一方了吗?'可是,当第三颗子弹碰到他脑袋时,他倒下了,啊,有人跑过来了,是自己人!可是,当他完全靠爬着到了岸边时,感觉到意识已经模糊了,再害怕也不可能了……"

还要补充一项科研成果。美国一位肖洛霍夫研究专家斯图亚特想确定肖洛霍夫写作技巧的一个有趣的特点:"他主要靠听觉写作,模仿着自生的、自由流动的话语的进程,而创造出非同寻常的文学效果。"

第 三 章
1943:党中央的书刊检查

1943 年 1 月的第一天,斯大林签署了最高统帅部大本营的命令——开始代号为"顿河"的进攻。

拜 访 贝 利 亚

十分明显,肖洛霍夫对这一秘密命令一无所知,但维约申斯克仍令他放心不下,这时又传来了他的一位朋友的儿子带来的消息——不幸的:"我们在平原上走到了维约申斯克……教堂坍塌了。倒塌建筑物的墙被烧焦了,房舍瓦砾一片,到处是炸弹坑……"

人们告诉肖洛霍夫,《真理报》收到了许多提出这样问题的信:关于这次战争,肖洛霍夫什么时候能写出有意义的东西呢?他做了回答——我知道,他说,我读过了一些这样的信:

"大家,大家都希望,什么也不要忘记,而我就是这么想的,为了这些活着的人,为了这些已经死去的人,为了这些以后将会……"

有人问他:这部新的长篇小说写什么呢?

他回答："写俄罗斯士兵,写他们的英勇忘我的精神,写他们所具有的世界闻名的苏沃洛夫品格。但是,这次战争完全是从另一个角度上表现出我们的士兵,所以,我想在长篇小说中揭示出苏维埃军人新的品格,在这次战争中,这一品格具有了崇高意义。"

他特别指出,小说中将有许多幽默之处,可有人觉得这很奇怪,不合时宜——开玩笑不是有点早吗:要知道,战争中的大转折还没有出现哪。肖洛霍夫却不同意:

"在前沿阵地,一旦有了闲暇,士兵们读什么呢?冒险故事,消遣小说。要想躲开这绞肉机,躲开对战争的可怕思索——要知道,前线很少有让人高兴的事,而我就服从这必然的要求……"

……2月,在编辑部所有工作人员的会议上,编辑宣布,斯大林规定了肩章制度,革命期间这些肩章被取缔了,几天以后,就授予肖洛霍夫上校肩章:两条线三个星,还有正式穿的金光闪闪的军装和平时穿的绿军装。肖洛霍夫成了军官啦!戴上了金光闪闪的肩章!在《静静的顿河》中多少次写过这肩章啊,有时是尊敬,有时是鄙视。不管怎么说,这很好,最高领导想到了俄罗斯军官的世代传统。

2月,不论是对于国家,还是对于肖洛霍夫来说,看起来都是好消息不断传来。

这个月的第二天,斯大林格勒城外的残酷激战结束了,它持续了半年多,世界人民相信,苏联士兵在莫斯科保卫战以后就表明了,比法西斯军队更强有力。

其实,肖洛霍夫当然认识到了,斯大林格勒的胜利还不是摧毁德国,德国还很强大。

莫斯科。《真理报》2月4日刊登出了一幅重大军事行动的小地图,不难想象到,肖洛霍夫是怎么看这张地图的:上面有罗斯托夫、米列罗沃以及周围和附近的城市与村镇。很清楚,这张地图没有白白印出来——它表明,那里不单有战斗,而且还在进攻,也确实如此。过了十二天后,苏联情报局发布了消息:"南方战线的部队占领了顿河畔罗斯托夫。"冰冷的雪地上浸入了多少鲜血啊……

罗斯托夫。前线军事会议给斯大林拍去一封告捷的战报:"在静静的顿河的城堡上,在罗斯托夫上空,伟大的不可战胜的苏维埃的红旗高高飘扬……"

前线传来的消息是令人欢欣鼓舞的——可是家里人的生活,仍然作痛的震伤,为长篇小说的操劳,就让肖洛霍夫并不那么愉快……而且,从二十年代以来他早就确信要为失宠的人作辩护。

科尔内伊·楚科夫斯基。他得知,儿童出版社已经得到了不发表他的短篇小说《我们战胜了巴尔玛列伊》的指示。可是,他却想靠着这部作品教育孩子们仇恨法西斯,看起来,所写出的并非都很如愿。况且不是悄悄提示他,而是责备他有意识形态的错误。当时这种可怕的指责也没有白白地被他写进了日记里:"凶恶的乌鸦来啄我的眼睛……"他寻找保护人,可是人们都把身子转了过去。还找人呢,大家说,斯大林本人就对这篇小说不满。在为保护这位小说家而写的信上只有两位作家签署了名字:阿列克谢·托尔斯泰和肖洛霍夫。

……叶菲姆·佩尔米金。由于某种原因,他在自己的中篇小说《诡计》和《仇恨》中没有"反映出"农业集体化,早已经是"人民的敌人"了。肖洛霍夫找到了机会就求助于斯大林以保护这位作家,斯大林发了慈悲,打电话告诉贝利亚:"应当尊重肖洛霍夫。"那位纪律严明的人民委员找来了说情人肖洛霍夫。

"您说的是谁?"

肖洛霍夫开始谈起了佩尔米金在文学上的功绩,贝利亚打断了他:

"我没读过,也不想读它,你就说吧:他是我们的人吗?"

"我们的人!"

"把他姓名写下来……"

然后他就打电话给一个人:

"叶菲姆·尼古拉耶维奇·佩尔米金,是作家,放了吧,恢复他一切权利。"

3月,在全苏国外文化交流协会里,人们想到了肖洛霍夫,当时,这个协会的女领导人想要在美国发行几部影片,她写信给党中央:"考虑到美国电影的巨大宣传力量(如果是宽银幕影片,将有三四千万人观看),制作出关于苏联的影片就能成为我们巨大的宣传手段之一……"她建议把能够写电影脚本的人召集起来。在她的名单里，有二十位作家，她没有忘记肖洛霍夫。不过，这个主意落空了。

就在这个月，肖洛霍夫想去见斯大林，答复是通过助手转来的："波斯克列贝舍夫同志：请转告肖洛霍夫同志，我很抱歉，并且说，由于我工作甚忙，他的要求无法兑现。"

为什么他想去克里姆林宫呢？也许在党的主要档案中，我的发现暗示出了对这个问题的回答。

4月，人们转交给马林科夫一个纸包——其中有五十来页书稿，字打得很漂亮，稿纸也讲究，第一页上写着："米哈伊尔·肖洛霍夫，《他们为祖国而战》"，原来是米哈伊尔·肖洛霍夫的新作。

这里用蓝色铅笔写下了："交马林科夫同志和（字迹不清楚）……这是个好东西，依我看，应当在《真理报》和《红星报》上发表它。"然后是签字（但我无法看清楚这一决定是谁做出的，不过，明显不是斯大林）。

应当读一读，可是马林科夫怎么能抽出时间来呢？每一天，每一夜，来自于各位人民委员、州委书记、兵工厂厂长的书信、电报和便条几十份，几十份，几十份……

他们称赞了这个"东西"，可是文本中立即映入眼帘的还是那支粗大的蓝色铅笔划的重点号，第二页，第三页几乎每一页都标得伤痕累累，这明显不是在称赞。这支禁笔是谁的呢？——马林科夫？那个决定的作者？我猜想：这个读者是个爱挑剔的人，这个有文学趣味的"保险主义者"，受过一些决议和指示的教育，这个书刊检查官对这样的句子就忐忑不安，比如："鬼盟军"，"不，柯里亚，你是怎么想的，可我作为一个将军却不想做"，"军队被摧毁了"，"我们行军第五天了，很快就到顿河了，然后就是斯大林格勒……"，"我们团被打得七零八落，剩下那些呢？整个队伍呢？……"，"像英国的艾登大臣"，还有，还有，还有。

我在家里把这些画了线的地方同小说的最后一版进行了比较，在文本中几乎所有这些句子都保存下来了，只有洛巴兴反驳的一句"那鬼盟军"换成了"我们的盟军"。肖洛霍夫很清楚，检查官们警觉的是什么：似乎盟军还没有生气，人们在提醒他们——他们在拖延开辟第二战场。

我找到了那个《真理报》的尤里·卢金，他在一段时间以后就筹备过这部小说几章的出版。我问他：当时谁如此大胆，对领导划了线的地方置之不理呢？他回答说，我拿到的手稿就没有任何标志。这就清楚了，肖洛霍夫自己做出了这可怕的决定，清除了书刊检查官对自己作品的干预，这种干预把所写的东西弄得面目全非。

在《真理报》社，人们说：马林科夫读这部手稿时不慌不忙，主编忍受不住了就对他说："我们负责，同意出版吧。"

书稿怎么跑到党中央了呢？现在已不得而知。如果它是从报社送去的，我没有找到任何随同的正式书信，如果是肖洛霍夫自己找到了那里，也没有他的书信。

5月，报上登出了全体斯拉夫人群众集会告被压迫的欧洲斯拉夫人书，它号召人们团结起来，反对共同的敌人。在上面签字的人很多。同肖洛霍夫一起签字的有路德维希·斯沃博达，他后来成了捷克斯洛伐克总统，当时是苏联组建的捷克斯洛伐克兵团的司令，还有作家阿列克谢·托尔斯泰、列昂尼德·列昂诺夫、亚历山大·法捷耶夫，学者彼得·卡皮察，歌手伊万·科兹洛夫斯基以及几位神甫……

恰恰是在这时，肖洛霍夫新的长篇小说的片断开始发表了，与此同时，在《红星报》社，在《真理报》社，有人给党中央写了信。万炮齐鸣！实际上这部小说已经成为火药味十足的了，肖洛霍夫看过了一位记者的札记："1943年，刚入夏……就在这几天，前沿阵地收到了几期《真理报》，上面刊登了米哈伊尔·肖洛霍夫新写的长篇小说的几章。大家——不管是士兵还是军官——都贪婪地扑向了这几期，他们把报纸读成了小洞，读成了磨坏的碎片……"

当它写出了名副其实的战壕真实时，又怎么能不"扑上去"呢，哎，尽管是写出来的场景，当我们打退了法西斯的进攻时："尼古拉！我们给他们洗干净了，嘿！他们一边跑，还一边蛮横无礼，可我们把他们洗得干干净净！太棒了，我们把他们洗干净了，让他们下次再来，我们还给他们洗！"

可是要知道，他也能够写出来另一种真实场景："埋在土里的尼古拉依旧一动不动地躺在战壕底，痉挛地呜咽着，拖长了声音地呼吸着，而每次呼气的时候，两颊都会碰到陷入战壕的泥土……血从他的鼻孔里流出来，痒滋滋，热呼呼。鼻血大概流了很久，胡子上已经凝成了血块，嘴唇也粘住了。

尼古拉用手摸了一下脸,微微抬起身子,剧烈的呕吐又使他倒下去。呕吐后,尼古拉又欠起身子,用模糊的眼睛环视一下四周,一切都明白了:德国人就在眼前。"

艺术家也生动地描绘出了这样的令人心痛的场面:"兹维亚金采夫在田边摘下一棵未被战火焚烧过的小麦……黑色的麦芒被火燎得焦烟,麦壳被烈火烧得裂开,整个麦穗被火烤得变了形,显得可怜巴巴的,充满了刺鼻的烟味。兹维亚金采夫闻闻麦穗,含糊不清地嘟哝着:'我亲爱的,你被熏成什么样啦!像茨冈人一样散发着烟味,该死的德国人把你整成什么样啦,他们铁石心肠,干的好事!'"

战争和死亡……小说写得残酷,这是公认的。"我们在一起作战,可是死的时候却是分开的,我们中每个人都有自己的死,个人的……"洛巴兴说。

意想不到的反响寄到了发表这部小说的《真理报》,这是谢尔盖·叶尔莫林斯基写来的。战争爆发前一年,肖洛霍夫曾同他创作过《被开垦的处女地》的电影脚本。如今,叶尔莫林斯基正在坐牢——在阿拉木图流放。对他来说,这封信写得并不容易——连肖洛霍夫也突然不想保持同他的关系,做他的辩护人了。他信中头两行充满了惶惑和忧虑:"亲爱的米沙!我给您写的信极短,因为我不相信你能否找到这封信。可是,假如你想叙述我全部的不幸遭遇,那么,一旦你写完——它就会成为一个长篇故事。"这封信不仅如此——他还希望能够共同合作,"日前他们给我带来了发表了您几章新作的几期《真理报》,如果您有这样的意图,我,作为您的'缴纳田租'的农民,准备从事电影脚本的创作……"

就在这春意颇浓的月份,肖洛霍夫被派到了西线,他带着自己那可怜的一点儿口粮到了多罗戈布日镇。

从这里准备发起向斯摩棱斯克的进攻。当他坐上了汽车,开往司令部时,到过格扎茨克——这里距克鲁西诺村不远,这个村子被战火烧过,破了产,就在这里的一个小土屋里,加加林一家人同九岁的儿子尤里过着穷苦的生活。航天员尤里·加加林和作家米哈伊尔·肖洛霍夫是在六十年代中期在维约申斯克见面的,可以说,在高高的运行轨道上,这位经典作家已经注意到了年轻的文学幼苗。

肖洛霍夫这一名字的本身就已经使这位作家比其他记者了解到了更多的前线状况,但是很可惜,这些了解——没有付诸出版。解放斯摩棱斯克战役被称为"苏沃洛夫战役",它的准备工作是秘密进行的,谁也不知道发动进攻的日期(8月7日),也不知道投入的兵力数量(一百二十五万)。

这场战役是极其严酷的,一直拖延到了9月末——只是到这时才解放了斯摩棱斯克。

为什么军事记者米·亚·肖洛霍夫没有从这一前线寄来任何文章发表呢?看起来,他在写自己长篇小说新的几章。

对所有人都避而不谈,在这火热的日子里,他在着手写短篇小说,当然,是关于战争的,小说名极简单,《马特维·卡尔梅克夫》,这个名和姓是十足顿河式的,只写出满满的十三页,没有写完。他决定把这篇小说扩展成长篇小说。可惜,没写出来。可能,那时的一个读者还不能领会一个哥萨克集体农庄庄员"自己的"经历,在那极为艰难的日子里,保卫祖国的命运落在他的肩上——在顿河和伏尔加河之间的大草原上撤退。而且,也许不是一个新战士体验到了那种情感,甚至是一个英雄——在行军中他被德军炮弹的轰炸抛到了臭水坑里:

"他发了疯似的跳了起来,向上仰起了头,一边嘴里吐着,一边挥动拳头,大喊:

'你厉害,狗崽子,打手无寸铁的人!到前线上你打我吧,你妈妈的!你打我,我把你身上全钻成眼儿!'"

这就是俄罗斯的性格!

小说没有夸张色彩,关于撤退,对于年轻的连长,他有权说出严酷的战地真实情况:

"在天刚亮或者早晨,等待着敌人发起进攻,大概,坦克会从那边开过来,我们那时还没有坦克,暂时没有。决战反映出了各自的实力。主要的是——不要害怕,无论何时也不要躲开坦克逃跑。没有我的命令不要后退一步,牢记住这一点。我们有这么一个好的习惯:胆小鬼们,投入到战斗中的同志们,还没等到德国人把他们打死,就被自己人打死了。噢,守住阵地……"

肖洛霍夫明白——在那个可怕的年代里,这种可怕的命令是唯一可能的,这同样是从学会战胜敌人中得出来的教训。

美国人的请求

6月,华盛顿,罗斯福正在看丘吉尔来的密码电报,后者从幽静舒适的北非海岸告诉他:"洗澡给我带来了极大的好处……"

就在这时,德国人以五十个师准备对库尔斯克方向发起进攻。希特勒发布了命令(在作战前夜签署的):"你们开始了伟大的进攻战,这一战役从整体上能够对战争的结局产生决定性影响,你们的胜利比过去越大,就在全世界加强了这一信念:任何对德国武装力量的抵抗都是徒劳的……"

罗斯福在给丘吉尔的回电中谈到了斯大林的电报——苏联的领袖对西方盟军的立场感到失望,并要求开辟第二战场,俄罗斯孤军奋战,精疲力竭。那个在海滨浴场晒太阳洗海澡变得精神抖擞的首相,在给罗斯福总统写的又一封信中同意与后者一起答复"约叔叔的严厉指责"①,他们告诉了斯大林盟军失败的危险性,"一旦通过运河进行拼死进攻时扔下了几十万人……这有可能在你们国家造成极为恶劣的情绪。"丘吉尔建议罗斯福在写给斯大林的信中加入这么一句:"我们帮助你们的最好办法——这就是我们在突尼斯所做的……"

这几天,肖洛霍夫从前线被召回——人们告诉他,应当接见全苏文化交流协会主席,这一组织在国外的舆论界的影响越来越提高了威望。

会面中肖洛霍夫愉快而又热情,平静地吸着烟。可是,当人们转告他,美国协会要求为帮助俄罗斯在战争爆发的周年纪念来临之时给美国人写一封信时,他突然发火了,任何人也没有看到过他这样:

"写什么?为什么写?昨天我会见了一个美国人,在谈话中他对我说,如果在我的小说里,议论盟军必须积极参战,而不是仅仅提供物资援助,这种议论将会使美国人觉得受辱……"

他的感情无法平静下来:

"我可以设想,一个住在远离世界重大事件的中部美国人或者西部美国人,可能不明白他的命运和美国的命运首先决定于粉碎希特勒德国,而如

―――――――――――

① 指斯大林。——原注

今俄罗斯人民正在独自地决定着这一命运。我充分地看到了美国援助俄罗斯所具有的意义。我在前线的路上看见了驶过的'道奇'车和'福特'车,当我同驾驶美国歼击机的飞行员进行谈话,同军医院的伤员进行谈话,看到过军医院里苏联战士和军官由于使用美国药品和医疗器械而治愈战伤、重返战场,每一次回忆都使我深怀感激之情……但两个战友的真正战斗友谊,不会建筑在这样的基础上:一个人在作战,投入生死的战斗,而另一个只给他递弹药,拍手喊着:'真棒!你打得真好!'"

他谈着自己到过的那些前线,回忆起母亲的死,重又抑制不住激情的自白:

"很难要求外人,一个没有被敌人夺走亲人生命的人,让他痛恨希特勒匪徒,像我们痛恨希特勒匪徒一样。然而,如果我呼吁美国人参战,开辟欧洲第二战场,那绝不仅仅是由于对敌人的仇恨才使得我这样做。我们,俄罗斯人,充分相信自己人民的力量,不须歇斯底里地冲着全世界喊:'打击希特勒匪徒吧!'我们自会打败他们的。"

他平静地并有分量地总结:

"我坚信,千百万美国青年的生活、他们每一个人的自由和独立,首先取决于粉碎希特勒德国。我呼吁美国人民同我们并肩战斗……"

似乎胜利已经来到,他是这么结束讲话的:"在这一战友情谊的基础上,建设持久而正义的战后和平。"

《给美国朋友的信》毕竟还是发表了,这是说好了的。在这封信中,谈到美国时写了不少善意的尊敬的话语,而且结尾也没有谴责:"不弄脏手也不可能从这场战争中走出来,它要求流血、流汗,否则它将要求三倍多的代价。动摇的后果可能是无法补偿的。你们还没有看到过在自家门口自己亲人的鲜血,我却看到过,因而我有权同你们这么直截了当地说。"

在这几天里,肖洛霍夫还发出了一封信——写给顿河流域区党委里自己的朋友彼得·卢戈沃伊:"告诉我邻村的情况,巴兹吉村人、勃克村人都是怎么从战乱中逃出来的?右岸一些村子看起来怎么样?彼得罗·奇基吉现在在哪儿?……"与此同时,他很痛苦:"朋友,我的藏书还剩下了什么,剩下了吗?不能想什么办法收集一下吗,因为德国人还没有到维约申斯克——难道是自己人拿走了吗?"而信的结尾却写得不同寻常:"许多被破坏的地方我们都要去看一看,可是谈起了祖国,就百倍地更加痛苦……噢,不过没有关系!我们还都活着,所有剩下来的东西都会安排好的,青草会在被焚烧的地方长出来的!……"

8月,肖洛霍夫突然去看望维约申斯克——他是从卡梅申诺回来的,这时,他家已从哈萨克斯坦搬到了卡梅申诺。在镇里他没有地方住——房子还没有重建。

还谈什么自己的房子!当他得知,饥饿已悄悄来到顿河时,他已经完全绝望了,没有任何收成,因为秋播作物什么也没种,因为荒年,连种子都没有,由于战争的破坏,农业机械也没有了,肖洛霍夫想到了请求党中央帮助,于是,他以顿河上游地区各区党委第一书记的名义给党中央书记安德列耶夫写了一封信,他也是农业人民委员。

肖洛霍夫从维约申斯克又去了新切尔卡什克,他的到来使一个种植葡萄的哥萨克记忆犹新:"在葡萄园里,一些德国俘虏在干活,他们一声不响地干着,很努力,似乎要赎罪一般,我们对他们的态度也不错,不过很清楚,并不特别热情。有一天,肖洛霍夫来了,他久久地观察着德国人干的活,他看到了,他们怎样细心地掘松了那干裂的棕黄色的土地,看到了他们盐渍渍的刺鼻的汗水怎样留在他们那久未洗过的褪了色的衬衫上。我不知道,肖洛霍夫在想些什么,但我记得十分清楚,他的眼神变得越来越阴郁、阴郁。然后就果断地迈着步子向我们走了过来,请那位葡萄酒酿造师斯杰潘·米特罗方诺维奇给俘虏们一点酒喝。他从酒窖回来时,拎了一个木桶,并把酒递给一个德国人,然后是第二个,第三个……人们告诉德国人这位作家的名字,他们都非常激动……'像施利希特,可却是个普通人……'"

在新切尔卡什克他只停留了一天。他留下了一张照片——作家同三十一军的几位军官和集团军长的合影。怎么能不注意到——那些没穿大衣的人,奖章都露在外面,可是在肖洛霍夫的军便服上一个也没有,可要知道他有早在战前获得的列宁勋章和不久前得到的"保卫斯大林格勒"奖章啊。

9月,人们寻找肖洛霍夫并告知他——莫斯科召开了科学院的大会。这些精英中的精英早已没有聚集在一起了。可是,科学院院士肖洛霍夫找到了时间参加会议吗？或者这只是一个愿望？不得而知。战前,他是这里的稀客……

好消息越来越多了。1943 年 10 月,争夺高加索的战斗以德国人的溃逃而结束。这里对肖洛霍夫来说,似乎是故乡一样的地方。11 月,基辅获得了解放——母亲的那滴乌克兰的血发出了声音。12 月 1 日,苏联、美国和大不列颠三个盟国的巨头的德黑兰会议结束,盟军最后决定不迟于 1944 年 5 月 1 日,在欧洲开辟第二战场。美国总统指出:"如果俄罗斯战事再这样进行下去,也可能,明年春天第二战场就不需要了。"

……这次战争的一些特点,在作家的心中留下了深刻印象。肖洛霍夫的一位朋友留下了一段惨烈的回忆——这也同样是性格的特点:"我看到——法西斯的坦克,燃起了大火,由于上面的铁锈,全身烧得通红。啊,我正走近了瞧,然后站在那里待了一会儿,刚想离开,可是突然……

突然我向下面一看——这也同样是恐怖,从履带下面,在一小块烤干了的土地上,露出了一绺散乱的女人那灰色的长头发。这好像把我扔到了火中一般。一绺灰色的头发,女人的发辫在坦克的履带下面。这儿发生了什么样的事啊？这简直是恐怖! 要知道,就是这个被烧死的家伙用坦克碾上了母亲的头颅……这个野兽在战前是干什么的呢？他有过什么样的理想,在生活中他想干什么呢？我的上帝啊……我想我倒想看到那个把这该死的恶棍带到人世上来的德国女人的面孔,她想到了吗,她的儿子成了一个什么东西?! 我一直在想着这种兽行是怎么造成的。如果我想,也许在《他们为祖国而战》……"

〔增补〕在国外,人们对肖洛霍夫的兴趣由于战争越来越升温,美国和英国都出版了《静静的顿河》和《他们为祖国而战》这部小说的片断,在美国——急不可耐地——通过电报再版。

2 月,肖洛霍夫在《真理报》上读到了从纽约发来的消息:"近期捷尔仁斯基的歌剧《静静的顿河》首次上演。"7 月,又出现了一篇短评:"俄罗斯经典作家和苏联作家:高尔基、阿列克谢·托尔斯泰、肖洛霍夫等人的作品在英国、美国和其他民主主义国家出版数量极大。"

战争期间,《静静的顿河》在莫斯科没有出版。

第 四 章
1944:摇摆不定

在称之为斯大林的"大转折"之后,1943 年过去了,所有人都感觉到——肖洛霍夫更如此——他在莫斯科附近前线 1941 年充满信心所写的那一时刻来到了:"从鞑靼人的奴役开始,俄罗斯人民从来也没有被战胜过,就是在这一次的卫国战争中,她也一定是胜利者……"

战争:新的特点

1 月,肯定了人们的预见:解放白俄罗斯的战斗展开了;争取乌克兰解放的战斗还在继续;列宁格勒最终摆脱了困死的绳套;盟军开始进攻罗马。也因此战争越来越经常地出现了新的特点。

1 月 5 日,《真理报》发表了一篇短讯,说罗斯托夫剧院已经开业;2 月,还有一件文化、艺术前线的大事——作家协会全体会议召开。

肖洛霍夫全副武装走进了会场——恰好在这个月里他继续发表军事长篇小说新写出的几章。

在主席团里有法捷耶夫、革拉特柯夫、潘菲洛夫、帕斯捷尔纳克、普里什文、绥甫琳娜、爱伦堡。党中央来的有谢尔巴科夫和尤金,而肖洛霍夫被邀请到领导的座位上。大厅里,唉!有许多空缺的位置——有人牺牲了,有人没能从前线找回来。取代了邀请"无表决权"的是一些在战争中成长起来的新作家。这里也有肖洛霍夫的老相识叶尔米洛夫,过去他诽谤过《静静的顿河》。

全体会议上人们讨论了"卫国战争"中的"苏联文学"这一报告,肖洛霍夫未必知道,这一报告的提纲事先曾送交了党中央。肖洛霍夫名字在报告的"关于战争真实"里提及。提纲表明了一个轰动一时的题材:"苏维埃人的新特点;论克服对敌人的恐惧感;论仇恨的产生;红军官兵的成长。"接着,党中央清楚了,哪些人的作品将被提到:西蒙诺夫、索波列夫、格罗斯曼、戈尔巴托夫、特瓦尔洛夫斯基、列昂诺夫……

肖洛霍夫也在其中,关于肖洛霍夫有这样的句子:"他开始创作了长篇小说《他们为祖国而战》,这只是一些片断,还很难想象到它的整体,因而,我们也不知道主人公们的命运。但是,十分清楚,肖洛霍夫构思了一部艰难的作品,他也不想写些轻松的东西。这里写的是战争的日常生活,这是退却的艰难,当时人们在鄙视地观望着,而战士们的心中却燃起了怒火。我们知道,这种怒火后来就导致了胜利……这是战争的真实。"报告还提到了短篇小说《学会仇恨》。

还列入了一些后来被批判的作品:左琴科的中篇小说,谢尔文斯基的诗,也提到了帕斯捷尔纳克,措词极为模糊:"在战争到来之前,帕斯捷尔纳克处境艰难。"

全体会议开了五天,《真理报》对它没作任何报道。

肖洛霍夫没有发言。在讨论中,有那么一位作家协会及管理的工作人员,只有这么一个发言人,提到了肖洛霍夫,但却留下了强烈的印象:"无论怎么奇怪,《静静的顿河》在匈牙利出版了,教师们会提出问题,但事情并不那么复杂。我们在美国的杂志中看到这本书中有如此多的理性的、激情的、历史的真实,原因在于作者如此地热爱自己的人民并具有如此深刻的认识,远远不是《静静的顿河》作者的天才最后帮助我们明白了,为什么纳粹分子们在顿河受到了如此反击,为什么高加索对希特勒来说有如此的诱惑力。"

发言,发言;戈尔巴托夫、维什涅夫斯基、别尔戈丽茨、费定、苏尔科夫、绥甫琳娜、爱伦堡、莎吉娘都发了言,虽然,有一次有人提到过肖洛霍夫。评论家叶尔米洛夫——却避而不谈,虽然他算是个肖洛霍夫专家,他关心了别人的创作。没有党中央的意见是不可能的。在讲台上宣传鼓动部的长官表彰了瓦西列夫斯卡娅、戈尔巴托夫、西蒙诺夫,却用政治化的方法批评了左琴科、杜甫仁科、谢尔文斯基和阿谢耶夫。这位党的干部没有遵守党的礼仪——关于肖洛霍夫只字不提,可是他毕竟是斯大林奖金的获得者,又是苏维埃代表,根据他那些文章应当及时提到"正面的"话也好。

有些人感到惊讶:在这次作家的会议上没有肖洛霍夫应有的位置。然而要知道,他的特写、短篇小说、长篇小说已经被部队读者极为喜欢了,而且,从前线上,那些真正的文艺理论家们还在继续给他写来何等重要的信件哪,而且那些日日夜夜面对着死神的人们又能给他写些什么样的空泛的阿谀之词和假话呢。2月,比如,他就收到了一封信——直接就作为红军节的礼物——这是舒宾上尉写来的:"在我们部队里,现在热烈地讨论着您的长篇小说《他们为祖国而战》,参加过哈尔科夫到斯大林格勒战斗的人们,读了您的小说,想到了我们撤退时走过的艰难的路程。军官弗里德曼、莫恰瓦里安尼、巴巴耶夫和伊万诺夫说,米哈伊尔·肖洛霍夫太了解前线了,太了解士兵的战壕生活啦,他准确地再现了不久前的战争生活……"

在全体会议进行的最后一天,主席团给斯大林发去了一封祝贺信,在签署的名字中没有肖洛霍夫,这是因为他从全体会议那里跑出来了。

在他看来顿河比全体会议更重要,他给家里打了电报:"罗斯托夫州维约申斯克镇卢戈沃伊收,安德列耶夫7日到,已答应立即帮助,祝好,肖洛霍夫。"这里提到的人是党中央的书记和农业人民委员。从这封电报可以看到,肖洛霍夫已经知道了,他从维约申斯克写的那封关于同乡人贫穷状况的信已经起了作用。莫斯科没有拒绝帮助,拨出了种子和粮食,还有一些联合收割机和拖拉机,甚至是建设用的林地,而这又是肖洛霍夫关心顿河这本大书中的一章——这样的事又有多少了呀!

同乡们高度称赞了他的帮助。当人们把一次集体农庄会议上一个哥萨克女人的"讲话"转告给他时,肖洛霍夫也极为感动,甚至感到难为情极了,那个女人说:"我有五个孩子,丈夫死在了战争中,房子被炸弹也毁掉了,我就在避弹坑里过日子,我想——活不了啦,可是,你看,好事来了,给了我林地,盖上了房子,又分给我三十普特粮食,现在我又开始生活了。亲爱的同志们,请转告米哈伊尔·肖洛霍夫吧,我们所有的寡妇们向他深深致意,祝他健康、幸福。"

……肖洛霍夫被各式各样的一些操心事绊住了腿,仍找不出时间写信。伊万·特卢索夫是他的老朋友,曾在出版社工作过,如今是前线记者,肖洛霍夫给他写信,即使从这简短的信函中也可以看到作家的心理状态:"亲爱的万尼亚:给你带去的声音来自可怕的'远方',可你一切都将记得,你现在(就像我现在)极为忧愁。我去见过玛达①,你妻子也来了,我们回忆起过去,喝了一小杯淡酒——于是就给你写信。就是这样:我到过国家文学出版社——询问关于你的消息,我真高兴,知道你还健在,还偶尔听到了你遇到

---

① 库达绍夫的妻子。——原注

的那些麻烦事。战后我非常想同你见面。如果风把我带到你那里（我想，它要更往南一些吹）——我一定去找你，并且像年轻时代那样大喊："亲爱的万尼亚，特卢索夫-兹维列夫，身体好吗?!"可是瓦里卡没了①……我紧紧地拥抱你，并祝你健康。给我写两句话吧，我们通过玛达向你问好，米哈伊尔·肖洛霍夫。"

给卢戈沃伊的信——信一开始就关心区里的事："你播种的事进行得怎么样? 安德列·安德列耶维奇帮忙了吗?②"然后他已答应说，夏天时把家搬回维约申斯克。就在这时他提出了一个战时很有特色的要求："……还有，在我们家那块地种上马铃薯，省得秋天时去买。修房的事怎么样了? 写信告诉我……"有趣的是，同乡们带着自己的抱怨甚至到现在还在寻找着这位保护人："今把先丘科娃的申诉材料给你转去，我觉得，对她所持的态度是不正确的，应当恢复她的工作。"肖洛霍夫还回忆起了战前为了正义而进行斗争的战友们——洛加乔夫、里马列夫、卢季谢夫……并责备："你与里马列夫不融洽，这怎么了，难道'友谊'完全解体了吗?"这封信的结尾不仅向区党委书记的妻子问好，而且向"所有认识的人和能想到的人"问好。

……玛蒂尔达·库达绍娃，她就是玛达。肖洛霍夫给她写了信，他知道，这不是给朋友的妻子而是给朋友的遗孀写信。最终他确信库达绍夫已在战争的深渊中"杳无音信"地消失在什么地方了。"我一直没有放弃关于瓦西里命运的想法，不久前在《不列颠盟友》的第三期上（这是英国大使馆在莫斯科出版的杂志）读到了这份简述，于是决定给你寄去。可突然间——当上帝睡觉时，世界上什么事情都会发生的——我们的瓦西里在那里，在近东地方，衣服上缝了个条子，上面有'苏联'字样，这是否在等着回家呢? 当然，我想得太好了，可是要实现这一点，鬼知道，那有多么好哇! 你那里生活如何? 娜塔莎怎么样? 我们全家人都祝福你们。我们这里玛丽娅·彼得罗夫娜一个人，就好像是春天的日子——一会儿阴云密布，一会儿阳光普照——一会儿有点垂头丧气，一会儿又跑来跑去，而且她还把自己的

---

① 即库达绍夫。——原注
② 指安德列耶夫。——原注

事写下来,我向你表示问候,并祝愿娜塔莎和老奶奶,让瓦西里快一些回来,怎么回来都好,从近东回来好,从遥远的西方回来也好,只要踏上家门就好。"唉!这位朋友却没有从战场上回来。

在这几天里,《真理报》登出了消息,说在罗斯托夫,人们庆祝了从法西斯手里解放一周年。

〔增补〕肖洛霍夫本人所承认的创作特点之一:"这部军事长篇写得要比《静静的顿河》难得多。在《静静的顿河》里,无论是面对活人还是面对死人,我写得都很自如,那里一切都是历史,而如今摆在我面前的却是活生生的生活。"

回绝了《新世界》

4月,国家的情况轻松了一些,于是开始考虑到了文化——不仅仅是文化,它直接与战争联系着。国家想到了经典作家,甚至完全不是由于什么庆典的理由,于是,政治局通过了《关于纪念安·巴·契诃夫逝世四十周年》的决议,成立了一个全苏的委员会,肖洛霍夫被请入其中。有人没有忘记,肖洛霍夫曾认为契诃夫是自己的导师,当这个委员会开会时,人们瞬间就远离了战争。来了一些多么了不起的人啊!交流起来多么方便,到会的有:奥尔加·列昂纳尔多夫娜·克尼碧尔-契诃娃本人,老年的绥拉菲莫维奇和谢尔盖耶夫-青斯基,还有卡恰洛夫和图尔恰宁诺娃,列昂尼德·列昂诺夫和阿列克谢·托尔斯泰,作曲家格利尔,老相识库克雷尼克塞三兄弟,他甚至发现了还有早年欺负过他的费多尔·革拉特科夫……

……苏联情报局有人偷偷地告诉了肖洛霍夫,在德国,唉!哥萨克们投到了法西斯的怀抱,"哥萨克营垒"兵团有些人行为古怪。一开始他们在自己的杂志《在哥萨克的岗位上》发表了《静静的顿河》的片段,后来又在《哥萨克战术报》上用了整整一版登出了论文《米哈伊尔·肖洛霍夫》。它开头是这样的:"不依赖于他①所坚持的立场,天才的顿河哥萨克充满生气的身姿就造成了与众不同的兴趣并要求得到阐释……"还有对这篇政论的反

---

① 肖洛霍夫。——原注

应："报上登出一天的米·肖洛霍夫的文章将会被忘掉，而《静静的顿河》——作为俄罗斯和哥萨克生活的巨大画卷好像《战争与和平》一样将会永存。"肖洛霍夫看了皱起了眉头——这种评论不是为爱国主义作家而写出来的。

就在这个月，玛丽娅·彼得罗夫娜同她的全部儿女回到了维约申斯克，他们被安排在半被炸毁的房子里。可是请谁来修房子呢？现在是夏天，可以住，秋冬时候该怎么办呢？肖洛霍夫得到了批准，把家搬到莫斯科，在旧马厩胡同给他拨出一处住房。

花钱，花钱……对于一个大家庭和还留在维约申斯克的亲属们来说，很明显，一张团政委领取物品的凭证是不够用的，而且，不知为什么，当局开始偷偷地限制他了，也许他没有意识到，或许不知情，但反正是感到了委屈。6月，党中央向政府（人民委员会，米高扬）发出了出版一些知名作家作品的规定，党中央关心备至——亲自决定给哪些作家多少稿酬。没有立即就定下来——进行了有伤自尊心的分配。第一方案是：给索波列夫每部长篇小说，比如说是"二十万卢布"；而给肖洛霍夫全部的《静静的顿河》则是十五万卢布。不错，他们乱来。在第二方案中订出了平均的数额："二十万卢布"。不过，毕竟在最后的决定中又回到了对公认为苏联经典作家的创作给予了吝啬的不成体统的评价，还是"十五万卢布"。

不久，摆锤儿又摆到了另一个方面去。他们计划要提升肖洛霍夫！在斯大林之后，国内第二个思想家日丹诺夫收到了宣传部的便函——建议更新文学杂志的领导机关，他看了这便函："《新世界》米·亚·肖洛霍夫（责任编辑）、瓦·卡达耶夫、列·列昂诺夫、康·费定和弗·谢尔宾纳。"

当时这是一家很好的杂志，虽然在党中央里遭到过批评，肖洛霍夫并不是责任编辑，只是编辑部里的编辑，杂志的许多事情增加了他的负担，其中有些事——尽管徒劳无益，他也没有拒绝。

过了一个月，对待肖洛霍夫态度的摆锤儿又向相反的方向摆动了。党中央接见了人数不多的——十个人——很有影响的一些作家，有弗谢沃洛德·维什涅夫斯基、亚历山大·特瓦尔多夫斯基、伊利亚·爱伦堡……肖洛霍夫却没有列入名单。

那一年，关于肖洛霍夫在报刊上也很少提及，因为杂志的订户们一眼就看到了,失宠的《新世界》突然谈到了还没有任命的这位编辑——在全体会议上的报告是以论文的形式印出来的,因此,关于长篇小说《他们为祖国而战》和军事短篇小说的一些句子就从文章中挖出去了。

如果这期杂志到了肖洛霍夫手中,他就能够注意到一位很有名的小说家和政论家所写的论文《语言就是武器》,就是这个人,肖洛霍夫同他的争论,在莫斯科被围困的1941年,还导致了斯大林的询问,对于这位作家,斯大林早在战前就称赞有加。这篇论文的作者毫无节制地运用标准的提法:"天才的统帅",又加上了"可爱":"多么幸福啊,在一个大国的指挥所里站着的是斯大林! 他的远见卓识帮助了我们作家……"

肖洛霍夫并不很喜欢这位作家,但战后在讲话中肖洛霍夫还不只一次提到过他,这里说的是伊·格·爱伦堡。可是,我还是给了他应有的认识:高尚地站在了个人思想之上,在他的回忆录里我找到了写肖洛霍夫的地方:"这算是一个很诚实的人,不会说谎,也极厌恶双重把戏……"

……好事。奥滕贝格将军邀请团政委肖洛霍夫去参加编辑代表大会,要在大庭广众面前向他颁发"保卫莫斯科"勋章,可勋章只是到了1944年5月才授予。

正是在这时,希特勒下令组建后备军(全体总动员),惊慌失措地号召不论老人还是少年——从十六岁到六十岁都拿起武器:"对于我们犹太国际主义敌人要全部消灭我们的众所周知的企图,我们针锋相对地要动员起全部的德国人。"

12月,"战斗的法兰西"运动和临时政府的领袖戴高乐将军第一次到访莫斯科,他引起了所有反法西斯人士的真诚同情,因为唤起全国人民反对占领,而且不特别指望西方盟友,而后者对他也很少信任。

在莫斯科却是另一样子:带有极大兴趣的谈判和互相信任的交流。斯大林甚至为这位未来的法国总统安排了庄严隆重的接待,肖洛霍夫也被邀请了。顺便说一句,在这里,肖洛霍夫结识了"诺曼底—涅曼"航空团里的几位勇敢杰出的飞行员。

……我们的军队在进攻。6月,彼得罗扎沃茨克和维堡被解放,7月,又解放了明斯克、维尔纽斯和里沃夫,打进了波兰,8月,解放了考纳斯并越过了东普鲁士的边界。9月,苏联士兵来到了华沙城下并且越过了保加利亚和南斯拉夫的边界。10月,顺利地攻下了里加、贝尔格莱德和外喀尔巴阡山的乌克兰……

肖洛霍夫要求去的那支部队已经去了普鲁士。

〔增补〕德国人如何评价长篇小说《他们为祖国而战》呢?在德意志联邦共和国几乎十五年对这部小说闭口不谈,1959年在一家很可靠的杂志上突然登出来一个女流亡者以德国笔名发表的文章,唉,不厌其烦地诽谤:"不仅对于敌人,甚至对于苏联士兵,充满了动物般的仇恨……"她是这么写肖洛霍夫的。似乎作为回答,在德意志民主共和国出现了一篇具有感人标题的文章《他们也为我们而战》:"为了自己的祖国,也为了我们,在那个年代里,苏联人民流血牺牲。"

在长达几十年里,德意志联邦共和国连短篇小说《学会仇恨》都没有出版过。

第 五 章
1945:胜利的电报

看起来,战争的结束已近在咫尺,但是,没有任何新的牺牲,胜利也不会来到。

肖洛霍夫远离了莫斯科,在维约申斯克继续创作这部军事长篇小说,不让任何东西吸引他的注意力。

维约申斯克——基辅——柯尼斯堡

1月3日是小女儿玛莎的生日,高兴!

过了一周,心中就完全是另外一个样子了。同区党委干部们的交往,他看到了一切,感到可怕,感到区里的工作不好,区里干部队伍减少了。比如,卢戈沃伊被提拔到州里去了。情况不好还在于,许多集体农庄里没有好的领导人。肖洛霍夫给乌克兰的普洛特金写去一封信(我们记得,后者就是达维多夫的原型,我相信,岁月使这个昔日的集体农庄主席变聪明了——他同大家已经都发生了极大的变化):"在维约申斯克干活的人很少——而工作,他妈的极多!你不想放下你的经理工作,再来一趟列比亚日吗?在我们这里如果能见到你,我个人则是非常高兴的,集体农庄庄员们也非常想念你。收拾一下,开春就来吧,到家乡地方来,你对此怎么看呢?……"普洛特金回信时援引了其基辅领导的话,说,不放他走。肖洛霍夫想方设法同斯大林联系后,从维约申斯克发出了一封"加急"电报给普洛特金:"斯大林同志批准你来维约申斯克区工作,速行,电告启程,祝好,肖洛霍夫,卢戈沃伊。"可是,落空了——普洛特金拒绝再次成为达维多夫。

1945年2月22日。阿列克谢·托尔斯泰逝世。肖洛霍夫不能不表达出自己的悲哀的感情,过了一天,《真理报》上就发表了他的文章《伟大的艺术家》:"……一切在严谨的和求全责备的托尔斯泰手中都获得了生命般闪光的色彩,并且以其几乎是雕塑般可触摸到的清晰和真正艺术家的杰出的技巧而令人惊叹……"肖洛霍夫特别注意到了军事政论作品:"在祖国艰难的日子里,在希特勒匪徒扑向莫斯科的时候,愤怒的俄罗斯的儿子托尔斯泰,满怀着对自己人民的深切信念,在苏联人民面前再次表现出了俄罗斯过去的历史荣耀和我们伟大祖先的遗训……然而,他没有活到我们最后胜利的日子,虽然它已如此地接近了,这是一个人的悲哀。"

在安葬的那一天,肖洛霍夫赶到了莫斯科,为了同托尔斯泰告别,甚至还发表了感人肺腑的讲话。

3月,肖洛霍夫得到了报社的指示,到了白俄罗斯第三战场,他看了一下地图——上面显示了哪里将有主要战役:蒂尔西特!皮劳!普鲁士艾劳!柯尼斯堡!这些地名早在同拿破仑的战争中以及肖洛霍夫在自己的《静静的顿河》第一部的战争中早已为人们所知。

在早春的泥泞日子里,他已经启程了,第十天,这位军事通讯员就已来到这一战场……对于俄罗斯士兵来说,3月下雨是很令人奇怪的,步兵怎么行动,看不清路的浓雾和低矮的乌云……飞行员怎么飞行,在这样的鬼天气里,坦克兵怎样去战胜那慢腾腾的普鲁士人?有一个军官对肖洛霍夫说,他想起了《静静的顿河》中的那场世界大战,即同德国的战争时,也描写过这样的天气:"带着雨的尘雾从天空中飘落下来,人们湿漉漉地怨声不断地行走着……马拖着四轮大车,发出嘶哑的声音,使劲地拉着,布满泡沫的脸差一点就碰到了地上的泥泞……"

这次战役持续了四十个日日夜夜,但苏联士兵毕竟摧毁了敌人防守力量——如今它的防守深度已不超过十五至二十五公里。敌人的损失是巨大的:死亡二十二万人,被俘六万人。前线司令华西列夫斯基下令进攻那一绝望地拼死守卫着柯尼斯堡西南的集团军。人们告诉肖洛霍夫,德国司令部相信:柯尼斯堡是攻不破的,这里有可靠的中心防御工事:四个师,几个单独的团和营,布满了地雷的三道防线,有无数堡垒、坚固的要塞大墙、火力点、地下通道,有四千门大炮、一百多辆坦克、一百七十架飞机……还有久负盛名的德军的纪律,这一纪律由于摧毁了情感而加强,还没有达到极限,因而应当从"俄罗斯野蛮的乌合之众手中"拯救自己的祖国。

　　在司令部里,在一张大桌子上,肖洛霍夫看到了城市的模型图,指挥员们现在清晰地想象到了,将在哪里作战。描写斯大林格勒保卫者那部长篇小说的作者饶有兴趣地得知,在所有的部队中,人们在谈论着:"斯大林格勒的战役教给了我们什么"。

　　4月6日中午,发起了冲锋,第四天,要塞司令发出了投降的命令。在莫斯科,根据斯大林的指示燃放焰火以庆祝胜利者。

　　可是为什么这一次肖洛霍夫却没有写特写,也没有写文章呢?

　　……4月,尤里·卢金以记者身份出差到匈牙利回来,他告诉肖洛霍夫说,在布达佩斯,工人们把《静静的顿河》改编成戏剧,他们选编了波乔尔科夫向阿塔曼卡列金发出最后通牒及其自杀的那一场。肖洛霍夫回答说:"可以看出来,与作品是相符合的——要知道,连法西斯分子——霍尔蒂们①也打到了最后。"

　　卢金带来了匈牙利作家萨博·帕尔用政治呼吁书文体而发表的一篇文章《从蒂萨河寄往顿河的信》:"亲爱的米哈伊尔·肖洛霍夫:在过去悲惨的坎坷歧途中我常常想给你写信,可是从霍尔蒂统治的匈牙利不管怎么说信也没寄成。如今,获得了自由,我给你写信,告诉你我国人民受的苦难,不论我走到哪里,不论我向哪里看,到处都是人间的苦难……顿河的战士们来到了西方很远的地方,他们来从法西斯手中拯救欧洲,为了这一切,米哈伊尔·肖洛霍夫,我从蒂萨河畔,代表我们国家和人民,感谢俄罗斯和你……"

---

　　① 米科洛什·霍尔蒂是匈牙利法西斯独裁者。——原注

胜利:三次回应

5月,胜利了!从莫斯科,从《真理报》社,向维约申斯克打来了电话:请快点口授文章……于是,他口授了。

根据报社的要求,对于战争结束肖洛霍夫做出了三次回应。

第一次回应总共二十四个单词:"为亲爱的红军,为我们伟大的人民,我感到骄傲和爱,我们深深地感谢伟大的斯大林——这就是在胜利日充溢在我们心中的感情。"这是肖洛霍夫式的言简意赅,而且不管如何欢快激动,仍要遵循着清晰的词语排列:首先是军队和人民,只是以后才说斯大林。

这并非是小心翼翼——不用提那么多——情感和词语就是这么配置的。可首都的报纸却唱起了颂歌:"光荣归于各族人民的伟大领袖、战无不胜的红军的天才统帅、打败希特勒德国取得历史性胜利的组织者约瑟夫·维萨里昂诺维奇·斯大林同志!"那些会押韵的人更使出浑身解数:"光荣归于斯大林!——松涛在吟咏,白桦在歌唱……"

看起来,这种情感支配了所有人,只是并非所有人后来都有勇气承认这些。维克多·涅克拉索夫——《在斯大林格勒战壕里》这部中篇小说的作者,得到过斯大林的称赞(1947年获得了斯大林奖金,1974年被驱国外流亡),直到老迈之年也不掩饰当时自己情感的真实:"我们取得了胜利!法西斯主义——世界上最可怕的东西被摧毁了,墨索里尼也上了绞刑架,希特勒以自杀结束了生命。过了一个月,黑红两色的'卐'字旗就躺在了胜利者的脚下——伟大的斯大林将从列宁墓上发出微笑。胜利者是不受审判的!唉!我们原谅了斯大林做过的一切!农业集体化,三七年,迫害战友,开战初期的失败。而他,当然,如今已经明白了人民的全部力量,人民相信他的天才,他也明白了,人民再不能被欺骗,只有面对严峻的真理才能把人民团结起来,过去的,不是战争中的,而是战前的那种血流成河的现象不会再来了。而我们,这些知识分子的孩子,成为了士兵之后,相信了这一神话,我们带着一颗纯洁的心,敞开心扉,加入了列宁—斯大林的党。"

第二次回应是他的一篇新写的政论《告苏联青年书》。肖洛霍夫写道:"苏联青年曾肩负战争重荷的重要的一部分,你们在红军的队伍中勇往直前地作过战,你们以祖国的自由、光荣和荣誉创造了无数丰功伟绩,以心灵的美和崇高创造了人间奇迹,你们以此而使这一代人永远彪炳史册。苏联青年也更加英勇地在后方从事过劳动,以帮助前线取得了胜利。你们,为祖国英勇作战的我国少男少女们,为了取得战争的最后胜利不知疲倦地工作在后方的劳动者们,祖国已经给了你们最高的奖赏,而且,许多年过去之后,你们的后代在回顾往事时会骄傲地提到你们,说你们无愧于列宁党的后代,我们感激你们这一切。"

第三次回应是,5月13日《真理报》上又发表了他的一篇论文——《史无前例的胜利》。

"如果说,在世界历史上没有哪一次战争像1941至1945年的战争一样,流了这么多的血,具有这么大的破坏力,那么,除了亲爱的红军之外,在世界上也从来没有哪一支军队取得过这样辉煌的胜利。除了我们的胜利的红军之外,没有哪一支军队能以其光荣、坚强和伟大而使整个人类震惊。

在东普鲁士,我军占领艾德库思之后,我见过一个火车站墙上的德文路标:'距柏林741.7公里'。旁边出现了一条俄文题词,一个战士用潦草随便的字体题写道:'我们反正会走到。切尔诺多索夫。'

在俄罗斯战士的这句质朴的话里,透露出多么巨大的强烈信心啊!他们最终是走到了。他们不仅走到了,而且永远地在强盗首都的废墟下埋葬了希特勒分子关于统治世界的梦呓。

无论经过多少世纪,人类都将对英雄的红军永远怀着感激之情。"

……论文、特写、短篇小说以及长篇小说《他们为祖国而战》的几章都压在了肖洛霍夫的肩上。

这几章促使他不单单是续写这部小说——他考虑到了写三部曲。

也许,他为三部曲选择了自己同乡们的情绪作为某种中心,在1941年的特写《顿河上》里他写道:"顿河哥萨克的心灵里,有着两种感情:对祖国的爱和对法西斯侵略者的恨。爱将永世长存;而恨,就让它存在到敌人彻底消灭的时候吧。"

大概在那部长篇小说创作中,1943年他为美国人所写的那封信中所激起的情感还没有过去:"我失去了自己七十岁的母亲……我的房子、藏书室被毁掉了……我已经失去了许多朋友——既有职业上的,也有在战场上的我的同乡。长时间以来我同家人分离,这时我的儿子得了重病,而我却不能帮助家人,不过,最终这些都是个人的灾难……我们个人的苦难不能遮住我国人民的苦难,关于这后者,还没有任何作家,任何艺术家能把它告诉全世界。"

关于这场战争最好的著作他认为是朱可夫元帅的回忆录和德国将军蒂珀里斯吉尔赫的日记。

也许在他的三部曲中将反映出,十五年后冷战时期他在写到俄罗斯士兵的特写《不要让刽子手逃脱各国人民的审判》中令人鼓舞的内容:

"俄罗斯人具有象征意义的名字——伊万,这就意味着,这个人穿上了灰大衣,他毫不犹豫地可以把最后一块面包和战场上发的三十克糖送给战争中可怕岁月里的孤儿,这个人,他可以勇于自我牺牲地用肉体掩护好同志,把他从不可避免的死亡中拯救出来,这个人,咬紧了牙关,忍受了和将要忍受一切艰难和苦楚,为了祖国去建功立业。

伊万,这是多么好的名字啊!"

这是散文诗的掷地有声的句子。

战争年代的情感是永恒的,已经上了年纪的肖洛霍夫一次在写给军队的信中说:"一旦祖国处于危险中,我们还要穿上军大衣……"

在这位作家逝世以后,有那么一个人断言,他说,肖洛霍夫的爱国主义是建筑在过分地把军队英雄化基础上的。肖洛霍夫却有过另一种说法:"假如说,我写了我们的士兵,写了人,对我来说是极为亲近的人,我又怎么能把他写坏呢?他是我的,整个都是我的,从他戴的船型帽到包脚布,比如说,我极力不去看他的麻子或者性格上的一些毛病。可是,如果我发现了这些,也同样努力把它们都写出来,让读者也同样喜欢他,连同他那些可爱的麻子……"

[增补]对于战争的记忆一直到他辞世也没有减弱过,我就是个见证人——我曾多次到医院里去探望过他。几乎每一次谈话——唉!他有多么痛苦啊!他哪怕说点什么,总要回忆起战争。我要强调的是:他不谈战争中的自己,而是谈战争的重压,谈那些作战的人。

生命结束前不久,他还要求女儿斯维特兰娜记住战争年代那首《在靠近前线的森林里》的歌词,当他听到:"战斗的时刻已来到,同志们,奔向前方!"他又说:"对,不错,就是这样……"

欢 庆 胜 利*

在和平安宁的5月,生活开始得很好——无忧无虑的庆祝活动一个接一个:5月18日,儿子萨沙十五岁生日;5月23日,小米沙十岁生日;而家中主人的生日则是5月24日,在这个胜利的月份里他已经满四十岁了。

玛丽娅·彼得罗夫娜很欣赏丈夫,他穿上军官的制服后,看起来完全是个年轻人。她面带微笑想起来《静静的顿河》里的句子,当葛利高里穿上军装胸前挂上了勋章时,有一句:"你多么漂亮啊!……"

《真理报》在第二天安排了一篇不长的短讯《在米哈伊尔·肖洛霍夫家乡里》,它总共不过二十句,表达了全民对肖洛霍夫生日的关注:"在所有的集体农庄和机器拖拉机站,维约申斯克区的学校,人们举行了集会……昨天晚上,在区文化宫又举行了很多人参加的会议……从国内四面八方把写着肖洛霍夫名字的电报送来……"谁从莫斯科祝福了他呢? 报上没说。

一位战争期间的老朋友从沃罗涅日打来了电报,他心里想得很细,没有忘记在战争中肖洛霍夫有时是什么样子:"米哈伊尔,我记得,1942年2月报道说,作家卡茨曼在前线牺牲,你号啕痛哭……

我记得,你说过:列夫卡,我从来也不相信,说阿尔乔姆·韦肖雷是人民的敌人……

我记得,奥尔加·别尔戈丽茨从被围困的列宁格勒坐飞机来到并朗诵了她的《二月日记》时,你痛哭得像个孩子……

我记得,彼得·安德列耶维奇·巴甫连柯,得知你不想进防空洞,下令拖走了你……"

战争早已过去。6月末又不得不想到战争中自己基本上忘掉了的当苏维埃代表的事了,肖洛霍夫被邀请去参加最高苏维埃代表大会,他投票赞成了那有关复员的法律,全国对此已期待很久,尽管它只是对于年龄大的军人而言的。

---

* 原题《罗科索夫斯基元帅的花束》,但文中无此内容,故改。这一内容出现在本书最后一部分《最后一个夏天》一节中。

巧的是,《红星报》的编辑也"复员"了肖洛霍夫。与他说好,作家就在这家光荣的报社结束任职的命令上签了字。

在那些日子里,所有人都在庆祝战争的胜利,肖洛霍夫同玛丽娅·彼得罗夫娜被邀请参加庆祝胜利的招待会,大厅里,党和国家领导人、元帅们、杰出的军事设计家、党中央委员们、部长、外交官、苏维埃代表、著名演员……大家举杯庆祝,举杯频频不断,祝词慷慨激昂,犹如礼炮的鸣响。为元帅和将军们干杯!为学者们干杯!为军事设计家们干杯!最后,莫洛托夫发言为斯大林干杯,领袖回答:"为伟大的国家机构中被称为'小螺丝钉'的人干杯!"

很奇怪,没有为同样也铸造了胜利的文学艺术而祝贺干杯,文学艺术家们由于其作品参与了战争而获得了全民公认的荣誉。不仅仅是肖洛霍夫,而且还有特瓦尔多夫斯基及其全体人民喜爱的《瓦西里·焦尔金》和刚刚辞世的阿列克谢·托尔斯泰,还有肖斯塔科维奇、画家科林、指挥家和作曲家亚历山大罗维奇、导演爱森斯坦和佩里耶夫以及许许多多著名歌曲的作者……

在人头攒动的会面中,肖洛霍夫同斯大林未必能够接触,而且同朱可夫他也没能结识。

在斯大林成了大元帅的那些日子里,《真理报》发表了一些祝词,来自作家的祝词有:吉洪诺夫、苏尔科夫、雷利斯基、英倍尔等人的,肖洛霍夫的却没有。

1945 年 6 月,党中央组织局批准了国内主要出版社——国家文学出版社的选题计划,列昂诺夫、帕斯捷尔纳克、阿赫玛托娃!……其中也有《静静的顿河》。

看来,伟大的胜利诞生了自由!两个月以后,马林科夫收到了一份对准备出版作品的简要评论——附带批评文字打算出版别尔戈丽茨、阿谢耶夫、杜甫仁科、楚科夫斯基……不错,这篇简要评论的作者们不管如何还冒险抱怨过"来自书刊检查官和编辑们的压力"。

肖洛霍夫在忙于军事长篇小说的创作。他掉队了,很生气:"还有许多站不住脚的素材。一切都需要等待……怎么才能更正确些呢?把历史性的东西写得差一些,还是不要匆忙呢?"有一回,他揭开了秘密——创作上的:

"这部长篇小说我从中间开始写,然后再让它在肉体上长出头和脚。这很难。"

10月,不知为什么知道了现在才授予肖洛霍夫卫国战争勋章和"战胜德国"奖章。

12月18日肖洛霍夫从部队中复员。在他的军人证上出现了这么几个字:预备役上校。

12月末,列宁格勒出版了《静静的顿河》,啊呀! 有删改,肖洛霍夫很生气,看来是这样:在第三部里书刊检查官们砍去了国内战争的真实情况,看来为了保持住红军的荣誉以证明什么,他们扔掉了整整一段独白:"博加特廖夫一边摇着脑袋一边笑:'今年我们这儿婆娘们能生多少个男子汉呀——数不过来了! 红军把传染病带给了婆娘。头两天我们从别拉文撤退,居民们也跟我们一起走了,可有个年轻的婆娘留下了。早晨,我们看到她穿着件衬衫在爬着,她的那些同志把她整得不能走路了……'"

战 后 的 操 劳

同斯大林分手　《静静的顿河》——二十年后
新几章的作者是谁　斯德哥尔摩的信号
家庭生活场景　水兵的箱子
一个穷大学生的笔记　党代会上的忙乱……
党中央与学校教科书

第 一 章

1946——1948：没有办成的委托

回到了维约申斯克……玛丽娅·彼得罗夫娜还记得当年生活的主要特点之一："战后，镇里的生活极为艰难，还有谁没到我们家来求过帮助啊！更经常来的是寡妇们，她们从早到晚在地里忙活，可孩子们没鞋穿，没衣服穿。干早，真不得了，我总是买些东西储存起来，可是都给出去了，如果可能就帮助他们一些钱……"

评论家拍马屁的主意

战争没有离开人们的记忆，米哈伊尔·亚历山大罗维奇最初神经还是那么紧张，夜里常常不能入睡，或者梦中就回忆起了那苦难的往事，有一次还喊叫了起来："哪儿来的枪，应当撤！……"有一回，我看到一张前线拍的照片——在硝烟弥漫的战场上，一个士兵弓着腰，呼喊着冲锋，他安详地对我说："看，这就是不折不扣的战争，就是这样。"

和平的生活度过了八个月，全国都换上了工作服……

肖洛霍夫知道,在自己的读者们看来,——他们有千百万——他是个不会改变的欠债人:整整两部长篇小说都没有写完——《被开垦的处女地》和《他们为祖国而战》,甚至面对家人他也不好意思。

读者没有忘记他,当局也没有忘了他。在战后,斯大林从前对他的态度没有改变,既高度评价了他的天才,对他的独立不羁也小心翼翼。突然,斯大林委托日丹诺夫提议给肖洛霍夫以苏联作家协会总书记的位置。日丹诺夫找来了他:

"米哈伊尔·亚历山大罗维奇,我们对您有个极重要的请求,法捷耶夫如今在写关于克拉斯诺顿的长篇小说,他要考虑各个方面,写作要极为投入,这样,您领导一下作家协会的工作,行吗?即使时间不长也可以。"

"安德列·亚历山大罗维奇,谢谢您的建议,可是问题在于,再过三个小时我就要乘火车回罗斯托夫了。车票都拿到手啦……"

你看吧,他说,要给你用夹板套上,我不是你的奴仆,他甚至也没有去想想,日丹诺夫要怎样向斯大林报告他不干的事。

拒绝了很高的地位,但他不拒绝参与自己选民们的生活,在写给叶菲姆·佩尔米金的信中他做出了辩解说:"我到过莫斯科,但没有见到你,这是因为苏维埃代表的事使我跑遍了各个部的接待室等地,正好给绊住了……"然而,当他接触到了一个有病的同乡后,就会轻而易举地从首都的高位下降到村子的农舍里:"根据我的要求,维约申斯克区执委会提出了申请……我们弄到了疗养证,您必须同医生说好并要弄清楚——到哪个地方,去哪家疗养院……"或者他要求当局关心一下农村的一个图书馆:"如果您有可能,我诚恳地请求您帮助采购图书……"但却无论如何也不想为自己的一个很好的朋友所写的长篇小说作序:"让上帝饶了我吧,这种'文体'不是我写的……"

2月,党中央政治局着手恢复斯大林奖金委员会,由于斯大林的同意,法捷耶夫成了主席,肖洛霍夫也进入了委员名单。过了一段时间,中央委员们对于他对领袖信任的态度都感到震惊。1952年,给党中央的书记转来了一份《联共(布)中央文学艺术部关于在文学艺术领域斯大林奖金委员会工作的调查》的材料,在其中"委员会某些重要委员表现消极"一部分里,在有过错的人中提到了肖洛霍夫,甚至提议把他开除委员会,不过只是想法而已。

后来就出现了谢尔盖·叶尔莫林斯基——他提出过把《静静的顿河》改编成电影脚本的主意。如果这位昔日的艺术圈里的战友未被判决为"人民的敌人",那么一切都会很好。可他现在正处于政治流放中:没有护照,由于电影制片厂找他,他只被允许短期出行。肖洛霍夫对他的回应充满了激情——这就帮助了不幸者。肖洛霍夫邀请他到维约申斯克,答应他在去莫斯科时见面。肖洛霍夫反复阅读了他写的脚本的不同方案,提出了许多创作上的忠告,最后,把他推荐给了莫斯科电影制片厂的领导("我完全相信叶尔莫林斯基同志电影工作者的经验……")。

这看起来还不多。当他得知这位朋友成功地迁居到了第比利斯后,就给他寄去了一封诚恳的并开着玩笑的信:"亲爱的老头儿:当我从来信中知道你在同样的职业中兼职做了许多工作时,我的眼泪夺眶而出……而一旦没有了你,他们在第比利斯的电影世界中不能生活下去吧?那时该怎么办?你离开那些黄蘑菇和牛肝菌(更不要说白蘑菇了)吧,离开那河上的布景和波浪吧,离开窗上的窗帘,列维坦的风景画和烫金的书脊吧……玛丽娅·彼得罗夫娜和我向你问候,我拥抱你并希望能见面。一切都心想事成,是这样吧?"

肖洛霍夫决定帮助他恢复名誉,恢复他的公民权。他找了莫斯科市的领导,可是这里没有给予答复。当时他给苏联最高苏维埃主席团书记写信:"今给您转寄去叶尔莫林斯基同志关于以什维尔尼克同志名义提出的撤销判罪的申请。"但此人曾是保险主义者——因而在这方面也受到了限制。可是,不行,肖洛霍夫以自己的整个声望为他担保:"我从自己这一方面声明,我了解叶尔莫林斯基,他是一个诚实的苏联人。"

唉,在那个由肖洛霍夫修改过的电影脚本上迫不得已还写上了一个未曾料到的人物——电影部副部长的最后意见:"叶尔莫林斯基的电影脚本《静静的顿河》不能够拍摄。"

当局和文学……1946年4月13日,斯大林在政治局对文学艺术的新方针做出了指示,日丹诺夫根据机关生活的规定,召集了党中央工作人员开会,并且以领袖的名义进行了严厉的批评,下达了强硬的指示:"很遗憾,我们优秀的和伟大的作品还很少……从这里——从宣传部我们应当组织评论……斯大林同志提到了大型杂志中最差的是《新世界》……"

所有这些都说到了肖洛霍夫,尽管"优秀的和伟大的作品还很少",还不懊悔再版《静静的顿河》,于是组织评论,在《新世界》编辑部中他的存在也不再是一件荣耀的事了……

肖洛霍夫不能不知道对这家杂志的批评,从编辑部跑出来,或者批判这家杂志,都很应时,然而他没有堕落到这地步。可能,他带着特别的兴致翻阅过这一杂志的四月号一期——是什么惹得大权在握的人生了气?一个失策接着一个失策!只有一部作品——短诗写了斯大林。有一篇论文毫无保留地称赞了失宠的作家法捷耶夫新写的长篇小说——很快斯大林就批评起了《青年近卫军》,说它对党的作用评价不够。叶赛宁得到了赞许,在战争中重新喜欢了他的诗——不久,他的诗就从报刊上消失得无影无踪。因为他们没有教导人们积极地建设社会主义。有一篇文章对哥萨克作家和学者穆赫塔尔·阿乌艾佐夫说了几句好话——可马上就被指责为民族主义。杂志也没忘记诗人雅罗斯拉夫·斯莫利亚科夫——可是他已被判刑入狱和流放。在为党所怀疑的作者中间有:弗谢·伊万诺夫、谢·利普金、吉·帕别尔内伊、尤·纳吉宾,肖洛霍夫同他们没有共同之处——既不喜欢,也没交情,但共同的事业把他们联结到了一起,共同生存。

政治与文学……肖洛霍夫这部军事长篇小说的几章出版了又再版,可是其作者一直无论如何也没有去表现"天才的统帅"。当时,几乎所有的作家都已表现了,评论家们都惊慌失措。为什么惊慌失措呢?如何评论这部描写战争的小说,宣传这部小说,而在其中却又找不到斯大林呢?

也许是重复了评论《被开垦的处女地》的意识形态手法,也许是确保自己有可能出版,一位评论家那一年完成了一篇洋洋洒洒的长文,用文学增补方法来评论这部战争长篇小说,他在《他们为祖国而战》中看出了,塑造了杰出的军人形象,进而又自己增添了一些内容:"红军的战士——就是苏沃洛夫的孙子,而与此同时也正是——列宁的儿子,斯大林的同时代人,由于他的统帅天才,我们理所应当地取得了胜利。"读起来,好像就是从这部小说中引用的。于是,人们也这样想,结果梨子结在了柳树上,看,《新世界》杂志这次的鞠躬有多么虔诚啊。

克里姆林宫没有忘掉肖洛霍夫,有一次出现了这么一件事,让人啼笑皆非。肖洛霍夫夫妇打猎回来,听"保姆"说——她过去被称为达丽娅·亚历山大罗夫娜·别克托娃,在肖洛霍夫家度过了许多年——她说,莫斯科来了电话!

后来,那个打电话的人——斯大林的助手波斯克列贝舍夫好像同老太太"闲聊似的"讲了许多:

"哈喽,"他对她说,"我找米哈伊尔·亚历山大罗维奇……"

"他不在。"

"那么您是谁呀?"

"他的秘书在。"

"米哈伊尔·亚历山大罗维奇上哪儿去了?"

"他们打猎去了,让我转告什么呢?"

"您就说,不,最好写下来,斯大林的助手波斯克列贝舍夫打来了电话。"

"亲爱的,可我怎么写呀,我不认得字呀。"

……在肖洛霍夫家突然又是欢乐,又是流泪——女儿相中了丈夫,同时又得与家人离别。长女斯维特兰娜向父母介绍了一位海军准尉——举行了婚礼。可是取代了新婚旅行的却是长途跋涉去远东的堪察加。在那里,她将在周报报社工作,而丈夫——在这并不平静的区域服役于苏联海军,后一直升到将官。

下一年,1947 年 2 月,米哈伊尔·亚历山大罗维奇和玛丽娅·彼得罗夫娜获得了也许是最光荣的称呼——外祖父和外祖母!

塔斯社谈诺贝尔奖金

"肖洛霍夫是诞生在那个旧俄罗斯边陲的作家,在那里,反动的传统是特别根深蒂固的,所以,研究肖洛霍夫的经验极为有益和适时……"——1946 年在一篇文章中出现了这种意味深长的挑拨性的怪论。

在刚刚燃过了胜利的焰火后,肖洛霍夫的生活和心灵中实际上有什么是"根深蒂固"的呢?这就是作为作家和人的独立不羁以及对当局的不信任的态度!

……斯维特兰娜·米哈伊洛夫娜曾告诉我:

"有一次,维约申斯克镇教堂里的一位神甫带着特别的请求来找父

390

亲——他要替区党委的一个教导员求情。事情是这样的:这个教导员在去过了各集体农庄回来的路上,看到了一个在烈日暴晒下说着梦话的老人,于是,就请他上了汽车,把他带到了镇里。可第二天,党委书记就找来了这位教导员,对他进行严厉申斥:怎么敢用区党委的车拉着神甫逛呢?哎,这位有良心的老爷子认为,替一个共产党员作辩护是他的责任。"

1946年的年中,《文学报》发表了塔斯社从瑞典发回的一则短讯:"12月10日将举行诺贝尔奖金例会,在瑞典自由主义知识分子圈子里,其中包括在作家中,不止一次地提到了诺贝尔奖金从来也未授予苏联的科学和文学的代表人物问题。在文学领域里,近几年多次提出过米·肖洛霍夫的候选人问题,这位作家在瑞典广为人知并受到爱戴。著名的瑞典诗人和政论家埃利赫·布隆贝格表达了激进派人士的意见,今年重又提出肖洛霍夫的候选人问题,并且在《新的一天》发表了一组评论肖洛霍夫创作的论文。布隆贝格写道,是米·肖洛霍夫,'不是任何其他人,理应得到诺贝尔奖金,这一奖金应授予他的艺术成就,也因为他的思想性。'"

然而,这一短讯却带来了如此多的麻烦,在西方,人们想看到一个诺贝尔奖获得者的肖洛霍夫——这怎么理解呢?!可疑。1946年,在国内和世界上,冷战已经打响了第一枪。已经退下来的英国首相温斯顿·丘吉尔当着美国总统的面,在美国的土地上,用自己的演说压上了扳机。在这位同法西斯敌人斗争的昔日盟友的演说中,称新的敌人是我们国家,而我们作为回答,就从所有的意识形态的武器中发出了一枪又一枪,以捍卫我们的民族自豪感,反对在西方面前"卑躬屈膝",出现了骂人的暗语"世界主义者",这一则短讯就足以成为全部错误的意见和结论的导火索。

8月,联共(布)中央发表了《关于〈星〉和〈列宁格勒〉两杂志》的决议,向"反动的黑暗势力"和对社会主义现实主义的背离宣了战:"……所有关于无思想、无政治性、'为艺术而艺术'的说教都与苏联文学背道而驰,对于苏联人民和国家都是有害的,因而在我们的杂志上不应有他们的位置。"安娜·阿赫玛托娃和米哈伊尔·左琴科就是这样一些杂志的作者——成了主要的靶子。

9月,有多少"响应者"争先恐后地走上了各处都在举行的集会讲台,走进报纸和杂志的编辑部,走进《文学报》社,首先证明对党中央决议的支持,他们揭露来,揭露去:"意识形态的破坏行为……精神上的叛徒……对祖国态度的隐蔽的背叛……无思想性、无政治性……"作家协会组织里的党员们被盯住了,不论谁也不能拒绝大批判。阿赫玛托娃和左琴科被开除了作家协会。

肖洛霍夫却没有参加到这场风潮中,他没有说着斥骂的咒语去大批阿赫玛托娃——尽管他有过"前科"——曾提名她的诗集参加斯大林奖金的候选并救助过她的儿子。

……命运曾合乎需要地把肖洛霍夫和肖斯塔科维奇的名字联接到一起,其机缘就是筹备苏维埃政权建立三十周年的庆典。应当执行斯大林关于依靠苏联资源创立现代歌舞的指示。当时一位著名的党的意识形态专家德米特里·谢皮洛夫被派来找德米特里·肖斯塔科维奇,要求他为《静静的顿河》谱曲。可是作曲家却拒绝了:"我开始谱过,可是,现在觉得走进了死胡同……要知道,葛利高里不接受苏维埃政权呀。他不接受!"这位斯大林的信使后来回忆说:"我活灵活现地想象出了,在苏维埃政权建立的庆典中,肖斯塔科维奇演出了新歌剧,它应当改动了捷尔仁斯基的歌剧,可是,在这部新歌剧里主要的登场人物——却是苏维埃政权的敌人……"

……肖洛霍夫——很怪——从来也没有提起过他作为苏联科学院正式院士的任何活动,似乎他并不是科学院院士,他也确实不喜欢去参加科学院的会议。

可是,你看,9月7日党中央政治局作出了决议《关于出版科学院版本列夫·托尔斯泰全集的现状》,其中第一条款即确定了,如何组成一个"列夫·托尔斯泰全集出版监督国家编辑委员会",为了"监督"!在这个监督机关里共有五位活动家:党中央的代表,政府的代表,历史学院士和两位作家——肖洛霍夫和法捷耶夫。此时,法捷耶夫又成了苏联作家协会总书记。却没有一个托尔斯泰研究专家!这些专家只进入了编辑委员会。

肖洛霍夫看了看决议中那严格的监督结果,已出版的卷次表现出了"严重的错误……不论是在已出版的,还是待付印的卷次都缺少从列宁主义观点阐释托尔斯泰世界观的绪论……"又是政治,却没有一句关于托尔斯泰学这种科学的话!

还有批评的话:"收入了他全部的反动的宗教哲学著作,及其不同的版本,同样也收入了托尔斯泰所编辑的宗教书籍的摘要……"

也还有这样的批评:"不符合教育苏联青年的业务并给党的意识形态工作带来了损失……"最后给那些已准备好要出版的人做出了判决:"没有贯彻列宁主义观点……"

在党的教条主义这样的压力下,肖洛霍夫站在什么样的立场上呢?

于是肖洛霍夫和法捷耶夫的路再次走到了一起。法捷耶夫是这个委员会的主席,一开始他对出版社表现了这样的态度:"在托尔斯泰的手稿中,凡遇到违背书刊检查机关的话语,应当用省略号代替它……"他写给出版社的第二封信——并不隐讳再次给自己做出了保险的话语:"如果不知道领导机关的意见……我们就不能做什么……如果这些机关支持我们的观点,同意我们的观点,我们只能在这种条件下工作。"他又一一点到——这个嘛,出版是"不能接受的",而那个嘛,甚至糟蹋了托尔斯泰的日记,似乎根据"广大群众"的委托:"可以这样说,读者反对这个。"他特别强调,不是委员会的所有委员都准备执行政治局的要求:他说,那些"公开反动"的作品或者"宗教宣传"的作品,实际上还"没有认真分析过"。

得到了政治局信任的五位监督员中谁没有遵守思想上的一致呢? 肖洛霍夫! 他给出版社社长发去一封文字不多但却清晰和容量大的电报:"我亲爱的朋友,我不能参加会议。我赞成托尔斯泰作品有充分价值的版次。请转告罗季昂诺夫及其妻子我深深的敬意。我拥抱你,你的肖洛霍夫。"(罗季昂诺夫很可能是出版社的主编。)肖洛霍夫反对被阉割了的版次,而对于在一起工作的那些人却应当监督!

作为科学院院士的肖洛霍夫在国家委员会委员中间还没待上几天,就又把他找到了小说家的队伍里。作家佩尔米金给他写来一封信:"由我的一位朋友编辑,准备出版一本狩猎短篇小说的文集,他是一个猎手,人又很好……他特别要求我向你要一篇小说……计划收入文集中的都是严肃的作家……米哈伊尔·亚历山大罗维奇,请不要拒绝……"而且为了吸引他,还有一段这样的补记:"关于春天狩猎的旅行……是我在巴索沃村写的,在那里我打过大雁……我的大雁知识生动吗?(春天打猎这是完全需要的)……见面时在我这儿吃西伯利亚的饺子(无论如何我相信),详细地向你通报狩猎的条件如何……"

肖洛霍夫的心惶惶不安起来,要知道,曾几何时——战前——他曾写过几篇这样的小说。

[增补]10月24日,《真理报》为主要正统派党的评论家叶尔米洛夫提供了讲台,他要"保护"肖洛霍夫免受简单的正统派列日涅夫在《论对传统的虚伪理解》一文的攻击,这是对日丹诺夫报告的一个反应,从而为评价肖洛霍夫的创作找到了地方:"列日涅夫把一个哥萨克中农心中新与旧斗争的反映归结为两种古老传统的斗争:'从来就有的清晰的哥萨克道德的根源——这是一个方面;和等级的传统——这是另一个方面。'这就表现出了贫乏的歪曲……"

肖洛霍夫看了这篇愤怒的文章,适时地向全部读者世界大声疾呼:最好谁也别来保护这部长篇小说:不要干扰它——他打算首次连续两次出版《静静的顿河》,最近,作者已恢复了战前被强制作了修改的几处地方,这很清楚。

"肖洛霍夫同志来信……"

1947年。不知为什么,肖洛霍夫有点不喜欢首都——很少去,但是这个隐居不出的镇里人却没被忘记。

在《新世界》的编辑部里,人们生了气——因为编辑部的会议没有抱怨肖洛霍夫;在科学院里,人们吃惊得已够累的了——不论什么样的邀请,你也不能把他引诱来;在作家协会里人们抱怨——看不到他来;甚至斯大林也关心起肖洛霍夫的这种性格。

……5月,在克里姆林宫,有三位作家、几位领导和党的思想家被请到握有大权的主要人物的办公室,领袖想要了解作家协会的状况。可是,突然就冒出了关于创作出差的话题,这是作家协会由来已久的传统——组织作家们用自己的经费在全国各地出差,研究生活。法捷耶夫承认:只有"中等作家"才利用这种创作出差。

"大作家们为什么不去呢?"斯大林问,在听到了回答后,他指出:"你看吧,托尔斯泰就没出差过。"

"肖洛霍夫怎么样?他去出差吗?"他又提出了新问题。

"他一直在出差中。"法捷耶夫说。

"那他不想从那里离开吗?"斯大林问。

"不,"法捷耶夫说,"他不想到城里来。"

"害怕城市。"斯大林说。

康斯坦丁·西蒙诺夫在他的回忆录里补充了一句:"于是出现了冷场",而实际上领袖谜一般地表达了自己的看法。

过了几年后,在1956年,肖洛霍夫在党的代表大会上谈到了"创作出差"问题,他说得尖刻:"在作家的日常生活里,流行着一些我看来相当怪诞的字眼儿,比如说'创作出差'。如果作家整个一生都应该处于创作氛围当中,那么还能谈什么创作出差呢!"

在上面提到的那次接见后不久,斯大林收到了肖洛霍夫的一封信,正好提到了创作出差——肖洛霍夫要求去瑞典。信中似乎总结了整整五年的生活,实际上他们早就没有来往了:"由于英国、美国和瑞典的外国出版社再版了我的著作,一定数量的外汇已给我转入了外贸银行。

为了使用这笔钱,今年冬天我去找过日丹诺夫同志以获准去美国或者英国,当时日丹诺夫同志劝我不要去这些国家,而后来的一些事件确认了他的劝告是对的。

我最后一次得到您的批准去国外是在1935年(如果不算1945年3月曾到过东普鲁士前线),我们作家同仁——法捷耶夫、西蒙诺夫、爱伦堡、戈尔巴托夫、苏尔科夫、柯热夫尼科夫等人战后都已到过许多国家。前几年我未能出行,那是因为我正艰难地创作长篇小说《他们为祖国而战》。现在,在创作截稿前夕,我想,如果可能就同妻子去一趟瑞典,时间不长,这次出行使用译书支付给我的钱。请您批准我这次出国。

我有五年没见到您了,但不敢因为这样的小问题请求您的接见,因而我给您写了这封信。

现在我在莫斯科,等待您的批准。请通过波斯克列贝舍夫同志通知我此事,他知道我的地址。

永远是您的米·肖洛霍夫。"

时间标为:"1947年7月29日",信上做了标注——上面用蓝色铅笔写的,笔划很粗放:"肖洛霍夫同志来信",右下角是很小的笔迹:"档案,1947.

10.8"。

肖洛霍夫对斯堪的纳维亚有着异乎寻常的兴趣,1935年就曾去过,现在又准备去,斯大林死后他不止一次地踏上这条路,其中包括领取诺贝尔奖金。

一个月过去了,又过去了一个月——斯大林没有答复。

很好,在家庭生活的圈子里日子过得并不浮华,平平淡淡,连出版社拖延支付稿费他们也能容忍。在一封信中肖洛霍夫俏皮地谈到了自己在镇里的生活:"我们生活得很平静,像年老的别墅客,我们谁也不打扰,不弹三弦琴,也不放留声机,不跳舞……"

玛丽娅·彼得罗夫娜做了多少好事啊,她已经不再是玛露霞·玛露辛诺克了,但仍然同过去一样忘我地忠实于丈夫的写作和苏维埃代表的生活方式,有力地操持着家务。

在这一年的春天,他日常生活的许多内容都在书信中反映了出来,你看,关于妻子他幽默地写道:"平平凡凡的傲慢女人和可怕的骄傲自大的女人,走路时她的刺向上起码能刺穿两码,你们看到了吗? 她捉到了两条鲤鱼,可我却没有……"再看一下,他们两个人没有放弃打猎:"打猎时——我是头! 我像国王似的在前面走,可妈妈在后面拎包。我打死一只山鸡,也不看穿裙子的桑乔·潘沙一眼,发号施令似的说:'捡起来!'那几天我打到了二十只山鸡和野兔。"

刚当上了外公的肖洛霍夫给远方的斯维特兰娜写信:"刚刚送来了电报,说要给孩子起名叫米哈伊尔,我感到荣幸并投票赞成! 叫米哈伊尔的大部分都是值得注意的人,也许,妈妈要给你们更详细地说一下……年轻的父母要有耐心(小孩子都喊叫得很凶,通常都不按点儿睡觉)。"看,还谈到了,这个外孙更加结实地进入了生活:"我们很高兴,这个小水手长①很能吃饭……但是如果他的胃口将来增大,那么你们就要买个小碾米器,吃自己的碎麦米。"而且还劝说女儿要进行副博士论文答辩。

在一封信中突然暴露出自己一个隐秘的爱好:"在斯特列什尼科沃的一家寄卖商店买到了一把古代的荷兰锁,它是阿姆斯特丹工匠范·戈拉斯

_____

① 他爸爸是海员。——原注

396

生产的,这是一把海上用锁,水手箱子上用的,铜的年代已久远了,可主要的还不在这儿,而在于它不用钥匙开。简单一压就能锁上,可要打开它就必须三次用力地吹锁眼儿,第一次吹过后,锁里有什么在轻轻地响动,第二次吹过后,就听到了悦耳的声音……"

他不喜欢逛商店,但有时候,正如我们看到的,有些商店让他感兴趣。有一回,当他同玛丽娅·彼得罗夫娜在莫斯科做客时,走到他们住的房间就说:"现在就运来书柜啦,我自己挑的……"(书柜常年地伴随着他的生活——他儿子已把它"摆在"了博物馆里。)

入夏以后,他又关注了另一件事。同过去一样,他收到了失宠作家安德列·普拉东诺夫的一封信。他的生活极为艰难——贫穷压倒了他,谁也不出版他的作品。可是,一个有关自己人民精神成长的伟大想法让他很着急,但他又明白,单枪匹马无济于事,更何况他又"政治上不可靠",于是写信给维约申斯克:"这是组织出版俄罗斯史诗之事,它具有全民族的意义……"

这封信的结尾是这样写的:"没有你,这事我们支撑不下去,同你一起就好办了……"

普拉东诺夫这一想法的生命种子种到了沃土里,恰恰从这时开始肖洛霍夫要打通出版苏维埃时期被禁的《俄罗斯民间谚语》的通路,这本书是由真正献身于此的弗拉基米尔·伊万诺维奇·达里收集起来的,他曾是普希金的朋友。

肖洛霍夫明白,一个伟大的国家该多么需要这本书,其中既包括了年深日久的民族智慧和信仰,也有独特的生活体验和历史遗迹。

肖洛霍夫也知道,要经过何种的战斗,还不单纯是这本书早就被党中央所禁止,这里颂扬了东正教,有专门写沙皇的一章,许多地方谈到了俄罗斯性格,所有的都"没有阶级评价",况且,另一次提到了其他民族的谚语时还带着辛辣的讽刺,说这是"大国沙文主义"……

消息传到了维约申斯克,说有一批学者发了牢骚:到了这本书该解禁的时候了,他们所尊重的国家文学出版社也大胆地极力想再版达里的这本书。应当说服党中央。学者们和出版社想出了个聪明的办法——让苏维埃代表和科学院院士肖洛霍夫作序,在这种情况下当局就会不得不认可。

这件事办成了吗?这看来是一个长期工程,文集直到1957年才出版,这时肖洛霍夫也同意写一篇序言,题目是:《人民智慧的宝库》。从第一句就会感受到激情和感悟:"人民最巨大的财富——就是他们的语言!……精炼而形象的俄罗斯语言,具有非常丰富的谚语。谚语成千累万。它们像长了翅膀一样,从一个世纪飞向另一个世纪,从一代人飞向另一代人,而且看不尽这长了翅膀的智慧高速飞去的无边无际的远方……"并且教导人们:"我们到任何时候也不会丧失爱国主义的自豪感,这种自豪感凝结为谚语的金玉良言:'践踏俄罗斯土地,就会变成瘸子'、'宁死不离故土'、'为正义事业,要挺身而出'。"

他还有操心的事,从6月开始向维约申斯克邻近的各区党委书记发出了九封信,请他们给自己的村、镇选民们以帮助,比如:"集体农庄庄员科索戈罗夫正苦于十二指肠溃疡的折磨……让区卫生院送他去看技术熟练的外科医生……"另一封信中又写:"女庄员亚采年科被人民法院因其劳动日不足六个月而判处强制劳动……我去请求重审……"或者是:"……他被不公正地开除集体农庄,但这在政治上看来并不大好:不应当让人挨饿,他在卫国战争中曾三次受伤。"

一些党员朋友在那年夏天还记得,肖洛霍夫很不安,因为顿河已经没有鱼了,其原因就是为加深河床而爆炸作业造成的,大家支持他的热情,去找俄罗斯联邦政府。

他想到了写政论文章,为《真理报》的新年号他准备了一篇《祖国颂》,因而他选择了一种热情洋溢的表现手法,以此来否定党的宣传部门让人烦腻的那种文风,他们为了表达枯燥无味的教诲,援引了大量的马克思主义经典著作。很早以来,已经没有人这样同人民交谈了,而我们人民不仅是伟大的胜利者,同时也蒙受过无数苦难。

文章开头就是这样:"严冬,黑夜……"用这种谜一般的省略号,总共在两个单词之后,描绘出了他的广阔的构思:"我亲爱的同胞和朋友,请你独自一人在沉静中待一会儿,闭上眼睛回忆一下刚刚过去的往事……"他不是请你回忆阅兵场——而是那悲痛的往事:"……从斯大林格勒到柏林,从高加索到巴伦支海,我的朋友,无论你的目光停落在哪里,你到处都能看到祖国母亲心爱的、在战斗中牺牲的战士的坟墓。就在这一刻,你会痛切地回忆起你的祖国为捍卫亲爱的苏维埃政权所经受的无数牺牲,在你的记忆里,有一句话会像庄严雄伟的安魂曲一样高声响起:'为我们祖国的自由和独立而牺牲的英雄们永垂不朽!'"

他也记得这些活下来的人:"在这漫长的、任痛苦回忆肆意驰骋的冬夜里,不止一位在战争中失去丈夫的寡妇,兀自独守,双手掩起衰老的脸,黑夜中流出像艾蒿一样苦涩的、灼热的眼泪烫热了她的手指;不止一颗儿童的心终生受到伤害,因为他的亲人忠于战士的天职和誓言,在为保卫社会主义祖国的战斗中牺牲了,不止一颗儿童的心,以成年人的忧郁,偶然想起这些往事,在临睡前感到悲痛。但也许会有这样的场面:一间狭小的屋子里,已有多年被悲伤的沉寂所笼罩,一个老汉走近白发苍苍的老伴儿,她已无泪痛哭牺牲了的儿子,老汉望着她黯然无光的双眼,世上最最痛苦的慈母的悲伤榨干了所有的眼泪,老汉用低沉、颤抖的嗓音说:'好了,孩子他妈,别再哭了……不是我们一家遭受了这样的苦难……'"

肖洛霍夫在这些沉思中没有标明,在不久前残酷的战争往事和早已过去了的历史之间有任何界限:"1930 年 1 月,顿河地区进行了全盘农业集体化……"

许多人发现了,当时"斯大林的农业集体化"的这一句话没有必要回避,而且紧接着没有任何华丽词藻的回忆,就从顿河人不想急于参加集体农庄开始写:

"'你加入集体农庄了吗,普罗科菲耶维奇?'我很有兴趣地问道。

普罗科菲耶维奇稳重地将了将棕红色的胡须,狡黠地眯起了那一双不停转动的蓝色的眼睛。

'我可不着急……'

'怎么会这样?'

'你看,参加婚礼和宴会什么的这类事情,我从来不着急在别人前面就座。别人都坐下之后,我坐在边上,一旦有事就能很快从桌旁抽身出来……'为了不让我误解他话中的隐晦的含义,他补充说:'也许,这个座我坐着并不舒服,我为什么要鬼使神差地坐到最中间,神龛下面的位置上去呢?……''我本是一个动摇的中农:有一对马和一头最普通的母牛——这就是全部财产。既然在会上叫我动摇的中农,那么我就要仔细观察观察集体农庄到底怎么样,让我伸出头钻进去——总不是那么回事……不很那个……'"

肖洛霍夫也没有回避战后时期人民的苦难——他想到了不久前的干旱,文章中一位女主人公说:"我是那么痛心,恨不得用自己的眼泪去浇灌因酷热而干裂的土地!"

他又补充了一句,显示出非同寻常的俄罗斯性格:"春天,他们是在怎样地干活呀!有的人连风都能吹折他,可是他还是用自己最后的一点儿力气下田劳动……"

可是,肖洛霍夫可不是仅仅写出了自己那些不可摧毁的同乡们并非装点门面的高尚品格,他以这篇《祖国颂》还谈到了对于自己祖国他认为是不成体统的东西。他相信那些揭露性的谈话,那个普罗科菲耶维奇好像是在同当局对质:"你看,有一个职员把我们庄稼人的生活想得很轻松,他这么想是毫无根据的……不久前我们村里从区上来了一个全权代表,正好碰上我赶着自己的牲口去上交集体农庄,他就说:'老爹,现在你可以自由自在地喘口气了!'……眼光肤浅的人判断事物就是肤浅……"

肖洛霍夫周围有的人已经猜到了——他极力在考虑开始恢复《被开垦的处女地》第二部的创作,读者们期待他完成早在战前就做的承诺已经多年了。

……肖洛霍夫家的人没有家畜也无法生活,很清楚,他们有奶牛,孩子没有奶牛怎么行。城市里的肖洛霍夫敬仰者们知道,作家也不得不照顾家中那些小动物,这不仅是家庭主妇的责任。他从维约申斯克写给卡尔金村他堂姐丈夫的信已保存下来——那是在7月,还是割草热火朝天的时候:"亲爱的科斯佳:很清楚,草并不够。如果你不很困难——那么就请来一趟,再带来一台割草机。还有一件事:请不要拒绝给割草人和照料牛犊人的工钱。最终这都是我的事情——我感谢那些为我做出些什么事的人……"

〔增补〕肖洛霍夫一生都一直喜爱《俄罗斯民间谚语》这本书,1982年5月他收到了我从文学出版社(我在这里任社长)发出的信:"就像人们说的,我在考虑自己出版业务时,突然发现,有弗拉基米尔·达里收集并有您写的一篇杰出的序言的谚语和俗语汇编几乎三十年没有再版了……"

于是我要求再版这本书,再版这篇文章。

肖洛霍夫猜测,这一要求可并不是那样简单,达里的这部著作同过去一样被怀疑为宣传超阶级性、宣传宗教,甚至说它煽动反党情绪(鞑靼州党委书记曾致函党中央,反对其中一条谚语)。

实际上,肖洛霍夫的名字正好用来对抗党中央里期待中的反对意见,党中央同意了,这本书出版时比初版印数达到十倍之多。唉,肖洛霍夫没等到这一天——书是在他辞世后几个月问世的。

然而,四十万读者(印数就如此之多)争读肖洛霍夫的遗训:"现在出版方言学家和作家弗·伊·达里在上个世纪几十年当中搜集起来的俄罗斯谚语,将对研究我们祖国的文化和伟大语言这一宏伟而崇高的事业,提供有力的帮助。"

上个世纪九十年代末我还在书店里遇到过这本再版的书,一切看起来都很好,可是有一点令人厌恶:不仅没有肖洛霍夫的那篇文章,甚至也不提他对保存俄罗斯文化杰出名著所起的作用。

操纵学生教科书

1948 年是由于两件大事开始的,它们在肖洛霍夫的一生中都产生了影响。

《真理报》直到 1 月 23 日才发表了他的《祖国颂》,不是在为读者特别准备的新年号上。肖洛霍夫怎能猜不到其中的原因——他的政论不是按照党的公式写出来的。

第二件事造成了以后长时间的影响。斯大林接见了米罗斯拉夫·吉拉斯,他是南斯拉夫政府及其共产党领袖布罗兹·铁托派来的特使。

这位来访者在谈完了主要的政治上所关注的问题时,在夜半的席宴上想起了肖洛霍夫:"在说到当代苏联文学时,我——就像某种程度上那些外国人一样——指出过肖洛霍夫。斯大林就说:'现在还有优秀的',——他提到了两个我所不知的名字,其中一个人是女的。"

斯大林不是凭空地乱说一气,党的宣传机关正开动了它的机器。

这一年,照例出版了十年级学生用的文学教科书。大家都知道,如果你想了解我们国家对这个或那个作家的态度,就要勤看教科书。教科书里就有对于农村教师和高年级学生的可靠的证书——政治罗盘,它的指针准确无误地指出了斯大林对作家们的态度。提到了领袖同某作家在一起——就如是勋章；如果没有提到，那么这样作家的社会意义就要遭到质疑。比如说，关于阿列克谢·托尔斯泰的中篇小说《粮食》就写道："这部小说最重要的特点就是在其中描写了革命领袖——列宁和斯大林。列宁和斯大林的夜里交谈，斯大林在察里津组织了胜利之战并向莫斯科调运粮食以拯救被围困的饥饿城市——这些是小说的中心篇幅……"

维约申斯克的老师们——全国各地的老师们也这样——都知道，在这本新教科书中有两位作家被斯大林驱逐了：法捷耶夫和肖洛霍夫。在论述法捷耶夫的一章里有这么一部分："长篇小说《青年近卫军》的缺点说明了：没有感觉到党对青年地下工作者的影响……"肖洛霍夫知道，这些缺点是斯大林本人提出来的，并且以极尖锐的形式曾刊登在《真理报》上。

肖洛霍夫……对于他的创作的评论同样没有领袖的名字，怪事——也没有提到肖洛霍夫获得了斯大林奖金的事，这还没有过先例。教科书的作者未必苦于记忆力太差，或者编辑——偶然——漏掉了。记忆中漏掉了斯大林的名字，应当受到惩罚，这是人人皆知的。或者，可能是因为教科书中有这样的政治评论："在《静静的顿河》中共产党人形象的描写比较苍白"。孩子们，就这么背吧，老师们，就这么教吧！

1948 年 8 月 31 日，日丹诺夫死了，这个党的活动家曾领导过国家的文化，肖洛霍夫在一篇短小的政治化的文章《我的哀痛坚强刚毅》中提到了他。然而，他以一个作家的信念早已把自己置身于党中央意识形态决议之上了。看吧，就在这一年，他在大庭广众之中高声宣布："……我坚持自己写得比读者所希望的更慢一些的权利……快了，可能写出坏书，而慢了——则是好书。"他是在 9 月间一次创作晚会上说出这番话的，当时，作家协会为庆祝他文学活动二十五周年组织了这次晚会。

可以想象到，那种习惯于以党的名义催促作家快速做出反应的人，怎么理解肖洛霍夫这种回归了的坦诚。

完全可能在这次晚会上提到领袖的名字——发言者很多，而且也不可能让人不感谢他"对文学父亲般的关怀"。

然而，尽管肖洛霍夫有着自己的作家幻想，难道他能够想象到，斯大林带给他的可怕打击吗？就在这次庆祝创作活动前不久，斯大林的全集按顺序第十二卷已交付发排了,在这一卷里,放出来一篇存放了二十年的对《静静的顿河》的判决书,放来放去,看起来纸已经发黄变脆,可是丝毫也没有失去它那可怕的威力:说小说有错误! 政治错误! 关于这封信,在谈1929年那一章里已经讲过了。

这次庆祝活动中,肖洛霍夫讲出了——我这么认为——并非是按照规定说的,而是按照悲惨的信念——这样的话:"只有在苏联,我们作家才有进行创作的全部条件。"

然而,党中央这一个接一个的接连出现的可怕的批判决议能够让他漠不关心吗:《关于电影〈伟大的生活〉的决议》、《关于剧场上演剧目的决议》、《关于万·穆拉杰利歌剧〈伟大的友谊〉的决议》、《关于〈鳄鱼〉杂志的决议》、《关于〈星火〉杂志的决议》、《关于〈旗〉杂志的决议》、《关于杰米扬·别德内依作品严重的政治歪曲的事实的决议》……所有的开头都是"关于",①于是对于这些新出现的被批者就发出长声地叫:"噢,噢,噢!"这些人有多少啊! 阿赫玛托娃、杰米扬·别德内依、左琴科、卡扎凯维奇、鲍戈廷、塔日巴耶夫、法季扬诺夫、施泰因、扬诺夫斯基、作曲家普罗柯菲耶夫、肖斯塔科维奇、哈恰图良、鲍戈斯洛夫斯基、电影导演科金采夫、普多夫金、特劳贝格、爱森斯坦……

在这些人中有些他非常熟悉,他能够颇为同情地想到阿赫玛托娃,没有忘掉战前为她作的辩护。其他人的一些观点对他来说并不完全贴近,而还有些人则完全格格不入。

肖洛霍夫不知道,他自己也轮到了被驱逐、挨批、挨整人的队伍里。列日涅夫在他一本刚写的书中就说出了这样的话,岁月并没有让这位文艺理论家变得清醒,不论战前还是战后,他都唠叨着一个调儿:"麦列霍夫是个叛逆者!"肖洛霍夫不喜欢列日涅夫。

党的政治迫害差不多压倒了每一个人,甚至也不能饶恕潘菲洛夫。马林科夫写信告诉斯大林:"在《十月》杂志的第十二期上发表了费·潘菲洛夫的长篇小说《在被推翻的国度里》的结尾部分……小说的许多地方……"接着就是批评——描写在占领区某些女主人公行为的场面不会令

---

① 俄文"关于"一词发音类似"噢"。

人喜欢。于是裁决：取缔杂志。

肖洛霍夫的威望毕竟是高的，他被邀请参加世界科学和文化活动家保卫和平大会，而且党中央没有听取《新世界》编辑康斯坦丁·西蒙诺夫的意见，命令把肖洛霍夫仍然留在编辑委员会里。

肖洛霍夫心中出现了某种新的情绪，在一封信中尽管带着幽默仍然承认了："看起来，我有点进入了老年，一些很好的、亲密的和纯朴的人开始少了，因而我一直认为你是一个好老头儿，可我现在却发愁了，你离得太远。要是我们能坐在一起，喝点什么(?!)谈一谈，那该多么惬意呀……其实，也许我的悲观主义来自于在维约申斯克再也没有那种紫色酒了，而你那里的伏特加——是用顿河水稀释过的又带有巴库煤油味的东西，所以我不喝，早就过起了清醒方式的生活……"

也许，这一封平静的书信同他怎么对待一个同乡的领导有着某种联系。维约申斯克有一位老太太来找过肖洛霍夫，她抱怨一通，说她的邻居——一位领导——新修的篱笆墙占用了她家一部分菜地，那人谁的话也不想听。肖洛霍夫夫妇非常了解他，上过前线，是党员，于是把他找了来，并进行劝说。那个人开始为自己辩解，他说，这老太太有私人占有的派头。可是他立即就听了肖洛霍夫的回答："你相信你都说了些什么吗？你不会相信，你在撒谎。你同敌人作过战，却忘了同自己人打过架。你说她私有制的弦很强硬？可你，共产党员，为什么你不把她药死呢？……"

肖洛霍夫在维约申斯克实际上就是生活在自己家人中。有这么一个家里人，是普斯托夫斯克村的，叫伊格纳特·谢苗诺维奇·曼斯科夫，他在自己的回忆录里极有说服力地揭示出了这位声名在外的同乡的性格："我的丈母娘曾问他：'你挣多少钱哪？'米哈伊尔·肖洛霍夫好像被她的问题问住了，过了一会儿笑着说：'老妈妈，需要多少，就给多少。'丈母娘接着说：'需要多少——这可挺好……'这时他也哈哈大笑起来……"

还记下了这样的话："他不喜欢显得与众不同，有一天很早，天还没亮，他就去钓鱼，不去打扰任何人。他弄到一条闲着的船，就推到深水里，坐在那儿，等着鱼咬钩。天亮了，岸边有人喊：'喂，他奶奶的，没出息的东西！快把我的船划过来！你真欠揍啦！'于是，米哈伊尔·亚历山大罗维奇对他说：'这就来……这就来……你说得真好……'"

而这样的回忆又多么有趣:"有一回,河对岸有几个人向他喊:'划船的,划船的!'得,他成了划船的了。于是把船划了过去,五个人坐到船上后,就叫他:'划吧!'好,划船的就划了,他是干这一行的了……运去了几个人,又来接第二批,只是到了第三次时,有一个哥萨克,一边吸着烟,一边看着他的脸……啊呀,真不好意思!可他却说:'没关系,没关系……我习惯划船……'"

钓鱼和打猎一直是他心灵的一种静静的休憩和嗜好。对于这一嗜好他很热情。就在这一年他向德里的苏联大使馆打电报给朋友说:"请带回来两把漂亮的猎刀。"

钓到了鱼,送哪儿去呢?我是从钓鱼的肖洛霍夫写给邻居楚卡林的这么一张便条得知这一情况的——他也是个钓鱼迷,但现在病了。肖洛霍夫带有挑逗性地送给了他一包很有分量的礼物——这可是在哪一天呢!就是在自己过生日的前一天,他写道:"亲爱的安德里安·吉洪诺维奇!给您送上鲟鱼做鱼汤。倒霉的是最大的鲟鱼刚从水里露出嘴就问:'那个有胡子的威武的老头儿哪儿去了,唱男高音的那个。'斯皮里顿回答说:'现在他病了。'那鲟鱼摆了摆尾巴又说:'趁他没好的时候,我等着他来抓。我可不同黄口小儿打交道。'——现在你明白了没有——开了个什么玩笑呀?那么大的鲟鱼在等你!快点儿康复了吧。1948年5月23日,你的米·肖洛霍夫。"

他注意到了来信对他的尊重。

〔增补〕作为《新世界》杂志编辑部的委员,肖洛霍夫用各种方式帮助过不同流派的作家们发表过作品,这其中有谢·巴巴耶夫斯基、弗谢·伊万诺夫、康·加姆萨胡尔季阿、谢·古德津科、瓦·卡达耶夫、萨·马尔夏克、尤·纳吉宾、吉·帕别尔内依、尼·雷连科夫、莉·绥甫琳娜、斯·希帕乔夫……肖洛霍夫可以骄傲的是——后来这一杂志主编特瓦尔多夫斯基的经典诗作《我牺牲在勒热夫城下》就是在这一杂志上面世的。

在这前后他结识了多少人啊——马·高尔基、维·魏列萨耶夫、伊·巴别尔、列·列昂诺夫、鲍·皮里尼亚克、亚·绥拉菲莫维奇、尼·吉洪诺夫、谢·谢尔盖耶夫-青斯基、阿·托尔斯泰、康·费定以及更为年轻的维·博科夫、亚·博尔沙戈夫斯基、彼·布罗夫卡、安·普拉东诺夫、米·斯维特洛夫，后来还有那些以做他的小弟弟而自豪的人——伊·阿巴希泽、米·阿列克谢耶夫、奥·别尔戈丽茨、谢·米哈尔科夫、尤·邦达列夫、瓦·别洛夫、莉·瓦西里耶娃、奥·冈察尔、维·扎克鲁特金、安·伊万诺夫、叶·伊萨耶夫、安·卡里宁、凯·库里耶夫、伊·梅列日、瓦·奥维奇金、安·索夫洛诺夫、弗·菲尔索夫、瓦·费多罗夫、瓦·舒克申、阿·普洛汉诺夫，文艺理论家费·比留科夫、康·普里玛、维·别捷林，作曲家德·肖斯塔科维奇，雕塑家叶·乌切季奇，电影工作者谢·格拉西莫夫、尤·拉伊兹曼、米·恰乌列利、谢·邦达尔丘克、埃·贝斯特里茨卡娅、尤·尼古林，画家库克雷尼克塞、奥·维列伊斯基，也还有外国作家维利·布雷德尔、安娜·西格斯、查尔斯·斯诺、埃尔温·斯特里马特、马蒂·拉尔尼、弗兰蒂谢克·库勃卡等许多人。

著名的作家都称赞过肖洛霍夫：罗曼·罗兰、维·希什科夫、阿·伊萨基扬、奥·福尔什、埃·海明威、穆尔克·拉吉·安纳德、布朗克·乔皮奇、帕梅拉·约翰逊、让·卡塔拉、德·丘萨克、亚·伊瓦什凯维奇、阿兰·马歇尔、拉·加姆扎托夫、爱·梅热拉伊蒂斯、詹姆斯·奥尔德里奇、卡·普里查德、钦·艾特玛托夫、尤·梅连季耶夫，还有很多很多。

肖洛霍夫是科学院院士，三所大学的名誉博士，在同最具权威性的国际作家、学者和大学生的会面中讲过话，长年任苏联作家协会的书记——负责同青年作家的工作。

何苦要这么一一列举？1991年，曾参加过人民代表大会的诗人叶·叶甫图申科发表过一篇题目肮脏的文章《同粪堆击剑》，文中谈到肖洛霍夫时说："他不喜欢把自己同知识分子等量齐观，甚至他自己也不大喜欢知识分子。"

第 二 章
1949——1950：一封信的威力

我们先回到1929年：斯大林当时在档案中藏下了自己那封批评《静静的顿河》的信，好像从而把它变成了定时爆炸的地雷。

过去了二十年。

特里丰老爹说："……见你们的鬼去吧！"

肖洛霍夫越来越在思想中催促自己——应当继续写战争长篇小说。那么震伤的后遗症呢？哥萨克能忍耐……每逢春天他都去斯大林格勒收集素材——需要战争年代的档案，需要会见战争的见证人。

他作为贵宾，人们带着他在城内各处走，一切还没有重建好，因而记忆力就很容易地回到了过去。静寂的废墟一片。想当初，在震耳欲聋的枪炮声中，在炮弹的呼啸声里，在死前的呻吟声中，在暴怒的指挥声里，在诅咒、谩骂和默默的祈祷声中，那时的苏联军人过着怎样的生活啊……

尽管他不大喜欢报社的采访，还是会见了州报社的记者，于是出现了轰动一时的新闻：肖洛霍夫想写战争三部曲！

但是，为了进行刚刚创作的东西，还缺少必要的安静，一会儿这件事，一会儿那件事，都使他扔下了长篇小说。

……他被邀请去参加全苏保卫和平大会，来到了联邦大楼的圆柱大厅，他身穿军便服、马裤，脚蹬皮靴，在战后的几年里，他自己几年以来一直是这样的打扮。大会要求他讲话——因为他有威望啊！——于是发了言，他同意了，因为会议的创意正好符合他心里所关注的事。他明白，国家很难承受双重的重压：既要恢复国民经济，又要担心每一天都可能开始的新的战争。"只是不要再打仗了！"战后人们极度穷困——半饥半饱，衣衫褴褛的时候，在一片废墟的农村，在迁入共用房的城市，有极大忍耐力的人们说的就是这样的话。

他不用党的宣传公式，在结束自己的讲话时指出了苏联人的坚毅不拔的精神："我国的拖拉机手，普普通通的人，他们曾忠诚地作过战，他们在柏林结束了这场战争，在战争中，他们多次受过伤，如今又回到自己的岗位上，每当我同他们谈到生活，谈到未来，我听到的是这样的话：'不论是我，还是我们苏联，都有着坚实宽厚的双肩，我们什么都承受得了！'"

刚刚回到家，就要他参加家乡的区农业先进工作者会议，他谈到了如何能更好地进行春播，而且他更感谢这些农民乡亲们，因为他们提出肖洛霍夫作为最高苏维埃代表的候选人。

5 月初,肖洛霍夫得知斯大林的一个想法,这一想法在党中央和政府关于用田地周围的森林带保护干旱区的决议中表现了出来。这一决议涉及到了顿河草原,肖洛霍夫不能不激动:从二十年代以来他就体会到了同乡们的忧虑——时不时地小火炉就来了,它们灼烤着刚刚吐青的春播地,并且留下了可怕的回忆——干旱和歉收。

于是他毫不迟疑地拿起了笔写文章,题目是《光明与黑暗》——他号召读者要支持斯大林的构想,这也是对美国政策的回应——冷战已十分紧张,这篇长文刊登在《真理报》的两期上——1949 年 5 月 24 日和 31 日。

这篇文章是一面镜子,从中看出了当时肖洛霍夫政论中既有强劲的一面,又有软弱的一面。

对于一个还没有从战争的破产中恢复元气的国家,植树造林在他看来还是个幻想:"……如果把将要种植的树木排成一条三十米宽、不间断的林带,那么它将沿着赤道绕地球五十多圈儿……可怕的黑旋风不会再刮,干旱将被治服,气候将变得更温和、更湿润……"

通过这篇文章可以感觉到,刚刚在顿河着手建造森林保护镇并培育森林,肖洛霍夫本人就到了那里:"一棵棵不大的松树幼苗,藏身在垄沟里,像站在湿沙上一样,奇妙地散放着孔雀石般的绿色光亮……你俯身跪在这些小树前,鼻息间就能嗅到清新的和非常柔和的松脂芳香,眼睛里就能看到在玩具般纤细的,毛茸茸的小树干上,结着一粒粒大小同树苗不成比例的、像大头钉头一般的松脂粒,它们像露珠一样晶莹闪光……"

与此同时他又痛斥了美国的当政者:"他们隔着大洋望着不可动摇的和日益强大的我们国家,由于疯狂而变成了瞎子一般;听到了中国人民解放军胜利的步伐,他们气得发抖;而坚定地走向社会主义的人民民主国家所取得的成就又遭到了他们愚蠢而无力的仇恨。他们对一切生机勃勃的骄傲而诚挚的热爱自由的希腊、印度尼西亚和越南人民,对那些流过鲜血、英勇地为了自己的独立而战斗的人们内心充满了阴险的仇恨……"

然而,很快读起来就觉得枯燥无味,就像《真理报》经常性的宣传与鼓动。不过,突然又有了突破!重又使人感觉到肖洛霍夫式的政论笔法。

你看,他提出了抗议性的号召!——要保护农民。这一次是因为不公正的纳税引起的。肖洛霍夫愤怒的话语说给了一个关键性的揭露人物——

特里丰老爹听,在这一场景里,根据苏联定期刊物的全部法律,应当支持上层掌权人的想法,可在文章中却看到了:"一方面下达指示,让我们种植果园,另一方面又让我们为每棵果树交钱……去年把我叫到村苏维埃,财政部门的代表问:'老爹,你的果园里种了多少树啊?'我对他说,天知道,你自己去数。他倒没摆架子,来了个核查组,把所有的树数了一遍,财政部门代表就说:'每棵有核果实的果树,比方说李子,还有什么樱桃,每四棵按百分之一地税单位缴税,每棵有籽果实的果树,苹果树或梨树,每棵按百分之一缴税。'……我现在已经在盘算着,是不是要砍掉一些树呢?"

肖洛霍夫加强了这一场景的戏剧性,于是这位哥萨克一句极不好听的话传播到了全国:"'见你们的鬼去吧!'老人高声吼着,他受到了侮辱,再也沉不住气了,于是从床铺上伸着袖子,抓起上衣,斜披在肩上,朝屋门走去。"

乡亲们都相信肖洛霍夫,他从孩提时代就懂得如何同他们打交道:"白天好!"或者"睡得好"——跑着也认出你是自己人,这倒随随便便,但需要细心,特别在艰难的战争年代里能看出这一点。有这么一个"自己人"叫瓦连京·伊万诺维奇·霍图诺夫(他经常陪肖洛霍夫去钓鱼)曾讲过这么一件事:

"他极力地要多带一些面包。'干吗带这么多呀?'——'做诱饵,做诱饵……'因为他非常清楚,钓鱼时一些人能到他旁边来,就像偶然飞来的椋鸟……米哈伊尔·亚历山大罗维奇并不厌烦他们的期待:打开背包,掏出面包就说——'拿去吧,伙计,分一下……'"

他还讲过这么一件事,不由自主想到的——正是在这一天,《一个人的遭遇》构思的第一粒种子不知是否落了地,只是很久以后它才破壳而出。

"有一回(这事发生在叶美里扬洼地),在一些人中米哈伊尔·亚历山大罗维奇发现了一个浅黄头发大眼睛的小男孩,他衣衫褴褛,他把孩子叫了过来:

'小茨冈,你是从哪里来的?'

'叔叔,我不是小茨冈……我叫万纽什卡。'

'你住在什么地方啊,万纽什卡?'

'没有地方住,我是离群的……'

肖洛霍夫久久地看着这孩子,什么也没有再问,后来好像很高兴地说:
'只有羊和鸡才有离群的呢,可你……是人哪,想吃点什么吗?'
孩子点了点头,肖洛霍夫就说:'到我们窝棚里来……'"

斯大林:二十年以后

在这一年,乌云笼罩了肖洛霍夫的全部作品。

1949 年 6 月,《真理报》刊登了长篇小说《他们为祖国而战》新写的几章,肖洛霍夫从来也不让读者漠不关心,所以这一次又有了反响。"有反响的人"有的为党中央写了文章,这是告密。其中一篇文章落到了联共(布)中央书记苏斯洛夫手中。苏斯洛夫与肖洛霍夫过去是同乡,如今却是党的意识形态的坚如磐石的堡垒,他将决定这部长篇小说的命运。这份告密材料写得很专业,作者是军事出版社的一个编辑。苏斯洛夫对自己的想象力也毋须特别用劲和浪费精力,他习惯于沉浸在党的惯用语当中:"如果《真理报》发表了这些篇章,这就意味着编辑部是同意的。而这些篇章让我愤怒的是因为它的低俗,对我国现实生活的歪曲和对苏联士兵的诽谤……"接着就打出霰弹一般:"可怕的诽谤……吓人的诬告……粗鲁的厚颜无耻……很难相信,这是'创作'——出自于苏联作家之手……色彩也不是我们苏联的……"

苏斯洛夫是个有经验的机关工作人员,他征求过宣传部的意见,宣传部迅速地收集其他所有的告密材料——国内提高了警惕的人不止一个。苏斯洛夫知道了宣传部的意见,头两行就弄清楚了其立场:"在这封信中,就像宣传部所收到的读者一系列其他来信一样,正确地指出了新章节的一些缺点……"

万变不离其宗,风吹来吹去又吹回来了。1943 年,那支说了算的蓝色铅笔就篡改了刚刚发表的几章,而后来就刀痕累累了。

……《静静的顿河》。9 月 9 日,斯大林签字同意出版自己全集的第十二卷,他过目了校对员、编辑们和联共(布)中央所属马克思列宁主义研究所出版方面的长官和领导们的签字,非常注意地仔细看了目录:一旦有不适合的,还可以改正——再收入什么,再删掉什么,那些从许多讲话、论文、书信中收集资料编辑成书的人相信:文章编排是经过仔细检查和全面斟酌过的。这一卷里没有什么多余的东西,这既是马克思列宁主义科学的发展,也是对社会主义建设实践的贡献,既提出了迫切的问题,也指出了未来的任务……

肖洛霍夫充分感觉到了它长期的轰动效应。

距离人们知道斯大林想公布自己对《静静的顿河》的评价还有三十二天。

肖洛霍夫翻看了10月10日的《真理报》,第一版让人紧紧盯住了粗体黑字的大标题是:"约·维·斯大林全集第十二卷"几个字,文章报道,在这一卷里收入了写给康、高尔基、别济缅斯基……的几封信,可是,肖洛霍夫又怎么能猜到,在写给康的信中有对《静静的顿河》的评论呢?

过去了一周,《真理报》仍在继续宣传斯大林这本新出版的文集,资料占了整整一版,又使人想起了过去的火药味:"向富农进攻……与有偏差的人进行斗争……不能没有自我批评……"

肖洛霍夫什么时候知道了这都是说的他,并且是对他说的呢?

预订的出版物从莫斯科到维约申斯克需要几天的路程,所以在莫斯科,在文学出版社,人们立即感觉到了斯大林这封信所带来的后果。曾获得过国家奖的老出版家之一的亚历山大·伊万诺维奇·普济科夫(时任这家出版社主编)告诉过我这件事:"出版社已计划好又一次再版《静静的顿河》,突然党中央来了电话:'请看一下斯大林的文集,《静静的顿河》中有严重的错误……'"

终于这一时刻来到了,标有1929年代的爆炸装置炸响了。

二十年前对于这封信很少有人知道,而如今它印出了五十一万五千份(这是这一卷的印数),一些人看了之后大吃一惊:对于早已过去的二十年的印象还值得向党和人民提起吗?另一些人则困惑不解:既然小说获得了斯大林奖金,它又能有什么错误呢?还有些人对于领袖的英明欢喜若狂,为了根除错误,对于领袖来说不存在任何权威。

肖洛霍夫在思索:这封信的公之于世是专门策划的事件呢,还是纯属偶然地只是由于要把领袖所写的全部文字都收入这一卷呢?他确信无疑:斯大林寄到维约申斯克的那些其他信件和电报并没收入其中。这就是说——整个这一事件是精心策划的惩罚。领袖——当着大家的面!——猛地拉住了铁嚼子:"当代著名作家肖洛霍夫同志在其《静静的顿河》中写了一些极为严重的错误并用了干脆是不实的情报……"

由于最高领袖对肖洛霍夫的不满,就引出了大大小小的一些事件。11月,《新世界》照例出版了新的一期,其中有一篇文章《伟大的道路》,杂志用"纪念大规模的集体农庄建设"的专栏强调了这篇文章的政治意义。文章很自然地引用了斯大林的论述,也引用了列宁的一段,不提到一些作家是不行的,甚至不知为什么还提到了赫伯特·威尔斯,可是对《被开垦的处女地》却只字不提。

耐人寻味的是,肖洛霍夫在这时,严峻的1949年对他来说自我感觉如何呢?我找来了他自己写的标明"1949年4月"的自传,他不得不写:"没遭到过党内处分,不论是托洛茨基还是其他的反革命组织都没参加过,也没有偏离过党的路线。没有做过俘虏。由于出版我的著作,于1930和1935年曾出国两次。"为了不引起任何怀疑,所有这些注定要这么写,已有许多人遭到怀疑、批评和谴责了。

但不管怎么说,他没有被击垮,还一如既往地写信去保护那些遭到不幸的人们,一如既往地关爱着长女遥远的海军之家,甚至忘却了往昔的一切委屈,在12月给法捷耶夫拍了电报——祝贺他的生日。

新年到了,愉快的家宴,上百封的祝贺信和明信片,但是斯大林的批评烤炙着他的心……有一次他对我说:"我给斯大林写过信,信中请求他具体地指出我的'错误'和'不实的情报',但他没有回信。"

许多年之后,肖洛霍夫的这封信被发现了,上面标出时间:"1950年1月3日",这就是说,即使在新年,他的委屈也没有平息,他想来想去,于是就给领袖这么写了信:

"亲爱的斯大林同志:在您的全集第十二卷中公布了您写给费里克斯·康同志的信,这封信指出,在《静静的顿河》中我犯了一系列极为严重的错误,并且关于西尔卓夫、波乔尔科夫、克里沃什雷科夫等人干脆用了不实的情报。

斯大林同志,您知道,这部长篇小说许许多多读者都在阅读,在中学的高年级学生和大学与师范学院的文学系大学生都在进行研究。自然,在您写给康同志的信公布了以后,广大读者、文学教师和学生们就产生了疑问,我错在哪里呢,怎样正确理解小说中所写的事件和波乔尔科夫、克里沃什雷科夫等人所起的作用呢。他们找我做出解释,可我一言不发,等待您的意见。

亲爱的斯大林同志,我恳求您对我解释,我所犯的错误的实质在何处。

在修改这部小说以便日后出版时,我将考虑您的指示。深深尊敬您的米·肖洛霍夫。"

完全有点儿冒险地同斯大林同志进行解释,因而口气似乎也是尊而敬之的"亲爱的……我要考虑……深深尊敬您……"而且十分渴望得到回答。

斯维特兰娜·米哈伊洛夫娜补充说:"父亲忘记了,过了一段时间他又写了一封信,第二次请求斯大林能与他谈话,或者是哪怕书面解释一下'极严重的错误'表现在哪里也好。但既没有回音,也没有问候,射向石头的箭掉了下来。"

斯大林他不想屈尊去做解释,没有他也找到了解释者。出版社的领导让人们明白了,这部长篇小说中还应出现一个人物。

人们把肖洛霍夫这个编外编辑找到了出版社,这位听话的作家,《真理报》的工作人员,讨好地手里拿起了笔。长篇小说要找到一场——斯大林和人民代表……看吧,这与过去写的信的距离有多么远。

斯大林七十寿辰即将来到,人们提议肖洛霍夫要在 12 月 21 日的寿辰前为《真理报》写出一篇文章。十年前他写过了一篇——非同寻常的——纪念六十岁生日的文章,新的文章要怎样写呢?他一天又一天地浏览《真理报》,每一天都有祝贺的文章,由领袖的战友们确定版面的大小。给作家们提供的版面不少于二百——二百五十行,常常是三百——四百行。有的人得到了写荣誉的专论栏目——文学车间的弟兄们都尽心竭力。有一位诗人赶上了两次表示祝贺:先是出版了他的诗,经过三周后又发表了他的一篇长文,这样的奖赏是由于他是作家协会领导人之一。还有一位诗人发表了赞美诗:"即使那长久、长久交替的春天,给您带来了光荣的白发……"后来这个人在安全的年代里,又把自己全身心地投入了对斯大林的揭露。人们准备好了一封公开信(当然,不知为什么,没有肖洛霍夫)《我们的领袖、我们的导师、我们的伟大朋友》,这封信征集了几十个人的签名:法捷耶夫、潘菲洛夫、革拉特科夫、波列沃伊、戈尔巴托夫,还有,还有许多,甚至一直到谢尔盖耶夫-青斯基。

庆典前过剩的情感表达并没有消除政治上的警惕性：12 月 8 日，人们转交给苏斯洛夫一份批判《新世界》的文件。最好让肖洛霍夫离开这家不可靠的杂志，可是他不，不离开它的编辑委员会。

党中央在注意观察，都是谁写了斯大林，他是怎么写的。马林科夫收到了一份有关一个没有算计好的受压制作家的告密材料："在他的长篇小说里，写到约·维·斯大林的共两页，苍白无力没有表现力，而希特勒却是十页。"这里告的是瓦西里·格罗斯曼及其长篇小说《为正义的事业》。

肖洛霍夫把自己的祝辞发给了莫斯科，祝辞写得并不长，刚过六十行。当 12 月 20 日的《真理报》来到维约申斯克后，他没有马上就看到自己的短评，在第二版发现了它，被挤在许多歌颂文章当中。他明显地没有违背自己在 1939 年文章中说过的话，既没有用"很多很多的形容词"，也没有"常常挂在嘴上"。

这篇短评大部分写的不是斯大林，而是他的母亲："个子不高淳朴的格鲁吉亚女人……"肖洛霍夫没有开玩笑，她的确是这样的——淳朴。

写出三部长篇小说的作者在大权在握的领袖生日庆典中只做出了这样没有几行的贡献。

从 1950 年开始不论什么事他从来也不再去找斯大林了。

第二个政治事件。党中央同意了提名肖洛霍夫为最高苏维埃代表的候选人，对于顿河来说，他曾是一个很好的代表，其中还有个原因，我要提醒一句的是，从孩提时代起在自己人中间他就表现出是自己人的样子。奥斯特罗乌霍夫斯克村的一位哥萨克叫巴维尔·瓦西里耶维奇·波诺瓦廖夫说的这件事保存了下来：

"在我最痛苦的时候，遇到了米哈伊尔·亚历山大罗维奇。我曾在顿涅茨克住过一阵子，战后回到了家乡，去林场工作，于是这时开始了对我进行迫害：'你不想参加集体农庄吗？噢，我们给你看看！我们要对你加以约束……'于是，他们像一群狼似地把我围住，不允许我把奶牛放到村里的牛群里……因为我破坏了禁令，判处我六个月的强迫劳动，我想申诉，往区里、州里都写过信，可是如石沉大海一般……我恨不得从家乡跑出来……

有一回我在季莫夫河湾地区进行防护性砍伐，这叫透光砍伐，可是心里却黑得伸手不见五指。我一看前面过来个人,穿了件绒衣,脚蹬皮靴。'你好,钓鱼的!'他说,可我对他说:'我不是钓鱼的,是砍树的。''怎么啦?'他说,'这么阴沉沉的样子。''生活,'我回答,'没有亮光嘛。''生活怎么了,让你这么生气?''你是谁,这么高兴?'我生气了。'我是肖洛霍夫。'他回答。开始我有点惊惶失措,后来就一句一句地向他讲……"

肖洛霍夫介入了这件事,那个哥萨克有趣地总结说:"他们撤销了对我的审判,也恢复了奶牛的权利……"

加害杰克·伦敦

家里人发现:在二楼写作间书桌旁肖洛霍夫常常胸靠着椅背骑在椅子上,他失眠了,他承认——正在写战争长篇小说新的几章。可是,尽管如此,还像过去一样,现在也这样:不想与生活切断了联系。

他给罗斯托夫的一位学者写了信,他关心这件事:"我担心,您为您的那本字典没有找到出版家,而且,由于这一简单的原因,在我们这个时代还不至于去寻找'富有同情心'的人……"这里说的是想出版《各民族方言辞典》一事。经过了几年以后,肖洛霍夫极为伤心地认为首都的出版家们瞧不起这样的出版物,于是他就站在了保护这种文化名著的行列中。

作为苏维埃代表他给区党委写信——他十分不安:"我请求你们能给予可能的帮助……他在战争中受到了严重的暗伤,癫痫病发作时很痛苦,部队的登记被注销了,又没有劳动能力……"

他给莫斯科《真理报》中过去的一位朋友写去了信:"我收到了从莫斯科打来如下内容的电报:请求帮助。以优异的成绩通过了大学考试,可是新闻专业却不收他。他父亲在前线牺牲了,母亲是清扫工……"这里还有从维约申斯克发来的请求信:"以我的名义帮助这个小伙子。"他从不草率从事——要求弄明白,这一请求是否合理。

他给沃罗涅日的一位历史学家写信——满怀善意,那个人想要知道,为了写作《静静的顿河》,作家是从哪里收集到的历史资料——"我写作《静静的顿河》所使用过的辅助性资料在 1942 年都已经荡然无存,至于说到档案资料——我担心,在罗斯托夫它们在战争中也没有保存下来。不过,我劝您去找那些有可能幸免于难的东西。除了州档案馆,我还使用过联共(布)中央图书馆中的资料……"

肖洛霍夫不但回忆起了那场可诅咒的战争和当时自己的敌人,而且也写了下来。他也想起了去年党中央所属的马列主义研究所所长的一封信。这位所长多次寄来了在那遥远的大饥饿年代里斯大林信件的复印照片和战前党的代表大会肖洛霍夫作为代表的证书。他还告诉肖洛霍夫:这些对于历史来说都是重要的稀世珍宝,就像他写的那样,这些东西是一个团长"在我军撤退时从您家中""偶然"找到的,最后,他提出要求:"米哈伊尔·亚历山大罗维奇:我诚恳地请求您允许把斯大林同志信的原件保存到马、恩、列研究所档案库里。我等着您的回音……"

这两封信打出了本来已灼伤的那颗心中委屈的火花。研究所那封信上有肖洛霍夫匆匆写出的笔迹——这是重要证件:"这些文件不是'偶然'找到的,也不是在我家中,而是在内务人民委员部区分部大楼的箱子里,内务人民委员部工作人员从维约申斯克匆匆逃走时把装有文件的箱子扔掉了。而这个箱子是我在1942年6月12日交出以转移到安全地带的。"

唉,他幻想当局能让他安静地从事写作,但这幻想没有实现。法律神圣,可奉公守法的人却是敌人。1950年7月,不愉快的事两次加害于创作。肖洛霍夫不得不去找党的第二把手马林科夫——向总司令部抱怨:"我在结束长篇小说《他们为祖国而战》的第一部,着手写第二部时——特别感觉到需要了解涉及到斯大林格勒保卫战的资料……"他没有想看,就像人们说的那种"保密性质的资料",结果,对他并不信任,就像在信中所说的那样:"那些'活'的资料,即从连到营所得到的政治情报、战报和所有其他资料,对我再现1942—1943年的战局都会有所帮助。"信中他很痛苦:"您知道,缺少这些资料对我的创作将是致命的,因而我请求您予以帮助。"

值得提到的是:列夫·托尔斯泰为了创作《战争与和平》反复阅读了大量的历史著作和回忆录,而肖洛霍夫为了写《静静的顿河》也同样透彻地了解了大量的资料。可是,对这场与法西斯的战争暂时还没出现综合性著作和元帅们的回忆录时,因而就需要看一些档案,想要多了解一些。

他尊敬地称呼马林科夫:"亲爱的同志",还有更天真的话:"我一直记得您对我的善意态度……"信中就有了决定——它对什么也没有约束:"我请求认识一下格罗莫夫和叶戈罗夫同志。"

等啊,等,等待"亲爱的"马林科夫的回话:一个月,两个月,八个月……也没等到。有人凭着天真的好奇心问过:"为什么肖洛霍夫写得这么少哇?"你看,这也是对这种疑问增加了一个理由,也是对那种气势汹汹加以攻击的人的一个答复,他们断言:"肖洛霍夫写的就是这么少!"

第二件不愉快的事。肖洛霍夫转交给了《真理报》一篇文章《刽子手逃脱不了各族人民的审判》,有人蓄意加害这篇政论——动手压缩。肖洛霍夫感到惊讶的是:其他且不说,他们不知道为什么不喜欢从杰克·伦敦短篇小说《热爱生命》中引用来的文字,他不同意压缩,当时他患了流行性重感冒,但仍给主编口授了一份电报:"如果一般说来文章对你们适合,我不想残忍地剪割,紧紧拥抱你并握手,你的肖洛霍夫。"

然而,编辑却紧咬了衔铁,看来,他还不知道,肖洛霍夫从自己的创作伊始就铸就了倔犟的不让步性格。从维约申斯克又打来一份电报——开始就极强硬:"杰克·伦敦和我坚决反对压缩……"结尾写道:"我请求完全保留,衷心祝好,肖洛霍夫。"

编辑部却固执己见,从维约申斯克又打来一份电报——下了最后通牒:"所提议的压缩完全无法接受,请退稿,祝好,肖洛霍夫。"

极为有趣,书信中结尾的礼节般句子好像用缩小标尺安排的一样:"紧紧拥抱"、"衷心祝好",而最后,就又是简单地"问好",简直就是心电图!

由于拒绝《真理报》改动文章,又引出了一份新的电报作为答复,结果造成对"被校阅过的文本"的挖苦的评价:"看第六版的荒唐之处……被砍掉的句子不连贯……由于粗心大意改得一塌糊涂。"

仍然无济于事,于是在9月份肖洛霍夫给党中央发去一封电报(就是这种性格!):"加急,莫斯科,联共(布)中央,马林科夫同志:诚恳地请您看一下我在《真理报》上的文章,完全不能接受的压缩剥夺了我发表文章的可能性,你的肖洛霍夫。"

主编在党中央所作的辩解的档案资料保存了下来——极不老实:"对文章没做任何压缩,只是谈了谈要修改之处。"

这一件不干净的事刚刚结束,又出现了另一件——更不干净的事,还是马林科夫……这个人由于超负荷的不健康的生活方式,特别是战争之中,造成了病态的肥胖,脸上浮肿,而在同"党的干部"进行的费尽心力诡计多端的游戏里又极为机敏。他审理肖洛霍夫的第一封来信还没冷静下来,自己的机关工作人员就送来了一份《关于查询维·采·戈芬谢菲尔文学评论的报告》。

难道党的司令部里就没有别的事情了吗?毕竟马林科夫在这份文件里还嗅出了重大的政治问题,因而他决定用自己部下安排一个复杂的阴谋:既提醒肖洛霍夫,也提醒形成中的肖洛霍夫学,告诉他们并非没有过错。这个戈芬谢菲尔早在战前不论是在《静静的顿河》还是在《被开垦的处女地》的研究中,都没有表现出思想上的欠缺,打击评论家——也就是打击作家,马林科夫要求对这两个人查询。

对戈芬谢菲尔的打击:"有严重的错误,比如,在他的《米哈伊尔·肖洛霍夫》(国家文学出版社,莫斯科,1940年版)一书中,在评价肖洛霍夫的创作时,他只看到了作家在表现共产党员时的缺点在于他很少反映他们的心理感受。"

对肖洛霍夫的打击:"在描写共产党员时,著名作家的作品确实存在缺点……"

对于在政治上败坏名誉,当时怎么能有比"描写共产党员"的话题更合适的呢?

马林科夫。他嘱咐人去查询决不是为了自学或者满足好奇心,他想让党的高层人物——斯大林也一样,睁开眼睛看看肖洛霍夫的"无爱国心的世界主义",因而,他给宣传部部长作出了批示:"克鲁什科夫同志:请将此事报告党中央书记处。6月26日。"他的这一主意带来了为时很久的恶果,很不好。

肖洛霍夫。政治上的不信任使生活变得暗淡无光,在这种噩运丛生的岁月里,许多人躺倒在地,肖洛霍夫却不是这种人。一个月没有过去,他就又发出一份急电:"莫斯科,党的中央委员会,格奥尔基·马克西米良诺维奇·马林科夫",标明时间是"1950年10月2日",急电是从米列罗沃发出的,肖洛霍夫关心自己的乡亲们——请求铺设自来水管道。过了一个月,又给马林科夫发去一封信,这信写得独具匠心,值得全文援引:

"亲爱的马林科夫同志:二十年前根据已故奥尔忠尼启则指示①建造的

---

① 肖洛霍夫没有补充说是根据自己提出的要求。——原注

维约申斯克水电站,有两台'流星牌'柴油机部分地是由于长时间运转,而主要则是因为电站于1942年7月就被德国飞机轰炸①而被破坏,现在已经绝对不能用了。那个发动机几乎一年来就在露天的废墟里放着,它需要更换,而且由于'流星牌'柴油机已经老化,我国工业早已不再使用它,自然,它的任何一个备用部件也找不到了。

我们具体地想得到两台柴油机的想法一直没有任何结果,如果没有您的强有力的一句话的支持,将来也绝对无济于事。因此,我才不畏羞愧,决定再次打扰您,请求帮助。"

而最后的要求则是——在燃油方面:"米列罗沃站已准给我们原油,但这原油需运行一百六十八公里,到离维约申斯克三公里的地方。而巴兹科夫原油基地有存三百吨索拉油,不知为什么,他们不给我们电站使用,他们说这要得到莫斯科的批准。

我特别不愿意夜里摸黑坐着,帮帮忙吧!我们半年燃油的需要量是四十吨。致以衷心感谢,米·肖洛霍夫。"

马林科夫——我们将给他以应有的评价——写了信。过了七天,执行机关的人报告:"马林科夫同志:根据您的委托,关于肖洛霍夫同志的请求……"下面更加明确地说:"肖洛霍夫同志参加了这一问题的审查……"

肖洛霍夫从莫斯科回到了家,他发现玛丽娅·彼得罗夫娜脸上总是闷闷不乐的样子,问了问是怎么回事,原来,过日子没有着落了。于是,肖洛霍夫就给那些漠不关心的出版家们发出两封电报:"我急切地请您将稿费电汇过来,我没钱了。"过了一个月,又发一封电报:"我处于绝对没钱的愁苦之中……"

好像天意的巧合:法捷耶夫给党中央的马林科夫和苏斯洛夫发去了一份调查结果——谈到了有的作家由于作品大量再版得到了许多稿酬,他签署了一个名单——自己在其中占首位,而肖洛霍夫在名单中却没有。

玛丽娅·彼得罗夫娜讲过:

"战后,镇里甚至像我们这样的肖洛霍夫家日子过得都很穷……所以,肖洛霍夫感到很委屈,因为很多人认为他是个富翁。你看,我就说:有一回

---

① 肖洛霍夫也没有补充说,这就发生在他母亲死去的那一天。——原注

419

在来信中有这样的话,信中说,我盖了房子,现在需要一辆汽车,米哈伊尔·亚历山大罗维奇能够帮助我,他不愧是个百万富翁。肖洛霍夫回答说:'我是这样的百万富翁,就像你是罗马教皇一样!'"

当然,稿酬、苏维埃代表和科学院院士的薪金确保了他的正常生活,可是,他有多少亲人和亲属啊!又有多少次国内的往来需要"自费"啊!一些去首都的路程又靠什么呢……在这些年的总结里,反正一切也都马马虎虎地过来了。小女儿玛丽娅·米哈伊洛夫娜对此曾说:"像镇里所有的孩子一样,我们也有衣服穿。妈妈的连衣裙穿过后,我大姐穿,然后就是我穿。就这样,大孩子的都改给了小孩子穿。"

从肖洛霍夫口中,我从来也没有听到过抱怨生活安排得不妥当,他为另一件事感到十分苦恼——当局的不理解。

如何才能摆脱侮辱、委屈和恶毒的批评?在维约申斯克,忠诚的全家人在一起再加上他的书桌——这就是一座堡垒,堡垒墙外世上的一切都被忘却,除了他喜欢的工作用的纸和笔,还需要什么呢?狂热的狩猎?已被控制了的钓鱼?同不多的几位忠实朋友在一起喝一杯?……

第 三 章

1951——1953:党的代表大会上的非常事件

"对肖洛霍夫同志必须采取措施……"党的机关工作人员向格·马·马林科夫提出了这样威胁的要求,这发生在1953年的特殊的日子里,当时党的十九次代表大会召开了。

为什么如此的不被赏识?肖洛霍夫明白——在党的永动机制度下,"马嚼铁"从来也没有废止过:一会儿猛拉一下——一会儿又放松了,一会儿奖赏你——一会儿又贬低你……

莫斯科高等技术学校:"凡事都得慢慢来"

1951年,肖洛霍夫用一篇面向全国的文章开始了这新的一年——在《真理报》上向全国公民表示祝贺,而且在这一年里还发表了两篇不长的文章——一篇写给伏尔加—顿河运河的建设者,另一篇写给年轻的书迷们。

政论不多。他操心的是另一些事,也许,主要是战争长篇小说的写作。

突然在 3 月份,在最高苏维埃会期结束后第二天,肖洛霍夫就被邀请去与著名的莫斯科高等技术学校的大学生们见面,去见见"技师们"……

会议大厅。肖洛霍夫穿着那件不变的军便服,在一片掌声中走上了舞台,坐在桌子旁。刚刚把他做了介绍,他就提出:任何讲话他也没有准备,报告也没有,他要求大家提出问题。可是还没有勇敢者提问。一排排听众只在互递眼色,窃窃私语,极为不好意思。这时他站了起来,颇有风趣地面对大厅:"你们就表扬我几句吧,当然,我就要客气一番把你们的话挡回去,这样也就会有问题了。"这别出心裁的引诱真管用——大学生们胆子大了。

"请谈一谈,您是怎么创作的?"

"要说起这个既麻烦又费时间。"

"您的社会工作怎么样? 参加了为和平而斗争吗?"

他耸了耸肩作为回答。

"在您的著作中,没有任何一个美好的女性形象。"

"这很清楚,因为我十八岁结的婚(看来这是顺便提到,因为在开玩笑)。"

"现在您在写什么,什么时候结束呢?"

"我不能给出期票,你要答应了,以后就会做不到。有这么一句俗话:凡事都得慢慢来,不要图快,产得快,生妖怪。我现在正在写长篇小说《他们为祖国而战》,这部小说我想写三本书……以后我要写完第二部,即《被开垦的处女地》的最后一部。"

"《静静的顿河》里的主人公们都有人物原型吗?"

"是的,有。可是,这并不重要。列夫·托尔斯泰极为成功地讲到了自己的保尔康斯基:没有这个人,实际上他是否这样,他实际上姓什么,这些都没有意义。他之所以重要就是因为他是保尔康斯基。"

"《静静的顿河》中有些人物(米舒特卡等人),关于他们的命运还可以写一些,您不打算这么做吗?"

"过去有这么一位女作家莉季娅·恰尔斯卡娅,她有一本书写一个主人公淹死了,可是,在第二本书中他又从水里出来了——她就这么把他从一本书带到了另一本书中。有一位评论家(他是右派还是左派并不重要)说:

'恰尔斯卡娅有一只母鸡,会下金蛋。'我不想成为养鸡的。"

"《静静的顿河》结尾不成功,为什么主人公哪里也不去呢?"

"农村中更加富裕的那部分人的命运的确是这样的,如果我写成了另一种样子,那就违背了我作家的良心。"

"您对伊利亚·爱伦堡的创作有什么看法?"

"在战争期间他写了确实需要的东西,这在当时是很有价值的。"

"费多尔·潘菲洛夫《在被推翻者的国度里》一书有多少真实性呢?"

"说梦话。"

"您可以谈一谈埃马努伊尔·卡扎凯维奇的著作《奥德河上的春天》吗?"

"一颗星——这很好。"

"您对尼古拉·什潘诺夫的《纵火犯》有什么看法呢?"

"我也读过纳特·宾克尔顿的作品。"

"您如何评价我们当代文学?"

"我们有点耗时间了,可是我感到悲哀的是,我们老一代的作家失去了应有的品质,比如,亚历山大·柯涅楚克……"

突然,他说了一句:"我从来也没有发誓说只写哥萨克。"

"您对捷尔仁斯基改编的《静静的顿河》和《被开垦的处女地》歌剧有什么看法?"

"这位作曲家兄弟的歌词写得文理不通。《被开垦的处女地》中的歌曲《天涯海角》有曲调,可歌词在哪儿呢? 按照长篇小说写出的歌剧《静静的顿河》不了解哥萨克的民歌创作。而哥萨克的民歌却是很棒的,其中包括一些很古老的民歌,比如关于卡梅申科河的。后来——这是我个人对歌剧艺术的看法——比如,我就听说过,在把纳古尔诺夫开除出党时,抒情男高音就唱起了:'放下党证!'——他就站了起来,悄悄离开了。"

下面递上一个条子:"你怎么看待笔名问题呢?"大厅为之一动,有一股烧烤的气味,这明显是对不久前的这个月里肖洛霍夫和西蒙诺夫之间火热争论的一个反响。这个康斯坦丁·西蒙诺夫是年轻人喜欢的美男子,诗人,小说家,也还是在最好的剧场上演的剧本作者。由于这次两个人的意见交锋在整个莫斯科引起了火花,还有哪:有人发现了肖洛霍夫的反犹太主义!

所有这些都是由《共青团真理报》上发表的米哈伊尔·布宾诺夫《现在需要用文学笔名吗》一文引起的,当时这位作家因《白桦》这部长篇小说获得了斯大林奖金之后成了时尚人物,在所发表的文章中看不出任何反犹太内容:布宾诺夫提到的不仅是犹太姓氏,也有俄罗斯的姓氏,三个明显的乌克兰姓氏和一个东方姓氏。可是文中每一段都有些荒谬的莫名其妙的东西,最后一段也有:"在我国建设的社会主义彻底地取缔了唤起使用笔名的一切原因。"

西蒙诺夫满腔怒火,就用《文学报》及其他别处报刊进攻:"布宾诺夫援引的论据大多都滑稽可笑。"

早晨,布宾诺夫和那个准备写文章的《共青团真理报》的工作人员费尔多·沙赫马贡诺夫约见肖洛霍夫(他在莫斯科)。他们俩抱怨:人家不让布宾诺夫回敬西蒙诺夫,因为党中央来了电话,说禁止再继续争执下去。肖洛霍夫在考虑:"西蒙诺夫是个赌徒! ……我不知道,你们想要赢,谈的倒是笔名,可是你看,他想要赢牌,很清楚,却不去看他的牌。他在吵吵嚷嚷的文学观众中寻求广泛认同,而你,布宾诺夫,那些观众要无情地击败你。"

肖洛霍夫坐在桌子旁,立即转给报社一篇不长的文章《摘下面甲》。文章发表了,人们还记得他提出的有感染力的问题:"西蒙诺夫保护了谁? 他在保护什么? 你不能马上明白……"

西蒙诺夫也在《文学报》回敬了一枪:"我保护了为避免错误地指责为反复无常而想选择一个文学笔名的作家们……"然而,好像这还不够——他做过了头——给党中央写信抱怨:"联共(布)中央格·马·马林科夫同志:在《共青团真理报》上由米哈伊尔·肖洛霍夫署名发表了一篇表现出对我的态度的极为粗暴的文章《摘下面甲》……我请您,格奥尔吉·马克西米良诺维奇对此问题采取措施,对这一问题的产生,我完全不把它与肖洛霍夫个人联系起来,尽管很遗憾,文章下面有他的签字。"

好多年以后,在西蒙诺夫的回忆录里又提起了那次打笔仗的事——他告诉我说:"肖洛霍夫对使用笔名不高兴,正如我周围的人所理解的那样,他说笔名隐藏了某种重大的、某种更重要的东西……他说一些文学看家狗和干将都躲在了笔名之后……顺便说说,肖洛霍夫这话是对着斯大林说的。斯大林……斯大林玩过一个恶魔般的游戏……简单地说:在一次斯大林奖金委员会的会议上,我们在讨论某一作家的长篇小说,斯大林用正统的观念看了一下这个候选人的名字,在笔名的后面括号中写上了真实姓氏。他突然生气地说了一段话,用自己的方式连问带答:'我不能不问一下可尊敬的同志们,为什么,由于什么目的要写双重的姓氏呢?有一个——习惯了的姓氏对读者就足够了。难道作家没有权力用笔名吗?我想有,你们想强调,他是个……犹太人?可是为什么呢?'"

肖洛霍夫对大学生就做了这样的回答:"作家改换了自己的姓氏,有时候是有原因的,他用笔名——或者是因为原来的姓氏不好听,或者有其他原因。我们知道,法捷耶夫就是法捷耶夫,而不是什么布雷加……可是,如果在《文学报》上署名为罗杰布留姆,而在《苏联艺术》上又署名彼得罗夫,甚至倒过来写,而在第三种报纸上又署名斯维托夫,又以这个题材发表了别的什么东西,所有这些都是出自一个人之手——这就不诚实了,所以我反对这样的笔名。"

不知为什么肖洛霍夫的这篇文章没有收进文集里去。

[增补]随着时光的流逝,肖洛霍夫越来越经常地面向经典作家,对此,他有过讲话,但没有收入他的文集,因而我引用一些:

"我更多地喜欢小说家中的果戈理、托尔斯泰、契诃夫、布宁,那就不必说普希金了。我喜欢列斯科夫,绥拉菲莫维奇读得入了迷,特别是《草原之城》,至于说到《铁流》,它显得单薄,绥拉菲莫维奇亲自在这铁流中游过泳。"

"少年时代喜欢过高尔基,后来看明白了,他在风格和形式上还没下功夫,我喜欢高尔基的《切尔卡什》,留在了记忆里。有一次他请我进了屋,靠近壁炉坐下,并谈起了《克里姆·萨姆金》一书。他问,我是否喜欢这本书。我告诉他,哪些地方喜欢,哪些地方不喜欢,总的来说我称赞这本书。高尔基聚精会神地听了我的批评意见,兴致勃勃地弄清我的立场并加以称赞。"

"阅读托尔斯泰日记的某些篇章我不能不十分激动……特别是在转述同索菲娅·安德列耶夫娜夜里对话的地方,何等的深渊把这两个人隔开来,他们相爱、亲近看来曾是世上无双的……实践给我们带来了什么啊?可是,尽管观点上有分歧(也许是心理状态的差异),他们两个人都无过错:在她的一边是妻子、母亲、家庭主妇的正当性,而在他的一边则是天才的矛盾深刻性,托尔斯泰式的——就是托尔斯泰式的!——生活的哲学……信仰,道德,诗,哲学——这一切结成了紧紧的扣子并构成了他天才的实质。"

"党委会认为……"

从莫斯科,从文学出版社给肖洛霍夫寄来了再版的《静静的顿河》的校样,他打开了包裹,大吃一惊:差不多每一页都被一些增补和删除的句子弄得一塌糊涂,随寄来的编辑部主任的信做了解释,可是作为《真理报》编外编辑和工作人员的肖洛霍夫——却是勤勤恳恳的呀!

肖洛霍夫看了校样就立即回复了急电:"编辑毫无用处……他没有艺术趣味……在他改动的任何地方您都会看到一个报社的庸人……在选择编辑时我犯了一个错误……"

在书信中他甚至没有徒然地使用这样的文句——"阉割式地摘除",这部小说名副其实地被阉割了,先后两次!

为了原则,编辑在"政治上"着手"整顿秩序",这部小说里有两个生动的历史情节使他不满意,真是厚颜无耻——他在自己的后记中大胆地教训起肖洛霍夫并要教导读者:"然而,作家在个别情况下,不清楚,甚至有时错误地阐释了某些历史事实。"他又接着说下去——这对小说和肖洛霍夫的政治声望都是危险的:"作者有时模糊地,有些地方是不正确地表现了科尔尼洛夫的实际意向……"

肖洛霍夫在这一瞬间顿然想起了自己最早的一次有高尔基在场的同斯大林会面,不同意见的交锋很尖锐——争论小说中的科尔尼洛夫是个什么样的形象。当时,由于斯大林的坚持,他的态度软了下来,过了二十年后,如今为什么又翻起了老账?!

后来,肖洛霍夫看出来了,这位新编辑的那支不敏感的笔删掉的——大多数——都是哥萨克的语言。他说,小说有地方方言、粗野话、行话,说什么曾几何时高尔基已批评过这种趣味。可肖洛霍夫却记得的是另一回事:当时他亲自校对了许多,为什么如今又画上了表示禁止的红笔呢?!

原来,这也是政治。在出版社里人人都知道,肖洛霍夫却不是马上就明白。对于肖洛霍夫风格这种推土机的架势——乃是对不久前斯大林发表的语言学论著的一种投机的反应。在《新世界》杂志一月号上的一篇文章就拍马屁式地重复了大权在握的导师在语言学方面的论述:"用美学的方式稳定方言的愿望不仅仅是荒谬的,而且也是有害的……与语言的精髓和规律处于不可调和的矛盾中……必然要消失……"

还有一件事,发生在列宁格勒大学,同样也是政治。女儿斯维特兰娜——她在那里读书——给爸爸打电话:请接待一位大学生——尤里·布尔金,他由于爸爸的原因,现在特别不高兴,而这个人却是她的朋友,是语文系二年级的大学生,后来他成为了著名的文艺理论家和自由民主主义者。

出现了什么事呢? 最好从布尔金写的札记《一个六十年代人的自白》第一手材料来了解,这本书是他逝世后才出版的。

"作为讲师团成员,我准备了关于《静静的顿河》的演讲,规定的解释是说麦列霍夫是个叛逆者,他由于不能坚定地站在布尔什维克一边,从而付出了道德退化和自己生活全面破产的代价。我与这种解释相反,证明了他与人民血肉相关,他是个典型人物,而他的命运则体现了在十月革命中哥萨克主体乃至于一般农民所走过的复杂的、曲折的和荆棘丛生的道路。我在肖洛霍夫的史诗中没有看出孤独叛逆者的不道德行为,而是看到了人民的伟大悲剧……"

接下来呢? 布尔金接着说:"讲师团的领导在审查我的讲稿后对我说,由于我的基本思想是有争议的,我或者放弃这个讲稿,或者要事先进行讨论……"

假如他小心点儿就好了,可是他没有久经沙场就开始写了,让他们讨论去吧。他的指导教师和合作者是研究生费多尔·阿勃拉莫夫,这个人后来写了一本论肖洛霍夫创作的极有意义的著作,从二十世纪六十年代开始就是农村题材小说家并保护了受到所谓剽窃谴责的《静静的顿河》的作者。这篇报告写完了,两个人拿去讨论并得到了判决:"报告是从布哈林立场写出来的,通篇浸透了富农的意识形态……"

我记得,这一切从三十年代末起就写进了肖洛霍夫创作的履历表中。布尔金的感受令人心酸:"类似的评价径直地把一个十九岁的罪犯押到了五十八篇著名文章之下[1],于是当时我决定去找肖洛霍夫。可是我没有去

---

① 反苏! ——原注

维约申斯克的路费,但斯维特兰娜·肖洛霍娃帮助了我,她也在我们系里读书:她告诉我,什么时候父亲在莫斯科,并把他莫斯科的住址给了我……交谈给我留下了极强的印象……他的言谈举止让我感到意想不到的吃惊。说说这个就够了,到第二次,那次是主要的,会面时他不仅问候了我,而且还吻了我(告别的时候又吻了),此外,还让我接受了一百五十卢布的返程路费……是啊,他热情地让我接受了,在我极力地摆脱、拒绝、推开他那只拿钱的手时,他眼睛里出现了泪水,声音颤抖了,但仍然用这颤抖的声音说着这些话:'你没有权利!我已经是个老人了……'(顺便说一下,尽管他才四十七岁,可那时看起来他已是老人了。)"

现在说主要问题——肖洛霍夫支持了这个异端的少年吗?布尔金证明:"对这部长篇小说的总体思想,他同意我的理解,当然,他提出了一个保留条件,我只能在经过几年以后来评价其重要性。我捍卫着葛利高里不被指责为'叛逆',饶有兴味地幻想着,如果科舍沃伊型新政权的热心的积极分子们不那么复仇心切,从而让葛利高里平静地生活,就像那个《被开垦的处女地》中的梅谭尼科夫一样,他也会加入集体农庄。肖洛霍夫在这一意义上不同意我的看法,认为葛利高里对于这种田园诗般的出路是个有自主性格的很不一般的人物。时代就曾是这个样子,具有类似性格的人肯定或迟或早要与时代冲突并走向灭亡……"

从肖洛霍夫的讲述中,这位大学生还记得了一些重要的内容:"大家都知道瓦西里·伊万诺维奇·恰巴耶夫,可对国内战争中其他许多同样声名显赫的英雄人物,你们这一代人就什么也没听到……"布尔金当即就做出了结论:"这是最清楚不过的暗示着1937年。"或者:"他当着我的面,给最高苏维埃打电话,用严厉的命令口吻训斥某个人拖延了重审一个上尉的案子,这个上尉无辜被定罪,因为他的船舰在北冰洋被冰块穿破……"

〔增补〕1953年版的《静静的顿河》是肖洛霍夫遭到侮辱的最令人发指的样板。编辑糟蹋了描写十月革命的悲剧的真实。比如,他"修改了"波乔尔科夫杀死白军上校的一场,在后记中,他为编辑自己,也为波乔尔科夫作辩解,说出了一句混乱的心理格言,从而曲解了这一场:"他杀了他——这是真实,可是这是自卫行动啊:切尔尼佐夫从短上衣中掏出手枪,想要打死波乔尔科夫,可是枪没有打响。那波乔尔科夫该怎么做?等他第二次开枪吗?把自己的前胸摆在罪恶的讨伐者的枪口下吗?……"

对于阿克西妮娅的出身,伏隆尼娅被强奸以及科尔舒诺夫让商人的女儿怀了孕这些场面的"自然主义",他都做了"修改",也把达丽娅说话时的语言特点修理了一番……使艺术家肖洛霍夫在这些地方黯然失色。

肖洛霍夫研究专家格·叶尔莫拉耶夫在其《肖洛霍夫:生平与创作》中统计过,在这一版的《静静的顿河》中有"近四百处政治删改,其中四分之三是在第二部中"。他还揭露出不少并非原有的后添文字,这些文字"强调了列宁和斯大林的成就并谴责了白军活动",他还成功地发现了近三百处清教徒式的修改:"她们就这么爱得入了迷,忘掉了在手上、脚上和前胸男人的毛发。"

只是在1956—1960年间出版文集时,肖洛霍夫才能够把小说的文本恢复了过来,而且有时是局部的——书刊检查官的对抗还很有力量。叶尔莫拉耶夫做了统计:肖洛霍夫只拿掉了近四分之三的政治上的修改和近十分之九的风格上的修改。他还说,在1928—1980年间各版次中,没有被恢复的政治上的修改数超过了二百五十处。

苏斯洛夫——斯大林——苏斯洛夫

不是一个大学生去找过肖洛霍夫,比如,一个"具有多年工龄的农村通讯员"给他寄来了其中有短篇小说手稿和书信的大纸包就是证明。这封信提到了他,"亲爱的米哈伊尔·亚历山大罗维奇,1942年您曾称赞过我在前线报纸上发表的一篇特写,当时我是侦察兵中尉——所以,我现在恳求您——给这篇短篇小说予以评价,我想从事文学创作。"又一个人要求成为供血者,可是他的精神力量却没有那么广阔,而且他的创作时间又极不够。虽然肖洛霍夫一下子就看出了,这部作品不好,但还是读了。

如何答复这位战争中的弟兄呢?他可以说些假话,泛泛对付几句。可是他却回信了:"这篇小说应全面地、认真地加以修改,首先是情节线索,作品中的一切都太简单……"并且还做了具体的解释。

还有一次他参与了一个年轻文学家的命运。评论家米哈伊尔·什克林请求他帮助,他对康斯坦丁·西蒙诺夫的创作写了一篇批评文章,因为在西蒙诺夫刚刚写出的长诗中有些句子他不喜欢:"故乡不是在/你出生的地方;/而是在,/记得你的地方。"他寄给了报纸的主编,报社正准备发表,党中央来了电话——不准发表。可以理解,党的机关工作人员害怕了:西蒙诺夫不仅人人皆知,而且在作家协会中还是领导,与斯大林关系密切,最好别沾上。

肖洛霍夫拨通了电话——找苏斯洛夫,谁不知道同这个顽固不化的保守派打交道有多么糟,他引用马克思列宁主义经典著作有着惊人的记忆力,说话只能对他逢迎讨好。如今,他又得到斯大林的完全信任——是党中央的书记和《真理报》主编,后来又成了政治局委员,在赫鲁晓夫、勃列日涅夫甚至在开始进身到书记处里的戈尔巴乔夫时代,他都是党的主要思想家。

苏斯洛夫拿起了话筒,听着肖洛霍夫的要求:

"米哈伊尔·安德列耶维奇!我作为作家为评论家说情并不很合适,但没有自由的批评,文学又怎么能发展呢?我说的是什克林所写的关于评论康斯坦丁·西蒙诺夫创作的文章。《共青团真理报》打算发表它,可中央报刊有的部门却禁发,这是你的教区,米哈伊尔·安德列耶维奇!应取缔禁令,西蒙诺夫'不能碰'已经太过分了。"

"这是我劝他们不发表的……在文学中什克林的名字算得了什么,他也批评西蒙诺夫?这不严肃,肖洛霍夫同志!"

"昨天那些文坛的裁缝和皮毛匠死命地谴责我和列昂尼德·列昂诺夫就是严肃的吗?他们发表的大量评论有几普特重。什克林是个职业评论家,作家协会的会员,他有著作……"肖洛霍夫说。

"肖洛霍夫同志,"那边传过来生气的声音,"我不反对批评西蒙诺夫,只是反对跟严肃文学不沾边的人用西蒙诺夫做练习。您就这么转告作者吧,再见,肖洛霍夫同志!"

不知是这次谈话的委屈给他的倔脾气加了温,还是生气没有达到伸张正义,肖洛霍夫当即就给斯大林的助手打了电话,并请求安排同"主人"谈话。于是,他就出现了这样的事:

"您好,斯大林同志!请原谅打扰了。"

"你好,肖洛霍夫同志!如果我不想听您讲话,您也不会让我安心。我听您说,肖洛霍夫同志!"

"我还是为我们文坛的一件小事找您。"

"我已说过了,不如意……"

"相反,我担心太自以为是的如意了,完全的自我安慰,没有一句批评的话。"

"说的是谁呢?"

"文学评论家什克林评论了康斯坦丁·西蒙诺夫创作中的生者与死者问题,而党中央却禁止发表这篇文章。"

"这个禁令我并不知道,肖洛霍夫同志,您读过这篇文章吗?"

"读过了!"

"您认为它应当发表吗?"

"我认为是有益的,而西蒙诺夫也可以学学它。我可以把这篇文章给您寄去。"

"为什么这么官僚主义呢? 明天我就读,在哪家报社里面?"

"《共青团真理报》。"

"为什么不在《真理报》呢?"

"《共青团真理报》的人表现出了倔犟的精神。我们不能使他们感到委屈。"

"就这些事吗? 肖洛霍夫同志?"

"谢谢您的支持!"

很快电话就响了,苏斯洛夫打来的,他好像什么事也没有发生似的说:

"米哈伊尔·亚历山大罗维奇,我看了什克林的文章,已下令给《共青团真理报》——发表。"

这位记者就成了肖洛霍夫电话交谈的见证人,他甚至详细地把这次交谈记录了下来,在同记者告别时,肖洛霍夫对他说:"关于我同斯大林的谈话——要守口如瓶!"

……有谁知道,也许,正是在这几天里,当他习惯地夜里坐下来写作时,恰恰为他的军事长篇小说写下了如此令人不安的句子——这与他如此不安的心境相协调:"无数火炮炮弹和迫击炮弹呼啸着划破灼热的空气,从高地后面飞落到掩体近旁爆炸,把泥土和硝烟像喷泉似的飞溅到四面八方,把本来已经弹坑密布的、曲曲折折的防线又一层层地犁了一遍……"

我发现他在各条战线作战。你看,他要求州报的总编辑打击那些犯有严重官僚主义的人——苏维埃官员无论如何也不给一位早在国内战争中就牺牲了儿子的老太太办理领取退休金的手续:他们说,没有文件。这里还有这么一件事让你有兴趣知道——为什么逼得绝望了的哥萨克女人去敲肖洛霍夫家的大门,她给肖洛霍夫写信说:"当然,这样的文件我没有得到,您在自己的小说里写了,我的儿子彼得·伊万诺维奇·卡班诺夫是巴克兰诺夫斯克镇的,曾同波乔尔科夫一起被处决了,坟墓还不能证明我儿子的死,而您书中写的,社会保障机关还不想相信……"

"最高决策机构"的调查

1952年。肖洛霍夫借助于《真理报》的帮助得以向自己的人民表达了新年的祝贺,贺词的题目是《可爱的祖国母亲》,开始部分写得富丽堂皇,但无生气,结尾用了一个人们所熟悉的比喻:"新年好,伟大的勤劳的母亲,到死为止你都是我可爱的祖国母亲。"

伟大的勤劳母亲宣布——这一年很特殊:召开党的代表大会,计算起来是第十九次了。

后来,肖洛霍夫又应发行千百万份《少先队真理报》编辑的请求,给孩子们写了一篇文章,不长,只有四段,却是"你们的忠实朋友"含义丰富的赠言——谈到了图书和阅读的益处:"一开始,知识的光芒好像透过狭窄的缝隙,从黑暗中向孩子的惊异的眼睛里闪光,首先是个别的暂时还觉得神秘的字母构成单词,再形成清晰的理智……在你们面前目标并不狭窄,而是敞开了大门……"

人们要求他到电台去讲演,他坐在传声器前对于"作家——生活——读者"这一话题把自己的思绪告诉了大家。第一句话就令人惊倒——没有任何谈到成就时那些司空见惯的必须的开头:"苏联作家在自己的读者面前欠下了大量债务。"第二句谈到的就是自己,"在一系列欠债者当中——但他们绝非是不怀好意的赖账者,我感到极大的遗憾和内心的不安,我现在还是两部没写完的长篇小说的作者……"而且他还关心于否决了思想家们司空见惯的咒语:说什么苏联作家必须同社会主义和共产主义的建设者们的生活同步前进:"我们总千方百计地在快赶,可是平静的呼吸应当保持到最后……"他解释说:"当笔杆子们精雕细刻地描绘3月的光秃秃的树枝和在早春的苦闷中鼓胀起来的幼芽时——大树已经冒出来了第一枝绿色的黏滋滋的树条。"

2月,肖洛霍夫有两个电话——先是作家协会打来的,后来从党中央又打来一个。前后两个电话都是关于法国作家维克多·雨果的诞辰纪念。他很吃惊,为什么要吸引他参加,而不与他对抗了呢? 很快政治局发出了《关于纪念维·雨果一百五十周年采取的措施》的决议。由苏联保卫和平委员会和作家协会中的一些成员组成了纪念委员会。法捷耶夫为主席,爱伦堡为副主席,接着还有十个人,并且没有按照惯例依照姓氏字母排列名单,肖洛霍夫排在第一,西蒙诺夫同他并列。

当然,伟大的雨果是很好的,但更加吸引他的是齐姆良水坝的建设和伏尔加—顿河运河的工程,报纸和电台差不多每一天都从那里传来了消息。草原上要有大海了:齐姆良水库! 一切都许诺了:遏制了干旱……会有一条运河……可能有新的河运……加速州里的发展……那里引诱着他去,于是坐上了汽车——唯一的快速办法,离开了维约申斯克急速前往。丁烷都已经撒上了,又有了一个新的河床,不久前长满了羽茅草的灰土土的河边地、古代的陵墓以及由于风雨侵蚀而造成的断断续续的不久前的沟壑和战壕都淹进了水下……

他写了特写《伟大建筑的处女作》,这篇文章未必优于赞美斯大林的构思和建设者们的成就的几十篇这样的记者短评——而所有这些,他说,都是为了苏联人民!

然而在景物描写中有多少不可重复的真正肖洛霍夫式的闪光啊:纤细,敏锐如风景画一般。

然而在他的政论文章中却再一次提到了掌权者所关心的是堂而皇之的节庆,当局没有看到无价的无法补偿的历史遗产的消失,"大水淹没了早在斯维亚托斯拉夫时就被摧毁了的萨尔克尔地方的可萨人要塞,当你看到了从库姆萨特山上流下来的不是过去早已熟悉了的顿河的细长的带子,它奇妙地蜿蜒流入森林和草地的绿色中,而看到的却是一大片蓝色的大海时,不知为什么,就有一种喉咙发紧,心脏受到压抑的奇怪的情感……"

这篇特写是怎么写出来的呢? 对于读者来说这里隐藏的秘密是不同寻

常的。那个维塔里·扎克鲁特金，被看出能成为传记历史学家，他写道："我和我的同事得以同肖洛霍夫在顿河一带的各村镇转悠了几个星期，并且就生活在齐姆良水库的水利枢纽和工人住宅区里……白天，肖洛霍夫同我们一起去看这一巨大工程的各个区段，夜里就写作。他把自己锁在一个单独的房间里，写到精疲力尽，突然就在深夜里把我们叫醒，好像要检验一下自己，要求我们听听他写的特写的又一个方案。我们夸奖了几句，他就生气地摆摆手，撕碎了写好的东西，焦急不安地又把自己锁进充满烟味的窒息人的小屋里。过了一两个小时，他又来找我们什么人，诚心诚意地带有歉疚的微笑，把他从床上拉起来说：'喏，听听吧，照我看，这么写更好些！'这种寻找最佳的做法，一夜一夜地持续着，最后把我们都折磨苦了，我们只是感到吃惊，他那毫不妥协的严格要求到底有没有个限度。"

秋天，9月里，距党的代表大会还有一个月，在办公桌上放了一封从罗斯托夫州寄给马林科夫的信，像是某个会计写来的四页手稿，其中详尽地讲到了肖洛霍夫的表现如何不好：在宾馆里饮酒。如果有谁也读过了这封告密信，自然就会想到一部时尚影片中的笨拙的主题歌："基督的高脚杯——从哪里来？从罗斯托夫来……"

马林科夫好像在等着这封信，也许他一直在等着。按照过去的机关规则，漫不经心地就会把这样的信由于无用送到档案部；或者，如果是急需就寄给州党委或者作家协会，以检查其可靠程度，自己决定"采取措施"，决定信的重要性。他的决定就表现了全党特别关注："送交潘·廖·波诺马廖夫、米·安·苏斯洛夫、尼·谢·赫鲁晓夫和马·费·斯吉里亚托夫等同志，轮流传阅，交中央书记处。"

正如斯大林说的，党中央书记们的"最高"审判多么厉害呀！批示不允许有任何好话——这是它的原则，正如老百姓所说的：最好过分警惕，不能不够警惕。但是，即使有了这样的批示也解决不了什么确定的东西：没有记录下代表的印证材料，也没有下达警告（宣布判决），讨论过后也就可以了。但肖洛霍夫却因此并不轻松，在莫斯科和罗斯托夫到处传着侮辱性的流言。

然而，在这个月里，反对肖洛霍夫又有了另一件事：是巧合呢？还是某些人极需要这样做呢？就在党的代表大会前夕，党中央又收到了一个告密信号。消息来自作家协会——又谈到了《新世界》的错误路线，还是肖洛霍夫的名字:"迄今为止,编辑部成员米·亚·肖洛霍夫、康·亚·费定等同志几乎不参加杂志社的工作。"而在与"无思想性"和"无爱国心的世界主义"激烈的斗争时刻——他们应当"参加"。

10月,联共(布)党的代表大会开幕,这是忘了党章规定的十一年后第一次的代表大会。战前的大清洗和以建设强国名义受尽苦难的人民所表现的勇敢精神都已过去;为了胜利,人民不吝惜一切,终于赢得了这场伟大的战争,这也成为过去;人们希望靠难以置信的顽强劳动恢复被战争摧毁的经济,更好地生活。

代表们听取了马林科夫的报告,他没有回避文学生活,报告中号召"同粗制滥造现象进行坚决的斗争",并且指出"要毫不留情地根除文学艺术作品中的虚伪和污秽"。

马林科夫没有点到任何一部作品,但开始时却想过了。肖洛霍夫没有猜到,在机关的深层里却准备好了另一种文学分类——在其中提到一些作家,而对另一些作家则闭口不谈,而不管是在前者还是在后者中,肖洛霍夫都应当出现,他只要去读一下那许多页的打字稿《总结报告备用·文学艺术……》就知道了。尽管在"伟大的卫国战争题材"一类中提及了十几部作品,对于长篇小说《他们为祖国而战》其中却只字不提。还有一类是为党所用的激昂的被赋予了政治色彩的作品,其中提到了《静静的顿河》,可是,又同其他一些作品排在一起,这对于《静静的顿河》的声誉是一个毁灭性的定性:"苏联作家遵循着党的十八大的决议和联共(布)中央的指示,在战前就已取得了出色的成就,创作出了一系列在思想和艺术方面具有充分价值的作品。在苏联文学方面有:阿·托尔斯泰的《苦难的历程》、肖洛霍夫的《静静的顿河》、伊·爱伦堡的《巴黎的陷落》、昂列尼泽的长诗《领袖的童年》……"

斯大林坐在大家最容易看到的地方——主席团里,肖洛霍夫融入在大厅中。领袖看到了这位作家吗?如果看到了,那么面对面的时间绝不长。

代表大会的非常事件。米·亚·肖洛霍夫作为代表却跑掉了,他辜负了信任,也好,他没有预约要发言,可是要知道这却忽视了听取约·维·斯大林"历史性"演讲的可能性。

大会的组织者们惊慌失措,也不能隐瞒——为此要受到严厉的党的惩罚,于是报告了马林科夫——在报告上标有"密件",这报告躲过了斯大林没有呢?报告中写得威严而有力:"作为党的十九次党代会的代表,肖洛霍夫没有出席大会的几次会议。"

于是,开始了侦查,机关工作人员去询问代表团的领导。州党委那位可怜的书记——需要找到这样的理由,既保住自己,也要为肖洛霍夫声誉的代价做辩护。马林科夫看了侦查结果:"根据罗斯托夫州委书记基谢廖夫同志的意见——我们同他谈过话——对肖洛霍夫同志必须采取强制治疗的措施,因为州党委采取的措施对这位作家没产生任何作用……"

……在镇里不习惯,肖洛霍夫家二层的房间窗户彻夜亮着灯光:他在创作。

玛丽娅·彼得罗夫娜发现,丈夫推迟了军事长篇小说——着手续写《被开垦的处女地》。

得了,你去弄清楚对作家的偏爱吧——为什么出现了这样的事呢?

〔增补〕就这样,生平中出现了新的情节,我们把肖洛霍夫作为一个不可救药的嗜酒成瘾者摆在了党中央面前。作家的一些敌人于是就开始争先恐后地把创作个性的这一微妙的话题硬拖到报刊上来,特别是在他辞世之后。比如,在改革时期发行量很大的《旗》杂志就刊登了一篇关于肖洛霍夫的文章《个性的断裂》,作者断言:"据证,这一断裂是相当急剧和突然的,这在战后已清晰地表现了出来,它把苏联生活中的一个相当坚强和独立自主的人变成了执行官方指令的醉酒①功能。"

"据证"——为了"真实性"怎么说呢!肖洛霍夫成了官方指令的喉舌了吗?这与我们这本书的全部事实相悖,而且,我希望,它也破坏了这样的神话,现在我就谈谈醉酒的问题。

我不相信那些几次三番地向党中央告密,断言肖洛霍夫是"嗜酒成瘾者"的人心地是纯洁的。

负责治疗高层当局代表人物的保健部所属的第四管理局谈到了他们的工作:

---

① 原文"醉酒"后作者奥西波夫加了一个"!"。——原注

一、没有任何一个部里关于嗜酒成瘾者的来信不附带着具体的诊断证明。

二、所有这些信件,在党中央出现——或者是巧合,或者是有直接关系——都是在党的生活中出现特别的政治事件的时刻,或者在党的领导对作家更为严苛的时候。但是,没有那种把不让步的人从积极的活动中开除出去的意图,没有那种损害名誉的情况:看肖洛霍夫,成了什么样子!……

三、更多的关于醉酒的情报并没有得到生活的证实。比如,1952 年他写了六篇文章,作为苏维埃代表又出席了全苏保卫和平大会并讲了话,在党的代表大会后四天又前往出版社,为出版米哈伊尔·什克林的文艺评论集《论艺术技巧》一书而奔走。

四、这未必是最主要的。那些写告密信的人,那些收到告密信的人,那些利用这些给肖洛霍夫抹黑的人,他们一次也没有想到,肖洛霍夫在 1938 年回答斯大林的话"由于这种生活你就得喝"是什么意思。实际上,为什么有时出现了问题?是由于明白了政治上的依赖地位而造成的感情上的悲哀?还是由于对无所不用其极的排挤和怀疑做出的反应?是对书刊检查?是由于想摆脱强制性的写作吗?——要知道这支笔不是手在操作,而是心……

我在浏览党的档案中曾向斯维特兰娜·肖洛霍娃谈到了自己的发现,我听到了这样的回答:

"对这些书信……我分别给予评价……他们对作家所写的话都是卑鄙的!如果想要关心,难道能这么关心他吗?!我认为这些书信就是想怂恿党中央来反对不肯让步又不服管束的肖洛霍夫。再加上这些官员为了更加保险:一旦出现意外——像法捷耶夫那样——我们,"她说,"就及时报警……为了损害他的名誉,夸大其词,无所不用其极。"

为保护父亲的荣誉和尊严,她又引用了一个论据:

"您听什么人说过,一个真正的猎手能是嗜酒成瘾者?用颤抖的手打猎?可我父亲——哎,是闻了名的好枪法呀!"

领 袖 之 死

肖洛霍夫看过了党代会的决议和新的苏联共产党党章,其中有这么一条:"党员必须做到:成为执行党的决议的积极战士……"

党代会后国内生活变得节奏加快,《真理报》一有动作,就号召积极行动。

大量地刊登了对斯大林讲演和大会决议的热情洋溢的评论文章,其中不少是作家写的———一篇,一篇,又一篇,我也找到了从罗斯托夫写来的文章,但却没发现有肖洛霍夫的。

……1953年3月4日,收音机让人们浑身发抖:公布了领袖患病的消息。

直到最后他还面见过肖洛霍夫,在别墅里,在大厅里,作家画像的一系列人物都显现了出来,其中有高尔基和肖洛霍夫。

过了一天,就宣布了斯大林逝世。

《真理报》发表了西蒙诺夫、特瓦尔多夫斯基、法捷耶夫……的告别辞。

过了三天,肖洛霍夫同斯大林告了别,刊登出他八十行的文章《别了,父亲!》。爱伦堡、革拉特科夫、奥尔加·别尔戈丽茨、万达·瓦西列夫斯卡娅、柯涅楚克、法国的阿拉贡和中国的郭沫若……的悼词比他的都多出一两倍,法捷耶夫的《斯大林的人道主义》一文占了整整一版,哀悼诗不计其数,被秘密保护起来的"氢弹之父"科学院院士萨哈罗夫也发表了文章,他在那几天的书信中承认:"由于一个伟大的人物逝世的印象,我考虑到了他的为人。"

肖洛霍夫赶往莫斯科,苏维埃代表证帮助他挤进了圆柱大厅并且站在了棺椁边守灵队中。

……肖洛霍夫自己也用了一个月的时间,他必须帮助长子和他那年轻的妻子出国到保加利亚,他这位儿媳是当时保加利亚总理的女儿,然而,即使是这种情况也不得不写信给苏斯洛夫本人,请求批准出国:国外旅行的规定是如此严格。

1953年3月的葬礼之后,国内的生活陷入了混乱的思索之中。

作家肖洛霍夫心情沉重,大家知道,十月革命使他过早地表现出非凡的才干,他本人也知道,党的宣传部门在四分之一的世纪里又扭曲了他的天才,并处心积虑地使他适应自己的政治需要。

凭着自己敏锐的作家嗅觉,他很快就看出来,不管觉得如何奇怪,生活将变得更加复杂,读者将更加严格地去寻求真理……孩子们长大了,他们看着父亲,怎样回答人民的期望呢?

有个问题是挥之不去的:如今这艘大国的航船将驶向何方?经验丰富练达的作家也需要一点点时间想想,让一年年更加看得清楚——斯大林逝世后,没有了很好的地图,大国的航船仍要远航。他明白:斯大林付出了杰出的专制者的才华,不惜任何手段地不可阻挠地极力把国家变得强大。

从新的接班人中出来的新领袖,越来越少地关心高瞻远瞩方针的制订,他们,哎,越来越多地关心值班日记,以便看起来挺棒。

实际上,他们只翻翻值班日记就觉得开心了,上面记载了许多关于开辟一些未曾使用过的航线的报道,关于胜利和成就,也记载了许多如雷贯耳的祝辞和也不知是从哪儿来的大船上的招展的万国旗,记载了一些妒嫉和惊叹的呼喊。不知为什么,没有感到骄傲:既有纪律严明的、友好的团队,也有不畏艰辛的多次求助,既有充足的燃料,也有直立起来了的火箭发射,既有卫星上天,也有新的建筑拔地而起,还有不止一个联盟号飞船进入了轨道……

所有这些都让人看在眼里,心旷神怡。他们对这些事没有忧虑,尽管舰长台团队的声音洪亮,上层甲板上礼炮、烟花四起,还有向总司令的举杯祝词、增添几颗星和勋章,可一切并非如意。突然间刮起了顶头风,突然间浅滩上出现了个大肚子,突然间在陡峭的岸壁上出现了大洞,否则就简直想不到清洗那些又长出来和粘上来的东西,而这就会延缓速度和使动作迟钝。他并不焦躁,那些教导都已老化,对这些,有人想极力使它们现代化,疑虑重重地在观望。在大船上进行改革吗?为什么呢?要知道保守派的海军统帅们在使自己和乘客们相信,他们的主航海图志是永恒的——这是马克思列宁主义科学。

那些在底舱机器旁的人被搞乱了套,精神沮丧,忍耐和顺从——不是过去所经历过的,所有人都更加漠不关心地看着那块号召、祝贺和允诺的陈旧了的大红布,他们对于所要达到的目标的信心越来越小,在隐秘的思考中他们甚至急不可耐地想到了这个问题——共产主义目标吗?他们,或者疑虑重重,或者远见卓识,由于想这些——就得送到禁闭室或者扔到大海里。

社会孕育着天灾人祸和毫无信仰。

肖洛霍夫十分难过地意识到了所有这一切,这在六十年代初以来的论文和讲话中表现得特别明显。

盯上了就不放

贝利亚：维约申斯克来的特别意见

为麦列霍夫而斗争 《被开垦的处女地》

船上的赫鲁晓夫 给巴黎的密码电报

帕斯捷尔纳克和索尔仁尼琴 瑞典：哥萨克鞠躬了吗？

标明字母"德"的书和从奥斯陆来的辩护人 肖洛霍夫的文学遗嘱

第 一 章

1954："绝密"——诺贝尔文学奖的候选人

肖洛霍夫已四十八岁，党和国家新的领导人尼·谢·赫鲁晓夫——号召作家们永远做"党的助手"，他是这么说的。

然而，肖洛霍夫能成为"助手"吗？一方面他看到了和寻求着改变，而另一方面又保持着忠于自己过去的理想和幻想，他为此受尽苦难。

轰动一时：谢尔盖耶夫-青斯基和卡赞诺瓦

1954 年。对于肖洛霍夫来说，这一年人人都一样：既习惯了，又不一般，习惯了，是因为旧的东西常常就在旁边；不一般，是因为有了新的。

1 月 21 日，从作家协会寄给苏斯洛夫的标有"密件"的信放在了桌子上，苏斯洛夫以极大的好奇心读着——这种情况过去还没有过："最年老的作家、科学院院士谢尔盖耶夫-青斯基从诺贝尔委员会得知被提名为诺贝尔文学奖的候选人……"

这封信是一个有经验的官厅写来的，为防万一——似乎这封信没有谴责缺乏政治警惕性——还附记上了："不需要对您提醒,诺贝尔委员会是一个极反动的组织……"但是又耍了个滑头,因而提出了两个方案:"可以采用相应的政治举动:或者公开地附有理由地拒绝以揭露这一组织,或者有理有据地另提一位为和平而进行积极斗争的作家为候选人。"

信寄出了,过了一周,科学和文化部转交给了苏斯洛夫结论意见:"我们认为,通过谢尔盖耶夫-青斯基同志提出推荐建议是适宜的……"

谢尔盖·尼古拉耶维奇·谢尔盖耶夫-青斯基。他已七十六岁,不仅革命前的创作和长篇小说《塞瓦斯托波尔保卫战》在作家中享有声望,许多人还都记得,他曾遭到过政治怀疑。肖洛霍夫同他并不很熟,但对这一名字很有亲切感——读过而且至今还在读他的作品。

就这样,又出现了诺贝尔奖之事。结果令人感到奇怪,诺贝尔奖把正统的党棍苏斯洛夫与失宠的作家谢尔盖耶夫-青斯基联接到了一起。

所有这些有关奖金的秘密不可能瞒得长久——毕竟在莫斯科嘛!它也飞到了维约申斯克。肖洛霍夫想:这种新闻不外乎是由悲伤换来的,这是早就预见到了的。学识渊博的科尔内伊·楚科夫斯基在日记中就发出了新苦恼的回声,在2月他曾写下了:"昨天我同科里亚都在费定家,又谈到了作协里从上头弄来的那些'赶车的',他们被意识形态的新经济政策称为'波诺马连科时代'。"这里谈的是他的作家儿子尼古拉·楚科夫斯基,谈的是作家中的思想对立和具有自由主义意图的新的文化部长,对此不是所有人都喜欢。

接着就谈到了两位作家:"他①说到了特瓦尔多夫斯基和肖洛霍夫的苦恼。"

苦恼!难道一切又重新开始——政治上找茬儿,政治书刊检查,政治删改?果然是这样:"特瓦尔多夫斯基向领导提交了《山外青山天外天》的后续部分(为《新世界》第三期提供),那里有两处被认为必须删除。"

肖洛霍夫——还有什么他不满足的呢?楚科夫斯基看到:"肖洛霍夫有了《被开垦的处女地》的第二部——它的全部写作过程。"这里写得含混不清,然而可以认为在小说"创作过程"中出现了某些不好的事情。

---

① 指费定。——原注

确实如此。除此之外,克里姆林宫和《真理报》社对这部小说产生了怀疑,还有《新世界》主编特瓦尔多夫斯基也如此补充过。肖洛霍夫在2月初收到了特瓦尔多夫斯基的一封信:"非常感谢您寄来了《处女地》开始的几章……其中有许多精彩的篇章,可是照我看来,也有的地方与您的这支笔一点儿也不相配(关于公鸡的多余描写,也许区委书记来到田间说的话有些作假,色情搞笑——请原谅——的地方和句子有些过量),不过主要的是,这些地方很少。当然,要是这么多,或者有二分之一这么多,四分之一这么多,就像人们说的,我们就可以谈谈放行这个东西。我以可以理解的焦急的心情等待您回音。"

他没有等到,肖洛霍夫发了火——离开了编辑委员会以示抗议。

但他没有被摧毁。他还关心着为了进行翻译,《被开垦的处女地》已进入了中国。《星火》杂志报道,《真理报》以篇幅长为由,不打算刊登他新写的几章——也许,这家杂志会接受?他邀请了著名的画家奥列斯特·维列伊斯基为这些章节做插图。他写信给一位乌拉圭作家说到了自己近两年来的写作计划,要写完《被开垦的处女地》和军事长篇小说……还出现了这样的事:他作为一个小说家还给一本诗集写了善意的评论。

可是突然一下子出现了两件轰动事件!

第一件——2月23日。虽然是建军节,党中央书记处仍在工作,召开了会议——会议记录写着:"接受了苏联作家协会关于提名作家米·亚·肖洛霍夫作为诺贝尔奖金候选人的提案。"

作家协会当即就告知了谢尔盖耶夫-青斯基,他毫不迟疑地签署了一封信寄给斯德哥尔摩。人们是否还记得,他同肖洛霍夫这个对手曾较量在斯大林奖金的竞技场上,他开始是这么写的:"我对你们的宝贵提议感到极为愉快,我认为提名苏联作家米哈伊尔·亚历山大罗维奇·肖洛霍夫为诺贝尔奖金的候选人是荣幸的事……"他的论证没有任何政治手腕:"这是一部激烈斗争年代里顿河哥萨克的史诗……肖洛霍夫以极大的满腔热情、丰富的生活知识和对人的同情心描写了主人公们的爱和恨,欢乐和苦难……"

3月末,党中央得知,诺贝尔委员会给了答复,回信的译文交给了苏斯洛夫:"尊敬的谢尔盖耶夫-青斯基先生:诺贝尔委员会高兴地接受了您的授予米·亚·肖洛霍夫诺贝尔奖金的提议,因为提议到达我们这里应不迟于 2 月 1 日,所以,您的提议要在今年参加讨论已为时过晚。然而,肖洛霍夫将在 1955 年作为诺贝尔奖候选人提出。"

还要等十一年。

第二件轰动事件——肖洛霍夫想写一本新的长篇小说,可是你知道是什么样的! 胡闹……不过,是什么事促使他有如此难以置信的并很难实现的构思呢? 不必猜测……对于这个构思都知道有两个缘由。肖洛霍夫曾告诉一位朋友,用辛辣的幽默发出一封信——开始引用的是格鲁吉亚诗人尼·巴拉塔什维利的诗句,而且用全世界所钟爱的卡赞诺瓦①的话做结束:"'而如今,当我已达到了生命的顶点',我想,要写写那么一种女人比写规规矩矩的女人更有趣。唉,何苦要写规规矩矩的呢? 转眼间就枯干了……我深信,在已故的卡赞诺瓦之后,你是第二号——赞同我意见的人……"第二个见证是——他填写了一张什么调查表,并引出了这样的话:"我可以提前向您说,这部长篇小说可以引起我所有的女读者对我的反感,因为到这个时候我将近六十岁了,也就是说我大胆地去冒这个险,并想到了没有了女读者对我的厚爱我也不会失去很多。"

当一个党员和斯大林奖金获得者这种想法传到了党中央时,那就看一看一些伪君子和清教徒的脸色吧!

正统派们都坚持着另一样的指令,在《文学报》上,肖洛霍夫看到了一篇带有指令性标题的文章《作家的神圣职责》:"极其迫切地摆在苏联文学面前最重要的最伟大的任务就在于,极其宏伟地、极其充实地为我们的同时代人和以后几代人刻划出一切时代和所有民族中最伟大的天才——永垂不朽的斯大林的形象。"

赫鲁晓夫很不喜欢去号召尊崇斯大林,他马上制止了叛逆,要求撤销西蒙诺夫的主编职务。

肖洛霍夫没有根据自己所在的报社的提示极力去"刻画"斯大林形象,这时他也没有着手写回忆录,要知道,还是有可以回忆的东西,对于重新写作的《被开垦的处女地》和那部战争小说,他也没再说吹嘘的话。

---

① 意大利 18 世纪作家,其多卷本回忆录对自己的隐秘生活有过坦露的描写。

赫鲁晓夫需要战友,在对斯大林和斯大林主义人仰马翻的再评价中他很难控制住自己,而且社会也不会轻而易举地与过去一刀两断。

作家群体中情况很矛盾,这消息传到了维约申斯克,同斯大林告别……人们敢于去审视过去,心里却又受到不可避免的折磨……踩上了通往赫鲁晓夫新路线的投机分子的小路,表现了自己历史上的扁平足……弃绝了斯大林,那我们在斯大林时代的自己生活又怎么看?大家惊慌失措:从这样的生活中还能说出什么样的句子——应当说! ——感到骄傲,可是为了过去的不愉快和未来的毫无用处,要抹掉哪些句子不说呢?应当把一切都记在斯大林账上吗? ——那时候人民在哪里? 如今是复兴的时代还是蜕化的时期? 那些让自己焦灼不安又挥之不去的问题——真是多得无计其数。

他非常痛恨党的宣传鼓动工作,几十年来党的官员们从讲台上,在报刊中,把再也没有那么更唠唠叨叨的长篇累牍的东西执行得合法化了。有一回,他忍无可忍,大声说:"空话连篇,千篇一律……总是教训'必须''应该''不准备好联合收割机——你就别收割',谁也不相信他们。"——这是离经叛道!

不过,生活毕竟还带来了心情的平静,这说的是,他突然意想不到地同一位儿童诗的女诗人的诗集打了交道。女诗人把诗寄给了他,甚至一当想到这位经典小说家能有回应,她都惊呆了。肖洛霍夫给她写了信:"我喜欢这些诗,就像一切为孩子们所写的作品所应当的那样,它写得朴实无华——极真诚……"他又补充一句:"祝你写作成功。"

〔增补〕诺贝尔奖金……1993 年在《大陆》杂志(76 期)看到了不公正的话:"在长达十二年的时间里,肖洛霍夫处心积虑地在文坛周围的官僚们引导下获得了诺贝尔奖金……"结果,他的才华都不能自给自足。

在我看来,人们带领他通过的是荆棘,从我们已说过的那些看就很清楚了。如果说有人推动,那么不仅仅是苏联作家,比如以其独立不羁而称著的法国作家和哲学家让·保尔·萨特经多年努力终于将这一奖金给了《静静的顿河》的作者,由于这奖金绝不给肖洛霍夫他甚至取消了自己的候选人资格以表示抗议。他写道:"很遗憾的是奖金在授予肖洛霍夫之前就给了帕斯捷尔纳克……在现在的条件下,诺贝尔奖金客观上看起来或者是对西方作家的褒奖，或者是对来自东方的倔犟汉的奖赏……"

审判贝利亚

肖洛霍夫得知——要召开全苏作家代表大会，这是历史上的第二次，斯大林逝世后的第一次代表大会，作家们满怀着极大的希望，以便能够集体地找到他们在国家和人民生活中的位置，他也需要党中央确定作家们在社会生活中的地位。

对于作家来说，《真理报》是主要的政治导师，对于读者来说，它是党的喉舌。

6月3日，老相识叶尔米洛夫这个坚定的正统派、党中央的宠儿在《苏联作家筹备自己的第二次全苏代表大会》一文中说："我们的文学以极大的艺术力量塑造了人民英雄的形象……在共产党的领导下，我们的文学成功地……党的意识形态问题的决议全面充分地规定了苏联文学的任务……"

肖洛霍夫面临着选择：对这些顽固的咒语是支持还是否定。

身为党员，加以苏联作家协会理事会主席团成员的地位，使他责任在肩。在历史急剧转变的时候，社会首先把目光放在伟大的文化工作者身上——他们首先要怎么表达，现在要说什么。

6月，肖洛霍夫写了文章，表达了自己看法。人们要求他对赫鲁晓夫的大胆行为——审判贝利亚做出反应，而这种反应对于极力争取忠诚的周围人，对于赫鲁晓夫来说至关重要，他担心，不是所有人都能表现出党的纪律，他曾要求一些人甚至做出专门的书面表态：他们说，我曾与贝利亚相识，现在应如何对待……元帅们写了文章，《真理报》的编辑也写了。

肖洛霍夫没什么要隐瞒的——他马上就冒出了一句："贝利亚的名字是可诅咒的……"交出文章是痛苦的，要用法庭的审判检查自己的情感。法庭的审判就登在《真理报》上，报上还有党中央主席团和党的全体会议的决议——所有这些都在社论中加以说明。他看这篇社论："间谍……对党和政府的措施怠工……破坏工人与农民的联盟……"再看判决书："反苏密谋……干扰了党和政府旨在高度发展的一些最重要措施的运作……"

肖洛霍夫却没有做出甘心效劳的反应，他不想把司空见惯的"人民的敌人"用在这个刽子手身上。作家有足够的政治嗅觉——话语感也是如此——他没有把斯大林时代发明出的说法用在贝利亚的身上。他称贝利亚为独裁者——"无节制地渴求独裁政权",他没有使用"间谍"一词,也没有说他使国民经济瓦解。

赫鲁晓夫和其他目光深邃的读者都清楚,肖洛霍夫心中的愤怒是真诚的,但在评价方面却有自己的想法。不错,贝利亚是个刽子手,但他的出现——看,这是主要的!——却是时代的产物。肖洛霍夫的反应也因此与所有其他人大不相同,看来他是正确的。上世纪九十年代初期许多人已承认,贝利亚既不是间谍,也不是怠工者。

探索真理委实不易。

离赫鲁晓夫做出定位性报告《论个人崇拜及其后果》的第二十次党的代表大会还需要度过三年充满特殊政治的时光。

党中央又有了操心的事——特瓦尔多夫斯基写完了长诗《焦尔金游地府》,在7月的第一周里,党中央书记处讨论了这部作品并加以谴责,赫鲁晓夫提出,这是一部思想上有害、政治上错误的作品——它要轰毁苏联政权的基础。批判大会邀请了一些作家参加,后来人们告诉了肖洛霍夫,发言激烈批判这部长诗的有:瓦连京·卡达耶夫、阿列克谢·苏尔科夫、康斯坦丁·费定、亚历山大·法捷耶夫和康斯坦丁·西蒙诺夫。

那还用批,特瓦尔多夫斯基甚至就这样写了:"焦尔金继续拉长了线,/发展了话题:——/喂,能不能精简一下/现行的体制?……"

作为作家协会主席团的成员,肖洛霍夫对此是怎么想的呢?他没有去党中央参加会议,报纸上后来也没有他写的任何批判文章,他打算袒护吗?时间会到……

就在这个月里,出版社通知他有可能出版文集,这可是第一次出版文集!对于作家,对于出版者,这可不是一件简单的事。需要重新阅读一遍再一遍,标出那些应当修改加工的地方,并且要考虑到,是否把全部早期短篇小说都收入其中,具有迫切性的政论作品扔掉否。

由于苏维埃代表诸事繁忙,谁也不放过他,选民们的来信,使他精疲力竭,特别加重了生活的负担。几乎所有的信都在诉苦抱怨:有的人请他帮助得到住房,有的人被随意地关进了监狱中。这样的求助信在斯大林逝世后就特别多。所有人都想得到帮助——但各部和各个机关那些那落后的机制很难运转起来。

突然，列维茨卡娅寄来了一封信，一如既往，她心地善良，关心备至，肖洛霍夫看到了信的结尾时，对她的单纯朴实只能苦笑一下："柳霞毕业考试时的作文题目是《〈被开垦的处女地〉中的共产党人的典型》，一切都好，可有个地方她没加上逗号！"

作家代表大会的筹备工作正在紧锣密鼓中，在作家的领导层中出现了分裂和混乱，党中央是他们的裁判员和保护人，他们纷纷给马林科夫、赫鲁晓夫和苏斯洛夫写信。

法捷耶夫……肖洛霍夫感觉到：过去的烦恼刚刚结束，党和国家的新司令部的折磨又开始了，又成了"最高审判"。可是，这个新的司令部还没有去弄明白法捷耶夫写来的两份重要的战略文件：《关于在领导苏联文学和艺术工作中根深蒂固的官僚主义的错误及改正这些错误的方法》和《关于改善党、国家和社会领导文学和艺术的方法》。

题目已经说明，法捷耶夫在号召与党内过去的老办法一刀两断。

这两封信中有一处提到了肖洛霍夫："不可以让维约申斯克区党委领导肖洛霍夫……"他用区党委举例加以说明也徒劳无益——肖洛霍夫早就完全同意与区党委在一起，应当把这区党委换成党中央。

是谁让法捷耶夫承受打击而又成为他的同盟者呢？在作家协会中有两位副手，在写给党中央的信中，这两个人比所有人都更加固执。人们全神贯注在代表大会前的忙碌中：委托谁做的报告，把谁提拔为文艺界的领导，除此以外，人们固执得极力想办法，不让法捷耶夫准备主报告。

党中央的工作人员从写给苏斯洛夫的一些提醒注意的来信中收集了所有的证据和理由："法捷耶夫打算提出作家协会及其领导机关工作的缺点……"

肖洛霍夫。有人告诉他，围绕他的名字开始了说三道四，这些笔杆子弟兄有的给党中央写了信。

一些人不让他离开作家协会的工作："把作家米·亚·肖洛霍夫安排到领导成员中看来是合适的，大家知道，肖洛霍夫对这类活动并没有兴趣，但这不依赖于这种工作有重大意义……"

另一些人则反对：比如，费尔多·革拉特科夫则说："有人打电话给我，粗暴地对我说,俄罗斯作家将不原谅我在代表大会上发言反对肖洛霍夫……我恳求注意到这一有征兆的事实。"而这份密告材料却来自早在拉普时期的肖洛霍夫的一个敌人。

肖洛霍夫没有时间卷入内讧,他根据作家协会的邀请,以理事会主席团成员的身份前往开会,他带着什么心情去的呢?

……9月,在阿拉木图召开了哈萨克斯坦作家代表大会,肖洛霍夫作为客人被请到了台上,他特别引人注目:既是《静静的顿河》的作者,又是莫斯科的代表。

我就在这一年升入了阿拉木图大学的四年级,市里的人只要一谈话,说的就是肖洛霍夫,他在代表大会上的讲话非同一般,从形式上看,对"走过来的几个阶段"没有任何司空见惯的赞美,而实际上——甚至传到了大学生中间,他预感到新的生活在孕育着新的不安,正如现在我所理解的那样,他拿出了勇气,号召抵制党的报刊宣传,这是一个功绩,但这是一部分的真话,他直到生命结束,也没有在讲话和文章中放弃党性一词,因为他相信,只有党性才是文学中思想性和人民性正确概念的保证。

列·伊·勃列日涅夫就在代表大会的主席团里——他在未来十年的时间里将成为党和国家的领袖。他年轻、漂亮,而且眉毛可以跳动——他眉毛极密,好像在沙沙响。不久前他做了哈萨克斯坦共产党中央委员会的书记。现在第一次见到了肖洛霍夫,他看到这个发言人个子不高,不擅长老爷式的打着手势,可他说的话听起来并不习惯,难道对于社会根基这不危险吗?

他不承认自斯大林时代以来文学批评家不可动摇的权利,他们使用手中的意识形态笔杆子的威力,就像他说的,"不是去帮助作家,就是把他们毁掉"。

在斯大林时代,作家在创作中出现了失误的时候,有权要求得到"友好的帮助"和"广泛地进行创作讨论",肖洛霍夫认为这是不可能的。

他号召从事创作的青年不仅要有"父辈的关怀爱护",而且还要——这么多不习惯——"得到珍爱",他说,"不要折断翅膀"。

他亲切地提到了哈萨克斯坦作家穆赫塔尔·阿乌艾佐夫的名字,当时因地方上的一些党棍,他在政治上失宠了,被痛斥为"资产阶级民族主义者"。《真理报》早在几天前还发表了一篇长文《阿拜·库南巴耶夫》,其中对阿乌艾佐夫却一个字也没提,而他却认为自己一生中最主要的事情就是写一本关于这位伟大的哈萨克人阿拜的长篇小说。

肖洛霍夫也保护了哈斯克斯坦作家萨比特·穆卡诺夫,他在《文学报》遭到了政治化的批评。

他还说到了"最高审判",认为作家的生活不仅仅在于同缪斯的交往,他还谈到了不能接受人们传说的从事写作的人生活的安逸,也谈到了稿酬问题。

在说到伊里亚·爱伦堡的中篇小说《解冻》时,他没有一句赞美的话,大家都在兴致勃勃地阅读这部作品,热烈地讨论它,他也不支持年轻人喜欢的西蒙诺夫,之所以提到他,那是因为他是称赞《解冻》的第一个人。如今,对这部小说的成就人们已淡忘了,政治流亡者安德列·西尼亚夫斯基这么写的绝非偶然:"我们说,请读一下五十年代末和六十年代的偶像,爱伦堡的《解冻》吧,谈到文学的繁荣就以这部作品为依据,而其他东西则不行。高潮与其说是创作上的,不如说是政治的。"世界真的太小——常常达到了剑拔弩张的程度!唉!生活将把肖洛霍夫和西尼亚夫斯基推到狭窄的政治小路上,但对此我们将在 1966 年中再谈。

又出现了肖洛霍夫式的愤慨激昂的演说:"如果一个作家有意识地写思想糟糕的作品,找这样、那样的借口,把对人民和党在政治上有害的'思想'带进来,我赞成提出摧毁性的批评。这时不需要言辞客气,下笔要像使用锐利的剑一样。"

这一席话没有在国内公开。《真理报》为了采访会议大厅慷慨地给了个专栏,可是从这个莫斯科来的使者口中就蹦出来一句话:"你们的代表大会是以尖锐的批评哈萨克斯坦作家创作中的缺点为标志而召开的。"肖洛霍夫心里不痛快:全都归结到哈萨克斯坦了,还是书刊检查!

肖洛霍夫光临我们的大学,大厅里人山人海……不做任何会议演讲!使我感到惊讶的是他特别喜欢回答许许多多问题。他没有感到窘迫——要知道这些渴求知识的大学生们提出的问题都很尖锐。唉,我没有想到带个笔记本来,过了半个世纪想起这事还感到有点可惜。他说得尖锐,一一列举了一些多产但又没有才华的作家的名字,时代证明了果然如此,他说得没错,可是当时许多人气势汹汹地抗议。

我们一伙语文系的大学生把他引诱过来，其中有女生——尼娜·乌斯金诺娃——几乎过了半个世纪把自己写的回忆录交给了我："我们溜进了他所住的宾馆里……不，他没有留下仁慈、幸福和经典作家威严的印象，相反，他疲惫，生气，好像我现在说是内心的不舒适……他在狭小的房间里走动着，明显心境不好，头发乱蓬蓬的，穿了一件天蓝色的衬衫，没扎领带……记忆中还有他的动作不大的手掌优雅地捋着胡子。他款待了我们吃苹果，苹果酒摆在桌子上的果盘里……我们提的问题是'现在你在写什么'之类的，他没有回答，也轻而易举放过去了，有几个大学生的毕业论文就写他的创作，没有引起他任何反响……告别的时候，（握了手！）他同两个小伙子开了玩笑：'不要忘了人数虽少，但你们是男子汉。'"

肖洛霍夫在我们大学生面前，没有表现出心中任何委屈，就在稍早一些时候，《真理报》用两个专栏发表了一篇长文评述了或举例评述了苏联文学的伟大功绩，主要的一句写着："这些作品教育着苏联读者……"属于这些作品的——作家和作品的清单是：高尔基、马雅可夫斯基、《钢铁是怎样炼成的》、《教育诗》、《青年近卫军》、《真正的人》，还有，还有，只是没有《静静的顿河》，而《被开垦的处女地》——只是一提而已。看起来，这位作家和科学院院士的主要小说对老师来说不太好。一个伤疤又一个伤疤，他整个的一生就是这样。

后来，他又登程去了基辅——也是带着这样的代表使命去参加这样的作家代表大会，可是在这里他却成了异端。

〔增补〕乌克兰。在那里的作家代表大会上，亲情被唤起了——他在讲台上说："我心中情感的激动很自然地加剧了，这也因为我的母亲就是契尔尼戈沃州的一个乌克兰人——从孩提时代她就培养了我对乌克兰人民，对乌克兰艺术，对乌克兰民歌的爱——这是世界上最动听的歌曲之一。"

苏斯洛夫——赫鲁晓夫——苏斯洛夫

所有新写的稿纸都充实到了《被开垦的处女地》新的几章里，第二部开端的几行读起来轻松自如，可是它们却给了那支苛刻严格的笔多么重的压力啊，那明朗的风景画一般的色彩何等的美丽，为了寻找作家所需要的词语,改过来又改过去的稿纸已变得一塌糊涂了……玛丽娅·彼得罗夫娜是第一个见到了这富有诱惑力的风景画的:"土地吸饱了雨水,显得胀鼓鼓的,逢到风吹散白云的当儿,就在艳丽的阳光下懒洋洋地冒出一片淡蓝色的水蒸气。每天早餐,从小河上,从泥泞的沼地里,都有雾升起来。"

这部书开端的这几章何时能发表呢?

在《星火》杂志社里,看过稿子的人都很喜欢,于是就开始了工作,甚至还找来了画家。《真理报》里的人也同样极力读完这部新作,对于他们来说,肖洛霍夫一直是一位权威作者,就连订户也都很高兴。可是,他们都怕得不得了!想必他们都期待着集体农庄幸福生活的场景,可他们等到的却是政治上受到怀疑的雅可夫·鲁基奇和苏维埃政权两个公开的敌人波洛夫采夫与利亚季耶夫斯基。而在第二章里,甚至连带第三章,出现了达维多夫,却全是卢什卡,卢什卡的,可是对突击手、先进分子却什么也没写。

人们把书稿送交了党中央马林科夫,他不想做审判官,劝告把书稿转交给赫鲁晓夫,赫鲁晓夫决定苏斯洛夫有权第一个审阅这新写的几章,他是日丹诺夫之后无可替代的主要思想家,这就意味着是主要的书刊检查官。一周、两周、三周过去了……肖洛霍夫忍不住了——拿起了电话,以便提醒关于书稿的事。苏斯洛夫——说他是"灰衣主教"一点儿也没白说——感到吃惊:话说得既没有礼貌而又简短,既有失体统而又尖刻,他找到了一个狡猾的借口以拒绝说:一般性的政治报纸不能发表长篇小说。他"忘记了",肖洛霍夫那几部长篇小说的片断都是为《真理报》写的——这是由来已久的传统,这也使读者很高兴。

这时又发生了一件不高兴的事——《星火》杂志推迟发表。完全可以理解编辑部的领导:过去的一些规矩还没有根除——他们每天观望党的领导。

可是这种状态肖洛霍夫可受不了,心里很不痛快,决定应去找赫鲁晓夫讨个公道。

他们见了面,他和斯大林多么不一样!底层工人出身的魅力,劝说的口头语,有时话中还有辛辣的讽刺,但是控制不住自己的情绪,穿着漫不经心,举止忙乱,明显的读书不多,太多的按章办事的承诺以让党中央同经典作家应当在一起。一句话:心里敞亮,地方小,没地方走开。

"您问看没看吗？苏斯洛夫也让我看了，您看，要休假了，到那时我一定来评判一下您和苏斯洛夫——你们没必要争执。"

过了一段时间，当他们更接近时，肖洛霍夫听到了一句令人吃惊的自白，不管你想不想，还是要与斯大林的文学上的广博知识作比较：

"什么东西都得我看——读文学作品没有时间。我不说时间不够，是干脆没时间，读那些文件——眼睛疲倦了，脑袋里像用锤子猛敲，我让助手读，在我这里，他们是大师，特别是列别杰夫，所有多余的东西都放过了……"

赫鲁晓夫直言不讳地谈了他是怎么看肖洛霍夫这部新作品的：

"列别杰夫读得不很在行，听了后不能立即进入内容，我瞧着他，瞧着，感到有趣。有些地方，我看时，好不容易忍住了笑，一般说来，他不是爱笑的。他读得让我感到有趣……"

他揭开了这样的秘密：

"在海上他读给我听，我们坐上了小船，离开海岸漂浮，在海浪中轻轻地摇动着，一不注意就睡了。但没有睡，后来又让他读第一部，用两天时间读完了。"

赫鲁晓夫对这部长篇小说做出了自己的政治评价——就像肖洛霍夫所相信的那样，他认为小说写得有洞察力：

"哎哟，米哈伊尔·亚历山大罗维奇，你真是个耍滑头的人。想想吧，那些贫农是怎样分富农财产的吧，好像你是同情贫苦人，可又一想，你对集体农庄中我们的麻烦就这样做出了自己的全部解释：把能干的人都消灭了，那里一群笨蛋在养活这个国家。"

他又回到了机关的那套把戏——他提醒着："苏斯洛夫问题提得尖锐——用不着在报纸上发表肖洛霍夫的长篇小说。"但却显露出性格来："《真理报》发表肖洛霍夫作品并非不体面。"

肖洛霍夫报复了苏斯洛夫——他打电话说："米哈伊尔·安德列耶奇，您是怎么认为的呢？《真理报》作为一般性政治报纸把我抛弃了吗？……"苏斯洛夫一声不吭。

……距作家代表大会的召开还剩下一个月，党中央不知疲倦地领导着筹备工作，注意力没有减弱，监督更要加强，对肖洛霍夫这两方面都没有漏掉。

有人给马林科夫看了一位作家的来信，其中主要内容是："许多苏联人在想到日益临近的作家代表大会时，希望在大会的讲台上看到主报告人是我们时代最伟大的和可爱的作家米哈伊尔·肖洛霍夫，同时以阿·苏尔科夫为首的作家协会领导也不要去找肖洛霍夫要他作重要报告（或者即使是关于小说创作的报告），这会造成一种印象：作家协会的领导不知为什么把肖洛霍夫从领导文学社会活动中排挤出去了。"

这封信的作者结果白费力气，在批示中没有采取某些措施的任何愿望："交米·安·苏斯洛夫同志，请格·马林科夫过目。"很清楚，由于某种原因害怕给肖洛霍夫谈出纲领性话语的机会：如果其心灵不可驾驭，到头来就是这样。

《真理报》就是这种策略——"没有看到"肖洛霍夫，10月末，在代表大会召开前发表了一篇当时重要的长文：一个专栏，甚至标题也是战略性的综合——《苏联文学的活生生的主人公》，作者为鲍里斯·波列沃依。文章中点到了高尔基、尼·奥斯特洛夫斯基、法捷耶夫、阿·托尔斯泰……的主人公，却没有提到肖洛霍夫的，也许肖洛霍夫扔下了报纸，骂了一句鬼东西。

过了一天，又出现一个专栏：《论主要主人公》，有那么一个不大出名的评论家高度评价了法捷耶夫、戈尔巴托夫、瓦西里·阿扎耶夫、立陶宛的乌比特……作品所写的主要主人公，从肖洛霍夫两部长篇小说中只拿出一个人物——达维多夫，千百万人所喜欢的麦列霍夫在主要主人公中却没有一席之地，仍然给他做了判决：叛逆者。

由党中央所委托的那些人准备了大会报告，他们忠实于中央的意见。作家协会书记、诗人阿列克谢·苏尔科夫向党的领导转交出了主报告的提纲，点到了一些优秀的长篇小说、中篇小说、短篇小说集的名字……也有肖洛霍夫，但那是唯一的一次在"写农村的劳动者"部分里提到的——名单里笼统地把大小作家，小说和诗歌荒谬地结合在一起："肖洛霍夫、潘菲洛夫、巴巴耶夫斯基、特瓦尔多夫斯基、格里巴乔夫、涅多戈诺夫……"西蒙诺夫也向党中央呈交了自己的报告《苏联小说创作》，絮絮叨叨地说到了潘菲洛夫的作品，而对肖洛霍夫不过一提而已。

11月1日——《真理报》发表了一篇当时的重要文章《以生活与和平的

名义》，其中称赞了许多作家的长篇小说，作品分析却回避了肖洛霍夫，只点了作家的名字，好厉害的文章作者！看起来，他已经嗅到了，党中央没指定颂扬《静静的顿河》，一切都是那种战略——对倔犟的人从简。

第二天，这里发表了当时作协领导人、诗人尼古拉·吉洪诺夫的一篇文章《贴近生活》，他称赞了波列沃依、西蒙诺夫、莎吉娘、戈尔巴托夫、柯切托夫、格拉宁和顿河的安纳托里·卡里宁……却没有肖洛霍夫，弄来弄去，不认为肖洛霍夫"贴近生活"。

12 月 10 日，又检阅了一次队伍，有那么一位上校在一篇长文中着手分析战争题材的作品，就像阅兵编组一般，他给列出一个排：法捷耶夫——《青年近卫军》、列昂诺夫——《侵略》、柯涅楚克——《前线》、波列沃依——《真正的人》、西蒙诺夫和卡扎凯维奇的小说、苏尔科夫和阿丽格尔的诗……名单上却没有列入肖洛霍夫，似乎在战争中没有出现过他的短篇小说和军事长篇小说中的几章。

〔**增补**〕在写作《被开垦的处女地》第二部时，肖洛霍夫不能不想到斯大林对第一部的意见："在同我的谈话中，他注意到了必须把我作品中的语言加以清洗，去掉那些没有充分价值的垃圾词语。"比如，他注意到了《被开垦的处女地》第三十四章的开头："大路那块儿有一座古坟。""'那块儿'这个词是什么意思？"斯大林同志问，"我们俄语中没有这个词，有'旁边'一词，还有'路边'一词。"

肖洛霍夫研究专家格·叶尔米洛夫提出来，那些严守纪律的编辑们执行了领袖的指示，把这个词从《被开垦的处女地》中完全清除掉，又从《静静的顿河》中清除了三十处。但斯大林逝世后，肖洛霍夫又恢复了被清除的地方。

失　　败

新的作家代表大会——老传统，唉，作家们在大会前就已分裂了，可是中央委员会还很坚强，它在写给作家协会领导人的一份秘密指令中提出的要求清晰而明确："代表大会强调作家协会作为一个创作组织的特殊意义，它在为贯彻党在文学领域的政策，提高作品的思想艺术水平，不断地从事对作家的意识形态的教育而做的斗争中肩负着重大使命，代表大会理应更多地把作家们团结起来……"

前面我说过：肖洛霍夫拒绝支持这种被政治化了的指令——所以，他在这次代表大会上遭到了惨重失败。

1954年12月15日出版的《真理报》首版上大字的总标题是："第二次全苏作家代表大会今天在莫斯科召开"，首版上还发表了一篇社论《苏联人民的文学》——其中不提肖洛霍夫，报纸上发表了许许多多作家写给代表大会的贺词——编辑部对此却没有邀请肖洛霍夫。发表文章的有：费定的文章占有两个专栏，卡达耶夫的……其中也没有提到肖洛霍夫。照片，代表们的照片，看不到肖洛霍夫。12月16日的《真理报》登出了代表大会的照片，还有主席团的。在距讲台第二排里——肖洛霍夫不大显眼地坐在那里，但不是立即就能看清楚他。报上刊登了阐释会议报告的文章，分几个部分，提到几十上百个人名——没有数。在"社会主义现实主义是我们的创作方法"部分中，提到了阿列克谢·托尔斯泰、康斯坦丁·费定、弗谢沃洛德·伊万诺夫、瓦连京·卡达耶夫等人，《被开垦的处女地》中的达维多夫代表了肖洛霍夫出现。有世界声誉的作家变成了一部作品的作者。

肖洛霍夫发了言，报上转述他的讲话总共用了二十二行文字，有人占的版面就要多得多，比如，爱伦堡，报上把肖洛霍夫的讲话弄得支离破碎以讨好党中央，而千百万读者知道的本来就不多："米·肖洛霍夫用自己的讲话阐释了提高作家技巧问题，造成严重缺点的原因，他认为是作家削弱了对自己创作的要求，而且，评论家中形成的评分标准也下降了。对于康·西蒙诺夫和伊·爱伦堡的创作，肖洛霍夫提出了一系列的批评意见，他也批评了《文学报》及其编辑鲍·留里科夫。作家说，现行的文学奖金制度需要重新加以审视，在结束自己的讲话时，肖洛霍夫提出：'我们每一个人受自己心灵的驱使进行创作，而我们的心灵是属于党、属于亲爱的人民的，我们用自己的艺术来为党和人民服务。'"

这个发言人气得发了狂，他的讲话除了最后两句外，变成了另外一个样子。他否定了皆大欢喜的发言传统，这样的发言由于多年的使用已完全变了形："我们的代表大会进行得一直就这么庄严肃穆，可是，在我看来，它平静得并不好。报告人的面孔缺乏热情，报告也是学究式的严谨，大多数的发言又都极力地没有任何棱角……"

他特别强调:"只有对文学事业深深感到忧虑的人,才能向带着武器的同志讲出有时是不好听的东西……"

甚至对于奖章问题,人们阐述的也是被磨了棱角的。要知道,他要追究的不仅是对某人的"再审",而是要求当时掌握奖金传送带的党中央的人提高评价的严格要求。"最高奖赏不能随随便便地轻而易举地发放……让我们最好是靠着创作闪光,而不是靠奖章。"

党中央里"专门磨棱角的人"听了这番话该怎么样呢? 这些人占据了习以为常的位置:一些人在主席团里,另一些人在代表大会的工作室。许多人"正确的"报告和讲话都表明了对衰败了的制度的忠诚。有敢于冲击"不正确"的人,在代表大会前已被驯服了,如法捷耶夫。在代表大会前法捷耶夫提交给党中央的信函中有一个"出殡"式的批示:"苏联共产党中央委员会认为法捷耶夫同志对苏联文学和艺术做出的总体上的消极评价是不正确的。"肖洛霍夫不同意党中央的意见,他支持法捷耶夫的心情,大厅里听到了他的声音:"难道说,二十年来使我们不安的全部问题已经全部解决,我们只剩下总结这段时间取得的成绩和犯下的错误……"

于是开始了他的谴责——一个接着一个——最严重的、立场性的谴责:

"淡而无味的平庸的文学作品和灰色洪流是我们的灾难……说实在的,我们的刊物是否能够针对任何一位文学名家的失败作品,不打折扣、不拐弯抹角、不留情面地发表哪怕是一篇文章呢? 没有发表过这样的文章。非常遗憾。在我们的文学界,不能,也不应该存在有租借地,以及享有特权、不容侵犯的人。"

"我们必须请求政府彻底修改文学艺术家奖励制度,因为再也不能这样继续下去了。"

"《文学报》需要一个不参加任何大大小小派别和集团的人来领导,对于他来说,应该只有一位心上人,这就是伟大的苏联文学,而不是文学中某几位个别人士,不论他是西蒙诺夫,还是法捷耶夫,是爱伦堡或者是肖洛霍夫……"

他的批评还有,还有许多。然后又一一列举就像他所说的"真正天才的作品",对此他特别注意到了在其政治和创作意向上完全不相同的一些作家,从而证明了自己观点的广泛性。他说,尽管思想创作的烟丝各不一样,但读起来也津津有味。这既指昔日的敌手费多尔·革拉特科夫,也指列昂尼德·列昂诺夫,对于党中央来说,这个人是在意识形态上爱挑刺儿的老手。那个亚历山大·特瓦尔多夫斯基开始与当局对立了起来,而康斯坦丁·帕乌斯托夫斯基则示威性地主张不问政治。在哈萨克斯坦,那个穆赫塔尔·阿乌艾佐夫已经失了宠,而那个维克多·涅克拉索夫如今以《在斯大林格勒战壕里》显赫一时,而将来又成了政治上的流亡者。这些人中还有最正统的彼得·巴甫连科、亚历山大·法捷耶夫和战后出现的作家乌克兰的奥列西·冈察尔,白俄罗斯最老的诗人亚库勃·科拉斯和拉脱维亚的安德列·乌比特。肖洛霍夫以极大的尊敬之情谈到了瓦连金·奥维奇金,他是提出了必须坚决改变农村经济中领导的特写集《区里的日常生活》的勇敢作者。

他走下了讲台,根据报上的报道,不知道是否有掌声。可是,那些双料保了险的人的笔杆子卖力地挥动起来……《真理报》里的人,正如我们所知,也着手淡化他的讲话,党中央科学与文化部的工作人员则赶紧给领导打报告,他们把两个不合适的发言——肖洛霍夫的和奥维奇金的在报告中联结到了一起:“他们对当代的苏联文学毫无根据地做出了否定评价,他们的批评具有片面性质……他们诱使代表大会离开了对重要的创作问题的讨论……”好一个诱使!

代表大会的最后一天。文坛的领导已准备好决议的草案,在党中央审查之后,很清楚,草案被“磨去了棱角”。

讨论……表决……肖洛霍夫好像也没有表态,大会顺从地表决通过了决议,决议中有许多是老调重弹:“作家协会首创性的活动在过去的二十年里得以充分地证明了自己的正确……苏联作家创作的文艺作品反映了高涨的热情……艺术上最伟大的成就……”

肖洛霍夫对这种空谈十分反感,这种空谈由于长时间使用真的擦得很亮,这又怎么能意识到它的毫无用处,扒下这张习惯了的皮委实不易。一年前,他为纪念苏联共产党成立五十周年写过一篇讨好的文章,也不过是讨好而已,文章的题目是阿谀奉承的:《亲爱的党,万岁!》文中有些慷慨言辞,没有什么肖洛霍夫特有的写真话,完全循规蹈矩,当时他好像没有受到过痛苦的折磨一般。

唉,党中央不听取他想要帮助更新党和文艺界之间关系的愿望。

在代表大会之后,一些人仍极力把肖洛霍夫控制在监督之下,他们不喜欢他的独立不羁,他面对选民们讲话时——刚一谈到文学,话说得立刻就非同寻常:"看吧,许多人都急急忙忙地写关于罗斯托夫农机制造厂的小说,写剧本。不久前我收到了一封从中国寄来的信:要我写一下关于农业集体化的特写,以便帮助这个新的人民国家的社会主义建设,可我是这么考虑的:比今天去写特写更好的是,明天写完《被开垦的处女地》。"

很快雷声大作。北京的苏联大使给党中央写来了报告:"去年的12月,米·肖洛霍夫给《人民日报》发来一封提出具体要求的信,其中写到,在一篇短文中很难写出什么,因为'在大规模的群众运动中,就像大自然的威力一样,一切都是庄严宏伟的,一切都是清晰鲜明的,从大型的生活画布上取出个别的色彩不能表现出全部生活'。"党中央注意到了大使馆发来的信号——给作家协会发来了命令:"请采取措施。"

年末,鲍里斯·帕斯捷尔纳克的一封信中,在谈到诺贝尔奖金时,出现了肖洛霍夫的名字:"人们听到英国广播公司广播,我好像(我怎么听到的,就怎么说)被提名了,但我知道这里的规矩,他们征得了来斡旋的代表团的同意,要用候选人肖洛霍夫替换我,由于肖洛霍夫的拒绝,委员会就提出了海明威,大概奖金将授予他。尽管有些人说,好像争论并没结束,然而要知道这一切都是废话……"

12月,肖洛霍夫曾对一个莫斯科人谈到了自己的工作:"有时我利用冬天的时间写作,就像狼扑进了羊圈一般,去咬,去撕,去消灭那些不喜欢的,但不管怎么说,我还是向前推进了。"他又补充说了一句:"但相当顺利。"

《被开垦的处女地》第二部有些章节他抄过了七遍,甚至是十遍。

他喜欢并高度评价民歌。有一次他说:"古老的民歌不应当改成现代文明的东西,我拥护认为古代民歌是不可以用什么替换的。当人们翻修教堂时,就不能把它变成现代的宫殿。"

第 二 章
1955:对提倡合作的斥骂

不同寻常的新年表现在新年家宴之后,家里人都想到了——这一年丈夫和父亲已经走过了半个世纪！

中　风

肖洛霍夫不喜欢跟踪风云变幻的国际生活,如今,由于极不安静的赫鲁晓夫使国际生活忙忙碌碌,这也是对帝国主义的威胁——为了警告军国主义的谋划,不是没有吓人的办法。这也是为了砸碎敌人的阵营,细心地找到一个途径——在国际进步舆论界和贫穷国家中寻求自己的盟友。

……2月,在最高苏维埃的会议上,作为代表的肖洛霍夫投票赞成关于加强国际信任的声明。

他当即决定,利用刚刚出版的《外国文学》创刊号的版面致函世界文化工作者们,在这封信中他提倡了合作。美国和苏联本来壁垒森严,可肖洛霍夫却冒险提出了冷战时期非同寻常的想法:"全世界的作家应当有自己的圆桌会议,我们可以有不同的观点,但有一点把我们团结到一起:努力于有益于人的事业。"

国外对此有何反响呢? 许多人支持他,其中包括这样的当时知名作家,如埃尔韦·巴赞、安德列·莫洛亚、阿尔贝托·莫拉维亚、威廉·福克纳、弗朗索瓦·莫里亚克、霍华德·法斯特、罗克维尔·肯特……

党中央又是如何做出反应的呢? 有人背着赫鲁晓夫,但却得到了墨守成规的苏斯洛夫的赞同,责备了这家杂志社的主编:"恰科夫斯基同志要注意,同资产阶级文化活动家们搞好接触和合作,应当没有意识形态的让步……"

有人偷偷地告诉了肖洛霍夫这腐烂到长了毛的正统派分子们的警告,但没有吓住他,他不想摆脱时代所忧虑和关注的问题。

……他收到了当时一位著名的文艺学家科尔涅利亚·泽林斯基的信,信中谈到了仍然可耻地把叶赛宁从人民群众中排斥出去的作法:"有点奇怪……所有这一切都让人忘掉这位诗人,对他沉默不语……他的诗实际上在电台的播放也被禁止了……更何况在四分之一世纪里关于叶赛宁没发表过一篇正经的文章……"他顺便告诉了肖洛霍夫自己已写了一本关于这位伟大诗人的著作。

肖洛霍夫忧心忡忡地看了这封信——因为他同样喜欢叶赛宁。于是他立即就办起了这件事——给文学出版社发出一封信："为什么不出版叶赛宁的书呢？他是俄罗斯的伟大诗人，可是对他却只字不提……照我看来，这工作应引起注意。"我注意到，由于肖洛霍夫当时和后来的努力，谢尔盖·叶赛宁在我国文化中已占有了应有的位置。

2月中旬，还有一件他关心的事反映在书信中——他告诉儿童作家彼得·斯塔罗杜莫夫说："我打算去西伯利亚，到您那里，其中也包括去安卡拉河……"是什么吸引他去遥远的地方呢？显然，不只是想去旅游。他担心的是，当时"共产主义的伟大建设工程"——安卡拉大型水坝水电站——破坏了大自然："那条美妙的大河现在怎么样？"他提到了在自己家乡这种"伟大建设工程"的经验："难道在安卡拉河上，依照我们齐姆良的先例，也会有鱼类起重升运机在运转吗？只有那些具有完全的高等技术教育的人才能到那里。"

可是，他突然又想到了——这次不能行，因而他做了解释说明："《被开垦的处女地》第二部给绊住了。"然而他想到了，尽管不能去，为此他也需要一些补充资料："请您别偷懒，给我更详尽地写写全部的变化，在被驯服了的安卡拉河上都发生了些什么事。"

3月，他同样为操心的事坐立不安，他着手为自己的朋友、从事国防事业的设计师、列维茨卡娅的女婿恢复名誉——尽管他死后这一问题才解决。他给党中央所属的党的监察委员会写了信："我从1930年起就认识了伊万·捷连季耶维奇·克列伊梅诺夫同志，在长达八年的时间里几乎每年他和卫国战争中牺牲的作家瓦·米·库达绍夫都到维约申斯克镇我家来休息和打猎。共同的友谊把我们联结到了一起，作为朋友我们一直很随便地相处，但在整个八年间我从来一次也没听到克列伊梅诺夫的反党言论，或者甚至是对此的暗示。

我深信，克列伊梅诺夫——是无限忠诚于党的纯洁清白的共产党人——他成了查找真正人民的敌人的牺牲品。

为了克列伊梅诺夫一案，我在1938年曾找过贝利亚，我坚信，逮捕克列伊梅诺夫是个错误，我请求贝利亚详细地不带偏见地审理我这位被捕朋友的案件。可是，贝利亚当着我的面拨通了电话询问，他说，克列伊梅诺夫被捕后不久即被枪杀了。

我相信，了解克列伊梅诺夫案之后，苏联共产党中央委员会所属的党的监察委员会将会为被敌人杀死的共产党人伊·捷·克列伊梅诺夫恢复名誉。"

春天，在许多意义上出现了不好的事，这甚至在他写给克列伊梅诺夫遗孀的信中也反映了出来，信中写道，他仍在为她丈夫恢复名誉一事而斗争："我们这里的冬天是野蛮的、可怕的，冬天里顿河两次开河，过去那些老人什么事还都记得。已经有三周的时间了，顿河上还不断地飘着浮冰，整个大河'玩'了好几次，而我们早已同外面的世界隔开了，由于天气不好，邮政飞机一直没有飞……"

难道是这阴郁的自然威力招来了灾难——不可预测的灾难？不，是中风！就像古人所说的，这是个打击。第一次曾有过这样的诊断，可是有过第二次——战场上的震伤！——这是对工作能力的打击。不过，肖洛霍夫性格坚强，这些他也都对付过去了。他没有任何惊慌失措，他摆脱了出来，并极力不去理会自天而降的信号，在写给列维茨卡娅的信中，反映出了这种心境："我病得时间很长，也很凶，从感冒开始，而最后出现了并发症，我差一点就成了残废（右腿出现了问题，有点像瘫痪，可是现在已学会走路了，虽然很费劲）……"

你看，这也都强忍着，还同过去一样，在文坛的斗争中摆上了架势。信中写到了他对代表大会的看法，他做了解释说，没有什么"叛逆"的东西，正如他自己写过的。他说：在他的发言中反对了费多尔·革拉特科夫："请别相信革拉特科夫……在已公布的会议记录中——除了删掉一些细节外，一切都会像会上那样。其中我曾友好地劝过'没穿衣服的皇帝'，不要抱怨评论界，要把衣服'穿'得更多点儿，不要穿奇装异服，而要质量好的'衣服'，就说了这些。"肖洛霍夫白白地说了这么多——对得到当局多次夸奖的这位作家的批评结果无济于事（他连续两年两次获得了斯大林奖金）。

从莫斯科，列维茨卡娅寄来了令人心情振奋的回信——肖洛霍夫对"克列伊梅诺夫案"给予党的监察委员会的"压力"有了结果："您的信产生了很大影响并把这一案件向前推进了一步。"

她又补充了一句："您是真正的朋友。"

这句话读起来就像是读着荣获了人类最高称号的嘉奖令一般。

〔增补〕肖洛霍夫对叶赛宁的喜爱在这位诗人继承人的家庭中是人所共知的。正因为如此,1964年10月诗人的妹妹叶卡捷琳娜给维约申斯克寄来一封"公务"信件:"亲爱的米哈伊尔·亚历山大罗维奇:苏维埃俄罗斯出版社准备出版谢·亚·叶赛宁的一卷集,其中收入了差不多是诗人的全部作品,这部诗集委托我加以编纂,因而我特别希望您能为这本书写一篇序言。您非常了解叶赛宁的创作,如果可以,请不要推辞。致以深深的敬意。诗人谢·亚·叶赛宁的妹妹。"

她怎么说的:"非常了解"!

生　　日

《被开垦的处女地》,第二部……手稿上增补了狗鱼大爷的独白。这样,书刊检查机关将久久地冒汗了——"放行还是不放行"这可笑的模棱两可的句子呢?"我读过许多各种各样的小册子……社会主义之后,共产主义就要到我们这里来了……说到这里,我心里就起了疑问,康德拉特……进社会主义,你就用眼泪洗脸,那么进共产主义,你又会怎么样呢?你准会在齐膝盖深的眼泪河里走过去,一定的!"

而过去肖洛霍夫式的风景画则是:"下起滋润庄稼的好雨来……温暖的雨滴,好像溅射出来的鲜牛奶,垂直地落在雾蒙蒙的机警的大地上,在那浮着细沫的大草坪上胀起一个个白色的水泡。这种稀稀落落的夏雨,下得那么宁静和平,就连花儿也没低头,院子里的母鸡也不去寻找避雨的地方。"

尽管几次中风,他那写作的调色板仍如从前一样的色彩绚丽,又想出了一些新的俗语、诙谐语。描写鲁什卡,他想出了:"聪明人和傻瓜在一起,还是个聪明人;可傻瓜同聪明人在一起,永远是傻瓜。"写阿尔然诺夫,他想出来了"契尔卡斯人有一颗心,可俄罗斯人替代了那颗心的是一块石头,怎么,亲爱的,人哪,所有人都是一样的"。

遗憾的是,生活上的忙碌常常把他从写作间拖走,其实,对这些事的兴趣——仍是他性格的本质。

一位年轻作家被指控为政治上的异端,他便参与了保护,然而创作上的原则他并不放弃:"在这些短篇小说中没有任何'谋反',所有这些都是闲极无聊的'思想家'的虚构。小说又是孩子式的软弱无力,不过如此而已。"他还向这位同仁提出了忠告:"如果想使读者发笑——不要滥用幽默和夸张……无论幽默还是夸张您运用的量都太大,不能这样。"

又阅读了 ——再次给他寄来了短篇小说,评论得颇为俏皮:"情节展开得就像用坏了的弹簧。"

同尼古拉·奥斯特洛夫斯基的遗孀有了交往,去拜访了!

年事已高的画家尼古拉·库兹明为列斯科夫的《左撇子》画了插图,他为之做出了很好的评价,后来库兹明还获得了列宁奖金。

在这一年冬天的几个月里,所有这些还有其他不少事情都来找过肖洛霍夫。中风也就这样挺了过去。

4月,党中央没有忘记作家肖洛霍夫,我们知道,这种记性再过一两次就要倒霉。如今通过了《关于奖励作家米·亚·肖洛霍夫以列宁勋章的决议》,不久,最高苏维埃主席团发出以下命令:"由于在文学领域的杰出功绩,在其诞辰五十周年之际,嘉奖作家米哈伊尔·亚历山大罗维奇·肖洛霍夫……"

5月24日,《真理报》以党和政府的名义为肖洛霍夫的生日表示祝贺——发布了命令,并且把编辑部的文章放在专栏内发表,从而把具有悲剧天赋和杰出艺术情感的作家变成了社会主义现实主义和党的教条主义的牺牲品:"革命斗争的英雄浪漫主义……肖洛霍夫是具有深刻党性的作家……《被开垦的处女地》成为社会主义人们的案头书……"

肖洛霍夫甚至在作家交往的日常祝贺中也表现出了自己的孤独,这几天里他给谢尔盖耶夫—青斯基打了电报:"拜读《早晨的爆炸》是名副其实的享受,在您的巨大的绝不衰老的才华面前我感到惊讶并俯首叩拜。您的肖洛霍夫。"

时代开始计算肖洛霍夫一生中第二个五十年。

〔增补〕在祝贺生日的一堆信笺中,肖洛霍夫发现了诗人米哈伊尔·伊萨科夫斯基签字的一封电报:"亲爱的米哈伊尔·亚历山大罗维奇,在您过生日之际,我衷心地祝福您——最伟大的、最赋有天才的、最可爱的俄罗斯苏维埃作家。紧握您手。"他高兴地注意到了，肖洛霍夫对他的诗歌评价很高。只说一点——伊萨科夫斯基是千百万人唱的"卡秋莎"歌曲的作者，而且他的这支歌也是肖洛霍夫迟暮之年很想唱的歌之一，对此可以在本书结尾处看到。

第 三 章
1956：反对陈腐的传统

对于肖洛霍夫来说，这样一个时刻来到了——要大声宣布在斯大林逝世之后自己认为党和作家们之间的关系应当是什么样的关系。

在基辅讲得坦诚

肖洛霍夫在《真理报》上祝贺了自己的车间——文化工作者们，发表了新年祝辞，开始就非同寻常："我不想重复早已为大家所共知的真实情况……在迎新年的餐桌上这将是一盘乏味的小菜！"而结尾更是特有的肖洛霍夫式的调子，"在持续不断地对完美的追求中，祝年轻人创作成熟，成熟的作家要有青年人的热情和顽强精神。"

看来，他对文学青年的关注并非偶然。这位维约申斯克镇的师长准备参与青年作家会议的工作。会议的创办者和关注者为全俄列宁共产主义青年团中央和作家协会，他们召集了来自全国的富有才华的文学家们，指定了一些优秀作家领导他们，不仅是安排了讲习班。第一天是广泛的会面——举办者们表达了委托的愿望。肖洛霍夫进入了主讲者的行列，他讲得不多——与其他人不同的是，不做一个训导者。

他开始讲话时不是没有挖苦口气的："我们作家领导层的朋友有时把我置于尴尬的地位，他们说，你必须讲一讲，可讲什么呢？好哇，就讲一讲作家的劳动并不轻松……"

不过，接下去他还得提防那些高唱进行曲的见风使舵的讨厌家伙。那时，为了讨好赫鲁晓夫——硬要写一个主题，写生荒地和垦荒者们。他清晰地记得，自己曾坐火车到过那些地方，但却与党的宣传部门所要求的背道而驰："在我们那里，在生荒地里，你看，来攫取题材和情节的上了年纪的和年轻人，一下子都吓跑了。我们看到，结果并不那么好，而且常常简直很凄凉。"

大厅里很活跃，他继续讲："在文学领域里，不要上了年纪还穿着孩子的短裤！"而且他又补充说："我想祝愿你们，不要在文学中成为老处女。有这么一类姑娘，长时间不结婚，不嫁人。要让你们的创作早日成熟，要让它不仅使我们作家满意，而且也使读者满意，这读者是大量的，是严格的，是真正的读者，这样的读者在世界任何地方都找不到。"

他用崇高的要求结束了自己的讲话："应当使创作贴近自己的心灵，并且热爱我们劳动的职业。我再一次地提醒你们：最初的一步无论如何艰难，也不要去追逐唾手可得的成就。你们——是我们的未来，可是这未来，作家的未来，你们所有人都有。你们是出色的人民的出色代表，我祝愿你们幸福，祝愿你们取得重大成就，完成辉煌的著作，我亲爱的朋友们！"

当他在首都时，有人从永远无所不知的文学长官那里偷偷得知：等着瞧吧，他说，赫鲁晓夫出台了不同寻常的东西。而实际上，赫鲁晓夫做了一件怪事，他善于行为反常。1月末，党中央书记处通过了《关于提名诺贝尔和平奖候选人：接受高教部（叶留金同志）提名德·弗·斯科别利岑和米·亚·肖洛霍夫为诺贝尔和平奖候选人的决议》。

他对此付之一笑：中央错误地估计了自己决议的威力——他们对世界舆论无济于事，不论什么时候，后来再也没有人提到赫鲁晓夫这次虚荣的花样。

是啊，赫鲁晓夫并不简单，有时他像个推土机，有时又像个播种机。

2月24日。在例行的党的第二十次代表大会结束前的一天，大会代表肖洛霍夫在晚间的会议上听到了对大多数人来说都感到意外的赫鲁晓夫《关于个人崇拜及其后果》的报告，它第一次以党中央的名义企图在伟大祖国历史上揭露斯大林的作用。

肖洛霍夫……这天晚上之前心中感受如何呢？他个人认识斯大林……多少成就是与领袖联系在一起的……同他的名字在一起，广大人民在劳动中创造过辉煌，在战场上又曾匍匐在法西斯的枪林弹雨之下，可是他们却在自己的——苏联刑讯室里遭到了枪杀……由于他造成了大饥饿……在他当政时，他的作品被书刊检查机关的剪刀糟蹋得不成样子……然而，要知道，他毕竟发现了和高度评价了肖洛霍夫……他没有听到赫鲁晓夫说斯大林一句好话,这对吗?……不久前,肖洛霍夫在基辅时曾在作家中说过此前从来没在公开场合承认过的话:"我被打击过相当多的次数……"但也表现出勇敢的直率:"……可是不应得到的称赞也相当多。"

两天前,他曾站在现在赫鲁晓夫站着的讲台上。当时,他来发言,而迎接他的不只是赫鲁晓夫的目光,就是这时,赫鲁晓夫已准备向斯大林本人挥起棍棒了。在主席团里,斯大林的近卫军就是最高审判——莫洛托夫、卡冈诺维奇、马林科夫……他们早就领教过这位作家了——不服管!1939年在党的代表大会上和不久前召开的作家代表大会上,他那尖锐的发言人们未必都忘掉了。

他在这一次也不改变自己:

"现在我有责任同我亲爱的党面对面地谈谈文学,尽管我讲的是痛苦的实情,但却是真心话……"

讲话是反斯大林式的——却没有反对斯大林。这个讲话既不包括号召去掘墓,也没有隐秘或公开地抱怨叹气,虽然圣像上的光环很快就黯淡下去。他没有损害自己的尊严,一下子就换了毛。他既不宣誓去热爱国家的新的领导人,也不瞻前顾后——对于评论,他选择的不是"个别缺点"。

他号召同干预创作的有缺欠的传统告别。

"从今天起已不再用轰动一时的主题来'大包大揽'作家的任何任务了……"

还有一句话,连大权在握的思想家们也深感不安,有人听说,创作的障碍就是昔日的制度,而对它承担责任的就是一些重要的党员。

"不,如果文学状况得不到根本改变,在近期内不会有好的作品,只有党才能够改变它……"

肖洛霍夫对党的基本教条挥起了大棒,没有注意到文学上时髦一时的粗制滥造的东西是有害的。在不久前召开的作家代表大会上,他否定了"涂脂抹粉者"所称赞的东西。而这一次,要压制那条路线。苏尔科夫偶然被打了一巴掌——他在这个讲台上以作家协会的名义称赞了出版图书数量的"成就",肖洛霍夫当即予以反击:

"难道用出版书籍的数量来衡量我们文学的成就?他应当谈到,在最近的二十年里,我们出版的有头脑的好书寥寥无几,多的却是索然无味的东西!"

你看,肖洛霍夫给了作家协会二十年的历史何等重大的打击! 可是谁也不敢指责他,说这是反斯大林的投机,正是在二十年前,同样是在作家代表大会上——他当着斯大林的面就生气地谈到过一些灰不溜秋的东西。

对于违禁题材他又打了一棒子——对党要求的"不落后于生活",他号召作家不要再坚守政治上的依赖性。

"文学在一定程度上落后于生活,这完全是正常的,因为严肃文学不是新闻纪录片……"

他批判了官僚主义领导体制——而且比法捷耶夫写给中央委员会的尖锐批评的条子走得更远:

"作家协会逐渐地由它所应该成为的创作组织变成了行政组织,尽管书记处、散文部、诗歌部、戏剧部和文艺评论部开过很好的会,写过会议记录,机关事务部门工作负荷很大,信使到处奔波——可是书却没有。"

从斯大林创建作家协会以来,怎么能够接受对这最神圣不可侵犯的组织的抨击呢:

"在作家事业中贪权毫无用处。作家协会不是作战部队,尤其不是惩罚营,作家当中任何人都不会在你面前'立正'站着……"

在党的代表大会上,在党的头头中间,这些话非同寻常,这是作家提出的极为坚决的声明:

"应当坚决地改革整个作家协会的工作……"

"应该让文学创作人员摆脱多余的繁琐主义,摆脱妨碍他们创作的一切杂务……"

贪权现象……行政命令……改革,三分之一世纪过去了——只是在肖洛霍夫死去之后,八十年代末,人们才能勇于痛骂"行政部队体制"(我补充一句:取而代之的是更加具有毁灭力的文化改革,国内到处是娱乐性商业演出的新体制)。

他讲话结束时,大家都期待着习以为常的对报告和报告人的阿谀之辞,而赫鲁晓夫在报告中已号召了:"在最短的历史时期赶上和超过最发达的资本主义国家……"肖洛霍夫靠着对赫鲁晓夫的注意躲开了这次称赞。

他却称赞了作家们，不过只选择了那些至今人们仍热衷于阅读的：普里什文、魏列萨耶夫、阿列克谢·托尔斯泰、希什科夫、奥尔迦·福尔什，他从谢尔盖耶夫-青斯基开始，也没有忘掉自己的教父——绥拉菲莫维奇，当然，不知为什么也提到了不久前反对自己的费多尔·革拉特科夫。

这时，他关切地注意到了："培养和提高年轻人的艰巨责任落到了我们的肩上。"又更确切地说："作家成长得很慢，现在已经到了关键时刻，应当认真地和深入地考虑一下，不仅是在第六个五年计划期间，而且是在二十五年之后，苏联文学将会有什么样的作品，到那时候，我们现在的领衔作家们几乎谁都剩不下了。"

最后，他向党中央提出要求——寻找"帮助自己作家的必须的形式"。

〔增补〕肖洛霍夫和斯大林……这一课题因其多面性而显得复杂。从一个方面看——我提醒一下——《静静的顿河》中没有领袖的名字，《被开垦的处女地》中没有任何赞美之辞，而在《他们为祖国而战》中又只有批评。从另一方面看，肖洛霍夫在战争中关于斯大林还谈过这些话："不能够愚弄人和轻视人。……由没有才华的或者简直就是无能的最高指挥官所领导的军队不能取得胜利"。从第三个方面看，作家还观察到了一点："斯大林是个什么样的人呢？各种各样的，但不是亲近的人，总是有些令人退避三舍，即使在谈着有趣的话题。"我曾想在《肖洛霍夫是斯大林分子吗？》一文中综合这一话题（见论文集《米·亚·肖洛霍夫创作研究诸问题，肖洛霍夫1997年研讨会，国际科研会议总结》，顿河畔罗斯托夫，1997年）。

重要的是要表明我对这一课题的原则态度，我极力要弄清楚，对斯大林在历史中所扮演角色，肖洛霍夫所做的人格化的评价，其中包括把建立了伟大的强国，在国内实际上践踏了共产主义人道主义理想的那些政策，这我称之为斯大林做法。

接　　前

代表大会的第二天，肖洛霍夫被邀请去同装甲坦克部队学院的教员和听众见面。

客人表现出了在党的代表大会上还没有耗尽的火热的激情，正如他一向同读者会面时那样,不采用会上的各种报告、发言形式,结果只好是有问有答的直接交流。

"改变作家协会的活动,您认为必须采取哪些措施?"

"无疑,领导应当成为集体制的,现在的作家协会变成了官僚主义的组织,跑腿的很多,事却很少。"

"请谈一谈斯大林在作家协会中所起的作用?"

"斯大林毕竟是党的总书记,而不是作家协会的总书记,他起的作用很难说。"

不难看出,根据当时的党内形势,他回避了"必须推翻"的提法,不过一句赞美的话也没有,继续说:

"马屁精多得很。有些作品还写了斯大林乘车到前线去……"

"说是斯大林介绍你入党的,真的吗?"

"不,我没有过这样的荣誉……"

"长篇小说《他们为祖国而战》说是根据斯大林的指示写的,真是这样吗?"

"这不符合事实。"

"为什么您停止了写作《他们为祖国而战》这部作品呢?"

"因为,我认为必须把《被开垦的处女地》第二部写完。"

"为什么要修改《静静的顿河》?"

"我没有修改,只是把它修正一下,纠正一些修辞的毛病。写纸条的人问我,我怎么看待麦列霍夫,如果开庭审判他,我会不会赦免他。他①看来赦免了他,我也同样会赦免他。"

"你怎么看待列昂诺夫和费定?"

"我认为他们很好,两位都是天才的作家。"

"那怎么看待布宁呢?"

"他作为作家,我很喜欢。那个关于海明威的问题,我认为他的《老人与海》是一部令人震惊的好作品。阅读它是极有趣味的。"

"纸条里还说,许多人不喜欢西蒙诺夫,可为什么不喜欢呢? 这是趣味

---

① 写纸条的人 。——原注

问题。西蒙诺夫无疑是位天才作家,而且五次授予他斯大林奖金,可我对此却没有缘。"

"问我为什么不把爱伦堡当作是自己的朋友,我认为他的《解冻》是一部诽谤性的作品,诽谤了俄罗斯人民。"

"经典作家中哪一位影响过您?"

"托尔斯泰,也许还有契诃夫,虽然我们的写作手法各不相同。我怎么看待叶赛宁?他是一位很有才华的诗人。"

关于讲演收费问题。

"这个问题对我来说第一次是在军事航空学院里提出来的,那里给了我钱,我告诉他们,我靠笔杆子挣钱,不是靠讲演。"

"您把自己的全部稿费都用在了各个区和州的一些设施建设上,有这回事吗?"

"怎么说全部用在了呢?我自己呢?出门不穿裤子行吗?"

〔增补〕我继续这个话题:谢尔盖·叶赛宁和肖洛霍夫。当在党中央的档案中找到了肖洛霍夫和他的两位同仁米哈伊尔·伊萨科夫斯基和小说家弗谢沃洛德·伊万诺夫曾经要求过恢复这位伟大诗人的妹妹对遗产继承权的申请时,我大吃一惊。

那时候,当局还没有改变对这位诗人的怀疑态度,1958 年党中央通过了《关于再版谢·叶赛宁诗集的错误态度》的决议,其中一开始就是批判性的定性,说出版他的诗不好,这些诗"贯穿了颓废的、宗教的情绪,反映了诗人思想上的不成熟和惘然,他不理解用社会主义原则改造国家的意义"。紧接着就从整体上禁止了叶赛宁的诗歌创作:"认为在 1958—1959 年出版叶赛宁新的诗集是不合时宜的,要停止苏维埃俄罗斯出版社对出版谢·叶赛宁四卷本诗集的筹备工作。"

法捷耶夫的自杀和肖洛霍夫

党的代表大会留下了赫鲁晓夫报告的轰动效应,人们长时间地还在讨论它,其他发言者的讲话也是如此。肖洛霍夫强调摆脱陈腐的文学政策的呼吁并没有获得桂冠,不仅在文学长官那里,不幸的是,自己"车间"里的许多人也不理解。

多灾多难的作家瓦尔拉姆·沙拉莫夫不久前刚刚从北方的劳改营回来,他是否听到了对肖洛霍夫讲话的反应呢?在写给朋友的信中沙拉莫夫对喜欢肖洛霍夫讲话的人很生气,而且不仅仅生他的气:"肖洛霍夫的讲话,我阅读它感到羞耻——一个作家,大作家,怎么能用如此令人吃惊的方式理解自己的事业呢?作家世界的病症他确定得多么奇怪,这里所提出的处方又多么独一无二……"与此同时他也谈到了特瓦尔多夫斯基:"现在,莫斯科流传着长诗《焦尔金游地府》的手稿——讽刺的审判……"不用猜,肖洛霍夫将与这首长诗有关。

法捷耶夫也做出了反应——在他的一封信中已经清楚了:"至于说到肖洛霍夫的讲话,那么主要缺点不在于对于这个或那个人物的评价上,而在于他不分青红皂白地指责了大多数人。"不分青红皂白……大多数人……谜——为什么没看清楚这公开的联盟呢。过了一天,法捷耶夫冷静了下来,在刚写的一封信中,虽然称肖洛霍夫为"狗鱼老大爷",但已经有点儿承认肖洛霍夫讲话的必要性了。他把肖洛霍夫的讲话同其他所有作家代表的讲话对照一下——不对他们有利:"他们讲的不在水平上,他们没有说到今天应当说的话。"

在代表大会召开的日子里,谢尔盖耶夫—青斯基在《文学报》上发表了文章,在他的权威大笔之下,肖洛霍夫及其《静静的顿河》以广阔的综合力量显现了出来,"创作精神的高度……广阔的视野……"肖洛霍夫称赞说,这是在那些日子里对这部作品的唯一的善意的评价。

党中央从所收到的简评《关于发展当代苏联文学的几个问题》中得知了对肖洛霍夫讲话的不满,其中还谈到了"作家协会领导不健康地领会了米·肖洛霍夫的发言……"而写了这份材料的人自己也忍不住发了火:"尖锐的形式……"

亚历山大·法捷耶夫从二十年代开始,在他与肖洛霍夫的关系中就积累了一些不好的东西,既有缺乏"共产主义性"危险的政治责难,也有阻挠《静静的顿河》出版的事,更有抵制过肖洛霍夫获得奖金。就连斯大林也看出了这种态度,有一次他想起了就对肖洛霍夫说:"法捷耶夫反对《静静的顿河》,因为这部小说包含有反苏内容。"

肖洛霍夫多年来没有表现出作为回击的报复企图,也不想中断两个人的关系,他抵制着,而到了最后却又为他鸣不平,愤怒地驳斥了在法捷耶夫死后对他的亵渎和诽谤。

……5月。法捷耶夫逝世——自杀。开始,肖洛霍夫看到了报上的讣告——怪异的,违背常情的有失体统的简单。然后,就是党中央关于中央委员逝世的通告——版面安排得不好,他只看到了报上公布的《关于亚历山大·亚历山大罗维奇·法捷耶夫同志病情和逝世的医疗结论》,其中有很不好的,我国有关丧葬文章不使用的报道——酒精中毒。

这一下可露出了马脚。爆炸了!不少作家谴责这一报道是向死者身上泼污水。谁不明白,伏特加酒并非是致命一枪的原因?!但急于去起诉的只有一个人——肖洛霍夫,他不接受政治上的脏东西。他极力要同党的某个最高领导谈一谈——想开导他们。可是,只同国家最高苏维埃主席团主席克里姆·伏罗希洛夫老人谈上了,肖洛霍夫是这么同我谈到他的:

他问,"为什么死后贬低一个作家呢?他可是国内战争中的英雄啊,1921年,他同党的第十次代表大会的代表们站在一起,向叛乱的喀琅施塔得号发起过冲锋,而且在那次战斗中他受了重伤。"作为回答,伏罗希洛夫用他那痛苦的声音说:"法捷耶夫给我们留下了一封可怕的信,这封信已移交了党中央主席团成员个人。"

伏罗希洛夫谈到了有这么一封信,肖洛霍夫十分激动地要求公布法捷耶夫死的真相。

"当赫鲁晓夫到维约申斯克时,我向他问过这封信:'尼基塔·谢尔盖耶维奇,你那里有这封信吗?'他却说'什么信也没有'。他撒了谎。"

赫鲁晓夫和肖洛霍夫……党的头头明白这位作家的伟大。有一次,肖洛霍夫为了与新上任的卡缅斯克州委第一书记相识,他拿起了电话筒,因为这个州占用了罗斯托夫州的一部分土地:"你好,怎么样,你那里工作顺利吧?"那个书记盛气凌人:"马马虎虎,还应付得了,可是您,米哈伊尔·亚历山大罗维奇,请你别管事太多了,还是写您的小说吧。"肖洛霍夫生气地说:"笨蛋!"挨了骂的这位书记向赫鲁晓夫抱怨,赫鲁晓夫却大发雷霆:"我们苏联有多少个州?可全国有几个肖洛霍夫?行了吧,今天你就去找米哈伊尔·亚历山大罗维奇,请求他原谅你自己的不知深浅。我就说,您没有给我打过电话。"

有这么一个说法,不知是赫鲁晓夫迷住了这位作家,还是管住了他,这很容易相信:就是交往、通信而已。几乎直到今天还有人老是从六十年代翻腾出荒谬透顶的小故事来,说他们的妻子——是姐妹俩。

肖洛霍夫实际上在许多方面还是支持过赫鲁晓夫的,但不是在一切方面。赫鲁晓夫寻求过他的好感,但有时又推开他。新的领导人合乎肖洛霍夫的口味——二十大以后,他发表了几篇赞同新政策的文章,但是结识和交往都有分寸,绝不在其政论文章中常常写进赫鲁晓夫的名字。他打破了传统,即使在授予他列宁奖金的时候,他在讲话中也没有去吹捧一番。而赫鲁晓夫,同样地确实希望自尊,正是在他从事国家最高国务活动的年代里,才有两部肖洛霍夫的新作得以面世。他,正如战前的斯大林不止一次地那样,满意地在《真理报》上看到了肖洛霍夫许诺尽快结束《被开垦的处女地》,并紧接着执笔长篇小说《他们为祖国而战》,而从另一方面看,他也知道,肖洛霍夫正在为寻求和解决这部小说中的主要线索——如何反映斯大林——而十分苦恼,但他却找不到正确的方法。他却要求,或者用黑的色彩,或者一般也不去写斯大林。

肖洛霍夫固执己见:他既不是工具,也不做助手。

秋天,肖洛霍夫计划好了自己下一步的远方行程——去乌拉尔河,到西哈萨克斯坦,他同那里的地方领导谈好了这次旅行,也谈好了要在那里住下来。在战争中,由于全家人曾来到过这里,他们也就爱上了这块土地和这里的人民。

玛丽娅·彼得罗夫娜和小儿子同他死乞白赖地说好,带了猎枪、渔具和一捆空白稿纸,与肖洛霍夫一起去旅行登记的总共是九个人。

他们乘汽车出发了,还没经过几个漫长的白天,作家执着的目光就从人们的活动中看出了许多。

可是,一开始却有另外一些东西充溢于他的心灵,在信中他流露了出来:"在卡梅申诺长满苦艾的草原里,在干草垛底下过夜,美极了!诗一样的生活!"当他们渡过了伏尔加河,又有了新的宿营地,信中也出现了新的色彩——为响应赫鲁晓夫的号召,哈萨克斯坦垦起了生荒地:"轰隆隆的拖拉机整夜不让人入睡……"

人们欢迎客人并且劝说他们在最幽静的和无人干扰的美丽地方安营扎寨:汹涌的大河、鲍布罗沃遗址、静静的湖泊和大森林。后来,肖洛霍夫在人们给他的信中看到:"这里过的不是人间的生活,老兄,而是天堂……这里有彼岸世界的寂静……"

这个地方叫布拉坦诺夫沟。白天,人们熙熙攘攘,一到夜里,坐上了大船,飘浮到河上,安放好渔具,到了黎明时分,在一阵阵赞叹声里捕捉到了一些做鱼子酱的鲟鱼。他们稀释了自制的腌渍用的盐水——极不寻常的鱼子酱就做好了,就像肖洛霍夫说过的,这种鱼子酱即使在克里姆林宫的招待会上也吃不到:颜色很灰,个儿又大而且新鲜得香气扑鼻!一公里远处就是大湖,打鱼的从那里回来时带来了一大堆的鲫鱼和鲈鱼,还有那打猎的枪声也唤醒了寂静——野鸭子无计其数!这时,从大铁锅里飘散出一团团香气:简直香极了!还熏烤了足够的野鸭。然后,不远处又找到了诱人的野果,带刺灌木丛里的黑莓,半个小时就搞了一小水桶,这时,又做起了鼓鼓的甜馅饺子。

打鱼的肖洛霍夫在信中说:"鲟鱼什么时候都可以抓到,但我们可不贪婪……"打猎的肖洛霍夫写道:"森林里一百米内有野猪在脏地上拱来拱去……"如果有谁夜里睡觉时很机灵——能够像猎人一般耳听八方——一旦野猪吧嗒着嘴钻进黏糊糊的脏地方,津津有味地嚼着泥潭里植物的块茎,在树干上哼哧哼哧地蹭着身子时,就会捉住它。爸爸为儿子高兴:他的手没举起来——没有开枪!——因为这头野猪还领着七头小猪崽儿。他在信中写道:"早晨,他笑容满面,满意地说:他坐着就可以把那头猪打死。他很可怜那猪,做得对,没有妈妈那群小猪崽儿冬天就会死。"作家肖洛霍夫在这封信里承认:"写作还没开始,很快就动手,已经慢慢地来到桌前……"

……10月,肖洛霍夫的桌子上有一些密密麻麻地写满了字的稿纸,上面有增写、嵌补、修改、添加,最后是日期:"1956年10月初。"这是关于生荒地的那篇特写《漫游西哈萨克斯坦》。

这个月末,他结束了这篇特写。结果怎么样呢?当时的形势就是在十月革命节来临时,歌颂"苏联青年响应赫鲁晓夫的号召所创建的全民的功勋",那时,在报纸和集会上所有人都这样没完没了地高声大叫,肖洛霍夫却把这篇特写扔到火里。

保存下来的只是他写的草稿。从开始的几行就已经证明了,对于开垦生荒地的史诗及其鼓吹者其中没有任何光怪陆离的节日祝辞:"8月末,暗淡的蓝天,好像因漫长的夏日时光而褪了色一般,斯大林格勒草原上空那小小的朦胧太阳被灰蓝色的烟雾覆罩着。天很热,令人窒息,犹如下雨之前,可天空一丝云影也没有。软弱无力的风刚好能把因炎热而低垂的草和树叶吹得颤动。路面上的灰尘让人喘不上气来,这灰尘在汽车开过之后,形成了高高的一道灰墙,后再慢慢地缓缓地垮塌了下来,卷起的一团团尘土落在路边的草地上(周围的一切都覆盖了一层灰色的松软的尘土)。走在路上你已经无法看清,哪里闪过了苦艾,哪里是草木樨或油菜——一切都披上了一层(灰色的、松软的)犹如雾霭般羊绒一样灰色尘土。"

草稿的结尾也同样没有什么对吵吵嚷嚷的宣传那种随声附和的迹象,肖洛霍夫的笔是跟着感情走的:

"……就在码头上也是破烂不堪,同样是早已熟悉的:到处是污秽和垃圾,从早晨起就倾倒着剩饭菜、西瓜皮和香瓜皮,而在这一片目不忍睹的垃圾上空,则是无计其数的苍蝇。等待着渡轮的排着长队的人们中间有肮脏的、衣衫褴褛的孩子,茨冈人在跳着舞,哀求着发善心的人的施舍,他们受着闲极无聊的司机的怂恿,跳出一些猥琐的动作,致使站在不远处的女人生气地把脸扭了过去。码头上维护秩序的人也视而不见。"

可毕竟这篇特写焚毁了。列维茨卡娅的孙女曾讲述过肖洛霍夫在她们家中朗诵这篇特写的经过。他读完了,就说:"唉!如今周围到处都是胜利的号角、红旗、勋章、喧嚣,我把它送到哪里去呢?"还有作家的女儿的一段补充。玛丽娅·米哈伊洛夫娜讲过:

"我记得,当谈到了到处经营不善,种子腐烂时,他很生气……"斯维特兰娜·米哈伊洛夫娜又补充说:"爸爸是怎么对待生荒地的? 拒绝支持官方舆论。"

被焚的这篇特写乃是传记中燃烧着的文字。

当回家时,诺沃洛什的《苏维埃俄罗斯报》编辑部对作家说:我们期待着临别留言。

肖洛霍夫写的祝辞并不长,但对他来说找到了两个特殊的话题。他写道:"不,无论是谁也不能夺走我们大俄罗斯人的自豪感……"还有,他希

475

望,不仅要像党的宣传部门要求的那样"反映出劳动的成就",而且要看到同胞们的"忧患和需要"、"贫困"、"渴望和隐秘的想法",并且不无控告地补充说:"当然不能让苏联的报纸被那些全苏性的和国际性的问题挤得满满的。"

肖洛霍夫对许多事都要操心,由于他对于国内生活的广泛关注,明显地表现了一个代表的责任。有一次,他非常生气地说:

"荒谬透顶的糊涂——恢复了用于购买酒类的预算,应当用在别的方面。"

或者还有这样一段气愤的话——这话是在几个罗斯托夫党员在场的情况下说的,当时他正打着了打火机,点烟吸。

"澳大利亚人用这样的打火机节约了三十万立方米的木材。"

人们对他都随声附和着。

"我们州里需要十万箱火柴,每箱三千盒。"

"我们是这么统计的,"他说得很生硬,"砍倒了多少森林,有多少工厂生产这火柴……在国外,只要居民更高兴地买打火机,那么,这位当家人就不去砍森林做火柴。可是,一旦人们不买打火机,另外一个当家人就不生产它了。第三个当家人也不生产火石,如果它不好用。可我们在做买卖时,什么都要。我们有多少积压商品变成了优质的次品?"

于是,他总结了一下——重又把离经叛道的想法大声地说了出来:"老百姓总是在劝说,'等等吧,会好的。'我们就这么过日子,也没有等到许诺的话实现的时候。"

〔增补〕被开垦的生荒地和《被开垦的处女地》的作者……那个阿克莫林斯克(后称切利诺格勒,现为阿斯坦)生荒地报社的两个记者后到过维约申斯克,当时我在报社任第一编辑。肖洛霍夫接待了他们,并亲切地交谈过,他甚至抱怨说:无论如何再也不打算到我们草原来。但是他不接受采访,也没有任何动机想对垦荒者写点什么。尽管这样,他还是给编辑部赠送了个人的笔迹:"致以'青年垦荒者'工作人员良好的祝愿。米·肖洛霍夫。1962年7月12日。"

我们报社派出的任何人,还是其他任何人,不管过去还是后来,他们都不承认,1956 年肖洛霍夫想写一部垦荒题材的作品。

《一个人的遭遇》

维约申斯克,11 月。玛丽娅·彼得罗夫娜又一次向写作间望了一眼,发现桌子上有一些写满了字的稿子,稿纸并不很多……既不是《被开垦的处女地》新的章节,也不是战争长篇小说。在第一页上写着:"短篇小说",短篇小说? 1942 年写了《学会仇恨》后过了几年又回到了写短篇小说! 她没有去问丈夫——一直等着,让他自己说。

突然,肖洛霍夫打算去米列罗沃,带了妻子——我们去换换空气,够郁闷的了! 他说,要到巴克兰诺夫家去做客。那是一位善良的老相识,家长是当地一家工厂的厂长。

刚跨进门槛儿,当然,像往常一样:"外面太冷了,快就座,就座!"因为太饿,客人先吃了点东西——玛丽娅坐在了阳光照晒的地方,于是,肖洛霍夫就提出来:"想让我读一下刚写的吗? ……"这还需要问吗?

于是他拿出来自己刚写好的短篇小说读——关于战争的故事。

开端就是那么地充满了阳光,而且,对于听的人来说,他写的一切都是亲切的:

"在顿河上游,战后的第一个春天显得特别爽朗,特别蓬勃。3 月底,从亚速海一带吹来暖洋洋的春风……"

可是结尾却很凄惨,他读到这里时疲惫的嗓音已经嘶哑,而且那烟也不知吸了多少,还一直在冒着烟:

"我怀着沉重的忧郁,目送着他们……本来,在我们分别的时候可以平安无事。可是,万尼亚用一双短小的腿连跳带蹦地跑了几步,忽然向我回过头来,挥动一只嫩红的小手。刹那间,仿佛有一只轻柔而尖利的爪子抓住了我的心,我慌忙转过脸去。不,在战争几年中白了头发、上了年纪的男人,不仅仅在梦中流泪,他们在清醒的时候也会流泪。这时重要的是能及时转过脸去,这时最重要的是不要伤害孩子的心……"

静静地一声不响,人们叹着气,有位女人竟呜咽了起来。过了一会儿大家就开始喧哗:又是感谢,又是祝贺,当然随即不可避免地提出了问题:"什么时候发表呀? 在哪里发呀? 在《真理报》上发吗?"之后,主人端出来一大块祝贺的蛋糕。

肖洛霍夫回答："可我还不喜欢……我想再加加工……"他悄悄地只对主人一个人说："这是生活中的一件事,你看,生活有多么好,没有任何东西比生活更丰富多彩。"

莫斯科。12月的第一周,在克里姆林宫,人们明白了,在代表大会之后远不是所有的作家都团结了起来。作家"车间"沸腾了起来,就像烧过了火的锅——必定会爆炸。党中央想召开一次见面会:马上就会起作用——把有些人吸收到盟军里,对另一些人吓唬一下。参加接见的主席团中有党中央的书记苏斯洛夫、未来的文化部长叶卡杰琳娜·福尔采娃和不久前从哈萨克斯坦调来的勃列日涅夫。

会议开了五天……人们批评了特瓦尔多夫斯基的《焦尔金游地府》、爱伦堡的《解冻》,正如思想家们所认为的那样,因为这些作品对苏联现实采取了过多的批评态度。会议也批判了奥尔迦·别尔戈丽茨和刚刚起步的诗人叶甫图申科。命运把肖洛霍夫同他们中每一个人已联结或正在联结在一起。在"被教育者"中还有弗拉基米尔·杜金采夫、丹尼尔·格拉宁……

肖洛霍夫自己也落入了靶心。作家协会理事会书记鲍里斯·波列沃依直接向他开了火,在中央委员会,他当时是自己人——曾积极地把在意识形态方面动员起作家的保证书送交给了党中央。他批判肖洛霍夫在党的代表大会上的发言:"我坚信,肖洛霍夫的讲话,带来了极大的坏处,对此应当弄清楚。"

党的蛊惑人心的宣传简直坏透了顶:"最敬爱的作家批评了苏联文学……"造反!波列沃依批了肖洛霍夫,从而保护了"党对文学的领导"——这是他说的。肖洛霍夫的讲话被分解为几个论题,这样,瞄准就更方便些,肖洛霍夫的论题就是波列沃依射击的目标:

"第一论题——作家不同人民群众相联系。恰恰就是这个论题,在长达二十年的时间里,在最反动的报刊上忙得不可开交……

第二个论题——我国文学实际上在三十年代就灭亡了。可是,要知道,正是在三十年代特别尖锐地提出了党的文学的口号,正是在拉普解散之后,从三十年代起,党就特别关注和领导了文学……我们所有那些该诅咒的西方'朋友'一直在说,三十年代文学结束了……"

连勃列日涅夫也给波列沃依提词儿,并且特别注意地听着,甚至恭维了起来。于是,发言人批评了那些不很擅长同"意识形态敌人"作战的人:"我们暂时用小口径武器回击……"未来的总书记立即对他表示支持:"我想说,还没有人听到射击声。"

肖洛霍夫没在这个射击会议的现场:或许没有请他来,或许他借故没到。

当然,人们告诉了他,说苏联作家协会的书记向他开了火,而党中央的书记也不制止。

肖洛霍夫在稍晚一些时候,即12月的第二周才出现在莫斯科。在《真理报》编辑部里他读了自己刚写的短篇小说,就是这部关于战争的短篇小说,不久前米列罗沃的朋友们都已经知道了。他读得很特别——语调缓慢,带有长长的停顿,好像他在这里还在伏案沉思,想下面怎么写。在他的动作中,不知何故那只右手偶然露了出来——看来,他很少指挥它……突然,他把香烟往烟灰缸里一戳,就说:"这是赶写出来的……"满脸阴云地从桌旁站了起来就告辞了。这时他的样子任何人从来也没见到过。

12月29日,他又出现在编辑部。主编又一次地召集了编委会成员:肖洛霍夫要读这篇小说! 大家听到了最感人肺腑的句子——这部小说业已完成。

手稿放在主编的桌子上。正如报社里的人所说,它能送去发排并进入报纸版面吗?

做代表的事常常使得肖洛霍夫陷入一开始就显得不可理解的一些生活事件的泥潭里,他曾讲过:

"来了一封信……我读了——但一处又一处令人怀疑。我请求总检察长认真审理此案。这个案子其实是这样:一伙人饮酒作乐——一个小伙子喝得太多,于是他就在一个婆娘家的台阶上躺下了——躺下后他就睡着了。早晨,他在屋子里的条凳上醒了过来,可是,那个婆娘却在地板上死了。警察来了,问他:'你杀的?''不知道,'他回答,'也许,是我。'于是,小伙子进了监狱,后来审判,法律严格,十二年。就这样,他说,这杯酒让他到了被告席上。可是,只是由于总检察长的干预,才得以弄清这个小伙子无罪。原来,这个婆娘的孙子为了钱财杀死了自己的奶奶,然后他把这个醉醺醺的小伙子拖进了屋子里放在条凳上。"

他沉默了下来,一声不响,然后就说出这严厉的话:

"这是恶意谋杀!不能宽恕这种人。"

短篇小说的命运

1955 年《真理报》最后一期发表了《一个人的遭遇》的第一部分,第二部分发表在新年的第一期上。

在这部小说中,肖洛霍夫找到了如此平易的风格,以便不需要任何心思,一下子就把自己的人物呈现给了读者:

"一会儿,我看见有个男人,从村庄尽头的房子后面走来。他手里领着一个很小的男孩子,照身材看来大概五六岁,不会再多。他们吃力地朝埠头蹒跚走着,到汽车旁边,转身向我走来。这是一个背有点驼的高个子,走到我面前,嗓音低沉地说:'您好,老兄!'"

胜利的 1945 年已过去了十年,但是,战争还不放过肖洛霍夫。他尊敬那些为了祖国而承受了所有痛苦但并没有成为叛徒的人,他赋予了这个默默无闻的主人公——索科洛夫——应有的一切。

然而,这篇小说没有任何鼓噪之词,开端就是这样的,而结尾又以忧郁的痛苦的不确定性感染了读者:"两个失去亲人的人,两颗被空前强烈的战争的风暴抛到异乡的砂子……什么东西在前面等着他们呢?"对于你,没有任何一点点甜腻的"社会主义现实主义"!

看来,党的宣传部门及来自半官方的评论家和文艺理论家仆从们动手把这篇小说涂上了糖浆,他们认为这部小说只有一点儿没有其他:这就是对苏联人民坚韧性的歌颂,由此就不应在这篇小说中再看出其他别的什么。

可是,敏锐的读者恰好有另一种解读。

其中之一就是 1957 年,哈萨克斯坦青年报社我的第一位新闻编辑。他信赖自己人,把当时被禁的意见告诉了我这个"人民的敌人"的儿子。

"人们只从一点上赞扬了肖洛霍夫的短篇小说:称赞了士兵功勋的主题。但文学评论家们的解释却砍杀了——对自己很安全——小说的真正意义。肖洛霍夫的真实要更加广泛,而且不以索科洛夫同法西斯机器搏斗取得的胜利为结局。表面上看小说没有续篇:一个强大的国家,一个强大的政权,如何面对小人物,而且是具有崇高精神的小人物。肖洛霍夫从内心深处坦诚地说:看吧!读者们,当局是怎样对待人的?——口号啊,口号,而对人关心个屁?!"

"俘虏,"他继续说,"把人弄得不人不鬼。可是,他在那边,在俘虏营里,即使被折磨得不成样子,却坚持忠于自己的祖国,而回来呢?……谁也不需要他!成了失去亲人的人!而同孩子在一起就是两个失去亲人的人……两粒砂子。要知道,他们不光是被战争的飓风吹过。可是,肖洛霍夫是伟大的——他没有用主题的廉价转变诱骗人:没有安排自己的主人公可怜巴巴地去乞求同情,也没有去诅咒斯大林。他看到了自己的索科洛夫身上的俄罗斯人永恒的天性——忍耐和坚韧。"

他的这些论断却无影无踪地消失了。许久以后,他又想到了,索科洛夫和万尼娅的命运——这恰好是麦列霍夫和米什卡命运的继续。要知道,葛利高里该怎么办呢,要是他听不到科舍沃伊的威胁和怀疑——两手抱起儿子……逃跑。当然,没地方可跑。

我坚持着这些离经叛道思想不少年,可是由于我的看法与战后最著名的英国作家杰克·林赛的看法相一致,又使我深感不安。在他那篇具有代表性题目的文章《肖洛霍夫的创新》中他写道:"我们对《静静的顿河》最后几页所做出的解释——葛利高里与儿子见面是悲剧的,而且又是充满希望的——看起来,在令人震撼的短篇小说《一个人的遭遇》中得到了肯定。一个从希特勒俘虏营中逃出来的士兵,勉强地回到了家,也像葛利高里一样,感到了自己是无家可归的,他所珍视的一切都被夺走了,尽管这完全是由另一种原因造成的。他在路上见到了一个孤儿,这个士兵就把他认作是自己的儿子,逐渐就在同这个活泼孩子的交往中,他自己重新获得了生活中某些目标和希望。这里的一切都被肖洛霍夫浓缩到了悲剧的基本特点,不管怎么说,在这里他好像找到那种平凡的大地上的结局,《静静的顿河》的最后一个场景只成了一个象征。本来已经僵死了的、被摧毁了的、光秃秃的、无家可归的生命重又扎下了根,人类的亲近感从无怜悯心、无人性中又生长了起来,并在自身得以肯定——在更广泛、更充分和更可靠的基础上。"

至于沙场老兵和孀妇们是如何评价肖洛霍夫这部新作的,邮递员们早就看到了:评论、评论……

维约申斯克故居博物馆保存着许多这样的邮件。有一封信是从远东寄来的,是一群从"古拉格群岛"释放出来的人写的:"我们阅读了短篇小说《一个人的遭遇》,哎呀,它对我们所有人该是多么大的帮助啊,我们亲爱的辩护人,您从我们身上拿掉了怀疑社会的污点。如今,我们的孩子也不再为我们感到害羞了,人们给我们平了反……"从布拉格又有人写道:"由于我自己就在扎克辛哈乌金度过了六年,在您的作品中我高度珍视您对这些刑讯室里的苏联战俘所受折磨描写的真实性……"从比罗比詹写来的信:"最敬爱的肖洛霍夫同志:为了短篇小说《一个人的遭遇》,请允许我紧紧地握住您的手……我恰好就是您小说中提到的那些'犹太人'里的一个……"新切尔卡什克来信说:"我哭了,我们全家人都哭了。听的邻居们也都哭了……"还找到了索科洛夫真正的战友——在信中他说,不管是在俘房营里,还是在战场上,我都像他,后来逃跑了,领养了一个孤儿。他从基辅寄来了四大册厚厚的写了俘房营经历的笔记本,他说,请您在创作中使用这些素材吧。画家斯莫利亚尼诺夫转赠给他一个纸夹,纸夹里都是一些严酷真实的绘画,总的题目是《法西斯俘房》,肖洛霍夫高度评价了这一赠品。

赫鲁晓夫也同样读了这部短篇小说,并且认为它对于自己的想法是个支持,他的想法就是:让中央委员会和部长会议通过《关于消除由于粗暴践踏法律,对于以前战俘及其家庭成员们造成的后果的决议》,其中指出:"对被俘或曾被敌人包围的苏联军人不加区分地给以政治上的不信任,认为他们与苏联国家的利益相悖的作法要予以批判……"这话要早点儿说该多好哇!

不久,根据这部小说就拍摄了影片。作家肖洛霍夫不是立即就打算去找杰出的电影导演和演员谢尔盖·邦达尔丘克来扮演索科洛夫这个角色的。"一开始,他对我不信任,我是城里人,他久久地查看我的双手,并且说:'索科洛夫的手,是另外的样子……'"

邦达尔丘克感到很难过,可是,角色毕竟成功了:"后来,我穿上了索科洛夫的衣服,带领拍摄组来到了维约申斯克,去敲肖洛霍夫家的篱笆门,他没有马上认出我,可一旦认出了,他就笑了,关于这双手的事他再也没提过。"

邦达尔丘克还记得在拍摄影片时肖洛霍夫这样坦率的话:"您多么好,

您有很多人,有时可以商量,而我则是自己解决一切,对每个词语一个人做回答……"

〔增补〕《一个人的遭遇》得到了世界各地的称赞,甚至是著名的雷马克和海明威。突然,从美国的流亡者亚历山大·索尔仁尼琴那里来了一份"起诉书",他在《古拉格群岛》中提出:"我们不得不做出反应,一般说来,在这部非常贫乏的短篇小说中,战争的描写苍白无力又没有说服力……"接着又提出了三个理由:"一、挑选了战俘的非犯罪事件——失去记忆,使他成了'无可争议的人',回避了问题的一切尖锐方面(如果他有记忆,像大多数人那样——那时他该怎么办呢?)。二、俘虏的主要问题不在于祖国遗弃了我们,谴责、诅咒我们(对此肖洛霍夫根本不置一词),正因为这样才造成了无路可走,而在于我们中间出现了叛徒……三、他写得牵强附会,从俘虏营中冒险科幻小说似地逃跑,从而就不会产生对从战俘营中逃生者进行必要的没完没了的审查程序:锄奸部——测验淘汰营……"

但肖洛霍夫不想骄傲地动用自己的权利驳斥非难,可这样的反驳却有:

一、以俘虏们的悲惨命运为题材的短篇小说——在苏联文学中这是首次出现的,因而肖洛霍夫就为什么要被剥夺题材只能这么写而不能那么写的文学和道德权利呢?而且,之前,卢金将军的命运还非常适合写进新的长篇小说……

二、索尔仁尼琴指责肖洛霍夫,说他写的不是投降做了俘虏的人,而是那些"遭到俘虏"或者被"抓走"的人,然而,他没考虑到,肖洛霍夫不能有另外的选择。

肖洛霍夫受到过哥萨克传统的教育,在斯大林面前,绝非偶然地为坚持科尔尼洛夫的荣誉而举例说他是做了俘虏逃出来的。实际上,俄罗斯人从远古的壮士歌时代起首先同情的不是"投了降的人",而是那种走投无路、受伤、被包围、没有武器、由于指挥官变心或者统治者背叛而"陷入被俘"境地的人。

肖洛霍夫第一个勇敢地用自己的声望来保护那些政治上被贴上了封条的人,他们即使在被俘的时候也忠实地执行自己的使命。

也许,被俘的索科洛夫的行为被美化了?还没有这样的指责。

怎么能够批评这部小说中没有写出的东西呢？连普希金也摒弃了这样的审判。有谁指责过索尔仁尼琴本人，说他的中篇小说——《伊万·杰尼索维奇的一天》中没有写出那种文献性的内容和政治性的综合，即过了若干年以后以及在流亡中，在《古拉格群岛》中他所写的东西呢？

三、这篇小说写得贫乏吗？作家索尔仁尼琴没有为自己的指责找到职业上的论据，而且也没有把善良的读者的一大堆反应放在他审判天平的另一端。

第 四 章
1957——1958：为原则而斗争

就这样，肖洛霍夫的名字重新出现在新作品的创作者之中，一切都像司空见惯了般地照常进行：反响热烈——一些人热情洋溢地称赞，另一些人激烈地不怀好意。

瑞典来的消息

1957 年。1 月是暴风雨的月份，肖洛霍夫不止一次地陷进了各种各样激烈事件的漩涡之中。

……克里姆林宫在冷战期间送给了西方政治上的死敌用来反对自己的一件不错的武器——禁止出版帕斯捷尔纳克的长篇小说《日瓦戈医生》。党的宣传部门认为此事极为重要——反对苏联。在西方，这部小说被翻译并出版。反苏的帕斯捷尔纳克还算走运，没有任何特殊的谎言就出现了惊动社会舆论的可能性——社会主义制度下的政治检查机关变得穷凶极恶！

在意大利，也是在 1 月份，首次出版了这部长篇小说，人们进行了讨论，没有肖洛霍夫，应付不过去。《当代》杂志发表了其主编写的论文，文章题目很长，它还带来了一个更长的副标题：《〈日瓦戈医生〉发表的丑闻与首次意大利版的〈静静的顿河〉全译本的发表在同一时刻，这是对于同一个历史时期两种判断方法进行批评对照和当代艺术中两种倾向加以比较的一个机缘》。

这份杂志印了很多，要确定作者的立场，只需几个文字段落即足够了：

"帕斯捷尔纳克看待事件和内心状况是从神秘的个人主义出发的,这对俄国和欧洲的颓废派们是有代表性的。与此同时,肖洛霍夫在历史因素中的观点……我们在十九世纪现实主义文学中看到了肖洛霍夫的先行者们,而帕斯捷尔纳克的文学源头则包含在二十世纪初象征主义艺术中。"其他则均可不去过目。

党中央里有人发现了这篇文章——翻译过来,加以研究,可是还没弄明白。迫害帕斯捷尔纳克仍在继续。谁也没有想到,以意大利这家杂志为例,对苏联的爱书人加以解释——在《日瓦戈医生》中不好的地方是什么,好的地方又是什么,因而,在以后的几十年里,也没有任何丢人现眼的后果。

全世界沸沸扬扬——谁被提名竞选诺贝尔奖金:帕斯捷尔纳克还是肖洛霍夫?根据党中央的指示,对《日瓦戈医生》的封杀也不利于《静静的顿河》,国外的政客们利用了这一点——于是又发出了冷战的一次齐射,创作界按照素来的使命起而保护受迫害者。

这时,党中央接到了一封信,它是作家协会书记康斯坦丁·西蒙诺夫写来的,带有标出"绝密"字样:"瑞典的国际文人笔会不久前讨论了诺贝尔文学奖候选人问题,列入候选者中的有下列作家:米哈伊尔·肖洛霍夫、鲍里斯·帕斯捷尔纳克、艾兹拉·庞德(美国)和阿尔别尔托·莫拉维亚(意大利)。瑞典有些作家发表的意见对肖洛霍夫有利,可是带了一些情绪的作家远不是总这么认为……"

然而,党中央书记伊利切夫被告知的却是另一种样子——他通报了党中央的高层:"在国外报刊的代表人物圈子里,透露出了这样的推测,诺贝尔奖金可能由帕斯捷尔纳克和肖洛霍夫平分。"

要寻求解毒药。党中央决定只支持一个、进步的路线:"如果诺贝尔奖同时授予米·亚·肖洛霍夫同志和帕斯捷尔纳克,那将是不合适的,作为抗议,肖洛霍夫同志将示威性地拒绝奖金并在报刊上声明自己不愿做奖金获得者,这种授予是被反苏目的所利用的。"

……笔和洁净的稿纸,像磁石一样——两部长篇小说发出了引力。有一篇文章提到了《被开垦的处女地》,但对拖延出版的解释带有强烈调料味:"如果,比如说,我在三十年代的事件上拖延了《被开垦的处女地》结尾,灾难还不会如此严重,可是但愿不要让我们的农业和工业至今还保持在三十年代的水平上……"

创作计划排得满满的!

肖洛霍夫签字付印了为弗拉基米尔·达里的文集《俄罗斯民间谚语》和《卢林斯克的哥萨克》自己所写的引言。他又想了起来,安德列·普拉东诺夫曾拉着他想向国人介绍民间文化的起源,肖洛霍夫知道,党中央对这本书没有好感,但他仍然在引言中宣称:

"通过这些智慧和生活经验的结晶,人们的欢乐和痛苦、笑声和泪水、爱与恨、信念与不信、真理与谬误,忠诚与谎言,勤劳与懒惰,真理的美与偏见的丑,都从遥远的世代流传到今天,流传给我们。"

"苏维埃人也会继承智者——人民的传统,说(常言说得好!):'好吃懒做的人,喜欢别人的劳动'、'没有下决心鼓足干劲,就别动手干事情'、'别人背上的重载,总觉得轻'、'观看别人干活,自己准得挨饿'、'错过一小时,一年赶不上'、'话虽不是利剑,但却可以伤人'。"

党中央毕竟说了话——最后的话——在这本书的出版过程中:决定这么一个大国总共出版四万五千册。肖洛霍夫对此已经很满意了,有了突破,他明白:他的名字给党中央施加了"压力"。四分之一世纪后他又成为发行这本书第二版的参加者。

5月。从日本来了一封信。写信人曾在1935年来到维约申斯克镇,时光又流逝了多少啊!她就是安倍良惠,演奏竖琴的音乐家。她不仅为肖洛霍夫的才华所吸引,她觉得,在自己的国家,她有宣传肖洛霍夫的使命,即使是战争——冷战也一样,都没有阻止了她。她在自己的书信中谈到了自己,并且邀请肖洛霍夫去做客。去日本没有很快成行,那只是九年以后的事,而此时只从维约申斯克给她寄去了回信,充满了诚意。

肖洛霍夫戏称她的名字为约西娅·约西卓夫娜——"你瞧,我没有忘记按俄罗斯的方式称呼您的名字",从而也表达了家里人的感情:"在维约申斯克,我们全家人都同过去一样地记得您,回忆起来都倍感亲切。"这绝不是出于礼节的客套,"简直不敢相信,我们在二十年前见过面,由于日子是如此急剧地飞逝过去,这使我们感到悲哀"之后,完全按自己的方式就"报告"说:"我们家的萨沙早已从季米里亚泽夫学校毕了业,结了婚,现在克里米亚做农艺师,他有一个八岁的女儿。那个当时很小的斯维特兰

486

娜——同样也早就出嫁了,成了一个有十二岁男孩的妈妈,她在塔林的一所大学教书,如今离你们那里不远,住在堪察加半岛,她丈夫是军舰上的一个年轻校官。我已经两次做了祖父,如今到了不仅有小胡子,还留上了大胡子的时候了。米沙和玛莎在莫斯科读书,在大学,我和玛丽娅·彼得罗夫娜两个人在家里。"肖洛霍夫想起来一部日本电影,就说:"我想到日本去,那时希望在你对我的热情帮助下,了解你们的国家和日本艺术。"

……在顿河,他一直待到了年末。有一天晚上,区党委第一书记来看他,并通知:明天要召开区里党的积极分子会议,希望他能去发言:"也许,致词祝贺一下?"他去了,也发了言,但却很生气。后来,他甚至向书记说:"让我来抱怨一通什么,叫我参加会议干什么?"在评论方面,他选择的话题是:被污水浸泡的森林里堆满了木材砍伐后的腐烂枯木。他明白,如果要谈保护自然,那得从莫斯科的高级讲坛或从报纸上郑重其事地讲才合适——你没看见被批评的那些人的眼神。

那里坐着的都是一些老相识——国营农场厂长、集体农庄主席、生产队长、党小组长……他们关心的都是别的事情,不放过任何一个好天气:主要是收割嘛!可是,肖洛霍夫还是感到了很难为情——夏天,一切就都清理好了。

自己人中的自己人。……在一座集体农庄里,他劝说农庄主席寻找一下——当时农庄什么储备也没有。肖洛霍夫非常生气(区委书记彼得·马亚茨基记下了这次谈话):"他劝他:克里马内奇,把那些印第安人弄走吧。可是他却大大咧咧地置之不理。他就说,那就让他们受诅咒吧。那些印第安人胡作非为得厉害——而且还吞食蛇。可是我对他说,要知道,有时我们老婆也同样任性,但我们并不把她们抛弃。你回家去吧。找那些老头儿去吧……"

突然,斯堪的纳维亚吸引了他。他给自己和妻子买了旅游票,于是前往旅行。唉,这件事在历史上只留下了一张明信片:"照片上是斯德哥尔摩港口,我国'列金号'轮船到了这里,我们的旅行刚刚开始,可是我的头脑里已充满了极有趣的印象。"署名是:肖洛霍夫夫妇。可惜,这次作家也没食言——没有被旅行札记所诱惑。

格拉西莫夫的影片——邦达尔丘克的评价

当他们回到家时,没完没了的大事、小事又一古脑儿地找上门来,忧虑的关注和并不轻松的责任。

首都来了电话,莫斯科要举办世界青年与大学生联欢节,并要求:给与支持。肖洛霍夫没有拒绝,很快《共青团真理报》上就发表了他的贺词,有一段文字还加上了花边:"我希望,时间过得愉快,我希望在娱乐中不要忘记各民族和国家的友谊和团结,不要忘记有助于人类在全世界保持和平的那种团结。"这里没有任何宣传和鼓动:既没有说第一个社会主义国家的青年,也没有说帝国主义国家的青年,更没有说先进文学的作用和意义。取代这些的是——俏皮:"我感到惋惜,联欢节是在 1957 年,而不是在 1927 年召开,也许,三十年前我可以作为一个全权的参加者来联欢,而不是以一个年迈的客人的身份。"

一年中给他寄来了一千五百多封信,他阅读了,几乎每一封信都需要喝镇静药水。他向一位朋友解释:"大多数信件并不是'祝您健康,再见',而是被地方当局关押的和受欺凌的一些人的申诉,一句话,看了这样的信件应当立即行动起来,不能沉默不语……"有一回他痛心地说:"国内四面八方的来信都要求住房",他带着阴郁的幽默总结说:"看来,我是全苏的建房员了……"

他注意到,那年夏初,常常来信中提出这样的要求,说他们都是肖洛霍夫的朋友——帮帮忙吧,他们说,请安排儿子或女儿进大学。肖洛霍夫火了,对这样的信他自己不写回信——有一次他对秘书说:"我不会替人家说情,让他们的孩子自己去参加考试吧……凭自己的智力。"

可是青年作家寄来的手稿还是源源不断——拜求他过目并提出忠告,告诉他们怎么能写得更好,或者赞同出版。

还有什么说的呢,生活把你卡得紧紧的,夫妻俩去罗斯托夫、斯大林格勒、古比雪夫、莫斯科旅行,又到克里米亚儿子那里看看,有一次他说:"我可怕地想过——作为一个作家,什么时候能拿起笔来呢?"

有一封信使他感触颇深——是一个乌克兰学生从具有诱惑力的村名白教堂村寄来的,是批评性的。他执笔回信:"您写道,'不久前我们许多人都

488

订购了您的文集,我们只是抱怨这不是全集。'"肖洛霍夫开玩笑地说:"可是要知道,全集的出版只有在作家死去之后!"他完全用自己的方式做了结束:"你们看,我已经效劳了,真不幸,白教堂村离维约申斯克太远了,否则我……"这个省略号该多么有趣啊!

大量的信件使他掌握了回信的学问,有一次,他同自己的秘书谈到了自己的经验:"我写了两天,写信应让它们写得简短,精炼,但又不枯燥。"

这一年里,在肖洛霍夫的讲话和文章中越来越多地出现了对军队的思考,面对着选民他讲:"我想起了一个在前线的细节。1942 年,在哈尔科夫城下,我们摧毁了一个意大利师团……我在一个团里参加了战斗,抓到了一个俘虏……他说:'你们俄罗斯人是一些怪人。''怎么个怪法?'我问……'我用手枪向他射击,打了三枪都没打中他,这个小伙子跑到我跟前,用枪托打昏了我,解下我的皮裹腿,把我晃醒,把我放到房墙根土台上。我的两手颤抖不已。他卷了一支粗粗的马合烟,用唾沫沾好,塞到我的嘴里,然后自己又吸了一口,便又跑去参加战斗了。'你们听听,这有多好!打昏了,解下皮裹腿,给俘虏烟抽,然后又投入战斗。这就是俄罗斯人!"最后他这样解释说,"俄罗斯士兵,鬼才知道,我们是否能够揭示出他们的心灵?"

他为建军节写了一篇文章:"有人威胁我们,他们根本不了解我们的生活,不了解苏联人民的性格。这并不妨碍我们在磨好刀枪之前,去理解诗人米哈伊尔·伊萨科夫斯基所谱写的祖国士兵之歌:'让我沉没在泥沼里,让我们冻僵在冰雪中,如果你又一次对我说,我就会重新去面对这一切。'"

在另一篇为军队读者所写的文章中表达了他的信念:"在伟大的卫国战争的年代里,我曾同你们在一起,我的亲人们。如果祖国召唤,我——作为一名老兵,将同你们战斗到最后一息,我拥抱你们,我的亲人们。"最后的一句有多么感人啊!

不过,为了写战争小说的最新几章所需要的和取自战前时期记忆里仍在流血的文字已经成熟了,他把这些安排在从关押地释放回来的"人民的敌人"亚历山大·米哈伊洛维奇的口中说了出来:"在伏龙芝军事科学院是不学这些东西的,但是在另一个科学院里,我四年来真学到不少东西:我会缝制靴鞋,砌炉灶,还能干点木匠活儿……只是在那种条件下学这门手艺太艰难了……"这就回答了读者最初提出的天真问题——他在哪儿学的修鞋:看来,在劳改营。

　　……《苏联》画报杂志主编打来了电话,这家杂志主要对外国人发行。他一听,就觉得这事荒谬得出了奇:党中央通过了《关于〈苏联〉杂志艺术装帧错误的决议》,这决议也牵涉到了他,肖洛霍夫,虽然他曾像推土机一般地顶撞过那位摄影记者。决议写道:"发表在杂志上的维·鲁伊科维奇的图片,由副标题《在〈静静的顿河〉作者身边》联结到一起,但图片拍得差,有自然主义风格。新闻摄影表现的是米·肖洛霍夫生活的偶然琐事,对于他的活动不具有代表性,歪曲了他作为文学艺术杰出巨匠和著名社会活动家的形象。"还有党的领导机关宣传部门的简评,又从细节上充实了杂志的罪过:"维·鲁伊科维奇摹仿了某些西方杂志,粗暴地歪曲了社会主义现实主义原则……摹仿西方颓废派艺术"或者"所拍摄的米·肖洛霍夫坐在茶几旁,前景出现一个酒瓶子……米·肖洛霍夫背对着读者,带一些打回来的猎物……"

　　党中央毕竟还不得不承认肖洛霍夫的巨大威望,因此决定把他留在最高苏维埃代表选举的候选人名单中,这是第五次了。这在政治上有好处——他的名字是一种装饰,就像当时人们所谈和所写的那样,"是非党的和共产党人的联盟"。选民们早就喜欢肖洛霍夫这位代表了,现在又来与他会面,肖洛霍夫又走上讲坛,一下子就以他的质朴使人倾倒。比如,在这样一次集会上,他曾说:"我从来也不是个拿着笔记本的演说家,不会说得又长又漂亮。这里越来越多的人夸奖我,就像夸女婿一样。可是,各种各样有过失的女婿也是有的,所以,你们也别太相信……让我们还是谈谈别的吧……"于是,他提出要把顿河一带改变成花园和葡萄园。

　　……《被开垦的处女地》第二部准备付印,9月,在《真理报》上登出了片断,这可是个大事件!

　　……谢尔盖·格拉西莫夫完成了《静静的顿河》的拍摄工作:共三部。又是一个大事件!全国都在称赞这部影片!可是,那位非常年轻的演员和导演谢尔盖·邦达尔丘克却有一处不喜欢:他认为格拉西莫夫过多地美化了科舍沃伊,于是他就谈到了如何理解这部小说:"我不站在任何人一边,像肖洛霍夫一样,既不站在红军一边,也不站在白军一边。我站在事件的中心,主要是站在暴乱者中间,在人民中间。当杀掉伊万·阿列克谢耶维奇时,我同情他,当杀死施托克曼时,我也同情他。可是,不论如何奇怪,我也不同情米什卡·科舍沃伊,就让我同情,也不能……"

巴黎采访记——克里姆林宫的反响

1958 年,肖洛霍夫为处理自己出版方面的事,开始到列宁格勒去,他同《涅瓦》杂志编辑部商谈妥了,在这家杂志上发表《被开垦的处女地》第二部。

主编谢尔盖·沃洛宁留下了一份令人感到吃惊的见证:"米哈伊尔·亚历山大罗维奇又给我从头到尾讲了两部短篇小说。第一部是写马的,第二部取材于国内战争时期。听了这两部小说不能不激动……"于是他就十分迫切地问作家:

"为什么您不把它们写出来呢?这是已经成熟了的短篇小说。应当发表出来!"

"不,我写它就晚了。现在应当写另一部……"

乍一看起来,这回答是迷雾重重的。在他那漫长的一生中,就像这样的创作上的损失,计算起来能有多少哇?!

他经过了莫斯科就回家了。在莫斯科时,先后四次给戴上了马嚼子。他被叫去参加作协理事会全体会议——他去了,但却拒绝发言,在中间休息时,儿童文学出版社编辑抓住了他,向他诉了一通苦。在会议总结里就出现了肖洛霍夫写给赫鲁晓夫的一封信,谈到了要帮助这家出版社——必须建一个印刷厂和新的分社,而且也写了这样的内容:"为了公正应当同样取消在支付出版创作人员和工厂①参与工作的领导人劳动酬金的某些不规范现象。"之后,还有两件与他作为列宁奖金评审委员会委员有关的应注意的问题。他为在斯大林时期失宠的电影工作者杜甫仁科死后获奖一事进行斡旋,肖洛霍夫心地善良,不念恶,但却记得就是这位杜甫仁科曾反对过把奖金授予《静静的顿河》,你还别说,他办成了:1957 年为纪念以杜甫仁科的电影脚本拍摄的《海之歌》获了奖。

而第二件就是给赫鲁晓夫写信,他反对在拍摄《静静的顿河》影片时

---

① 印刷厂。——原注

某个委员会中的官僚主义权术,他的态度调子很高:"您知道,除了真理,我什么也不追求,我个人请求您:恢复那些被艺术上的机灵鬼和骗子手们埋葬了的公正性吧。您说句话,请帮助那些我深深爱着的人们,使他们能够天才地和真正地把我的长篇小说带给我们的电影观众!"他替格拉西莫夫说了情,因为所有人都不原谅他,而他是根据肖洛霍夫的意见塑造了麦列霍夫的,他的麦列霍夫不是个叛逆者。

在家里,在维约申斯克镇,有一封从阿迪盖山村女学生寄来的信在等着他,那位女学生特别真诚地感谢《一个人的遭遇》,在索科洛夫身上她看到了自己叔叔的命运。肖洛霍夫当即回信:"亲爱的玛丽埃特:小姑娘,如果你能如此亲切地理解别人的不幸,你就有一颗非常善良的心和美好的灵魂。我感谢你写来了热情的信并祝福你身体健康,生活幸福……请代我问候你的亲人——奶奶和叔叔……"虽然收信人是他刚刚结识的不相识者,结尾还是要求了他们继续交往:"给我来信吧,十年级毕业后你想做什么?"几年以后,他收到了她的回信汇报。已经长大的姑娘告诉他,师范学院毕业后已经在家乡山村当了教师。

还有一封信,但它是用了另一个瞄准器:"我很想请您听一听并帮助恢复维约申斯克林场前场长的工作……你们的处理有偏见,不合法……我们这里对一些人的命运处理得不好。"

……去法国的线路想好了,行前他到党中央去听取指示,安排是这样地毫不动摇,如今对每一个出国人员主要的警告是:"他们要用帕斯捷尔纳克的话向您进攻,必须坚持党中央的路线……"在那一年,苏联的出访高官胆子都不大,而且威望又低,都惊慌失措地惧怕国外记者。你看,他们用帕斯捷尔纳克问题下了鱼饵,如果你不遵照官方规定,无意地说了什么,等你回来,那就洗脑袋吧!

巴黎。人们请求肖洛霍夫接见新闻记者。在苏联大使馆,人们弄明白了:这是一家有影响的报社,但却是资产阶级的——要小心。

肖洛霍夫并不害怕——他邀请了采访人,也讲了话,报纸甚至登了出来。

大使馆里乱成一团,立即向莫斯科发去了有使馆标注的"特急"的密电,这份刻不容缓的速递犹如最重要的国家文件,又加上了"绝密"和"给政治局和外交部",党和政府的四十位高官,犹如听到恶劣"警报"的信号,都来参与肖洛霍夫一"案"。

在巴黎究竟发生了什么事呢?

一位新闻记者向肖洛霍夫提出了帕斯捷尔纳克的问题:是谁禁止出版这部小说的?他开始回答:"集体领导……"这样,根据往日的传统,意味着只是政治局和党中央。停了一会儿——他看了看大使馆的译员——又继续说:"……作家协会的(集体领导)。"译员松了一口气:不过是文学界领导而已。可是,接下来他就批评了这"集体领导",说他们"失去了冷静"。肖洛霍夫说,在家里小说已经得到了充分的处罚:"在苏联,应当出版帕斯捷尔纳克的小说《日瓦戈医生》,不应禁止它。"

肖洛霍夫说的是心里话,他替帕斯捷尔纳克做了辩护,但自己并不喜欢他,虽然也认为他是杰出的翻译家,而且他毫不讳言,自己对《日瓦戈医生》态度冷淡。不过,他说的这些话都是在礼貌的框架之内。相反,比如纳博科夫在谈到这部小说时却说它:"坏透了,哭哭啼啼,虚伪和平庸。"

引起了一场意想不到轰动的访问记者匆匆去了自己编辑部,吓破了胆的译员去找大使,警惕性很高的大使召见了密码译员,口授了一份速递加急电报。

党中央没有任何拖延就发回了密码给大使:"对于米·肖洛霍夫与我国利益相冲突的类似不可容忍的现象要加以注意。"看来,文字不多,还有一条指示:"请采取措施……"这就意味着不给这位作家发表新的反党言论的机会,大使怎么办呢?对这位轻狂的客人严加监视。

哎,看起来,"措施"是荒谬的——同记者见面时怎能不让他讲话?又一条密码从巴黎发给了党中央:又有一篇采访录要登在《文学新报》上——而且还附录了译文,党的领导阅读了,也看了法国记者阴险的注释,就指派了大使馆工作人员去找肖洛霍夫,告诉他,一旦追问尖锐的问题,让他不要开口,这样,肖洛霍夫就听到了"关心的话":让他就说"时间已经不够了"。

不过,即使不是帕斯捷尔纳克这个话题,他在法国也是被束缚住了的。肖洛霍夫不像那些能干的苏联作家,在国外极力宣传自己的政治积极性及其作品如何轰动一时,他说的却是另外的事:"我很少参加苏联作家协会的工作。我很幸运,我住得离莫斯科很远,在静静的顿河岸边……

你们知道吗？我写得很慢。要知道，对于作家来说这不是毛病，不是吗？抓跳蚤快一些好……

在苏联，我觉得文学批评像文学一样地落后……"

在国外，那时是否听到了类似要取缔作家"车间"这样的话?! 正如西方所知道的那样，这车间是由党领导的，而且这话还是出自于一位中央委员之口。

在肖洛霍夫的传记中，帕斯捷尔纳克这几页的出现是意想不到的。

10月，帕斯捷尔纳克被授予诺贝尔奖。由于苏斯洛夫的怂恿，赫鲁晓夫下令加紧迫害《日瓦戈医生》的作者。报纸、电台、共青团集会都大加挞伐……《新世界》杂志编辑部被宣布解散，莫斯科的作家们都收到了公开的批评信。

在谩骂声中，如今肖洛霍夫哪怕说了一句话吗？没有！但是他也没极力去表示同情——实际上，他们的意识形态观点各不相同。

由于肖洛霍夫自己那往往打横的举止，他是难以揣摩的。他也使苏联军队的总政治管理局来反对自己，而这个局实际上是党中央的一个部门。苏斯洛夫看到了一份告密材料："我报告，1958年12月26日我们举办了一次学院①的个人成员同作家米·亚·肖洛霍夫的见面会，在回答问题时，肖洛霍夫犯了接近于不问政治的自由主义的错误……"

也许，他首先是在打鱼和狩猎中才找到了心灵的慰藉，许多同乡人都能谈出他在这方面的嗜好。

其中之一是马克西姆·斯皮里东诺维奇·马拉霍夫，他回忆说："肖洛霍夫走进了屋，照老规矩问候了'基督保佑'，就向护林员提议去钓鱼。伊万·米哈伊洛维奇去钓鱼总是很高兴，但是他的老婆……可是，当肖洛霍夫如此礼貌地邀请了之后，她还是给了面子，就立即为她的伊万收拾一切应带的东西，并告诉他：你，老头子，去里亚克山德雷奇，那块地方好……"

他还讲过这么一件事："他同玛丽娅·彼得罗夫娜去那个被春水淹没了的霍皮尔河边的一个湖泊打野鸭子。肖洛霍夫枪法极不寻常，不仅能打一动不动的野鸭，就是飞起来也能打中。他还教过玛丽娅·彼得罗夫娜和

---

① 茹科夫斯基学院。——原注

孩子们打枪。就这样，他们俩打了好多野鸭子——那年秋天，野鸭子多极了。他们回来了。路上遇到了一些哥萨克，他们在牧马。他们停下来，进行交谈，谈着马，谈着牧场和赛马。于是他们就想赛赛自己的马，肖洛霍夫好像也准备要赛，可是玛丽娅·彼得罗夫娜看了后就申斥了他。有两个哥萨克，他们比较年轻，于是他俩就赛了起来，可是，在比赛的地方应有奖品，肖洛霍夫就提议用自己的一顶帽子作奖品，那顶帽子几乎还是新的，极好：饰有卡拉库尔绵羊皮毛翻边和黑皮子帽顶。他们同意了……还加上了野鸭子。"

第 五 章

1959——1964："令人恶心的奉承……"

对于一个作家，如果他是执政党的成员，那么写作是极其麻烦的，因为党的毋庸置疑的纪律——就是许许多多创作意向的障碍。一件事情道出了美好未来的思想，情况不同了——就是日常意识形态的强制。创作要体现最近一次党的代表大会或全体会议的决议精神，符合时日的需求。那么，肖洛霍夫在赫鲁晓夫时期是如何忍受对他那独立不羁性格来说无法承受的重荷呢？

一段文字也没有写

1959 年肖洛霍夫遇到了三件大事。

对于读者来说，最终还是出版了《被开垦的处女地》的第二部，它让作家付出了多少心血啊！他不是简单地凭记忆恢复了在飞机轰炸时被焚毁的文本——逐字逐句地。作家从未有过这种事。1月中旬，他写信给赫鲁晓夫告知此事——当时，作家还信任他："我正在结束《被开垦的处女地》——我一生中的第二部长篇小说就像多年劳动的最后日子一样，经常是无眠之夜和沉思。我既体验到了将来与我所创作出的一些人物离别的巨大的悲哀，也因做出了一些事情而有些微的满足……使我感到某些安慰的就是，我意识到了第一部小说已经忠实地为我亲爱的党和包括我在内的人民效过力，我希望，第二部也将要这样地效力……"

另外,他许诺:"年末,秋天时,将写完长篇小说《他们为祖国而战》的第一部,剩下没写完的只有六至七章。"唉!这部军事长篇小说仍没有完成,不过,毕竟玛丽娅·彼得罗夫娜在书桌上发现了一本打上了格子的笔记本,其中既有关于洛巴兴的,也有关于兹维亚金采夫的札记。

……第二件大事。4月,捷克的报纸《文学新事》发表了肖洛霍夫的一些讲话——这是大胆的和重要的讲话,谈到了他遵循着什么样的文学原则。

一开始记者就向他提出了一个完全没有恶意的问题:"什么是社会主义现实主义?"

他冷嘲热讽地并没有任何粉饰地回答说,这就像我在苏联大使馆或党中央里所说的那样:"理论——不是我的领域。我只不过是个作家,不过,对此我曾同亚历山大·法捷耶夫在他去世前不久交谈过。'你看,如果有谁问我,什么是社会主义现实主义,你怎么回答呢?'于是他说:'如果需要开诚布公地说,那么回答很简单——鬼才知道它是什么呢。'"

看来,这位记者很固执——迎头又给了一下:"您认为自己是社会主义现实主义者吗?"

他批评了官方态度,回答得好像不是以自己名义说的:"您的问题让我想到了,马克思主义理论家们开始认为我是富农作家,后来宣布我是反革命作家,可是,近一个时期里他们又说,我一生都是社会主义现实主义者。"

一位慕尼黑的政论家(过去的苏联外交官米哈伊尔·科里亚科夫)在读了这些坦诚之言后,揭示出了这位伟大作家进行创作的秘密:"当然,肖洛霍夫既与社会主义现实主义,也与马克思主义和别的什么理论没有任何关系,因为他知道:理论就是理论,而生活就是生活……"

夏天,肖洛霍夫又以他那独立不羁的性格让大家感到吃惊。有一家报社,打破了肖洛霍夫不喜欢事前约定好祝辞的习惯,要求他面对国内运动员和体育家讲话,而且要求他在自己的头脑中就把自己表现为一个多项运动员和评论家,看看这几段文字:"在我看来,在普通运动员和健将之间,领导们分开了自己的注意力和力量,就不是那么公正的。人们给创纪录的人带来了奖品和奖牌——其实所有的一切:还有教练员,也有好的运动场。可是在报告中对那些普通人的自我服务却很少有亲切的话语提及。我们需要破纪录和破纪录运动员,可是更为重要的毕竟是要培养千百万生龙活虎的、朝气蓬勃的、健壮的、机敏的少男少女……

　　我不明白,为什么体育运动活动家们不想承认民间的经验和传统……甚至我们顿河那里的特等骑术的竞技比赛和俄罗斯的角斗,而关于那些冰上游戏、攻占雪城,青年们只能从自己的爸爸和爷爷那里听到讲述……

　　已经完全不明白,为什么像打猎、钓鱼、旅行这样的对健康有益的事情,体育机构却要推到别人的肩膀上去……

　　对于我们,成年人,也完全不想了,可是,哪儿曾经说过,体育和运动只有年轻人需要呢?"

　　所有这些话都是一个很不关心运动的人说的!

　　……第三件大事。8月末,尼基塔·谢尔盖耶维奇·赫鲁晓夫光临维约申斯克镇,他扬言,他的肖洛霍夫邀请了他,事情是这样的——肖洛霍夫曾在一封信中暂且不谈别的,曾用钓鱼的事怂恿过他。他写得很俏皮:"让您的助手们组成庞大的钓鱼分队……您把他们带来,哪怕只消一天。莫斯科近郊的鱼不咬钩,在这里,他们会让鱼拽进顿河水里……"

　　赫鲁晓夫从克里米亚休假回来,到了这里。这是最罕见的机会,掌权的人来问候这位作家被认为是一种荣誉。我发现,肖洛霍夫却没有把这对自己来说当然是引以为荣的待客加以吹嘘,没有安排任何采访,在文章中也没有一点儿提及。

　　赫鲁晓夫是个滑头,他知道,肖洛霍夫的军事长篇小说正在写作中,好像这次偶然来访是要回忆起他在乌克兰战斗中所起的作用。

　　肖洛霍夫后来说过:

　　"当时我曾问过他:'在我们部队于哈尔科夫城郊被包围时,您是大本营的代表人物,一些军事回忆录里写道,您坚守在最前方是挨打的,我怎么写这个悲剧呢?'

　　赫鲁晓夫控制住了自己——不自然地笑了笑,同意大事化小,小事化了:

　　'可是米沙,只有最亲近的朋友才能说这些,我们这是笑谈。'"

　　赫鲁晓夫又被刺了一下。他自寻烦恼地开始谈到了人民群众支持他的无休止的轮作制,正如他自己所说,这是农业生产中的"创举"。肖洛霍夫听着,听着,就突然站了起来,去取来一本什么书递给了赫鲁晓夫:

"我，尼基塔·谢尔盖耶维奇，不仅想过了您谈的这些，请接过列斯科夫这本书，这里有一篇有趣的短篇小说，题目叫《围猎》，哪怕睡前看看第一章。顺便说一句，列夫·尼古拉耶维奇·托尔斯泰高度评价过这部小说。"

握有大权的客人的手接过了这本书。

如果只要翻一下，就不能不看到题辞——啊！肖洛霍夫写的！——这可是圣经般的智慧：

"不听真话——就是相信假话和谬见。"

若耐着性子看到第二页——嗬，这个肖洛霍夫！——就会看到对农业生产悲惨状况的暗示：国家向西方购买种子，而这也是列斯科夫的指责："我们有过坚定的信心，我们有欧洲的'粮仓'，可突然间却对此产生了怀疑……"

从这两次冲突以后，两个人在一起的时间就少了。不错，室内还是挤满了人——有赫鲁晓夫的随从，有从罗斯托夫来的，也有自己区里的党的干部。镇里老早就装点一新并没有白费工夫，赫鲁晓夫并没有躲着镇里人藏起来，他步行去参加集市上的群众集会，穿着乌克兰的衬衫，一套极普通的夏装，可手里还拿着一顶帽子。他没有时间去钓鱼——只是同妻子一起到顿河上坐坐汽艇。晚上，他光临了文化宫举办的音乐会，并且看后甚至邀请了穿着哥萨克服装的演员们同他一起留了影。

在集市上，这位客人做了长篇讲话。大家早就知道了他的弱点——喜欢讲话，他并没有忘记这里有肖洛霍夫，他不仅向肖洛霍夫表达了许多真诚的赞美之词，而且动用了党的词典，说了些既实惠又词藻华丽的句子。这时，他决定说一说自己对《一个人的遭遇》的看法：

"这部写了安德列·索科洛夫命运的短篇小说，不仅深刻地揭露了是谁造成了第二次世界大战的恐怖，而且还激烈地抗议了那些今天仍想发动新的战争的人，战争仍以巨大的恐怖和灾难威胁着人们。"

肖洛霍夫猜到了，充满了政治色彩的社会领导人有意地赋予这部小说意识形态化了的色彩。然而，讲话人似乎没有看出作家的意图：这个坚定的"小"人物的悲惨生活不是命运而是政治决定的，过多的罪恶落在这个异国俘虏身上，祖国又过多地对他冷漠……

后来，赫鲁晓夫在讲话中又说：打算到美国！应当让两个大国和平共处！而且，突然就说："我高兴地邀请米哈伊尔·亚历山大罗维奇同行……"

肖洛霍夫的身后——于是就拖上了一条有罪的尾巴。不过，巴黎的那篇采访录就不值一提了。或者，还有这么一件事，肖洛霍夫没有同任何人商量就请了两位丹麦作家来参加作家代表大会，两人中有一人即汉斯·谢尔菲格，当时名气就已很大。作家协会的领导们立即上报了党中央："接待他们我们实在困难……"肖洛霍夫回答："部分费用我同意承担。"

就这样，1959年苏维埃国家的领导人去美国的路首次铺成，我记得，早在三十年代肖洛霍夫也同样有过这样的想法。回来后，莫斯科的电视放映了新闻纪录片，有些镜头很漂亮：赫鲁晓夫和肖洛霍夫同坐在车厢宽大的玻璃窗边，兴致勃勃，窗外闪现出大洋彼岸的美国，这两个人只是朋友。

对于赫鲁晓夫来说，美国之行取得了巨大的政治成功，拍马屁的向他暗示了一个主意——对这件事要写出一本书来，总结！尾随他的作家和记者就是这本书的作者。当这本书问世时，所有这些人都得到了政治类图书国内最高的列宁奖金。

肖洛霍夫却没有动笔。在党中央里人们对此感到吃惊：怎么能这样——为什么伟大的作家却不想写写伟大的政治活动家呢？！党中央的特使即指导员被派到维约申斯克来，给他下达了任务："哪怕从肖洛霍夫这里取走一页文字，即使是一段也行。"但他没有拿到。以后，不论什么时候，肖洛霍夫从未写过陪同赫鲁晓夫出访的事。为什么呢？他小女儿说得很有意思："有一次，尼基塔·谢尔盖耶维奇，后来，是他的妻子尼娜·彼得洛夫娜一直在一次次地请爸爸到他们的别墅去。有一次我听说，爸爸给尼娜·彼得洛夫娜打了电话，对这重要的邀请表示了谢意，后来，大概当她继续坚持时，电话筒里说：'人们说，我是尊重您和尼基塔·谢尔盖耶维奇的。可是，您知道吗，有这么一句俗话：工作让人高兴，奉承让人作呕'……"

有一回，人们问他，你如何评价赫鲁晓夫。他冷笑了一声说："将来评价会有，可是，现在我病了——是这样……病情严重，泻肚——那些评价都从肚子里泻掉了。"

美国之行留在记忆里。外交部长葛罗米柯为历史留下了肖洛霍夫在美国的谈话。

"从创作的意义上说,这次旅行有帮助吗?"一位外交官在某种突然来到的空暇时间问作家。

"我没有想。对于我的创作,这次未必有益,对写作也没有增加什么。我的人物生活的世界——是顿河,我们镇子和我们的城市……可是,旅行颇有趣。应当看看世界……"

这位外交部长还记得肖洛霍夫的这样一些谈话:

"我还有这样的印象:街上所发生的事情大多数都差不多。假如,现在我就摔倒在大街上——这样,如果没有人知道我是个外国人,就不会来,不会问,发生了什么事……

这是一个富人创造的社会,也是为了富人的社会,它不能够适合工人在漫长的许多世纪里所追求的那种善意的高尚理想……

在技术领域,这里有成就,而且不少……可是,在文化领域,我暂时只看到了全盘的消遣娱乐,那种应当只满足人民利益的真正人道主义的文化在哪里呢?难道它——就是在好莱坞给我们看的那种康康舞吗?

在这里,如果坐在电视机前,那只能变傻……"

"我不知道,在您从事的崇高的政治方面怎么样,"他问外交部长说,"但是,涉及到文化,那么我们没什么要向美国人学习的。"

在好莱坞,有一次一个导演走到肖洛霍夫面前与他结识:"知道吗,我读过您作品的一些片断……"

"我很感谢您。一旦你们能到我们那里去演出,我一定要看看你们演出的片断!"

这一年,1959年9月,作家被邀请去电影制片厂观摩影片《一个人的遭遇》,那位谢尔盖·邦达尔丘克导演实现了自己的理想,可是有谁能够想到,通过了无计其数的关卡才放行了这部影片。一开始,就把"莫影"的水搅浑了,在答复导演提出的申请时,说得干脆又愚蠢:"不合时宜!"后来,又表现出了对脚本作者的不信任——需要肖洛霍夫来想个招儿,并在其中一种脚本上签署上了自己的名字,然后,在制片厂的文艺创作委员会上进行了没完没了的讨论,提出了"思想上的错误":"结尾有点阴暗,士兵的命运没得到安排",还有从某个人那里提出的完全要葬送它的想法:干脆我们把它做成短片,因为它不过是一篇短篇小说,不能拍成名副其实的影片。

而肖洛霍夫却相信邦达尔丘克和他的战友们的能力,他去找人强行说情——到了党中央文化部负责人那里,那人也同样鼓足了勇气,打电话给电影制片厂经理并干脆下令拍片。第一次看片……一个半小时,影片情节飞逝而过,灯光亮了。肖洛霍夫走向忐忑不安的导演和脚本作者,没有说话,脸色阴沉沉地一声不响地走向门口,一句评价的话也没说。

有一位脚本作者缠住了他,他们走着走着,米哈伊尔·亚历山大罗维奇突然打破了沉默:"哎,它会强迫谢尔盖听话的,"他指的是邦达尔丘克,"你也会喘不过气来! 观众不是要很难过吗?"

"他们已经不安了,说结尾有些阴暗。"

"有些阴暗? 银幕有多么大的力量啊! 唉,没有开心的理由嘛! 你看到了,当索科洛夫离开缪勒时,谢尔盖是怎么用肩膀的动作演的吗? 看,他从河边走来了,可是双肩上承受着无法承受的重担。"

"小说里也写了这些……"

"小说里是写了,只是连我自己也没想到,银幕是这么把它加强、加重了。"

首先是由于那些官气十足的警觉者,在电影世界里肖洛霍夫很难生活下去,不满和屈辱已积聚了起来。格拉西莫夫曾告诉过他,文化部长要求过重拍《静静的顿河》:"缓和麦列霍夫的反苏性。"这位部长也同样下达了指示,谈到了刚刚赶出的影片《被开垦的处女地》的重拍问题,理由是一个:"党中央主席团成员们都看过了这部影片,很有怀疑……"

……12 月末,肖洛霍夫急奔莫斯科去,《真理报》打算发表《被开垦的处女地》第二部的最后一章。他打了电话给几位作家朋友——说,如果你们愿意听,我读一下小说。

当人们到齐了,他从桌子上拿过来将要在报纸上印出的报样就说:"编辑们真让我为难,要刊登在新年的一期上,谁去看哪? 大家都举杯迎接新年,要倒酒……"

大家让他放了心。

当他读完了,突然就冒出了一句:"集体化——这是件好事,可是为什么要全盘的呢? 为什么要弄得火急火燎的呢? 为什么要消灭富农呢?"屋子里突然间——鸦雀无声:不同意坚如磐石的党的方针吗?! 唉! 这个肖洛霍夫！

为了《静静的顿河》，肖洛霍夫斟酌过更准确的词语和意义，有些已经清楚了。现在举《被开垦的处女地》中的几个例子。《涅瓦》杂志副主编叶·谢列勃洛夫斯卡娅曾回忆过这部小说是如何在她眼皮底下完善起来的（当时她接受了出版第二部的任务），比如，达维多夫死的那一场景："我读了：'唉哟，那子弹斜着打穿了四个地方，生命从达维多夫宽阔的胸膛里艰难地流走了。'这一片断摘自米哈伊尔·亚历山大罗维奇在一张洁白的稿纸上写下的两段，可后来重又经过他亲手改动，写在了另一页上，肖洛霍夫把它口授给我，不停地在修改。开始是：'唉哟，生命从达维多夫这个水手的宽阔的胸膛里不乐意地、艰难地流走了。'在第二个类似手稿的片断中修饰语只剩下了一个'艰难地'。下面原来写的是：'当时在夜里，朋友们小心翼翼地抬着他，极力不摇晃，把他抬到家里，他还没有清醒过来。'而在第二份草稿里就是：'那时，朋友们一声不响，摸黑儿深一脚浅一脚地但却竭尽全力地不摇晃伤者，把他抬进了屋子，但他一次也没有清醒过来。'"

1959 年 12 月 29 日。他该回家了，回维约申斯克，但信守承诺：已同意对莫斯科大学语文系大学生讲话。会面在人山人海的大厅里，像往常一样，看来这次会面对于读者和作家都是颇有益处的。

行前他听说，电影摄制人员想提出《一个人的遭遇》参加列宁奖金的候选，而导演却想在下一年获得此奖——好像这是给自己四十岁生日的贺礼。

[增补] 肖洛霍夫是在《被开垦的处女地》第二部最初的几章问世时到了美国的，这部长篇小说被提名候选列宁奖金。此次提出的发起人为青年近卫军出版社，上交给奖金委员会的正式信件一开头就按共青团员的口气写得直截了当，生动活泼："我们高兴地提名长篇小说《被开垦的处女地》……"

根据报刊介绍，西方在《被开垦的处女地》中看到了自己所需要的东西：它的作者独立不羁。当然，党中央一下子就明白了：肖洛霍夫和党的政权在这里冲突了起来，这类文章在苏联被藏了起来。

就在这时，肖洛霍夫与美国记者哈利·索尔斯伯里开了战。这个人是个有影响的苏联通，在我国住过多年，也很清楚地知道不少事情。他的文章发表在权威的《纽约时报》上，这里，就拿出他谈到这部长篇小说的两篇文章。

肖洛霍夫写了文章回答他——文章尖锐地挖苦地驳斥了他，写出了他似乎自相矛盾，说他的文章不止一次地明显地与自己述说的东西相抵触：

"还是在去年，索尔斯伯里先生就在《纽约时报》上发表文章，他援引了一段谣传写道，好像我早已完成了《被开垦的处女地》的写作，然而结尾时达维多夫死在苏联的监狱里，好像正因如此，这本书才长时间地没有印行……又刊登了一篇索尔斯伯里的新文章，标题很醒目：《肖洛霍夫主人公的新死法》，文章虽然是新的，但在文中却是重复原来旧的捕风捉影的瞎话，尽管也有些补充，比如说，索尔斯伯里写道……达维多夫被苏联警察当局诬告获罪，被逮捕并被关进了监狱，据说他在监狱里开枪自杀了……"

肖洛霍夫并非开玩笑地生气了："索尔斯伯里先生受其恶意的但不聪明的幻想的驱使，走得太远了，而他所选择的这条轰动的赚钱之路，却是肮脏的，不诚实的。""索尔斯伯里先生在此之前所说的那些话，看起来都是明显的谎言！"他讽刺这位疏忽大意的对手："他在什么地方见过这样的监狱，囚犯带着手枪散步，而且能够自己审判和进行自裁？"

不过，不是为了揭露蠢话，事情很明显，整篇答辩火药味十足，是什么或是谁促使肖洛霍夫驳斥对方那篇文章呢？实际上，那个美国人是对的。他富于洞察力地猜到了，第二部小说从斯大林时代以来多年没有交付印刷的政治原因，主要主人公的死不是由于作者的随心所欲，肖洛霍夫把自己的《被开垦的处女地》瞄准了一个人，他不论过去还是现在都曾使农业遭到了一会儿是长期的混日子，一会儿是直接造成失败的命运，却很少鼓励富有耐心的苏联农民工作得更好一些。

"是否过于宽容了呢？……"

肖洛霍夫和赫鲁晓夫……一会儿保持距离，一会儿又坐在一起，一会儿争论，一会儿又合作。

……赫鲁晓夫。他在美国之行后并没有忘掉这位作家。在瑞典，在欢迎苏联这个大国领导人的招待会上，文化部长走到他的面前：

"赫鲁晓夫先生，我想同您交谈一下。目前要讨论诺贝尔奖金的候选人,也要讨论苏联的候选人,根据您的意见应当支持谁做候选人呢?"

"您向我提到的那些名字,并不是在我国得到了广泛共鸣的获奖者,我们有些作家,他们赢得了苏联社会广大群众的深深尊敬,诺贝尔奖金授予他们社会舆论才会感到满意。"

"那么您说的是谁呢?"

"米哈伊尔·亚历山大罗维奇·肖洛霍夫。如果在我们作家中挑选,把诺贝尔奖金授予肖洛霍夫对于我们社会来说将是最能接受的。"

……肖洛霍夫。他是怎么回答赫鲁晓夫的呢? 对待他,明显地遵循了古人的智慧:坏人别夸,好人别训。

比如,他全身心地接受了由赫鲁晓夫发起的国内新出现的概念——"恢复名誉"! 这个词的发音对于成千上万人来说,好像是切断一切铁丝网的咔嚓咔嚓的响声。

1961 年在党的第二十二次代表大会上,肖洛霍夫讲到了这个问题……他在力图帮助党的新领导摆脱被称为个人崇拜的东西,他的话是在他之前没有谁能如此严厉和直率地冒险说出来的:"对成千上万死去的、祖国和党的忠实儿子,对他们的成千上万的亲人被毁的一生负有罪责的人,我们对于这些人是否过于宽容了呢?"在这次发言里,在大胆地批评了文化部长的同时,他也批评了党中央的主席团成员——因为他们继续"全面"评论创作上的成就,他早在斯大林时代的第十七次党的代表大会上就对此不满了。

这时,他正用赫鲁晓夫及其地方上的干部的爆炸性的题材修改自己的新小说《被开垦的处女地》,其中的一个人物就曾猛烈地攻击达维多夫的党的制度——然而要知道,对这种制度在整个苏维埃时期差不多全国都习以为常了:

"你努力巴结区里的首长,区里也巴结省里,弄得我们只好为你们受罪。你以为群众什么也没有看见吗? 你以为群众是瞎子吗? 群众是看见了的,但对你们这种官僚有什么办法呢? 我们能把你或者像你这类人撤职吗? 不能! 这样,你们随便想到什么,就干什么……"

全国各地,人们散步中交谈的也是这样的肖洛霍夫的"刺儿话":"我们奔向共产主义!"用这些来响应赫鲁晓夫的奇思妙想,即取缔家养牲畜——也就是说,集体农庄应当负责供应自己的庄员以牛奶和肉类。

……对文学的关心更没有离开肖洛霍夫的注意力，使他不安的并不是全国都对苏联作家新浪潮的关注，他想请求赫鲁晓夫批准去斯堪的纳维亚一趟："我想得到苏联作家协会领导的同意，携带我国年轻作家的几本好书，向他们推荐出版……斯堪的纳维亚出版商听取我的意见……我将感到同志般的荣幸……"

为了这一想法，他放弃了个人的利益，他知道，有位瑞典出版商对他的短篇小说很感兴趣，但被他回绝了："《顿河的故事》，不必讳言，是一本软弱的、学生式的书，吉德隆格方面拒绝出版当今苏联年轻作家的更加成熟的书，我看不出明智的理由。"

……斯大林躺在坟墓中已经几年了，可是那些劳改营里的人还没有立即登上自由的路，而"人民的敌人"的家庭仍然过着穷苦的日子。

代人说项的命运落到了肖洛霍夫身上。党的代表大会召开前已经宣布，可以为无辜受迫害者进行辩护，人们在党中央、在党的监察委员会和总检察院都看到过他。每一天都不是没有昨天。

伊万·克列伊梅诺夫。他的美好名字得到了恢复，而且，他也没有想到，加快了对火箭学院领导人的法律上的恢复名誉，也加快了对他昔日的同事谢·帕·科罗廖夫和瓦·彼·格鲁什科政治上的恢复名誉。即使是这两位学者也未必知道，是谁参与了与他们命运有关的事情，比如，科罗廖夫想要入党，可有一位警惕性高的党委委员发了言，他认为，解放了你们，但还没给你们恢复名誉。原来，即使在斯大林死去之后，不公正的批判还在呼应着。

评论家伊万·马卡里耶夫。法捷耶夫在 1955 年写给总检察机关的信中要求为他恢复名誉时，也写上了肖洛霍夫的名字。

阿斯兰别克·谢里波夫，是位车臣的民族英雄，肖洛霍夫给米高扬写信——要求支持为他树立纪念碑的想法，这对于民族的自我意识具有重要意义，此人这么多年以来一直在流放中

米哈伊尔·卢金将军。他两次受害：从 1941 年 10 月到 1945 年 5 月被德军打伤后成了俘虏，后来获得了自由，自己人又把他抓了起来。肖洛霍夫去找军事检察总长，并且在副检察长在场的情况下宣布自己拜访的目的：

"我要为卢金将军还有其他几个人的事斡旋，您大概知道，谁是卢金？"

他们耸了耸肩——案卷多极了,无法都记住。

"这个人,"肖洛霍夫开始解释,"过去是十六军的,后来又是十九军的司令。在战斗最复杂的年代里,他的部队在斯摩棱斯克方向作战。法西斯分子们向莫斯科拼命进攻时,被打散的卢金部队却给敌人筑起了坚固的路障。我当时同法捷耶夫和彼得罗夫作为《红星报》记者就在这一方向上。关于卢金,大家异口同声地告诉我们:是位坚强、勇敢、有经验的将军。朱可夫和科涅夫也都这么谈到过他。他是重伤后被捕做了俘虏的,人们说,斯大林不想听任何解释……"

"卢金被俘回来后,"他继续说,"我和西蒙诺夫都见过他。对于一个忠实于祖国的人来说,什么是俘虏,我们现在已想象到了。正如大家所说,千万不要经历、感受这种事。然而,很遗憾,对待所有的被俘人员差不多都一样——批判,不信任,甚至于迫害。他们向卢金暗示,说他曾同弗拉索夫见过面,同他有过某种洽谈,尽管他自己没有去他那里效力,但他还是没有阻止其他人,如此等等。一句话,卢金'受到怀疑',正如人们说的'似乎没有罪,可毕竟……'就像我们这里,律师们怎么说这种事呢?"

"因证据不足而停审此案。"人们回答肖洛霍夫。

"啊,啊……'证据不足',这样,在我们这里反正也算作是有嫌疑的呀。"

"喔,不完全这样,"肖洛霍夫听到了不同意的声音,"这在沙皇老爷的法律上写着:'保留怀疑',而我们的立法中却没有这个提法。可是,因证据不足而停止审案就意味着没罪。"

"所有这些都是理论上的。"肖洛霍夫激烈地反驳着。

于是,卢金就成了这部战争长篇小说主人公之一——斯特列尔卓夫将军的原型,我们还记得斯大林曾要求过肖洛霍夫塑造出统帅的形象,而且是"天才的统帅",可是,却是两次改变了命运的人物进入了文学作品。

唉,肖洛霍夫!他年事已高,但仍如过去一样地激烈地捍卫着真理。列昂尼德·列昂诺夫……有谁能够相信科学院的院士们不愿——而且是两次——他进入自己的队伍,进科学院,这可是位全世界著名的思想家、作家。另一位作家,列昂诺夫的朋友曾对我说过:"列昂诺夫成为科学院院士,米哈伊尔·肖洛霍夫起了很大作用。十年间他第一次来参加科学院的会议,穿了一身白,脸色苍白,完全病倒了。他用自己的到场来施压,正如他所说的'对科学院施压'。"而且,肖洛霍夫还冒出了激烈的不恭的话语。

〔增补〕集团军军长米哈伊尔·费多洛维奇·卢金在肖洛霍夫的一生中留下了永久的印迹,他们俩在1949年,而且也在二十世纪六十年代初见过面,最后一次的交往持续了好几天。在维约申斯克故居博物馆里珍藏着一个厚纸夹,封面上写了《速记记录报告》和卢金的签字,这就肯定了这一笔记的准确性。就在这份厚纸夹中,写到了争夺斯摩棱斯克的那场战役和后来被包围,写到了他冲出包围圈的努力,四次受伤,失去知觉——被俘。

肖洛霍夫总结了从将军那里知道的经历:"这就是一个忠诚的将军的悲惨命运,战争中间的一切都不是那么简单,像某些人以为的那样。卢金在这里讲述了,在战争刚刚开始的几天里就已表明,在战前和平的条件下学到的东西远远不适应战争所带来的一切,因而不是所有人,不是每一个人的行为都是相同的……"

并且又说:"你看卢金,他是怎么描绘自己从俘虏营跑回来的呢?请你试试减轻他的悲剧看,有一些作家对作家创作活动的认识不正确:他们想要把主人公写成似乎他们所有时间里都笔直地站在作家视野前……战争——这对于人民永远是悲剧,对于个别人更是如此……人们在建功立业中获得了自己,但是这些功业是各式各样的……写战争不能随随便便,这一切要特别有责任心……"

肖洛霍夫以我国人民的功勋而感到骄傲,但他不去寻找简单的主人公,看他首次以何等的概括力回忆起了最悲惨的一切!在他的一篇文章中这样写了战争岁月:"那个时代的有趣的文献资料保存了下来,我面前放着已经因时间而发黄了的美国报纸《华盛顿邮报》,其中以男人们的感人的激动写着:'如果红军在进攻的德国军队压力下垮了,或者如果俄罗斯人不是那么勇敢和无所畏惧,有可能出现这样想法一旦冒出来,你会颤抖不已……'"

天鹅的哀鸣,或者肖洛霍夫在饮食间
古老时钟的嘀嗒声中讲故事

噢,肖洛霍夫是怎样一个口头短篇小说巨匠呢?记录下这些并且力图保存下他的风格和心灵（心境）状况几乎是不可能的。可是我却有幸发现了最为真实可靠的笔记——它出自罗斯托夫的康斯坦丁·普里玛之手，他常常到肖洛霍夫家做客。这份笔记有助于我们深入了解他的性格，也就是说，补充这一本传记。

这份笔记是从音律绝对正确无误的言谈开始的："淡蓝色的黄昏进入了小花园和带小院的房子。屋子里——很寂静，只能听到饮食间古老时钟的嘀嗒声。肖洛霍夫从兜里掏出了香烟——他吸得很多！——于是就开始讲了，这是即兴之作！"于是，他就讲了：

"我们坐在小渔船上，爷爷划船，向苇塘里划去。那一天阳光明媚，温暖，令人高兴。湖面上公鸭叫着，一群野鸭应和着，一会儿潜水鸟飞过我们头顶，一会儿大脑门的鲤鱼就在船尾划过金黄的圈儿从深处惊跳出来——用手都能抓到它！突然，在这天赐的湖面上我听到了远处有天鹅悲哀的叫声。

天鹅的哀鸣像小提琴的弦，震撼了我的耳朵，我的心，我的灵魂，穿过我的后背直到脚后跟。我还从来也没听到过活着的鸟儿这样无法言说的凄婉而悲哀的叫声，我好像惊呆了。不，这不是那种话语。你相信不，我把手中的猎枪放到了船底上。我不知道怎么向你转述着忧伤、苦难、不幸的隐秘的击溅，这只天鹅向湖上的鸟儿、向天空、向太阳诉说着这忧伤……我们把船划进了罕见的枯干的老芦苇丛，我还是没有看到这可怜的天鹅，但它那咝咝哀鸣却逼近了我的咽喉，憋得我要流出泪水……

我和爷爷划进了灌木丛里，但无论如何也不能打它，虽然我们感觉到了，它已经很近了。'它在哪儿呢？在哪儿？'我向爷爷嘟囔着，用手拽着芦苇，让船继续前行。可是，这芦苇越来越少了，在我们面前的芦苇也就五六十棵。湖面上阳光在闪耀，在距芦苇五十来米远的地方，在红色的芦苇墙下面，我看到了一只水里的漂亮的白天鹅。它也一下子就发现了我们，潜入水中一下，然后就扑棱棱地离开了水面，像女人的一块白围巾直冲蓝天，躲了起来。爷爷看到我很难过，就说：'怎么，米哈伊尔，我们打死它？''你说什么?！'我回答了他，可自己却想，爷爷这是怎么啦？我对他说：'天鹅——这可是圣鸟啊!''对，'老人回答说，'是神圣的鸟。而且它是一夫一妻制的鸟，只有一次婚姻。一只天鹅从来对另一只也不心存非分之想，它不造新的

窝,新窝对它来说没有用。只是饿了,或者要死了,它才会这么叫着,伤心地叫着。'

'你知道吗?米哈伊尔,'——安德列爷爷向我吹着口哨,'它现在什么也不吃了,什么草也不吃了!圣经上就说过这样的天鹅,要让它不再受折磨,不再痛苦,不孤零零地受穷——放弃生命也没有罪过……就这样……怎么……你不信?'

'不,'我说,'我不信……'

'我在自己心中把这罪过拿走,你看,这十字架,'爷爷再划了划十字,'让我们打死它吧,啊?'

'不,'我坚决地对他说,'让我们再听一听,它还能让我们知道些什么……它的歌虽然是苦涩的悲哀的,我还是要听听,也要再看到它。'

于是我们又在湖里划下去。很快,风儿就给我们带来了它的忧伤,我从老远的地方就听到了它那凄凉的、沉重的、哀伤的歌,而爷爷好像要说服我,一直向我嘟嘟囔囔地说:'米哈伊尔,我把自己心灵中的罪过拿走……快点儿……打死它……别让它再受折磨了。它在这个世界上也不是个居民……掉下来也是白白掉下来……'

我很少听到天鹅的叫声,我真想再一次地看看它,哪怕用眼睛溜一下也行,于是我们又偷偷地沿着芦苇划近了一些,我终于又看到了它低垂着头的样子。这时我发现,当它唱歌发出悲戚的呜咽声时,它把脖子弯到了贴近水面,摇晃着头,好像在向那老香蒲,向从欧莞草中游出来的一对野鸭子诉说着自己的苦衷,它的痛苦有多么沉重,多么无可慰藉,又多么郁闷啊……我听着听着,恐惧地颤抖了一下,而爷爷还是一直向我嘟囔:'米哈伊尔……看,它要死了,死得多么痛苦呀……应当杀死它……'

我一声不响地坐在船里,同这只天鹅一起,我心灵中也久久地痛苦着……很快,不知道什么吓着了它,它飞走了……它那咝咝的叫声在我的耳边,在我的全部血管里,仍然在响着,响着……我们划到了岸边。野味是碰上了——打吧,你没打中,可是我却不能开枪。我承认,在那里的一瞬间,在苇塘里,爷爷差点儿就说服了我……有一种想法曾在我心中翻动着:'也许,打死它?……'可是,在那儿,在船上,这样一种阴暗的想法会让我窒息,但没让爷爷看出来,只是说:'打死这么痛苦的天鹅——是亵渎神

509

圣……而且，你，老爷爷，给我讲过圣经……'

我坐在那儿，吸着烟，自己想：也许老爷爷是对的？……"

普里玛是这么结束他的笔记的："天鹅的不幸和肖洛霍夫对它的思考使我呆然不动，我一直站在门柜边，看着他那一对明亮的浅蓝色的充满忧郁和魅力的眼睛，我找不出，找不出什么话儿来回答他提出的问题……"

〔增补〕语文学博士巴·巴利耶夫斯基提出过许多人意想不到的问题："肖洛霍夫和福克纳，这是各不相同的艺术家，生活在不同的半球里，属于不同的社会制度。可是，两个人都深深地进入了自己人民的生活中，好像他们俩在地球的中心见了面——于是，大吃一惊……对于当代的尖锐的问题……对于人的生存本身却持着相同的看法。"

为达维多夫而战

阿布拉姆·古尔维奇是一位评论家、文艺理论家，他同样落入了肖洛霍夫关注的圈子里。

肖洛霍夫未必就忘了他，那还用说，在斯大林奖金委员会讨论《静静的顿河》时，就是这个古尔维奇起诉了他的思想错误，别的事他也记得：这位评论家在斯大林时代是个"无爱国心的世界主义者"，成了党的决议提到的人物。

结果他落在了惩治者的铁腕中——马林科夫下令："不准对苏联神圣的出版事业进行炮轰。"这样，古尔维奇也就无权拿起评论的笔混日子了。

《被开垦的处女地》第二部问世了，党的评论首先宣传他们对达维多夫的看法：这是模仿学习的无可挑剔的样板！从心中喜欢吗？没注意！有那么一个党的官僚甚至要求——再加工一下才好：

"哎，哎，哎，你这个达维多夫怎么在大草原上与鲁什卡幽会呀？"

"那么他们俩还能在哪儿见面呢？"肖洛霍夫满有兴致地问。

"可是，不知怎么，读这地方不舒服……"

"要是他们俩没有舒服的地方，可怎么办呢？"

就是这个古尔维奇说达维多夫是"无爱国心的世界主义者"，他写了厚厚的一本文艺学评论概述《削足适履》。当然，书中没有讨好作者，他让自已这样评价这部长篇小说:"质量参差不齐。"在这部概述中他抓住了"爱情"题材:"建议读者把达维多夫来一下完整个性支解、分割,使他成为两个部分,抛弃一个不适合的部分从而抬高另一部分。把完整的、不可分割的达维多夫分割成病态的和健康的、经常的和暂时的、主要的和偶然的。在这种情况下断言,如果读者不对达维多夫怀着不友好的态度,那么只是因为,对他来说主要的不是主人公生活中的个人的——阴暗的——方面,而是他作为'共产党人、领导者、组织者、生活导师'的光彩照人的活动,达维多夫和所有活着的人一样,只是在一切理智行为和自己肉体有机融合中存在……"

概述写完了,可是谁来出版这个在意识形态领域中默默无闻的小人物的著作呢?谁也不想,那书稿就放在桌子上。

他死了,往日肃清世界主义者的激情也冷却了下来,可是评价《被开垦的处女地》的假仁假义的时代还没有过去。古尔维奇的朋友,作家和评论家亚历山大·博尔沙科夫斯基,虽说过去也是"无爱国心的",却打算把他挑选的已故古尔维奇的选集出版,但没有说好接收的出版商,需要社会上某位有影响的活动家来说情,他那失去了理智的想法一闪——肖洛霍夫会帮忙:概述写的是《被开垦的处女地》。

他越考虑越怀疑:党中央的一个委员肖洛霍夫能够为一个政治上的小人物说情吗?何况他也不会忘,正是这个古尔维奇在人人见风使舵的年代里曾向他身上泼污水。还有一点担心,肖洛霍夫是否发现了对达维多夫的这种评价——反对早已习惯了的教条?对这个人物的强加于人的官方解释,会突然喜欢吗?

这个人要碰碰运气:"怎么给肖洛霍夫写的信,我什么也没记住,就是把古尔维奇的书包好后发往维约申斯克镇。关于发表这部《削足适履》,出版社连想也不想。我于1965年11月末寄出了书稿,很久没有回音,希望破灭了。可是,在1966年1月末。他却寄来了一封亲笔短信……"并且,他还给我看过这封信,在一页带格的纸上匆忙地但却字迹清晰地写了十行:"亲爱的亚历山大·米哈伊洛维奇:请原谅,复信已迟,可是情况就是这样。已故的古尔维奇关于《被开垦的处女地》的论著无条件地应当出版,它还是有自己的用处的,但要它使伪君子们换个方式思考——我太怀疑了!祝您诸事安好！米·肖洛霍夫，1966年1月24日。"

"文学的崇高利益，"博尔沙科夫斯基补充说，"对于肖洛霍夫来说是决定一切的。"

这本书出版了，并且寄给了维约申斯克。从维约申斯克打来了电报："博尔沙科夫斯基，收到，谢谢，肖洛霍夫。"

〔增补〕在一次采访中，肖洛霍夫表示："我们在为一种思想服务，而不是为个人……"而且马上又说，社会不知不觉地开始分化：犯法、徇私情、贪污受贿："你瞧，要是让托尔斯泰去《田地》编辑部，安插一篇自己儿子写的作品；或者让拉赫曼尼诺夫去求夏里亚宾，让他的侄女在《塞维勒的理发师》中同他一起共展歌喉；或者，更妙的是，门捷列耶夫要是创建了学院后把自己的儿子弄到那里去当院长……别笑，对这些应当想一想……"

可惜啊，这一忠告仍然无济于事——直到今天情况也没有改变！——人们早就说过，在我国没有预言家。

在这篇采访中，他非常尖锐地谈到了所谓的"叛逆者"——持不同政见者："同这种人打交道应倍加小心，大家知道，一只羊长了疖，一群羊就毁了。"

关于这一点也应当知道。一些人骂他，说他仇视当时政治上有异端思想的人，可另一些人却夸奖他。然而，人们一次也没去看看平静下来的论断：在持不同政见者的叛逆观点中为什么肖洛霍夫感到不满意，而苏联文学中最主要的叛逆者葛利高里·麦列霍夫的作者恰恰就是肖洛霍夫。

解放麦列霍夫

一切都飞逝而去，只有真理永存……

二十世纪三十年代有个传说。说是有一次，党中央宣传部部长阿列克谢·斯杰茨基批评肖洛霍夫，说他的主人公——麦列霍夫是个真正的反革命，然后说：

"你，肖洛霍夫，不要避而不答。"

"向党中央委员您，还是向您个人回答呢？"

"个人。"

肖洛霍夫走上前去,给了他一个耳光。第二天,波斯克列贝舍夫打来了电话:

"斯大林同志很感兴趣:真的吗?听说您用耳光回答了批评?"

"真的。"

"斯大林同志认为,您做得正确。"

在传说中斯大林是这样的,可是实际上,肖洛霍夫记得,作为一个大权独自在握的领袖,他自己就在长达几十年的时间里认定了麦列霍夫就是个"叛逆者",即敌人。

1948年的学生教科书。我在读十年级时就用过它,顺便说说,那时我住在著名的哥萨克的戈里克线的一个镇里,在伊万·舒霍夫笔下,这个戈里克线在同名长篇小说中写的是以真正的苦不堪言出了名的。我们镇里也有一家姓麦列霍夫……我还记得他家的一个爷爷,当我们从学校回家时,他就坐在家门口的土台上——冬天里晒太阳,一看见我们,他就好像故意似的挺起了半截大衣的翻领,那块儿像圣像壁:有奖章。"这……"他开始向我们学生解释,"应当读报,听收音机,现在允许戴旧奖章了。""爷爷,"我问,"这奖章是怎么得的?"他说:"因为参加了日俄战争。""那这块呢?"他说:"在第一次革命时镇压国内敌人有功,这一块是因为1914年对德作战,这里……"他用手指摸了摸秃头顶上的一块伤疤,"这大概是你爸爸在国内战争时为保卫苏维埃政权给砍的……喔,你别撇嘴,别不高兴,小伙子,少先队员,共青团员,也许,我不是敌人,我是这么想的自己。"

在这本学生教科书中怎么写的?"麦列霍夫不仅同自己的人民作战,也同自己的家乡作战……不值得同情葛利高里,正如一些评论家们所想的,哥萨克中有相当数量的这么一些人。这是社会主义时代个人主义的悲剧……不能够对他的出身打折扣……"

对麦列霍夫这样的判决,带来的后果是阴险的。由于对主人公简单化,就导致了驯服历史——因此,读者读小说,就不要寻根问底,追问国内战争中的悲剧,互相联系的链条是多么沉重的。

我记得,斯大林的死使肖洛霍夫抛弃了强行塞进来的带有斯大林的场面。

可是,麦列霍夫,即使在赫鲁晓夫时代以及后来,在流行的大多数教科书、论文和专著中都是带有黑籍证的"叛逆者"。

火药味十足的党的批评家叶尔米洛夫坚持说:"麦列霍夫没有权利称为悲剧人物……对于悲剧人物来说,葛利高里·麦列霍夫行为的基调已成为最卑劣的东西了……实际上,为什么麦列霍夫去投奔福明匪帮呢?……那只是因为他个人'走投无路'!这,当然,已经不是悲剧题材了。"

1940年,肖洛霍夫就曾勇敢地从挨饿的同乡身上揭下了斯大林时代"怠工者"的封条,在赫鲁晓夫时代,他又极力改变人们对麦列霍夫有罪的判决,可是,国内的评论家和文艺理论家们远远不是所有人一下子就领悟到了这一点。

直到1977年,作家肖洛霍夫才论据充分地同来自奥斯陆的年轻学者盖洛·赫耶特索(我们要记住这个名字)分享了自己的困惑:"评论家认为,葛利高里在自己的悲剧中是有罪的……他们没有考虑到,既有历史条件,还有非常复杂的状况,更还有一定的政治。如果要问曾在白军中服过役又为红军打开了自己阵线的成千上万的哥萨克和劳动者:'你们谁有罪,从队列里站出来!'那么,大概,谁也不会站出来!……这么做毫无用处——只有一个葛利高里却被认为是有罪的。对于时代的矛盾,哥萨克的心灵!葛利高里·麦列霍夫和人民的本质,他们多么不理解啊!"

这也看出了,多少年以来一直没有从他的作品中拔出硬钉进去的解释钉子,那些钉子由于斯大林的做法一直钉到了只剩下了钉头:《静静的顿河》永远极其危险——尽管有了删除,有了添加,有了评论家和注释者们的诽谤。

不过,这部伟大的长篇小说的真实性不仅仅是由于麦列霍夫,其中还写到了这么一个人——菲利普·米伦诺夫,他被写进小说是在三十年代末,由于其自由性对于时代是完全不合适的:在最后一卷的第十章,但这也恰恰是作家的功勋所在。非常奇怪的是,警觉性极高的斯大林或者亚戈达和叶若夫的笔没有刺到有米伦诺夫名字的字句,红军元帅布琼尼或者伏罗希洛夫也没有气得浑身发抖。

这个哥萨克,就像葛利高里一样,全身心地去追寻真理:革命给了人民什么?令人惊诧不已的性格。他做过沙皇的军官——也是红军的指挥员。他追求真理,当红军时——他不接受红军消灭哥萨克的错误,给列宁写过信——很长——带有抗议性质,信中开始向这一消灭顿河的罪行的鼓动者——托洛茨基宣了战。来人抓走了他,说他是"无政府主义者"!并判处枪决。可是,列宁救了他,但却没有保护住,人们说,在狱中卫兵开枪打死了他——不错,射击是偶然的,但对此不是所有人都相信。

从那时起这事就这样一直拖下去——直到改革时代前——对于米伦诺夫没说过一句(!)好话:不论是在教科书中,还是在回忆录里,历史专著中,抑或在小说创作中。

肖洛霍夫胆子却大了起来!胆量是没有标记的。

……战争,军队——它们一如既往,没有离开过肖洛霍夫的关注。他决定去结识北高加索军区部队新上任的司令:伊萨·普里耶夫,部队的这位将军,曾两次荣获苏联英雄称号,于是他们经常见面。很好,这位将军的回忆录保存了下来,其中甚至还有肖洛霍夫这样一些颇为俏皮的话:"我亲爱的将军!什么时候你能让我看看我们神奇的勇士的军事艺术呢?"

在札记中,下面我们看到:"北高加索军区的演习,已经很晚了,他来到了指挥所。在这里,他穿着草绿色的军装舒服地坐着,手里拿着军官的斗篷……早晨四点前我就起来了,这么早不想叫醒米哈伊尔·亚历山大罗维奇。我坐上了汽车,可是突然听到了一个熟悉的声音:'我都知道了,指挥官和他的部队作战胜利了,但是同样重要的是要让历史和这胜利的荣誉由人们书写并印出来。'"

当然,他想起了客人,这倒不仅是由于他的幽默。肖洛霍夫被邀请去看演习:"那些坦克,刚减低了速度,就进入了河水里。肖洛霍夫愣住了,他目不转睛地盯住了那宽阔的河面。目光中看出了紧张。对岸从河面中露出了炮塔。'简直好像是普希金写的。'米哈伊尔·亚历山大罗维奇松了一口气,'你记得吗?汹涌澎湃浪飞溅,浪涛拍击岩石岸,盔甲连环火样红,勇士三十又三名……'"

作家维塔利·扎克鲁特金的回忆录也写道:"有一次,深秋,我们从奇姆拉到罗斯托夫,离路边不远处,在一小块挤满了牲畜的牧场上,闪现出一座白色的纪念碑,它用木栏围了起来,并不高,是用砖砌成的,呈金字塔形,上面涂上了白石灰,在那尖尖的顶端还有一个铁五星。米哈伊尔·亚历山大罗维奇把短大衣往肩上一搭,就走上前去。在这孤零零的纪念碑的一面,在被山泥封住的玻璃板下面有一张照片,照片上好不容易可以看到一张年轻人的脸,照片下方,有一块由于风吹日晒而裂开的木板,好像很早写有人的名字,但已无法辨认。肖洛霍夫久久地站在这纪念碑前,低下了头,叹了一口气,并低声地说:'可怜,小伙子……可这种人有多少啊……'"

又是惋惜,又是喜欢,又是激动。有一回,他收到了从远东卫戍部队寄来的一封信——回信写得诚恳、坦率:"如果说你们给我写信充满了激情,那么我也以同样的激情来阅读……我想到了你们工作的全部艰难,全部复杂性。在这里我向你们致以崇高的敬意和最亲切的问候……波兰人说:'怎么需要就怎么做!'祖国的确需要他那些精神和肉体上可靠而坚强的儿子们站在那个岗位上,于是你们就要在那遥远的边疆'吹起号角',这是高尚的信任! 不管如何,都要不辜负信任!"

这封信开端写得非同寻常,可结尾却是这样:"我紧紧地拥抱你们所有人和每一个人,并且全身心地祝愿你们精神愉快、身体健康、事业有成与生活幸福,不论何时、何地,你们都会这样的,这幸福会亲临你们这些孩子们的,我决不怀疑! 你们以自己的忠诚公平地得到了这一切!"

……去意大利的路堵住了。在米兰,当他在著名意大利画家葛利戈里·希尔吉扬家做客时,结识了世界知名的俄罗斯流亡画家亚历山大·伯努瓦,他是模范歌剧院的主要画家。说实话,上帝的路是不可知的,有谁能够预见到他与革命前那个岁月里最为雅致的"艺术世界"协会的思想家进行了一场温馨而又无束无拘的对话交流呢。

"不要动活着的人……"

新的一年,1960年,1月,从莫斯科一个早在年轻时代就相识的熟人那里传来一个奉承的消息——他写了一本关于您,亲爱的米哈伊尔·亚历山大罗维奇的概论,这本概论也附寄了来。肖洛霍夫非常生气地写了回信:"写写死去的人吧,不要动活着的人。我曾想呼唤你的良知,但我想,它从小就已经没有了,你未必到了老年能把它唤出。我只想告诫你:如果,尽管我反对,你要发表这部其中有写了我的概论——不仅写了我,也写了你自己——那么,你将重重地挨读者的打!"

这位作者打算沾一点儿经典作家的光儿,在自己的著作里把自己"打扮"成好像参与了保护在剽窃案中受到诽谤的肖洛霍夫。

信中由肖洛霍夫所证明了的东西,对于历史是十分重要的:"对于《静静的顿河》来源的诽谤并非出自于一个嫉妒者,像你写的那样……它差不多是当时整个文坛的产物……"

4月,《被开垦的处女地》获得了列宁奖金!第一个表示祝贺的是如今已经完全老迈了的教师穆雷辛,他曾带领过肖洛霍夫这个学生。刚刚从收音机里听到了这一消息的区党委会立即欢呼了起来,于是组织了群众集会。

肖洛霍夫来到集会上,表示了感谢,但却是按照肖洛霍夫的方式:

"在列宁奖金获得者当中,正如你们所听到的,也有劳动人民……可为什么你们,维约申斯克的劳动者们同样想得到列宁奖金却没有热烈地去参与竞选……感谢你们召开了这样的集会,会开得很好,首先是因为它是所有集会中开得时间最短的……"

当他在克里姆林宫接受奖金时——同样也讲了话:

"同读者的经常性的联系加强了对自己能力的信心,促进了创作上的成就,不过,同他们当中有些人,我们的关系处得不是说那么不友好,而是——好像用一句话概括——而是冷冰冰的……"

如此的自由好像表现出的并不多——它加强了思考并总结出了一生中影响创作的东西:"对作家的要求常常过分了。比如,在第二版出版后,有一个读者郑重其事地批评了我,说在《尤里·米洛斯拉夫斯基》中作者保护了主人公,而肖洛霍夫却弄死了纳古尔诺夫和达维多夫……"

他引用了这样意见相左的正统派读者的话,也向全国作了回答:

"'这里有什么与社会主义现实主义相一致的呢?'他问。可是,不能听从这样的劝告,今后我还要这样写下去,就像心中已认定的那样。"

在莫斯科,他找出了时间到政府的一些办公室里走动——在卡尔金村他诞生的地方办一所学校已得到了批准。当时,在那样的时代,镇里面的建设项目没有首都是不可能实现的,他用了种种办法,对他的答复是:建筑材料吃紧——我们也拨,但是钱没有,预算不能动用。

他回了家,立即给卡尔金村打了电报——奖金不要了。

村里人都知道:"他曾来看过故乡的土地,高兴地向可爱的乡亲们讲了,根据俄罗斯联邦部长会议的决定,卡尔金村新校舍的建设今年就动工。"

最后,他寄来了钱:"把我得到的列宁奖金全部转交给新学校的建设,以报答我在很早以前曾学习过的地方。热烈地拥抱全体卡尔金人。你们的米哈伊尔·肖洛霍夫。"有意思,他来得及同玛丽娅·彼得罗夫娜商量吗?

这个月——出现了人类飞往太空历史上的第一人:尤金·加加林!维约申斯克镇也向《真理报》发去了贺词——然而,这是多么不寻常的句子啊:"看,这多么了不起!在我国科学取得的幻想般成就面前,惊叹与骄傲的你再也说不出什么话来。"从那一天开始,肖洛霍夫就很想同这第一位宇航员见面,而宇航员也找到了这样的机会,就这样,如愿以偿!不过,只是对此在下面再说。连肖洛霍夫也不知道,第一个围绕地球行走的人,在当学生的时候,还写过《被开垦的处女地》的作业练习。

心灵承载着如此重荷,需要缓解。一个偶然机会,他给一位老朋友带去一个字条——来吧,他说,我们钓鱼去:"我特别要求你:编两个容量尽可能大的漏勺,应当有个把儿,要知道,你就挺能装的,'是真正的富农投机商'。我给你寄去的不是热情洋溢的(像习惯所说的和所写的那样),而是冷漠的打鱼人的问候。要求你别游手好闲和懒惰成性,今天就去编吧!向老气喘病态患者和骨头架子致以最高的敬意,永远显得年轻的米·肖洛霍夫。"

……一个机会使他在维约申斯克镇认识了一个受尽命运折磨的少年——他是从阿穆尔河畔的共青团市跑出来的,但是,这个孤儿没有找到索科洛夫。肖洛霍夫写了一封信发往遥远的共青团市委会:"我请求你们帮助,我为沃夫卡·别斯杜热夫求情,他是一个可爱的、长有雀斑的和淳朴的孩子……应当把这个小伙子安排在寄宿学校里……让共青团市再有一个好样的共青团员。"似乎出于监督,他又补充了重要一点:"请你们给我往维约申斯克写来几句话,告知小别斯杜热夫的命运是如何安排的。"

……肖洛霍夫以其外表的镇静和审慎令人敬佩,而且每一个人也都还记得他,有这么一件马克西姆·斯比里东诺维奇·马拉霍夫提过的事:"肖洛霍夫快速开车不止一次出现过事故。有一次,他带领客人们去观赏顿河两岸的美景,他自己和玛丽娅·彼得罗夫娜在前面乘坐一辆轻便小车,客人们随后坐了另一辆汽车。沙土地跑完了后,路上出现了一条小河,自然而然地还有一块谷地,那河很小,可是有些地方深不见底,大家叫它为'黑河'。

肖洛霍夫乘坐的小车一进入谷地,就不见了。两三分钟客人也没有看到他的车,于是,大家把车开到了山岗,一看,都'哎呀'地叫了起来,那辆轻便小车从路边翻倒到河里,车头贴近了河水……我们把车开到那里。玛丽娅·彼得罗夫娜脸色苍白,可肖洛霍夫打开车门,吸着烟,还在笑。原来是:汽车在沙地上来了个急转弯,也就侧着身倒下去了,肖洛霍夫加大了油门,但方向盘没有把住。玛丽娅·彼得罗夫娜倒没惊慌失措(她坐在后排座位上),一个车轮掉了下来,她的身体倒在了车轮上。总之,他们控制住了那辆轻便小车,也修好了。避免了一场车祸,大家倒用不着对深不可测的河水叹气,在沙地上也没翻车……"自己人中的自己人……一个报社里的人——他也是地方区机关工作人员——曾说:"肖洛霍夫有一次外出回来,路过霍皮尔河,经过一块草地,一天前这里下过了雨,距斯拉谢夫斯克镇不远的低地上有一段泥泞难行的路,结果人们都深深地陷进这泥泞中,拉着粮食的载重汽车,装着汽油的油罐车,所有一切其他运输工具都停在那里。

肖洛霍夫的汽车爬不上来了,嘟嘟嘟地直响……当时,米哈伊尔·亚历山大罗维奇脱下了鞋,挽起了裤脚,与自己的同伙——莫斯科的一位画家徒步去斯拉谢夫斯克镇。但是,没找到镇里的领导,于是,当即他就同这位画家搞了一个'鳄鱼'墙报,干脆就把它悬挂在广场上。这位画家给区里的领导们画了一幅漫画,画上这些领导在泥泞的大雨天耳朵都被绑住了,而且肖洛霍夫也签上了字。这样,不久这里就动工修了一段石头铺成的路。"

〔增补〕继续介绍肖洛霍夫喜欢的诗歌创作。在那几年,他收到了已故文艺理论家、莫斯科大学教授罗·萨马林的一些诗歌创作,这是罗·萨马林的遗孀寄来的。他喜欢这些诗,看这样的开头:

你,干干净净被连根拔出,

你,在根下已被清走,

昔日俄罗斯哥萨克——

久不封愈的悲痛伤口……

新切尔卡什克的枪声

1961年。夏天,肖洛霍夫前往格鲁吉亚,那里的作家们邀请他。他立即让大家不胜惊喜,当人们同他商量了解这一共和国的日程线路时,他显得与众不同。大家建议他看看城市新的建设项目,卢斯塔维里——这是工业大项,他却选择了瓦尔德吉亚——这是索特·卢斯塔维里时代凿刻在峭壁上的修道院。山路崎岖颠簸的旅程令人疲惫不堪……可是,他从汽车里走出来,没有任何怨言,又心甘情愿地屈尊到地方志专家那里听取了一个半小时的讲解,连古代的国都姆茨赫特他也不放过,甚至还到过一个小村庄,那里住了一位誉满全格鲁吉亚的奇异的养花怪人。听到了民歌他又是何等高兴啊,更何况,从一个村庄到另一个村庄,几乎所有的席宴都有著名的格鲁吉亚民间合唱团的各种声音相伴。

他一回到顿河,就打了电报:"我的格鲁吉亚朋友们:我忧伤地离开了你们那美妙的国土,正如你们所知,我离开了应当紧贴着心的地方,并不那么轻松。不过,离开了你们,我还希望能再见面,再一次地拥抱你们,祝你们一切顺利! 你们的米哈伊尔·肖洛霍夫。"

实际上,他一直牵挂着格鲁吉亚,就在这一年,他请来了一个作家代表团到维约申斯克,并且过了几年后又重新去了库拉河边。

然而,他又陷入了严重的争斗中,他帮助了早在战前就被党的意识形态专家查禁的海明威小说《丧钟为谁而鸣》的出版。他同时与两个中央委员进行战斗。一是同西班牙的共产党领导人多洛列斯·伊巴露丽争论,她不接受这部小说,因为其中的共产党人看起来不总是优秀的形象。而自己国家的党中央却打算惩罚列宁格勒杂志《涅瓦》的领导人,说这是政治错误——刊登了叛逆小说!

在灾难的8月——叶甫根妮娅·格里戈里耶芙娜·列维茨卡娅逝世,肖洛霍夫家的所有人,见到了肖洛霍夫和玛丽娅·彼得罗夫娜都一声不响。发往莫斯科的悼念电报写得肖洛霍夫式的简洁,而且又像习惯那样充满了感情:"我分担了你们的悲恸,两次成了孤儿的米哈伊尔。"

无计其数再版的《一个人的遭遇》都印上了自己为怀念这位女性而写的题辞,他甚至称她为妈妈。

1962年,在肖洛霍夫生活中出现了三件大事。

由于一场流血事件,他谴责了党中央——中央下令动用武器驱散了新切尔卡什克工人的示威游行,许多人牺牲了。他们反对提高粮食价格,进行了和平抗议。这一悲剧对人民群众加以封锁——报刊只字不提,如果有人大声谈论此事,立即就会受到党的处罚。党中央第二书记来到市里,他受委托来谴责州委会和党的地方官员——他说,没有我们的干预就应付不了,为此召开了全体会议。大厅里的气氛是压抑的,发言人必须认错悔过,讲台上出现了肖洛霍夫。他同谁站在一起呢?他好像想起了古老谚语:勇气比阿塔曼更有力量!他激烈地批评了最高当权者:"为什么提高物价不同人民群众商量一下呢……我们的党,怎么能向人民群众开枪?……"主席团里——人人惊慌失措,大厅里——个个呆若木鸡。

见面的日子无法预知,四年后有一个退休的将军要来拜访肖洛霍夫,看来,门是为他打开了,结果一瞧——出现了哥萨克世家,这个好斗者要是知道,头脑中该说些什么有多么好啊。他与主人坐着坐着,就突然承认了,在新切尔卡什克时他曾指挥过一个团。我们向他说了应当说的话——然后诚恳地告诉他,肖洛霍夫终止了这次会面,并且准备讲一讲这几年还没冷却下来的愤怒:"这是从未见过的上层人物的罪行,实际上,看来他们没有能力把高尚的东西和真正的社会主义内容、思想付诸实现。"

从维约申斯克向莫斯科打去了电报——给俄罗斯部长会议主席:"必须尽快通过俄罗斯联邦部长会议关于在鱼类产仔期顿河全面禁止捕鱼的决议,顿河仍没有摆脱由于两岸和捕鱼农庄用各种方法进行集约式消灭还没产卵的鱼类的状况。如果不立即禁止,再过一个月,顿河将彻底无鱼了。"然后又写了一封信给取代离职的刚刚上任的政府主席:"沃罗涅日和利佩茨克州一些工业企业领导人处心积虑地在三年时间里把顿河里大批的鱼整死……向顿河投放工业企业使用过的污水……俄罗斯联邦部长会议必须采取措施……由于州执行委员会①疏忽大意,明知也就同意了,伊斯科夫同志②把自己家中就弄得污秽不堪……一派目不忍睹的景象!对此,大家都习以为常,一忍再忍,闻惯了臭气……我想,在国内其他河流也应当把捕鱼规范化,并且,无论如何,要批准在鱼类产卵期内坚决制止捕鱼。"他挖苦的话是:"在革命前,顿河及其支流上各镇的阿塔曼就严格禁止过鱼类产卵期

---

① 沃罗涅日和利佩茨克。——原注
② 渔业部长。——原注

用各种办法捕鱼,并且日夜监视、观察这一尚未付诸文字的法律。难道我们这些主人比阿塔曼还坏,这样的对比于我们不利,令人感到痛心。"

总之,肖洛霍夫保护可爱的顿河的这本书中还有两章!从二十年代起,这本书就责备了大权在握的当局,而且他从没有任何企图,要把自己打扮成英雄人物,对所有这些操心的事他都守口如瓶。

哎,这也是他的性格:他要求区里自己的那些领导朋友要工作得更好些。有一次,他乘车到各村的集体农庄去——这样,不仅是考察取得的成绩,也还要对区党委常委们大发雷霆:

"我想说几句'温和的'和'好听的'话……"

于是,大厅里所有人顿时都紧张了起来,然而也没白紧张,他们听到了这样的话,说得很直率,就像顿河一带人们常说的那样:

"领导同志们!你们这些因循守旧的人,你们中许多人做一天和尚撞一天钟,不去看看未来,不去规划自己的经济以适应未来的任务。你们习惯了照老规矩办事,播种小麦,马马虎虎地让牲口过冬,但不去想发展其他有收入的行业。可是,要明白,你不是只靠面包吃饱的。没有时间……"

对待这样的谈话可并非容易,周围所有人早就不管怎么说也都是自己人,同一些人,他不是一年坐在一起开过会;同另一些人又都是干亲家;同第三部分人,都去打过猎或在一起瞎聊过;同第四部分人曾坐下来谈过话——突然,他又要适合自己作家的职业,他依靠这一职业,就像依靠自己的选民一样,玛丽娅·彼得罗夫娜对选民就很友善……如果说到评价的原则性和公开性,他在自己人中间很难成为自己人。

从英国带回铁砧

肖洛霍夫给自己安排了多轨道的生活,从顿河岸边——奔向了泰晤士的路,作家被邀请到英国。许许多多离奇古怪的东西伴随着他的行程,人们带他到了女王湖。这位狂热的钓鱼迷眼睛一下子就亮了,可是,哎,遗憾,原来没有渔具。这里的习惯他感到惊讶:在这里,上流社会钓鱼俱乐部成员也钓鱼,但这只是一种运动,而不是连煮带烤地寻开心。他们把钓上的鱼还放回去,只是把最大的一条交给评判员——突然把它"拖来"作奖品,再把鱼放回水里。"噢,"肖洛霍夫嘟囔着,"这种英国式的钓鱼哲学太有趣了……"也许,他想起了为拯救顿河所作的努力。

他对两岸的评价是:"优美的地方! 主要的是,到处都有人照料,既没有烟尘,也没有发臭的工业废料。"

在一座小城,他要进工具店,走了一圈柜台就突然站住了——盯住了铁匠用的铁砧,想不到他却说:"我想买!"他又站了站,又挑选了令人百思不得其解的铁匠用的铁钳子和三把外形特殊的铁锤。大家都惊讶地看着他,商店的老板也很兴奋——这作家真有意思! 他解释说:"不是给我买的,这是送给我们维约申斯克铁匠的礼物……"

在伯明翰,他走遍了老街和广场,进了艺术博物馆,到了圣菲利普大教堂——他对巴洛克雕塑很感兴趣——因而也十分疲劳,后来,又拜谒了公民纪念碑——那里安葬了两次世界大战的死者。

不过,他不是为了旅游才被邀请的,英国最老的圣安德留斯大学授予了肖洛霍夫名誉法学博士学位,其措词为:"授予杰出的艺术和生活真实的专家,苏维埃时代伟大的编年史家。"

传统的仪式一丝不苟,人们把客人庄重地带入大厅,并安排在豪华的椅子上。周围是穿着红色学位服的大学生,大学校长也穿着这种服装,但却有金黄色的绦带,工作人员穿着鲜艳的坎肩,端着圣物——古代的权杖和圆锤。

然后就听到了肖洛霍夫的名字,他站了起来,跪在讲台前,站起身后——给他穿上了博士服,按照习惯,没有讲话。这位客人很激动,有人发现,他穿着博士服,身体在里面直动弹,想在上衣兜里找那盒白海牌香烟。还好,他镇静了下来,镇静的时间不长也就应付过去了。

然后,在讲话时举行了酒宴。有个出版商想博得大家喜欢——找到了这样的话题:"葛利高里和阿克西妮娅的爱情题材给我留下了非常深刻的印象,这种爱情完全可以同莎士比亚的伟大悲剧《罗密欧和朱丽叶》相媲美。"

世界知名作家查理斯·斯诺先生也刚刚获得了荣誉博士学位,为了祝贺肖洛霍夫他也讲了话,这位古板的英国人开玩笑说:"也许,这还不像是诺贝尔奖那样的荣誉等级,不过,我坚信,这是通向诺贝尔奖道路重要的一步。"真是绝好的玩笑。

斯诺和他那同样也是作家的妻子,使肖洛霍夫心里很喜欢,他没加任何考虑就邀请他们到维约申斯克镇做客。而他们也没有拒绝。第二年,他们就来了,很高兴,1964年他们又来了一次,而这一次已经完全是随着自己的意思了——他们还带来了儿子和女儿。玛丽娅·彼得罗夫娜还记得这位英国人的妻子所说的话和自己的丈夫提出的问题——完全是肯定的:"我喜欢你们家的小花园和你们那多汁的苹果,我要带走时,还要再加上那种托尔斯泰苹果,那是我从雅斯纳雅·波良纳带来的。"

"在这里,在静静的顿河边,你们已经相信了,共产党人肖洛霍夫和他的朋友们不是那么可怕吧?"

他们谈着、谈着……作家们怎么能不谈呢?可是,玛丽娅·彼得罗夫娜还要努力做到使留下来的记忆并不只是谈话。餐桌多么丰盛啊!按照哥萨克方式做的俄罗斯大虾和照她的办法做的焖肉,俄罗斯的鱼子酱和乌克兰的香肠——带蒜的那种,顿河打来的鲟鱼,自家种的西红柿,从邻居家摘来的马林果以及新鲜的——不是买来的——鲜奶油,哎呀,这肖洛霍夫一家人多热情!

秋天,肖洛霍夫到了莫斯科,以便结识他所喜欢的青年近卫军出版社新的领导人。

我们社长尤里·梅连季耶夫想要把这次肖洛霍夫的来访变成社里有意义的一件大事,他立即请示了共青团中央,为肖洛霍夫准备好当时的一项共青团的最高奖励——"为共青团积极工作"勋章,理由很好——出版社已临近建社四十周年纪念。中央也知道,肖洛霍夫没有忘记自己进入文坛正是借助于共青团刊物的帮助。

肖洛霍夫审慎地接受了对自己的褒奖,没有任何当时流行的高谈阔论的答谢,从那天开始,我就相信了,他多么不喜欢交谈中的垃圾。言谈咨啬又拘谨,没有任何滔滔不绝的雄辩,也许他的大部分笔杆子朋友都特别喜欢口若悬河。

共青团出版社那一年的纪念活动留在记忆里的不仅是我们同他的合影,他被邀请到莫斯科的那一天正是我们出版社的成立纪念日。可是,哎,他又告诉说,不来了,打来了电报:"非常遗憾,工作阻止了我去参加你们的节日。对于教育我国青年,你们开创了具有重大意义的事业,为此我作为老一代的作家和读者，深深地爱着你们，高度地称赞你们，诚挚地尊敬你们。请接受我对你们中每一个人的良好祝愿，祝你们生活幸福，工作取得更大成就。你们干瘦变老的青年近卫军战士米哈伊尔·肖洛霍夫。"

他爱我们出版社。有一次，见面后他就在尊贵客人的留言簿上写下了这样无拘无束的热情话语，简直一点儿也不是装点门面："在青年近卫军这里我总是非常愉快！甚至好像自己也变年轻了。米·肖洛霍夫。"大家还都记得，当时他手里拿起这本厚厚的书册，离开我们大家走到一个小圆桌去蘸墨水瓶里的墨水的情景。他是站着写的，但笔迹仍然清晰而漂亮。

从那一天起，多次会面也都过去了，这些会面就像回响一般留在了我的写作札记里，其中有些内容后来我在一些时候和情况下都使用过。

1963 年。在他的传记中欧洲作家笔会显得很重要。维约申斯克镇寄来了一个很大的信封，贴了外国邮票，这封信邀请他在 8 月 5 日光临列宁格勒的这次笔会。

他没有表现出特别的兴趣，已经准备拒绝前往。可是，人们告诉他，那里将讨论长篇小说是否有未来这一话题。

难道是这样？他记起了，欧洲许多权威人士曾预言——作为一种文学体裁的长篇小说已经消亡，因而应当促使某种"新小说"或者"反小说"的出现。

在会议召开前一天，人们在火车站上迎接了肖洛霍夫。

大厅里挤满了人，人们要求肖洛霍夫致开幕辞。

能这样吗？一般认为，要颂扬苏联文学的成就和宣传社会主义现实主义的优越性吗？

他拒绝了这个机会，他也没有受到讲述自己小说家经验的影响。可是，同仁和几十位新闻记者毕竟在期待着他，期待着这位经典长篇小说作者的真理的声音，他必须讲话：

"对于我个人来说，'成为不成为小说家'并不重要，因为，就像在农民面前不应当提出来这样的问题——播种还是不播种粮食……"

不论是盟友，还是政敌，都看出了这一执著思想的纯朴无华。

后来，大厅由于他思索的非同寻常的单刀直入而激动了起来——提出了彻底的争论话题。

"这一问题将只能够在这一层面上提出：'怎么样播种以及怎么样更好地丰收……'对于我这个长篇小说作家也正是这样，可以提出这样的问题：如何更好地写长篇小说，使它能真诚地为我们人民服务，为我们读者服务呢？"

意识到自己在文学中地位时的谦虚——这是他性格中的特点，在这一年里，他曾上书给党中央，要求中央制止某些出版社出版有关他的专著的意图。

1964 年。前往德意志民主共和国。在那里，他首先去农业合作社看一看。然后又到了德累斯顿，想拜谒歌德故居。

在歌德博物馆里，他突然提出了令人激动的问题："在战争期间所有的图书都保存完好吗？"也许，他想到了在法西斯飞机轰炸时，他自己在维约申斯克的手稿和藏书都焚毁了这件事？

他觉得，德国人很看重他，当他得知，在这个总的说来并不算大的国家里，他的著作出版总量达到百万之多时，他很惊讶。还有嘉奖——他成了农业合作社的名誉社员，政府又授予他各民族友谊之星的勋章。新闻记者兴致勃勃地同他交谈。年轻人的报纸，比如，发表了有这样标题的文章《我们时代伟大的史诗作者》。然而，在西德，却发现了这么一份报纸，它把战争年代里很自然流露出来的肖洛霍夫的情感的多面性塞进了阴险的浅陋的东西："从静静的顿河来的伟大的哥萨克仇恨德国人。"

他与德米特里·肖斯塔科维奇见了面，在罗斯托夫，这位作曲家好像是以客人身份来参加"顿河音乐之春"活动的。可是，不需要什么巧妙安排，人们重又宣传起他的歌剧《静静的顿河》，可这一次歌词是由尤里·卢金写的，而卢金是肖洛霍夫早已喜欢的人。保存下来一幅照片：肖洛霍夫同这位音乐家在交谈。

"由肖斯塔科维奇来谱写这样的歌剧，我认为是我的荣誉。"肖洛霍夫曾说过，"请您到维约申斯克来吧，带着夫人来，在这里才能感觉到顿河自然风光的全部魅力和哥萨克民歌的诗意……"

可是，一般来说，肖洛霍夫并不特别热衷于把自己的小说改编成乐曲，也许这是由于其他方面的影响。但不管怎么说，在这一次，流传说他们俩不知为什么争吵了起来，可我却无法证实确有其事。

……12 月,在回复一位文艺理论家的信中,定下了这一答复——好像顺便一提——为捍卫自己名字的荣誉,在未来战斗的地图上留下了重要的印刷符号,有人问过他顿河小说家和政论家费多尔·克留科夫,他在国内战争中同白军残部退却时因伤寒病而被抛下。

如今他的名字已很少有人提及。

只是经过了多年以后——1974 年——索尔仁尼琴和他的一个女伙伴梅德维杰娃—托马谢夫斯卡娅,开始让人们相信,肖洛霍夫就是从克留科夫那里偷走了《静静的顿河》的。

于是,出现了肖洛霍夫和克留科夫问题。肖洛霍夫在那封回信中,有两个重要的见证:"我不好意思,没读过克留科夫的作品……"

接着,他没有任何成见地,甚至非常自然地,明显没有嫉妒心而且带有十分肯定的语调说出:"事情并不坏——让广大读者了解了上世纪末至本世纪初的作家,自然,其中同样也包括克留科夫。"他补上了一句对自己的威望不必提心吊胆的话:"很遗憾,我们忘记了这些天才作家的名字……"

不知何故,剽窃话题固执的袒护者们,忘掉了肖洛霍夫本人的这些见证,并以此荒唐地反对科学的方法——使用了一切"赞成"和一切"反对"。

诺贝尔奖金

第　一　章

1965 :"不是为了出版"的生活

肖洛霍夫六十岁了！对于他个人来说,对于整个国家,对于世界舆论,也同样对于因其生日而惶惶不安的敌人来说,这是一个特殊的年代,这一年过多地充满了具有重大意义的事件。

日　常　生　活

维约申斯克,新年的头几天。

八点钟早饭,许多人就餐。儿子米哈伊尔同妻子瓦连金娜·伊斯玛伊洛夫娜和小玛丽娅同她的丈夫尤里·巴甫洛维奇都来做客,家里的主人心情极好:"谁起得早,上帝就恩赐谁,安娜已经让我喝过了冒热气的牛奶……"他特别喜欢坐在周围的这些人:米尼娅、比尼娅和里亚里娅。米尼娅——这是他妻子,早已不叫玛露霞—玛露辛诺克了,比尼娅——瞧,多么古怪的名字——这是小儿子米哈伊尔,而里亚里娅则是儿媳妇,同他们在一起,餐桌上还装点了第三代人的六枝花,三个(外)孙子和三个(外)孙女:三对三——幸福的平衡。

主人走下台阶,英国塞特猎狗和班特尔狗,他的漂亮朋友立即就跟了上来,摇摆着尾巴跑着,它们在狩猎时是信得过的,训练有素的。

吃午饭或者晚饭时,你瞧,玛丽娅·彼得罗夫娜的妹妹莉里娅同丈夫光临了,他们就住在隔壁。

厨房里安娜·安东诺夫娜施魔法般地准备着一切,她已在这个家庭里工作了三十来年,长辈们干脆都叫她妞霞和安纽塔。

中午,邮差带来了一大包用皮带捆着的邮件来敲门,送来了二十种报纸和杂志,还有信件——每天差不多都是几十封。肖洛霍夫看了这一大堆信就发了愁:"既没有精力,也没有时间都回信。"但是,他毕竟都读了,而且口授给秘书写回信,有时自己也执笔。给他指派来的秘书像代表一样,他们更换了不止一次(其中一个叫安德列·季莫夫诺夫——从1965年断断续续工作了七年多——向他致意!他出版过一本有趣的著作《生活中的肖洛霍夫——一个秘书的日记》,可是,如果他把手稿给肖洛霍夫的孩子们看过,我还能把这本书再充实些)。

供做夜间休息的房间很简朴,但却有作家使用的独特之处。这里不仅放有两张床,靠墙边还有一个三开的大衣柜,其中存放着玛丽娅·彼得罗夫娜的全部衣服,还挂着丈夫的服装及其喜欢的马裤。两张床中间安放着一张不大的古老的写字台,桌旁立着一个木制的存放书籍和书稿的有栏杆的架子。

还有一个房间,好像是猎人屋:挂着猎枪,桌子上放着子弹壳、子弹和填药塞……

他给诗人维克多·博科夫寄去了明信片,他很喜欢他,他写的是真正的民间的诗,甚至是供三弦琴手演奏的歌。他得知,诗人在极力隐瞒着——由于遭到诽谤在劳改营里呆过多年。他向诗人写道:"亲爱的维克多:(这意味着胜利者维克多)祝贺你在新的一年里顺利和成功……"

他翻阅了一本小书的手稿,一家地方出版社的工作人员想在肖洛霍夫过生日时把书发表。原来罗斯托夫大学马拉特·梅津采夫把自己的手稿带来了,并说明了这一手稿的用处。肖洛霍夫既不支持出版社,也不支持作者,因为,他不喜欢过生日的习俗。凑巧的是,正是这位学者在肖洛霍夫过世后变成了坏透了顶的反肖派,不错,据说,他在临死前也忏悔了。

……他接待了一些徒步来访的人,他们请他找一下莫斯科的当权者,以帮助区里安装电视。他明白,如果现在就答应,斡旋拖延下去,这就又要使他放弃文学创作,可是,他还是同意了,一年半以后,那些人对他表示了谢意——电视有了。

……从东京传来了好消息,一个民间艺术剧团不久将首次上演《被开垦的处女地》,几年后他得知,由于开场顺利,以后更好,演出超过了三百场,还不仅仅在首都。

有时,白天他去自己的"代表"办公室,这是区执行委员会拨给他用的房间,他接待选民,接待那些还不知道要被挤回家去的人。这些抱怨者——维约申斯克人,男男女女的哥萨克,是从附近或遥远的村子里来的——他们认为最合适的时间是凌晨。

通常在清晨四点他自己就起了床,在自己家二楼的写作间开始了"工作"。

早饭不听收音机是不行的——他用着一台老式的真空管收音机,收音机旁就是一个虽是旧式的但却舒适的沙发。

这所带有小院子的房子,收拾得并不很好:篱笆墙已开始坏了,但是铁丝绑过后还能对付用,而且不是马上就能看清楚铺了沥青的通向台阶的小路。但是家中的六个房间都很暖和并收拾得整齐,若不是玛丽娅·彼得罗夫娜管理有方,那就试试瞧吧!

归肖洛霍夫管理的只是镇子里这个大家庭所需要的一切和并不忙乱的生活,在这个小花园里,有可供人住的房子、冰窖、干草棚、汽车库和澡堂共五处设施。

学生放假时,他把自己区里的学校校长们邀请到家里来做客,他知道,这些校长们的生活中充满了忧虑不安。他责备说:"为什么不开口啊——难道一切都好?"有个人做了辩解:"我们不想惹您烦。"他说:"这是我作为代表的责任。"话就从这句开始了。他们说,需要再建一所学校,说了没有教学法教研室的设备,说了应当有辆接送学生的大汽车,也说了要让孩子们在学校附近的田园里参加劳动,没有轻型拖拉机不行……于是,他就帮了忙……

从去年夏天开始——他就等着——准备接待从列宁格勒来的客人——基洛夫大型机械工厂的代表团,这个工厂还是革命前的厂名:普梯洛夫工厂。记忆中清楚地想到了,三分之一世纪前在《被开垦的处女地》中出现过的达维多夫,他就是普梯洛夫工厂的钳工,就这样,2月份的最后一周,工人代表团来了。他们走访了集体农庄,在俱乐部里讲了话,同作家又进行了交谈。有位客人很走运——他得到了一份作家颇为滑稽的亲笔题辞,明显地希望继续他们之间,即作家和工人之间私人的对话:"维约申斯克镇的英勇的哥萨克萨维奇,我提醒您,维约申斯克镇仍然存在,并且等您来钓鱼和吃阿仁诺夫的西瓜。"客人们支持主人的想法——要完成"企业史"全苏书籍系列的写作,而且普梯洛夫工厂史应作为开篇。对此,肖洛霍夫甚至在《真理报》上发表了文章,其中有这样的文字:"非常需要讴歌工人阶级的荣誉和劳动的忘我精神的书籍。"

2月8日——是亲爱的那一半的生日,玛丽娅·彼得罗夫娜接受了他的鲜花:一篮子!镇里哪儿有这种只在电影里才能看到的东西呢?看来,他让朋友从罗斯托夫就把礼物准备好了,当他说出来祝贺的话语,激动地分享了妻子哺育孩子的辛劳。突然给他也送来了礼物——他迎来了苏联建军节,有一位乌克兰的老战士寄来了《他们为祖国而战》1943年的小册子,他非常感动,马上坐下来写信表示感谢。

3月,肖洛霍夫去了莫斯科。人们要求他为俄罗斯作家第二次代表大会揭幕,与此同时,他还要离开代表大会一个半小时,去一趟青年近卫军出版社,也同样是在这几天里,他又会见了一些边防部队的军官。在这里,当大家向他提出问题停止了一刻时,他不好意思地说了句笑话,让大家又热闹了起来:"有一回我同马雅可夫斯基一起会见读者,开始时谁也不向他提出问题。这时,突然有一个孩子走过来,马雅可夫斯基高兴了:'你们看,连小孩子都有问题!'那个孩子就问:'叔叔,演电影吗?'"

紧接着,这一年最初几个月,事情忙得不可开交,大的事情——国家的,小的事情——区里的。他参加了全区共产党员先进分子的会议;在"静静的顿河"集体农庄党的会议上讲了话;肖洛霍夫走访了以他的名字命名的集体农庄第一生产队的文化站;祝贺文学出版社建社的纪念日;从乌拉尔请来了知名的集体农庄农艺师——科学院士捷连季·马尔采夫到区里,他说,让他来教教我们;在公开演讲的场合,他号召国内青年们要把军人纪念碑和坟墓管起来;他给作家协会发了信——他感到吃惊:作协不想派他去南斯拉夫,虽然那里的作家们邀请了他,但他还是请那里当时著名的塞尔维亚作家把他的书寄来;他阅读了退役将军亚历山大·戈尔巴托伊写的持不同政见的禁书,此人是经过古拉格群岛生活后被放回来的(有人问肖洛霍夫:"这本书好吗?"他回答:"问题不在于好,而是很可怕。难怪国外都抓住了这本书。");在某一家报纸上,他谈到了一篇对待大自然持残忍态度的文章,他愤怒了:"难道这也准许? 野蛮行为!"有几天他去了芬兰——他喜欢这个国家,这一次,他在那里结识了当时极受欢迎的作家马丁·拉尔尼;他还同顿河国民教育工作者代表团成员进行了交谈;在维约申斯克少先队之家,他接见了各州农村青年代表团——谈话主题是这样的号召:"大地需要青年人手";他没有拒绝一个哥萨克女人巴德让·扎伊肯诺娃要求见面的请求——她到过自己那个当过飞行员的儿子的墓地,他是在保卫卡尔金镇的战斗中被法西斯分子打死的;他对全世界拥护和平大会表示了祝贺;他知道了,在阿拉木图有一位雕塑家塞兰扎布·巴尔丹诺,他在挖掘主题和情节方面独具一格且有天赋,按民族是布里亚特人,如今却没有住处,躲在地下室锅炉里过着穷日子,肖洛霍夫为他多方奔走,于是使这个多年受迫害的人得到了幸福,这位雕塑家赞不绝口地亲自向我讲了这件事,他还讲到了,玛丽娅·彼得罗夫娜也给他寄过信。

还有一件事,就是他与州党委第一书记谈到了,应当培养的不是"土地的主人",而是"土地上的主人"。

对于镇里来说,还有一件大事。肖洛霍夫答应了达格斯坦地方来信的要求,接见了学生和女教师共四十二人的大型代表团,他们有阿瓦尔人、列兹金人、库梅克人、达尔金人和拉克人……这次会面时,他一下子就打断了庄严祝贺的仪式:"请让我们的谈话不要有序言吧!"在交谈中也同样有这样的警示:"我国的思想家们想在你们中间,年轻人,散播不信任、怀疑和漠视的种子……而为了祖国的未来和先辈们所取得的一切,你们必须做出回答。"还有送别的话:"这所学校并不依赖于它是马哈奇卡林斯克的,还是佩先卡科普斯克的,维约申斯克的或是其他别的什么地方的,教育青年必须是全面的:这里既要有电影、文学、戏剧,当然,也要有,主要的——这就是学习。我们这么大的国家要求勤勉好学的、热爱劳动的、聪明智慧的主人……"

在自己生日的前夜,他在想什么呢?他向维约申斯克共青团员们说:"我的计划就是——我想写完长篇小说《他们为祖国而战》,此后,我想在戏剧创作方面试试自己的能力。"多少年来,他心中一直积聚着写剧本的愿望……

一点儿也不去追求名声,顺便说一下,对于还没赚来的稿费,他说:"那些想把长篇小说《他们为祖国而战》改写成剧本的剧团,照我看来,他们过于匆忙,因为要把一部还没完成的作品改成戏剧创作中某种统一的、完整的东西是很难的。"

生日前的生活画面再描上两笔——给博古恰尔村的自愿参加者们发出一封信,不让他们在自己曾读过书的学校建立纪念室,但这并不意味着自己否认了曾在那里度过童年时代——他答应找时间要去一趟。

生活已经饱和!

5月,他得到了匈牙利国家领导人个人邀请,经自己的党中央批准,前往匈牙利,但讲好了的条件是,与他同行的有维约申斯克集体农庄庄员代表团和区党委书记。他向他们提出应当去看看,可能还需要去效法那里的匈牙利农民。他们乘飞机到了匈牙利。顿河人对一方面感兴趣;匈牙利人则是对另一方面感兴趣,对于匈牙利人来说,重要的是作家肖洛霍夫,因此为他制订了特殊的日程:讲演、讲演。有一家报社从他那里探听到了与众不同的采访内容,而且把它配发了妙趣横生的副标题:"有这样的歌剧,初次上演他居然逃之夭夭……"就是这种记者惯用的手法,让他在交谈中提到了歌剧《静静的顿河》:"当我听这部歌剧时,立即就说:歌剧中没有任何一点儿哥萨克民歌的情调。捷尔仁斯基回答说:也许,普希金也同样不满意柴可夫斯基的歌剧。我就对他说:这不错,不过,您不是柴可夫斯基,而我也不是普希金。"

从布达佩斯飞回,飞机刚在莫斯科着陆,就告诉了他新闻:不要离开——根据党中央指示,你的六十岁生日将在首都庆祝。

他留了下来,生日那天授予他最高奖赏——列宁勋章,最高苏维埃主席团主席授的奖。晚上,在联盟宫的圆柱大厅——祝贺讲话和音乐会,音乐会是为了几乎上千位肖洛霍夫的崇拜者在党中央高官代表在场时举行的。赠送给了他一份《消息报》，从报上文章他得知，他的著作仅俄文版——这个数字让人眼花缭乱——共发行三千七百三十三万五千册，而其他七十三种语言的也超过了三百万册。

当他回到维约申斯克时，乡亲们在自己的文化宫也为他祝贺生日，他精神振奋地说："至于说到我的创作，我直说吧——是干燥的火药桶，有火药，哥萨克人的勇敢是忠诚的，所有在创作计划中构思的东西都将完成……"

关于自己尚未治愈的毛病——刚刚开始的多尿症和战争中震伤带来的后果——没有任何暗示。可是，还是表现出了某种忧伤。当亲人和朋友们还留在席宴上时，他就说："朋友们，关于我，已经说够了。六十岁——这话听起来就不那么可爱了，如果是二十岁……"

然而，毕竟他还同过去一样地生活着。

[增补]在上面提及的那次同边防军人的会面时，在广泛的交谈中他明显地提出了四个想法（很遗憾，都被忘掉了，只是在 1986 年 6 月 25 日的《文学报》上有一次出现过）：

"没有生活知识……作家被称为是老师，社会的良知，可是，如果有个风吹草动他就摇摇晃晃，如果他是从他住宅的小窗口去观察，他怎么能成为这样的人呢？你们记得吗，高尔基是徒步走遍俄罗斯的，重病在身的契诃夫去过萨哈林，顺便说一下，他没有坐飞机。可我们如今不少'伟大的旅行者'就在小花园圈子里……

现在许多人都在谈论着，并且也写文章论述年轻人的诗歌创作，很遗憾，他们中有的人严重地被时尚所害。可是，真正的诗人——不是那些被时尚所迷惑的，像茨冈人那样。诗歌创作——不是类似摇摆舞那种舞蹈。不同体裁的文学作品中主要的东西是明确的思想立场和艺术上的完美。"

他还告诫说："评论界无情地抽打他们，可我想，对于创作上的错误，不应当把他们打得脱骱了，而应当教育，首先要用责任感的崇高榜样来教育，而一旦给他们贴上了标签——好像他们变成了受难者，连今天的女学生也要像婆娘一样地可怜他们了。"

"奖金吗？尺度应当是最高的，否则我们就看不起奖金了。总的说来，我们，作家们，应当靠创作闪光，而不是靠奖章。"

瑞典的最初闪光

斯德哥尔摩——诺贝尔奖委员会寻常的日子：筹备获奖主要竞争者名单：已筛选出八十九人。

现在留作终审的是米哈伊尔·肖洛霍夫，根据报刊报道，最重要的红人是五十六岁的危地马拉的米格尔·安何尔·阿斯图里阿斯，而且，还有，据说著名的抒情散文作家康斯坦丁·巴乌斯托夫斯基也在名单中，他多年来已经平静地生活在卡卢加省塔鲁萨德自己家中，但在文艺界分明地否定党的路线。不少委员的发言有利于住在美国的英国诗人奥登、以色列散文作家阿格诺和西德女诗人涅丽·扎克斯，竞争对手何其多！

莫斯科。1965 年 7 月 30 日，肖洛霍夫写信给列·伊·勃列日涅夫，一年前，他把赫鲁晓夫从所有岗位上撤下来，取而代之。信写得很谨慎又谦虚，更相信党的纪律是必要的：

"不久前，诺贝尔委员会副主席莅临莫斯科，在作家协会的谈话中他让大家明白，看来，今年诺贝尔委员会将授予我候选人资格。

在让·波尔·萨特（去年）拒绝接受诺贝尔奖后，他推脱说，诺贝尔委员会的评价不够客观，而且这个委员会，特别是，早就应当授予肖洛霍夫诺贝尔奖了，所以副主席的莅临不应估计为无非是一个试探。

无论如何我想知道，如果这一奖金（违背瑞典委员会的阶级信念）授予了我，作为苏共中央主席团将如何对待此事以及我的中央委员会对我有何忠告？

奖金一般是在 10 月授予，可是，在此之前，我想知道你们对所提问题的态度。

8 月末我要去哈萨克斯坦二至三个月，启程前能有消息我将非常高兴。"

勃列日涅夫征求了文化部的意见。部长没有拖延："诺贝尔文学奖授予米·亚·肖洛霍夫同志乃是从诺尔贝委员会方面公正地承认了伟大的苏联作家创作的世界意义。据此，如果他们授奖，我部看不出拒绝这一奖金的理由。"

不论是勃列日涅夫、政治局委员,还是党中央的书记们,都同意了这一理由。

斯德哥尔摩。委员会的领导者们已经读过了《静静的顿河》,但是,责备求全的大会将发表何种意见呢?需要等待,看何时召集所有委员。

维约申斯克。7月到8月,肖洛霍夫的负荷既各种各样,又异常繁重。

这里只看看文学上关注的心血和文学兴趣的范围。他已读完了近二十份手稿,那些作者都期待着进入文坛前他的赞许的话语。读后他又要委托秘书尽可能地评论一下优秀作品并要关切地解释:"大有希望的年轻人都敏感……评论的尖刻话语会使那些抱着希望的人感到前途暗淡。"在同自己家里人提起弗拉基米尔·达里的《现行大俄罗斯语言详解辞典》时,他说:"这样的辞典,每个家庭都应当有……"于是马上他又批评:"如今大白天打着灯笼你也找不到它,他们舍不得纸。"他还给妻子和女儿朗诵了约翰·斯坦贝克的小说《同查理寻找美国的历程》的片段。他收到了来拜访的翻译家贝尔斯的译著手稿——贝尔斯抱怨说,科尔内伊·伊万诺维奇·楚科夫斯基阻止他的译著出版。肖洛霍夫打算给莫斯科的作家协会写信。

暂时口头上谈出了自己的疑惑:"当然啦,不论韵脚还是英语意象转移为俄语意象都过分了,然而,楚科夫斯基的作法也不对,给青年翻译家毁了……"他告诉那个想把肖洛霍夫拍成新闻纪录片的人——要放弃用甜言蜜语撰写赞美主人公的想法:"应当表现,我曾同主人公们在一起的生活,感受到他们感到最困难的东西。"

斯德哥尔摩。诺贝尔奖金命运的主宰们当然选定了最受之无愧的胜利者。后来,当向全世界袒露自己情感的时刻来到时,并不羞于使用最激动人心的话语。

"《静静的顿河》是肖洛霍夫创作的伟大胜利,真理的胜利……而这一真理已远远地渗透到他祖国的天南海北以外……这是《战争与和平》之后最伟大的历史长篇小说。"这是委员会秘书的评价。

"雄浑有力的一部作品……当然,授予他奖金已经迟了,不过幸运的是还不太迟,当代最伟大的一位作家的名字填入了获奖者名单……"这是委员会主席的话。

……布拉坦诺夫沟,乌拉尔河畔。9月的第一个周末,肖洛霍夫夫妇乘自家汽车来到这里,克服了一千多公里旅途的辛劳,幻想着钓鱼、打猎和自由自在地从事写作。

维约申斯克:10 月 14 日那天,在主人离开的住房里,冬天来临之前,剩下的家中人照常地在忙碌着。他们收拾小花园,把葡萄枝蔓包扎好,暖气的锅炉也检查了一遍,水管要修理一下,篱笆墙也加固了……

有人来敲篱笆墙的门:一个外国人来找肖洛霍夫,他是瑞典的一位记者,当他从秘书那里得知,作家并不在家,有什么问题也是一样,他一时不知所措。他解释说:"我受委托来进行采访,因为明天中午将宣布诺贝尔奖授予肖洛霍夫先生……"

第二天,还是这位记者打来了电话:"诺贝尔奖金获得者米哈伊尔·肖洛霍夫还没有回家吗?噢——噢——太可惜了,还没回来!那么请你转告他诺贝尔委员会的决定:'瑞典艺术科学院委员会鉴于米哈伊尔·亚历山大罗维奇·肖洛霍夫在其顿河史诗中再现了俄罗斯人民生活各历史阶段所体现出来的艺术力量和诚挚态度,授予他 1965 年诺贝尔奖金。'"

祝贺不得不安排在第二天。甚至还有这样的电报:"请你们到我们极北来打猎和钓鱼吧……"

有些人的就不想读了。鲍里斯·波列沃依也脱帽致敬——他忘掉了,恰恰是在十年前他要把肖洛霍夫钉到十字架上,因为他背叛了党的说教。还有一份凶狠的电报:"最终,他们给了您奖赏……尽管我绞尽脑汁,还是不能明白:因为什么,您没有时间写作,因为什么,您抛弃了写的东西。"贪财心理唤醒了一些人——开始打听能给多少钱。秘书后来计算过:类似这样的勒索"拖走"了一百二十五万卢布,而这比全部奖金的数量还大。

第 二 章
斯德哥尔摩,十二月

看上去好像只是这样,授予世界上最高的奖金,一切也不过如此简单:——决议——通过表决——授奖——宴会讲话以及带着幸福心境和竞争的荣誉各自回家。

领取奖金的路

　　布拉坦诺夫沟,10 月 15 日。肖洛霍夫醒得很早——凌晨就开始写自己的军事长篇小说。他写下了尼古拉·斯特列尔卓夫的哥哥来找他的几行文字,他哥哥是位将军,这个人物的原型就是现实生活中一生多灾多难的卢金将军。

　　过了几个小时,他已精疲力尽,高兴地想到了要钓鱼去。他走出来叫几个志愿者到冰冷的空气中换换空气,到岸边或者小船上去冻一冻。

　　突然他看到远处有一辆带起了一股灰色尘沙的飞奔而来的汽车。当地有个人认出来了——来的是区委书记。这是怎么回事?那个人很快地来到屋前,激动地上气不接下气,告诉了诺贝尔委员会的消息。

　　肖洛霍夫穿了自己那套打猎、钓鱼的服装——棉袄和旧皮帽子,听取了皇家学院的决定。在区委书记的眼睛里,全世界著名的奖金获得者极像一个普通的农庄庄员。最早祝贺他的总共没几个人。

　　州委会派来了小飞机——飞吧,应当同莫斯科取得联系。同他们一起的还有电视转播师。肖洛霍夫已准备好启程,像去接受检阅:暖和的短上衣,灰色的、那件军官的马裤,鹿羔皮的帽子和牛皮鞋。

　　乌拉尔斯克。人们陪同肖洛霍夫走进州委第一书记的办公室,他打招呼,接受祝贺并拿起了钢笔——给诺贝尔委员会发去了电报。

　　同莫斯科联系上了——他要求莫斯科转告斯德哥尔摩,并口授:"衷心感谢对我的创作活动的高度评价并接受诺贝尔奖,也以同样的感激心情接受你们盛情邀请去斯德哥尔摩,参加诺贝尔的大典。米哈伊尔·肖洛霍夫。"

　　写完后,好像顺便地说了一句:"授奖晚了……大约二十五年……"从《真理报》报社利用政府的电话传来了主编的声音。肖洛霍夫好像在同他开玩笑:

　　"据说,你们不想采访我,可我在这里把别的人都拒绝了——首先,应是《真理报》。"

　　"我们并不知道,是不是接受奖金……"

　　"这已经决定下来了。"

538

"我们并不知道……如果您没有异议,尤里·卢金将乘飞机到你那里去……《真理报》非常需要采访诺贝尔奖金的获得者。"

"那就让他坐飞机来吧,到古里耶夫,大家在这里等他。"

这里为路上已疲惫不堪的客人准备好了茶点。大家的谈话都围绕着奖金一事,可肖洛霍夫却突然向办公室的主人,州委的头头,谈起了完全不同的意见:"我亲爱的科斯帕诺夫,我诚恳地请求你关注一下你们的卡梅什—萨马拉湖,狩猎者们破坏了那里往日的狩猎名声,不管是空气,还是土地,还是水,都破坏了……那里有你们一个猎渔点,照我看,这个点里配备的全部是贪婪的家伙。……他们从直升飞机上猎杀羚羊——你们的羚羊都跑到国境线以外了……请你同政府斡旋一下,在这一湖区开辟一个禁猎区……"

他想起了自己不久前到芬兰的旅行,补充说:"芬兰人的湖泊,因为有流动的水,湖水不结冻,野鸭在那里过冬,他们还喂野鸭子……"最后,他忧心忡忡地说:"难道我们不能学着照常情来对待大自然吗?!"

他在一大群记者的包围中走了出来,然而却执着地坚持着:"我最先说的话给《真理报》。"有一家报社的工作人员想要耍滑头:

"因为您,我的出差费用都泡汤了。"

"为什么泡汤了?"

"我没有采访成……"

"那这钱我拿,只是现在请别把我包围起来!"

肖洛霍夫在笑声中这样说。

尤里·卢金终于带着《真理报》授予的全权飞来了,他是肖洛霍夫多年的老朋友,三十年代末起就是肖洛霍夫作品的杰出编辑。口授采访开始了:

"不言而喻,我很满意授予我诺贝尔奖,但请正确地理解我:这并非是一个个人,一个专业作家因自己的劳动而得到最高国际评价的那种自我满足。这里更多的是,我在某种程度上为自己身在其中度过半生的祖国和党,还有为敬爱的苏维埃文学争得荣誉而产生的愉快心情。"

肖洛霍夫同《真理报》记者从乌拉尔斯克回到了自己那幽静的窝棚——要准备去莫斯科。最后一次打猎,于是把公鸭子扔到玛丽娅·彼得罗夫娜跟前:做一顿野味面条汤!

大铁锅正在咕嘟着,肖洛霍夫正为卢金按照海明威的狩猎日记写一篇开玩笑的模仿作:这位客人极其近视,他是什么射手也当不成的。

10月27日,在维约申斯克的家中电话响起了肖洛霍夫的声音——他告诉秘书:"昨天我已飞到了莫斯科,从布拉坦诺夫回来的我们家里人今天或者明天早上动身。野猪肉你吃了吗?再等一天吧……"而且,电话还没挂上:"请把屋子里烧上暖气……"

他停了一会儿,提出了一个令所有的人感到奇怪的问题,他不慕虚荣,却问:"中央委员会有人表示祝贺了吗,还是没有?"

没有——他听到了回答。中央委员会和部长会议的祝贺电报只是10月30日才到的。

过了两天,他回到了顿河。在到达米列罗沃车站时,他哎哟地叫了一声——多少欢呼的人们在迎接他呀。回到维约申斯克,在家中他对那一大堆祝贺信溜了一眼,这一天他没有整理这些信件。

他邀请了区党委书记。当他听完了祝贺后,带着苦涩的嘲讽说了一句:"迟来的新娘。"

人们请他去罗斯托夫参加新闻记者招待会。白白地浪费了时间——由于首都的新闻记者们没来,会议不开了,对于莫斯科的航线来说,这不是适于飞行的天气。

他坐飞机回来时,出事了——着陆前不长时间发动机"出了问题",一位可敬的乘客发现了问题,但他没让别人看出来。

午饭时有大家喜欢吃的苹果大馅饼,最后,他翻看着祝贺信,突然哈哈大笑起来:"在东德生活有一千八百万德国人,但是任何要求也没有。可他们之中有一个俄罗斯女人,她却要四百卢布。可笑归可笑,这是教育太差——不是因为贫穷才提出的要求。"

晚上,他坐了下来回复电报。

"衷心感谢格鲁吉亚葡萄园主人、葡萄酒厂酿造师们和萨姆托拉斯的工人们,感谢你们,我敬爱的朋友,感谢你们宝贵的礼物。你们的美酒融入了格鲁吉亚人民许多美好品格中的三种优秀品格:浓烈、柔美、坚毅。我向格鲁吉亚的大地致意。"这是写给格鲁吉亚农村报编辑的。

"请转呈瑞典皇家学院卡尔·里格纳尔·吉罗夫先生,感谢邀请我参加9日的早宴,并且能够在11日讲话。一切照办。"这是写给瑞典大使馆的。

11月中旬,瑞典的客人们匆匆赶来——一些新闻采访记者,第一批人很走运,主人带领他们去奥斯特洛夫岛上钓鱼,鱼钓得是否顺利,不得而知,但是没有一个人被冻坏,因为肖洛霍夫事先让他们做了热身运动——这没错。第二批人也还算运气——他们想方设法地迷惑主人,尽管他极不喜欢采访,还是回答了四十七个问题。经过十年之后,他回答的这些问题还是颇有趣味的:

"您怀疑过得奖的事吗?"

"没有。"

"您想到过钱的事吗?"

"重要的是好评,而不是钱。"

"你感觉自己是个老人吗?"

"太太们在场时我不说,我要说的就是'不',还年轻。"

"关于文学上的现代主义您想说什么呢?"

"文学应当进化更新。"

"西方文学家是否向俄罗斯人学习,或者相反?"

"托尔斯泰说,他曾向司汤达学习过。俄罗斯文学不是产生在虚空之中。普希金也是这样。相反,托尔斯泰和陀思妥耶夫斯基的创作也丰富了西方文学。"

"一部好小说应当具有哪些品格?"

"艺术魅力和忠诚,就像诺贝尔委员会决议所说的那样。"

"作家创作中主要的是什么?"

"智慧和劳动。"

"狩猎和钓鱼的美妙之处在哪里?"

"在于可以在大自然中休息,而思考还一直在继续着。"

"许多人认为,西方世界和东方世界会接近起来吗?"

"说实在的,这不是我知识的领域。"

"我们在期待着三十年代关于苏联的批判性的长篇小说。"

"谈别人很难,其他作家都有存稿。我却在写关于战争的长篇小说。"

"哪些是俄罗斯人的优秀品质?"

"这早已为世人所知,没什么再重复的了。"

"俄罗斯人同苏联人的区别在哪里?"

"没有区别。我是个国际主义者。"

"为什么您没成为抒情诗人?"

"看起来,我的才能就是这个方向的,我喜欢诗歌创作,但在这方面却一点儿没有天赋。"

"当你看到了自己的成就时,感觉如何?"

"当写得很容易时,我就放弃写作,因为这值得怀疑……"

还有一段采访录。在其中同样说到了作家过去没有提到的东西。唉,苏联读者没有读过这些:

"您同社会主义现实主义创作方法有联系吗?"

"对此是怎么想的,就请您读一读我写的东西。"

"在这部新小说中,您想揭示出什么题材?"

"也想写爱情。"

"全世界作家都应当有'圆桌',对此您是怎么想的呢?"

"'圆桌'的想法并没得到发展,'圆桌'——这就是经常定期的会面……"

看起来,忧伤的回答使他想起了党中央是如何呵斥过他,那是在1956年,通过《外国文学》杂志他谈到经常性的作家交往的想法。

"你是怎么看待索尔仁尼琴创作的?"

"不能把所有的回忆录或著作都列为艺术作品。"

受奖者准备收拾登程,他是个执拗的人,不想要求任何一点多余的东西。

钱是需要的。作家协会向党中央问过钱的事。在给维约申斯克打过电话后,书信里出现了一条小注:"不需要苏联作家协会拨付补助款,路费由肖洛霍夫同志支付。"

还需要燕尾服——没有它好像是不行的,肖洛霍夫知道这一点。看来,距登程总共还有一昼夜。作家协会给党中央发出了加注"特急"的便函:"鉴于肖洛霍夫同志在接受奖金时,按照现行的仪式,必须穿上特制的燕尾服,可是,在我们这种条件下,在剩下的时间里制成规定的燕尾服是不可能的,肖洛霍夫同志请求支付他到赫尔辛基市买燕尾服和他随同人员的行装共三千美金,随后从诺贝尔奖金中扣回……"

12月的第二天,肖洛霍夫一家人——玛丽娅·彼得罗夫娜和孩子们——出发了,经过赫尔辛基,到斯德哥尔摩,与他们同行的还有尤里·卢金和当时青年近卫军出版社社长尤里·梅连季耶夫,他们两个人是肖洛霍夫向党中央提出要求才同去的。

路上,肖洛霍夫得知了来自不同国家报刊的那些报道,从四种报刊按段念给他听了:

"很早就已十分清楚,肖洛霍夫应当获得奖金……皇家学院只是改正了自己的失误……"这是瑞典的声音。

"瑞典评委会的决议迟了二十年……"这是来自意大利的意见。

"最伟大的俄罗斯长篇小说……"这是英国的反应。

"理想的奖金获得者……"这是来自美国的反响。

他说:"称赞——这很好。可要是'狂吠'呢?"

大家不想让他生气,他坚持要听,于是,大家打开了厚纸夹,给他翻译。

"由于如此的成就,奖金应授予苏联共产党的书记……"这是瑞典的《每日新闻报》。

"如果瑞典的院士们提出了授予政治奖的任务,那么,他们的选择是理想的……"这是《华盛顿邮报》。

"可耻……肖洛霍夫——这是凶恶的苏联共产主义小说家……"这是《纽约论坛报》。

他做着解释,惋惜地说:"哼——哼,他们倒挺忙……"

12月的第三天,他们的飞机在赫尔辛基着陆。在这里,三天的时间主要忙着的是——租借燕尾服。

他试过了为自己"专门挑选"的新衣:

"嗬,像堂倌!"

"人家都是黑蝴蝶结,您的是白色的……"

玛丽娅·彼得罗夫娜和女儿们也同样,就像他们开玩笑说的"备好了服装",当她们从商店里出来,走到穿着豪华服装的肖洛霍夫面前时,步履雄壮威武,玛丽娅·彼得罗夫娜在他看来成了真正的女王:穿上了新装,漂亮而庄严。

后来,他们上了苏联大使派来的一辆不大的汽车,急速向港口小城阿勃驶去,他们久久不能忘怀,路上是如何唱着俄罗斯和哥萨克歌曲的。

后来,他们都上了"斯维亚伯爵号"轮船,伴着宁静的大海的海浪均匀地拍击船舷的声音,顺利地驶向世界知名的首都。

"即使对国王,哥萨克也不鞠躬"

12月7日,苏联大使、委员会的主席和一大批新闻记者在码头上迎接了肖洛霍夫。人们把他们带到了最好的宾馆——高级宾馆。已经是中午了——记者招待会正在进行。晚上,他突然给卡尔金镇口授了一份电报(为什么他又想起了这件事?):"百分之九十九可以相信,新校舍就会有了。其他——待我到地方上斡旋。握手。你们的肖洛霍夫。"

每天的活动都按分钟安排好了,第二天在日程表上有两项关键活动:早餐——皇家学院招待他,午餐是由出版商负责。这位出版商运气好——并不掩饰自己的喜悦:他连蹦带跳地急速向肖洛霍夫跑去,讨要他的一本小说,这可是一笔丰厚的利润。

何时才能艰难地从繁琐的礼节中抽出哪怕半个小时自由的时间——不管累还是不累——到漂亮的大街和广场上去逛一逛。各家商店的橱窗诱惑着他们——书店也是:在那里他们看到了肖洛霍夫的大型照片,还有刚刚出版的封面上有阿克西妮亚和葛利高里插图的书。

授奖仪式那天——12月10日。穿戴一新的肖洛霍夫同家里人被安排到了一辆豪华的轿车上……他们被带到斯德哥尔摩市自治局,后面——是苏联大使插了小旗儿的汽车……他们走进了大音乐厅——主要活动在这里举行……大使陪伴着……那些古板的贵族……肖洛霍夫在他们中间一点也不感到紧张,他还给许多人让了路:挺拔端庄,骄傲地昂起了头,高高的额头,鼻子略有隆起,那文质彬彬的一双手的白皙的手指由黑色燕尾服衬托着……上流社会珍惜的是别的——勋章和珠宝……肖洛霍夫一家人安排在荣耀的位置上……司仪走了过来,把获奖者们带走……

三点三十分——一点也不差——国王和达官随员们出现了,大厅里人们站了起来,皇家人员鞠躬,然后大家就座。停了片刻——国王拿出自己的讲话稿:在虔诚的静谧中读着。结束时乐队声起。

这是发给两队行进人员的信号。四个大学生戴着白色的社团帽子,肩上披着瑞典国旗颜色的缎带,彬彬有礼地引领着七位胜利者——作家和学者。

大厅里的人们听着诺贝尔委员会主席的讲话,他介绍了每一位新的获奖者因何种成就而获此殊荣。

然后,这几位获奖者按次序走向国王,国王授予获奖证书和金质奖章。

每过十分钟,乐队就奏起芬兰人西贝柳斯或奥地利人莫扎特的音乐。

瑞典皇家学院诺贝尔委员会主席提到了肖洛霍夫的名字。

现在,轮到他前行——在一片掌声中——走向国王。

庄重的仪式开始前,他就知道了严格的礼仪程序。必须向国王陛下鞠躬。(第二天早晨,在苏联大使馆,人们向肖洛霍夫读了美国一家通讯社美联社的报道:

"哥萨克人不鞠躬,他们任何时候,即使面对国王也不鞠躬……""有这回事吗?"有一次,我问过肖洛霍夫,他用俏皮的玩笑回答:"没那么回事,我鞠躬了,鞠了!我没有必要破坏礼仪,这种事我从来也没想过。也许,我简直没有其他办法。国王的身材高出我一头,可以向他鞠躬……可我怎么办?我不方便,我必须抬起头——应当让他看得见,可后来就低下了头。")

国王隆重地履行着自己的职责:授予奖章和证书,并且握手,大厅里的人站了起来,又响起了一阵阵掌声。

晚上,那个自治局的全体人员在金色大厅举行欢迎晚宴:八百五十位客人。君主再一次讲话,也再一次祝贺每一位奖金获得者。委员会秘书的讲话"说到了"肖洛霍夫(有趣的是,作为一个古板的瑞典人并不乏俏皮话):"肖洛霍夫先生,当诺贝尔奖金授予您时,据莫斯科报纸报道,您正在乌拉尔打猎,恰恰是在这一天获奖者一枪打死了两只野鸭……然而,我们如果称赞您今天在本年度诺贝尔获奖者中是个超级命中率的射手,那么,这是因为关于如此准确命中的对话与您的创作有关……"

恐怕玛丽娅·彼得罗夫娜这时想起了在扎尔德尔库里湖上那最后一次的射击,那顿美味的面条汤,当然,他们打的不是天鹅,而是一只公野鸭。噢,可以啦——说起那些美妙的话语,任何人也取代不了猎手的小故事。

谈话继续进行。发言的人注意到,肖洛霍夫是怎样地把"巨大的规模"和"情节与人物的强大洪流"与"对每一细节的尖锐目光"结合到了一起,后来总结出,的确如此,拘谨的大厅活跃了起来:"把两种可能性结合起来是天才的标志,您的天才的标志。这是如此地不多见,就像瞄准线上的两只鸟。您一枪把两只鸟都打了下来……"

结束时是如此优雅、别致:"您的艺术超越了所有界限,我们怀着深深的感激之情把它接受到我们心里。"

肖洛霍夫戴上了细边眼镜,致答谢辞。对于所有获奖者来说,诺贝尔授奖仪式上的讲话都是必须的——用了八分钟。

然后,所有人都被请去用餐。肖洛霍夫一行不知为什么感到非常激动。大厅里走进来戴了高高帽子的十五位厨师,端着香气扑鼻的美味食品行进在桌子中间,晚餐名副其实地具有皇家风味……

晚上,拜谒诺贝尔宫,诺贝尔基金会就在这里。授予获奖者二十八万二千克朗的支票,这笔钱,正像大使馆里明白人计算的那样,相当于五万四千美元。

然后,王宫里举行了午宴。餐桌布置在具有诗意般名字"白海"的大厅里。

紧张的日程安排还在继续。第二天就交给了"瑞典—苏联"友好协会安排:参观展览,获奖者讲话,一些心情激动的活跃分子讲话,大家请求肖洛霍夫祝贺在竞赛中的两位女获胜者,并给予她们到莫斯科去旅游的许可证。

肖洛霍夫在这里也受到了敬重——为了迎接他,所有大厅里都充满了歌声,伴随着斯杰潘·拉辛之歌的旋律,人们唱起了《草原之子》,唱起了关于他的"杰出的著作"——小说的名字是押了韵的——也唱起了他们国家"从纳粹手中解放了世界"。结束时,每一张餐桌上烛光闪闪,合唱队向肖洛霍夫表示祝贺。这怎能不让人激动呢!

新的一天,早晨起来他就要登程去乌普萨尔小城。这里的大学以其斯拉夫学系而小有名气。八百位大学生和教授聚集在一起。他们刚刚做了介绍,他就提出:

"我想,采用问答的形式——这是最生动活泼的形式,我也没有可能给你们读讲稿,而且我认为,即使不用我讲,你们也都足以是学者了。"

爆发出一阵笑声——笑声使讲堂暖和了起来。他也说明了,他并不惧怕凶猛的大学生恶作剧的突然袭击,也说了,他准备好了即兴发言,甚至把卢金也拖来作答。

开始了。他直言不讳地谈到了,在《静静的顿河》中使用过邓尼金、克拉斯诺夫和卢克姆斯基诸将军写的回忆录和档案。写一部具有如此广阔历史画面的长篇小说不这样怎么能行。他同样公开地承认,必须修改某种——"闹出笑话的"——即那艘军舰舰名的实际上的错误。接着他又让人们窥视到了他创作活动的内心隐秘。比如,人们问他《一个人的遭遇》的生活基础:

"在现实生活中有这么一个人和那个小男孩吗?"

回答得认真:

"在托尔斯泰那个时代,保尔康斯卡娅公爵夫人曾给列夫·尼古拉耶维奇·托尔斯泰写过信,并且问他,谁是保尔康斯基公爵的原型,托尔斯泰回答她时说,他不是照相师,他没有必要遵循记录式的真实,他是自由的艺术家,而且他是随意而行的,他拿来某一种原型,就能按着自己的裁夺形成人物。大概,这些可以回答这个问题。我曾经遇到过一个带着小男孩的流浪者,他的生活经历几乎完全像索科洛夫的经历。"

他可以就此结束自己的谈话,可是突然又老实地说:"我倒想测试自己——我是不是学会了写短篇小说呢?……"

还有这样一些问题,让他生气(当然,没让人看出来):苏联作家可以批评苏联制度吗?作家协会是否是苏共集体成员呢?在苏联能出版色情作品吗?……

……从顿河畔来的诺贝尔奖获得者意外地看到了多神教戏剧演出,人们要求他参加光明女皇——留西妮的选举。他们告诉他:在瑞典,和某些其他国家一样,还保存着古代流传下来的风俗。在阴霾的严冬日子里,人们敬重能带来光明的东西,每一座城市,小镇和村落,人们唱着歌,开着玩笑,手持咖啡杯选举自己最光彩夺目的女皇。现在,人们就请求他——最尊贵的客人给选出来的女皇留西娅加冕。

人们带领他到了市自治局,参加者们都给他开路。意大利民歌《圣—留西娅》的歌声响起。突然灯光熄灭,然后,当灯光再次燃起,伴随着雄壮的乐曲声,在俄罗斯客人面前出现了一位渔夫的迷人的女儿,全身是白色的衣裙,扎着红色的腰带——女皇,如果,不错,就是最高贵的客人想要见到的女皇,他手持鲜红的天鹅绒的王室坐垫——秉着蜡烛——给留西娅加了冕。她已准备好去接见俄罗斯的大人阁下,当她用俄语的亲切语调说出"我十分高兴并感谢您的深情厚谊,谢谢!"时,肖洛霍夫深受感动。

他吻了女皇的面颊,整个大厅里人们兴高采烈。

……12月14日,肖洛霍夫一行告别了瑞典。

在莫斯科,他们停留了几天——等待政府的接见。在这里,常常显得拘谨的肖洛霍夫,以其非同寻常的幽默表演令所有人大吃一惊。当某位身材高大的官员走到他跟前表示祝贺时,他突然搬来一把椅子,站在上面,拥抱时两个人一样地高。

距新年还有一周,肖洛霍夫家全体人员回到了维约申斯克。于是会客就开始了。

在文化宫,在各村、镇的俱乐部开始放映当时极为流行的新闻纪录片《每日新闻》,其中报导了关于诺贝尔颁奖的盛况。维约申斯克人亲眼目睹了自己的肖洛霍夫和他的家庭获得了世界荣誉的光彩,却又惋惜他们的伟大的同乡和他的儿子们没有穿着燕尾服到维约申斯克大街上散步。

新的一年已说好肖洛霍夫不在家中迎接。区党委会的会议大厅的餐桌上摆满了具有真正顿河风味的丰盛佳肴,人们带着真诚的敬意举杯,并且按照古老的风俗习惯说:"洗一洗,洗一洗奖章!"——打心眼里宴请他,开心地唱着自己顿河的歌,剽悍的哥萨克舞蹈也进入了人群,人们热烈地与肖洛霍夫亲吻——一切都按哥萨克的方式。镇子里的人,尽管也有地位很高的,到了四、五点钟以后也都不大遵守这里区委会安排的各种礼仪,在许许多多次的"最后一杯酒"之后,凌晨才各自回家。当两脚踏上吱嘎作响的冰雪并呼吸到极纯净清脆的空气时,心里舒服极了。

对于获奖一事外国报刊的反响经过整理后不久即从莫斯科赶送来。秘书把从谢涅卡报刊摘下的译文摆在了一切之上——他为这异国新闻而惊讶:"他的主人公——犹如许多非洲人一样,同大自然土地和天空完全融合地生活在一起——俄罗斯的大草原,家畜……阅读它就产生了联想——从俄罗斯草原上的村镇到在星空下沉睡的乡村普多拉·济乌玛,从武士埃尔·欧马尔到顿河哥萨克的英雄。尼格尔·孔戈,扎别吉,尼尔……"

慢慢地,一些流言传到了维约申斯克,莫斯科作家弟兄们有个人对待获奖的事不怀好意,索尔仁尼琴尤其觉得不公平。难道他嫉妒,并且这种情感占了上风? 后来,在他的《牛犊顶橡树》这本书中,他说,肖洛霍夫"早已不是作家",并且顺便恶意地批评诺贝尔委员会——他说,没有看清肖洛霍夫的个性。多年以后,连多年受尽监狱和劳改营之苦的瓦尔拉莫·沙拉莫夫都感到惊讶——他立即谈到了全部俄罗斯的获奖者,也带上了索尔仁尼琴,他说:"为捍卫布宁、帕斯捷尔纳克、肖洛霍夫、索尔仁尼琴的俄罗斯散文,诺贝尔委员会进行了后卫战。这四位作家有同一性,而这种同一性却没有使诺贝尔委员会增光。这四位获奖者中,只有帕斯捷尔纳克,看来,他在其中,但赋予他荣誉的是因为《日瓦戈医生》,而不是他写的诗。"

〔增补〕在肖洛霍夫荣获诺贝尔奖的讲话中有许多有趣的东西——下面就是其中的一些摘录:

"艺术中许多新流派都在摒弃现实主义……照我看来,真正的先锋是那些在自己的作品中揭示新的、决定本世纪生活特征内容的艺术家们。整个现实主义和现实主义长篇小说,都有赖于过去的大师们的艺术经验。但是它们在自己发展中获得了本质上新的、深刻的现代特征……"

"一个不认为自己像是被拥到奥林匹斯山上、凌驾于各种敌对势力搏斗之上,对人间的疾苦漠不关心的神灵,而认为自己是人民的儿子、人类的一个小分子的艺术家,他的使命是什么? 艺术家的任务又是什么呢?

真诚地同读者谈话,向人们说出真相——有时是严酷的真相。但它确是勇敢的真相,在人类的心灵中坚定对未来的信念和对于自己能够建成这一未来的力量的信心……我想,那种把这一力量运用于创造人类灵魂中的美和造福于人类的人,才有权称之为艺术家……"

"我所说的现实主义,包含着革新生活、改造生活,使之造福于人的思想……"

"我们生活在地球上,服从地球的法则,正如福音书上说的,我们的日子充满了事件、操劳和需要,还有对美好明天的希望……"

"正直地同读者谈话,向人们说出真话——有时是严峻的,但永远是勇敢的真话……"

"我愿我的书能够帮助人们变得更好些,心灵更纯洁,唤起对人的爱,唤起积极为人道主义和人类进步的理想而斗争的意向。如果我在某种程度上做到了这一点,我就是幸福的。……"

再补充一点,我多次讲过,对于写历史题材的小说家来说,使用回忆录和档案资料是一种常见的方法,肖洛霍夫就是见证,我这话并没有白说,过了几乎三十年后,两个反肖派人物发表了这样的"轰动一时的研究成果":"肖洛霍夫在《静静的顿河》中使用了回忆录——哦,看这是剽窃的证据!"

老年——追求的顶峰

没有退休金的退休者　持不同政见者
向日本学习　非等腰三角形:
肖洛霍夫——特瓦尔多夫斯基——索尔仁尼琴
尤里·加加林在维约申斯克
剽窃:无法驳倒的电子技术
政治局反对肖洛霍夫　瓦西里·舒克申的声望
军事长篇小说保存下来了吗?

第　一　章

1966:评论界的异端

生日的祝贺活动和诺贝尔的庆典已经过去了。肖洛霍夫在人生道路上走过了六十一个年头。他得到了一本退休者证书。他拿到了它,吓了一跳。他没有进入退休状态……

这一年里又有哪些想法在心中翻腾起来了呢,唉,多啦!

勃列日涅夫迟到的礼物

新年的第一天。玛丽娅·彼得罗夫娜和肖洛霍夫家所有女性成员从早晨起就没有节日后的轻松愉快。为区里的几个朋友和学校的两位校长肖洛霍夫安排了午餐:妻子怎么办呢!

早饭前邮差就送来了一捆报纸和祝贺新年的电报单。打开了《真理报》,有他向全国同胞发表的祝辞,也一定是向着全世界的:"正如我向读者所承诺的那样,在新的一年里,我希望完成《他们为祖国而战》的第一部,这一工作的结局还不会是圆满的。到了该继续写的时候了。"

实现了吗?

很快,尊贵客人的一个真正的连队集结来了——超过了三十人。差不多每个人都热情地来为他举杯,事情很清楚,更多的人以为他已经事事如愿了。只有玛丽娅·彼得罗夫娜才知道他已经出现了糖尿病,而且随着年龄的增长重新让他领略了那次空难暗伤带来的后患,还有,也不能忘了中风。对于创作该怎么说呢?

过了一天,党中央打来了电话:请在这个月中旬接见东德的教授代表团——您已荣膺了莱比锡大学名誉哲学博士的证书。

他笑了,并且预料了在仪式上还要讲话,披着长袍,戴着帽子。1月15日在文化宫里就曾是那个样子。不过,不论是客人,还是镇里的人,大家都非常满意。肖洛霍夫本人的讲话,没有什么特别的闪光之处。不过,他抓住了乡亲们的情绪,最后向大厅深深地鞠躬:"在这个对于我来说庄严的日子里,你们来到这里向我致意,谢谢你们!"

作家的日常生活……玛丽娅·彼得罗夫娜越来越偷偷地长吁短叹。病情打破了丈夫习惯了的创作安排。

然而,他又不打算丢弃勤勉努力去做别的事。月末,他意外地来到罗斯托夫州党委会开导大家:"你们开始准备纪念苏维埃政权五十周年了吗?如果我们把那些俱乐部、图书馆、医院和学校建成了,那将是最好的献礼……"这事他清楚,相当多的资金打算倾注到纪念碑、影片、有音乐会的庄严的会议上。怪哉!

一些人已事先告诉了他,党中央让他做作家协会头头的事已考虑成熟。他想起来了,斯大林时代为这种事已经有人来敲过门,当时他拒绝了,如今还是拒绝。这事经过考虑后他对妻子和秘书说:"如果同意,那么创作计划怎么完成?我就不可能看清一切了——写作应当摘下马嚼子。我不想破坏自己的创作计划……"

3月,他去了莫斯科。人们在部长们的办公室里看见过他——斡旋呗!毕竟自己区里的建设项目谈妥了,有了学校,有了远程转播站,又扩大了电话站。这样一些程序仍然还存在着:没有首都,镇里什么重要的项目也不能建设。他想了:这计划的方法是什么,如果社会主义经济中"需要不择手段搞到手"呢? 怪哉!

他突然给维约申斯克打了电话——等等我,这就回去。玛丽娅·彼得罗夫娜问:

"为什么突然回来? 你不是想等党代会召开吗? ……"

"决定在代表大会上发言。我想回家准备一下,这里不行。"

他回来了,他用十分好奇的目光专注地看着家里所有人,打开了皮箱,一个挺有分量的东西包在军人外套里。他说:"莫斯科宾馆的这个房间是给你的。这是勃列日涅夫给我的生日礼物——一年的迟来了的礼物。"他从外套里还抽出了带有光学瞄准器的猎枪。大家都注目看着——枪托上刻在格子里的几个字:"赠米·亚·肖洛霍夫朋友。列·勃列日涅夫。1965年3月。"可是,这就弄不明白啦——5月就已经过了生日啦! 还有一件礼品:是一个小盒,上面是复制的一面飘向维纳斯的苏联三角旗。赠辞与猎枪上的丝毫不差。

肖洛霍夫好像自己对自己悄声地说着带刺的笑谈:"赫鲁晓夫称我为朋友,勃列日涅夫把礼物送给了朋友……"他想起在战争年代他曾与勃列日涅夫上校相识过。

……他在准备代表大会上的发言。开始时他用了几天时间翻阅那些寄到维约申斯克来的分量不轻的一包包信件。他明显地想感受一下他的读者和选民们所关心的事,给秘书做了一些评述。

"鬼才知道,那是些什么人,他们要报复。没必要这么做,如果到过去的垃圾堆里去翻找也不是时候。"

他读的这封信的作者要求报复那些消灭过"人民的敌人"的人。对此,他在1961年党的第二十二大也同样要求过了。可是如今肖洛霍夫看来另有想法。

"这是给代表大会的信!"他挑出了一位罗斯托夫教授以极大的关心写的内容丰富的信函说。信中写道:"我给您——作为苏共二十三大的代表写信,为保护我们家乡的亚速海和顿河,请你提高自己的声音。作为昔日最丰富的鱼库已灾难性地被毁灭了……"

"这封也放到代表大会那一捆里!"在贝加尔湖的湖泊学院学者们的信

中,他读到:"我们请求您参加拯救伟大的和独一无二的湖泊……"

对于在莫斯科他已知道了的那件事,他反复掂量着——在那里,作家们中间常常谈起了两个文学工作者:安德列·西尼亚夫斯基和尤里·丹尼埃尔。他们在西方化名发表了自己的作品,批评苏联政权。法院打算对他们审判。他也设身处地地考虑了一下。他呢,在最为可怕的年代——三十年代——大清洗年代——就曾与说假话的人用另一种方式作过战,他单刀直入地——不用任何笔名地同人民的真正敌人搏斗过,他不惧怕给斯大林本人写信。

去参加代表大会前,在家中他说,似乎给自己指明了路:"已准备好把中央和部长会议的领导人击成粉末……可是,看来尖锐的发言不会有好处。领导可能与人民发生争执,引起人民的不信任,而这却无益于事,反而有害。"

准备去莫斯科。家中吃晚饭的时候大家谈到了即将来到的春天——外面已经是3月末了。有人说到小花园——他说——荒芜了,树也应当剪枝了。他突然急冲冲地说:"不要剪枝!"农艺学告诉了他——他坚持自己的意见。

……不知为什么,有人怂恿他——写吧,他们说——写一本传记。甚至提议愿为他做速记员效劳:请口授吧……他没有发火。

不受欢迎的发言

党的代表大会。作为代表的肖洛霍夫走上了讲台……

党的官员十分愤怒——他用尖锐的批评贬低了他们:在大庭广众中说出来——就应当更好地工作!

在知识分子中间产生的党的反对派——同样是愤怒的。在莫斯科隐秘地传来传去一封《给肖洛霍夫的公开信》,这是楚科夫斯基的女儿——莉里娅·柯尔涅耶芙娜写的。

不过,这不是对他发言中一些零乱的异端提法的反响,这封公开信责备了他,肖洛霍夫,因为他在党的代表大会上号召遵循"革命的法制意识"去对付那些因"意识形态的破坏行为"而被批判的作家。而实际上这是严重的威胁。

左面是不满——右面也是不满。

……肖洛霍夫在自己的发言中都说了些什么呢？

……他回击了吹牛浮夸，几十年来党中央和文学官员们总是谈文学上的成就："应当沉痛地说，我们文学家的成就并不那么伟大……"

……他挖苦了——苛刻地——党的过分赞美的传统："我不像笑话里的那位图拉省委书记那样乐观，当问到文学人才成长的情况如何时，他回答说：'情况正常，甚至很好！如果说过去我们图拉省只有一个作家——一个列夫·托尔斯泰，那么我们作家协会图拉分会现在已经有二十三位会员了。'"

……他揭露了——尖锐地——国家计划体制和长时间玩弄承诺取得农业生产的丰盛成果："一般地说，我赞成计划，同时也赞成物质丰富……我赞成这样的计划，最好由农业部长马茨凯维奇同志自己来提供这些拖拉机，别让我们派出州里的工作人员，采取合法的和不合法的手段，千方百计去弄到它们……"对于"弄到"的个人经验，他同样也以火辣辣的讽刺说："'部长同志，请你给我三千张石棉水泥板，好盖集体农庄的奶牛房和小牛棚！'部长回答说：'你知道我们这里是计划经济！按照计划你们应该得到的，你们都得到了。'我对他说：'我倒是明白，但是奶牛，更不要说小牛犊了，它们不明白，为什么它们要在秋天下雨的时候挨淋，而在冬天受冻呢？'"

为被摧毁了的大自然进行辩护——他是国内最早的一个人："让我们来解决贝加尔湖的问题吧！……会不会在贝加尔湖上也出现和伏尔加河相同的后果呢？也许我们会鼓足勇气，不再在贝加尔湖周围砍伐森林，不再在那里建设造纸厂，而代之以建设不造成毁灭俄罗斯自然宝库的贝加尔保护区。无论如何要采取一切必不可少的措施来拯救贝加尔湖。如果我们不保护好'神圣的贝加尔，秀丽的海'，我担心后代不会饶恕我们！"

……他一如既往地保护着亚速海和顿河："每年工厂企业往顿河里倾倒……"他辛辣地讲到了渔业部长，对于拯救渔业财富他什么也没有做："祝愿他健康长寿，并且骑着鲟鱼……放牧！"

他注意到了作家列昂尼德·列昂诺夫"为保护我国大自然——森林的美和财富"所进行的多年斗争。

不过，还有一部分谈到了西尼亚夫斯基和丹尼埃尔，他并没有点名，可是大厅里的人立即就猜出来了。

开头是这样的："'文化巨匠们,你们站在谁一边?'马克西姆·高尔基所提出的这一问题,在今天具有同过去一样的现实意义。"最后,他说,"我替那些诽谤祖国、向我们的神圣事物泼脏水的人感到羞耻,他们是没有道德的人;我替那些过去和现在都企图保护他们的人感到羞耻,无论这种保护以什么作为理由。"

科尔内伊·楚科夫斯基在这几天的日记里写道:"肖洛霍夫的卑劣讲话回答了我们为西尼亚夫斯基担保所做的斡旋……黑帮分子们聚结在一起,并且制订了杀戮和窒息知识分子的纲领……"

肖洛霍夫得知了这种评论,心中很难过。为什么人们忘记了,在公正的天平上有两个秤盘:其中之一他讲的是持不同政见者;而另一边,他那无所畏惧的勇敢精神从三十年代以来就曾挽救和保护了被登记为"富农"和"怠工者"的中农,挽救和保护了正直的共产党人和作家中的"人民的敌人"以及将要饿死的饥民,也挽救和保护了沦为俘虏的忠诚军人和"无思想性的人",还有"无爱国心的世界主义者"……

从莫斯科回来后,他同大家谈到了自己的印象:"代表大会上大多数的发言都是公式化的:自我汇报和吹牛皮。还没有开诚布公地谈心里话,没有同志式的批评和自我批评。"关于勃列日涅夫和他的团队也是这么说:"孩子们,选进政治局的,当然,挑选的都不坏,但没有天才。这要看他们能否很快地调整好团队,干起来。但是,还是要信任他们……"

选民和读者寄来的信件增添了不满情绪并且使他丧失了迅速改变的希望。有一回,他发怒了。他偶然碰上了一个内务部州管理局新来的长官,那人开始回忆起往事,问为什么人们经常给他,即肖洛霍夫写信。秘书和玛丽娅·彼得罗夫娜都是他们对话的见证人,这场对话让人感到气愤和无奈的烦恼。

"一年有多少信?达到了一万!经常写什么呢?抱怨法官,抱怨检察长,抱怨刑侦人员……不满的流行病!在法制机关和制度上有不足是正常的……没心肝!从萨哈林来的申诉——因为偷盗,让两个年轻人坐了十年牢,这是怎么回事呢?有人没赶上飞机——已喝得有些醉意——抓来一匹马就骑上了……难道公道的限度就这样吗?……"

他还惹上了令他烦恼的事：

"斯拉谢夫斯克镇来了六个婆娘找我，因为盗窃，她们的儿子被判罪……十个西瓜而已！我给总检察长写了信，说我也喜欢偷西瓜——因为偷的比自家的甜。"

可是，他也向当警察的将军说了这种事：

"有人来找我，说要保护一个杀人犯——几个婆娘，老太太。后来，弄明白了，这不是简单的有预谋、有计划的凶案。这种典型仍在诽谤一个无罪的人。我是这么答复的：对于恶意凶杀不能宽恕！"

恶意引起的后果是，棍棒把警察武装了起来。

"可耻啊！"

他发现了，各加盟共和国向你介绍的情况越来越多的是什么：

"明显地出现了富豪、可汗……没完没了地聚敛财富，甚至在这方面加以攀比。贿赂风行——给莫斯科的官僚。各种皮毛和羊羔皮在莫斯科遮天蔽日……官僚机构把一切都败坏了！"

你看，又提到贿赂的事。

"从西伯利亚给部长们运来了银狐领子，从格鲁吉亚弄来了白兰地和葡萄酒，从顿河拿来了鱼和大虾，从乌拉尔斯克搬来了黑色鱼子酱，从远东带来了红的……"

国内蔓延开的破坏大自然的悲剧，同过去一样，使他心中不安："在莫斯科，无论如何也不明白：不保护大自然——这是全民的灾难。很快，在各个城市里，由于天然气，人们就会晕倒过去。如果大橡树都因为化学品死亡，那么人哪里支撑得住……我曾冒险而且不畏恐吓地去禁止我们林场给森林喷洒化学药剂。"

……5月末，肖洛霍夫带领全家人前往日本。崇拜者们早就请他来了，而且那里也令他向往。

对这次旅行他记忆犹新。开始就是九个小时的飞行——到哈巴罗夫斯克。印象颇多：壮美的阿穆尔河①，同捕虎者的交谈，会见地方作家，奇怪的礼物——人参，还有忧心忡忡的谈话：对大自然保护得不好……从这里坐车

----

① 即黑龙江。

到港口小城纳霍德卡，以便乘上"贝加尔号"柴油船。

坐在船上并不寂寞。有时风暴拖住了船，有时靠近了日本又有美国军用飞机在他们头上近距离地无耻地绕着圈子飞过。当时，有几个兴高采烈的乘客躺在上层甲板上组成了字母"T"——这是降落的信号。飞机也就立即溜回家去。

离海岸还很远，有几艘快艇带了新闻记者靠近了船舷。其中有个人盯住了肖洛霍夫："我们听说，您不喜欢新闻记者。"他回答："误传。我年轻时就是记者。"

在这个国家待了差不多一个月。熙熙攘攘的东京，这点很像纽约，还有妥善地保存了中世纪的不可多得的城市，京都和奈良，工业的巨城大阪以及在俄罗斯人眼里非同寻常的少女们……在一座简朴的农村俱乐部里，他与作家涩谷会见，这位作家是反映农民生活的新文学奠基人，他说，他的第一本小说就是在塔拉斯·谢甫琴科的影响下写出来的。在京都他会见了已到老迈之年的一位作家真下，这位老者以令人羡慕的精力"折磨了"客人，他的旅游，既可以在山间小路上漫步，也可以到有古庙的地方去，离别的时候肖洛霍夫对他说："先生，你们京都是最漂亮的城市……"当然，在感谢的回答声中，肖洛霍夫笑了，而且他的告别鞠躬并非是古板的传统式的。在岐阜，人们看到了漂浮在河水上大船里夜间的节日庆祝活动，那河水也诱人地映照出日本式的极其典雅的焰火。在一座小城，客人们有机会自由自在地漫步在一长串出卖纪念品的小店铺中——民间工艺品！有一个女老板让大家感到吃惊。

那个女老板知道了问玩具价钱的人是谁，于是请求允许她离开一会儿。过了几分钟，她拿来一本日文版的肖洛霍夫著作——请求作家签名。肖洛霍夫已经知道，在东京已允许放映苏联影片《被开垦的处女地》。他颇有兴致地去了一家剧院并同那里的剧团相识，这个剧团已把他反映农业集体化的长篇小说搬上了舞台。书店里摆满了日文的肖洛霍夫作品，人们告诉他：从春天开始就已经有新译本出售了。人们甚至还告诉他这件事：他的著作正准备用盲文出版。

有谁能计算出，他近期结识了多少人——政治家、外交官、作家、出版商、文艺理论家、翻译家和大学生……

记者——观察员从几十次采访肖洛霍夫中,特别注意到了下面几次讲话:

"我积极拥护交往,文化交流……我们对日本人民有着极好的关系……"看来,他反对"铁幕"政治。

"我认为,日本文学现正处在发展高峰,这不仅令我高兴……令我高兴的也同样有年轻日本文学家,文学的接班人的成长。"

"作家们的任务就是促进人类心灵的净化……"看来,他已注意到,厚颜无耻的"群众文化"正在聚集其愚蠢的反心灵力量。

当他回到家以后,谈到了更加重要的东西:"日本人——在一切方面都是唯美主义者,努力的劳作和崇高的美感是显而易见的……应当学习他们对劳动的组织,生产中的纪律和制度……对于苏联,日本人民的态度是友好的,反对战争。带着豺狼般嚎叫去侵占别国领土的武士道精神已被民族爱国主义所代替。"

尤其使他无法忘记的是,在一座小城,那里有个念小学的小女孩,她在神殿旁等了他——这个外国人五个小时,就是为了得到肖洛霍夫在她书上的题辞。

……他去了一趟罗斯托夫,在这里,他没有回避一位记者的采访,而这次却是美国记者。这次谈话极像两个有经验的击剑手的搏斗。看其中的内容:

"您对越南事件有何看法?"

肖洛霍夫知道,为了反对这个国家,美国进行了非正义的侵略。

"我的看法与官方的看法不同之处极少……美国人到了收摊儿回家的时候了……"

"您对日本的印象如何?"

"日本人工作极好。"

"哪些外国作家使您产生了深刻印象?"

"我喜欢海明威。"

"沃兹涅先斯基和叶甫图申科,哪位诗人更好?"

"我没考虑过。"

"对于艺术和社会,一位作家对哪一方面更有责任心?"

"对社会,他为社会服务。"

过了几天,他与玛丽娅·彼得罗夫娜就登上了远程旅行的路——布拉坦诺夫沟自由自在、无拘无束的渔猎生活的诱惑使他无法克制。但回来得快也令人吃惊。他承认:"炎热和蚊子折磨人。"过去,这种投降的话他甚至连想都不可能。

8月,又到了那里。有人向他祝贺渔猎丰收:"满载而归!"他却说:"我去写《他们为祖国而战》。"

……写作的桌子和供休息用的令人愉快的驳船。

……写了一行又一行,同时还有盼望已久的鳊鱼、鲈鱼、红眼鱼和鲦鱼,那鲤鱼就不能想了——当地人告诉他,干脆一条也不见了。

当地人很快就知道了——这位作家是捕鱼高手。他严守规章制度,因为在这种消遣中没有"管束"是不行的。有一回。他把家人留在岸边垂钓,自己却去游泳了。过了一会儿,他们一看,肖洛霍夫回来了,他不经常划水,但技巧娴熟,学会了珍惜体力。他游过来了。大家都看他捉到了些什么——总共十来条不大的鲈鱼,他的船里的鱼都满了! 于是就开始了说笑话。他说:

"像你们捉的这样的鱼,我都扔了……"

"你那些鲈鱼也不比我们的大呀。"

"噢,不管什么时候,我总是握住这些鱼:万一你们什么也没捉到,我们就没鱼汤喝了。"

过了些时候,所有的鱼都留下了——他带走了差不多一普特重的鲤鱼。行家们都惊叫了一声,对于乌拉尔河一带来说,这些战利品真是神话般的运气。

家里人——他们早就习惯了他在钓鱼方面的胜利,不过,出现了新手——钓鱼的时候不停地闹出笑话。大儿子亚历山大第一次带了自己的年轻的妻子(我恰好记得,她是位外国女人,保加利亚总理的女儿),来维约申斯克看望。于是,老公公就决定让她见识一下真正的钓鱼——想得过分了,而结果却并非勉强,而是生动地记入了顿河的生活中。

"啊呀,钓了这么多鱼呀,"儿媳妇对钓上来这么多鱼感到惊讶,"我们往哪儿放呀?"

"那你就围上白围裙，"米哈伊尔·亚历山大罗维奇说，"到市场上去卖。哥萨克人有这样的习惯：儿媳妇在市场上做买卖。"

"我可不会做买卖。"儿媳妇吓了一跳。

"哟，假如你不会……"停顿了一会，他想：这是什么儿媳妇呀，"得，那你就白送给人家吧。"

实际上，他们回到了家，把钓的鱼都分给了邻居们。话又说回来，肖洛霍夫家没有鱼汤是不行的。

〔**增补**〕在这一章里涉及到了一个尖锐的话题：肖洛霍夫和两位作家——尤·丹尼埃尔和安·西尼亚夫斯基。在谴责肖洛霍夫的时候，敌人也没有忘记利用这一话题。著名诗人叶·叶甫图申科在肖洛霍夫去世后，发表了许多关于肖洛霍夫的没有任何根据的不好的东西。不错，2004 年他通过《文学报》表示："不要把他列为'仇恨肖洛霍夫的一伙'"，但是，他毕竟保留了"不尊重"肖洛霍夫的权利，因为，肖洛霍夫曾要求，按照这个诗人的话说，"镇压"持不同政见者。

为了全面分析这一话题，又一个重要的问题是不能回避的：即作家肖洛霍夫基于什么样的理由批判了他们？这不是为了辩解，而是要澄清事实。

在去世前他向儿子揭示出了他不支持"持不同政见者"的原因："喏，有人在自己同伙的狭小的圈子里赢得了声望……他开始觉得再过一段时间，所有的人都会拜倒他的脚下成为牺牲品，他们牺牲了生活中宝贵的东西，一切的所爱，牺牲了传统形成的风俗习惯，有价值的东西……那些想要成为主宰、导师和人民领袖的人，哎，他们不妨想一想，他们将带领人民得到的是无人居住的荒漠，而不是生命中只有一次的宝贵的东西……"

他又补充说："生活按照自己的顺序开展下去，而所有新的东西都应当'建立在'它的行进过程中。斗争归斗争，但他不应当破坏共同的生活方向。不是反对，不是针锋相对。我们这儿的斗争就像两个队伍的势不两立……"

当然，可以接受也可以否定这样的看法，但却应当了解它，以便不使复杂的话题简单化。对于为了更全面地理解他的立场，考察一下持不同政见者在历史中的社会作用，下面的一些论断是有益的：

在我的《肖洛霍夫研究文存》中收入的第一篇（1990年）文章即是女律师金娜·卡明斯卡娅的看法，她称赞了在审判整个一伙持不同政见者时自愿作辩护的人。她了解案情，她想："我觉得，其中有些人完全是被狂热的政治斗争吸引住了……他们对另外一些人的意见和信念没有足够的耐心……我记得，在一次这样的谈话后，我回了家，就曾对丈夫说过：'你知道吗，他们，当然，都是了不起的、勇敢的人，可是，当我再想想后，突然就发现了，他们原来还是为了权力——我可不想这样。'"①

著名的政论家，流亡国外的玛丽娅·罗赞诺娃也回应了她的看法，她就是这样谈丹尼埃尔和西尼亚夫斯基的："这些革命者的圈子很小，他们可怕地脱离了人民……"②

流亡国外的反苏杂志《大陆》的编辑、作家弗拉基米尔·马克西莫夫后来也谈了看法，他把自己的意见同另一位流亡者亚历山大·季诺维耶夫——著名的哲学家和作家——的观点合并在一起于1994年提出："亚历山大·季诺维耶夫说得比所有人都好：'瞄准了共产主义，打中的却是俄罗斯。'我不得不重新审视自己的持不同政见的活动，也用另一种眼光去看待杂志的出版……"③

从改革开始已过去了十四年——这是一个时代！权威文学家伊戈尔·佐洛图斯基把自己对自由主义知识分子歪曲了改革的责任所做的思考公之于世："今天，上层人物残酷地收罗个人财富，远离了大多数人的需求，我们成了凶狠的利己主义'精英们'的见证者。于是，我做出了这样的判决：谁纵容了灾难：'该隐啊，该隐，你做了什么事呢？你兄弟……'"④

2005年，改革二十周年来临之际，作为苏联的第一个也是最后一个总统的米·谢·戈尔巴乔夫所领导的基金会公布了一项报告，其中有一段很重要——他如何评价成了改革家的那些持不同政见者们的活动：

"民主运动的冒险主义一翼已经扎根到社会运动中，在俄罗斯，在苏联——根据定义，国家已经成为民主进程的敌人。结果形成这一局面，破坏

---

① 《旗》杂志，1990年，8期，100页。——原注
② 《新世界》杂志，2003年，8期，212—213页。——原注
③ 《文学报》，2005年，11期。——原注
④ 《文学报》，2005年，32—33期。——原注

法制成了准则,在经济中处心积虑地罪恶地瓜分国家财产的黑手党集团产生了现实的影响。"①

有人不喜欢把这些引文衔接起来。可是,我的这一意图并非是为了诽谤持不同政见者们的热情,重要的是要表明,离开了铁石心肠的政治法律哪儿也去不了:高举起拿着重重铁锤的手时,要想一想:为了幸福还是为了毁灭,这一击是为了建设还是为了破坏。

第 二 章
三个作家的怪异结局

肖洛霍夫——特瓦尔多夫斯基——索尔仁尼琴……

他们生活和创作都处于政治上异常复杂的时代,人们说:你怎么样活着,也就怎么样出名。可是,常常听到的是这样,而实际上又是另一样。

在特瓦尔多夫斯基的长诗《焦尔金游地府》中——对此,以后作为开篇还有说及——有这样的诗句,它好像就是为我们这一章写的:

> 您瞧,这个题材可太离奇,
> 不用提了。
> 这可有点太荒诞!
> 也许不是毫无用意,
> 恐怕也有他的道理……
> 问题就在于此……

亚历山大·特瓦尔多夫斯基的声誉

伟大的散文家——伟大的诗人……但,这已是很久以前的事,正如大家感觉的那样,但想到他的已不多。可是1963年赫鲁晓夫却把一大批颇有声望的作家、外国人以及欧洲作家笔会的活动家们邀请到自己的别墅,到阿布哈吉亚来。

---

① 《俄罗斯报》,2005年,40期。——原注

他力图给文学界上层人物留下这样的印象,也就是,党赞成同你们兄弟的团结。

但也有这样的安排——听听作者本人亲自朗读被禁的长诗《焦尔金游地府》的片段,谁也不会忘记,1954年根据党中央的要求,这部长诗是如何被毁掉的,当时人们下了判决书:"对苏联现实生活的诽谤书。"

八年过去了,赫鲁晓夫想成为特瓦尔多夫斯基的保护人。开始他想把这次朗诵活动安排在只有肖洛霍夫和当时的作家协会领导人费定在场的情况下进行。可是,后来按照赫鲁晓夫式的随心所欲地一想——所有作家我都邀请!

……同过去一样,社会上对这部长诗的评价出现过分裂,如今邀请来的人也同样。它的反斯大林倾向是造成分裂的原因。不论是大海那亲切的涛声,还是栖息着鸟儿的棕榈树,不论是国家和党的领导人会面的亲切自然,还是在觥筹交错中丰盛的佳肴美味,都不能说服对抗的双方达到妥协。

四十分钟的朗诵过去了。很好,留下了一些回忆录,提到了肖洛霍夫在这个晚会上对这部长诗的理解。他自己什么文字也没有写,却成了三篇札记的主人公:

索尔仁尼琴写道:"外国人都听不懂。赫鲁晓夫却笑了,噢,这就是说,批准了……机灵乖巧的阿朱别伊第一个发表了它,可是令人十分惊讶的是:肖洛霍夫是怎么镇静地听的这部长诗呢?!"

特瓦尔多夫斯基写道:"从尼基塔·谢尔盖耶维奇那里没有得到称赞……那里的人们也没有对这部长诗做出任何反应。我总的感觉是,从一开始就觉得自己白去那里了,我在那里是个局外人。看起来,肖洛霍夫感觉自己也是这样。尽管近一个时期我们的关系并不好,但在那里他对我来说还是个最亲近的人。我们两个人都坐在靠边的最后一排凳子上……我并没有希望得到听众们的赞许……但毕竟从朗诵的第一句开始,我就看到了,这里有一个人,他对这部作品并非漠不关心。他也可能有点不同意,但却在聚精会神地听着,于是我明白了,这部长诗我没有白写。而且,除了我们两个人,大厅里好像什么人也没有——一个在读,一个在听。现在,我只看见了肖洛霍夫,并且盯着赫鲁晓夫。可是,一个人呆然不动,好像他同我并不同道,而另一个人,对谁也不注意,看到哪里有好笑的,他就真心地笑起来……"

《消息报》主编阿朱别伊又是赫鲁晓夫的女婿,不失时机地在自己的报纸上刊出了:"我记得特别清楚,米哈伊尔·亚历山大罗维奇·肖洛霍夫是怎么听的。自然,我不可能预先就知道他对这部长诗的意见,但他听得非常镇静,按照自己的方式。就好像是,他同焦尔金一起审判与支配了他这种非同寻常的经历,同他一起带着狡黠的远见习惯地嘲笑着,按照作家的方式把这部长诗的画面生动地再现出来。"

……战前,特瓦尔多夫斯基和肖洛霍夫就已开始结识。那时《春草国》的作者就称赞过《被开垦的处女地》。

战后,这种完全正常的关系也就持续了下来。诗人的女儿就为我回忆过,肖洛霍夫曾邀请她父亲到自己家去,进行了讨论交谈。比如,作为《新世界》编辑部的成员,肖洛霍夫就曾为发表瓦连金·奥维奇金的特写集《区里的日常生活》与杂志的编辑特瓦尔多夫斯基分担了责任。维护它和反对它进行了多少次的较量啊!怎么能够不这样呢:他们触怒了领导农业经济的腐朽了的传统。还有1956年党中央《关于瓦·奥维奇金〈作家和读者〉一文的决议》,其中提出不少批评。这并没有吓倒肖洛霍夫。无论过去,还是晚些时候,他都支持过《新世界》的这位作者。奥维奇金也心怀感激之情地回忆起这些。还有这么一件事,党中央批判过肖洛霍夫和奥维奇金的联合发言。有一张照片保存了下来:肖洛霍夫、特瓦尔多夫斯基和奥维奇金——都心地善良、精神饱满……

1964年,特瓦尔多夫斯基在自己的《新世界》编辑部里批评了索尔仁尼琴的长篇小说《第一圈》,作者本人也在场。人们还记得,全部发言都打印在纸上,纸上已没有空白,密密麻麻,一个字挨着一个字……

有趣的是,不知记下了没有,特瓦尔多夫斯基意想不到地谈出了——一开始听起来还不很清楚,但毕竟还是以明确的情感把肖洛霍夫与索尔仁尼琴对立了起来,他称赞肖洛霍夫。

"这部小说是悲惨的,"他谈到了索尔仁尼琴的小说,"其思想也是复杂的,"可是,为什么呢?"《静静的顿河》中的葛利高里·麦列霍夫在一定意义上也并非是'英雄'。然而,肖洛霍夫小说的意义——革命的得来付出了何等代价啊,这代价不巨大吗?而且,肖洛霍夫作品有答案:这代价也许是巨大的,但事件却很有意义……"

索尔仁尼琴是怎么听的呢……嫉妒。其实，富有洞察力的特瓦尔多夫斯基也并不需要他，他即使没有他也意识到了自己的使命——摧毁革命的理想和苏维埃政权。

1965年，《新世界》已经创刊四十年了。第一期一月号开篇就是主编特瓦尔多夫斯基的文章《在周年纪念的时候》，这是纲领性文章。拉丁人说过，"历史——是生活的导师!"特瓦尔多夫斯基深入历史，以便肯定自己对现实生活的思想观点。这并非无意——人们在敲打这家杂志，不仅是党中央。某些亲近肖洛霍夫的作家也同样十分用心，而特瓦尔多夫斯基本人也并非一切都得到了好评。

肖洛霍夫和特瓦尔多夫斯基之间的关系，当然这不用花言巧语的解释。肖洛霍夫远不是在所有方面都承认《新世界》的纲领，其中就包括这家杂志经常通过揭露的玻璃镜来审视斯大林时代的国家历史，而且赞美苏维埃人民优秀品质的作品刊登得极少。而特瓦尔多夫斯基又不赏识肖洛霍夫的一些政论，这些文章不仅一般地宣传文学和生活中的真实情感，而且还必须把人民性和爱国主义精神真实地搅在一起。闹来闹去，加上《新世界》又骂了一些由肖洛霍夫喜欢的作家们所领导的杂志——《星火》和《青年近卫军》，于是，这种批评立即就不是很经过深思熟虑的了。既然这样，也还有回敬的。

就这样，肖洛霍夫手里拿过来纪念号杂志，他开始阅读特瓦尔多夫斯基本人的文章，好像，这是有预谋的话："许多人都写到了苏联文化的当代英雄应当是什么样的。"

他考虑了一下——未必下面就有可能提到麦列霍夫，他早就是个"叛逆者"了。

然而，下面的一段正好就谈到了麦列霍夫。特瓦尔多夫斯基宣称，在斯大林死后，文学上可成为自己盟友的是被称为"解冻"的一些人。从可能为数众多的人中，他只点出了一个肖洛霍夫! 他写道："《静静的顿河》主人公葛利高里·麦列霍夫，这是他写的'平凡'的哥萨克人物，这个人物与所有的奢望成为伟大的人物不同，但却不妨碍他进入世界文学主人公之林。"特瓦尔多夫斯基没有放弃对《被开垦的处女地》的很好的评价："肖洛霍夫笔下的达维多夫，是工人出身的共产党员，又是一个没有任何特殊性的人物，然而，由于描写的真实性和生动性，它却获得了比一些其他作品更加可靠生命力,比如说,基利尔·什达尔金或者晚些时候的科拉布廖夫、莫列夫和许许多多文学上的同龄人,他们都被赋予了'坚强个性'的特点。"我想指出:这都是些潘菲洛夫式的小人物! 也许,特瓦尔多夫斯基知道,从多么早以来——从1934年——肖洛霍夫和潘菲洛夫就一直对立。

最后,他鲜明地表示:"肖洛霍夫史诗的悲剧性是与个人崇拜的意识形态对立的。"

〔增补〕必须指出,没有一个反肖派不想——或者不打算? ——回忆起特瓦尔多夫斯基对肖洛霍夫创作的远见卓识的理解。他们不引用,不解释。这一切都是因为,对一位伟大作家的评价不能削足适履地抱着对另一位伟大作家的单一的粗浅的态度上。

亚历山大·索尔仁尼琴的自白

索尔仁尼琴知道:对于叛道者、作家的索尔仁尼琴,肖洛霍夫在报纸杂志上从来也没有写过任何东西——不论是称赞的,还是批评的。但这绝不是因为没有什么可说的。

肖洛霍夫知道:索尔仁尼琴的笔——相反——倒写了不少反对他的东西。不过,开始在1962年,他还是向维约申斯克发出了一封热情洋溢的电报。可是,接下来就是——在《古拉格群岛》和在具有不计其数的有攻讦内容的文坛生活特写《牛犊顶橡树》中以及在为一本可耻的著作所写的序言中——都表现出了不怀好意。这本著作,全书从第一行到最后一行,都是谈《静静的顿河》——认为这是一本剽窃的小说:《〈静静的顿河〉激流·长篇小说之谜》,作者为——德。

思绪的活动是怎样的——从解释对所批判天才的爱开始。为什么这样? 时间的滚动明显地不宽恕索尔仁尼琴的记忆力,难怪产生了这个习惯语:说得过多并非聪明,只要点到为止。

什么是点到的呢?

索尔仁尼琴闭口不谈,如果没有肖洛霍夫的支持,他就不会轻而易举地进入文坛。可是,对于肖洛霍夫来说,索尔仁尼琴是何许人也呢? 这个谁也不知道的初学写作的作家,而且再加上那个时代并不光彩的劳改营的经历。

可是,肖洛霍夫毕竟以自己的威望支持了特瓦尔多夫斯基在《新世界》上刊登索尔仁尼琴的中篇小说《伊凡·杰尼索维奇的一天》的决定,这部小说的题材就是当时禁写的劳改营。

这就意味着,他不仅要违背自己那些正统作家们的意见,还要拗着大权在握的党的思想家苏斯洛夫。赫鲁晓夫在其回忆录中生动形象地写到,这个已经僵化了的党棍对抗着这部中篇小说的出版:"苏斯洛夫大喊大叫……'不能这么做!'——他声称——'再不要说别的了,人民怎么理解这件事?'"

肖洛霍夫是谦恭的——对于这件事他从未提及过。很好,特瓦尔多夫斯基在自己的两封写给当时的作家协会头头康斯坦丁·费定的信中讲了肖洛霍夫的大胆行为(肖洛霍夫逝世后发表):

"在热情或者兴奋地对待这位新作家的第一部中篇小说的人们中,我要提到两个人的名字:一个是您,康斯坦丁·亚历山大罗维奇,再有就是米·亚·肖洛霍夫……"

"肖洛霍夫当时非常称赞《伊凡·杰尼索维奇》,并且叫我代他去亲吻这部小说的作者……"

补之二,我在索尔仁尼琴的自传《牛犊顶橡树》一书中读到了他与肖洛霍夫见面的情景,当时赫鲁晓夫召集来了文化工作者:"赫鲁晓夫从他一旁走过去,而我正要一直向肖洛霍夫走过去,不这样不行。我迈出了几步,就这样握了手。一开始,争论是无济于事的。可是——我感到烦恼,完全没有什么可说的,甚至是客套话。"

"'同乡吗?'在小胡子下面他微笑着,显得慌张,并指了一下我们走近点儿的路。"

"'咱们都是顿河人!'我冷冷地肯定了,带有几分威吓口吻。"

十年之后,所有这些都落在了纸上。在那些日子里,索尔仁尼琴发向维约申斯克的电报内容则是相反的:"最尊敬的米哈伊尔·亚历山大罗维奇!我感到非常抱歉,12月17日见面的整个安排对我来说是完全不寻常的,而且那种情景,恰恰是在您面前我被介绍给了尼基塔·谢尔盖耶维奇——这就妨碍了我向您表达当时我心中永恒的情感,我高度评价不朽的《静静的顿河》的作者,衷心地想祝贺您写作顺利,为此首先要——身体健康!——

您的索尔仁尼琴。"

　　在电报中——是安慰,在回忆录中——是装满炸药的浓烈的气味:"一开始,争论是无济于事的。"

　　下一阶段在《古拉格群岛》中显现了出来,阴谋诡计向着肖洛霍夫的威望袭来:

　　"在肖洛霍夫早已不是作家了的日子里,他离开了作家经受了痛苦折磨和逮捕的国家,前去领取诺贝尔奖金,而我却寻找着躲开密探隐蔽起来的方法,以便为我那支暗中气喘吁吁的写作的笔赢得时间……"

　　补之三。在《牛犊顶橡树》中写道:"我同特瓦尔多夫斯基见了面,他对我说,他心情愉快,但也不是没有忧虑:'据传,肖洛霍夫在莫斯科郊外的别墅里纠集了一百四十名帮手,准备了一篇反对索尔仁尼琴的发言。'可我还有自信,甚至是天真,我说:'害怕历史前景是可笑的。'特瓦尔多夫斯基叹了一口气:'可谁还在那儿想什么历史前景啊!只想今天的底层。'"这个索尔仁尼琴以为,肖洛霍夫准备用一篇什么讲话击垮他。实际上这个传说只是上面说的那样——肖洛霍夫没有做任何发言。

　　还有特瓦尔多夫斯基说的两句:"有些人说,维约申斯克这位老者准备击垮索尔仁尼琴,可这怎么能同这件事相一致:他请我向索尔仁尼琴转致问候和祝贺,我不知道……"

　　还要补充一处。1967 年作家协会给维约申斯克拍来了电报:"亲爱的米哈伊尔·亚历山大罗维奇,讨论索尔仁尼琴所提出声明的书记处会议将于 9 月 23 日晨举行。非常盼望您的出席。"

　　这是根据党中央的指示准备的审判——想把索尔仁尼琴从作家协会中开除出去,不想满足他的任何要求和希望。他却希望让他的反苏作品能够不加任何删改地印出。不难猜到,肖洛霍夫希望达到一个目的——让不可避免的审判使自己的出席更加可贵。

　　可是他却没有急奔莫斯科去参加这次会议。哎,激情的导火索!它们有多少——冤枉人的——扔向了索尔仁尼琴。而他也咬紧了衔铁乱蹦。不加任何验证,他拿过来就公布于众:"围绕着柯切托夫和肖洛霍夫的那些艺术活动家们,他们带着党的绳索轮番地齐心协力地喊:可耻!……国耻!……《新世界》!……"

实际上，肖洛霍夫并不赞同《新世界》的许多观点，但是他却没让自己下降到大喊大叫的地步。特瓦尔多夫斯基的副手阿·伊·康德拉托维奇在自己的回忆录中肯定了这一点："有人说，一些人特意急忙去找过肖洛霍夫，而他却拒绝在文章上签字。我问过亚·特瓦尔多夫斯基，他也肯定：'是的，这都清楚，他拒绝签字。'"我还记得，这里说的反对《新世界》的那篇文章，是以《星火》杂志自己一些作者的名义登在这家杂志上的。

补之四。在《牛犊顶橡树》中，几百万人读到，索尔仁尼琴在开导某一官员时说："天才是有的，可只要你们容忍住……因此，绝对没有人与我相抗衡，唉，就是肖洛霍夫也一样。都在阅读我的作品，而不去读'抗衡者'的……"可是，他为什么没有说出来过去和现在的真实情况。比如，在三十年代，有过对读者的调查：占第一位的是《静静的顿河》，只是下面才有《叶甫盖尼·奥涅金》、高尔基的《母亲》、富尔曼诺夫的《恰巴耶夫》。之后——我挑出——《被开垦的处女地》，再后《安娜·卡列尼娜》、革拉特科夫的《水泥》、法捷耶夫的《毁灭》、阿·托尔斯泰的《彼得大帝》和绥拉菲莫维奇的《铁流》。八十年代中期，比如，只文学出版社这一家，在《被开垦的处女地》印了五十万册之后，《静静的顿河》又印了一百万册，出版了（他逝世后）文集又是百万的印数。可是，难道够了吗？在苏维埃时代，米·肖洛霍夫作品出版的总数达到一亿三千万册以上。而这还是在纸张永远不够的条件下。

补之五。经验不足的读者们信任地注意到了《牛犊顶橡树》一书中写的内容，所以就没有看出来，有某个并非善良的人促使索尔仁尼琴常常碍事……你看他援引了赫鲁晓夫在接见时的讲话："1933 年春，他说，肖洛霍夫曾大声疾呼反对在顿河使用暴力。"这个诬蔑人的插入语"他说"犹如电击一般，它有多么地不符合那时的实际情况啊！

或者，大家在书中都读到："肖洛霍夫长得并不好看……小矮个儿的肖洛霍夫在那里，傻笑……在高高的讲台上看起来他更加微不足道……"

可是，肖洛霍夫是漂亮的，难怪哥萨克美女爱上了他。我记得的他，刚好就是在索尔仁尼琴说他长得并不好看的时候。他长着隆起的鼻子，前额又高又宽——这是智者贤人的额头，眼睛生机勃勃：看，它信任人地睁开，抬起了微肿的眼皮，在眯缝着——或者由于深深的思考，或者由于不高兴的控告话，或者由于俏皮、机敏；有几次我见到了，眼睛被忧郁笼罩住……下巴是固执的,但没有因残忍造成的两重性,嘴唇并不薄——这就是说——不凶狠。颧骨和嘴唇长得毕竟使他能笑得随心所欲。椭圆形脸的线条是和善的,身材的确不高,然而在那高傲的脖子上挺起了坚强的头颅……那双手让人想起了:他手掌颇宽,手指又长,但却不细,骨头粗大而突出,指甲修剪齐整,双手像犁的扶手——他不是提琴师,但握手时却是轻柔的,外貌气度非凡!

有一次,当索尔仁尼琴去了美国后,我曾听到肖洛霍夫问过,对了,在医院里——宁静而平和地问:"索尔仁尼琴在那边怎么样?……"在他的声音里,我没有听出任何诡诈的偏见。可是,在我的笔下看起来他是否是一个毫无原则的和平主义者呢?!

我不想以道尔顿式的传记作家称著。肖洛霍夫还说过这样的话:"我不号召宽恕一切和普遍亲吻。友谊是友谊,可是,在我们文坛,在我们意识形态事业中,存在这样的原则,不可以离开它去宽恕任何人……"

他用这样的话也表达了这种看法:"激情猛烈燃烧起来。每个人都有权利说出自己的意见——就像气呼呼的青年人一样,得到了一定社会地位的作家也是如此。良心的这种自由我认为是艺术的真正自由。不管如何,未来将表明,谁的作品站住了脚,保存了自己的价值,而谁的将随着时尚而消失。智慧的这种斗争令我想起了古老的寓言故事。这故事讲,有两个好争论的人,争论得一直到打起架来,法官给他们做了判决,他说,你们两个人都对,这时那两个争论的人认为,法官也是对的。"

上述两段谈话,都是他在六十年代中期发表出来的,这正好是在他和索尔仁尼琴之间划清界限的时候。

1967年9月——肖洛霍夫向作家协会书记处谈出了自己对索尔仁尼琴两部作品的意见,但没有见诸报刊!谁知道,也许他不想向批判索尔仁尼琴的篝火里再添一把柴禾。肖洛霍夫当时讲的话如下:"我读过了索尔仁尼琴的《胜利者的欢宴》和《第一圈》,深感震惊——如果可以这么说——作者表现出了一种病态的不知羞耻。"他看出了什么呢?非常清楚:作品倾向表明,"对于党和苏维埃政权所犯下的所有错误和所有过失持着凶恶的狂暴的态度。……"他不能接受剧本中的人物:"所有指挥官,不论是俄罗斯人,还是乌克兰人,或者是坏透了顶的恶棍,有的是无论对什么也不信仰的动摇分子……为什么《胜利者的欢宴》的炮兵连中,除了涅尔仁和'恶魔般的'加琳娜以外,其他所有人都是毫无用处的废物呢?为什么俄罗斯人(士兵厨子)、鞑靼人士兵遭到嘲弄呢?为什么掌权的人都是祖国的叛徒呢?成千上万被杀死和受尽折磨的我国人民由于成了俄罗斯人民绝望的体现者而称著,他们的良心在何处?"

两位作家之间实际上有一个深渊——政治上的。索尔仁尼琴反对苏维埃政权和共产主义思想——肖洛霍夫则寄希望于国家自身能好起来,并走向光明的未来。一个是要破坏——第二个是幻想建设。

……在家中,在维约申斯克镇,摆脱了首都的一切冷酷无情,找到了心灵的休憩,甚至家中那些小动物也帮助他休息。他走出来,站在台阶上,一瞬间那几条忠实的猎狗就把他围起来。他特别看待其中的一条狗。莫斯科的小女儿在污水池里看到它时,脏得不像样子,但却很懂礼貌,于是她就把它带回了家。它进电梯时还不知道怎么嗅着去找门边。父亲逗趣地说:"我们要想完全舒适恬静,只是这种从脏水池救出的狗还不够多!"女儿说:"你看它的眼睛……"人们看了它的眼睛,就引起了同情心。大家把它洗干净了——俨然就是穿了黑点儿的雪白皮毛大衣的美女。看来,它是芬兰的莱卡狗。大家叫它达姆卡。很快,它就送来了礼物——生了九个小狗崽。它的忠实让人惊叹不已,在维约申斯克镇,它就成了主人的影子,一旦主人出门——在家里就找不到达姆卡:它就灰心丧气地躲在院子里的小树丛下。它那罕见的机灵敏捷让所有人都很高兴——人们一说:"达姆卡,我们的玛丽娅·彼得罗夫娜在哪儿呢?"——它立即就跑过去,咬着玛丽娅的衣襟拖她……它有着一种天赋——非常灵敏的猎犬的嗅觉。它不仅去逮野鸭,甚至还敢扑向野猪,由于有一回同公野猪撕咬,留下了伤痕。在肖洛霍夫逝世前两个月,它死了。

还有,在院子远处的角落里还有围了起来的一群鸡在咯咯哒地叫着,一群鸭子也呷呷呷地叫个不停,他们家的几个黄口小儿兴致勃勃地嬉戏叫喊。

还有那能让他完全静下心来的乐趣——钓鱼。如果是在池塘里,就可以幻想钓到鲤鱼,他多么喜欢说:"瞧,几公斤……"如果是在顿河——想到了极限——就是尖嘴的小鲟鱼。

然而,所有这些宁静和美满又常常为高度紧张的电流穿过。差不多在每一个信封里,装着的都是没什么价值的信:请帮助! 请帮助! 请帮助! 而且几十年基本上就这么一句。有的说要从监狱里释放出来,有的说没地方住,有的说领导不住嘴地责骂,有的说国家被官僚主义者败坏了,有的说,上面是瞎子而下面就破坏大自然。就是在这个月里,从乌拉尔来了一位老相识,他亲眼看到了肖洛霍夫的内心感受:他打开从库班寄来的一封信的信封一看:亚速海的鱼被毁灭了。

〔增补〕我很难理解亚·伊·索尔仁尼琴对同仁抱着如此不公正态度的由来、原因或者理由。同他也未能见过面。1996 年 4 月 15 日,在《共青团真理报》"直线"专栏安排下,我决定同他交谈一下,他由于非常忙,通电话也困难,不过他给了我这最后一个人的机会,但预先就说,时间要极短。于是,我们通了话。我还没来得及自我介绍,谈话不知怎么没按我的想法,成了匿名电话,这就是逐字逐句所记的内容(略去开始一般的话):

"在奥西波夫《米哈伊尔·肖洛霍夫秘密生平》一书中提到了作为您激烈地批判肖洛霍夫的基础、根据的一些事实上的错误……"

"我没有任何事实上的错误!"他打断了。

"有,这对您不好,因为您还要出版您的文集,再版……"

"您这是指为关于剽窃的那本小书写的序言吧?"他又一次打断了我,"我不想在文集中把它收入。"

"在《牛犊顶橡树》中也有错误。"

"没有任何错误! 可肖洛霍夫却在报刊上对我说坏话。"

"他没说! 可是我请求您再读一下奥西波夫的那本书,那样你自己就会明白,有事实错误还是没有。"

"没有时间! 我每天都要读送来的两三本书。"

"可是,还是请您读一下,因为那里涉及到您评价肖洛霍夫时的事实上的错误。请找一下时间,差不多一年前这本书已经给您了……"

"没有时间!"

停顿了一会儿。出现了一种有意义的高尚的声音:

"应当想一想俄罗斯!"

"尊敬的亚历山大·伊萨耶维奇,我还是要请您看看这本书,心平气和地分析一下……"

"没有时间,请结束谈话吧!"

利用"德"字的骗局

索尔仁尼琴用自己写的序言和后记,使这本反肖派的主要著作《〈静静的顿河〉激流·长篇小说之谜》得到了祝福。

1974 年,这本书在巴黎出版了俄文版,正如上面所提,作者用了一个匿名的"德"字,只是到了改革时代,作者才被指定为伊琳娜·梅德维杰娃-托马谢夫斯卡娅。

这本不大的小书,由于序言和后记的作者的威望,加以报刊和电视台对此津津乐道的宣传者们的炒作,已成为推翻肖洛霍夫的某种"圣著"。它不断地被再版,不用说,这位女学者似乎证明了那位苏联经典作家是个剽窃者。

只是不知道为什么对读者隐瞒了四种情况——最重要的。

第一,作者不是肖洛霍夫专家,而是普希金专家。因此,看起来也没有为科学结论收集应有的资料。说来可笑:研究书目只收入一本(!)肖洛霍夫研究的著作(我在自己写的《米哈伊尔·肖洛霍夫的秘密生平·没有传说的文献纪年》的《没有钉好的马镫》一章已给了梅德维杰娃-托马谢夫斯卡娅的著作加以详细的分析)。

第二,这本著作不能成为科学著作,因为它简直还没来得及成为这样的著作,刚刚开个头。在序言中许诺写三章,可是写出来的只有第一章——还没有写完,第二章有一个部分代替了许诺的三章,而第三章则根本没有。

第三,它抛弃了把不同的观点加以对照的这样一个无可置疑的科学研究法则。在书中,比如,"忘记了"提及巴黎出版商尼基塔·斯特卢威对这本书的警告:"这只是一个假说,认为长篇小说基本线索是因袭了克留科夫的这一论题可以争论。最后的证据基本上没有。"

第四,忘记了科学研究的道德——害怕争论和反驳。在索尔仁尼琴再版自己写的序言时,只字不提每一个反肖派的论断早已被推翻。其中包括我写给他的占有一页半报纸篇幅的《致亚历山大·索尔仁尼琴的公开信,附二十五处增补和批驳,情绪或者事实,用几十年时间来推翻米哈伊尔·肖

洛霍夫——有根据吗?》(《独立报》,2000 年 1 月 15 日)

……这篇序言把经验不足的读者引入了迷途,因为它包含了许多错误和歪曲,它向人们暗示——没有作家肖洛霍夫。我还是只批驳他的主要之点吧。

批驳一:我读索尔仁尼琴的序言:"在读者面前出现了在世界文学中未曾有过的现象,二十三岁初出茅庐的人利用远远超过了他生活经验和文化水平的素材写出了作品。"

——他不是初出茅庐的新手。他已出版过两本短篇小说集,中篇小说并且在《顿河风情》的几章里已表现出了自己是个长篇小说作家。

——年龄。他不会计算用在长篇小说创作上的年龄:小说经过了十五(!)年才完成,这时他三十五岁。

——教育。狄更斯没接受过小学教育,高尔基和马雅可夫斯基什么文凭也没有,列夫·托尔斯泰也没有念完大学……我忍不住要引用列昂尼德·安德列耶夫的孙女——奥·卡尔莱勒的意见:"从肖洛霍夫的谈话中十分清楚,他博览群书,特别是在俄罗斯文学领域。"

或者还有战前的一些证据。这是莫斯科"作家书屋"工作人员希佩罗维奇的回忆:"肖洛霍夫说,他想在这里收集一下他所需要的哲学书,从远古时代开始到当前的。我给他找到了相当数量的哲学书,马克思主义经典作家部分的找到的特别多①。古代哲学家书籍有这些人的:塞涅卡、苏格拉底、柏拉图、亚里斯多德,十七——十八世纪哲学家们的书有笛卡儿、霍布斯、斯宾诺莎、莱布尼茨、休谟的,还有狄德罗和法国唯物主义其他人的。也选来了康德、黑格尔、费尔巴哈、费希特的著作。最后是俄罗斯哲学家们的哲学丛书,有格·洛帕廷、彼·拉夫罗夫、尼·车尔尼雪夫斯基、格·普列汉诺夫的,共收集到了近三百卷书。"这是参加过 1942 年肖洛霍夫家疏散搬迁的人伦特的见证:"把这些书留下来太可惜。可是,要搬走需要好多吨的载重汽车,一个家庭有这么多书,我过去和以后都从来也没有再见到过。"

批驳二:我在序言中读到:"无论是这种写作高度,还是速度,在以后的四十五年间从来也没得到证实和再次出现。"

---

① 有书目清单。——原注

——像肖洛霍夫这样执笔多卷史诗性作品的作家们的命运都不完全相同。有些人成果丰硕,如巴尔扎克、左拉,或者比如,索尔仁尼琴本人以及他写的《红轮》;另一些作家则不同:塞万提斯或者列夫·托尔斯泰一部作品的多卷本也都没有重复过。

——高度。这要看什么样的书和由谁来看。比如,罗曼·罗兰曾极高地评价了《被开垦的处女地》。弗拉基米尔·马克西莫夫一开始是与索尔仁尼琴志同道合,是流亡国外的作家,反对共产主义,却也高度评价了这本《处女地》:"上帝还是让当今大多数研究苏联农村的行家们都具有这么多的知识和这样的写作水平吧!"

——速度。指责创作成果不丰富没有必要,如果知道,多少年的时光被夺走——最好的年华!编辑部和党的宣传机关的侮辱:要求修改,政治上的删砍,长时间地拖延(有一次——三年),挑刺。还有战前的五年,由于挑拨离间和诽谤诋毁,由于迫害,他放弃了写作——逮捕在威胁着他。还有战争中严重的震伤呢?!还有糖尿病、中风、癌症呢?!他一般写作很快——有速度——如果不妨碍他,比如,《处女地》写得多么快。

批驳三:我读到:"不容争议的斯大林本人称肖洛霍夫为'我们时代的著名作家'。你不要争辩……"

可是,不知为什么索尔仁尼琴"没有发现",后来,正如这本书的读者已经知道的那样,肖洛霍夫受到斯大林严厉的判决——有严重的错误。当斯大林的反应刊登了出来,肖洛霍夫的作品立即就停止再版,并要求他修改,这不是偶然的。

批驳四:我读到:"让人惊讶的是,肖洛霍夫在多年时间里,同意了对《静静的顿河》许多次无原则的修改——政治方面的、事实方面的、情节方面的、修辞方面的。"

可是,怎么能忘掉党的和文坛的官员对手稿和作者经常的侮辱呢?又为什么隐瞒了理由充分的自我校对的原因呢:减少了方言的使用以及正如他有一次对我说的那样:

"我的女儿年纪大了一点,于是我突然想到:我怎么向她们朗诵那些非常放纵的场景。"

批驳五:索尔仁尼琴写道:"作者生动地知识丰富地描写了世界大战和

国内战争,按其十岁的年龄,他没有参加过世界大战,而国内战争结束时他才满十四岁。"

——可是,索尔仁尼琴本人没写过这场战争吗? 而莱蒙托夫(《波罗金诺》)的经验,或者列夫·托尔斯泰(《战争与和平》)的经验,还有无计其数的其他作家的经验呢!

我还能继续批驳他(在提到的那份报纸上已批驳得很充分了),然而,已经十分清楚:摸油烟子不管滑不滑,反正都是黑的。

但是,锋利的斧子总是找得到粗壮的大树枝,这斧子也找到了索尔仁尼琴同梅德维杰娃的"反肖派",而且斧子是如此锋利和沉重,以至于枝叶繁茂的谴责剽窃,结果什么也没有剩下。

这里再谈谈《谁写了〈静静的顿河〉(〈静静的顿河〉著作权问题)》一书,它的作者——是一些瑞典、挪威的学者(语言学家和电子计算机程序设计人员),创意和领导者为盖洛·赫耶特索。

……肖洛霍夫得知,苏联外交部没有发给瑞典某一位斯拉夫学者签证,就去询问——为什么呢? 回答得很简单,指望着他作为党中央委员能与党中央的正确立场保持一致:

"他卷入了争论中,并因此使有关剽窃的话题升了温。对于科学研究来说,难道剽窃是个急需解决的问题吗?"

"和谁争论呢?"肖洛霍夫问。

"就是和那个索尔仁尼琴。可是,为了谁应把这挑拨离间行为扩大呢?"

他给奥斯陆发去了电报。赫耶特索把俄文稿的拉丁字母加以辨认:"我将高兴地在维约申斯克见到您,祝好,米哈伊尔·肖洛霍夫。"

哦,好,有签证了!

可是,为了通过被狡猾的家伙突然关闭了的去维约申斯克的大门,还需要一个通行证。

赫耶特索乘飞机来到莫斯科并且在自己住的宾馆里想预订去顿河的飞机票。答复他的却是——肖洛霍夫病了。可是,他真犟。找到了这位战友,他——用的电话。肖洛霍夫没有任何条件肯定了自己想要见到他。他就喜欢犟人。

1977 年 12 月 20 日,在午饭已过的时候,赫耶特索已来向肖洛霍夫鞠躬致意了,肖洛霍夫也照着瑞典人的方式作答:"欢迎光临!"玛丽娅·彼得罗夫娜走了出来,并请他吃顿饭。看来,他们一直在计算着,从米列罗沃来,路上需要多少时间,在等待着。

肖洛霍夫问这位科研小组的阿塔曼:

"为什么,赫耶特索先生,难道没有学者、文艺理论家们的电子计算机就看不出我的作品和克留科夫作品之间的风格差异吗?"

"很明显。但是电子计算机更有权威性。学者可以表现出同情心,甚至是偏见,而电子计算机就没有!"

肖洛霍夫为这些外国人的新办法感到惊异。这些人首先使用了这种方法,一致地达到了预想结果。他们设想"按血型"寻找出父辈的小说。语文学家看起来就有这样的办法——他还从来也没引导过谁。这是因为,任何一个作家都是在其一生中把修辞方法和词汇总量带入总的统一特征中的。也真的像血型一样。还进行了比较……他们决定:若是费多尔·克留科夫没有任何一本长篇小说(梅德维杰娃和索尔仁尼琴把他当作了《静静的顿河》作者的候选人),那么就应当研究他的全部中篇小说和短篇小说的创作。

赫耶特索把这些讲了又讲。看来,合作者们为了对照地分析研究,拿来了克留科夫的三本书,拿来了肖洛霍夫的头两部短篇小说集,两部《被开垦的处女地》和《静静的顿河》的第一、二、四部。

还必须用辅助阅读的材料加以充实……这一科学研究的全部规模还真是庞大,他们使用过一百一十三种论文、专著和其他著作中的摘要,其中二十六种是苏联的。

《谁写的〈静静的顿河〉》一书有四章,共一百八十六页。在这本书的空白处,肖洛霍夫已经知道了,还要进行深耕细作。找出一致和不同之处,比如,在词汇总量中要找出:饱和、巧合、重复和变异……从克留科夫和肖洛霍夫所写文字的特点中对照出句子的平均长度、词类的划分、连词使用的频率……所有这些都按着一百五十个表格、线图、公式收入并配以别出心裁的称谓:《所用……的辨别分析》、《句子长度同词语长度的相互关系》、《词汇侧面图》、《符号类型的效率》、《频率的分配》……作者没有列入书中——他们不想负担过重——散文节奏研究的各部分,词语种类的划分。

就这样,"血型"也确定了,说得更准确些,文学基因被分解了。赫耶特索不无骄傲地向肖洛霍夫解释,收集资料、编制程序已用去了多年,他们甚至搜集的词汇量达六万一千个,而且是写下来的,然后才是轮到了不偏不倚的电子计算机来工作。

在一万两千个句子中,电子计算机一个词接一个词地比较了十五万个单位。

赫耶特索承认,他这本书不是为大多数读者写的,读起来很难。是这样;通过了一大堆的数字和表格,他们才好不容易地挤了过来。不错,你自己若带着强烈的好奇心——那出现的判决该是什么样子的? 没有政论! 没有激情!

客人为自己的听众在这本书结尾找到了一页,在翻译的过程中,他读着:"运用数字统计方法使我们排除了克留科夫写这部长篇小说的可能性;这样,肖洛霍夫的作者权也就不可能排除。"

赫耶特索最后做出了结论:"对于'德'和索尔仁尼琴以及他们的宣传者,我们不仅证明了克留科夫不可能成为《静静的顿河》的作者,看来,"这位学者特别指出,"更重要的第二证明是:那些短篇小说、中篇小说和两部长篇小说的作者是一个人,因此,称为天才作家的其他所有候选人都不存在。"

他是正确的。斯堪的纳维亚几个人完成了自己的著作,看来,"容量是大的"。后来就清楚了,克留科夫这张牌输了后,代之而来的是出现了一打想代替肖洛霍夫的候选人。然而,已经有了可靠的刹车信号。您想把什么人摆出来竞选天才的称号吗? 这样,就应当起码证明,那些不管是短篇小说,还是《被开垦的处女地》,都是您这个竞选者写的。

来做客的挪威人采取的办法很有意义。难怪都说,斯堪的纳维亚人严谨,争论中火气大。有一位罗斯托夫的语文学家在饭桌上对他说:"肖洛霍夫是在果戈理的《塔拉斯·布尔巴》和托尔斯泰的《哥萨克》影响下开始写作的。"他却反攻:

"影响,也可能有过,然而对于初学写作的作家,更容易感觉到的却是二十年代文坛时尚的影响:皮里尼亚克、巴别尔……"

肖洛霍夫精神为之一振。那个语言学家生了气。可是,客人也生气了:

"很清楚,当时你们的文学得到了这样的称呼'切碎了的散文'。"

他从皮包里拿出一张硬实的纸卡片(这位学者把这种卡片用作咨询卡片)并读起了《静静的顿河》里的句子:"一千九百一十六年,十月,夜,有雨又有风,多林的低地。"

"原来,肖洛霍夫先生在自己的小说创作开始时就使用了这种修辞手法,这也是驳斥谴责剽窃的理由。克留科夫没有可能掌握这种文学语言,这种语言是在他死后出现的……"

在苏联,任何人也不知道斯堪的纳维亚人写的这本书。这是非同寻常的事件!这是因为,党中央根据传统维护着人们远离反苏宣传,因此——对于是谁在诬蔑肖洛霍夫,又是谁在保护他,只字也不提。它就是这样的一个消音器,对西方电台的广播得心应手地去消音。想推翻肖洛霍夫作者权的人也同样在贬低这本书,这是因为,他们不能与它争论,甚至也不能用评论扩大影响。所以,在我国只是在经过了五年的1984年奥斯陆出版了它以后,才对它进行了翻译,而且倡议者还不是出版商或者学者,而是根据当时颇有影响的国务活动家弗·康·叶戈罗夫的指示。如果我没弄错的话,发现这本书的总共只有两三种报纸,其中反响之一就是我的文章。

盖·赫耶特索……我同他相识是在一次纪念肖洛霍夫的文学晚会上,当时这位挪威人来到了莫斯科。他讲了话,可是由于谦逊或者拘谨,关于自己他几乎什么也没说。我们俩走到了一起,也只是那时我才得以对他有了某些了解。

"一般说来,我不是研究肖洛霍夫的专家。在1975年以前,我研究过俄罗斯革命前的文学。"

"怎么能这样呢?"

"我偶然间读了'德'的那本小书。因为它有索尔仁尼琴写的序言,我立刻感觉到它特别重要。我阅读着……可是,有些不满意:'德'的意向是学者式的,可是,论据却是政论式的,特别缺乏证据。这是事先盘算好了的,让人们相信这些话……假说,仅此而已!这基本上只是在你们国家里,人们才认为《〈静静的顿河〉的激流》是一本有根据的学术著作。"

"为什么您本来不是肖洛霍夫专家呢?"

"想得到证据。学者的思维方式即如此。当我在寻找证据时,一点儿也没有想到是接受'支持肖洛霍夫'的立场,还是'反对肖洛霍夫'的立场。主要的是——想用事实装备起来。一旦找到了根据——我准备接受任何方面。科学嘛!我只考虑这些……"

就这样,亚·伊·索尔仁尼琴在他反对肖洛霍夫的战斗中遭到了彻底失败。但是——奇怪的是——他拒绝光荣的投降。而且,在发起这场攻势之初,他把自己名字献给"德"的这本书时,就声称:"我建议苏联报刊和苏联学者们要回答这些论据,而不要辱骂。"

然而,当人们回答了他,他却拒绝已承诺的讨论反驳。当出现了各不相同研究者并非辱骂而是非常具有科学性的论据时,他却干脆闭口不言,其中就包括了我已提及的那封《公开信》。

这其中还包括了在主题为"谁是《静静的顿河》的作者"的美国斯拉夫语言和文学教师联合会召开的代表大会上的资料。可是他却瞧不起有两位桑扎洛夫所写的《米·亚·肖洛霍夫作者语言的声音语义学分析》一书(2000年),这里重又借助于不可贿买的电子计算机的数学分析,而且,计算机的使用对肖洛霍夫语言的声音分析差不多涉及了他的全部作品,结论是:"为了能肯定,所提供的资料反映出的不是一般的语言,而恰恰是作者肖洛霍夫的语言,进行了肖洛霍夫风景描写的声音同果戈理和托尔斯泰的风景描写的声音相对比。三位小说家声音特点的对比表明,每一位作家都有自己的声音语言的特性,有自己特有的写作风格。从这里可以看出,肖洛霍夫作品所出现的所有资料都表明了作者语言的特点。总的结论是:全部作品,它们的作者都标明是肖洛霍夫,是由一个人写出来的。"

〔增补〕不仅我一个人看出,索尔仁尼琴的笔在瞄准肖洛霍夫时,也不够老练地对准了真理。比如,"我读了文艺理论家'德'的著作《〈静静的顿河〉的激流》一书,就像一个受过法学教育的人一样,不能承认他向我证明的,好像这不是肖洛霍夫。"这是弗拉基米尔·马克西莫夫讲的。还有亚历山大·季诺维耶夫,他是个流亡国外的哲学家,他说"关于怀疑肖洛霍夫的著作权……我却任何怀疑也没有。如果那样看,就像某个人所想的那样,我就想证明,《战争与和平》是由二十位作家写成的,而托尔斯泰只是把他们写的编纂起来而已。"

第 三 章
被焚毁的小说

六十年代中期……在把宽阔的顿河尽收眼底的小屋里,或者在乌拉尔河畔打猎的屋子里,不受任何烦乱事情的打扰和诱惑,一部新的长篇小说的几章在写作着,并想要来到这个世界。

刚刚出生的文本一开始读起来就庄严肃穆:"黎明前,沿着宽阔的干涸了的谷地,一股汹涌而温暖的春水从南方奔腾而来……"

也许,人和宁静的大自然也会这样地奔向寂静?

侮 辱

为什么长篇小说《他们为祖国而战》没有全本而仅存几章呢?

肖洛霍夫作为一个作家,作为一个人,其命运是名副其实悲剧性的,这一命运带来了许多问题。

难道没来得及写完小说? 现在我们已经知道,它受到了多大的干扰。这不仅因为,不准许他去看总司令部的文献资料,而且也有在党中央里不怀好意的阅读时的挑剔、怀疑、批评和贬低的处置。还有就是疾病和年迈。

他不想完成吗? 而这样的冲动在他一生中曾经出现过——在农业集体化中,当他遇到了"过火行为"就妨碍了他写《被开垦的处女地》。是写完了,却藏了起来,不交付出版? 在斯大林活着他续写《被开垦的处女地》时,这种事也发生过……

直到现在我都不敢相信,我曾从肖洛霍夫两位密友那里听到——还是在他活着时,离辞世总共只有八个月:这部小说被焚毁了。

……这部长篇小说焚毁的过程可以从那一天做一标记,当时,有一捆新章节的打字稿放在了《真理报》主编的办公桌上。斯维特兰娜·肖洛霍娃对我说过:

"《真理报》主编向爸爸要新写的几章的片段。要到 11 月 7 日了,过节的日子。开始父亲拒绝了,可是由于执着地要求,父亲把这个片段寄给了他，这个片段写了斯大林和大清洗。没经过'上头'准许主编不打算发表。他劝说父亲做些修改，'和缓一下'或者全部删掉某些尖锐的地方。在非常激烈的谈话后，父亲拒绝了修改和删掉什么……"

就这样，手稿被送到了党中央，最高的办公室。

这样，对抗开始了：勃列日涅夫反对肖洛霍夫。一切都不公布于众——国家机密。

肖洛霍夫也同样一言不发，看来，他不想像一个持不同政见者，他也不提醒社会，说他没有一本小说不是遭到了强权压制的。

关于这些，开始我是怎么知道的呢？那还是在1969年7月2日，一开始就有人听他本人说过了。那是在罗斯托夫。他从维约申斯克乘飞机来到这里，以便接见当时几个兄弟社会主义国家的青年作家代表团。

这次会面的过程极为有趣！我很幸运，以青年近卫军出版社主编的身份来到了这里。肖洛霍夫同年轻的同行们交谈得很随便，无拘无束，不断地吸着烟，脸上总出现微笑，还不时地开着玩笑，讲得生动又形象，话语充满了善意。可是，要知道，他来的时候心中是带着勃列日涅夫给他造成的伤痛的。他同客人们谈到了一个作家在社会上、时代面前的责任，并要准备为了这一切而去经受创作上的损失这些话题，突然，他提出：

"现在我正在写……写我们生活中一个急剧变化的时代。为了检验一下自己，已把几章交给了党中央……我同意了许多批评意见。它们乍一看来似乎降低了作品的紧张性。但是，我这样做为的是不损害我亲爱的党。应当同党在一起。同人民在一起。这件事，请你们记住，不应当那么做，就像库普林写的，你们还记得吗，当时中尉不能迈步了……"

他的这一番话，看起来只是这部长篇小说悲剧性创作过程的开端。我后来知道的那些——同以前的一样，都是听他说的——就很难同最初听到的相一致了。他没有证实，他同意了"许多批评意见"。不知为什么他没有提及勃列日涅夫的名字。主要的是——他把这件事经过的紧张性遮掩过去了。为什么呢？也许他服从了当时的政治礼节：同外国人交往不能直言不讳，也许，担心提及此事让自己伤心。

过了几年后，我才完全知道了这个不幸。我注意到了，他信任我是在"不见诸报刊"的条件下的。

"我把这部长篇小说的手稿交给了勃列日涅夫……那里有几页写了斯大林。我想过了,这不妨碍征求意见。我等了一周,等了一个月,等到第三个月……斯大林曾用两夜读完了《被开垦的处女地》。最后,从党中央来了邮件——一捆长篇小说交给了我。我立即打开看,里面有什么?——没有信,而在手稿的空白处只有三个问号。就这些,没有任何一句解释和说明……"

我没有忍住,就打断了他的话,问,这位克里姆林宫的读者加上的问号是什么意思。我听到:"一个问号标写在了我写斯大林的地方,是批判的……第二个问号——标在继续写斯大林的地方。"

"那么,我怎么办呢?"肖洛霍夫继续问,"你看,我想已经商量过了。喏,我认为,已经向基里连科说明白了。您还记得吧。当时他是党中央的第二书记。我打了电话——立即接通了。我讲过了后,他回答:'亲爱的米哈伊尔·亚历山大罗维奇,这是个误会。亲爱的米哈伊尔·亚历山大罗维奇,这是某种错误,但不是勃列日涅夫的错误。我今天——他是说——我向勃列日涅夫解释清楚。请您过两三天再来电话。现在我就看您的手稿——您把它送回来吧。'手稿很快就到了那里,当然,是我交的。过了三天,我就打电话。整个一周都在打电话。又打了两三个月的电话。没人接,也没有基里连科。

就这样,一次也没有联系上。有时,他们说,在开书记处会议,有时,开政治局会议,有时,出差……最后,信使带来了一包手稿。我打开一看,一切照旧,既没有信,在空白处也没标什么新的……一切还和以前一样,三个问号。"

肖洛霍夫沉默了一会儿,最后挖苦地嘟哝着:

"听说,勃列日涅夫是个出色的猎手。"

看来,他并没有把一切都和盘托出。后来,长女就补充了一些重要的内容:

"父亲对这样的支吾搪塞感到很委屈。于是寄去一封信。他气极了,但信写得有节制。因为有'亲爱的'或者'致以敬意'……字眼。但在最后他控制不住了。请您注意,最后几行字的抗议有多么的不敬。"

于是,她把信的复印件交给我看:

"亲爱的列昂尼德·伊里奇！正如你今天作报告所说的那样，'根据传统，全体会议的规则不改变'，我同《真理报》的关系根据不成文的传统也同样不改变，不管是《静静的顿河》，还是《被开垦的处女地》，还是《他们为祖国而战》，它们几乎全部是通过《真理报》发出来的。

不改变这一传统，我把这部小说的一些片断转交到那里，这些片断在你那里已经超过三周了。

使用这些还有问号片断一事不能再拖延下去了——我特别请求你尽快解决——原因如下：

一，我等待你解决，暂不写作。要写，也没有那种心境……

二，由于有了这些片断，也由于它已经在《真理报》社了，莫斯科许多人都已知晓，一旦《纽约时报》什么地方或者在某一家其他有影响的报纸上出现了报道，说'看，有人说，他们连肖洛霍夫作品也不出版了'，那我一点也不会微笑的，可以后围绕这一问题还会说些难听的话……

你已经答应的 10 月 7 日的谈话未能实现，并非是我的过错，因而我再一次请求尽快解决这些片断问题。如果，你找不到这次与我交谈的时间（即使最短暂的时间），就委托谁把你认为需要的同我谈一下，以使事情不要搁置起来，也使我免受资产阶级报刊极有可能的臆测，这些我有些害怕，当然也不愿发生。

找出两分钟，以便用任何一种你认为适合的办法回答我重要的问题。我——正在开全体会议。11 月 2 日星期六我将乘飞机离开。即使不是出自于同志的情感，而只是出自于起码的尊重，回答我的问题，时间也是足够的……

拥抱你！米·肖洛霍夫，1968 年 10 月 30 日，于莫斯科。"

总书记没有屈尊作答！

肖洛霍夫又写了一封信——12 月 12 日。在开始的几句里就显露出他的性格来了："亲爱的列昂尼德·伊里奇！片断的出版问题第三个月仍然悬而未决，应当把它结束了……"之后，他指望着机关的纪律，不是没有挖苦地引出一个同样害怕评价这部小说的人的名字，但却掩饰地说："知道你非常忙，我请求你委托安·巴·基里连科同志解决这些片断的问题，更何况，他读了这些片断，我们就会商量好的。"最后，明显地表现出了毫无办法的失望,说:"告诉我,你是怎么对待我的提议的,即使说两个字也行。要知道,这并不那么困难!"

勃列日涅夫与肖洛霍夫的交往看来是困难的。

"怎么办?——等待——等什么?——等待。"这件事使人想起了这么一句古老的谚语。

他女儿解释过一件事:

"当然,父亲什么也不怕——在国外,什么也没有发表。他指望被外国报刊的宣传吓破了胆的勃列日涅夫要站稳某种明确立场。勃列日涅夫却连这也没有答复。父亲不得不两手空空回到了维约申斯克。从这里发出了一封电报,要求退回手稿……他等啊,等……顺便说一句:或者对手稿的空白处问号的数量父亲没说过什么,或者您没有把它记下来。删改之处多极了!他们把小说弄得面目全非。"

她接下去说:

"可是,突然《真理报》上登出了长篇小说的片断,这是由勃列日涅夫的'编辑团队'中某人'改'得面目全非的。他们答复满腔怒火的父亲说,不能完全在报上登出,那个时代还没到,而在出书时,一切都可以恢复原样。可是,哎,即使出了书,什么也没恢复,从那时起已经再版多少次了……"

她又补充说:

"争执是毫无益处的,再把小说写下去也不可能了。这给他带来多大的重荷呀?还有更心酸的(!)时代……当时,时代就与父亲作对,那你就什么也做不成。作为一个作家,作为一个人,他仍然寄希望于变革。他明白,以后不能再这样生活了,但是,对于他来说,这种变革的到来已经太晚了。就这样,一部描写伟大战争,描写我国人民巨大苦难和伟大功勋的长篇小说就丧失了。"

……年末,许许多多的各种各样的事进入了肖洛霍夫的生活中。你看,他高兴了,给家里安上了——终于大家猜到了——水暖锅炉,水管就可以把热气送到所有的房间。

你看,他生气了:他得知,莫斯科的《星火》杂志为纪念他创作活动五十周年,筹备了一本回忆录文集。编排内容寄给了他。但是,他立即给这家杂志的编辑、自己的老朋友安纳托里·索夫罗诺夫发出一封信:"文集应当坚决予以压缩,淘汰所有微不足道和毫无价值的东西,这篇文章①——是吐沫和糖浆而已。你要是读了——就想去洗手。不能这么写……要把整个文集给要求严格的人看一看。这样子的书不能出版,我和自己并非仇敌……"

你看,有件事让玛丽娅·彼得罗夫娜很伤心,那儿有个人向她小女儿玛莎求婚。还好,她自己就回绝了这门亲事。

你看,肖洛霍夫为印度人民的伟大儿子甘地诞生一百周年写了一篇短文《伟大的心灵》。这里在他提及列夫·托尔斯泰时,特别指出了异常清楚的,而且也是他具有的东西:"反对压迫,善于感受到本国和其他国家人民的苦难——这就是他们追求的基础,这就是使两位巨人接近的地方:为了印度的解放而忘我的战士和热爱人类的伟大的俄罗斯作家。"

看,还有一件令人高兴的事。他接见了一个法国人的大型团体——他们是肖洛霍夫作品主人公知识竞赛的获胜者。这一次,由于情感的激动,他稍微对来访者揭开了自己心灵中新的东西。

"我希望,你们不要责备我,说我是个顿河哥萨克,原来在巴黎就有过顿河哥萨克……"

预先策划好了的一阵间歇后,他从"军阀制度"的路上离开:

"哥萨克们从法国带来了做香槟酒的葡萄树苗。这些树苗移种已经成活了……"

大家立即提问,打断了他的话:"尝过法国的白兰地吗?"

"我已经六十二岁了——很有经验,尝过……那种白兰地味道,美极了……"

又出现了间歇,突然间好像他在年轻人的眼神里抓到了一个调皮的问题,狡黠地眯缝了眼睛,抢先说:

"可是,我请你们不要向我提出'有预谋'的问题,问我法国女人美不美……"

然后,他一本正经地说:

"我到过法国六七次。这是一个伟大的民族。现在我还怀着深深的感激之情回忆他们给予我热情的款待。"

---

① 有作者名字。——原注

客人们对许多事情都感兴趣。

"法国作家中我看重谁吗？很难回答……伟大的俄罗斯文学是在同你们的文学频繁交流中成长的。互相丰富……托尔斯泰和司汤达不可分割……"

他突然又说："许多东西把我们融为一体。既有同德国的第一次大战，也有最近的一次战争，法国人民和苏联人民都流出了鲜血。"他还回忆了同戴高乐会面的情景。

在这次采访记中，他没有回避对"叛逆者"，即对"持不同政见者"的看法："对这些人要更加小心。大家知道，一只羊长了疥——所有的羊就要遭殃。"

对此，应当知道，这个话题从1966年以来就使肖洛霍夫坐立不安了。

〔增补〕这部军事长篇小说的创作反映出党的书刊检查多年来对读者掩盖了伟大作家对斯大林的真实关系。我感到骄傲的是：在1995年，我同斯维特兰娜·米哈伊洛夫娜·肖洛霍娃出版了已把删改处恢复了的《他们为祖国而战》，其删改上面已经提及，而且，读者的数量又增加了——作为作家女儿所写的札记当时也公布了这些删改之处，收入她所在的瑰宝出版社出版的《轰动历史的文集》一书中，发行量十万。

还有一点——这一次是无意地——弄混了。纪念甘地的短文不知为什么没有收入作家逝世后出版的文集中，因而被忘记了，甚至也没有被科学研究使用。但是，由于青年近卫军出版社的出版，这篇短文毕竟还可以读到，它收入经肖洛霍夫同意出版的他的政论文集《听命于心灵》（1970年）中。

再 说 斯 大 林

就这样，人类失去了一位作家、见证人所写的关于战争的证据。

有人说：对于历史来说，重要的不是小说家栩栩如生的文字，而是学者、历史学家严谨的笔。而我确信：未来带有斯大林画像的公正的战争画卷所必需的正是肖洛霍夫的激情文字的描述。

……在赫鲁晓夫当政时，有一个传言惊动了莫斯科，说肖洛霍夫在写战争小说的续篇，其中有斯大林。只这件事就闹翻了天，在那几年里，我从未忘记自己的出版生涯。书刊检查官们不仅根据赫鲁晓夫把领袖革除教门，就是我们出版界弟兄们碰到斯大林也要——立正。他只能用来批判。因为要求极严：谁是这样的文坛大人物，让他有权利说出斯大林的名字，以他的名义，带着何种目的写这些，而后果该如何呢？最好还是别牵扯上。

肖洛霍夫明白——对待斯大林，首先读者们没有任何一致的观点，成千上万封信寄到报社、出版社。一些人诅咒领袖造成了不计其数的灾难，大家一同度过了几十年。另一些人则被诅咒，他们保护着他，同他联系在一起的是许许多多的胜利……

著名作家中有谁——不是那些见风使舵者——说出了自己的话？然而，一些作家——也有一些历史学家，同样不想冒险：党中央和书刊检查机关服从赫鲁晓夫的路线，他们不鼓励这一话题。也有些作家简直就害怕碰到这一话题：力不胜任。还有一些人，没有接近真实资料的通行证——档案不能交给所有的人看。

有人在谈话中想说服别人，认为这部小说的写作是赞美斯大林，因为，肖洛霍夫嘛，是个极坏的斯大林主义者。有几个人知道了此事，耸了耸双肩就说了，这位作家——是个有经验的政治家——会小心谨慎的：如果小说中有斯大林，那也只有一种可能性——只出现一下，而不是完全表现出来。

实际上，责任至关重大。肖洛霍夫当时在莫斯科，找过赫鲁晓夫：决定谈一谈。听说回答了一个简洁的结论："写斯大林的时代还没来到，至于1937年，党中央已经说过了……"

在勃列日涅夫时期，这一切仍在继续。中央委员会的书记之一、一位思想家劝告他："米哈伊尔·亚历山大罗维奇，在揭露斯大林这个还没有封口的伤疤上，不要再撒盐了……"

就这样，有了指示——最好不提斯大林。但所有这些障碍都不是为肖洛霍夫设置的。传言说，肖洛霍夫谁的话也不听，这并非瞎说。

斯大林实际上已出现在自己小说里了——作家急匆匆地动笔：对话跟着对话，一个场景接着一个场景……他自己承担责任——而党中央如今没有指示。

作为一个强大的国家的领袖和整个行星的精神主宰，处于可经常性地相互关注中……公开地相互影响。这也就唤起了我仔细关注——我要特别注意！——他们在生活道路的某一时期共同交往的每一件事（力争做到！）。过去有的——也就有了。这里我要回答对第一版书曾批评过我的人。对一些人：为什么如此多地收集了来自领袖的作家一些不好的东西？对另一些人：为什么那么少地发现他们关系中好的实事？

那么，小说中是如何表现斯大林的呢？

……作家列出了主要人物之一，亚历山大·米哈伊洛维奇的一段激动人心的独白——他穿着"人民的敌人"的囚衣赶来了：

"——我抱怨斯大林。他怎么能允许这个呢？！我极力客观地分析这件事，并且觉得我不能。有一点妨碍。我同他不是在相同的条件下：如果我对他很不好，那么人们就会因此唾弃他。所以对他就既不冷，也不热，因此他对我就不好，这样，我就因此，既感到了冷漠，又感到了热情，还有更糟糕的……"

还有一个场景。在领袖在场时，工农红军的一些指挥官展开了一场争论——争论科尔尼洛夫将军是一个怎样的人。这一场景使人联想起了肖洛霍夫对于1931年吃午饭时的一段记忆，当时斯大林在高尔基面前进行了审问。

记忆极为清晰——因而出现了这样的句子："斯大林像猛虎将要出击那样眯缝着黄眼睛。"

对1937年的评价。肖洛霍夫不能支持政治上的大清洗。可是，对于某些——记性好的人——他仍然是个刺儿头：没有忘记他在战前党的代表大会上的发言。发言中他提到了敌人和间谍，尽管没有点一个名，讲得也并非狂妄和急切，像其他人那样。如今——二十年后——作家回到了这一题材，而且用亚历山大·米哈伊洛维奇之口讲出一大篇独白。

我还记得，其中批判了一些人用逮捕和"不公正的审问"弄得全体指挥官们一蹶不振。

还有新的关于斯大林的句子。其中写到了一场争论，周围所有的人都像开了锅一样："'偏见——这是极坏的参谋，无论如何，我觉得，他①长时间以来一直是难以破解的，不仅对我来说是这样……'——亚历山大·米哈

---

① 斯大林。——原注

伊洛维奇继续说。"

在此之后,他开始回忆在察里津城郊,斯大林是怎样救出一个受伤了的哥萨克军官的。

这个哥萨克军官幸运经历的故事很短,可是在这部小说里关于斯大林的争论却无论如何也没冷却。斯特列里佐夫和拖拉机站站长争执起来时,正是他们在讨论为什么斯特列里佐夫的哥哥亚历山大·米哈伊洛维奇被释放了出来:

"'我的笨脑子是这样想的:斯大林同志开始稍微睁开眼睛了。'

'你说什么?难道他是闭着眼睛管理国家吗?'

'好像是这样。不过并不总是这样,而是从 1937 年起。'

'斯杰潘诺维奇!上帝可是在我们头上啊!我们从自己的拖拉机站能够看多远?这些事是我们应该议论的吗?照你的说法,五年来,斯大林一直像盲人那样生活,现在突然恢复视力了?'

'生活中有这样的情况……'

'我可不相信奇迹。'"

关于斯大林的还有——这就是根据作者的意愿,由释放后归来的亚历山大·米哈伊洛维奇说的:

"我深信,绝大多数过去和现在被关押的人都是冤枉的。他们不是敌人……我也没有对自己的党失去信心,现在仍然准备为了它全力以赴!……他怎么能这样做?!但是我入党的时候,他在伟大的列宁身边还不显眼。现在他是公认的领袖。他在国内建立了工业,他实行了集体化。他无疑是列宁以后我们党内最重要的人物,他给我们党造成了这么严重的损失。"

关于斯大林的还有:

"他这是怎么啦?有一点我非常清楚:有人向他报告虚假信息,他被严重地引入歧途,他被从叶若夫开始的那些从事国家安全的人给欺骗了。"

肖洛霍夫在继续创作这部长篇小说的那一年,还没有可能知道,这位领袖在许多处死人的名单上亲自留下了他那支判决的——惩罚大笔的痕迹,而且他还面对面地参与过审判。只是 1985 年以后这些才披露出来。可是,他相信自己的方法——这才有可能说出了虚假情报、弄虚作假和叶若夫来,只是后来才作出了总结:"如果这能够在某种程度上为他作辩护……"

这就是那种信念的反响,说什么斯大林已开始减缓了大清洗。但是,肖洛霍夫却有另一种看法:"你想办法把伊万·斯杰潘诺维奇请来。应该和他谈谈。他关于真相的想法太天真。几个人被释放,并不意味着所有的人都会陆续放出来。"

他还不止一次地——揭露性地——回到那个时候关于社会风气的谈话,其中还谈到了,他们是如何有了令人极端厌恶的——告密行为:"喜欢的就是一个人弄脏另一个人……"

但毕竟他是——"长时间以来难以破解的……"要知道,这一论断并没有错。几十年过去了:有两次,1956年后一次,1985年后一次,出现了可以轻松自如地在史册上廓清斯大林的可能性。只想毕其功于一役! 直到如今还是没有把真相完全搞清,是谁从1924年起管理这个国家并对全世界产生了影响。一会儿突然间斯大林成了一个避而不谈的人物——有那么一位笨手笨脚的作者讲述了无所不能的领袖统治的时代时,却不提他的名字;一会儿,他又被编进了模糊不清的名单中,比如编进了统帅全录(有一次甚至按字母顺序)中,这就抹煞了一个大国独裁者的角色。一会儿在党中央里,有人出了主意把他的名字从西方活动家回忆录中勾掉——这么一勾,回忆录也就荒诞不经了。一会儿他的照片又出现在那些胆大包天的汽车司机的前窗玻璃上——招人! 为改造斯大林,人们把他的形象画在年轻的高加索刑事犯的脸上,画在老年的精神错乱者和酒精中毒者身上。可是,谁能发誓说上述观点中哪一种是唯一正确的,而且是完备的呢?

肖洛霍夫明白:写历史不仅不能有选择性地淘汰事实,而且写一个人的传记也是如此。难道收罗一点儿辱骂的词语——即使是有根据的——就能解释,一个伟大的民族怎么导致了以斯大林专制为标志的大悲剧吗? 他们长时间以来相信斯大林主义,在共产主义伟大理想的感召下把自己献给了伟大国家的诞生。

作家、历史学家、政治家

肖洛霍夫清楚,在他的军事长篇小说里,同胞们期待他的是什么。对,不仅是对于功勋和主人公们的热情洋溢的叙述。这样的作品已无计其数,也不仅是对战争重压的描写——肖洛霍夫年轻的同行们已开始无视在这一方面被党加以禁止的指示。由于惊诧于严酷真实的世界,从六十年代以来出现了米哈伊尔·阿列克谢耶夫、安那托里·安纳尼耶夫、维克多·阿斯塔菲耶夫、格利高里·巴克兰诺夫、弗拉基米尔·鲍戈莫洛夫、尤里·邦达列夫、瓦西里·贝科夫和叶甫根尼·诺索夫等人的小说。一些人称他们的作品为"中尉真实",另一些称"战壕真实"。对待这样一批中篇和长篇小说多年来党中央一直是胆怯的。

肖洛霍夫也想利用自己的威望,使人民阅读到关于英雄人物、关于人们所感受到的重压,以及与此同时关于苏联人民如何在战斗,甚至关于在战争中也并没平息的反对"人民的敌人"的一部小说。因此,他在这部小说中写进了不少被禁的内容。

……关于刽子手贝利亚,小说的一个人物说:"应当去一趟贝利亚集体农庄,可怎么去呢?我感到丢人……我的天哪!凭什么这个集体农庄用贝利亚来命名呢?……农庄很好,那里的人也都是善良的劳动者,可你一去那里,这个名字就开始折磨你了……"

还有,人们在提心吊胆地等待着日益逼近的战争:

"我担心,战争初期我们会很艰难。……这一回也会战胜他们!什么代价?喂,兄弟,面临生死问题的时候,是不谈代价,也不问代价的!……"

……动员和编组军队如何进行:"补充人员来到了……决定让哥萨克人到我们步兵部队里……从罗斯托夫调来的手艺人又都插到骑兵部队里……"

……在老百姓中是如何看待退却的呢:"你这个不要脸的!你们往哪儿去?急着过河吗?让谁替你们打仗?你们是不是想让我们老太婆拿起武器保护你们不挨德国人揍?……你们这些该死的东西,不知羞耻,没有良心!什么时候有过这种事,让敌人一直打到我们这个地方?……"

在从战场回来的人的讲述中迸发出作家——共产党人这样的话语,这话语在普遍的无神论中是禁止说的:"当他在乡下的教区小学念书时,每逢节日,小伊万·兹维亚金采夫总是跟着妈妈去教堂,学会背诵所有的祈祷词。可是从那以后,这么多年他没有打扰过上帝,没有向上帝提过任何要求,他已经忘记了所有的祈祷词。现在他用自己的话来祈祷,翻来覆去就这么几句:'主啊。救救我！别抛弃我,主啊……'"

我们注意到:最后,好像是完成了斯大林的委托——小说中写出了一些将领的名字。写出了格奥尔吉·康斯坦丁诺维奇·朱可夫的名字。后来,还有一些将领是他所景仰的,因为在战争中他们从微不足道的官衔就开始了迅速提升:基里尔·梅列茨科夫、尼古拉·沃隆诺夫、罗季翁·马林诺夫斯基、巴维尔·巴托夫、尼古拉·利亚申科、亚历山大·罗季姆采夫……他称他们为雄鹰。

有一次,肖洛霍夫曾有过这么一段独白:

"党的关照好像使我很高兴……又是关爱,又是感谢,又是表达希望,因为我把《他们为祖国而战》交付了出版。可是,有谁能想到,斯大林死后我们对战争的评价出现了曲折呢?这场战争还没有成为名副其实的历史……赫鲁晓夫找到了通向维约申斯克的道路,带我去了美国。可目的呢?要评价他的功勋,可是他,作为最高大本营的代表,却打败了哈尔科夫战役。对待历史应更加小心谨慎,真实地研究和写。不要像小地①的故事……"

这里,肖洛霍夫说的是勃列日涅夫的回忆录,书中此人极为恬不知耻地夸大在小地战斗中自己在政治机关中所起的统帅作用。

就这样,艺术家在自己的长篇小说创作中,既成了历史学家,也成了政治家。

党的书刊检查官员起而反对他。他们的惩罚大笔把这一章弄得面目全非,这一章是这么开头的:"已经是五月末了,可斯特列里佐夫家一切还和过去一样(其中写到了尼古拉·斯特列里佐夫领悟到了战前大清洗的时代)。"作家的军事真实招来了检查官员的攻讦:

在"仍然受尽苦难"的一句中,读者没有读到"来自苏维埃政权的"。

下面一段从小说文本中删去了:"失去了许许多多的人。优秀将领中的优秀者被枪杀了,全世界都知道他们的名字。许多人远远地被关进了劳改营。用这样的扫帚给军队的秩序加加工,甚至想起来都可怕!关进牢房,从最伟大的部队首长开始,另一次就用连队指挥官结束。实际上军队已经

---

① 苏联卫国战争期间(1943年2—9月),曾在此地有过一次战役。勃列日涅夫著有《小地》一书(1978)。

群龙无首,用军事术语来说,不经战斗和失败,血已经流尽了。"

还有一个人物,伊万·斯杰潘诺维奇的戏剧性的独白也遭到了书刊检查的逮捕:

"你看,尼古拉,我从来没有跟你谈这件事,没有合适的机会,现在我告诉你,我是如何因为自己的冲动而入狱的:1937年,我在邻近区担任区委农业处处长,是区委会成员。但是突然宣布三个区委会成员是人民的敌人,包括区委第一书记,而且当即对其实行逮捕。在党的秘密会议上,开始向这些人身上泼各种各样的脏水。我强忍着愤怒,听着听着,越发感到恶心,我的神经实在忍不住了,就站起来说:'你们这是怎么啦,狗娘养的,怎么能这样没有原则?昨天这三个人还是你们的亲密同志和朋友,今天他们就成了人民的敌人啦?你们有他们从事敌对工作的事实吗?不,你们没有事实!你们在这里造谣中伤,是因为你们害怕,这是因为你们卑鄙无耻,你们像一条被车轮碾过,但还没有被彻底碾死,还能够动弹,正在苟延残喘的蛇。你们这是什么作风?'说完后,我站起身来,离开了这个污浊的会场。第二天晚上,来人把我带走了……"

"第二次审讯时,刑侦员问我:'被告季亚琴科,你站在距离我两米远的地方,老实招供。这么说,你不喜欢我们苏维埃制度和党的制度?你想要资本主义制度,是吗?你这该死的反革命?'我回答说,我不喜欢平白无故地把诚实的共产党员打成人民的敌人的制度,我怎么是反革命,我从1918年就在杜梅科指挥的第二骑兵团担任机枪手,和科尔尼洛夫作战,并在当年入党。可他对我说:'你这个一撮毛,纯粹胡说八道,狗娘养的,你是彼得留拉分子,最恶毒的乌克兰民族主义者!你是个黄毛畜牲!'他管我叫反革命分子时,我就觉得神经开始崩溃,神经根炎要发作了,当他管我叫彼得留拉分子时,我气得脸色煞白,对他说:'你本人就是大国主义的民族主义分子卡查普!①你有什么权利把我这个1918年入党的人称为彼得留拉分子?'尼古拉,你知道吗?我从小就不讲乌克兰语,可这时却气得想起了乌克兰语,我用乌克兰语说:'我从来没有到过乌克兰,我怎么成了彼得留拉分子?'这下被他们抓住了,他说:'啊,开始用母语讲话啦!继续招吧!'我又用乌克

———————————

① 乌克兰人、哥萨克人对俄罗斯人一种侮辱的称呼。

兰语讲了一大堆话,他根本没听懂。他弯下腰,凑到我跟前,问:'你说什么?再说一遍!'我用袖口擦擦眼睛,又小声地讲了一段乌克兰话。他还是没有听懂。这下可好,他气得眼睛都绿了,说道:'你想干什么,取笑刑侦机关吗?!'这时不知从哪儿冒出来两个年轻的彪形大汉,开始对我动起拳脚……他们整整拷打我两个小时!用水把我浇醒后,又继续用刑。尼古拉,你为什么转过脸去?好笑吗?你如果遇到这种情况,在我那种处境下,你笑一个给我看看。我那时根本顾不得笑。八个月的时间里,我什么帽子都戴过!彼得留拉分子,托洛茨基分子,布哈林分子,总而言之,是反革命分子和农业破坏分子……最初,我甚至不敢看人,为自己的苏维埃政权感到耻辱,它怎么可以把我这个死心塌地的忠实的儿子投进监狱?"

〔增补〕甚至在未完成的长篇小说《他们为祖国而战》中,职业的调色板也给人留下了深刻印象。

比如,肖洛霍夫研究女专家叶·帕纳辛科曾研究过修饰语这一课题,她惊叹于在描写战争时词语的丰富多彩:嚎叫(大声的、低声的、慢吞吞的、越来越大的)、尖叫(短暂的、逐渐消失的、越来越尖的)、轰隆声(震耳欲聋的、天塌地陷般的、沉重的、压抑的、隆隆不息的、越来越沉重的)、呼啸声(风暴的、刺耳的)、大地(像马竖立起般掀起了尘土的、死气沉沉的、被火燎光了的、令人不堪入目的)等。

或者关于色彩问题(色阶)。肖洛霍夫研究专家尤·戈沃兹达列夫做了统计,肖洛霍夫小说中使用了三百个色彩形容词。创新型小说家为了增加表现力常常冒险地把两个形容词结合在一起,看起来又似乎并非能结合的。比如,冷的颜色同暖的颜色的结合:"蓝黄色"。部队生活的色彩就异乎寻常:"蓬松起来的尘土掩体","河水掀起了灰绿色的水柱"或者"黄色的战壕里的阵地巢"。

还有一项科研成果。叶绍连科确认了从前线发表的一些作品到战争长篇小说的继承关系。它表现在,举个例子来说,特写《在赶赴前线的路上》给人留下深刻印象的句子:"在这燃过战火的灰暗的背景上,立着一棵仅存的、奇迹般保留下来的向日葵,它美丽、妖娆、令人难以置信……"还有特写《初次见面》中那个炮兵连的厨师涅德吉尔斯基。

第 四 章
1967——1969：加加林的飞机

远离了首都文坛喧嚣的激情，在自己家乡小镇，作为一个退休者怎么生活呢？

其他的且不说，当时肖洛霍夫当选为作家协会的书记，他同意帮助青年作家创作。

劳 动 英 雄

1967 年他有两件大事与众不同，这时平静的退休生活是怎样的呢……

有一次，电话铃响了——早晨，党中央打来的。他惊异地听着——授予您社会主义劳动英雄的称号！请看一下今天的《真理报》，并劝告他，应当感谢列昂尼德·伊里奇·勃列日涅夫。

他没有给克里姆林宫打电话。

5 月，又一次同莫斯科交谈——同共青团中央委员会第一书记。书记一再请求他接见一个青年作家代表团，他同意了。

很快，差不多有半百位青年天才来到了维约申斯克镇，他们都渴望与经典作家交流。来的人是自己的弟兄，有小说家，诗人，还有几位外国客人——几个社会主义国家青年组织派来的，也有莫斯科几家共青团刊物的领导者，青年近卫军出版社的也来了，再就是全俄列宁共产主义共青团中央的第一书记，作家协会的一位书记。还有尤里·加加林！

为什么坐在这闷热的屋子里呢？肖洛霍夫指挥："到大自然中去！"于是在镇子外面小橡树丛里开始了交谈。

然后，他又请大家到顿河边上，远离镇里那些好奇的目光。他们乘坐大汽车，要路过叶兰村。肖洛霍夫和加加林站在嘎斯牌载重汽车里，沐浴着阳光、凉风和尘土。这位客人自告奋勇要"把方向盘"。肖洛霍夫对他说："好吧！宇航员，我们走，开车……"他们走了，刚好能指清道路。在村子集市上，他叫停了车——一些人在迎接他们。汽车被人围住，有位老太太第一个提出问题——她对肖洛霍夫说："米哈雷奇，听说加加林来了，我们从早上就等……"司机回答:"噢,就是我,老妈妈。"其实,他穿着极普通的"便装"——连短上衣也敞着怀,他是让你去看,猜一猜谁是。

第一天——第一次临别赠言,是这么开始的:

"我们应当互相关心,彼此善意相待,要求严格又襟怀坦白。文学不容许互相拍肩膀。我不说,你们都是天才,要好好照料你们……可谁也没好好照料过我……"

突然,他转向加加林:

"最好咱们听听尤里·阿列克谢耶维奇怎么说。"

由于没有料到,加加林感到局促不安:

"我,是个普通读者,很想听听专家们的意见。"

"你们看他,"肖洛霍夫狡黠地说着,不让步,"你们都成了这位'普通读者'的话柄了……还普通呢……他都把地球当成了小球啦……"

"噢,不是啊……我这是认真的,米哈伊尔·亚历山大罗维奇。你看,我就是个读者在说话。我希望文学中有更加新颖的思想。如果写得粗糙又胆怯,那读起来就乏味……差不多用保温箱轻易孵出来的作品就缺乏创造性。词藻丰富,思想却没有。在这样的作品里你看不到我们的现实生活……我爱读书,我喜欢那些能引发思考,让理智和心灵激动起来的书……"

这位荣誉来宾不是按照外交礼仪在说话,这使得大家——肖洛霍夫也同样——很喜欢。

午饭前,年轻的天才们在顿河岸边散开来,肖洛霍夫一会儿走到这些人,一会儿又走到另一些人那里。

突然,岸边有些人慌乱了起来,肖洛霍夫几乎是跑到那里去。那位宇航员一瘸一拐地从河里走到岸上,脚上流了血——原来他跳到河水里去捡足球,脚后跟被尖利的贝壳刮破了。

"哟,尤里你可不能不注意呀……"

"没的说,米哈伊尔·亚历山大罗维奇,顿河嘛! 不能不注意!"

在维约申斯克,从早晨起人们就继续活动。肖洛霍夫为大家回忆起,他是怎么写作《静静的顿河》的结尾的,《被开垦的处女地》第二部是怎么写成的,那部战争长篇小说构思又是怎么产生的。他把这样的话题敞开了谈:艺术家的道德面貌,文坛上亟待解决的问题,有些人的内在创作活动。

他又想起了一件事:

"我们在年轻时有一个好传统。与我亲近的人聚集起来,而且是不同职业的人。作家、批评家、工程师、戏剧家和军人。一坐就坐到鸡叫三遍——我们争论所写的东西。我读过《被开垦的处女地》的头几章。他们就提看法。友好而尖锐的批评是有帮助的……"

有人突然向他提出了这个问题:"有创作自由吗?"这个捍卫过自由的人该怎么回答呢——尽管他还有伤痕——能违背借助于国家书刊检查的统一政权的党的领导吗?

"最高的自由,这是毫无拘束地为劳动人民服务,为共产主义服务的自由。写作的自由——不论是青年作家还是老作家就是一点:这是内在良心的自由。作家自己应当解决写什么。"

这是异端邪说!似乎他不知道,党中央委员会在所有的代表大会上——党的和作家的——都纠缠不已地号召继续完成社会订货的传统。

他又继续说——政治性令人反感的话:

"应当牢记人民的智慧:一旦敌人夸奖你,这就是说,你干了许多蠢事。写作应当这样,不是敌人夸奖,而是自己人民……"

……加加林和肖洛霍夫。这次会面的参加者,当时的年轻诗人格纳吉·谢列布里亚科夫曾告诉我:

"从第一天起他们两个人就在一起……一直到很晚很晚,他们俩还久久地站在陡峭的岸边,在月光照耀下,在顿河的拐弯处,像哥萨克的军刀,闪着黑色银光。"

镇飞机场上的人来找加加林动身:叫他到莫斯科去。肖洛霍夫走到他跟前:

"你自己要多保重,尤拉……记住——我们非常需要你……都需要你。"

宇航员上了汽车到飞机场去,这时肖洛霍夫和客人们还都在工作。

突然,肖洛霍夫家上空出现了"莫拉瓦"飞机。轰隆隆地急剧地绕着圈子,一圈,两圈,三圈。肖洛霍夫这里的所有的人都挤到台阶上,他也在其中。飞行员晃了晃翅膀,一下子冲上蓝天。有一个人说:"加加林在告别时,曾许诺肖洛霍夫用这种方式表示对他的问候——"他又说,"我说服了飞行员,让加加林操纵驾驶杆儿。"

"这是加加林在顿河上空留下的告别题辞。"谢列布里亚科夫最后说。

这些人——不论是作家们,还是宇航员——谁也没有忘记这次会面。

"我现在简直不能想象,"肖洛霍夫说,"进入太空的第一个人能够是另外一个什么人。他有知识、有信念,是一个历史人物!与此同时,他又是一个可爱的、迷人的小伙子!他喜欢幽默……俄罗斯有这样的人是幸运的,在这样的国度里他也是幸运的……"

"肖洛霍夫充满了爱心和友情,"加加林说,"他具有从第一句话开始就能把人拉到自己身边的能力。听他说话——是极大的愉悦。他的话是肖洛霍夫式的,我曾说过,那永远是新颖的,好像在此之前你从来也没听到过。我看到了他是怎么同青年作家交谈的。有时同俄罗斯人,有时同乌克兰人,有时同吉尔吉斯人,有时同波兰人……对人表示尊重地交谈着。你要是听着他讲,肖洛霍夫和他的作品之间的界限就消失了。"

如果年轻客人中有谁能幸运地看到主人的写作室,他肯定就会记住,窗子下有一张又沉又大的光亮的深褐色桌子和木制椅子——椅座很宽,但很简单,带有略显弯曲状的扶手。桌子上立即映入眼帘的是带有小表的墨水瓶。这里还摆了烟灰缸、台历,放在圆盒里的香烟,一个雕花的保加利亚产的小盒(也是放烟的),还有一尊穿着钢铠甲的脸被头盔遮住了的骑士。旁边是一张圆桌和两把软椅——这是给交谈的客人准备的。窗台上有几朵栽在瓦盆里的盛开的鲜花。壁炉上装饰着一些纪念品。还有两个书柜。

〔增补〕一直到了老年,肖洛霍夫还在关心着——当代作家应当是什么样的。我在众多的见证中引用三个。

有一次,人们问他:为了遏止乌七八糟文学作品的灰色潮流,为了不用缺乏艺术性,比如说,惊险小说来影响读者的兴趣,需要怎么办呢?

"这就好像从瓶子里放出来的妖怪。严肃的作家必须勤于工作,把妖怪关到该关的地方。每一位尊重自己的作家所考虑的不是刚刚出现的个人成就……"

一封信中说:"你应当感到痛心,你的两本近作留下了令人气愤的印象。不能够这么写作!像一个认真的婆娘在烤制春饼一样,你也在烤制它们。噢,为了讨好你那勤快的女主人你骗到了钱,可以后呢?因此文学就会增加了什么吗?照我的看法,谈谈年轻人的创作的时机已经成熟了,而且应当极其严格和毫不留情……"

他还说过:"列夫·托尔斯泰创作了《战争与和平》,它距卫国战争发生的年代相当晚。我希望,在我们之后出现的新作家们还要回到这一题材上——写已经过去了的战争,并创作出真正具有时代意义的作品……"

他带着责备口吻说:"青年作家……有时候不想或者不善于从民族命运的高度来看待自己的创作……需要有与时代、与人民生活相称的性格……具有更多的公民勇气和勇敢精神……"

又是一些年轻人:谈斯坦贝克

1969 年,这一年对于年轻的作家来说,肖洛霍夫给出的礼物是丰盛的,他们看起来先后两次有机会同仍然健在的经典作家进行广泛的交流。

3 月 30 日,例行的——第五次——全苏青年作家会议召开。战后出现了这一光荣传统——把每个共和国天才地表现出来的年轻诗人、小说家、戏剧家聚集到莫斯科,为参加者们举办了由优秀作家领导的讲习班,同时也是为了他们之间互相交流并结识报纸、杂志和出版社的编辑人员。

对于那些得到了美好送别话语的人,接纳进入作家协会的大门,以及出版社的大门(首先是青年近卫军出版社:开始它出版了集体的文集,后来就出版了专人的文集),也都是敞开着的。

大会开始了……所有的作家近卫军都邀请来了,可是却没有肖洛霍夫。据传,他在莫斯科,但是病了。突然大会主席团透露出了消息,说肖洛霍夫打来了电话并邀请一个人数不多的代表团到他莫斯科的住处来见他。我就去找了大会主席团,这一消息果然不错。肖洛霍夫请了三个出版人——这是颇有趣味的预兆。三个人中有尤·梅连季耶夫,尽管他已调离任其他工作,还有"青年近卫军"的一位新社长和我。

一开始,客人看起来都相当拘谨、胆怯。可是,主人却很快就把大家引到无拘无束的交谈中。他是怎么做的呢?我确信,他靠着毫不做作的坦诚,还靠着当着大家面的那种审慎,没有特别掩饰由于这杂牌军代表团到来的快意满足。在他家客厅的餐桌旁聚集在一起的有莫斯科人,有塔吉克美女,有萨哈林人,有乌拉尔人和加里宁格勒人。大家把一顶塔吉克的绣花小圆帽和一件从远东带来的独特的皮毛手工制品赠给了肖洛霍夫留作纪念。

这赠礼的全部仪式并没有影响到互相交流中他对主要问题的态度。正如所有的人一下子就注意到,他不想安排大家祝贺,也不逗弄年轻人。他的评价是严格的,但并不残忍,也没有挖苦人,没有任何训诫的口吻,看上去他不是一个导师。在——介绍相识后,不用任何毫无用处的序言,就说:

"你们跟我说过,会上争论了年轻人过早职业化问题——这样好呢,还是不好。在发表了第一篇短篇小说和第一首诗后,就放弃了自己的主要工作,寄希望于靠稿酬生活,是不是这样呢?……"

然后,他就兴致勃勃地同大家谈了起来,完全是另一种样子的事:

"我认识一位新闻工作者,他写出了三四本书。可是……不好!他写这些一点儿也不下力气。我认识许多这样的作家,特别是在外省。这是一个悲剧。这样的作家急匆匆地去赚钱……可是,在这种情况下,文学中尽管都在希望,结果却什么也不能做出来。在地方出版社,这样的作家是自己人——为什么不照顾一下他。得,你们看,连糟糕的编辑也要栽进去。"

他带领大家离开这一话题,结果谈到了为文学真诚地献身问题。他谈的并不是那种反反复复的老调子,好像在这里——交谈中——发展了这一话题。

他想起了契诃夫:"你们,我猜,都喜欢契诃夫,为什么不重视他呢?!我是这样记得的,只是没有背诵下来,他承认:'医学是我的妻子,文学是我的情人。'"

后来他谈到自己的一位老相识进入写作圈子的事:

"我不会忘记,许多人修改过诸如高尔基、弗谢沃洛德·伊万诺夫、巴别尔的作品,编辑过他们的手稿。后来,高尔基曾对他们说:'到什么时候能修改你们的作品呢?靠着别人还能够走多远呢?!'"

在我的札记本里还有他的一些话:

"我并不相信使用一种风格手法。用一种风格写出了短篇小说,《静静的顿河》就得用另一种风格叙述,它是宽阔的,它就要求另一种风格,尽管很清楚,有许多共同之处。"

“作家应当关心自己的事业——文学。如果关心它——那么，它就有才华。”

“观点上应当是有独立性的。你要是去做女婿，对小猫就要称呼为‘您’。”

“我在瑞典时，结识了斯坦贝克。后来，转告了他，我邀请他来做客。可是，他，正如人们告诉我的那样，不好意思来。那时，我去见了他。在其中还有另一些人的谈话中，我问过他：‘你认识海明威吗？’他说：‘认识。’再问：‘你同他见过面？’——‘没有，’——他说——‘只一次。’”

“也许，我们在自己国家里经常在各种各样的作家会议上见面。可是，要完全不见面就不好。不能没有交流。”

“人们常常问我：‘为什么您不写写自己在国外旅行的情况呢？’我这样回答：‘这对我不需要。要想写这样的书，就应当在这个国家生活，应当对这个国家了解很多。’是的，我刚刚从芬兰回来，可是，什么也没有写。就让根纳吉·费什①去写吧，他连地图都拿在手了。”

“我对叶甫根尼·叶甫图申科不满是因为那首写了被抛弃的农村那种打碎了玻璃窗的诗。不，不是因为没有这样的农村和没有这样的现象。在我们这里，在顿河边也发生过。但是，他没有抓到在我们这里和在资本主义国家中农业状况的区别。”

“外国的谋士们非常喜欢不请自来地钻进我们的文学事业里。这些‘善良’的不速之客，任何一部有吸引力的作品都称赞，对这种人不要把手指伸到嘴里去——咬断了骨头，不要掉以轻心。逗弄这些不速之客的‘朋友们’——这无异于撤掉堡垒的大炮，从前线逃跑……”

他谈到了如何理解“作家与时代”这一主题。他是这么说的——罪恶——关于快速写书的那些见风使舵者：“一座新的鼓风炉——就是一本新书！”

这次会面持续了近两个小时。最后，大家把会议的纪念册交给了他，请求他写点什么。他很重视，虽说乍看起来他写的不多：“对会议的成就我感到高兴，犹如既往，我祝愿年轻人事业有成，敢作敢为——取得比在这次会

①　费什是关于芬兰一书的作者。——原注

议上更加无可限量的成就。"只是在家中,在反复看过自己写的札记后,我才明白,那祝愿多么超短,容量又多么大啊!他没有去称赞这次会议——克制了不可避免的节日欢庆情绪。他再次克制了带有节日气氛地吹捧在文学上总共没走几步的倾向,放弃了对客人的赞许。在年轻人的意识中,他"打进"这样的思想:这只是未来的工作——要敢作敢为!——派定了成就。这样我就明白了——在广阔的空间——肖洛霍夫临别赠言两行文字的全部精髓,而且它没有过分的词藻——不是为所有的文学盛典所写的朗诵词。

他还完成了一项请求。在自己的著作上签上了名,赠给远东地区与中国交界的边境哨所的图书室。许多德高望重的作家响应了大会的号召,为这个图书室收集图书。那一年,那里很不安宁:开了战并死了一些人。

当我们告别时,我发现沙发上有一本打开的书——普热瓦利斯基的札记。

书桌:留在记忆中的是列夫·托尔斯泰的和高尔基的半身塑像和一群狗扑向野猪的雕塑品,还有笔墨文具——极简单的,一叠稿纸和一盒"白海"牌香烟,这种中档的烟当时极为普及。我环顾了一下墙壁:有别洛夫画的《捕鱼人》(八成是复制品,但极好),还有一只大雷鸟的标本,沿墙是装满图书的书柜。

……在全国人民中所拥有的极大威望给他带来的不只是一大堆的读者和选民的来信,那些失去理智的写作狂们也同样让邮递员吃尽了苦头。有一回,当装在胶合板小箱子里的邮件寄来时,肖洛霍夫打开一看——满满一箱子手稿!还有一封信:"最尊敬的米哈伊尔·亚历山大罗维奇!我把长篇小说寄给您,刚刚写完,甚至我自己也没有再读一遍。我担心写了一堆废话。"而且又特别提出:"请您尽可能快些读一下并回信。"

肖洛霍夫在回信中写道:"一开始还是您自己读一遍吧,请原谅回信太简单,因为您自己要求尽可能快些回信。"

……秋天,在乌拉尔,躲避"文明"的呼声对肖洛霍夫来说是不可抗拒的。布拉坦诺夫沟呼唤着,呼唤着。肖洛霍夫家的老朋友——哈萨克斯坦地方的一位作家——尼古拉·科尔舒诺夫眼睛极为敏锐,看到过客人在这里是怎么生活的。

他前来表示欢迎,可是肖洛霍夫一家人却不在——哪儿去了呢?在河水里。他看到了作家在漂浮的小船上正握着桨嘎吱嘎吱地划着,而玛丽娅·彼得罗夫娜坐在船尾掌着舵。两个人心满意足——满载而归,船底的鱼,扑腾着溅起水花,有十来条鲈鱼摆动着尾巴互相碰撞。

不过,还有另一种"收获"——看过了荒野的大自然,心灵得到了平复,疗治。

"我同玛丽娅·彼得罗夫娜坐在小船里,河岸上是一群鹅。"他向客人讲着,无忧无虑地微笑着,"它们在洗澡……大鹅和一群小鹅在嘎嘎地叫着,它们叫声不断,扑溅着水花,又时时钻进水里!后来就爬上了岸,真正是躺在那里晒太阳,那些小翅膀,小爪子,小脑袋——都铺散在地上,睡成一团。嘿,简直就和一群孩子似的。"

科尔舒诺夫还回忆起——蚊子的肆虐。当时,有个人累得也很疲倦,叫人去找防蚊油。肖洛霍夫却加以阻止:

"我可不喜欢防蚊油。抹了油,脸油腻腻的,碰一下极难受。普热瓦利斯基曾写过一句话:防蚊有一种办法——忍耐。"

他专注于蚊子,又能摆脱它:

"这是一个有趣的人。我第三次兴致勃勃地去读他的书。他一生都在旅游,寻找着,差不多在五十岁为自己找到了心上人就……死了。人生就是这么一个玩意儿。"

他想来想去,短暂的职业已伴随走了过去:

"复杂的玩意儿——写起来简单……"

"我们这些人的职业就是这样:写了又改……"

有人劝说他去一趟州中心同读者们见面。像以前那样,读者们纷纷给他提了条子。科尔舒诺夫保存了一些,其中内容应有尽有。甚至有这样的:"您认为哪种方法打鱼好:用鱼钩呢还是鱼网?""您是怎么成为作家的?牛顿有苹果,可您呢?""您更喜欢什么:足球还是电影?您喜欢哪一个球队?"

有一个条子是恶作剧式的,他特别注意而且总共只用了两个词做了解释,从而引起听众无法形容的情感波动:

"这里有人给我写道:'您怎么看待鲁什卡形象?我们文学课老师说,应当厌恶鲁什卡,可我却喜欢她。'我也一样!"

人们问肖洛霍夫:

"乌拉尔有什么地方吸引您?"

"乌拉尔保存了更多的原生态东西……甚至打鱼……不像在顿河,顿河变浅了,鱼也少了。"

然后他又突然说:

"那里是乌拉尔哥萨克领地。乌拉尔的军队吃过相当多的苦,托尔斯托夫阿塔曼曾率领军队进入阿斯特拉罕沙漠,在那儿,他们全军覆没。这是国内战争中悲惨的一页。阿斯特拉罕沙漠里的伤寒让整个军队都完蛋了,冬天人们就待在露天里……"

〔增补〕在中国,狂热的毛主义者们曾研究过肖洛霍夫在文学中的地位。

1966 年,毛泽东的妻子宣称:"在文学艺术领域开展与外国修正主义的斗争……应当抓大人物,抓肖洛霍夫,应当勇敢地同他们决战。他是修正主义文学的鼻祖。……"

党的主要报刊《人民日报》还发表了文章《揭露肖洛霍夫的反革命面目》。

有什么话不用来说肖洛霍夫呢?看起来,他是"无产阶级专政的死敌……布哈林的忠实追随者……人民革命战争的叛徒……"

我要指出:现今的中国又尊重起肖洛霍夫了——他的作品多次再版,甚至还出版了《肖洛霍夫文集》,出版了俄罗斯人论肖洛霍夫的专著,那里,也出版了我的《米哈伊尔·肖洛霍夫秘密生平·没有传说的文献纪年》一书。

第 五 章

七十年代:"向肖洛霍夫同志解释一下……"

肖洛霍夫又有了机会——思考在党的上层领导同文化工作者相互关系的复杂体制中作家的命运。

新的十年——七十年代进入了他的人生,作家在这十年里既一如过去,也有新的生活内容。

大胆的采访录

生活复杂了:出现了两次中风(幸运的是,都还不重),发现了糖尿病(一点儿也不是甜蜜的疾病)。可是,各种各样的操心事都一一来到。

……年初,他从维约申斯克给《真理报》党委书记发去一封信:"基·瓦·波塔波夫已在《真理报》工作了二十五年以上,如今他重病在身,一个人躺在家中,'被遗忘和被抛弃了',好像应当关心他……"

正是这个他所关心的人,战后曾把《静静的顿河》改得面目全非。

他又想起了哈萨克斯坦的朋友们。2月份,他发出了信息:"我同玛丽娅·彼得罗夫娜1月里在医院躺了一个月,进行了'小修',可现在我们打算去建立打猎、钓鱼的业绩,而且预先准备接待尊敬的乌拉尔客人……"又给他们回了一封信——做客之事都已商量好:"请你住在我们这里一星期,没有嘈杂,没有喧嚣……"

有一天早晨,他对玛丽娅·彼得罗夫娜说:

"你知道吗,我做了一个梦。年轻时代……我吻了你,玛露霞,你的面颊那么甜……"

在他的举止中,家里人看出了某种不正常的东西——他开始去看曾经哺育过孩子们的那两个房间。可是,什么在吸引他呢——因为他并不去看那姑娘用过的简陋的小木床,以及男孩用过的正如他所说的双人铁床,也不去看墨迹斑斑的几张学生用的小书桌。

春天,他对《共青团真理报》工作人员阿尔辛尼·拉里昂诺夫的压力让了步,交出了一份长篇采访录。这位记者准备了许多在当时看来尖锐的问题。肖洛霍夫没有拒绝回答,拉里昂诺夫明白,虽然他回答得还没能彻底地毫无顾忌。

"而新一代浪漫主义的青年们! 只要对他们吹一吹斗争的风,平庸生活的灰烬就会飞去……"这是回答有关当代青年问题说的话。

"我还记得送上前线的最早的一批镇里人……记得那眼泪……第一次群众集会……祖国在危险中——还有比这更令人忐忑不安的情感吗?! 我还记得,战争中一旦有闲空,就聚集到一起的那些镇里人,像农民似的认认真真的样子。就是这一特征——俄罗斯人民优秀特征之一:永远准备好快速去保卫祖国……"这是在回答他是否还记得自己最初写出的那篇战场报道。

"不用说，我还不得不顺便提及大本营的工作。对这个问题，我完全支持朱可夫元帅的观点。不应当歪曲和贬低斯大林的活动……"这是在回答新小说创作中是否写到了大战略问题。

后来，他很生气，因为编辑部领导删掉了这一话题中的重要论断："由平庸的或者简直无能的最高统帅领导的军队不能打胜仗。"

"高尔基用创作出能成为整个无产阶级事业一部分的文学作品这一思想来感染我们年轻作家，而我们就忘我的，甚至在自己中间也争论得十分激烈，去探索文学中的新道路，新形式……"他想到了，高尔基是怎么"骂我们那'糟糕的书'的"，这是在回答他在文学上的起步问题。

话题谈到了当代文学。在问到青年作家时，他回答："我喜欢和理解他们有时过分的急躁和骄傲……我对青年人抱以希望，就像希望苹果树开花，期待它最初的果子那样……至于谈到对青年作家的评价，那么就应当体现出父亲的严格要求和细心呵护，不要压坏了幼苗，要让它长大，成熟。"

他劝告党的那些当权者，文坛的高官和新闻工作者，应当怎样对待青年作家："要更加小心翼翼……不要勉强地毫无根据地期望着无论如何也要在当今活着的人中，一定找出经典大师。"

"我不能用特别善意的态度来自吹——"他在提到文学批评方面的问题作出了回答。"可是我有一条规则，过去也这样。如果批评没有偏见，不受制于某个派别的目的——谁反对它都是错误的。"

"我看不出有理由减低对自己或者对其他人——不管是年轻人，还是显得年轻的人……的严格要求……我先前的愿望就是——要少一些自命不凡、骄傲自大……"

他不能不接触到当前的迫切问题："俄罗斯人民由于自己的财富，怎么样呢，总是不能关心珍惜保护森林、海洋、河流……我们都习以为常，反正我们什么都有很多，好像忘掉了，一切都不是永恒的。但是，这样的时代来到了，某些地方鱼消失了，河水变浅而且被污染了，还有些地方夏天在河里洗澡危险了……"然后，他就直接发出了警告："十分清楚，制止它的时候到了。"

不知为什么人们忘记了,肖洛霍夫是最早地看清国家极其危险地坠入了这普遍灾难中的人物之一。

1971 年——党的第二十四次代表大会。在这次会议上,他为了党做了最后一次有针对性的发言。他提出了一个清单,谁为造纸工业负责:"多给我们一些纸!要纸!超计划……质量要更好些。"

的确,谁也不记得,早在 1939 年,当他第一次参加党的代表大会,有斯大林在场时,他就提出过这一问题。

领袖们没有采纳作家的劝告。多少时间都忽略过去了!

勃列日涅夫——肖洛霍夫……作家对总书记并不特别尊敬:有时寄去请求支持的信,有时轻蔑地谈出自己的意见,其实也是鄙视地……

……我介绍了肖洛霍夫同出版界朋友杰夏杰里克相识,这个人的名字和父名为弗拉基米尔·伊里奇,肖洛霍夫立即拿他的姓氏开玩笑——在一个陌生人面前他并不害怕:"如果想在胸前有一颗星,把名字改成列昂尼德①吧……"你看,他多么能抓住党和国家领导人的话柄,勃列日涅夫为点缀胸前用了大量的勋章、劳动英雄五星章和获奖奖章。

或者还有肖洛霍夫讲的这样一个非常有趣的故事,其中充分反映出他的固执任性的性格:"长途电话响了——莫斯科。我听到:'现在苏共中央总书记列昂尼德·伊里奇·勃列日涅夫同志要同您讲话!'在这种开场白过去后,我有点紧张……过了一两秒钟,话筒里听到:'米哈伊尔·亚历山大罗维奇,您好!我决定去维约申斯克您那里,到您家去做客。您不反对吧……'可我怎么能反对呢?!试试反对吧……但我说的也颇有礼貌:'亲爱的列昂尼德·伊里奇,如果今年我们顿河这里没有丰收,您怎么到这里来呢。我们歉收了。'我听着——一声也不响。然后,他说:'再见,米哈伊尔·亚历山大罗维奇……'"肖洛霍夫讲完,恶作剧地笑了笑。他显得很高兴地回忆这次危险的对打,他眯缝起眼睛说:"就这样,他没来。"

勃列日涅夫常常成为肖洛霍夫生活道路上的拦路竿。即使在这样简单的事情上也如此:当时政府总理柯西金的女儿曾向玛丽娅·彼得罗夫娜说过:"您劝一劝米哈伊尔·亚历山大罗维奇同我父亲去休息吧,爸爸想有这

---

① 勃列日涅夫的名字和父名为列昂尼德·伊里奇。

样的交流,在妈妈去世后即使让他倾诉一下情愫也好。爸爸极想来维约申斯克度假,可是医生们却不允许——说这里热。说他最好在波罗的海。"

肖洛霍夫当即回答:"不能休息,我想写作。"玛丽娅·彼得罗夫娜埋怨他说:"那人家对你怎么想?骄傲自大!"于是他就解释一下情况:

"柯西金并不知道,我曾经拒绝了勃列日涅夫来。人们可以看清楚,说他拒绝了勃列日涅夫的提议,却同柯西金一块去休息。这说不定就会认为有什么勾结。"

肖洛霍夫越来越经常地表现出对勃列日涅夫的不满,这是因为勃列日涅夫虚荣,无节制地自我炫耀为一个要人,也因为他鼓励吹牛崇拜。5月份,作为代表的肖洛霍夫与选民们有例行的会面。就在他走出来之前,大厅里在一大群区里党的领导当中,突然爆发出愤怒的自言自语:

"旧的官制已经成了标准了,小官吹捧大官,他们永不犯错误,这真是'杜鹃夸奖公鸡,这是因为公鸡夸奖了杜鹃'。在升官的阶梯上互相提携,就没有发现人民已经不同他们在一起了……他们开会,讨论,互相教导,互相灌醉……直到人们说,他们无所事事……由于领导造成不满,一个接着一个:他们揽来了被提高了的任务——他们说,我们区,我们州交出了粮食、肉……可是,对实际上是谁交出来的——却并不注意。"

最后总结了一句:"全国各地的抱怨都冲着我来了。"

可是,在讲台上这话却没人说。在回家的路上他做了自我辩解:

"要明白,这是在什么地方,说了些什么。背地里批评——不符合我们的作风。这不是党的代表大会。我要向勃列日涅夫谈出所有亟待解决的问题。"

生活并非只充满了沸腾的政治激情。7月里,莫斯科的画家鲍里斯·谢尔巴科夫打算给肖洛霍夫看看自己在维约申斯克绘出的风景画,他读过许多肖洛霍夫的著作,深深爱上了这些地方。肖洛霍夫对看这些画并不很有兴趣,他看了一幅,又看了另一幅,到最后他感激地握住画家的手突然说:"我第一次通过画家的眼睛看到了我们顿河的自然风光……"画家准备做些说明,可是作家却打断了他:"当展示了这十幅画时,你已经全都说清了。"

……人们送给他一个带有大型枝状鹿角的驼鹿标本。有人问:"这是你打的吗?"他回答:"不是。我不能放倒这么大的、漂亮的……这已经不是狩猎了,而……好像是向奶牛开枪。"

勃列日涅夫的劝告和舒克申的自白

1974 年,这一年是怎么开始的——1 月 11 日金婚。不知为什么,这一对儿"新人"决定去莫斯科,在他们莫斯科的住宅庆祝这一天。肖洛霍夫为了代表的事去了一趟党中央,突然就出现了这样的对话:

"您这是怎么回事,米哈伊尔·亚历山大罗维奇,难道没有邀请列昂尼德·伊里奇·勃列日涅夫吗?"

"我们想家里人庆祝……"

"列昂尼德·伊里奇知道你们的金婚日,正等待邀请呢——请打电话吧,他在家。"

不得不打电话了,颇为有趣的谈话开始了:

"哈喽!亲爱的上校,您好!肖洛霍夫打扰了……"

"我听出来了,你对我不会有另外的称呼。"

"对别人你是将军和总书记,对于我,没有比上校更宝贵的了……"

"唉,为什么不说话呢,请我去参加婚礼吗?"

"我们家的餐桌就好像是前线用的那种……"

"客人会很多吗?"

"自己家里十六口人,看来总共是二十五个人。"

"用一下大厅吧,中央办公厅会帮助你们的。那里更好些。那里有手艺精到的厨师,服务员,不要家里人忙活,一切都会办好。"

"对您的关心我很感动。但我要邀请您携夫人一起来我这里。"

"您还请了谁?"

"自己家里的,还有您机关里的,我想六七个人吧……还有柯西金和家人。"

"这一伙人是合适的,我接受邀请。可是,他们告诉你没有?我现在在医生的监护之下,我试试说服他们……"

肖洛霍夫立即告诉了玛丽娅·彼得罗夫娜:

"这件事闹成了这么大的规模!"

但勃列日涅夫没来。代表他的是几位急使,他们手持鲜花、写了贺词的文件夹和礼品来了:赠给肖洛霍夫的是带有细链子的金表,赠给玛丽娅·彼得罗夫娜的是金手镯。肖洛霍夫抱怨:"因为他,我没把大家都请来。"立即又准确地说:"他把我们束缚住了……"

……拍了两部片子的昔日的盟兄弟谢尔盖·邦达尔丘克正要把《他们为祖国而战》搬上银幕——这是他早已有了的想法。

为此,他把真正的近卫军连队召集到自己的人马中来——都是当时的优秀演员:维亚切斯拉夫·吉洪诺夫、尤里·尼古林、瓦西里·舒克申……甚至扮演插曲的人物也得到了名角的同意——他们是安格林娜·斯杰潘诺娃(肖洛霍夫记得,她曾是法捷耶夫的夫人)、伊万·拉比科夫、诺娜·莫尔久科娃、莉里娅·费多谢耶娃、尼古拉·古宾科、格奥尔吉·布尔科夫和因诺肯吉·斯莫克图诺夫斯基(肖洛霍夫特别喜欢他,多年以后他在电台朗诵了全部的《被开垦的处女地》)。非常年轻的作曲家维亚切斯拉夫·奥夫钦尼科夫为这部影片谱曲——邦达尔丘克说:"我早就相信他了,他是个交响乐作曲家,对文学作品有敏锐的感觉。我同他一起制作了影片《战争与和平》和契诃夫的《草原上》。"

肖洛霍夫不明白,为什么邀请了马戏团小丑尼古林。可是,当他知道了这个人已经在戏剧角色中显现出了身手,他也就放心了。他还注意到了,影片中的护士是由女学生扮演的。

肖洛霍夫信任邦达尔丘克,在赠送给他的《静静的顿河》上有极宝贵的献辞:"赠给无所不知的邦达尔丘克,让上帝保佑谢尔盖……"

5月,电影登陆队在顿河边上了岸,大家生活在"多瑙河"柴油船上——一直到秋天,在克列特斯科镇旁边,到处是草原、草原……导演协调好自己和摄影师,读了小说中的句子:"太阳像往常一样,无情地把大地晒得滚热。干枯了的苦艾的刺鼻味道唤醒了朦胧的心……"为了拍片,人们挖了战壕……镇里人没能立即就适应爆炸声……"真正的"坦克震耳欲聋……

肖洛霍夫请人们到"军事电影动作剧场"去观看拍摄。他看了后就预感到了面临的复杂性——书刊检查!他提出:

"你们那里可以打退各种各样的顾问,特别是军事顾问。他们要'驯化'你们,你们不要委屈。如果有谁来压你们,我决定去对付——打个电话,写封信,或者来个人。我帮助。"

他特别注意到了舒克申——这位作家同行,他以其真正的俄罗斯短篇小说和中篇小说牢牢地迷住了国人。肖洛霍夫知道,这一次远不是他第一次拍片,而且也知道,不仅仅作为演员他是天才的。在一些优秀影片的字幕上,他不止一次地被标明是脚本作者和导演。

有一位电影艺术家在胶片上表现了这位作家和演员亲吻的镜头。

过了一个月,邦达尔丘克确认,为了在制作上使他自己和主要演员再充充电,需要同肖洛霍夫再一次见面。

早晨八点他们来到肖洛霍夫家。肖洛霍夫一看到尼古林就吃惊地"嗯"了一声——这位演员的光临穿了一套演电影的服装,于是,立即就证实:作为一个爱开玩笑的人,没有谁能赶上他。肖洛霍夫后来回忆起他来说:"快乐的男子汉,平易近人。"

导演把拍摄的一些照片给他看。

可是,他却谈到别的事情:

"影片中应当少一些对话,多一些情节。这样,才能使观众感受和理解最伟大的人民悲剧。与此同时,还要使他们有充分信心,苏联士兵,我国人民,不论是谁,不论何时,都是不可战胜的。撤退的场面是沉重的,但同时还有胜利。"

他使大家相信:

"只真实地表现战争还是不够的……还要有思想,为了这一思想他们一直作战。作战的不仅仅是人民、军队、士兵和将军。思想也在作战……"

于是,提出了一个问题:演员们能够把痛苦的真相带给观众吗?

邦达尔丘克回答:

"能够。他们在主人公身上深深地充满热情地体会到了。"还有一句:"不说谎话!"

还有一个愿望:"战壕里的士兵——要用特写镜头,具有前线生活的一切细节——这是需要的……"

关于邦达尔丘克所扮演的兹维亚金采夫,他说:"到位。"

午饭时间到了。舒克申就坐在主人身旁。所有的人心情都特别愉悦,大家好像都感觉到是把兄弟一般,无所不谈,只有舒克申一言不发。这是后来大家发现的。而且他一次也没有碰酒杯——不论是法国的白兰地,还是家酿的马林果饮料,他都不动心。

当客人们离开的时候,肖洛霍夫兴致勃勃地谈到舒克申:"洛巴兴这个角色会演得很好! 你是真正的西伯利亚俄罗斯人……"

这位西伯利亚俄罗斯人的一言不发起了作用,肖洛霍夫对他那智慧的心灵感到震惊。9月里,在舒克申心脏停止跳动前还不到一个月,也同样是在顿河的土地上——也还是在拍片——由于那次同肖洛霍夫见面,引发了更广泛的谈论肖洛霍夫。舒克申对一位莫斯科新闻记者口授了许多人们意想不到的内容——他非常激动,看出来,因为他对突然而至的自白情感也不感到羞涩。这里有几个片断:

"如今,我如何看肖洛霍夫呢? 我在这里谈过了我个人对肖洛霍夫的发现。从莫斯科看,我对他有点儿简单化。我们可以这样说:简单化是由于从不同方面来的口头信息造成的。而如果凭着个人交往,我再一次确信,这——是一个现象……"

"对于我来说,头脑里浮现出了一位编年史家的面貌。"

"当我从他那里出来,首先,我要怎么发誓呢。这就是——应当工作,应当工作得十倍以上……"

"还有,好像,我提出过,不要输——生命只有一个。看,不要玩得过久……"

"我只是被肖洛霍夫的生活方式所感染。真的,这一点我特别喜欢:坐在小镇里,却在思考着。"

然后,他又谈出了对肖洛霍夫小说的自己作为行家的理解:

"他的小说特别有生活,是真实的。因此也很容易表演、朗诵和阅读它。作为一个演员我知道,什么叫做不说自己的话,而说别人的话。这些话语越是人工雕琢得厉害,它就越不真实,越没有生活气息……"

"肖洛霍夫的小说——就是肖洛霍夫的小说。它永远是很容易写的。也许,我现在没有这么说过……由于同真实交往,才有,才出现了兴趣。肖洛霍夫笔下的一切都是按着人民的方式,准确无误。"

"你看,战士洛巴兴……极具有人民的性格。要知道,他尽管也应当让胸膛和后背遭到天上下来的钢铁的击打,但他仍然活着,是个生气勃勃的人。路上出现一位老奶奶,他要去拥抱她,就这样,以后……"

在这篇谈话中,四十五岁的舒克申第一次公开说出了,在肖洛霍夫的影响下,他面临着果断选择的必然性:或者是电影,或者是文学。他说,他选择了文学。

瓦西里·舒克申的死震惊了全国。可是,这里还需要有肖洛霍夫的威望。作家瓦西里·别洛夫给维约申斯克发去了一封绝望的电报——安葬前的:"在莫斯科的土地上没找到舒克申的地方,必须您予以干预。"这就是说,莫斯科当局一开始就拒绝了全国人民所喜欢的作家安息在新处女公墓。奇怪的是,事实上给肖洛霍夫的电报并没送到。

连导演邦达尔丘克也必须动用肖洛霍夫的威望。在他的回忆录中可以读到:"影片拍完以后就是它的接收工作。在总司令部,由格列奇科元帅①主持下,人们观摩了电影并进行了讨论。轮到我发言时,我进入了心肌梗塞前的状态。他们没有接收片子。不久,一切都安排好了。米哈伊尔·亚历山大罗维奇·肖洛霍夫在许多方面都帮了忙。"

……肖洛霍夫十分惋惜,命运没有使他同朱可夫见过面。不错,1973年秋季里的一天,他们有过一次电话交谈,家里人后来知道了,这位元帅将被邀请来维约申斯克做客。唉,唉,可惜,对于国家历史,对于两位伟大的巨擘的一生这种天赐之机没有来到。

"米哈伊尔·亚历山大罗维奇,"一位新闻记者问,"不久前故去的格奥尔吉·康斯坦丁诺维奇·朱可夫元帅的回忆录为最广大的读者群所阅读,他们认为它可以与描写战争的文学作品相媲美,这是为什么,您是怎么想的呢?"

"朱可夫是苏沃洛夫学派的一位伟大的统帅,他明白,在士兵的肩上承载着战争业绩的最沉重一部分。我想,因此他的回忆录才赢得了广泛的爱戴。描写前线生活的作家有时与这样的著作较量委实不易。这是重大事件参加者和见证人的见证,我从孩提时代就见过战争,可是所知不多,而这样的……他懂得士兵的心理,知道他们纯洁的心灵和道德上的沉着、镇静,知道每个要写他们的人所必须具备的那种坚毅性……"

---

① 时任国防部长。——原注

谈群敌——迎接生日的话

1975年——不寻常的一年来到了。他提醒人们即将来到的肖洛霍夫七十岁寿辰。

……全家人的新年聚餐。主人举杯致词,他计算了这有意义的年代:

"我们进入的这一年,带给我们没有战争的和平劳动的三十年纪念日。俄罗斯还从来没有过两次战争之间这样的间歇。"

区党委会里越来越频繁地议论起,应当为他们这位知名的同乡筹备生日庆典。区委第一书记老老实实地对他说——要求他拿出一篇写自己的文章,一家报社要,另一家报社还要一篇。他以其并没有随着年迈而消失的狡黠作为回答:

"对于阿谀逢迎,一次就可以了,不必再多……"他援引了"论据":

"围绕着勃列日涅夫各地用一切方法吵吵嚷嚷的祝贺和所有的吹捧并没有提高他的品格,在苏联人的眼里倒是降低了他的尊严并在国外引起了挖苦的偷偷耻笑,没必要地助长形形色色的反共反苏分子的气焰。"

看来,由于选民和读者关于当时这一悲喜剧题材的来信,他也激动起来。

肖洛霍夫阅读了一本赠书,这本书写的是从斯大林时代以来就被人们完全忘记了的党和国务活动家尼古拉·沃兹涅先斯基,他带着指责的口吻谈到了党的书刊检查:

"没有结局。他们把沃兹涅先斯基关进牢房,又枪决了他,可对此却一句话也不说,就是害怕真相!"

肖洛霍夫的生活有条不紊。

有人向他提议——为迎接诞辰,整修一下住房,他抵制了。不错,后来他还是让了步——但有体面的让步条件:"如果你们要整修,那么就请修一下外面和一层,二层无论如何也请别动!"

看,1月27日,他给俄罗斯联邦部长会议主席索洛缅采夫写了一封信:"亲爱的米哈伊尔·谢尔盖耶维奇!顿河桥的建设工程已经改期,时间没确定。春天,同外面世界的交通联系已特别复杂了,因为,正如你可能还记得,飞机场在巴兹科夫丘陵,我们非常需要在顿河左岸建一个飞机场。请予以我们帮助。作为你昔日的乡亲,我们寄希望于你,相信你对我们的友好情谊。"

看这件真正的荒唐事!新闻出版通讯社派出了自己的全权特使来,以便获准在诞辰纪念日前拍片——这是芬兰和西德所操纵的。可是,他立即回绝,但没有上诉权:

"我尊重这些国家,但我也不忸怩作态。全部拍摄工作令人极端厌恶!他们想把我变成什么样的人?!我没有……"

由于刚刚得知"这里有一位新闻工作者,而且很有名气,寄来了一篇关于我的回忆录特写,在世上他什么谎都说",显然就使他更生气了。

包括论文、特写和回忆录的文集《肖洛霍夫》出版了。在写给自己的老朋友安纳托里·索夫罗诺夫的信中,他对这部文集给予巧妙风趣的评价:

"至于说到最近这一本书——那么你可以有充分权利说,就像你的先行者丹尼斯·达维多夫那样:'约米尼啊,约米尼,可说到伏特加却没有半个字。'现在,对于行家来说就意味着——这本纪念文集成了枯燥无味的、正统的和十分'正确无误'的了。"

……肖洛霍夫一家到了莫斯科。党中央决定,在大剧院召开庆祝会。他们来时,心里并不轻松——玛丽娅·彼得罗夫娜亲妹妹的丈夫去世了。

后来,又有两次打击袭击了生日的前夜。

5月7日,肖洛霍夫找出了索尔仁尼琴在巴黎出版的《牛犊顶橡树》阅读,书里对他泼出了多少污水啊……

5月19日,大脑微中风。

很幸运,玛丽娅·彼得罗夫娜及时发现了,他还不大相信地坐在床上。

"怎么啦?"

"没,没怎么的……"

"怎么还没怎么的呢?!你都不能说话了,嘴也歪了,请你躺下吧,躺下,不要想你的写作了。"

很幸运,医生们立即赶来。

第二天,大家轻轻地叹了一口气——说话差不多正常了。手也有力量了,脸也没了明显的歪扭的样子。

5月24日,党中央履行了所说的话——召开了纪念晚会。主席团庄重威严,作报告,发表了热情洋溢的祝福讲话,富丽堂皇的音乐会……

人们庆祝他的诞辰,他没能到会——被送进了医院。又开始不好了,他抱怨着:

"没什么大事——医生禁止我写作,禁止读书。这样的生活对我有什么鬼用处! 应当回家,在家一切都是自己的——这里像坐牢。"

事情有了改变,好像把"牢狱"改换成了"劳改营",肖洛霍夫夫妇被送到了莫斯科郊外的一家政府疗养院。玛丽娅·彼得罗夫娜不能与丈夫分开。

这月月底,玛丽娅·彼得罗夫娜的妹妹去世,维约申斯克人决定把这事瞒住肖洛霍夫夫妇。

可是,到最后,夫妇俩从疗养院订购了飞机票,顿河在等着他们! 然而他的血压重又暴升到不可思议的程度。医生们绝不妥协让步——或者进医院,或者哪怕回到疗养院:"应当观察!"他们选择了疗养院。

……渐渐痊愈了,回家,自家的声音和气味真甜……孩子们和孙子们……在他们看到的所有人的眼神里(都预先警告过了!)都无忧无虑。秘书高兴地被惊呆了——摆出来一千二百五十封祝贺诞辰的来信和电报。

家里真好。可是,突然出现了不幸——他不能上自己的二楼,那里有他的卧室和写作室。可他又不想下来住。他不能看担架——感到害羞。

于是,动手安装电梯。几个星期就完工了。当人们为他接通了电源,肖洛霍夫想出了一个妙趣横生的仪式——为什么不剪一下红色的彩缎呢?

只是到了10月末,他才能从家里走出去。甚至有力气到了文化宫去见见那些镇里人。他们坚持地向他表示祝福——怎么能够不在一起向这位可爱的同镇人祝福生日呢?

……他变了,变得很厉害。这位作家——不可以读得更多。玛丽娅·彼得罗夫娜成了他的图书管理员,向他提供一会儿是普希金、丘特切夫、果戈理的作品,一会儿又是雨果、莫泊桑、科罗连柯的作品……整个这段时间里,旅行家普热瓦利斯基所写的札记与他为伴。家里人注意到,电视转播的"电影旅行者俱乐部"把他吸引住了——电视中其他的内容他就不很喜欢。

朱可夫元帅和德军总司令部里的吉别里斯吉尔赫将军的回忆录,他读了又读,无疑,他没有停止思考继续写那部军事长篇小说。这甚至在那段生

气时的独白也能感觉到,当时,他读了一些报纸和杂志在一年一度的胜利日来临前例行发表的文章:

"不能对斯大林闭口不谈。应当写出一切:正面的和反面的,该说好的地方,就说好,有的地方也要骂。斯大林管理国家三十年,把他从历史中抛出去——这是亵渎历史。让我们的后代从他一生复杂的经历中去分析研究。"

有一回,他让所有的人都大吃一惊——他预言了新的一场革命。他的秘书安德列·阿法纳西耶维奇·季莫夫诺夫困惑不解地问:

"在社会主义制度下,这可怎么进行?"

家里人听到了回答:

"社会主义开始是按照列宁的想法建设的。后来人们匆匆忙忙地歪歪扭扭地去奔向共产主义——走得又慢又不细心。尾巴露出来了——可鼻子插进去了。你们看,都做了些什么,生产能力在排队,几十年也没学会。广场的一半还没发挥作用,就又要拓宽——搞大建筑战胜了一切,这可害了社会……"

他又继续谈了大国的政权:

"第二个列宁没有了,可我们的活动家们都在想,世上没有比他们自己更聪明的。都在用一切办法发号施令……人民的忍耐很快就要结束。聪明的人们将开始革命。我们有这样的人,而且很多。"

过了几个月后,正如医生们感觉的那样,他的健康彻底恢复了。对所有的人这都是一件喜事!

这时,昔日的好朋友芬兰作家马丁·拉尔尼来维约申斯克看望他。肖洛霍夫很喜欢他的机敏讽刺小说《第四根椎骨,或者迫不得已的骗子》。

……只是在父亲逝世以后,小儿子才得知,他准备要在庆祝自己生日的晚会上发言。哎,要是没有这场病该多好! 这是在许多方面具有谴责性的发言。他要揭露,是谁制造了关于剽窃的诽谤言论。但这不是检察官的发言,而是心灵倍受伤害的作家的发言。

他儿子保存了一页没有使用的发言稿,他暂时只是以极少的发行量公布了它——因为我要略作压缩(加以省略点)几乎全文再出版它。

"预先总结一下创作活动的时候到了。但是,为了我,那些亲兄弟作家们,那些远亲,我们说,还有那些表兄弟的评论家们在其论著中都已经做过了。因此,为了我,只剩下了作者本人的话了。"

"在五十年的作家生涯中,我得到了许许多多的读者朋友,也招来相当一批的敌人。"

"关于敌人要说些什么呢?在他们的武器库中,存放着陈旧的、生了锈的武器:诽谤,谎言,恶意的捏造。同他们的斗争颇为艰难,可是,值得吗?古老的东方俗语说:'群狗汪汪不停,骑手尽管前行。'

我说一说,在生活中这是怎么看出来的。有一次,那是在遥远的少年时代,我为执行公务必须骑马到顿河区的一个镇去。途中还要经过一个镇。我走得晚了,到这个镇时已经是深更半夜了。

草原非常寂静,只有鹌鹑的叫声以及地里长脚秧鸡的吱吱叫声。当我刚刚走进镇里的街上,就从一个大门下的空隙蹿出一条狗来,它一边叫着,一边围着马乱蹦乱跳。接着,从邻居的院子里又跳出第二只狗,从街道对面的一个富有的大户人家,一下子有三条凶猛的公狗也跳过篱笆墙。当我走过了一段路后,马的周围已有二十条狗疯狂地汪汪乱叫……

那天夜里我没有想到,过了若干年后,这狗的故事又重演了,只是换了一种方式。1928 年,当刚刚出版了《静静的顿河》的第一部时,我就听到了第一次诽谤性的炮蹶子声,后来,也就过去了。"

这份未能使用的发言稿骤然中断了——没有结尾。但是,他儿子证明了一些后续部分。经过多年以后,他记录下了父亲的回忆录,由于这次开过的纪念诞辰晚会没有他。这篇回忆录产生了反响。

开始,好像与为什么谈这些话没有任何联系:

"我记得,在某一次例行的会议(就像现在所说的'讲坛')的开幕式上,斯大林和政治局委员们走进了大厅。大厅里,当然,人们起立并爆发出'暴风雨般的,持续不断的掌声……'那些人缓缓地走到主席团桌子前,但没有坐下,大家也还站着,鼓着掌。他们鼓掌,我们也鼓。斯大林已经用各种方法以手示意,应当停下来,请就座。可是,我们还都在尽心尽力地鼓掌。要知道,这时候谁能第一个坐下呢?大家都站着,你怎能坐呢?应当和大家一样……"

他继续非常坦诚地说:

"一直到现在,唉,想起来就感到恶心。说实在的,你本不想让敌人陷入令人啼笑皆非的窘境。我不知道,这会持续多久,我觉得——永远。"

说到这里,在回忆的道路上,他就把箭头指向了自己:

"我也有过这种情况。一只狗叫了,第二只,第三只也都跟着叫……每个人都想:出面替他说话或者最好等一等,看一看,'要像大家一样。'"

这里,他也坦诚地说出:

"要知道,什么样的鬼东西他们没推到我身上啊。说什么,肖洛霍夫是白匪,是顿河地区地下白匪的思想家,他不是什么无产阶级的人,也不是农民的人,——甚至是吃饱了饭的富裕哥萨克的歌手,富农的帮凶,还说是商人的儿子,娶了个过去阿塔曼女儿做老婆……而这在那个时候可不是一件小事。一旦开始说某个人尽管是类似什么,老兄,他就得到彼得保罗要塞挨冻去,或者,进十字架监狱受热去吧。对于这种人别说是去保护他,就是接近他,也不是每一个人都敢的。"

后来,在讲述了这些阴郁的往事后,提出了被证实的预见:

"他们指责我是白匪已感到厌倦,就开始说我是富农;说富农感到厌倦了,——又想出了剽窃;连剽窃也说厌倦了,就爬到床底下,翻内衣……"

已经过了古稀之年,可是性格也一如战前:总是求全责备,追求最好。肖洛霍夫的罗斯托夫一位朋友康斯坦丁·普里玛在自己回忆录里留下了有代表性的几句:"在早春的一个阳光明媚的日子里,米哈伊尔·亚历山大罗维奇去看一看家乡的地方,在沃洛霍夫斯克村旁,他经过一片森林,忧心忡忡地发现,森林已经透亮了。

'这帮该死的家伙,把地都弄秃了,他们不想想明天。'

'也许,他们砍走的比一年里种下成活的有五六倍多。'司机费佳说。

在叶兰尼附近,发现了就在顿河边上禁伐区里的一些树木被砍了,沿着被禁的滑坡山沟,在一些小湖泊之间,支棱着不久前被砍过的白桦树的粗大树墩。

……农场场长打开了地图,心情激动地讲起了保留下来的耕地的状况,在他的话中常常听到了'计划'一词,肖洛霍夫脸色阴沉地坐在桌旁,吸着烟。

'请你们对所担心的问题给共和国部长会议准备一份实实在在的证明

文件吧。'可突然他又停下来,修改了自己的意见,'关于顿河两岸林业经济的状况吧。你们要论证一下必须压缩森林砍伐计划,必须加宽保护带到一千米……'"

〔**增补**〕父亲对儿子最后的自白,哎,实际上也是一种预言。在 2003 年"肖洛霍夫和俄罗斯文学"的学术研讨会上,我做的报告《肖洛霍夫学中拉普现象的某些回归》中,也谈过了这一问题:"《静静的顿河》手稿发现后的最近三年,反肖派的伎俩已经改弦更张了,关于剽窃的书不出了,又开始给肖洛霍夫个人抹黑。在大众传媒上,正为败坏他生平经历掀起了第九级浪。倒有刺激物,因为这位经典作家百年诞辰在即——这样,就应当把他从现代性的大船上抛下去。"接着就引出了一大堆的杜撰出来的"事实"。

为保护教徒的一封信

有一次,肖洛霍夫以代表的身份收到了从另一个哥萨克村一些教徒写的求助信——帮助开放教堂!但这不是他的选民区,于是,当即他不得不把这封选民来信转寄给了自己文坛上的老同志安纳托里·卡里宁,他当时是俄罗斯联邦最高苏维埃的代表。

考虑到当时反对教堂的气氛,可以简单地把这份请求装到信封里,打官腔地请求过目一下,再做答复。可是,他却在自己随寄的信中把责任揽在自己身上——带有责备,虽然也很幽默,却没有含糊其辞:"为什么您在宗教方面工作得那么差,而且为什么您的选民给我写信?为什么直到现在还没有开放圣·约翰教堂?"这封信结束前独具一段的补写是很明显的:"拥抱您!——老东正教徒和您更老的朋友米·肖洛霍夫。"

可是,在普遍地无视教徒需求的时候,选民们为什么突然给肖洛霍夫写出这样的信呢?

……肖洛霍夫和教堂。如果更加认真细致地翻阅《静静的顿河》、《被开垦的处女地》和战争短篇小说《一个人的遭遇》,就可以确信:在东正教面前,肖洛霍夫的良心是纯洁的。他家里人告诉过我,他并不是信徒。然而,为了写作他拒绝了肯定无神论的党的号召。

在两次反宗教政策掀起的疯狂浪潮打击下,他没有弯腰——一次是在斯大林时代，一直持续到三十年代末；另一次是在对无神论无法控制的赫鲁晓夫时代。要知道，有多少作家考虑到利害关系而屈服了。

……《静静的顿河》。东正教题材在这里展开了。最初的几笔就是麦列霍夫的婚礼："陪伴着去见神父……用鼻音说话的神父威萨里昂……熄灭了蜡烛烟散发出煤气味……"写这一题材还有几笔，第一部第十五章："从教堂出来，经过打开了的大门，来到台阶，从台阶到围墙回响着读经的声音，在有隔栏的窗子上铺洒着节日的喜庆的烛光。在围墙下，小伙子们在抚摸着轻声尖叫的姑娘们，接着吻，悄声地讲述些猥亵的故事。"这时的肖洛霍夫刚过二十岁——他是共青团报的撰稿人。

但他很快开始明白——反对上帝并非是对他而来的，因而也就变换了表现手法。这从他生动地描写了德国人战争的那几页中就清楚了。根据他，作者的想法，被动员参战的哥萨克们听着老将爷爷的话："请记住一点：他想要活着，从殊死的决战中完整地出来——就应当遵行人类的真理。"而他——要知道这也是作者肖洛霍夫的话，他拿来了祈祷文。不知谁开了句玩笑。老将爷爷——也就是作者的话对他产生了反响：

"你，年轻人，不信教，就闭嘴！——爷爷严厉地打断了他——你不要妨碍别人信，也不要嘲笑信仰。这样，良心有罪！"

长篇小说中的国内战争……小说家肖洛霍夫已经长大成人——他敢于用不协韵的如此悲伤的句子完成了处死瓦列特这一场面的描写，结果它成了真正的散文诗。这就是我们已经提过的那一场，老哥萨克在他的坟地上建起了一个小教堂，并且在遮阳的飞檐中写上了：

> 在骚乱和荒淫的岁月，
>
> 兄弟们，请不要责备他。

可是，难道这个小故事不是政治上的谋反？它若读起来——明显地——不仅是向拉普派们挑战，当时这位处于共青团员年龄的勇敢的作家还算作是拉普队伍的一员呢。事情很清楚：肖洛霍夫抛弃了阶级斗争不可调和论和战斗的无神论的火热的指令。

流血迫害和消灭哥萨克……他不修改。所以，在阅读作家形象的揭露性场景时读者就铭刻在心中。没体验到被践踏了的宗教，这场景是写不出来的。有个哥萨克讲到了亵渎神的马尔金:"在街上,马尔金叫那人过来:'你从哪儿来?姓什么?'——并大笑着。你看,他说,胡子都竖起来了,像公狐狸的尾巴!你的胡子真像好巴结人的尼古拉的胡子。我们,他说,是从你们那儿来的,从大烟道里来的,我们做肥皂……"

还有更异乎寻常的。肖洛霍夫还冒险写出了党员——最坚定的布尔什维克!——必然遭到开除出党的可能性。怎么能不是这样呢,——看,彭楚克同妈妈告别:"她急忙把自己贴身戴的一个小十字架摘下来——一面亲着儿子,给他画着十字,一面把十字架挂在他的脖子上。整理着领子里的十字架带子,手指直哆嗦,冰凉冰凉的。'戴着它,伊柳沙。这是——圣尼古拉·米尔利基斯基十字架。大慈大悲的圣徒,他会保佑你和拯救你,慈悲的圣徒啊,保护他免灾去难吧……我只有这么一个亲人……'她把火热的眼睛紧贴在十字架上,嘟哝说。"

或者,在婚礼时,科舍沃伊对杜尼娅和伊莉妮奇娜让了步。但是,小说家肖洛霍夫没有被这一尖锐情节本身局限住。他让神父说出了:"年轻的苏维埃同志,世事常常难以预料:去年你亲手烧掉我的房子,就是说把它火葬啦。可是,今天我又来给您主持婚礼仪式……俗语说得好,不要往井里吐痰,也许你还回来喝井里的水。但我还是很高兴,因为你终于醒悟,找到了来基督教堂里的路。"

三十年代。《被开垦的处女地》完成了。作者入了党,可是党仍然在摧毁教堂,把神父充填进劳改营,号召"无神论者联盟"同少先队员和共青团员一道积极行动。然而,肖洛霍夫不受制于宣传鼓动部门的教导,使得奥斯特罗夫诺夫的母亲有可能说出:"他们关闭了教堂,把神父都变成了富农……"能这样的表现看来是很少的。他称"共产党员"为罪魁祸首。然而,他是否能为保护自己,缓和一下批评之词——他只想到了《无神论者联盟》。不,作者,作为联共(布)成员,还加上了一句:"他们不经许可擅自关闭教堂",可见,他不赞同,就像记者们绘声绘色用这样行为写出的支持。《反宗教杂志》立即声称所有这些都是"不按规定办的",并在评论中威胁地抽了肖洛霍夫一鞭子:"对人们意识中宗教的消亡缺乏深刻分析……"

三十年代末,《静静的顿河》创作临近尾声。这时,教堂重又遭到了磨难。这一次是因为叶若夫的暴虐。肖洛霍夫预感到了,同德国的战争不可避免,如果是这样,那么人民在危险到来之前干脆一定要团结一体,难怪在小说中出现了激动人心的警告——在有麦列霍夫参与的并非简单的对话中:

"'同苏维埃政权很快就能讲和吗?'

'不知道,爷爷,眼前还看不出什么。'

'怎么还看不出来呢?……大慈大悲的上帝,他什么都看出来了,他不会宽恕这一切的,记住我的话! 这件事做得有头脑吗:俄罗斯人、东正教的人互相扭打在一起了,阻止不了……'"

可以在某种程度上把作家称为传教士。他要研究教堂的秘密。然而,这在当时是危险的工作。一会儿要在小说中写上祷告词,——一会儿又要从圣经中摘出句子,为葛利高里写上格里沙爷爷的话:"圣经不是写出了我们混乱的时代吗?……"

《静静的顿河》中有近千个人物,其中写到了大主教阿克萨伊斯基·格尔莫根,鞑靼村里遵守教规的潘克拉季,神父维萨里昂,李斯特尼茨基的同伴——一位无名神父和住在旅店里的神父,一个旧教徒哥萨克,甚至还有一个信仰乖谬的女人丘巴多姆以及葛利高里·拉斯普京。

五十年代中期,《一个人的遭遇》诞生的时代,赫鲁晓夫把战斗的反上帝的指示强加给了国家,严厉可怕的决议出台在这部小说问世前一年:《关于在居民中实施科学的无神论宣传中的错误》。你再视而不见试试! 党的机关提高了警惕,书刊检查部门严阵以待,新闻工作者纪律严明。作家——有一些人愤怒已极,匆忙在《科学和宗教》杂志上发表揭露文章,而另一些人则考虑到利害,一声不吭,要再等等看。

肖洛霍夫拒绝参加对这一轻率决议的宣传活动。没有关系——不论在发言中,还是在论文中,他反对侮辱信仰和教堂。当书刊检查的障碍踢过来时,他没有再等待。在《一个人的遭遇》中,他塑造了苏联文学中从未有过的人物——捍卫信仰的殉教者。

被俘的那个士兵同其战友不幸被德国人赶到教堂里过夜,于是,出现了一个真正的殉道者,由于他那东正教信念,遭到了外国人子弹的扫射。肖洛霍夫富于感染力地勾勒了他的性格,情节简单,话语大胆:"我不能亵渎神圣的教堂! 我是信徒,我是个基督徒! ……"作者是真正的戏剧作家! 他在索科洛夫的独白里写进了所见的各个方面——一切都是当时生活的真实:"你知道,我们是些怎样的人吗?有的笑,有的骂,有的给他出了各种各样可笑的主意。他弄得我们大家都很快活……"可是这时出现了令人清醒的句子:"法西斯分子隔着门扫射了好一阵,这个教徒就被打死了……"

六十年代,他对于东正教的态度就不仅表现在创作中了。在赫尔辛基,他与东正教大牧首皮缅见面并做了交谈。在世界维护和平大会工作的日子里,有一天,苏联大使馆为欢迎从俄罗斯来的总主教,安排了一次接见活动,有了召集著名的维护和平的战士的绝好理由。这位总主教向大使请求——不要忘记邀请肖洛霍夫。

在宽敞的大厅里,简短的发言之后,持有各不相同信仰的爱好和平的伙伴们自由自在地互相交流。有的人,由于他的威望,大家立即把他围了起来;也有的人,自己去寻找他的一伙儿;还有一些人在握手——早就没见过这种场面了;另一些人伸出了手去结识……这里五色缤纷:苏联的代表们衣着端庄齐整,从事自由创作的人服装就很随意——有的脖子上披着头巾,有的穿着各种颜色的西装,这里有苏丹人,有戴着缠头的东方男子,有戴着法冠的东正教教士,有戴着颜色鲜艳的非洲小帽的,也还有手持苏联香槟酒高脚酒杯的古板的侍者……

很少有人注意到,肖洛霍夫和大牧首是怎么在一个不显眼的角落里走到一起的,时间不长,国家总统乌尔豪·凯科宁也加入了他们的谈话。交谈进行得无拘无束——有人甚至关心到要马上在桌子上摆出高脚杯和某些丰盛的佳肴,这决不仅是为了精神上的需要。告别时肖洛霍夫说:"我很高兴这次见面,很高兴这次交谈。一个共产党人不总是能这么经常地同大牧首交谈,而且又是这么有趣……"

"这说哪里去了,这里是两个大牧首在谈话,我是教会的大牧首,您是文学上的大牧首。"

……认识清晰了,肖洛霍夫有别于许许多多自己作家"车间"里的同行,他没有去嘲笑教徒们的感情,也没有磨尖了笔去反对东正教。

"请找其他人……"

对于肖洛霍夫常常可以用古老的谚语说:"他的爱抚不是摇篮车——

你不能坐，也不能乘。"

1973 年 7 月 11 日，我给维约申斯克打电话，恳请他为共青团的一项特别活动写一篇祝词，我还说，这是为完成共青团中央的请求而作的。我当时精神非常振奋，就像每次同他交谈时一样。

电话筒里传来了他的回答："我不能……"他叫着我的名字，问候着，声音非常慈祥。他那善良的声调使我迷惑了——又请求了一次，这时声音变得严厉了："不要请了……请找其他人吧……我又不是婚礼将军！"我虽然被拒绝了，但是还不煞车，继续恳求，甚至决定说出这样的话："亲爱的米哈伊尔，我哀求您……"他断然打断了我的话，完全伤害了我的心，而且意外地打起了官腔："互相没什么哀求的，奥西波夫同志！我们没有那种关系！"很显然，谈话结束了。我明白了，那个时刻，他极像是麦列霍夫在发火，我想到还是快点结束为好。

还有一次碰壁。那一年秋天给他发出一封信。我告诉他，为青年作家我们筹划了一本年鉴《创作室》，并要求回答调查表上的问题。我反复看了这些题目，感觉到，这些题目还难以事先知道肖洛霍夫对回答的态度："一、作家的创作技巧，这指的是什么？二、您创作活动中最重要的问题是什么？您可以同青年作家共同分享解决这一问题的'秘密'吗？三、近三五年来青年作家的哪部作品您认为是最成功的，为什么？四、您对青年作家有哪些忠告？"

他没有回答。当时我觉得难过。如今我明白了，肖洛霍夫没有在意这学生式的天真询问是理智的，即使以善良的意图把这些问题写了出来，也要考虑到他在作家协会中对关心青年一代作家是负有责任的。

可是，这样的事还有。1968 年——我用电话通知他，在塞瓦斯托波尔，由共青团中央和作家协会发起要召开青年作家会议。我们征集了一下，创作的主要路线是什么——军事爱国主义。很自然，我请求肖洛霍夫寄来一份祝词。他说，考虑一下。他写了吗？写了。在塞瓦斯托波尔的会议上，我们看到了电报："我衷心地祝愿你们的工作取得成功。请不要忘记，青年们非常需要你们的著作，特别是现在。不仅是青年人，成年读者也如此。你们给了我们许多，责任也更大，因为——有力的风是吹给敢作敢为者的，让创作之帆绷得更紧、更有力量。你们的米哈伊尔·肖洛霍夫。"

……对青年近卫军出版社的工作人员,他已有了特殊的关系,令人尊敬的关系。他在1973年写给新社长的一封信具有代表性。他回答了两项请求:允许出版他的短篇小说集,并对如何更好地出版给以建议。我们是并非偶然地向他提出这一问题的。出版这种样式的书并非易事,要让作家认为它是自己的,而且要装帧精美。他在答复社长瓦·尼·加尼切夫时说:"至于说到1975年出版的《顿河的故事》一书,那么我想问一下,我可以信赖加尼切夫和奥西波夫的趣味和经验吗? 你,也许会说,可以。好吧,我就这么做了……拥抱你,祝新年快乐,祝你万事如意!"

可是——我再说一次——什么事都可能发生。我收藏了他1974年的一封电报:"我不能接待奥西波夫,已病。肖洛霍夫"。

拒绝了见面! 我毫不掩饰,最初的一瞬间由于突然涌上来的委屈,我浑身发冷:当然,"病"这是不成理由的推辞。可是,慢慢地我就理解了:麻烦不是出自我这个人。在肖洛霍夫七十周年诞辰前一年,我终于挤进了维约申斯克镇,当时想在《旗》杂志(那时我在这里任副主编)发表一组书信专辑,但不是作家写的,而是像通常认为的那样,是写给作家的:这些信都写了些什么,谈出了什么,要求了什么……可是,谁能够预料到,他根据书信看出了,想安排他生日庆典的意图,于是拒绝参与这一计划。

不过,这件事他虽拒绝了,可还有另一件事,他却同意了。他赠送给我两份作者亲笔题词。一个题词标志了我动手做我最热心的题目,另一个则是——这个题目的完成。

"苏联文学艺术国家中央档案馆:我允许瓦连京·奥西波夫查阅我写给亚·谢·绥拉菲莫维奇的信件和《旗》杂志。米·肖洛霍夫。1975年3月17日。"这是对我请求查阅他档案库的答复。

"敬爱的瓦连京·奥西波夫:纪念久远的友谊。1978年12月23日,米·肖洛霍夫。"这是他对出版我的《三种传记补遗》这本小书的反响——作者题词就写在这本书的扉页上,多么棒!

当时我正执笔一本论肖洛霍夫的概论,其目的在此之前一直闭口不谈。我想揭示出二十年代末那场指责《静静的顿河》创作剽窃的恶浪是如何开始的。我之所以闭口不谈是因为,朋友们事先已告诉我:关于剽窃的话题是被禁止的,党中央害怕这场由索尔仁尼琴极力谴责而造成的吵吵嚷嚷的风波。我认为:如果现在当局让肖洛霍夫一对一地去应付诋毁,那么就应当公布出这样的资料,说明社会舆论早就起而保护肖洛霍夫了。

不过,还需要一些档案。档案库主人很冷淡:"健在的作家的档案库,只有得到他们允许——书面的,才能使用。"我给肖洛霍夫写了信:"我担心打断您的工作,不过还是要请求你允许我去查阅……"他同意了,因而也就有了第一份亲笔题词。

这本小书出版后,我给维约申斯克寄去了几本,从那天起,我心里一直忐忑不安:他喜欢不喜欢? 等了一个月,半年过去了,一年也过去了……

突然,印刷品邮件来了。打开一看——我的那本小书! 难道他不需要退了回来?! 有没有对它评价的信? 没有,奇怪。可是,灵机一动,我打开了这本书——一看:熟悉的笔迹! 这就是第二份亲笔题词出现的始末。

我一直在考虑:为什么经典作家的答复是这样的——不老生常谈? 在这本刚执笔传记的作者小书中有许多优点吗? 看起来,他看出了书中的互助精神与支持,当时其他人根据党中央的禁令都表示缄默。我并不掩饰:他的亲笔题词对我来说——是最高勋章!

〔增补〕肖洛霍夫自己也认为:在驳倒索尔仁尼琴及其所监护的女人"德"之前,低下头颅是不明智的。他认为,这是学者们的关心。盖·赫耶特索在自己的著作中就写到了:"在 1977 年 12 月 9 日的谈话中,肖洛霍夫创作的著名研究者亚·赫瓦托夫就问过我说:'德'的那本书极大地侮辱了肖洛霍夫……然而,研究肖洛霍夫创作的专家们却决定置之不理……"实际上,并非学者,而是作家的安纳托里·卡里宁却投入了战斗,就像我已经讲过的那样。

医　　院

1976 年,很早很早就已经问世了的《静静的顿河》的作者,即使到了老迈之年,也没有安静的生活。在他的维约申斯克,他得知,一位文艺理论家,时任苏共中央所属最有影响的社会科学院的最有影响的文学理论与批评教研室主任的列·雅基缅科,在作家中的讲话仍顽固地肯定还是从斯大林那里听到的陈腐的信念:认为麦列霍夫是叛逆者!

不错,他遭到了文学研究所费多尔·比留科夫教授的反击。可是,对社会舆论的影响力那是不均衡的——社科院极力要成为垄断者。

　　这件事的反响——体现在肖洛霍夫写给比留科夫的信中,对于那位气势汹汹的正统派的讲话,他尖锐地说:"这表明,他们失去了现实的情感。这没有给他和他所代表的社科院带来荣誉。实践已经证明,他永志不忘的葛利高里·麦列霍夫的叛逆'概念'已经遭到了破产。我相信,不论是他用来大放厥词的高高的讲坛,还是印在'理论问题'栏目下的他那不求甚解的教导,都不会帮他的忙。"

　　已经超过七十岁了,但精神状态不减,你看,他还呼哧呼哧地去打猎——有一回他说:

　　"我在草地上走了十来公里的路——两条腿勉强地向前迈着,可是眼睛得紧紧眯成一道缝:找准星已经困难了……"

　　可是,他又俏皮地眯起了眼睛,倒出来打到的几只山鸡。

　　……1977年,麻雀山上的政府医院。5月20日,我与时任青年近卫军出版社社长同行前去看望肖洛霍夫。三天后就是这位作家的生日。我们走到病房门口,不知为什么,门敞开着,我们走了进去。我还记得,春天般明媚的阳光洒满了这位有病作家的整个居室。我们问候了——他一声不响,只是过了一两秒钟,一个女人的声音说:"噢,看,你们来了……因为有阳光,看不清是谁进来了。"

　　他坐在床上,光着的两只脚从床上垂下来,一句话也不说。玛丽娅·彼得罗夫娜和漂亮的小女儿玛丽娅在他身旁。

　　我从未见到过他这个样子。疲惫已极——比放在棺材里还难看:瘦成了皮包骨,一动也不能动,又干瘪又矮小,眼睛不自然地——好像玻璃似的——闪着光(因此,看起来是鼓出的)。他用迟钝的目光看着我们,好像,随意地一眼即逝。我们出现了可怕的想法,他心力衰竭——不认得我们,什么也回忆不起来,什么也不能说了。

　　可是,过了一会儿,情况好了些,问候了我们,虽然声音是蔫巴巴的,甚至还请我们到会客厅"去吸支烟"。他说的话都是不习惯的:"看……正好……准备……"我们到会客厅,搀着他的胳膊——迈着小心翼翼的、慢慢的、不稳当的、细碎的步子,一句话也不说,尽管他还能够摸摸病号服衣袋里的烟嘴和那盒烟。我把座椅推给他,玛丽亚·彼得罗夫娜指给我邻近的那把椅子:"不,这把是他的,这离烟灰缸近一点……"

我们让他躺下。他的身体好像躺在两边带栏杆的扶手中间,可是,我看,他坐起来几乎不驼背——头骄傲地挺着,后背也是笔直的。外表的样子骗了你:一旦在椅子里安顿好,就点起一支烟,当他从我的朋友那里听到,我已被任命为当时国内最大一家文学出版社的社长时,就当即对着我说:"没有喝坏吧?"

看来,他还记得,因为我当时有溃疡病,甚至连酒精的气味也不能闻。

咳,这就是在交谈中肖洛霍夫的俏皮话。正当一切都继续谈得一本正经时,这可笑的俏皮话就意想不到地突然出现,并给你一下:有时是善意的,而有时就带有挖苦意味。

于是,他严肃了起来,并且询问我要赴任的这家出版社主编的事,还有一个是这家出版社的老将,对每一个人他都用名和父名来尊称。我不想让这位病人的生活蒙上阴影,隐瞒了这位老将早已作古了的事。不难感觉,客人的造访使肖洛霍夫很高兴,没有同"街上"人交往,他已感到厌烦了。

他对一切都感兴趣。我们会面的时间一点也不长,而且他又听到了我们告诉他的这件事:我国和保加利亚共青团开始出版一种联合的文学杂志,由于这一文学青年的国际俱乐部选举他为荣誉会员,他听了很高兴。不过,他想要知道我们对他在国际生活中确立不寻常的创作合作所起的作用有什么看法。然后,就询问,如今正在写作的青年作家中,有哪些是他早已知道和读过作品的。我们又告诉了他,青年近卫军出版社还举办了第一本书的作者同列昂尼德·列昂诺夫的会面活动。他颇感兴趣。他聚精会神地听着我们讲突然出现的瓦连京·拉斯普京——而且,他明显地又是一位青年小说家。这时我又补充了自己的观察——谈到了他的谦虚、严谨、真正的教养和对年长一代的尊敬,而在不很懂得礼貌的文学青年身上很少能看到这些。

"他是不是旧教徒呢?西伯利亚旧教徒很多。"

"噢,不,拉斯普京可能也喝酒……"

肖洛霍夫冷笑了一声,回答:"噢,那他不是旧教徒。"

人们记得,他并不埋怨疾病,也不向医生诉苦,像常常见到的一些有病的老人那样。

在我的札记本里还写到了这些。我说："您吸烟太多。"他说："五十年了。"我说："人们习惯在照片上看到您吸着烟斗。什么时候您不用它了?"他说："战前用烟斗。"

〔**增补**〕又有一项科研成果。塔·阿金尼申娜曾谈到太阳在《静静的顿河》中所占的地位:"在米·亚·肖洛霍夫长篇小说《静静的顿河》中所描写的宇宙空间里,关键的意象之一是太阳的意象,它拥有巨大的象征作用,产生了惊人丰富的意义,特别重要的是,这些意义所包容的多层次性几乎完全等同于生活的多层次性……在《静静的顿河》中太阳多次升起,而每一次都不可重复地始于'东方染上了金黄颜色',给大地带来了一片金黄,带来了耀眼的光的洪流,赋予了大地上一切实体以'繁荣和阳光照耀下不可重复的生命'。值得注意的是,在米·肖洛霍夫的艺术世界中,太阳出现在同广漠大草原相接触的固有的自然中……"

"特殊纸夹"里的一封信

1978 年,莫斯科出现了谣传,说肖洛霍夫给勃列日涅夫写了一封可怕的信。这封信的可怕,不在于那特有的政治上的正直性,也不在于那特殊的反党倾向。

3 月 14 日,这封信到了大权在握的勃列日涅夫手中。他阅读了并标出:"转党中央书记处,并请在政治局传阅。"这样,就到了政治局会议上。

开始,主管意识形态的书记研究了这封信,最后,经过一周,他提议组成专业的委员会。这个建议——关于集体智慧的——党中央第二书记同意了。进入这一委员会的有:两位书记和党中央的三位部长(科学、宣传、文化)以及苏联文化部长、俄罗斯联邦部长会议副主席和作家协会第一书记。嗬,为一位作家的心思专门任命了一个何等重要的委员会呀。说是"特种部队"——人们苦涩地开着玩笑。

什么事情让这"特种部队"焦急不安呢? 从这封长信中我引出几段摘要。

开头是这样的:"在精神发展的进程中贬低俄罗斯文化的作用,歪曲其崇高的人道主义原则,不承认它的先进性和独特的创造性,社会主义的敌人们从而企图恶意抨击俄罗斯人民,不把他们作为苏联多民族国家的主要的国际主义力量,却把它说成精神上是软弱无力的,无法从事精神创造的。"

接下去,肖洛霍夫表达了他十分具体的关注:

"到目前为止,许多反映我们民族过去的题材仍在被禁……

非常困难,安排具有爱国主义倾向的俄罗斯画家的画展常常不可能,他们的绘画符合俄罗斯现实主义流派的传统……

尽管有过政府的决议,毁灭俄罗斯建筑古迹的做法仍在继续,对俄罗斯建筑古迹的修复工作进展得极为缓慢……

研究俄罗斯民族文化问题的杂志(《俄罗斯文化》)的创刊已是刻不容缓的了。在各个联邦共和国(除俄罗斯联邦外)类似杂志也要出版。……

应当考虑建立俄罗斯民俗博物馆的问题……"

大权在握的老人们仔细地阅读着……如果他们害怕关于画展和办杂志的请求,又怎么能不恐惧于对外交笔录做出的这样不加粉饰的论断呢:

"世界犹太主义特别猛烈地、积极地反对俄罗斯文化……"然后,肖洛霍夫又说明:"通过败坏我国历史和文化的反俄罗斯思想的电影、电视和出版物,广泛地进行恶意批评……"

综合性的建议:"根据上述所谈,再一次提出这样的问题——更加积极地捍卫俄罗斯民族主义免受反爱国主义、反社会主义力量的攻击,正确地在出版物、电影和电视中阐释它的历史,揭示它的进步性质和在建设、巩固与发展俄罗斯国家中的作用——其必要性已经显而易见了。"

他们读了最后几句:"为了更加广泛和细致入微地考察关于俄罗斯文化的所有问题,看起来,要成立一个权威性的委员会,其组成人员应有俄罗斯文化的著名活动家、作家、画家、建筑师、诗人、俄罗斯联邦文化部的代表、学者——历史学家、语文学家、哲学家、经济学家、社会学家,这个委员会应当制订相应的推荐措施和考虑到数年的具体工作计划。"

这封信确实没想挤进任何习以为常的教条中。它像火山熔岩的涌动,其中一切都像燃烧的细流汇集成大的洪流:一颗受到污辱的俄罗斯人的心的疼痛,还有对总书记的远见卓识、热情与善良的期盼……

一方面,党的最高领导考虑了这封信的作者,同时,对他来说那些反论据都存在于太多的文献资料中,它们在平时称之为札记。看一份札记须由党中央主管意识形态的书记签字,而看第二份就要由"特种部队"委员会的八个成员签字。

这就是几处具有代表性的摘录:

"鉴于在苏联实施文化革命和俄罗斯与其他民族物质和精神潜力的发展中我党和人民活动的总的成就……

苏联具有创造性知识分子的活动,从俄罗斯开始,最近几年体现出了在党的周围不断增长的团结精神……

列·伊·勃列日涅夫同志在苏共中央第二十五次代表大会上的决议在具有创造性的知识分子中赢得了积极的共鸣,一致赞同……

我们有理由骄傲的是,苏联文化牢固地站在先进的立场上,按其思想、精神和审美内容来说优越于任何国家的文化……"

很少表明,人们已深入了解了肖洛霍夫——就像他说的,不敢去认识那些自欺欺人的数字和事实:

"在中小学,在高等院校,人们到处都在研究俄罗斯古典文学,其作品都以千百万的数量出版着……戏剧演出的剧目……歌剧和芭蕾舞在苏联戏剧中占主导地位……实施了报刊订阅,有充分理由可以谈到俄罗斯联邦艺术家们的主导作用……"

在这些"解释"中也表明了,还记得半个世纪前 1937 年的讲话和报纸是怎么对待打倒、一再打倒的作家的。

"应当认为,肖洛霍夫同志理解这一点,而且更加……应当永远地,特别是在当前的时刻,表现出崇高的政治敏感,思想上的不可调和性……也许,肖洛霍夫同志在这方面受到了某种,但绝不是实证主义的影响。

肖洛霍夫同志这篇札记,是由于他关心文化而写出来的,可惜的是有片面性和主观性的特点……正是我们的阶级敌人才想对这一问题做出如此解释,他们极力组织,如果不组织,也要在国内扮演政治上的反对派。思想上的敌人们只对这样的事乐此不疲……"

肖洛霍夫怎能知道,党的总书记已同自己全部的意识形态的大员们回避了他那些忧虑不安的思索。过分吗?……揭露反民族的和反国家的影响是白费力气吗?……然而,比起气呼呼地向肖洛霍夫"解释"自己执迷不悟的教条来说,对这位老人的答复已找不出更中用的办法了。他们不明白,早已过时了的友谊、统一、同心同德的口号已经不能取胜了……而且他们还没明白，禁止思考他们确定为被禁的东西无异于自杀。

预测不周的政治局说出：肖洛霍夫的这封信——是思想、政治上的错误。

他请求过"更加广泛和细致入微地考察"，但他却不想孤立地成为不管是预言家，法官，还是检察官甚至医生。他催促人们关注党中央还一直没有看清楚的一个伟大民族尊严解体的疾病征兆。为了不使有害的病菌泛滥，而且不用截肢外科医生来治疗疾病，直到今天他们还没能讨论这一问题。

经过了一个历史时代——二十年后，坏疽才显露出来。这就是改革的结局：社会不仅分裂成了胜利的自由—民主主义者和失败了的党的官员，也分裂成改革派和保守派，甚至是爱国主义者和西方派。

这些老人们终究感到了，肖洛霍夫把他们赶到了角落里——他们承认了一点什么："在具有创造性的知识分子中间，提出过这样的意见，说对俄罗斯历史的个别阶段，对这样或那样的文献性文学作品，如像《伊戈尔远征记》这样的，对于像谢尔基·拉多涅日斯基这样的活动家缺乏足够的注意……在苏联，人们害怕提到教会、泛斯拉夫主义和自由主义……"

但对于召集精英共同讨论这一问题的想法毕竟还是置若罔闻。人们举手通过了一个秘密决议，决议的开头是这样的："一、向肖洛霍夫同志解释清楚有关在国内和俄罗斯联邦发展文化问题的实际状况，必须更加深刻和准确地对待他所提出的问题以符合俄罗斯和苏联人民最高利益。对于他所提出的俄罗斯文化问题不进行任何公开的讨论……"

像对待小学生那样对他说："解释清楚……更加深刻地……"至死不改的思维方式就是这样。

突然，在他笔下，正像在列夫·托尔斯泰笔下一样，想到了老橡树。在《战争与和平》中那棵长得绿油油的老橡树成了保尔康斯基生活的预言者，在小兄弟肖洛霍夫的思考中——这一比喻意象，它警告几代人在时代联系中不要受到诱惑，他向他的客人——林学学者、教授说：

"我们这里，在维约申斯克镇外生长着一些橡树，三百七十年前，它们被称为是大自然的纪念碑。砍掉了它们——就只剩下了树墩，在树墩上留下了一些圈圈儿，根据这些圈圈儿，你就能知道这棵树的历史：干旱年月时是一个样子,风调雨顺时又是另外的样子,只是这老橡树不再有了……你要愿意就研究短木头吧,生活的大树不再有了。这也和人一代代一样,一旦他们之间只留下了没有记忆的空虚、林间,就不能把历史联系起来了。"

〔**增补**〕党的活动家们害怕肖洛霍夫,不仅是由于他的讲话和书信。国家主要的外交官和当时的政治局委员安·安·葛罗米柯在其回忆录中留下了对鲍里斯·帕斯捷尔纳克的长篇小说《日瓦戈医生》同《静静的顿河》的比较解释:"我应当谈出自己对《日瓦戈医生》的意见……作品的主要人物——主人公,是不值得称赞的,然而,他真的是离葛利高里·麦列霍夫的思想形象距离很远吗?葛利高里长时间地不明白,顿河哥萨克怎么才能接受十月革命创造出的新生活。"综合性的看法是这样的:"在小说的结尾,我们有理由相信主人公的醒悟,相信他的未来,然而,作家没有在读者面前展现这未来。肖洛霍夫想把葛利高里从深入到顿河哥萨克意识中的昔日社会积淀的重荷下解放出来。然而,他因此也未能这样地写到最后……"

肖洛霍夫善于对这样的教条主义者以牙还牙。同苏联最高苏维埃主席波德戈尔内的交锋是有代表性的。波德戈尔内来到罗斯托夫并且在党的积极分子面前讲了话。肖洛霍夫突然听到了他当着众人面说到自己:"请不要感到委屈,我们的事情做得不好,文学上也如此。你们中间没有高尔基,也没有差不多的。"肖洛霍夫没有用任何温文尔雅的词句回答他:"您也不要感到委屈,政府中你们中间也没有列宁,因而国内的事情办得也非常糟……"还没有过这样的人。大厅里瞬间被寂静笼罩了。这位身居高位的来访者感觉不好——人们把他领到了侧室。

医院里的交谈

1978 年末,12 月 23 日,我得知肖洛霍夫在莫斯科,哎,越来越多地到医院里去见面。

我一定要去见他,并非是游手好闲。我们准备出版《静静的顿河》,自然,应当签订合同。

刚一走进病房,我就闻到了浓浓的一股辛辣的烟味:桌子上放了一支烟嘴,还有几盒烟及烟灰缸,烟灰缸里堆满了烟头和燃过的火柴棍儿。最显眼的是——当时极为少见的珍品——法国的"高卢人"香烟。他用这种极坏的快意折磨自己，吸了很多，一个小时的交谈他吞云吐雾地吸了五六支。幸运的是，他完全不像去年的样子。面容显得很精神，举止也利落，说起话来不困难，没有什么强打精神和气喘，手的动作准确而从容。

桌子上放着书。床头柜上有一本伊万·冈察洛夫的著作。窗台上堆放着报纸、杂志，还有一本什么书以及一把国外生产的咖啡壶。

我从说笑话开始，向咖啡壶努努嘴："这不是私酿酒的器具吧？"

他用一个词带有狡黠的笑意，但却具有表现力地，含义丰富地拖长了发音："结束——束——了……"

后来，在我的札记本上写下了这些话："怎么啦，米哈伊尔·亚历山大罗维奇，又进了医院？"——"没什么特别的，更多地是为了预防。"——"这里的规定严格吗？"——"噢，不允许探视，他们什么都给……"——"打针吗？"——"打，很多，静脉注射。"——"大概疼吧？""噢，不，不很疼，习惯了……"我不由得把目光转移到他手上——淡紫发蓝的铅一般的静脉血管，好像在什么电器上联接的电线。

我发现：他很快就打断了沉郁的医院话题，自己开始问了。但，他问什么我已习惯了，他开始说："亚历山大·伊万诺维奇·布济科夫那里怎么样？"他这是问出版社的主编。我告诉他，这位他多年的好战友已获得了国家奖。"因为什么业绩呢？"我回答说：因为他主要参加了筹划和出版"世界文学丛书"（这套共二百卷的丛书发行量极大——六千万册——这成了共同的骄傲，不仅仅是出版社的，实际上如此规模的教育活动在世界上也是见所未见的）。

他听着，紧接着又提出了新问题——意想不到的，"听说，希里亚耶夫去世了？"我慌了神，想起了我们过去的会面。当时，他问我关于这位出版社老将的一些事情，可我隐瞒了——不想告诉他，这个人已经不在了。肖洛霍夫那天健康状况极不好。可是，他却什么都还记得，虽然过去了差不多八个月。他牢牢地记住了这位编辑——讲了关于他的每一个可笑的小故事。

傍晚，晚饭车给他推来了。应当告辞。他邀请我们还要来——并说定三天后，医院里的孤独使他感到烦闷。

我接受了邀请，在说好的那一天去了，这次并不是我一个人，我带了刚刚上任的青年近卫军出版社的社长弗·伊·杰夏捷里克。

肖洛霍夫善于同甚至不相识的人开始交谈,用一些新花样引导他,一会儿说些十分严肃的事情,一会儿又让他——你不能说是别的——"闲扯",好像谈些琐事,说些日常生活。不过,这只是初见而已,因为即使在这样的交谈中作家的心灵也揭示出来了。

当肖洛霍夫知道了这位客人的双亲住在乌克兰的农村,就兴致勃勃地把话题转向了他,他详细地询问,他们那里有一些什么样的小动物,农舍是什么样的,那里工作怎么样,他们对待社会秩序和当局是怎么看的……我们注意到了他的眼神:在那一刻,好像他是用眼睛在倾听。他那一双眼睛是信任人的,也是由于让令人厌烦的医院生活隔开的那种生活造成的寂寞的眼睛。当他听说,这位客人的老迈双亲家中饲养了一条狗时,就毫无关联地说:"应该回家……"我立刻猜到了:"作家思维的活跃进程就是如此——联想。"

而后,他就停下来,一声不响,他又开始凭着极好的记忆力讲起来。说他有一次走过一个村子,发现一个在小木屋旁的土台上打瞌睡的老爷爷:

"他坐在打开的篱笆门旁正在捡菜豆。一看见有人经过,假如他坐在汽车里,他就把菜豆扔到一边;如果那人步行,他就把菜豆扔向另一边。"

我说:"老人都当着人面儿干活。"他喜欢这样的说法——又重复了一遍。

他在住院的这两天,我如此有幸地听到了他敞开自己的心扉,没有把自己更多地封闭在病房中,对于作曲家德米特里·鲍克拉斯的死他感到惋惜,这个人由于创作了关于布琼尼骑兵的歌曲而享受到很高的荣誉。他还回忆起了同传奇般人物飞行员瓦列里·契卡洛夫的相识——对他的勇敢精神表示钦佩。他还绘声绘色地讲到(我还没用过这样的色彩),有一次,契卡洛夫在会见了包括肖洛霍夫在内的最高苏维埃代表后,就把肖洛霍夫带进了自己的轻型小汽车——当时这种车是很罕见的——开到了飞机场。机场上停着一架小飞机——只有两个座位。两个人坐了上去就飞上了天:飞机绕了一个圈子,又绕了一个,有一次,甚至还头朝下飞……肖洛霍夫没有讳言,他特别害怕。

我们又谈起了当时时髦的青年诗人们写的新长诗问题,我讲了一件事:

在讨论会上,有位大概比其他人说话更为生硬的人当面批评了一位诗人的长诗,然后又到饭馆里去,同他的那个挨批的一起喝酒,接吻。肖洛霍夫严厉地责备说:

"这太粗野了。批评了,然后又喝酒……两面派! 难道能这样吗?!"

我讲了国家出版委员会和我们出版社关于不折不扣地大量出版经典作家作品的想法。他明白了,为此已策划好一套印数极大的"经典作家丛书"——一千万册。他当即提出了问题,不是询问——而是详细询问,不过我在札记本里差不多把他问的都记下来了:"有苏联经典作家吗?"——"有。"——"高尔基有吗? 法捷耶夫?"——"有。"——"那列昂诺夫呢?"——"有。"——"费定呢?"——"也有。"

对于自己,他一句话也没说。我告诉他,我们想把《静静的顿河》收进这套丛书中,他说:"出时就不要插图了。"必须向他说清楚,这套丛书的构想是带插图的。他就说:"那就不要因为我改变了。"

我又讲了,为广大读者出版的列夫·托尔斯泰的新文集共二十二卷,根据出版社提议要出版一百万册。他赞同说:"好!"经过了一会儿停顿,他又加强了称赞的语气:"特别好!"不过,他在担心:"纸够吗?"又补充了一句:"如果纸暂时不充裕,那就只出版最优秀作家的……"他明白我国长期地出版如此数量的经典作家的作品,已开始感觉到纸张的匮乏。

我问起了康斯坦丁·西蒙诺夫,无可讳言,我这个问题带有偏见:"在作家协会中,他总是要掌权吗?"我发现,他与西蒙诺夫的关系有点麻烦——有时吵吵打打,连党中央都过问了,可有时,比如,西蒙诺夫却为肖洛霍夫辩护,回击索尔仁尼琴——不支持剽窃案的指控,甚至在西德的杂志《明镜》(1974 年 49 期)上发表了文章。

……康斯坦丁·西蒙诺夫,很早,在他与肖洛霍夫之间已经没有了很好的关系,可是,当肖洛霍夫知道了这位同仁生活中遇到了一系列不愉快的事时,就给勃列日涅夫写了信:

"他曾经是一个很有天才的、聪明的小伙子,我国文学需要他,可是就像乌克兰人常说的那样,应当帮助他,给他一些温暖,帮他恢复健康,由于他,我心中感到痛苦……"

这意想不到的难于猜测的求情传到了西蒙诺夫耳朵里,他特别看重肖洛霍夫,所以全力以赴地运用自己的威望在西方有影响的杂志上反对剽窃说,这也并非偶然。

后来又谈到了列昂尼德·列昂诺夫,他说:"不知为什么,没听到什么,也没看出什么。他白白地躲了起来,对什么也不回答。"我知道——他们俩早就认识,但没有特殊的友情,表现出来的是互相尊重。

他感谢我们刚刚出版了《被开垦的处女地》——我把新再版的样书带来给他。但他却问:"为什么不出版《静静的顿河》呢?读《静静的顿河》的人更多……"

他突然问:"长篇小说什么时候能出版,谢苗·米哈伊洛维奇·布琼尼抱怨过,写第一骑兵师的作品太少……"

作为回答,我想到了并抓住书迷评论的话题,一位读者来信写道:"在《静静的顿河》里,什么也没有删减,什么也没有增补。"听到的回答却是:"删减是有的……"我早就习惯了。好话他听,要企图阿谀奉迎他就打断。对自己的小说他也知道其价值。他为我提起了战争期间他曾收到一封信,读者在信中告诉他,这部小说他读了又读,一直想等待麦列霍夫能有一个幸福的结局。"可是,难道小说应当这么写吗?'加上幸福'?"——他用典型的肖洛霍夫式的嘲笑说。

我问:"的确有这件事吗,说你为了《静静的顿河》不得不去见绥拉菲莫维奇和高尔基?"他回答:"同样地也去找过斯大林。"

当他为我提起自己那些沉重的记忆,说到斯大林过问了这部小说的命运时,谈话不知怎么就不知不觉地转到了青年作家的话题上,我颇有兴趣地问:"最近十年,小说家常常是在三十岁以后才成熟,有的还要晚。您怎么看这原因呢?看,你的《静静的顿河》在二十二岁就……"他打断了说:"开始在二十二岁,而完成时要很晚。"又补充说:"当时的时代是另一种样子。当时,时代在赶着作家。"

我胆子大了,又细问:"也许,那时,当然啦,生活困难吧?您在莫斯科的时候,大家知道,还饿着肚子,看来,这也迫使您写得更多些、更快些……"他打断了我的话:"你不是要建议当今的青年也这样弄到钱吧?"他不再挖苦了,继续说:

"不,我说的完全是另一件事……认识生活,研究生活,积累生活经验,

640

从年轻时代开始,就要独自去面对。这是因为,我们,年轻人,全部或差不多是全部必须用自己的双手去'摸索'……我这一点也不是要指责年轻人。但是,他们,你要明白,多年在学校里,在学院里度过,只是在这以后才接触严峻的独立生活……虽然,我说,他们敢说敢做,毕竟还不要恣意妄为。他们会写,而且有人还写了琐碎细节。"

"顺便问一下,米哈伊尔·亚历山大罗维奇,当你写完了《静静的顿河》,你总共才三十五岁。按当今这个时代来说,正好是参加全苏青年作家大会的年龄。"

我向他提到这个规定的年龄资格限制,符合这个资格才算青年作家,可以参加这样的会议。

他好像明白了我的笑话,但回答时却没有微笑:"唉!那就去呗……好好交往一下,在一块儿拉拉套,作家不这样不行。"

他情绪很好。当我告诉他,我那份电报费尽周折才"勉勉强强"到他手时,他哈哈大笑了起来。他回答,邮局的"服务通知书"来了:"电报无法送达——收报人离开,不知去向。"

在告别的时候,我感觉似乎表现出了谈话的世俗性,他问:"天气怎么样?"我说:"好——很冷。"这时,他好像让人感觉到问了天气,明显地是在想家,想念顿河:"今天,他们给我来了电话——维约申斯克零下二十五度。但雪很少。在我们那里大地还多少覆盖了一点儿,可是邻近一带,地里光秃秃的:冬季作物要冻死了。"

……肖洛霍夫的著作,当然,在我提到的"经典作家"丛书中出版了,我给他拍了电报:"我衷心祝贺敬爱的米哈伊尔·亚历山大罗维奇的《静静的顿河》在'经典作家'丛书中出版,发行量一百万册,我们认为,这是庆祝即将来临的您生日的第一响礼炮。我们为恒久的友谊感到骄傲……"这样,筹备他七十五岁寿诞的准备工作也就开始了。

〔增补〕同列·马·列昂诺夫的几次会面帮助了我找到了不寻常的肖洛霍夫的亲笔题辞。

有一回,列昂诺夫信任地让我翻阅一本对开的异常珍贵的书册——亲笔题辞的《澡堂集》。一年又一年,几十年来,他征求到了他同时代的杰出人物——共二百九十四位留下的亲笔题辞,并对俄罗斯的蒸汽澡堂开着玩笑,写了几句并不高的评价。

这些人中有:高尔基、米·布尔加科夫、肖斯塔科维奇、谢·普罗科菲耶夫、帕斯捷尔纳克、毕加索、库克雷尼克塞、安德列·纪德、卡尔·拉狄克……最后一个是宇航员谢瓦斯季亚诺夫。这里甚至还有两节曲谱——澡堂颂——列昂诺夫亲自作词。何等宝贵的收藏品哪!

一页一页地翻阅……突然出现了肖洛霍夫的笔迹:"作为一个俄罗斯人,我不仅喜欢澡堂,而且也喜欢那些会忘我地用蒸汽熏得很厉害以至两眼发黑的人。肖洛霍夫,1948 年 8 月 25 日。"

"此致敬礼,囚犯……"

当我执笔这本书时想过:是否值得把这么多年来保存在我家庭档案堆里的一些人写给肖洛霍夫的几封信公布出来。它们也是他传记的组成部分。只是我没有记住,是由于哪些原因,这批书信的复印件保存在我手里。但我清楚记得,其中的两封信是肖洛霍夫给我看的,因为要商量一下如何写回信。我援引了这些信,但也由于大家都明白的原因,不提及姓名和地址。

1981 年的一封信:"您好,米哈伊尔·亚历山大罗维奇。可能大量的书信、请求、采访记和类似的东西已堆满了您那里,我还是决定给您写信。也许您能帮助我。

我一个人养育了三个孩子:四岁、八岁和十岁的年龄。我三十三岁。靠一个人的工资生活,工资不高,八十——八十五卢布,而且我没有领到孩子的养育金,他们的父亲死了。我是个孤女,是在幼儿园里长大的。现在,我住在一居室的房子里,生活极其艰难——我指的是物资方面。商店里什么也没有,市场上价格总涨,工资也不提高,我顾上了这个就顾不上那个。

我很想搬到农村去住,在农村抚养孩子们就容易些。我不喜欢城市,但也还必须住,因为我不知道到哪里去。

我是个俄罗斯女人,住在乌克兰西部,当地居民不让'卡查普'①在农村住,这里不喜欢俄罗斯人。

---

① 旧时乌克兰沙文主义者对俄罗斯人的蔑称。

642

可是我却到了这样的农村,村主席对人们忠诚、公正、善良——一句话,真想在这样的村子里永远地生活和工作下去。

米哈伊尔·亚历山大罗维奇,请告诉我,帮帮我吧,帮助我搬到俄罗斯联邦的农村中去,请告诉我,我可以向哪里写信,向哪个集体农庄写信。

此致
敬礼……"

第二封信——是1982年的:"敬爱的米哈伊尔·亚历山大罗维奇!我同妻子住在老人和残废人之家,这里没有进一步从事创作的条件,这里的人难以相处,吵吵嚷嚷,我们又都有高血压病。我的叔叔和双亲在伟大的卫国战争中都牺牲了。我父亲在农村苏维埃任主席,我是一等残废,诗人,妻子照顾了我二十二年,她是全苏盲人协会会员。

我们排队领房子已经十六年了,太难了,但是已从事文学创作三十年。我有用母语出版的三本著作,我的诗发表在杂志、文集、教科书上。我也用俄语写作。

请帮助我尽快得到一楼的一居室住房,解决我的生活问题。我寄希望于您。

此致
敬礼!"

第三封信也是这一年的:"尊敬的米哈伊尔·亚历山大罗维奇!您好!您拿在手中的信是从不太远的牢房里寄出去的,我不得不向您提出这样的请求并非是为了自我辩解,不,我十分清楚并得出了结论,只有通过您,通过您的帮助,我的刑事案件才能得到新的、正确的解决,从而使公正的胜利不停留在语言上,而是落在实处。

暂时,我还没有看到这样的公正。我们中间还有一些人,藏起了党证,干了些卑鄙的、反党、反人民的事情。

没什么可隐瞒的,我对这些人已感到厌倦了,因而决定给您写信。附以上诉书。

祝您身体健康,精神抖擞!请不要累着!

此致
敬礼!

囚犯……"

第四封信——1983年："敬爱的米哈伊尔·亚历山大罗维奇！我请求您理解我走投无路的处境,当无辜的人遭到迫害,而由于上级机关的沉默和无所事事,又只能助长了对无辜人们的迫害,并导致到了极端。

肖洛霍夫是我们行星上的一个人,他帮助了我,因为他写出了一部激动人心的短篇小说《一个人的遭遇》,而我的命运,也像索科洛夫的一样,经历就如此复杂,我只是生活在苏维埃社会里。您曾为索科洛夫作了辩护,您也是在为我作辩护,因为我批评了我们领导,我就被迫害好多年,他们想表现得很好,可却在破坏我们的生产,不接受对领导的任何批评。

这样的苏维埃现实意味着退化和巴结,类似的现象不可逆转地导致了社会主义的瓦解,导致了他们威信丧失……

现在,我讲一下案子的本质①……请您不要拒绝我的请求,分析一下,并在全国发表出去,让大家知道,不能允许糟蹋工厂并侮辱那些想更好地工作的人。"

各种各样的人,对肖洛霍夫的崇高的信任,难道还需要对这些信件用某种后记、评注加以解释吗？

---

① 共五页。——原注

屈服于晚年的疾病

歌与泪　关于母狼的寓言
最后的两篇文章　"我们是历史的笨学生……"
关于"活"井
结局　搜查？　一百万份

第　一　章
1980——1983：遗　言

米哈伊尔·肖洛霍夫辞世前的生活……他不允许任何不相关的人进入他的生活，没有写出带有预感的书信，也没有叫朋友、战友来说些告别的话，更无法想象他会请新闻记者来采访。

在暂时还没有再现出命运给了肖洛霍夫的晚年生活的全景画面时，事情就发生了，只有几个碎片。

把苦艾放在基座前

1980年，党中央决定在为庆祝肖洛霍夫诞生七十五周年时授予他第二个社会主义劳动英雄称号。

人们问过他，当完成了礼仪建筑——在镇里建起了两次英雄称号获得者的半身塑像后："最好把什么花放在塑像基座前呢？"他俏皮地笑着回答："苦艾！"

他愿意在自己生日那天见见客人。

"请多少人呢？"

"不要太多,能在我们餐厅坐下……"

于是,我有幸被邀请去了维约申斯克。

因为不久前病了一场,肖洛霍夫已非常虚弱,他不能去镇文化宫。但也不独自在家。所以他个人的客人都被预先告知,在正式庆典之后都要光临午宴。宴会规模很大:既有家里人——玛丽娅·彼得罗夫娜,女儿和儿子两方面家中全体人员,也有客人——作家中的战友,党的工作者,当时政府主席阿·尼·柯西金的女儿,还有他的一些亲人。

莫斯科诗人叶戈尔·伊萨耶夫,当轮到他表示祝贺时,他把自己写的长诗《记忆的审判》的片段作为礼物向肖洛霍夫朗诵,他读得十分在行,又带着平常的满腔热情,令人精神振奋,每一个音节都读得铿锵有力,情感饱满。

突然我看到,肖洛霍夫那双与诗人有同感的眼睛开始湿润了。在大庭广众中他感到了,就像我猜到的那样,有些难为情。他极力抑制住涌上来的泪花,拿起了香烟。可是,我知道,他那激动的情绪并没平静下来……

坐在他身边的人也同样注意到了这不断紧张的情绪——对于一位久病未愈的老人,这可能是危险的,就在他后背暗示给伊萨耶夫,想让他明白,要停止朗诵。

诗人也突然注意到了,需要和缓一下,刚一找到机会就中断了朗诵。这时,顿河作家维塔利·亚历山大罗维奇·扎克鲁特金站了起来,两个人悄悄商量一下,就用两种声音唱起了一首歌——一首顿河哥萨克的古老民歌。人们知道,特别是唱到"顿河父亲"那几句歌词:

> 我为顿河父亲哭泣,我难过,
>
> 我为故乡家园哭泣,我悲伤,
>
> 噢,家乡的土地遭到这样折磨……

经过多年以后,直到现在,我还仍然找不出句子,准确地描写他是怎么在听着这首歌的——心情和缓吗?有一点可以说:所有人都清楚,听着这歌声,他心情平静了下来。

唱歌的时候,寂静中有些声音,最终为放松这紧张情绪,他用肖洛霍夫的方式,突然要表达谢意:

"给他们唱歌的喝杯酒!"

说出这话，固然是开开玩笑，但这种声调就好像在哥萨克军团队列前面阿塔曼在豪迈地向队伍发号令，不过，只是微笑，不是指挥官式的，而是肖洛霍夫式的。

生活按部就班地进行。

……1981年夏，肖洛霍夫接待了来自哈萨克斯坦地方的客人，他同玛丽娅·彼得罗夫娜曾多次到那里做客。

秋天，他接见了来自库尔斯克、别尔哥罗德和古比雪夫的中学生追踪偷猎者俱乐部的联合代表团。

……1982年，莫斯科，《新世界》杂志兴高采烈地告知读者，《被开垦的处女地》的创作已五十年。在镇里面，不论是爱书人还是区委干部都以同样感情去看望肖洛霍夫，他向大家讲述了这部小说是如何构思，又是怎么写的。

最后一个夏天

1983年7月3日，我同出版社"车间"的同志瓦列里·加尼切夫一起去维约申斯克。那是肖洛霍夫的最后一个夏天。我们是为了取回早些时候用电话预约好的两篇文章。结果，这两篇就成了肖洛霍夫最后动笔写的作品。

第一眼看到肖洛霍夫就会注意到，由于致命的疾病——喉癌的折磨，他已特别艰难，身体虚弱，疼痛难忍，而且到了高龄——从5月就满七十八岁了——也同样看出这些。然而，顽强的才智并不让步。

我们在维约申斯克停留了两天。他那绝不模糊的记忆力，对外面发生的一切的极浓兴趣，严谨的毫无结果的判断与评价，昔日的生动的话语，都令我们震惊，虽然不必讳言，动作和说话都明显地迟缓了。

当我们一走进屋，他就立即问："噢，莫斯科有什么新鲜事？"看来，他已开始预测到国内开始了变化。我早就感觉到，他也为克里姆林宫争名夺利的老头子们把持政坛而疲惫不堪了。一提起这些人，话语尖刻挖苦，冷嘲热讽。

喝茶——还有玛丽娅·彼得罗夫娜做的大蛋糕和主人的法兰西白兰地。他把两篇文章交给了我，一篇是我们出版社已约定好的，另一篇是完成了我们保加利亚兄弟同仁索非亚人民文化出版社的嘱托。

在交出这两篇文章前，他又认真地读了一遍，他的目光在有的地方停了很久,看来好像皱了皱眉头,但基本上读得很快,有时还"嗯"地停了一下——既不是称许,好像也不是指责。

"致'家乡大地'丛书的读者"——这是他为正在筹备出版革命前和苏联时期描写农民的作家们优秀的中篇小说、短篇小说和诗歌的六卷本文集而写的序言。最后一句我一直没有忘记:"深深地向你们,大地上的人们,农村的劳动者们致以敬意!"可见,他在告别了。

《致保加利亚读者》——这是为用保加利亚语出版的他的文集写的导言。其中,告别的话我认为成了真正的精神上的遗言,我觉得,他写的这篇文章不只是为了外国人。开头是这样的:"还有些破坏时代联系的猎手,忘掉了人民生活中的光辉传统……"继续说:"让我们在一起讨论一下——过去、现在、未来互相间一点也不互相排斥,或者孤立地衡量人和人类的生活。为了服务于祖国,为了实现真正的人民的夙愿,也就是为了未来,只有它们之间的紧密地相互联系,从而使天才的文学作品成为迫切需要的,它不依赖于创作的时间——五年十年,或者一百年,两百年,乃至于更多……"

我们的交谈十分广泛。拿到这两篇文章后,我们就想:到该离开的时候了。但肖洛霍夫还不放。他说,明天也不要走。这次出差成了做客了。

不论是第一天,还是第二天,他都坐在桌子旁的轮椅上。突然,他承认自己身子底下坐垫里面装的是稗子粒——这是他听从镇里一位老爷爷的劝告做的。因为当时天热,这样就不至于因为流汗湿透了下衣而得褥疮。他开的玩笑是那么辛辣:他说,你瞧,到了老迈之年还用上了"屁股"。这是指,他在村里人那里听到一个惯用语,说他是"碾米机"。哈哈!

谈话中不能不谈到斯大林。他说到斯大林时,非常平静。既没有夸大其词的激动,甚至说到他们之间那些很好的关系时也是如此;而在回忆起那些阴暗的、悲惨的事情时,也没有不分青红皂白地否定和愤怒——像我说的那样。他可不像当时为数众多的变色龙和不倒翁。

大概是提起了斯大林生活中的禁欲主义,他想起了,有一回被邀请到莫斯科郊区的别墅里去进午餐:在大权在握的主人身旁,放了一瓶格鲁吉亚酒,而酒菜中——只有一盘格鲁吉亚式的凉肉和一份高加索青菜。

我问过他:"1938年他们准备抓您的时候,罪状是什么呢?"他回答了不多的几句:"一切方面。甚至因为我说过经营不得法——集体农庄的联合收割机就停在露天里过夜。"他又挖苦地嘲笑说:"到现在,我想,还有一半的集体农庄里,收割机还那样停着呢!"我的那个同伴顺便给他补充一句说:"报刊上展开了争论,说罗斯托夫新型的收割机好不好。"他又伤心地说:"大家在争论……可是收割机的状况也没因此变得更好。"

他开始回忆起"消灭富农"那个恐怖时期。我们给他提出问题:"被消灭的富农,回来的多吗?"回答:"太少了。他们告诉我说,在阿尔汉格尔斯克州有许多哥萨克是当年被消灭的富农……小木屋涂成了白色,就像我们顿河这里一样。"他又骄傲地补充了一句:"大家说,阿尔汉格尔斯克有两个哥萨克在战争中成了苏联英雄。"

然后,他突然开始谈起了战前边疆区的一个区委书记:"他在革命前是个剥夺者,抢劫钱财……无政府主义!这个人,我说,特勇敢,得过四枚勋章……还在我们家住过四天,我问他:什么时候才感觉到机关在注意他;我说,为什么区党委常委中只有我一个人没坐牢呢?他回答:当想靠近老橡树时,路上就已经放倒了它前面的小树枝了。在谈话中他否认了监狱中用刑的事。后来我在莫斯科见到过他,那时他把区党委书记救了出来,在内务人民委员部他看到了——他眼睛被打,冒出了血……自己掉进了他挖的坑里。"

那两天,谈到了许多,提到了这些人的名字:多洛列斯·伊巴露丽、莫洛托夫、伊里亚·爱伦堡、雕塑家科年科夫、列昂尼德·列昂诺夫……说到一些人时,他还有些忧伤,有些遗憾。说到索尔仁尼琴,他不大高兴,可是,个中原因他没有说明。说到瓦西里·舒克申却带有尊敬的口吻,他没有忘记拍摄《他们为祖国而战》影片那往日见面的日子,令人感动地看出了他的谦恭。玛丽娅·彼得罗夫娜也参与了交谈:"他①什么也不吃、也不喝,总是在看着米哈伊尔·亚历山大罗维奇……"肖洛霍夫想着、想着,又接着说:"在他的目光中我感觉到什么……哎,他死了。"

我不知道,在转述同肖洛霍夫的谈话时,"日常生活的谈话"这个短语是否合适。可是,这样的谈话往往会自然而然地产生。人们用《静静的顿河》的语言随心所欲地谈着一切。比如,人们说起一位用"随笔长篇小说"

---

① 指舒克申。

来标注自己出版的一本书的作者时,听到的反应则是:"喏……喏……"对这没道理地给文体命名,他挖苦地投之以针砭。或者,谈到会不会丰收,也谈到了县里那座跨越顿河的大桥,这是由于肖洛霍夫的斡旋而修建起来的("早就该把不方便的能拉开的浮桥换掉了")。当说到不久前的一次钓鱼时,对此他很不好意思。因为大家知道,由于重病在身,人们没把他带到顿河边去,而是带到了池塘边。"哎哟,那儿是在池塘里钓鱼,马马虎虎……没意思……我把鱼又都放回去了……"当说到打猎时,不论是他的眼睛,还是玛丽娅·彼得罗夫娜的眼睛,都燃烧起真正的激情的火焰,她说:"我就是一个有瘾的猎手,能用双筒枪打大雁。"他说:"要提到羽毛①,我比她的多!"看来一箭双雕,他说了句俏皮话。我还讲了"静静的顿河"号列车上的一些善良的女列车员,虽然我没带车票,她们还是冒险把我带进了车厢(我跳上了车厢,可匆忙中把票落在家里了),肖洛霍夫说:"这都是哥萨克女人嘛!"

　　主人谈了他们的打算,星期六他们要为孙子举行婚礼:"你看,我们正在准备呢……"加尼切夫转交给肖洛霍夫一件礼物——这是斯洛伐克雕塑艺术家扬·库里赫的一尊金属肖像,上面题辞:"赠伟大的作家。"

　　自然,谈话中也说到了关于战争的事。开始,肖洛霍夫谈了自己对卓越的朱可夫的看法,然后,又谈出了自己的设想,为什么斯大林和赫鲁晓夫对全民喜欢的人物都带有粗暴的恶意。他说:"看来,不只是对荣誉的嫉妒,而且也是政治上的恐惧。我不相信,说朱可夫蓄意密谋反对斯大林。这种事未必会有。斯大林也不能怕朱可夫密谋……"玛丽娅·彼得罗夫娜补充说:"米哈伊尔·亚历山大罗维奇很喜欢朱可夫。"加尼切夫提起他曾把馈赠版的《静静的顿河》送给了这位已被免职的元帅,他表达了对这本书的喜爱。肖洛霍夫遗憾地说:"可惜,我同他一次也没见过面。"

　　看到了他桌上那一卷罗科索夫斯基元帅的回忆录,我就问:"您在读吗?"他说——"重读!"而且在声音里我感觉到了一种嘲笑的自责,他说了早些时候他为什么没能读这本书。我补充一点:在下一次的拜访中,那也是在医院中,我同样看到他读了格·康·朱可夫的《回忆与思考》一书。

---

　　①　俄文羽毛一词多义,也做笔讲。

这时,玛丽娅·彼得罗夫娜开始讲,1945 年,为了庆祝战争的结束,有一次在克里姆林宫被召见时,罗科索夫斯基在众多女性中特别认出了她,并献给她一束玫瑰花,丈夫和天才作家的心立即为之一动,他只说了一句,但很生动:"瞧,这仙鹤是怎么飞到眼前的!"实际上,罗科索夫斯基真像仙鹤,如果记得照片上这位漂亮的高个子男人,那双穿着马裤的腿也是长长的。

战争……他想到了自己的母亲,想到了她的不幸。玛丽娅·彼得罗夫娜提到了婆母那种固执的性格特点。加尼切夫就对肖洛霍夫说:"您也同样是很难说服的,您也固执……"他回答:"不。"但却微笑了一下:"如果有人说服了我,那我就投降,服从。"

有人向他讲过,新的一期《小说报》上发表了一部文献式作品,并解释说,它写了南方战线在战争初期的极度艰难。肖洛霍夫说:"那时有哪些地方不艰难?"

〔增补〕由于自己那折磨人的癌症的病痛,他生活得十分艰难,但却在抵抗着,虽然如今差不多生活的每一项要求和指令都算是最后的了,可你看,春天里,4 月份,他又打下来最后一只山鹬——在自己镇子的郊外,就在顿河一块水湾洼地的黑杨树上。这年夏天,就在我们取走他写的最后一篇文章后,苏联和保加利亚青年与大学生友好联欢节的参加者代表团来拜访他,你看,也正是在这个时候,人们给他送来了最后一张准猎证:"兹批准1984 年在维约申斯克生产区域狩猎牧场射杀五只公鸭和五只山鹬。"而在 8 月里,他又推荐了一位作家参加作家协会——这是最后一次表现出他对新的创作幼苗的关爱。秋天,9 月,他想到了自己对顿河大地的特别坦诚的爱——说道:"苦艾……我爱它的味道……狩猎、打鱼——苦艾就在你身边,就在你脑袋里——太好了!……"10 月,他关爱故乡顿河大地这本书的最后几章——向莫斯科发去了两封给部长们的信,请求帮助镇里的人,其一说的是安装电视转播台;其二是关于完成疗养院的建设。你看,到了冬天,12 月,他收到了挪威寄来的盖洛·赫耶特索写的《谁写的〈静静的顿河〉》一书,其中又有了揭露剽窃说的一些新资料,书中附有作者的亲笔题辞:"衷心地祝福尊敬的米哈伊尔·肖洛霍夫。"

《他们为祖国而战》与勃列日涅夫

交谈着,交谈着……想了解那部军事长篇小说命运的兴致很高。我们这些客人,第一天就公开地热身了——几乎悄悄地——向肖洛霍夫的秘书说了此事。秘书援引作家次子的所见:那部长篇小说的完整书稿已经焚烧掉了。我们大吃一惊。

人们向我们讲,肖洛霍夫就蹲在火堆前……

这是绝望的爆发,还是冷静的盘算?

这是承认失败还是一种抗议?……

肖洛霍夫的激情变成了悲剧,他曾把长篇小说《他们为祖国而战》送交给了勃列日涅夫。这是怎么回事?天真的信任还是几十年养成的党的纪律的习惯,作家必须去请教政治家?

我们听过了,有机会第二天早晨再一次去见作家。从宾馆出来去他家时,一切都想好了:怎么询问这部小说的命运?

就像第一天那样,我们上了二楼——走进他,肖洛霍夫的写作间。窗子,窗子,窗子——向窗外一望,极为开阔……他仍坐在轮椅里,玛丽娅·彼得罗夫娜又是在陪伴着他——如昨日。肖洛霍夫的状态很不好。

残忍的病魔使他疲惫不堪,利爪把他死死抓住。他瘦弱、苍白,皮肤磨损得透了光亮,有点像死肉那样脆弱,眼睛萎靡不振,目光因疾病而疲倦。多说话总是不好,于是,逼得他沉默不语,沉默的时间比向我们聊些什么还要多一些……太可怕了。

就这样,像昨天一样,一分钟一分钟地过去了。渐渐地,性格抑制住了那疲惫,他又开始说起了笑话——一会儿挖苦,一会儿轻松地逗笑。总的看来,尽管一直用药而且年迈,记忆力还是极清晰的。他对那里,外面,莫斯科发生的事极为好奇,在那里,尤里·安德罗波夫掌握政权后,许多事情已不可避免了。

我们聊着,聊着,可是没有勇气询问已经病弱得毫无希望的人的那部长篇小说。很清楚,首先要注意的是,你不要去问长问短——这部小说有,还是没有了?可是,那又怎么能知道呢?加尼切夫第一个忍不住了,拿出来令人费解的外交手腕——问得如此天真,同时用手把我们的目光从桌子转向书柜：

"米哈伊尔·亚历山大罗维奇，您在这里的什么地方保存着这部小说的全部手稿呢？"

我的头脑一闪："哎哟，这把回答封住了。"我等着——突然他没有肯定把手稿烧掉了，而是说："哎，它不放在桌子上，能放在哪儿呢……"然而他给我们的滑头问法一下子顶回去。

"这里没有手稿！"他不容分说地，断然地说，好像用棒子打了过来。我们已经知道了这种生硬的语气的后果，再提出新问题——对他已不合适了——我就打断了这些问题，否则就要中止这次会见了。

就这样，我们仍然没有弄清楚肖洛霍夫一生中的这个谜——差不多就是果戈理式的。不论是用话语，还是用暗示，不论是他，还是玛丽娅·彼得罗夫娜，都没有告诉我们，在这里，在写作间没有手稿，或者——但愿不要这样——手稿就是没有了。

早晨登上了火车。我们带走了几张照片做纪念，我特别喜欢其中的一幅：肖洛霍夫坐在写字台旁，衣领口很随便地敞开着，一只手里拿着几页写的文章，另一只手里拿着烟，旁边是一杯茶……好像创作青春又回来了。

向 儿 子 口 授

向小儿子米哈伊尔·米哈伊洛维奇致敬，他把自己伟大的但却已是重病无望的父亲的口授，极其认真地落入笔端。有时他询问些什么，有时，父亲让他坐在身边，看来，他又想说些什么。

儿子有一次问："为什么崇拜斯大林成为可能呢？"回答是这样的（为了简洁，我引用了他儿子手记中的主要内容）：

"是啊，请你自己想想吧：革命以后我们这里结果怎么样呢？你看，我们说：'全部政权归苏维埃'，可是谁进苏维埃了呢？你想，谁会回答呢？'工农兵代表苏维埃'——不过如此而已。可是这个，我亲爱的，宣传画上画得好……要是你带着这样的宣传画进村子里去看看，见见那些生活中的人。都知道，那里没有工人，农民呢——请吧，要多少有多少，都是农民。可是谁是他们的代表呢？……当然啦，不是狗鱼老大爷，也不是马卡尔同拉兹米特诺夫，这些人连自己的家庭都建立不起来，自己住的小房还乱糟糟的呢……哥萨克们就曾经这么对他们说,你们,弟兄们,你们从来最多只有一头猪,就不要把饲料分开给两头猪吃了,你们对我们能有什么忠告呢?而那些雅可夫·鲁季奇们,还有基托克们——就不行了。苏维埃也建立起来了,为的是把他们作为阶级消灭掉……于是出现了最合适的等级——'士兵',谁手拿武器为这个政权战斗过,谁就进行统治。他们也好吧……鼓动员和战斗员通常也并不坏,也许,一般地还是'好样的',就像伊万·捷尔仁斯基在歌剧中所唱的那样。但是,要让生活按照新的方式加以改造,很少人能成为好样的……于是,这些革命的英雄们就分别坐上了领导的交椅……实际上他们什么知识也没有,战争只留下了一种本领——听命令和发布命令。一个村人民委员急急忙忙地去找镇长要命令,而那镇长呢,这个能干的人,就像村人民委员那样,也许只是个称呼,再向上到州里去要。还上哪儿去呢?这样,就不管你想不想,在最上层也就应当出现个领袖,正是这位领袖,最高统帅,这个人能够有勇气做出最后的最高的决议……为了所有人,从上到下,从莫斯科到遥远的边陲。"

在这本书中肖洛霍夫独白涉及到的范围极广。如果比较一下1985年以后出现在报刊上的其他人所写的多页说明文字的话,它又极其简洁。肖洛霍夫评价斯大林的优先地位就在于他也许是第一个不谈斯大林个人性格特点的人,而且这些话不像在改革时期对苏联历史的争论时髦的那种更加临诊式的,而是谈得十分广泛。

"自己想一想那个时代吧,从鸟儿飞翔的高度扫视一眼,就像人们说的……十月革命,国内战争,它,孩子,其他暂且不论,它是那么祸害人,没有胜利,没有战争中的胜利者……"

"我的姑妈,你的姑奶奶奥尔加·米哈伊洛夫娜有四个儿子:伊万、瓦连京、亚历山大和弗拉基米尔。三个是志愿军的战士,而瓦连京则是红军……红军把村子的白军打跑了,瓦连京骑马跑回了家,衣服也没脱,喝了口水,就说:'没关系,妈妈,不要悲伤!现在我们收拾这伙反动派,我们要按新的方式过日子!'上了马——飞驰而去!妈妈泪流满面——呼天喊地。可过了一天,伊万也这么飞一般地跑来了:'瓦连京来过了?坏蛋!嗯,等他落到我手里!没关系,等着吧,妈妈,很快,我们就要把这坏蛋从顿河赶跑,我们要按过去的方式生活!'可妈妈却把脑袋往炉灶上撞……要知道,这可不是一两次。"

"选举村苏维埃政权的,当然,不是村里人,县里当局把它选了出来……于是这些新选出来的当权者就坐在阿塔曼执政的屋子里,或者坐在某个'村子富户'被剥夺了的房子里。而窗外却不太平……有过这事,有人向窗子里开枪。你要等到什么时候子弹打进你的脑门吗?或者在合适的地方干脆用叉子来一下?任何一个真正的男子汉也不想等待这种结局。他就把手枪别在腰里,让大家都看得见,自己就去寻找敌人,你怎么说他呢,敌人嘛。可是,当几乎每个人都用敌意的眼光来看你呢?我们就曾这样去追赶过妖魔……怀疑一会儿比一会儿增加,怀疑增加了——恐惧也就更厉害;恐惧在增长,而怀疑,你看吧,已经加重到无可置疑了。最后只有把这确定无疑的怀疑办成'案子',你的'革命警惕性'就偷偷告诉了你这确定无疑的怀疑……"

肖洛霍夫也没有讨好另一方面:

"可是,那些没有权利的人,你想,他们只是坐着,一声不响吗?不,孩子,他们也同样尥蹶子,顶人,咩咩叫,他们尽其所能。这就看吧,是谁有罪……"

肖洛霍夫有能力把它上升到大胆综合的战略高度:

"按照你们的教科书,国内战争是什么时候结束的?二十年代吗?不,亲爱的,到现在它还在进行。只是手段不一样了。你不要想,很快就会结束。因为直到今天我们还没有办法——一会儿听口令,却没有口令,一会儿,说好听的,人们却受委屈……"

这也是他的综合:

"我们是历史糟透了的愚蠢学生——这可不好。而历史有一个这样令人愉快的原则。一切对祖先来说是正确的,那么对于后代就常常是不正确的。但不能走得太远。所有对我们爷爷爸爸感到宝贵的,我们就端起刺刀相对。可是,今天我们感到心旷神怡的一切和所有心旷神怡的人,多半就是我们儿孙们所诅咒的。而我们一直在继续想,但愿我们能避免这杯苦酒。为躲开离我们最近后代的审判,应当有个荷马,可我们都是些什么呢?是些横行一时的家伙。'每个人都以他的命运为满足',我们不能远离'每日耸人听闻的事件'一步,既离不开'耸人听闻的事件',也离不开一大堆'愤怒'。我们想,我们刚刚发生的事——这也就是,永远地把一切安排好。"

难道这不是作家真正的政治遗言吗?

有一位与肖洛霍夫很亲近的善良的老相识伊万·尼古拉耶维奇·鲍尔晓夫曾回忆:"他已经感觉到了经济上危机的增长以及国内大多数技术领域的落后状态。国家赤字和商店里排队现象让他感到气愤,他已经感觉到了那里老气横秋的和死抓住政权不放的领导人没有能力提高人民的生活水平……在波诺马廖沃村,就在革命哥萨克领导人之一费多尔·波乔尔科夫被处死的地方,肖洛霍夫感伤地说:

'哎,波乔尔科夫,波乔尔科夫啊……你知道吗,你们是为什么而献身的呢?……'"

给儿子讲"井"的故事

疼痛已极。一日复一日地难以忍受的折磨。从早到晚,同米哈伊尔·亚历山大罗维奇在一起的有时是医生、护士,有时是孩子,但妻子永远在身边。

他极力地——竭尽全力!——活下去。可是,我想,支撑他的不仅是药物。

儿子回忆到了1983年秋季里的一天同父亲的谈话。

"'给我倒杯水,儿子。'他小声说。我往他身前桌子上的茶杯里倒了水,痛苦地看着,他用极缓慢的动作,就像电影里那样,用那只虚弱的被病魔吸干了的像小孩子似的手拿起杯子。(当时,我们甚至给了他一只喝咖啡的杯子——无论如何他也不允许任何人喂他,可有时他连端普通的茶杯也不能。)

父亲已经把杯子端到了嘴边,但没有喝,又把它放到胸前,想了一下,轻轻转过头,看着窗外。

'你还记得吗?赤杨角后面那山上井里的水多好哇。'——他突然地问了一句——'那井还有吗?还在用吗?你知道吗?'

'看你说的!什么也没有啦,甚至地点你也找不到啦……'

'那在波波夫卡呢,在桥边的呢,你记得吧?'

'我记得,当然……'

'也没有了？'

'是，它也没有了……'

'噢——噢，'父亲慢慢地拖长了声音，'真不知道那些爷爷们给这丘陵、山崖带来些什么——他们清理了泉水，不让它坍塌，放了玻璃罐、玻璃瓶、带把杯子，让井边有那么一个喝水的家什，给过路的人喝水……'

他又去拿杯子，但还是没喝。

'可是，在莫霍夫斯克，离桥不远的地方，小河边，你记得吗，那里的水多好哇？叶兰斯克磨坊边，也是那样，大概，也什么都没剩下吧？'

他几次把杯子端在嘴边，但每一次都没有碰，又放了回去。

'过去，人们更多地是步行。有的骑牛，骑马——他们也要喝水。看，有井，是需要的……大热天走过一段路，在阴凉里坐下来，喝点水，吃点东西，吸口烟，再聊聊天，该是多美呀，趁着牛马吃草休息时，再打一个盹儿。现在怎么样呢？坐在汽车里，从这个地方飞奔到那个地方——各处都一样，毫无意义。'

'汽车里倒暖和。'他皱起了眉，说着，小心翼翼地又把杯子放到桌子上。

'你先等等，'我极力表现出勉强能来的一点精神头儿说，'我这就去从水槽子里弄点凉水来。'

'不需要了，我不再想了。最好你去看一看，邮件来了没有？'"

最后一家医院

1984年1月9日，我又与作家见面了。而且，唉，又是在医院里，仍然是在那个离莫斯科河不远的地方，也离昔日赫尔岑和奥加廖夫为友谊而发誓的地方很近。

见面前我给肖洛霍夫写了一封信，信中告诉他："在新的五年里，我们想开始出版例行的您的文集。可是我见到了《星火》周刊的主编安·弗·索弗罗诺夫，他说，您想见到一种为杂志作为副刊出版的文集。是这样吗？……"

这时，电话铃响了。他们转告我，说肖洛霍夫想谈一谈关于出版自己著作的事。

我走进了病房,已经是傍晚了。他坐在写字台旁的轮椅里,穿着一件极普通的睡衣,睡衣里胸部露出一块呈三角形的白色贴身衬衣。桌子上摆了书,报纸,药瓶和两个烟灰缸。其中的一个因为有一个极好玩的东西我早已记住了——是带有旋转顶盖的,像孩子玩的陀螺那样子。难道他在这儿这么病着还吸烟?

美已经离去,他干瘦到不可理解的地步了,高高的额头上的一绺头发更少了,几乎看不到胡须。当他举起手,衣袖向上提起,就露出了下臂,看到了一块又一块的暗紫色的瘀血,都知道,这是因为打针太多;第二只手,手肘以下已包扎了起来,也许是由于同一原因。

而且,他的声音更让大家感到了绝望。开始时说得还好,可后来就越来越气喘,嗓子发出咕噜声,说话嘶哑,极费力地发出一阵阵刺耳的咳嗽声。疾病把他折磨苦啦!可是,我看着他,仍然和过去一样,吸着他那烈性的马合烟味道的法国香烟——真呛嗓子。他不爱惜自己——又开始谈起了急需解决的事,尽管很费力,却热情地回答问题,如果不说话,那不是由于病痛,而是因为没必要思考。

顽强的智慧不想屈服。生命垂危的作家在一生的最后几天或者一周里,这一点他清楚,还要忙于出版逝世后版的文集,何等崇高的关切!面对死神的面孔,不慌张,不恐惧,坦诚如一。

在他那里我遇到玛丽娅·彼得罗夫娜和两个女儿:斯维特兰娜和玛丽娅。年轻的护士靠在墙旁,整夜整夜地默默无语地坐在椅子上,唉!这姑娘没有白白地坐在这里……我感觉到,对于最不好的结果,一切都准备停当。我是凭眼睛感觉到这一点的,人们都有了提前准备,走动的人都悄无声息,背着他,人们怜惜而又审慎地在私语。

我问了好。他们安排我坐在他轮椅旁,过了一两分钟就谈起了邀请我来的话题。

玛丽娅·彼得罗夫娜说:"我们想要求在文学出版社为他生日出版一套文集……"

他说:"对,对……(停下,咳嗽,声音嘶哑)这……(停)…… 是最(停)……好的出版社……"

我问:"那怎么又答应《星火》周刊了呢?"

他说:"我想……在你们……文学社……"

玛丽娅·彼得罗夫娜说:"他心眼儿好,对谁也不拒绝,所以夏天他就答应了。"

我说:"我可以认为,我们这次谈话就是你们的正式请求吗?"

他说:"对……对……"(还像先前那样,说每一个语词,都嘶哑地费力地咳着,虽然这词语很短。)

我问:"需要准备插图吗?"

我问得好:引起了争论。妻子和女儿们主张要插图,可是他:"不想要……"他们都坚持己见。他说:"我不想……不需要……不喜欢……"

突然——也许让激情降下来,停止争论,他说:"那么就……请客人……吃饭吧……"

我有多么高兴啊。我们使他坚信了正是要在国家文学出版社,正如习惯所说的文艺社来出版,按照哥萨克的风俗要举杯庆贺,他本人就不动酒杯了——他点头转告了女儿。

我常常闪过这样一个念头:我们待的时间过长会使他疲倦,他看起来情绪很好,告诉不要离开,犹如过去每次拜访一样。我猜出来了:在医院里肖洛霍夫自我感觉不好,是因为得不到新消息,也无法同自由自在的人们热情交往。

他看着我刚刚喝了一点点的酒,就说:"我们有……都喝……干了……吃点……吃点东西……"

一个词接着一个词,也形成了谈话,但不是根据一定的路子,而是依照一种心境。要想明白,这谈话是很自然形成的,我就说,我大起了胆子——说,看来,要喝酒!——甚至还要唱歌,唱哥萨克民歌,唱我度过了童年的哈萨克斯坦的地方民歌。在这之后,谈话中提起了伊万·舒霍夫和他那部曾经很有名气的哥萨克小说《戈里克线》,这部小说写的哥萨克就住在额尔齐斯河畔,这条河也是我家乡的河。

他开始极力要回忆起布宁的一篇短篇小说,可是干哑的咳嗽又发作了,什么也不让他再想起来。我至今还感觉到痛苦,肖洛霍夫同自己这位笔杆子伙伴,同样获得诺贝尔奖的作家无可挽回地告别而去了——肖洛霍夫尊敬他,也批评过他。

由于告诉了他,在罗斯托夫正审判一个大恶棍,这使他心情平静了,可是突然就说起了:"不是由于民族问题……决定……不同民族的都审判了……有俄罗斯人……犹太人……亚美尼亚人……希腊人……"

可以看出,当很凶的咳嗽发作时他不能说话了,但目光仍不低下,还在久久地注视着同他谈话的人,但那种目光已不是聚精会神了,不是直视你,那样就不好了,而是一种温柔的、忧郁的、自责的目光……

不知一件什么事,引起了他的话:"我们这里过节……过两天后……婚礼……六十年……你看,我们结婚那个时候……"他强忍着疼痛,笑了笑。

人们想到了,这种婚姻怎么称呼——是金婚呢还是钻石婚。

"钢婚!"小女儿没用任何华美的言辞改动一下习惯,这一句极普通的词语立即指出了这相濡以沫的几十年生活有多么牢固。

"不锈钢,"肖洛霍夫一点儿也没迟疑,用他那十分平静的声调补充了一句,然而却使这句话具有了——我已经多次提及的——肖洛霍夫式的俏皮。

看起来,总共这两个词就足以让那不可治愈的顽疾怜惜了他,并且做了让步——他的眼神又有了光彩:生机勃勃,年轻人的一般。这时,他向我提及了一部战前的老影片中演的苏沃洛夫——他个子不高,干瘦,高高的额上有一些灰色的鬈发,面带一种顽强的微笑。

"你们的共同生活是怎么开始的呢?"我问。

他一声不响,玛丽娅·彼得罗夫娜回答,她回忆起了国内战争后的严峻的莫斯科,人们挨饿,受冻,生活贫困,又补充说:

"开始的时候,日子十分艰难,有时候整整一个星期铁锅里只有一条鲱鱼和几个土豆。那一年里他得到稿酬的机会也不多,钱又少。"

肖洛霍夫没有打断她,目不转睛地盯着她看,似乎周围的人他谁也没有看,在这一时刻,他的眼睛不仅在听——也在说着话。

他的爱情生活看起来是幸福的。

那一天我继续听到了他们几十年忠贞不贰的夫妻生活及以后的日子,看起来都是这样。不论是昔日幸福生活的阳光,还是不可避免来到的疾病的阴霾,都在继续着,不过,二者融合在一起就被看作是在我们这冷漠无情的世纪中,一位七十九岁高龄人忠实于爱情并感激着爱情的一种罕见的高尚激情。

1月11日，肖洛霍夫夫妇干脆就在医院病房里庆祝了结婚纪念日，自然，客人并不很多。小女儿玛莎第二天告诉我，父亲对于客人们和电报与电话中表示的祝贺十分高兴，还特别提到了我们出版社表示的祝贺，它被做成了一幅开玩笑的招贴画。

现在我再回到1月9日的交谈。我向肖洛霍夫转告了列昂尼德·列昂诺夫向他说出的体贴入微的祝福的话，就在这次来医院拜访前我曾同列昂诺夫交谈过。

肖洛霍夫也关切地答道："怎么样……他……那里……？谢谢……他的……祝福……"

在上一次的见面中，我记得，他同样也关切地问到了列昂诺夫，其中问到了他还在写吗，还在工作吗？然后，他沉思了一会儿——听到我的讲述，就想起了列昂诺夫在自己的文集再版时，每一卷里都有一些极重要的修改和增补。

他活跃了起来——这时我就说，我反复地读了他——肖洛霍夫……的战争年代写的一篇政论作品，它是从一篇特写中移植来的情节。

此前我引用了如下一篇札记——不长的一段插曲。1983年夏天，在听到肖洛霍夫写的狩猎短篇小说之后，我就把从谢尔盖·季莫菲耶维奇·科尼奥可夫那里有一次听到的责备作家打猎兴致的话大胆地告诉了他。这位老雕塑家是这么说的："肖洛霍夫是我们的托尔斯泰，可我不赞成他的这种爱好，为什么他要杀掉鸭子和大雁呢？……"

后来，有些没说，我对说过的觉得后悔了。我觉得，肖洛霍夫受了委屈，要知道，所有人都知道他很久以来就是个狂热的猎手。因而，现在我得到了机会，就直截了当地跟他说了："我觉得，当时您受了委屈……"

他回答了三句话，第一句：

"一年又一年……一切都在变化……"

经过一段痛苦的间歇之后，咳嗽发作得更加厉害了，他继续轻声地说：

"在我们……区里……今冬……打死了……最后一只母狼……"

末了，他好像要结束同这位艺术界战友的解释，说了很简短的一句，这句话虽是没说完的，却毫不怀疑他能够继续说下去：

"每一只……野兽……都很漂亮……"

他同女儿互相看了看——不知不觉地也没有再说什么——我们高声地重复他这令人吃惊的智慧而又朴素的格言。

玛丽娅·米哈伊洛夫娜出来把我领到了电梯旁说：

"我的哥哥，萨沙——也在这里，也是癌症……一个样，只是把他安排到另一科了，难道他们能见面吗？爸爸若是知道了，会受不住的。"

我想象得出，一个家庭同时经历了两起如此可怕的灾难，意识到了父亲——丈夫和儿子——兄弟的同样的命运——面临了死神，应是多么痛苦。

……我从医院里带走了一封信，这是信的全文："尤里·彼得罗维奇·列布罗夫：您给我画的肖像画，收到，十分感谢，亲爱的尤里·彼得罗维奇！我清楚地记得，您是怎样为《静静的顿河》作插图的。米·肖洛霍夫。1984年1月18日。"

这里不解释一下还是不行的。版画画家尤里·列布罗夫在1963年就开始为这部小说作插图了，那实际上也是他创作道路的开端。重要的是要知道，肖洛霍夫对于他不熟悉的这位画家要作新插图的想法并没有马上就习惯，我们的社长尤里·梅连季耶夫和我都听说到传闻，说肖洛霍夫不同意出版社出版使用列布罗夫创作装帧的长篇小说：有一个时期他也不喜欢列布罗夫为军事长篇小说所作的插图。结果甚至这样：当这位画家来到顿河，正如他说的是"写生"时，肖洛霍夫在家里却没有接待他，此外，人们还告诉我们说，肖洛霍夫在挑选画家时极其不公平——只爱一个，这方面他也偏犟。大家都知道，他过去就看不上科罗利科夫战前所作的插图。

我们，特别是画家，对于这样一些传闻和警告都特别敏感。

而且这位画家又特别自信，毕竟这部插图本的长篇小说最后还是完成了。

给肖洛霍夫看插图的时间到了，我们想起了某个电影脚本，于是社长先是找来了肖洛霍夫的一些朋友，他们都很喜欢，然后又请肖洛霍夫本人来。

他来了……梅连季耶夫社长的想法太天真，他想直到最后，好像由于偶然，也不说出这位画家的名字，不让他过早地就推托、拒绝。

相亲就在我的办公室里进行，很显然，那位画家不同我们在一起：他偷偷地坐在邻近一个办公室里，他等待着判决的结果，会怎么样呢？！

肖洛霍夫聚精会神地审视着每一幅版画——看来,出版社经过了近两个小时的考试,他看了一幅又一幅,看完就直接放在地板上——一声不响,也没有任何评价和解释。最后一幅插图……社长问:"米哈伊尔·亚历山大罗维奇,您看怎么样?"他扭动着头而且回答得简单,要想知道他是否喜欢又不很清晰:"噢,这狗崽子!"

只是过了几秒钟的样子,大家才明白,这是高兴时说的一句话:不是批评,恰恰相反,明显地表示惊赞。

他突然问:"画家是谁呢?你们为什么不说?"

我当时,就像棋手们所说的那样,家里早有了准备,好像急不可耐地就打断了梅连季耶夫的话,用一种天真的语调就问:"您知道吗,如果您喜欢的话,《消息报》要发表几幅插图,可以交给他们吗?"

肖洛霍夫无疑猜出了——这是耍了鬼儿:一旦发表,很自然,赞同这位画家的创作就是永远板上钉钉儿了。他迅速地扫视了一下,就像烫了一下似的。但他没有拒绝:"好吧,如果他们要……"

梅连季耶夫立即作了回答,并告诉了他这位画家的名字。

从1965年起,尤·列布罗夫为《静静的顿河》做的版画就一再出版,这些画后来获得了艺术科学院的奖章。

〔增补〕再谈一下肖洛霍夫和布宁这一论题。他的一位亲密乡亲尤里·卢金曾回忆和观察到:"他高度地评价过布宁。在《静静的顿河》的第二部中有一个人物就回忆起布宁的句子:'幻想吧,幻想吧。你用金黄的眼睛看到一切已更加模糊……'但还不是全部。当我们在他家走近他的书柜,拿起这本或那本书,他就喜欢高声朗诵。他会这么朗诵,会从诗中和所喜欢的朗诵作品中回忆起什么来。我记得,他是怎么津津有味地读过布宁的'我走向大海,把戒指扔进水中/用黑色的辫子自缢而死'。"

最后一份合同

第二天一大早就开始研究作家肖洛霍夫提出的重要要求,在出版社,在出版委员会,讨论了怎样尽快地筹划出版他的文集。许多人都帮了忙,因为许多事都要早些预想到:出版多少卷,印刷多少册,而纸张也是个极可怕的问题,序言又应当是什么样子的,等等。

大家都明白,我们的时间已经少得可怜,按日算,按周算? 要让病危的作家哪怕看到点什么,准备已经开始,工作正在进行。

我和作家协会的书记尤里·尼古拉耶维奇·韦尔琴科被请到了党中央主管意识形态和文化的书记那里,他要求加快准备签订合同——他说,医生们所告知的情况不容乐观。

1月19日,我同韦尔琴科一起带了出版合同到了医院——请他签字。我知道,党中央委托来探望肖洛霍夫的正是韦尔琴科,这不是偶然的,他们两个人很早以来就是相知的朋友,他们的相识还是从青年近卫军出版社时开始的。

我们见到的米哈伊尔·亚历山大罗维奇仍然是坐在那辆轮椅里,同样是在桌子旁的那种姿势——后背对着门。

同他一起在病房的是玛丽娅·彼得罗夫娜和大女儿。

我看了一眼,他的嘴角处有一块褐色的斑点,后来他们向我解释说,我们到前不久他的咽喉出了血。他的放在桌子上的右手拿了一本书:朱可夫元帅的回忆录。

我向他讲述了合同的条款并请他签字,他拿起了笔,瞥了一眼合同单子——果断、准确地签好了字。他看到了在这份文书上应有的主编的字迹,就请我们转致对他的问候,他很尊敬这位主编。

韦尔琴科告诉他,作家协会书记处已决定秋天时为庆祝作家组织成立五十周年要召开全体会议,他十分冷漠地听着,当我提出来:"能够请肖洛霍夫去参加吗?!"他抖动了一下——而且很明显。

我停了下来:有意的。接见仍进行,肖洛霍夫全神贯注地说着。我按照突然印入脑中的电影脚本继续说,好像为了燃起病痛中即将逝去的人的激情,但却似乎又不是对肖洛霍夫说的:

"他可是批评了所有的人……您记得吗,他在自己的讲话中批评过福尔采娃、爱伦堡、西蒙诺夫……他手执出鞘的军刀杀到全体会议上来……"

这个电影脚本成功了——他活跃了起来。

他突然说起了我提到的那些人:

"他们……已……都不……在了……"

谁有能力猜测到,这句话中他说的是什么。

当我们告别时,他的眼睛湿润了。

……《肖洛霍夫文集》印刷了百万册。

我永远也不会忘记——不论是书商和读者的来信,他们一而再,再而三地要求增加印数。

可是,当时从维约申斯克传来了米哈伊尔·亚历山大罗维奇逝世的噩耗,而文集还在印制中,想起来有多么难过,肖洛霍夫就这样没能看到自己这版的文集,他没能看到样书,吸一吸那特有的、独一无二的纸张和油墨的香味,根据习惯用手掌抚摸一下封面,并在书的版权页上看一看,印了多少册。

第 二 章
闰 年 的 打 击

米哈伊尔·亚历山大罗维奇·肖洛霍夫刚毅勇敢地生活过了,也同样刚毅勇敢地离开了人间。

他关注文学,为自己祖国的未来而忧虑,深深地爱着妻子。

最后的要求和愿望

1月中旬,最后一次会诊,做出了终结的判决——不能做手术了。

他向诊治医生提出了最后一个要求:"我已决定回家……我请求取消治疗……"

这是多么沉重的一天啊!玛丽娅·彼得罗夫娜走了进来,听到:

"玛露霞!我们回家吧……我想吃家里做的饭……在家里你喂我吧……像过去一样……"

可是飞行一再拖延……天气不适合飞行。这个维约申斯克人每天早晨都要转过脸来看窗口——急不可耐地,天空怎么样啊?

一架小飞机派来了——州党委十分不安,专门拨来了"亚克—40"。

在飞机场上他很高兴,从顿河飞来了一些党员老朋友接他:这是自己人——维约申斯克镇的,区委书记和米列罗沃市委书记。

当飞机起飞后,在飞机上,他有了力气询问米列罗沃当家人——知道了他到首都去找那里的领导请求帮助建厂的事取得了很好的成果。即使现在他也没有忘掉在那些漠不关心的官僚们的包围下,工程建设是怎么进行的:

"我们的灾难——怎么也学不会经营管理……"

他望了一眼飞机窗外——白雪皑皑的大地,清晰地感觉到了同它的告别,又转过来看着维约申斯克的朋友。

玛丽娅·彼得罗夫娜没有阻止他说话:她感觉到,在交谈中她的米沙——米哈伊尔变得轻松了一点儿。

飞机着陆了,离开飞机场乘车走了半公里路,肖洛霍夫突然叫车子停下来。

他没有力气从车里走出来。

在汽车里,他摘下帽子。

大家一声不响。

他也一声不响。

他的目光扫视了一下那枝叶繁茂的松树林——最后一次,看了一眼那一片沙丘——最后一次,环顾了一下镇周围的各处——再也不能见到维约申斯克了……

玛丽亚·彼得罗夫娜看到了他的泪花。

在家里,许多事情都允许他做了,一开始,就像他过去时候有点常见病那样:早晨起来,看报,然后签署苏维埃代表的申请书——"按领导要求",接着就读书。

可是,剧烈的疼痛阵阵发作,医生都感到大吃一惊:麻醉剂对他不起作用——注射任何止疼药也无济于事。

他进入了昏迷状态或者夜里断断续续地似睡非睡,只有玛丽娅·彼得罗夫娜的手在他身边。

他感到了很难为情,大夫和护士工作了一天之后还要守候在他身旁,他极力劝导这些人——走吧,走吧,回家去吧,我什么事也不会有……

当他自己已经手里不能拿茶杯或者到了别人给他换衬衫时,他感到了自己是个累赘,他痛恨自己越来越没有一点儿力气了。

没有停止吸烟。

最后的生存愿望……你看,他让安纳托里·卡里宁给他拿来"文学遗产"丛书中一本有关布宁的新发现资料的书。甚至不是一本,他的惊喜不断——还看了斯蒂文森描写栖居在海岛上的生物的一本书。在这一时刻,肖洛霍夫都想到了些什么呢?你看,他还把一本书赠给了从莫斯科来的一位客人——复苏医生,并写下了:"感谢尤里·伊万诺维奇来维约申斯克探望。"

不论白天还是黑夜,床边或者不远处总是有玛丽娅·彼得罗夫娜——或者从罗斯托夫赶来的医生。

他已经知道了自己的绝症,但仍然在努力活下去,突然间他想起了——曾经答应过一个农村图书馆,赠送他们一本有作者题辞的《静静的顿河》;突然又叫秘书到区党委一趟,把党费交了,那秘书连想也不想,就说:"还有时间呢。"他说,"现在是月中,月底才交呢。"可是,肖洛霍夫的回答却是——一种新的、特殊的目光——他明显地表现出了一肚子不理解:难道还不明白,对于生活来说,每一瞬间都意味着什么;突然,他又记起了应告诉出版社的事。

就这样,2月中旬给我寄来了一封信。我打开了信封——熟悉的笔迹,日期——1984年2月9日,这也许是肖洛霍夫的最后一封信了,写了与文学有关的事。信中共六行文字,所有这六行——没有任何多余的词,都表达了一个意思:筹备文集的出版,提到了这一版的编者,他选定了小女儿玛丽娅·米哈伊洛夫娜。

我立即给他发回电:"根据您建议的规模,苏联国家文学出版社已决定出版您的文集,您所请求吸收玛丽娅·米哈伊洛夫娜·肖洛霍娃-玛诺辛娜作为该文集的编者,我们照办,我们正着手工作。祝您和您的亲人身体健康、生活幸福。"

我还有机会接触到肖洛霍夫的创作遗训,这位玛丽娅·米哈伊洛夫娜在执行编辑工作时转交给我一份极重要的文献——她父亲委托她首先要做的是把《静静的顿河》中已删掉的几处托洛茨基的名字恢复过来。

肖洛霍夫这一意见——是他创作生活中特殊的一笔,他在迈进死亡的门槛时,决定在消灭哥萨克这一问题上要为完全的历史真实而斗争。他谈到了,不论是斯大林,还是后来的领导人,谁也没有允许即使在文艺作品中公布这一事实:正是党和当局开展了消灭哥萨克的运动,托洛茨基在国内战争中千方百计地鼓动这一残暴的运动——之所以不能够提到他的名字,就是因为他是党中央派出来的。看起来,怪论是十分明显的:托洛茨基很早以来就已经是克里姆林宫和斯大林本人的凶恶的敌人,即使在流亡中被杀死,肖洛霍夫也没有权利把他列入造成悲剧的罪人之中,党的宣传部门无可争议的逻辑就是这样。你看,作者决定要恢复真相,如今,一切都各得其所——要知道,如果不提托洛茨基的名字,结果就是,消灭哥萨克的罪魁祸首就只能是地方上有过火行为的人。

就这样,肖洛霍夫终结了与党中央旷日持久的论争。

为了防备万一,不论在党中央,在报刊秘密检查总局,还是在国家出版委员会,我都没有把肖洛霍夫的嘱咐当作好事说出来,不论谁也没有认为在这部小说中可以修复什么内容。

党中央……有一次肖洛霍夫在昏迷状态中反反复复地念叨一句俏皮话,它意味着什么,这让大家都很害怕:"我的党中央在哪儿呢? 哪儿是我的党中央……"就这样,谁也不懂这话说的是什么。

唉! 疾病可不发慈悲,即使在维约申斯克家乡也不放松他。

玛丽娅·彼得罗夫娜后来曾向我讲过肖洛霍夫一生中最后几天的一些情景:"2月18日,他醒来就说:'我和你两个人已经这么相互相像了,我还梦到了你,一匹马怎么能两个人骑呢……绿色的马。'"

"2月20日,十一点钟,可是,也许是夜里十二点钟。在他去世前一两个小时,他叫我,拉住我的手,一直按到他身边,拽着它,他要贴近我的手,贴近……但是已经一点力气也没有了,还在贴近着。我没有立即明白过来,他要贴近手亲吻……那是最后一个夜晚。"

她记起了在曾经读过的托尔斯泰夫人写的日记中,大约有这样的句子:"做一个天才的妻子有多么难哪……"

在漫长而又漫长的共同生活中,玛丽娅·彼得罗夫娜·肖洛霍娃经历过多少酸甜苦辣啊!

我们对她的了解非常之少,肖洛霍夫的一生经历把她遮住了,而当我执笔写关于他的书时,他又很少讲到自己这位忠诚的、坚毅的和漂亮的妻子,这样,哪怕现在我补说几句也好。

……在她的娘家里——父亲是阿塔曼，一直保持着劳动人民的生活习惯，不论是她，还是她的姊妹、兄弟，从来都坚持着农耕、割草和放牧，更不要说小姑娘乃至少女时代的家务活和厨房里的事了。

……一直到老年她还没有忘记在教区女子学校里得到的许多知识，甚至可以用法文朗诵诗歌。教师的工作也做得不错。

……她操持着一个大家庭，使它舒适、和谐，她很高兴的是，丈夫并不躲开他们共同关心的事，她说：

"每天结束时，当孩子，孙子和孙女们都回到家，这时他就非常高兴。夏天，我们这里就像个疗养院。顺便说一下，米哈伊尔·亚历山大罗维奇只有一次拿着疗养证去了疗养院。他是一个非常好的父亲，当孩子们很小的时候，他常常去学校，一有机会就说：'孩子他妈，我上学校一趟。''出什么事啦？'我问。'什么事也没有，'他说，'就是去看看。'他去了，还进了教室，孩子们都喜欢他，他们来到我们家院子里，就像一群白嘴鸭。您知道吗，我觉得，我们的孩子在读书的时候都没有意识到，他们在学校里学习到的这个肖洛霍夫，是他们的父亲。他从来不说：'我是个作家。'更不说什么：'我写得很棒。'任何说大话，他都瞧不起。他很严厉，可是不管对哪个孩子都没动过一个手指头。"

在她的讲述中还有：

"我在少女时代，就不好热闹，温和稳当，但却不器量小……"

"米沙总是欢欢喜喜，爱说爱笑，因此，很多人喜欢他——他总爱开玩笑……"

"一开始，他好像没有注意到我，我甚至感到过委屈。"

在天长日久的为妻生活中她承认过：

"当我们在一起时，他爱我，我们总是一起去休假……打猎，钓鱼……从英国带回来的猎枪，自己用，也给我和孩子们，我的枪法不比他差。就说这钓鱼吧……他总开玩笑说：'钓鱼，这不是女人的活儿，你最好在家里给丈夫补袜子吧。'"

"他喜欢这大地，常常在小花园里和菜地里叫我去——好像出了什么事一般，我走过去，他兴高采烈地说：'你看，长得多好！'"

对于丈夫是如何度过最后几个月的，她说：

"他病得很重，但顽强地支撑着。有时还走进写作间——拿起了笔。可是，更经常的是把写下的文字撕碎，毁掉。我对他说：'让它放一放，也许，会喜欢的。'他说：'不，玛露霞，写得不好。'"

"他喜欢我在家里，我要是到哪个熟人那里待上一两个小时，他就这么问起来：'孩子他妈哪儿去啦？她就喜欢闲逛。''是，她刚走。'人们告诉他。在晚年，我差不多什么地方也不去。我坐在他床边，开始读书，回忆。现在，我半夜醒过来，躺在那还在想：难道，真是他已经没有了吗？……"

有一回，一位新闻记者告诉她，说她为文学立下了功勋，她却回答：

"我没有任何功劳……我们只是互相理解。有一次，他说：'多么好哇，玛露霞，我们俩都一样。'在金婚时他开玩笑举杯说：'尊贵的朋友们，都学学吧，我同玛丽娅·彼得罗夫娜一起度过了五十年，可一次也没有离过婚。'"

"一点儿也没吵过架，受过委屈？"

"为什么呢，吵过，也有过委屈。可是，要知道，虽然他很坚强刚毅，性格也很容易息怒。你看，要是出了什么事，在楼上的写作间里他自己先躲起来，过了五六分钟，我就听到下楼梯的声音，他到书柜里去翻找，然后就叫我：'玛露霞，你知道不，那本书放哪儿啦？'我走过去一看，书就在他眼皮底下，'你看，这儿。'我说。'你看，真了不起。'哎，在这之后还能生气吗？"

顿河边的小土堆

1984年2月21日深夜，在自己家的二层楼上，米哈伊尔·亚历山大罗维奇·肖洛霍夫逝世，秘书把钟摆停在了一点四十分。外面严寒刺骨，呼啸着的草原大风吹打着窗户，显示出了威力。

首都开始筹备告别仪式。

从官方讣告的头两段文字就可以看出，上层当权者是如何看待肖洛霍夫的：

"苏联文学遭到了惨重的损失……我们时代最伟大的作家、两次社会主义劳动英雄称号获得者、苏联共产党中央委员会委员、苏联最高苏维埃代表、苏联列宁和国家奖金获得者、诺贝尔奖金获得者、苏联科学院院士、苏联作家协会理事会书记米哈伊尔·亚历山大罗维奇·肖洛霍夫逝世。"

"苏维埃时代编年史家米哈伊尔·亚历山大罗维奇·肖洛霍夫把自己的一生和全部创作都舍生忘死地献给了为苏联人民服务的事业,共产主义事业。米哈伊尔·肖洛霍夫的作品具有艺术真实的巨大力量,它叙述了对世界的革命改造,对于整个人类的进步文化的命运产生了极大影响……"

成立了治丧委员会,领导这个委员会的就是曾经阻止出版揭露所谓剽窃说谎言的那本书的党中央的书记。制订出了告别仪式,确定了讲话人的名单以及批准了哪些人前往维约申斯克告别(即使最亲近的战友也远不是都批准了)。

国防部下令军区派出一个警卫排——他们没有忘记他,这位经典作家从六十年代开始就有了将军称号。

士兵们在离肖洛霍夫家不远的顿河边的四棵白桦树中间挖了坟墓,这四棵白桦是肖洛霍夫亲自栽种的,而且不久前就安排好了自己在这里安葬以躲开那烦扰的世界。士兵们挖得很认真——不是听从命令,而是都想挖到原生态的沙粒:雪白似糖一般的沙粒,它们松软,像扬净了尘土一般。

2月23日,告别仪式按照党和国家最高级别进行,根据党中央的决议当局做了这样的安排。

在文化宫里举行了追悼会,那里响起了柴可夫斯基的乐曲,仪仗队庄严肃穆,用炮车架运送着死者的遗体去举行追悼会的广场。

看到他躺在棺椁里那矮小、干瘦的身材,人们心里十分难过,但他那高高的额头和金雕的鼻子仍保持着先前的样子:威严而骄傲。

面对这位镇里人有七位准备好了的发言者致悼词,维约申斯克人有两位。那些身居高位的客人们的悼词也充满了庄严的感人之情。

维约申斯克镇用民间的方式同这位伟大的同乡告别,区党委对此丝毫不加干预,前来告别的人也不受限制。走在前面的,看起来,从远近各个村子来的镇里人和集体农庄庄员的长长队伍像没有尽头的飘带,从远道而来的一脸大胡子的哥萨克老人们摘下了帽子——就冻着吧!——光着头,在这样的大冷天,人们走在路上,没有表现出任何的不体面,心里感到了慰藉。孩子们特别多,肖洛霍夫家旁边感伤的对话刚刚停下,就听到有时是女人们的啜泣声,有时是男人们的一声长叹。人们记得了那小土堆——由于沙土变成白的颜色,由于那些花环和鲜花显得高出了很多。

在墓旁,告别的讲话结束后——一声齐射,人们颤抖了一下,群鸟飞了起来。

儿子米哈伊尔比所有人都更早地回到了家——要来看看悲伤得几乎死去的妈妈和冻僵了的客人,他碰上了两个陌生人——他们急急忙忙地来查找父亲的手稿,儿子受了凌辱般地问他们:"为什么来搜查?!已经传说都搜查过了,这是让爸爸和我蒙受耻辱。"他们回答他:"我们是出于好心,如果突然来一封信,可能损害伟大的苏联作家的名誉,我们应当放过它吗?"

按照古老的风俗举行的葬后宴会上,人们回忆起了死者生前的许多善事。

"他没有离开故乡的老家,他没有失掉自己往日的性格,从年轻时代就非常了解民间的疾苦……"

"维约申斯克镇在整个世界知了名,看,这是我们镇,还有布坎诺夫斯克镇,但它很少有人知道。在维约申斯克镇里,自觉的生活开始了……就在这一年长出了硕大无比的南瓜,好像起重机也吊不动似的。你看吧,米哈伊尔·利亚克山德雷奇把一个南瓜放在桌子底下,另一个放在座位下边,还在南瓜上写字,那南瓜,太神奇了,本来给他在上房铺好了被褥,像城里人那样,可是他却在草棚子里安顿下来,在那里度过了所有的那些干燥的夜晚……"

"肖洛霍夫家里人多少年来就生活在一起,看着他们的家庭都觉得喜欢,他们生活得和睦、幸福,四个孩子都长大了,以后该是孙子们都成人了,他们都是那么……"

"他喜欢在渔业劳动组合里钓鱼,为了寻开心。炖一大铁锅鱼汤,大家一边讲故事,一边说俏皮话,他就在那听着,他自己就很在行,他挽一挽衣袖裤腿,和大家就在沙滩上玩,他也是劳动组合的人,是我们自己人……"

"他喜欢唱歌,他听歌时才棒呢!也能够跟着唱,信心十足……"

"生来的勇敢天性使他爱上了高速骑马飞奔,年轻时由于骑马拼命地跑,从马上摔了下来,腿摔断了。后来,他又喜欢上了汽车,学习驾车,发疯似地在镇周围空地上跑,名符其实是个急驶送信的……当尤里·加加林到维约申斯克做客时,他喜欢上了这位宇航员,加加林用宇航员的速度带着他兜风,他说,这是一位不要命的乘车的……"

"不，我不能说我们是朋友，只不过是老相识了，有一回，他来了说：'伊格纳特·谢苗诺维奇，把船给我用一下好吗？'，'那还用说，拿去吧。'他去钓鱼，晚上他把船放好，来告别，表示了感谢，还给了钱。我不收钱，可他却说：'拿去买烟抽吧……'"

"我们生产队长写了通知，晚上在生产队的篝火旁朗诵《静静的顿河》，大家干脆就坐在地上……那是多么寂静的时刻呀！"

……在莫斯科同样有许多人感到万分悲恸，列昂尼德·列昂诺夫打电话给《消息报》编辑部，口授了一段文字不多但意义重大的告别辞："我同千百万读者一起深深哀悼他过早地离开了人世……"后来他这样谈到了肖洛霍夫创作的伟大之处："他把我们时代最杰出的著作献给了我们国家。"

在美国，他昔日的敌手哈里逊·索尔斯伯里对俄罗斯作家的逝世做出了反应："尽管我们整个意识形态存在分歧，但我真心实意地承认米哈伊尔·肖洛霍夫是位真正伟大的作家……我作为肖洛霍夫政治信念的争论对手，仍然不得不尊重他的创作技巧和他在世界文学宝库中做出的贡献。"

在坟丘上立了一块纪念碑——那是一块普通的大石头，上面刻着："肖洛霍夫。"

在他身旁玛丽娅·彼得罗夫娜也安息了，这是他们漫长的共同生活中忠贞不贰的玛露霞—玛露辛诺克。

＊　　　　　　　＊　　　　　　　＊

我诚挚地感谢在撰写这本书过程中给我帮助的肖洛霍夫一家人、维约申斯克镇的国立肖洛霍夫故居博物馆的工作人员、俄罗斯国家文学艺术档案馆、俄罗斯国家现代史档案馆、俄罗斯联邦安全部中央档案馆。

如果不运用下列人士极珍贵的考察、研究成果，这本书也是不能写出来的，他们有：费·阿布拉莫夫、费·比留科夫、弗·瓦西里耶夫、瓦·沃伦诺夫、尤·德沃里亚申、维·古拉、尼·格卢什科夫、格·叶尔莫拉耶夫、伊·茹科夫、安·茹拉夫廖娃、列·克洛德内伊、纳·科尔尼因科、尼·科尔松诺夫、弗·科托夫斯基、纳·科托夫奇欣娜、瓦·科仁诺夫、费·库兹涅佐夫、尤·克鲁格洛夫、阿·拉里昂诺夫、瓦·利特维诺夫、彼·帕里耶夫斯基、维·彼捷林、康·普里玛、斯·谢苗诺娃、塔·斯米尔诺娃、格·西沃洛波夫、尼·费季、维·恰尔马耶夫。我在俄罗斯科学院所属高尔基世界文学研究所、俄罗斯科学院俄罗斯文学研究所(即普希金之家)、莫斯科国立肖洛霍夫开放师范大学、国立罗斯托夫大学和国家肖洛霍夫故居博物馆(《维约申斯克通报》)所出版的一些论文集以及《顿河》、《青年近卫军》、《二十一世纪小说报》、《话语》等杂志和《静静的顿河报》(维约申斯克)、《锤报》(顿河畔罗斯托夫)上饶有兴趣地发现了其他许许多多的学者和回忆录作者。

我对叶琳娜·卡法琳娜和丹尼斯·明娜耶娃对资料进行的计算机处理所给予的帮助表示感谢。

米·亚·肖洛霍夫生平与创作年表

1905 年 5 月 24 日——在顿河军垦州维约申斯克镇（现为罗斯托夫州维约
申斯克镇）克鲁吉林村,亚历山大·米哈伊罗维奇·肖洛霍夫和阿娜斯
塔西娅·丹尼洛夫娜·库兹涅佐娃(这是她第一任丈夫的姓,娘家姓契
尔尼科娃)夫妇生了儿子米哈伊尔。父亲为商人出身,祖籍梁赞地区的
扎拉伊斯克市;母亲祖籍契尔尼戈沃地区,曾在贵族家中做女仆。双亲未
曾在教堂举行婚礼而同居。

1910 年——亚历山大·米哈伊洛维奇同阿娜斯塔西娅·丹尼洛夫娜带了
儿子米沙迁居到卡尔金村。

1912 年——米沙进入卡尔金教堂附设的男子学校二年级读书。

1913 年——亚·米·肖洛霍夫和阿·丹·库兹涅佐娃举行婚礼(在她的正
式丈夫哥萨克阿塔曼死后),米沙被生身之父"认作儿子",并登记注册为
"小市民儿子"。

1914 年——由于儿子眼睛有病,亚·米·肖洛霍夫带他到莫斯科的斯涅吉
廖夫博士的眼科医院治疗,在首都米哈伊尔进入格·舍拉普京私立学校
读书。

1915 年——父亲带领儿子转入沃罗涅日省博古恰尔男子中学。

1918 年 6 月——德国军队逼近博古恰尔,父亲把儿子从学校领回家。秋,
送儿子进入维约申斯克中学。

1919 年 3 月至 6 月——在维约申斯克爆发了顿河上游哥萨克的反革命暴
乱。肖洛霍夫一家重又移居到卡尔金镇,这里,1 月份就建立了苏维埃政
权。

1920 年——这位未来作家在成人中做扫盲教师,在卡尔金镇执委会做办事员,在卡尔金民间剧团里参加演出并为剧团写剧本。

1921 年——米哈伊尔被录用为卡尔金村采购办事处会计助手。

1922 年 2 月——根据顿河州粮食委员会决定,米哈伊尔·肖洛霍夫被派遣去罗斯托夫参加粮食工作培训班。

5 月,培训班结业后被派往布坎诺夫斯克镇做粮食工作。

10 月,米哈伊尔去莫斯科继续学习,工农速成中学没有去成——他既不是共青团员,也没有共青团的证明。在首都做过搬运工,同石匠劳动组合一起铺路,做过会计,也在文学创作上初试身手。

1923 年——开始去《青年近卫军》杂志所属的《青年近卫军》杂志文学协会。

9 月,在《少年真理报》上发表了第一篇小品《考验》。

1924 年 1 月——返回顿河,到布坎诺夫斯克镇,迎娶了玛丽娅·彼得罗夫娜·格罗莫斯拉夫斯卡娅,她是昔日镇阿塔曼的女儿,布坎诺夫斯克的女教师。年轻人在教堂里举行了婚礼。他们来到了莫斯科,住了一个时期。

12 月,在《青年列宁主义者报》上发表了肖洛霍夫的短篇小说《胎记》。

1925 年——作家父亲逝世。结识了亚·谢·绥拉菲莫维奇,进而发展为创作上的友谊关系。在共青团的定期刊物上发表了肖洛霍夫的《看瓜田的人》、《牧童》、《野小鬼》等。

1926 年——肖洛霍夫第一部短篇小说集《顿河的故事》出版,接着又出版了《浅蓝色草原》,这本书附有绥拉菲莫维奇的祝辞。肖洛霍夫一家从此永远定居在维约申斯克镇,作家着手创作长篇小说《静静的顿河》。

1928 年 1 月——由于绥拉菲莫维奇的支持,《十月》杂志开始发表《静静的顿河》的第一部(第一至第四期);这一年里,杂志又发表了长篇小说的第二部(第五至第十期)。

1929 年——开始发表《静静的顿河》第三部。关于剽窃的流言广为传播,肖洛霍夫为一个专门的委员会的调查提供了这部长篇小说的草稿。

4 月,《工人论坛报》(4 月 24 日)和《真理报》(4 月 29 日)发表了这一专门委员会的声明,认为流言是对肖洛霍夫的诬蔑和诽谤。这部小说的第三部决定出版——拉普的领导人却指责肖洛霍夫替顿河上游的暴乱作辩护。作家不接受让他压缩和修改的建议。

1930 年——肖洛霍夫接到高尔基的邀请,要到索伦多去拜访他,与阿尔乔姆·韦肖雷和瓦西里·库达绍夫同行,但在柏林没有等到签证,返回维约申斯克。

1931 年 1 月——肖洛霍夫给斯大林写信,谈及农业集体化过程中顿河一带的残暴行为。

　　6 月,由于高尔基的引见,肖洛霍夫与斯大林见面,这次见面积极地决定了《静静的顿河》第三部继续出版的命运。

　　《静静的顿河》的第一部影片因思想性原因被禁。

1932 年 1 月——《静静的顿河》第三部发表完毕。《新世界》杂志开始发表《被开垦的处女地》长篇小说第一部。

　　肖洛霍夫加入了联共(布),参加了同粗暴地破坏顿河集体农庄建设行为做斗争,给斯大林写信,要求调查"侮辱集体农庄庄员和苏维埃政权"的案件,并调查其指使者。

1933 年——顿河地区大饥饿。肖洛霍夫极力挽救同乡人民免于饿死,给斯大林写信请求帮助。

1934 年 9 月——作为代表参加了苏联作家协会第一次代表大会,当选为理事会成员。前往瑞典、丹麦、英国和法国访问。

1936 年 3 月——在大剧院由伊·捷尔仁斯基改编的歌剧《静静的顿河》首次演出(米·布尔加科夫编写歌词)。斯大林批评了演出的形式主义。

1937 年 10 月——肖洛霍夫给斯大林写信,揭露顿河一带的大清洗。

　　11 月,《新世界》开始发表《静静的顿河》第四部中的第七卷(下一年 3 月登完)。

1938 年 10 月——给斯大林写信,抗议大清洗。肖洛霍夫参加了国际保卫文化作家联盟执行局,当选为苏联最高苏维埃代表。

1939 年 3 月——在党的第十八次代表大会上,肖洛霍夫在发言中表明,不同意当局为大清洗作辩解做出的指示。

　　12 月,肖洛霍夫当选为苏联科学院正式院士。

1940 年 1 月——写完《静静的顿河》。

　　2 月至 3 月,长篇小说最后的几章发表在《新世界》上。

1941 年——尽管有奖金委员会许多委员反对,肖洛霍夫仍因《静静的顿河》被授予斯大林奖金。

6 月,卫国战争爆发的第二天,肖洛霍夫把这笔奖金划拨给国家国防基金会。

7 月,作为预备役的团政委米·亚·肖洛霍夫成为《红星报》军事记者。为《真理报》和苏联情报局工作。

1942 年——因飞机失事肖洛霍夫受震伤,治疗数月。

6 月,发表短篇小说《学会仇恨》。

7 月,在维约申斯克遭飞机轰炸,作家的母亲去世,档案(两部长篇小说的部分手稿和书信)几乎全部散失。

1943 年 5 月——肖洛霍夫开始在《真理报》上发表长篇小说《他们为祖国而战》中的几章。

1944 年 2 月——继续发表这部小说。

1945 年——肖洛霍夫在东普鲁士结束了战争生活,5 月,发表了他的两篇文章:《致苏联青年》和《史无前例的胜利》。

1946 年——拒绝了斯大林提出的领导作家协会的工作,当选为苏联最高苏维埃代表,瑞典出现了建议提出肖洛霍夫竞选诺贝尔奖的文章。

1949 年——公布了斯大林于 1929 年批评《静静的顿河》中对国内战争描写的某些观点的一封信,导致了小说再版时出现了作者本人不同意的一系列的强行修改。

1954 年 12 月——作为第二次全苏作家代表大会的代表,肖洛霍夫对改善作家协会的活动做了纲领性发言。

1956 年 1 月——参加了全苏青年作家会议的工作。

2 月,在党的第二十次代表大会上发言批评作家协会活动中的陈腐传统。青年近卫军出版社和国家文学出版社开始出版肖洛霍夫文集,出版了短篇小说《一个人的遭遇》。

1957 年——由谢·格拉西莫夫执导的电影《静静的顿河》上映。

1958 年 9 月——肖洛霍夫开始在《真理报》上发表长篇小说《被开垦的处女地》第二部某些章节。

1959 年 9 月——作为陪同尼·谢·赫鲁晓夫的代表团成员出访美国,但拒绝为这次出访作总结的文集写任何文字。由谢·邦达尔丘克执导的影片《一个人的遭遇》上映。

1960 年——年初,《被开垦的处女地》第二部出版单行本,由于这部小说,肖洛霍夫荣获了列宁奖金。

1961 年 10 月——肖洛霍夫在党的第二十二次代表大会上的讲话提出了尖锐的批评意见,当选为苏联共产党中央委员会委员。

1962 年—1963 年——肖洛霍夫支持出版索尔仁尼琴的劳改营中篇小说《伊万·杰尼索维奇的一天》和特瓦尔多夫斯基的长诗《焦尔金游地府》。

1965 年 12 月——因长篇小说《静静的顿河》授予肖洛霍夫诺贝尔奖金,12 月 11 日在斯德哥尔摩授奖。

1967 年 7 月——在维约申斯克接待一个大型青年作家代表团以及第一宇航员尤·加加林。

作家肖洛霍夫被授予社会主义劳动英雄称号。

1968 年 10 月——给苏联共产党中央委员会总书记列·伊·勃列日涅夫发信,请求不要根据书刊检查部门意见阻止发表长篇小说《他们为祖国而战》已完成的几章。

1974 年夏——接见《他们为祖国而战》影片摄制组成员:导演谢·邦达尔丘克、主要扮演者瓦·舒克申、尤·尼古林、维·吉洪诺夫等。

亚·索尔仁尼琴在国外掀起谴责肖洛霍夫剽窃的运动。

1975 年 5 月——在莫斯科的大剧院召开隆重的晚会以庆祝米·亚·肖洛霍夫诞辰七十周年。肖洛霍夫因中风没有到场。

1978 年 3 月——给列·伊·勃列日涅夫写信,批评文化工作的状况,党中央的一个委员会严厉批评了这封信。

1980 年——第二次授予肖洛霍夫社会主义劳动英雄称号。

1981 年—1982 年——肖洛霍夫没有放弃创作军事三部曲的想法,但仍积极地从事于社会活动,健康状况恶化。

1983 年 7 月——尽管重病在身,仍写出一些政论文章和文学评论:《致"祖国田野"丛书的读者》和《致保加利亚读者》。

9 月,生前发表的最后一篇文章:向世界作家呼吁"我们保护生命为时还不晚!",该文发表在《外国文学》杂志上。

1984 年 1 月——因诊断为癌症,肖洛霍夫住在莫斯科的医院里,在这里对文学出版社出版他的文集一事称赞说"好"。

2 月,回到维约申斯克家中。给出版社发出电报委托小女儿玛·米·肖洛霍娃-玛诺辛娜为文集出版的编者,她全权恢复《静静的顿河》中某些由于政治原因而做出的删改。

2 月 21 日——深夜,1 点 40 分,伟大的俄罗斯作家逝世。

2 月 23 日——米哈伊尔·亚历山大罗维奇·肖洛霍夫安葬在他歌颂过的伟大的顿河岸边自己家附近的小花园里。

参 考 书 目

《米·亚·肖洛霍夫文集》,九卷本,莫斯科,Teppa—图书俱乐部,2001 年;

米·亚·肖洛霍夫:《静静的顿河》,莫斯科,协作出版社,莫斯科教材,2001
年;

米·亚·肖洛霍夫:《被开垦的处女地》,莫斯科,协作出版社,莫斯科教材,
2003 年;

米·亚·肖洛霍夫:《他们为祖国而战·短篇小说集》,莫斯科,瑰宝出版
社,1995 年;

《米·亚·肖洛霍夫书信集》,莫斯科,俄罗斯科学院高尔基世界文学研究
所,2003 年;

《米·亚·肖洛霍夫书信集 1924—1984》,莫斯科,苏联作家出版社,2003
年;

《作家与领袖——米·亚·肖洛霍夫与斯大林书信集》,莫斯科,瑰宝出版
社,1997 年;

费·格·比留科夫:《肖洛霍夫》,莫斯科,2000 年;

瓦·沃伦诺夫:《俄罗斯的天才·传记之页》,顿河畔罗斯托夫,1995 年;

维·瓦·古拉:《〈静静的顿河〉创作始末》,莫斯科,苏联作家出版社,1980
年;

格·叶尔莫拉耶夫:《米哈伊尔·肖洛霍夫及其创作》,圣彼得堡,2000 年;

安·韦·卡里宁:《〈静静的顿河〉的时代》,莫斯科,苏维埃俄罗斯出版社,
1975 年;

列·叶·科洛德内伊:《我怎样找到了〈静静的顿河〉》,莫斯科,声音出版

社,2002 年;

费·费·库兹涅佐夫:《〈静静的顿河〉:伟大长篇小说的命运及其真相》,莫
　斯科,俄罗斯科学院高尔基世界文学研究所,2005 年;

《我们的肖洛霍夫》(论文集),顿河畔罗斯托夫,1975 年;

《米·肖洛霍夫研究新资料》(研究与资料)(论文集),莫斯科,俄罗斯科学
　院高尔基世界文学研究所,2003 年;

瓦·奥·奥西波夫:《米哈伊尔·肖洛霍夫的秘密生平·没有传说的文献
　纪年》,莫斯科,瑰宝出版社,1995 年;

瓦·奥·奥西波夫:《米哈伊尔·肖洛霍夫,谈明与暗:见证人的证词,回忆
　录与日记选抄》,莫斯科,瑰宝出版社,2003 年;

《关于米·亚·肖洛霍夫的真相与谎言》(论文集),顿河畔罗斯托夫,2002
　年;

维·瓦·彼捷林:《米哈伊尔·肖洛霍夫》,莫斯科,2002 年;

格·西沃洛波夫:《米哈伊尔·肖洛霍夫》,顿河畔罗斯托夫,1995 年;

尼·费季:《天才的悖论》,莫斯科,苏联作家出版社,1998 年;

盖·赫耶特索等:《谁写的〈静静的顿河〉?》,莫斯科,书籍出版社,1989 年;

米·米·肖洛霍夫:《回忆父亲》,莫斯科,苏联作家出版社,2004 年;

《肖洛霍夫与俄罗斯国外研究》(论文集),莫斯科,算法出版社,2003 年。

译 后 记

这本《肖洛霍夫传》是由俄罗斯肖洛霍夫研究专家瓦·奥西波夫先生为纪念这位伟大作家诞生一百周年于 2005 年写出的献礼之作。

瓦连京·奥西波维奇·奥西波夫于 1932 年生于莫斯科,毕业于哈萨克大学历史学系,是颇有名气的作家、编辑,曾任苏联出版界最权威的国家文学出版社社长。几十年来除经常为《文学报》、《消息报》、《论坛报》、《文学的白天报》以及《各民族友谊》、《顿河》和《青年近卫军》等杂志撰稿外,坚持不懈地从事于对肖洛霍夫生平与创作的研究,撰写过论文达二百篇,其专著之一《肖洛霍夫的秘密生平》已有了中译本。奥西波夫曾两次获得前苏联国家奖,五次获国外嘉奖,现为《肖洛霍夫百科全书》编委会委员和责任秘书。

2005 年,在大连,由中国俄罗斯文学研究会、大连外国语学院和辽宁省外国文学学会发起,召开了纪念肖洛霍夫百年诞辰的学术研讨会,作为会议主持人,我曾为此搜集了近几年来有关肖洛霍夫的重要资料,其中俄罗斯刚刚出版的这本传记,使我产生了极大兴趣,所以一些好友就曾怂恿过我把它译成中文,以献给我国广大读者。

奥西波夫在学生时代就见过所崇敬的肖洛霍夫,从 1962 年正式结识后,二人的友谊一直持续了二十二年,到肖洛霍夫辞世为止,所以,他在这部传记中有时采用第一人称"我"的叙述方式,更增加了传记的亲切感和可信性。可是,这部传记的文字并不直白,阅读时我不仅由衷地钦佩作者的广博学识和他对传主的厚重而又炽热的情谊,而且也着实地领略到了他文字的洗练、含蓄、艰深以及他那对文坛乃至政坛嬉笑怒骂的痛快淋漓的风格。年轻时代我虽也翻译过两三种传记,但这本由名人写出的名人传毫不含糊地让我吃尽了苦头。难怪北京大学李明滨教授曾告诉过我:这是一本很难读的书。我之所以能使出全身解数把它译成,其主要动力还是草婴先生的鼓励。

这本传记原文基本没有注释,只略有文中夹注,如果要为中国读者另加上旁注,估计还需要几万字。传记文本中凡援引传主的作品及相关的俄文研究资料,为尊重国内已有的译文,我一般不再另译。其中包括《肖洛霍夫文集》(人民文学出版社,2000年)、《他们为祖国而战》(东方出版社,2005年)、《作家与领袖》(北京大学出版社,2000年)、《肖洛霍夫研究》(外语教学与研究出版社,1982年)。

智者千虑,也会有失。可能由于这本传记多"凭记忆"写出,所以文中也有几处失误,也为了尊重原作者,译者在这些地方加了脚注,只提出自己的不同意见,仅供我国读者参考,而原文则照译不变。

正当出版社准备把这本译稿发排的时候,译者有幸收到了奥西波夫先生惠寄来的2010年版的《肖洛霍夫传》的样书,我把这两版加以对照,发现新版书增补了八十多处共十余页,因而根据出版社的意见,又征得了奥西波夫先生的同意,我又把这增补部分译出,这样,现在奉献在读者面前的译本也可以说是根据2010年版译出的。

经过了一年的艰难耕耘,中译稿终于可以交出版社,我也算可以松一口气了。我的女儿辛冰为整理、修改、润色译稿和打字也付出极大的辛苦,如果说这译本对我国研究肖洛霍夫有一定作用,其中也有她的功劳。翻译过程中许多朋友、同仁、学生都曾热情地帮助过我,在此一并致以深深谢意。

当前,由于我国俄罗斯文学研究的萎缩,出版这种颇有学术价值的著作,很难找到广阔的市场。我深深感谢人民文学出版社,委托我翻译这样一部重要的著作。

由于译者才疏学浅,译文中出现错误纰漏在所难免,尚望国内各位专家、学者和读者朋友不吝指教,如能把批评意见相告,将不胜感激之至(E—mail:xinbing711@sohu.com)。

辛 守 魁

大连外国语学院托尔斯泰研究中心